TESHU BINGREN
DE
XINLI LIANGFANG

方 舟——著

特殊病人的心理良方

服刑人员教育矫治实战技术（上册）

法律出版社 | LAW PRESS

前　言

随着社会发展和人类文明不断进步，心理学知识和方法在监狱教育改造工作中越来越被重视。以应急事件为例。个体的心理过程总会通过这样或那样的外显行为流露出来。只要掌握了服刑人员心理、熟悉他们的行为规律，就必然能够对人为造成的应急事件做事前干预，将应急事件控制在萌芽状态。

显然，现代化监狱管理对监狱警察队伍提出了职业化要求：掌握相应的心理学知识与技能，能够在日常监管工作中有效使用相应的心理学方法，实现对服刑人员的心理矫治与改造，实现对各类危及监管安全的问题进行防微杜渐式的处置。心理干预在疏导引导、深度预警、动态防范、妥善处置各类风险等监狱工作中发挥着巨大的作用。同时，随着矫治工作的深入，对服刑人员的犯因性问题进行相应的干预、充分培养服刑人员缺失的“亲社会因素”，就必定能在促进服刑人员稳定改造的基础上，进一步实现从根本上矫治人、规避其再犯罪的可能。

就像熟读汽车理论并不等于能熟练驾驶汽车一样，懂得心理学知识、了解心理学的概念并不等于能够与服刑人员谈话时熟练应用，取得心理咨询师的证书并不等于能够有效地完成心理干预。心理干预是一门实操性非常强的科学。本书旨在帮助教育矫治一线的监狱警察掌握专业的心理矫治方法，高效地完成教育矫治工作，因此，本书围绕心理干预的实战技术要点、重点、常见误区讲述，是一本能够让读者掌握“怎么做”的实务工作手册。

本书与普通心理干预技术书籍最大的区别在于书中所有干预技术，都是经过狱内教育矫治实践检验的、适合监狱人民警察在教育矫治服刑人员时使用的技术。这一“提炼”过程来之不易。在此，郑重感谢北京市监狱管理局清河分局的大力支持！

北京市监狱管理局清河分局又名北京市清河农场、北京市人民政府清河办事处，坐落在渤海之滨的天津市宁河区，占地115平方千米，始建于1950年2月，是中华人民共和国创建最早的大型监狱之一，下设柳林、清园、潮白、前进、垦华五所监狱，常年在押服刑人员5000~6000人，几乎包含了全部类型的服刑人员。近70年来，几代清河警察栉风沐雨，无私奉献，共收押、改造押犯18万余人，为维护首都政治稳定、社会安定、服务首都经济社会的发展做出了突出贡献。2012年，清河分局党委提出“金钥匙”工程，全面提高警察职业能力；2012年至2015年，在清河分局党委指导下、在各监狱领导的大力支持下，围绕服刑人员心理干预实战技术，先后开办两期精英班。我带领70多位警官深入学习了150多项心理干预实战技术，并坚持每月一次在监区内开展实战督导。在清河分局两期精英班和无数基层警官的共同努力下，我先后执笔完成了《清河教育改造模式之思想矫治法》《清河教育改造模式之读心三步法》《清河教育改造模式之惩教服刑人员心理矫治》《清河教育改造模式之传染病服刑人员心理矫治》《清河教育改造模式之思想矫治法案例集》。在与全国各地的警官团队并肩深入探索服刑人员教育矫治有效途径的过程中，适合社会人的心理实战技术在一个又一个疑难案例中被打磨，在一次又一次与管教工作实践的紧密结合中变得更加贴合监狱教育改造工作实际。在此，向北京市监狱管理局清河分局致敬！向全国各地并肩工作过的警官和每一位奋斗在教育矫治工作一线的警官致敬！

工作和事业的区别在于做事情时，内心是否有笃定的方向。本书得以成书得益于中央司法警官学院章恩友教授予以的清晰指导，章教授的若干次指导，让服刑人员心理矫治从烦琐费力的工作变成了一项方向明确的事业。早在2009年，章教授就明确指出："监狱矫治工作需要落实，并且要有理论支撑，而不能只是热闹的场面和所谓心理咨询。"2014年，章教授前瞻性地提出："监狱教育改造工作特别是应急事件的干预，重点在于帮助一线警察团队掌握预防性干预的方法。"这一指导极大地提升了监狱心理矫治工作的格局和价值。2017年，章教授指出："教育矫治工作开始前，要对服刑人员的'犯因性'问题做深入研究，同时，由于'亲社会素质'是释放后适应社会、规避犯罪的根本问题。因此，在矫治过程中要注重塑造服刑人员'亲社会素质'。"这一指导不仅明确了心理矫治实务工作增强实际效果的着力点，更明确了心理矫治工作取得长久延伸性效果的方向。章教授在一言一行间向心理矫治工作者垂范着严谨、谦逊的学者风范，成为监狱心理矫治工作前行路上的激励和鞭策。在此，向章恩友教授致敬！向各位倾尽心力于监狱心理矫治工作的前辈、专家、同行致敬！

这本书能够最终出版得益于法律出版社杜智娜老师不追逐名利、默默无闻支持专业书籍的崇高职业精神，她在本书编辑、出版过程中，付出了巨大的心血，感谢杜智娜老师！向一丝不苟、敬业勤勉的法律出版社英雄团队致敬！

方　舟

二〇一九年十月

总目录

叁 自杀自伤心理干预实战技术

肆 应急事件管理心理实战技术

目　录

壹

个体矫治实战技术

第一章　思想矫治实战技术

第二章　行为矫治实战技术

贰　班组矫治实战技术

第一章　形成积极氛围

第二章　价值观层面的班组干预

第三章　行为层面的班组干预

第四章　愿景层面的班组干预

第五章　身份定位层面的班组干预

第六章　愿景引导行为层面的班组干预

第七章　价值观引导行为层面的班组干预

第八章　延伸矫治效果的班组干预

第九章　服刑人员集体教育实战技术

壹

个体矫治实战技术

◎ 个体矫治是矫治工作最常用也最为关键的方式。在与服刑人员进行个别谈话时，矫治思想、塑造行为等常用技术分别从可控的行为、态度、价值观、身份定位、愿景等角度予以干预，不仅是矫治重点对象时的必备手段，也是提高日常谈话效率的重要工具。而最后一章的“十必谈”谈话要点就是对前两章实战技术的深化应用。

第一章 思想矫治实战技术

人获得知识、应用知识的过程，或信息加工的过程，是人的最基本的心理过程。它包括感觉、知觉、记忆、思维、想象和语言等，它在心理学中被称为认知。换句话说，人脑接受外界输入的信息，经过头脑的加工处理，转换成内在的心理活动，进而支配人的行为。这个过程就是信息加工的过程，也就是认知过程。

民警对服刑人员进行的思想矫治过程，就是通过发现服刑人员的歪曲认知，通过改变他们对己、对人或对事的看法与态度来改变其言行的过程。

本章对思想矫治的实战干预技术进行分析、说明。

第一节　思想矫治的前提

教育改造工作是由民警主动发起的、对服刑人员从外在可见的行为、情绪到内在不可见的思想进行矫治的过程。由于服刑人员心理健康程度较低，因此，心理矫治工作是艰辛而曲折的。完成这项工作既需要足够的责任心和奉献精神，又需要与心理矫治工作相匹配的综合素质。

虽然做好服刑人员教育转化工作离不开具体的实施方法，但任何方法都不如驾驭方法的人更重要、更关键。方法相当于各种型号的手术器械，民警就仿佛使用这些手术器械的医生，成功地完成一台手术会使用到不同的器械，归根结底，治病救人的核心环节不是医疗器械而是德艺双馨的医务工作者。

毋庸讳言，服刑人员对民警普遍存在防范甚至敌对的心理，这也成为心理矫治工作的第一道障碍。假如不能突破服刑人员的心理防线，不能进入他们的内心世界，心理矫治将无从谈起。因此，突破服刑人员心理防线是对服刑人员开展心理矫治工作的前提。

对服刑人员开展心理矫治工作时，一定要到合适的时候才能出手。合适的时候，就是服刑人员放下防御和抗拒，民警能够直入其心灵开展工作的时候。不到火候，民警是不能急于进行矫治工作的，民警要培育矫治时机和矫治氛围，促使服刑人员敞开心灵，这也许要花费一些时间，但磨刀不误砍柴工。否则，不仅无法解决问题还有可能适得其反。

走进服刑人员心里的方法有很多，各具特色的方法辅助民警成功完成了对各类服刑人员的心理矫治工作。无须用正确或者不正确来评价这些方法，方法都是好方法，是否能够在服刑人员心理矫治工作中发挥作用，取决于所使用的方法是否适合当下这名服刑人员。

一、日常工作润物细无声

下面这些事例虽然不是先进模范事迹，却能够在矫治工作中做到“润物细无声”。

1.大年三十的安排

大年三十值班的李民警把符合要求、可以打电话的服刑人员按照年龄从长到幼排好序，跟所有服刑人员明确：“你们是对家庭有罪的人，你们要主动给家人拜年。为了让大家都能打拜年电话，你们每个人都要控制好时间。”然后，李民警就开始带着服刑人员打拜年电话。为了让所有够条件打电话的服刑人员都能给家里打个拜年电话，李民警连饭都没有顾上吃。大年初一一早，李民警在召集服刑人员集体拜年时，让打过拜年电话的服刑人员跟大家分享自己给家人拜年的感受。

2.一个英语难点

代民警对一名内向、不与人交流的服刑人员观察了一段时间后，发现这名服刑人员几乎每天早晨都会在通道的角落里独自捧着一本英语书或念或背。代民警主动找到狱内负责维护服刑人员下载音视频资料平台的技术人员，请技术人员在平台上增加英语的内容。同时，在发现这名服刑人员被一个句子困扰时，代民警下班后查资料，自己弄明白，第二天特地去给这名服刑人员讲解。日复一日，代民警虽然没有从语言上对这名服刑人员提出任何要求，但这名服刑人员却发生了很大的转变，主动和班里的其他服刑人员进行交流，并抢着干活。

3.真诚的尊重

服刑人员普遍自卑心重，很多工作方式得当才会有好结果。例如，服刑人员李某家境贫寒，严冬里连秋衣秋裤都没有。如果直接让其他服刑人员捐助，其他服刑人员可能会感到被索取，李某也可能会抬不起头。于是，杨民警先把几名平时表现好的服刑人员找来提出这件事，让他们商量一下怎么帮助李某。这几名服刑人员达成一致意见后，开始准备捐助。当给李某捐助的衣物都准备好以后，一天，杨民警点名之后特地组织了一个仪式。首先，杨民警表明这是监区内服刑人员的情意，同时表明是李某用自己的行动赢得了大家的这份情意；其次，杨民警请捐助者代表讲讲李某的什么行为让他们很受感动；最后，杨民警请李某发言。虽然这只是一个很简单的小仪式，却能让服刑人员之间的帮助成为教育改造的一部分，成为引导服刑人员思想的有“利”武器。

4.养鱼负责人

王民警平时很注重细节，善于捕捉教育改造的时机。服刑人员郭某一度是分监区里的“难题”，罪重刑长，平时在改造生活中一副无所顾忌的态度，惯于撒泼，和其他服刑人员稍有矛盾就会堵着班门口破口大骂。王民警发现郭某在点完名之后经常会看看花、喂喂鱼，于是他尝试着和郭某交流，以后由郭某负责大厅里的花和鱼。听王民警这样说，郭某很是意外，也有些惊喜。一段时间后，郭某各项改造表现都有了很大的改变。

【小结】

日常工作中树立威信、赢得信服，所产生的矫治效果，远远高于任何一种心理矫治方法。同时，心理矫治方法要取得效果，必须依赖于实施者在服刑人员心目中的影响力。

二、关键环节做到位

1.好人是做出来的

曹民警带领服刑人员出工锄草。锄草过程中，曹民警发现厕所附近杂草丛生，但恶臭扑鼻，还有屎尿溢出，服刑人员们纷纷远远地绕开。曹民警一声招呼："谁跟我过去？"有几名服刑人员跟着曹民警在恶臭中把杂草锄干净。曹民警利用收工时的集体教育对服刑人员进行思想矫治："好人是做出来的，不是说出来的。今天的好人是不怕脏、不怕臭的人。"这件小事对服刑人员内心震动很大。曹民警非常生动地借助现场、身体力行地就"做好人"完成了一次现身说法，凭借自己的言行赢得了信服。

2.源自内在的行为

服刑人员马某的思想转变就是在绝食后被进行鼻饲时发生的。马某绝食三天后，监区决定对其进行鼻饲，马某非常不配合。在进行鼻饲的过程中，马某出现呛咳、返流、呕吐的状况，虽然脓液、异味让人不禁要捂住鼻子，但陈民警并没有躲开，而是坐在马某身边用卫生纸耐心、仔细地为马某擦拭。在鼻饲整个过程中，陈民警始终坚持为马某擦拭干净。陈民警看着马某的眼睛对他说："你看你，咱们不受这个罪了，行吗？"顷刻，马某流出了眼泪。鼻饲结束后，马某说就冲陈民警如此真诚的关怀，自己再也不绝食了。

服刑人员侯某在十二月初突发心肌梗死，六名民警护送侯某就医。到了户外，张民警发现侯某冻得瑟瑟发抖，立刻把棉袄脱下来给侯某盖上，侯某流着眼泪进了医院。第二天，张民警回到监区召开全体大会，向全监区通报侯某的病情，同时讲了一个细节：抢救侯某的整个过程中，监区长始终坚持抬担架。到晚上吃饭的时候，身材魁梧的监区长手抖得拿不了筷子。讲到这里，张民警要求全监区每一名服刑人员都为侯某的健康、为全监区服刑人员的健康说一句祝福语，同时要求全监区服刑人员都用遵守监管制度、积极劳动改造的行动来为侯某祈福。

【小结】

能够震撼人心的往往不是言辞，而是行为；不是造作的行为，而是朴实无华的、源自内在的行为。这些行为所表征的其实是人格的力量。

三、勤学苦读

陈民警谙熟《论语》《道德经》，他说："刚开始做服刑人员矫治工作时，我根本没法跟服刑人员聊。一谈监管改造要求，他们就低头不说话了。要想转化他们的思想必须要交流，必须谈他们感兴趣的话题。于是，我研读了《论语》《道德经》，并写了好几本笔记。再跟服刑人员聊起哲学、传统文化时，我就应用自如了。我会把《道德经》里的一些理念应用于对服刑人员的思想引导中。这就是《道德经》最后的四个字：遵循规律。我发现，我能跟服刑人员聊他们感兴趣的话题了，特别是他们发现我比他们懂得还多，他们对我的信服感就慢慢建立起来了。"

【小结】

民警所具备的高素质并不是知识面广、知识渊博，而是积极学习、努力钻研的精神和态度。凭借这样的精神和态度才能够实现对服刑人员的思想矫治。

四、信念坚定

改造人是一项艰辛的工作。有人这样调侃民警：服刑人员是有期徒刑，民警是无期徒刑；服刑人员在狱内待十年、二十年，民警却要在狱内待一辈子。对于"什么让您能够多年如一日地坚持下来？"这个问题，民警的回答有很多种：

回答1：相信邪不压正，相信自己一定能够做好！

回答2：每经过一个艰难期，就告诉自己刚经过的艰难是对自己信心的激励！

回答3：一天不行就两天，两天不行就三天，只要我们不放弃。

回答4：时常问自己"人为什么活着"，虽然转化不同类型的服刑人员需要付出巨大的努力，但同时也是自身价值的体现。每转化一个服刑人员，就体现一次自身的价值。

回答5：告诉自己必须把他拿下！

回答6：每次教育改造工作陷入困境的时候，我都会告诉自己：曾经那么难的工作，咬着牙都过来了。只要咬着牙、坚定信心，就一定能走出困境；退缩了、畏缩不前了，就完了。

……

以上这些回答在具体改造过程中就变成了很多细致入微的、坚韧的言行。

例如，服刑人员王某多年在社会底层混生活养成了无赖习气。刚到监区，王某就跟其他服刑人员扬言："我不打背包、不劳动、不背规范。"常民警明确要求王某必须和其他服刑人员一样，必须打背包、必须劳动、必须背规范。王某开始以"我不会"为由耍无赖。常民警就利用每天中午的时间一个字、一个字地教王某认识规范中的字；每天早上7：00，常民警准时进队，手把手地教王某打背包；在车间，常民警坐在王某旁边，和王某一起干活。两个星期里，常民警一天都不间断，天天都这样手把手地教规范、打背包、陪劳动。第三个星期开始时，王某主动跟常民警提出："您别再教我了，我自己做吧，我再不做就没法儿在分监区待了。"

当被问到"怎么坚持下来的"时，常民警很腼腆地笑着回答："都是这么干工作的，矫治服刑人员是良心活儿，付出到位了、坚持住了，就一定能胜利！"

【小结】

在和一名又一名服刑人员进行拉锯战的过程中，民警不倦怠、不放弃、始终如一的原因是他们内心有着非常坚定的信念。

第二节 思想矫治实战技术1——“心理病灶”的矫治

人的想法决定了情绪和行为，一个人在长期的生活经历中会形成自己稳定的、一贯的态度和信念，它们是个体内心较为抽象的、坚信的规则，决定个体言行的正是这些内心世界的思维过程。

服刑人员李某和王某都来自山区农村，家庭条件都不好，且他们的老母亲都有病，一直都是由打零工的姐姐来接见。李某和王某的身体都不大好，都有高血压，在医院做过相应的检查，检查结果同样是没有器质性问题。在平时劳动改造、遵守监管纪律方面，李某和王某都比较稳定，基本没有什么问题出现。

李某的日常行为表现是：稍有不适就要求看病，而且越到晚上越找民警陪同去看病，队里越忙越要求民警陪同去看病。只有医生明确地说没有问题之后，他才能安静下来。

王某的日常行为表现是：稍有不适就要求不出工，要求见监狱长，给民警记了一大堆“小账”。他把民警看自己的一个眼神和医生对自己说话的语气，以及一些监规监纪都视为在针对自己。王某会因为“我去看病还得加戴械具是监狱不文明的表现”，而提出“我不去看病，我不能让不文明的事情继续针对我，我要求见监狱长，我要监狱长给我一个说法”。

民警分别和李某、王某进行谈话。李某的思维过程是对自己的身体健康程度过度关注，他认为身体健康是自己最重要的本钱，身体千万不能出状况，如果身体落下了病，将来出去了自己就无法生活。王某的思维过程是关注负面信息、忽略正面信息，因此王某内心积累了大量民警、医生、其他服刑人员对自己的负面信息，身体不适为他找到了一个发泄借口。

不难看出，李某和王某虽然家庭条件、身体条件等基本情况相似，但导致他们行为不同的是他们各自不同的思维过程。李某的核心问题是过度关注身体健康，于是他在身体感觉不好的时候就会竭力要去医院。虽然他了解医生会作出无病诊断，但是他需要不断地听到医生的诊断才能让自己的内心踏实。王某的核心问题是负性过滤了积极信息，不断收集、积攒负性信息，并夸大负性信息。面对这些负性信息，王某的解决渠道就是要求见监狱长。

外显行为表现往往是源自内在的思维过程，思维对于引发和维持愤怒、烦躁、焦虑、失落、抑郁等情绪以及各种违纪、各类行为问题起着直接、重要的作用。假如不了解服刑人员的思维过程，不了解对方的心理需求，只是针对行为问题进行表面的管教就可能造成新的矛盾甚至激化矛盾。教育矫治工作越是能够直接针对服刑人员的歪曲思维过程，就越能够行之有效地实现对服刑人员不良表现的矫治。提高针对性就要求民警能够发现服刑人员思维过程中的歪曲症结，识破造成行为问题的核心思维问题。

一、常见歪曲思维

服刑人员需要矫治的思维方式有很多种表现形式，最直接的表现就是自动化思维。这些自动化思维是自发产生的，直接引发不积极改造的行为和紊乱的情绪，并且还会觉得自己很有道理，如“故意针对我”。自动化思维可能是符合事实的，也可能是完全不符合事实的，或者在一定程度上符合事实。同样的问题可能包含了不止一种的歪曲，比如“就算我去找队长说问题，他也一定会偏袒对方”。这个想法同时反映了“心灵阅读”“命运预测”的歪曲思维。

持续的歪曲想法常常以相同的内容在不同的情境中出现，就好像同一个人冬天穿着棉袄、夏天会穿着短衫。无论外在有多大的区别，本质都是相同的。服刑人员的负性情绪体验、问题行为往往都源自歪曲思维。

下面是服刑人员中常见的歪曲思维。

1.心灵阅读

不用证据就知道别人的想法，这些想法往往都是对自己的否定、打击、批评、伤害。

常见的表达：

民警就是在跟我过不去。

同监区的人肯定都在暗地里笑话我。

2.命运预测

使用消极词汇预测未来。积极预测会让服刑人员力量满满，这是社会所期待的方向，如只要努力改造我就一定能多得分、多拿奖。而对未来的消极预测会让个体的生活状态变得越来越消沉，如我就是努力出去了也是废物一个。

常见的表达：

我不可能……

……是没有用的。

我就是出去了也过得不好。

3.雪崩思维

对于已经发生的事件感觉无法承受，而这些似乎带来了灭顶之灾的事件其实并不是超乎感觉和想象的。比如，家人没有来接见，服刑人员会认为“完了完了，他们最终还是抛弃我了”。

常见的表达：

这下全完了……

这下我没法在这里待了。

我再也没有脸了。

4.贴标签

给自己/他人做整体性的负性评价。很多服刑人员会说“我不是读书的料”。这些负性评价往往来自幼年的生活体验，家长、成年人随口对孩子说出的话，因为不断重复、多次重复，在这样的标签阴影下成长的孩子往往对之深信不疑，并不断用行为去证明自己完全符合“标签”要求。

常见的表达：

我是个……

你是一个……

我是一个不讨人喜欢的人。

5.无关紧要

认为自己拥有的都不重要、都不算什么，别人有的才是好的。抑郁症服刑人员很多都有无关紧要的特征。他们发现不了自己拥有的资源所具有的价值。当民警教育他们珍惜自身健康时，他们会想：这里的人都很健康，你看人家某某家里有钱、有学历。

常见的表达：

这不算什么/这有什么呀？

有人来接见有什么呀？

6.负性过滤

只关注消极的、负面的内容，很少关注积极的、正面的内容。用消极的眼睛去看世界，他们眼睛上戴着一个负性眼镜片，他们的世界里往往只有消极内容。

常见的表达：

只有半杯水了。

就是再积极，出去也得十年。

7.过度推论

利用少量信息做整体推论。比如，看到了半杯水后的反应是：我不可能活下去了，因为水不够用了！这是看到半杯水之后径直做出的整体性推论。

负性过滤和过度推论的区别是：负性过滤看不到世界上还有别的，他们满眼看到的都是不好的。过度推论能够看到各方面的信息，但最后他们会整体推出一个糟糕的、很不理想的结论。

常见的表达：

这样的事总是发生在我身上，我就是最倒霉的人！

身边的人都是判了刑的人，没有一个好的。

8.两极思维

以“非黑即白”的方式看问题，没有过渡地带，完全没有觉察到在黑色和白色之间还有一段灰色的地带。比如，“民警要么是特别喜欢我，要么是特别讨厌我”。他们的这种思维方式就是非黑即白。

常见的表达：

每个人都讨厌我。

民警有的对我特别好，有的总是看我不顺眼。

9.应该

根据事物应该怎么样而不只是依据事实做评价。可以说每个人的脑子里都有无数个应该和必须。有一些“应该”是维持规则的，是必须严格落实的，如在狱内应该严格遵守行为规范。但是如果“应该”过度了，就会引发问题，比如“打电话说好了接见日来看我，就应该来”。

常见的表达：

应该……/必须……

我妈应该每月接见日都来。

10.个人化

把消极事件过分归于自己，过度自责和内疚。很片面地看问题，过分地认为由自己来承担全部责任。比如，得知亲人亡故，认为都是自己犯罪、入狱造成的恶果。

常见的表达：

都是我不好/就怪我。

我爷爷是被我气死的，我爸妈也都是因为我病死的。

11.归因他人

把消极事件归于他人，是“90后”比较普遍的思维特点之一。同样，“90后”服刑人员常常会外归因，把事情的责任推给他人。比如，认为自己犯罪是因为父母没本事，是社会分配不公，是没有人管自己。当所有的责任都推给他人以后，自己就无须承担任何责任了。服刑人员责任感的建立往往从矫治其思想中的“归因他人”着手。

常见的表达：

就怪父母……/跟我没有关系，都是因为……

违纪不怪我，是他先找事。

12.后悔

这类歪曲思维的典型特点是脑袋生活在过去、身体生活在现在。所谓脑袋生活在过去，就是想的都是过去的事情，都是已经无法改变和弥补的事情。因为过去已经无法改变、不可能改写，所以没有办法减少过去产生的影响。当服刑人员不断地纠结于过去时，他们往往把现在过得乱七八糟。

常见的表达：

如果我没有那么说话，就不会……

如果没有打架，就不会有现在了。

13.情绪推理

有歪曲思维的服刑人员一般很容易情绪化，他们常常会凭着自己的情绪感受去决定现实世界的生活。由于情绪感受支配着他们对现实的解释和判断，因此时常做出很多非理智的错误决定。

常见的表达：

我很烦，这次肯定没戏了。

我心里特别乱，家里肯定出事了。

14.无奈

不断地停留在永远没有答案的问题里，每当事情有了些许转机，就会用“如果……怎么办？”来给自己设置假想障碍，而且对一切答案都不满意，根本无法找到满意的解决方案。一旦多少有了解决的可能，他们会立刻抛出一个新的“如果……怎么办？”来作茧自缚。

常见的表达：

如果我真的严格要求自己，这个月真的拿到满分，其他服刑人员针对我，怎么办？

就算其他服刑人员中没有一个人是针对我的，这个满分换不了减刑，怎么办？

就算能减刑了，家里人表面欢迎我心里嫌弃我，怎么办？

就算家里一切都好，我找不到满意的工作，怎么办？

15.不公平

所谓人比人气死人就是这样的思维过程。根据不切实际的标准来解释事、物、人，并且特别关注对方身上、生活中比自己做得好的方面、拥有的资源、优势比自己多的方面，然后在比较中做出“我很差劲”的评估。比如，他只会不断地看到别人比自己好的方面。

常见的表达：

同班的服刑人员谁都比我过得好。

谁都比我干活快。

16.不能驳斥

拒绝任何可能和自己的负性想法不一致、相矛盾的观点、态度、意见。拒绝任何人提供证据来证明自己错了。

常见的表达：

不是这样的/你们说的不是真的。

你不要骗我了，没有人会对我是真心的。

【提示】

歪曲思维可能是从真实到不真实的过渡，不是完全对，也不是完全错，而是刚刚好临界。很多时候一个问题里面涵盖的不只是一种歪曲思维。在发现服刑人员隐约出现了3～4种歪曲思维的影子后，一般处理方式是引导其继续表达，如“能说得更多一些吗？”看其围绕着哪种思维方式在表达，表达较为集中的那一种很可能就是核心歪曲思维。那么，我们就可以做更加深入的分析。做出判断时，必定需要足够的资料。

例如：

陈某要求打亲情电话。值班民警刚接到通知有上级领导一会儿要到分监区视察。于是，民警对陈某说：“今天有领导来视察，不能打电话了。”

陈某：你凭什么不让我打电话，我有权利打电话就必须打！（歪曲思维：应该）

陈某：我知道你一直看我不顺眼！我今天就要打！（歪曲思维：心灵阅读）

陈某：别人都能打，我就不能？（歪曲思维：不公平）

陈某：就怪我没有一个好爸爸，打个电话都不行！（歪曲思维：归因他人）

陈某：你就是想骗我，装得那么真诚干什么！（歪曲思维：不能驳斥）

为保证后续的思想矫治工作行之有效，需要对陈某的歪曲思维做充分的辨别，从而确定造成其问题的核心根源。

二、识别自动思维

自动思维决定了服刑人员对外界信息的解释、加工，它是一些被个体完全认同的条规、法则，也是服刑人员较为深层的思想结构，相当顽固。这些思维往往按照自己的前提和逻辑以自动化的方式运转，不经过深思熟虑，不经过反复推敲，瞬间将外界信息格式化成自己相信、认同的内容。同时，这样的思维过程会对随后的情绪、行为、生理反应产生直接的影响。服刑人员在监狱内的改造生活总会引发不安的因素，如各种原因的不如意、不满足和挫败感。服刑人员普遍存在思维偏差，识别并纠正他们的歪曲思维以完成思想矫治是监管改造的重要任务。

自动思维是人类的正常反应。发现自身的自动思维并不是一件非常困难的事，很多人擅长自我反思和自我纠正。但是，处于歪曲思维中的服刑人员一般无法做到自我反思，恰恰是夸大的、扭曲的思维维持或加剧了各种不利于改造的表现。识别、发现这些思维过程，矫治服刑人员这些思维过程，是对症下药做好思想矫治工作的第一步。

民警需要在个别谈话、日常交流中保持高度敏锐性，捕捉服刑人员流露出的真实思维过程。

1.直接发现

在谈话中，民警可以通过询问引出服刑人员的自动思维。

引导语示例：

遇到这样的事，你怎么想？

你怎么看这件事/这个人？

就这个问题而言，你怎么看自己？

回想当时，你在心里对自己说了些什么？

你当时心里在想什么？

那个时候你在心里对自己说了些什么？

现在你怎么看这个问题？

这件事有的时候会让你心里特别烦，那时你会想到些什么？

你听到我和你谈这个问题时，心里的第一反应是什么？

你是不是在想……

通过这些问题，民警可以了解到在当下这些生活事件中服刑人员发生着怎样的内在的思维过程，这些思维过程是导致服刑人员停留在问题中，甚至使问题升级、恶化的根本。同时，民警后续对服刑人员的教育改造工作也可以针对这些内在的思维过程展开。这样的方法比较简单、直接，但需要服刑人员有一定的自我观察、自我反思能力。

服刑人员常常会更多地关注自己的心理感受、情绪感受，而忽略思维本身。因此，民警需要能够辨别情绪和思维。

2.探索发现

有些时候事实可能会支持服刑人员的负性想法。比如，服刑人员胡某总认为民警对他比较挑剔，管理他比较严格，对其他服刑人员却比较宽松。他认为，在他和其他服刑人员发生口角时，民警一定会对他严加批评，处理问题也会偏袒对方，对他很不利。这是胡某对未来进行的负性预测。这些歪曲思维使他在对待民警时采取了不配合的态度。探索引发胡某对民警抵触情绪的潜在思维有助于削弱这种抵触情绪，并能够有效促使胡某积极配合民警、服从监狱管理。这时候，就需要使用间接发现歪曲思维的方法。

在使用思想矫正法时，民警需要持续围绕有关想法和事情进行询问，不断地假设最糟糕的情形真的发生了，又会怎么样？

引导语示例：

你认为最糟糕的情形是发生什么？

假如这种情形真的发生了，为什么对你来说会是一个问题？

在这种情形中，你最烦恼的是什么？

对你来说意味着什么？

这个过程也被称为垂直下降，就是去挖掘、探索、发现事件背后的、最底层的思维。

需要注意的是，一定要把最糟糕的情形呈现出来。把服刑人员暴露在最糟糕的情形之中，才便于发现在这种情形中的思维过程。正是这些思维导致不良行为或情绪反应的。

思维探查过程中最重要的是服刑人员愿意配合，如果服刑人员拒绝、不配合，对核心歪曲思维的挖掘将无法完成。一些服刑人员会停止思考、拒绝讨论，他们可能会说“已经足够糟糕了，没有更糟糕了”“我才不会走到那一步呢”。服刑人员之所以拒绝深入讨论，往往是因为潜在的、不愿意面对的问题被清晰化，让其处于极度的焦虑中。而躲避是常见的自我保护方式之一。

发现歪曲思维不是结果，而是一个检查的过程。但是，有些服刑人员在认识到自己的歪曲思维后，也会有自愈的可能。

再以胡某为例来说明间接发现歪曲思维的整个谈话过程：

事件：如果我去找队长说这件事。

想法：队长一定会批评我。

民警：如果真的是这样，对你来说，意味着什么？

胡某：我没事找事，被更多的人耻笑。

民警：如果真的有很多人耻笑你，最糟糕的情形是发生什么？

胡某：我在通道里抬不起头来，没人理我。

民警：咱俩现在讨论这些并不是它真的发生了，而是为了帮助咱俩一起发现让你难受的究竟是什么。把这个让你难受的原因找到，解决掉，以后你就会越来越好了。你看咱俩可以继续谈下去吗？

胡某：好吧。

民警：假如，我是说假如，在通道里没有人理你，你抬不起头来，对你来说，意味着什么？

胡某：我这人挺招人讨厌的。

胡某最后这句回答是对自身的评价、判断的核心。找到了核心，自动思维就暂时完成了这个阶段的思想矫治工作。为下一个阶段进行矫治做好了准备。

三、区分自动思维和解释

如果民警想通过询问服刑人员“怎么想”来掌握服刑人员的自动思维，那么服刑人员的回答不会如上文例子中胡某回答得那么顺利，很可能只是对当下情况、自己言行的解释，而不是自己内在的思维过程。下面，继续借用胡某的例子加以说明。

民警：你在决定坚决不去找队长说明情况时，心里在想什么？

胡某：我就觉得这么点儿小事，实在没有必要说来说去，给队长添麻烦。

胡某的这个回答只是对自己行为的解释，而不是对自己思维过程的观察和发现。此时，如果民警继续问“除了这些你心里还想了些什么？”就是错误的引导方式，面对这样的问题，胡某多半会以“无从谈起”“不知道”“不明白”等作为回答，这样的谈话就偏离了对胡某自动思维的观察。

当服刑人员采用解释做回答时，民警应该尝试从情绪感受上入手。

民警：那么，你决定不去和队长谈这件事了，会有什么感觉吗？

胡某：也没有什么。

民警：会觉得很轻松吗？（要用和胡某的真实情绪、感受相反的内容激发胡某对内心的体会）

胡某：不是，怎么能轻松呢？

民警：你记得自己决定什么也不说了之时，心里想的是什么吗？

胡某：我心里想“活该我倒霉”。

民警：假如你决定主动找队长聊聊，你会在心里怎么想自己？

胡某：找也没有用！

民警：为什么没有用？

胡某：人家心里烦我，我何必去解释招人烦呢！

当个体处于情绪状态中的时候，他们常常会把想法当成事实。比如，服刑人员吴某在一次违纪被主管民警当众批评后，认为主管民警不给自己面子，是在针对自己。两周以后，吴某写信反映主管民警对自己打击报复。在信中，吴某罗列了若干所谓事实都是子虚乌有的。

想法是指内心的假设、推理后的结论，这些想法可能是真实的，也可能是不真实的。服刑人员往往会过滤掉与自己的想法不一致的信息，只关注那些多少能够支持自己想法的信息。特别需要指出的是，服刑人员心里有了一个想法，如“民警针对我”，就会导致这名服刑人员对民警的抵触行为，如不主动和民警打招呼，民警跟自己说话时假装没有听见，民警布置任务时有意拖延，散布对民警的流言蜚语等。这些行为必将导致民警对该服刑人员进行各种形式的批评，致使该服刑人员更加印证自己的想法，从而把该想法当成事实。因此，民警需要帮助服刑人员认清想法和事实。

民警可以采用讲故事的方法帮助服刑人员认清事实、情绪、行为结果之间的关系。最常用到下面这个故事：

古时候，有甲、乙两个秀才去赶考，路上遇到了一支出殡的队伍。看着送葬的队伍抬着一口黑乎乎的棺材缓缓从自己面前经过，甲秀才心里立即“咯噔”一下，心想：“完了，赶考路上碰上了棺材，这次赶考是找死，怎么考都是死定了！”于是，甲秀才心情一落千丈，脑海里一直浮现着那口“黑乎乎的棺材”，心里一直想着“这次死定了”，坐在考场里文思枯竭，写得文不对题。乙秀才也看到了这口棺材，按照他家乡的说法：“棺材，棺材，升官发财！”乙秀才欢天喜地地想：“我要升官发财了！今天能遇到这口棺材，我一定能金榜高中！好棺材，好棺材！真是好兆头！我要鸿运当头了！”于是，乙秀才情绪高涨，走进考场后思如泉涌，全力以赴地考。结果乙秀才金榜题名，甲秀才名落孙山。甲、乙两个秀才回到家后都对家人说：“‘棺材’真是灵验！”

这时，民警可以问服刑人员：

你觉得两个秀才的想法是事实吗？

两个秀才赶考的结果和遇到棺材有直接的关系吗？

什么决定了两个秀才在考场上答题的状态？

不同的想法是怎样导致不同的结局的？

你现在的想法会让你有哪些行为？这些行为会导致怎样的结果？

最终得出结论：遇到棺材并不能直接导致所谓厄运或者好运，遇到棺材后内心怎么想，决定着自己的情绪，同时也决定了事情的结果。

对不同文化水平、不同思维方式的服刑人员，可以采用不同的故事。下面就是做服刑人员思想矫治工作时的另一个好故事：

有一天，一个妈妈带着孩子在公园里放新买的漂亮风筝。孩子玩累了，坐在椅子上休息，把风筝放在身边。这时，一个人走过来，看都没看就坐在风筝上了，漂亮的风筝顿时被压坏了。孩子放声大哭，妈妈很生气，走过去要找这个路人理论。走到近前，妈妈发现坐坏风筝的人是一位盲人，而且那位盲人听到孩子的哭声后，正手足无措，不知如何是好。盲人的衣服也被风筝刮坏了。此时，妈妈怒气全无，反过来安慰那位盲人，还帮那位盲人整理衣服。

故事讲完了，民警要问服刑人员：

妈妈一开始为什么生气？

路人坐坏了孩子的风筝是事实，妈妈认为“路人是有意坐坏的”是事实吗？

怎样才能区分“我以为”和“事实”？

不同的“我以为”会导致怎样不同的结果？

你现在的想法会让你有哪些行为？

这些行为会导致怎样的结果？

对于一些服刑人员，还可以使用下面这个故事：

一个男生要过生日了，有一个女生买了一个杯子作为生日礼物送给他。这个男生心里很不舒服，心想：“过生日送我杯子多不吉利呀！杯子不就是‘悲剧’的意思吗？这个女生为什么要咒我呢？”于是，他在路上遇到这个女生的时候问她：“你送我杯子是什么意思呀？”这个女生特别不好意思，女生身边的同伴哈哈大笑，起哄说：“杯子，杯子，一辈子！跟定一辈子！”那个送杯子的女生羞红了脸。这个男生恍然大悟，原来是女生在借物示爱。

民警要问服刑人员：

男生一开始为什么心里很不舒服？

女生送了一个杯子是事实，男生认为“杯子代表悲剧”是事实吗？

怎样才能区分“我以为”和“事实”？

女生可以用杯子代表“一辈子”吗？

把杯子理解成“悲剧”和“一辈子”，会让男生有不同的行为，这些行为是杯子决定的吗？

你现在的想法会让你有哪些行为？

这些行为会导致怎样的结果？

通过讲故事的方法，民警要让服刑人员强烈地认识到自己的想法并不一定就是事实。接下来，思想引导法会引导服刑人员对自己的思维进行调整、重构。让服刑人员认识到想法不是事实，认识到想法和事实之间发生作用的原因和过程，这是帮助服刑人员建构起能够对事实做全面、客观分析判断的思维方式的起点。

第三节 思想矫治实战技术2——做稳定的矫治者

一、保持情绪稳定

在对服刑人员进行教育改造、引导服刑人员思想过程中，民警非常容易激起服刑人员强烈的情绪反应。无论服刑人员有怎样的表现，民警都要保持平静、稳定的情绪。应该说，想要对服刑人员进行有效的思想引导，民警需要具有保持内心平静稳定、情绪不受服刑人员影响的能力。

民警需要在某种程度上保持适量的情感投入。如果民警太疏远，服刑人员就会觉得冷漠、遥远、不关心；如果民警过分投入情感，又会违背警犯关系的要求，丧失客观性，降低民警自身的判断力。因此，民警要做好教育管教工作，就必须控制情绪，保持情绪稳定，保持观察者的姿态，让自己的情绪成为引导服刑人员思想的桥梁而不是障碍。

在面对服刑人员时，民警出现愤怒、厌恶、难过等情绪反应是很正常的，但必须能够自我控制。下面介绍一个自我情绪管理的方法：

首先，命名。对内心的情绪进行识别、辨别、确认，给这种情绪命名，如愤怒、挫败、悲伤、抑郁、执拗、痛苦、伤心等。

其次，节制。在心里对自己进行鼓励节制，告诉自己：我没有必要这么激动。

再次，识别。关注自己当下躯体的感觉以及头脑中所经历的，观察自己的躯体与平时有什么不一样的感觉，自己的头脑中闪过的念头是什么。

最后，选择。考虑一下自己可以立刻做些什么能让自己的感觉好些，如握拳、深呼吸、喝水等，并从中选择恰当的立刻行动。

（这个自我情绪管理方法，民警既可以作为保持自身情绪稳定的方法使用，也可以传授给服刑人员。）

二、引导者的姿态

一名服刑人员见到民警后主动问好：队长好！

民警1：还好呢，你怎么连扣子都不会系？

民警2：没事别老嬉皮笑脸的！

民警3：一边点头微笑一边应声，接着用手指了指扣子，做了个系好扣子的动作。

民警4：点点头，问了一句："今天活儿干得好吗？"

这四位民警中，前两位的做法是批评者的姿态，后两位的做法是引导者的姿态。

批评者与人交往时倾向于关注负面的内容，喜欢找问题、挑毛病。批评者的姿态在人际互动中更容易引发对立，当批评者不是批评一个想法或者一个行为，而是直接针对"人"本身做整体性负面评价时，如"你怎么这么笨""就你这样，出去了迟早还得进来"，对方最常见的态度是远离、对抗。因此，批评者的姿态很难做到引导他人的思想。

引导者与人交往时更倾向于积极的内容，关注正面的内容。引导者的姿态在人际互动中更容易让对方愿意跟随。他们不轻易对人做整体性负面评价，更多的是针对问题引导对方关注问题所在、关注问题解决的可能途径。引导者的姿态更容易让服刑人员爱听、能听进去，从而实现思想引导。

民警用言行诠释了引导者的姿态。他们的具体做法有：

1.不用否定的表达方式说话

还好呢，你怎么连扣子都不会系？

——否定的表达方式是以对对方的否定、否认、贬斥为出发点的。

一边点头微笑一边应声，接着用手指了指扣子，做了个系好扣子的动作。

——引导的表达方式是从接纳对方有意义的部分开始，对方能够听进去。

2.描述服刑人员的正面意图

引导者能够发现服刑人员任意言行背后的正面意图，把交流的重点放在对方“希望达到什么”“获得什么”“想要实现什么”等方向上。

服刑人员见到民警主动问候，无论其有没有系好扣子，无论其身上有多少问题，首先发现他主动打招呼行为背后的合作态度、希望亲近的态度、希望得到民警好评的态度。引导思想需要建立在对这些正面内容做出回应的基础上。

3.变批评为询问

具体地说，就是把对问题的指责变成怎样才能解决问题的讨论。比如，服刑人员提出某种设想时，民警不是直接否定、打击，如“你怎么只会想这些没有用的？”“这个想法实现不了”；而是用询问的口气引导其思考，如“怎么才能实现这个想法呢？”“这个想法你觉得怎么实施才具有实际意义？”

对比之下，我们不难发现：询问和批评的核心意思相同，但询问更具有建设性。

在询问中，一般多使用“如何”“怎么”“怎样”等字眼，不使用“为什么”这类词汇。以“为什么”开头的提问多蕴含着自身的态度，指责、批评的味道过浓，容易引起服刑人员的抵触，或形成异议。

对比下面两句话：

为什么你就不想想其他班的感受？

你觉得其他班会怎么想？

如果民警说的话服刑人员不爱听，甚至听不进去，那么民警说了多少句，服刑人员就很可能在心里顶回来多少句。服刑人员抵触和厌倦民警说话，意味着其与民警的心理距离在拉远。心灵都接触不到，何谈矫治。思想引导法是矫治服刑人员思想的方法，这些方法只有在服刑人员乐于接受的情况下才会发生作用。

三、不防御的心理姿态

就行为和思想而言，实现服刑人员合作性的、配合顺从的行为要比矫治其思想容易无数倍。每个人在成长、生活过程中一旦确定了自己相信什么、坚持什么，并从日常生活中不断地寻找佐证予以检验，那么他的核心信念便根深蒂固。在矫治服刑人员歪曲思维的过程中，民警一定要保持观察者姿态。

俗话说“当局者迷，旁观者清”。借用拳击场上的比赛来打比方，场上的拳击手很容易打乱了脚步、打乱了章法，场下的教练处于旁观的视角，能够把双方的长处、短板都看得很清楚。于是，每次暂停时，教练对拳击手就策略、套路等所做的有的放矢的指点成为拳击手获得胜利的重要保证。服刑人员思想转变的过程就相当于民警与服刑人员歪曲思维进行拳击对垒的过程。谈话过程就是和服刑人员思想进行博弈的过程，民警必须分出一部分精力跳出拳击台，做台下的教练、旁观者，看清该用怎样的套路和策略。这个拳击手和教练角色转换的过程就是“不防御”的过程。

什么是不防御呢？简单地说就是在对方出拳时不急于反击，而是采用抽离的态度找出其发力的原因，再直接就其发力点做工作。无论对方是发问、不配合、指责，还是哭泣、逃避，都不马上接招回应，不立刻针锋相对，而是跳出来看对方的反应，研究自己和对方的互动，发现对方发力的原因。

关于不防御有很多经典的例子。比如，在一次记者招待会上，一个孩子对泰戈尔说：“泰戈尔先生，我打算用您的名字来命名我的狗，您看可以吗？”假如此时泰戈尔接招将带来很不好的影响，如果泰戈尔说不行，媒体曝光后泰戈尔有可能遭遇心胸狭窄的贬斥；如果泰戈尔回答可以，媒体将以“泰戈尔是一条狗”为标题做报道，泰戈尔的尊严必将受到嘲弄；如果泰戈尔回答我不知道，就意味着其以愚钝蠢笨的形象昭示天下。因此，无论怎样接招显然都不合适。此时，最好的处理方法是不防御，不急于回答，先发现对方的发力点。泰戈尔就采用了这样的回答方式：“这是您和狗之间的事，你只需要征得狗同意。”

民警在对服刑人员歪曲思维进行矫治的过程中，服刑人员出现抗拒类言行非常正常，多斗智少斗勇、时时不防御是思想引导法得以实施的关键。

☞ **案例一**

服刑人员：**你们对我不公正。**——民警无须用“抗改”等做界定，这只是服刑人员歪曲思维的表现形式。

民警1：**我就这样了。**——这属于正面接招，结果只能是费力不讨好。

民警2：**这儿我说了算，有本事你别进来。**——和服刑人员歪曲思维进行贴身肉搏，概率极高的结局是“滚一身泥”。

民警3：**那你说说，哪里不公正？**——不防御，直接寻找服刑人员发力的原因。这样的做法为后续实施思想引导法打好基础。

☞ 案例二

服刑人员：你不就是穿着这身衣服嘛，如果不是穿着这身衣服，你还不如我呢！——这些表现都是内在歪曲思维起作用的结果。

民警1：我就是穿这身衣服，怎么了？——任何形式的正面接招都意味着放弃使用智慧而采用武力解决问题。《孙子兵法》中谈道，“不战而屈人之兵，上之上策”，武力解决往往会让民警越来越被动。

民警2：咱俩之间没有必要较劲，如果你是我，你会怎么处理呢？——不防御，引导他讨论更恰当的解决方式。思想引导法在不知不觉间已经展开。

☞ 案例三

服刑人员：你是队长，我的事你必须解决。你不给我解决，我只有自己解决。（一边说一边用手点着桌子）——这是“应该”的歪曲思维作祟，同时还需要注意的是服刑人员对解决问题的迫切性。

民警1：你把手按规范放好！——民警只关注外表但忽略了内在情绪，更忽略了抽离并对当下的互动进行观察的方法。

服刑人员：规范哪条规定手要放好——这样的表达再次流露出“应该”的歪曲思维。

民警1：我让你放好你就放好！

服刑人员：我怎么没放好了？

互动至此，服刑人员已经完全处于对立的状态，民警此时已经很难对服刑人员进行有效的思想引导了。

民警2：不管解决什么问题，你既然希望我来解决，就应该有解决问题的态度。——民警注意到服刑人员的情绪，完全没有被其影响，平静地做交流。

第四节　思想矫治实战技术3——着手问题源头

在教育改造过程中，服刑人员的一些问题和表现常被民警简单地认为是服刑人员自我行为约束不够、不严格要求自己。比如，服刑人员容易因一点小事就冲动，自我约束力差导致小毛病不断，劳动改造不积极，爱说风凉话，常有抵触情绪……在处理时，民警一般采用说服教育、强调纪律规范的方法，结果常常是多次谈话、不断明确要求，既晓之以理又动之以情，但问题依然没有解决。之所以会出现这样的情况，是因为民警的处置方法治标不治本。

下面介绍几个案例，民警通过谈话让服刑人员认识到其思维的不真实性，最终放弃自身的歪曲思维，从而扭转自身的不良日常行为。

一、追本溯源

所谓追本溯源就是不急于谈话教育，而是先把服刑人员的歪曲思维过程呈现出来，再针对这些思维过程进行矫治。

服刑人员在谈话中出现的某一些重要词汇往往是其歪曲思维的反应，这些词汇可能是服刑人员给自己贴的标签，如“我太笨了”“我是倒霉虫”“我不该总是那么嫩”；也可能是服刑人员给他人贴的标签，如“他是一个自私的人”“他是牛人”；还可能是服刑人员在谈论人或事时使用的全面评价性的词汇，如“他烦我”“这事就是潜规则”。

对这些歪曲认知的矫治需要从引导服刑人员把词汇所代表的意义表述清楚开始。

☞ 案例

服刑人员陈某的妻子半年来几乎不来接见陈某。接见日，又是陈某的父母来看他。陈某向父母问及妻子为何不来，父母说：“应该是工作太忙了，她也很久没有到家里来了。”接见之后，陈某情绪低落，一副心事重重的样子。同班组的其他服刑人员反映陈某总是唉声叹气的。

1.失误举例

以下为模拟对话，旨在通过模拟失误的管教过程来说明个别教育中存在的问题。

民警：最近怎么样？

陈某：挺好的。

民警：怎么看着没精打采的？

陈某：谢谢民警关心，也没什么。

民警：心里有什么堵着的事就说出来，咱们聊聊。

陈某：唉，像我这么没用的人，学什么都不行。

民警：是不是因为媳妇没有来接见呀？

陈某：唉，我都住在大狱里了，还惦记这些干什么呀！

民警：不惦记就对了，狱内离婚的也不少，要正确对待，不能太狭隘。人生波折苦难多了，你仔细考虑考虑。

陈某：是！

民警：想开些，这样对大家都好！

陈某咬着嘴唇不说话。

民警：回去好好想想，好好改造，争取早点儿回家不就什么都有了吗？

陈某：是！谢谢民警。

在这个谈话过程中，民警好像是把该讲的道理都讲清楚了，陈某也表达了接受的态度，但实际并没有取得思想矫治的效果。这样的谈话不仅无法完成思想矫治，而且会减少服刑人员对民警的信服度。

语言的建构性使得不同的人可能对同一个词汇的理解相去甚远。比如，不同的服刑人员说“我是个没用的人”时，他们隐含的意思往往不尽相同，和民警理解的“没用的人”也未必相同。这些对词汇理解上的差异是由成长环境、生活经历、思维过程等的不同造成的。

思想矫治法在面对这些标签类问题时，往往会先要求服刑人员对这些特别的词汇做说明、下定义、做解释，在弄清楚标签含义的同时，也让服刑人员思维中歪曲的部分呈现出来，从而可以更直接地完成思想矫治工作。

民警可以借助这样一些表达方式来使用这一方法：你所说的×××是什么意思？什么是×××？我们怎么才能知道一个人是×××的？

2.示范案例

民警：最近怎么样？

陈某：挺好的。

民警：怎么看着没精打采的？

陈某：谢谢民警关心，也没什么。

民警：心里有什么堵着的事就说出来，咱们聊聊。

陈某：唉，像我这么没用的人，学什么都不行。

民警：没用的人？什么意思？（对于“没用”这样的标签类词汇，民警没有置之不理，而是循循善诱地引导陈某做表达，通过讨论直接在陈某内心思维活动层面做矫治）

陈某：就是媳妇不打电话、不接见，自己一点儿办法都没有，连自己是不是被戴绿帽子了都不知道，就算知道了也没办法。

民警：这么说，你觉得媳妇不打电话、不接见，是因为自己没有用？

陈某：假如我很能干，媳妇就会对我特别好，就算我在里面，也会关心我、惦记我。

民警：那咱们是不是可以说凡是没有媳妇打电话或者来接见的，都是没用的人？

陈某：差不多吧。

民警：你知道的咱们分监区已经离婚的有几个？

陈某：五个。

民警：年前，咱们分监区杨某媳妇提出离婚，大家都特别担心。有人给他“拔份儿”，说出去了要替他去找他媳妇算账。杨某跟大伙儿说：“离了对双方都好，没事。男子汉大丈夫还愁找不到媳妇吗？”这大半年，杨某每个月挣分，参加活动，过得挺好。你觉得杨某算没用还是有用？

陈某：他比我强。

民警：他比你强？什么意思？（继续就陈某思维中的“强”做澄清）

陈某：杨某自己有本事，有手艺，家里也有钱。他出去了当然什么也不愁。我要什么没什么，如果连媳妇也没了，我一个大老爷们儿出去就只有吃老爸老妈了。

谈话进行到这里，不难看出陈某真正纠结的并不是妻子是不是来接见、会不会离婚，而是对自己出狱后谋生能力的担忧。思想矫治工作着力点应该是关于陈某如何发展自己、如何增加自身谋生力量的问题，如果只是从离婚问题入手，就会偏离核心，甚至只能隔靴搔痒。

【要点】

（1）在使用追本溯源思想矫治法时，不要想当然地认为自己已经完全理解了。民警如果从自己认为的方向入手，很有可能导致最终的各说各话，使服刑人员和自己的心理距离越来越远。民警要在听到服刑人员流露出的内心想法后，尽力引导其做更充分的表达，从而保证后续矫治的针对性。但是，民警以足够的耐心听、引导服刑人员表达，即便自己真的懂了，有时也需要“揣着明白装糊涂”，通过“这是什么意思”之类的问题，挖掘出服刑人员对犯群的影响。

（2）如果服刑人员无法按引导进行说明或无法完成相应的思考，民警一般通过要求服刑人员描述情景、描绘现象的方式做说明。

例如，服刑人员吴某的核心歪曲思维是“谁都嫌弃我”。民警首先要引导吴某探究他的这个标签。于是，民警会问：“谁都嫌弃是什么意思？”吴某想了想，回答：“我也说不太清楚。”

民警一般这样处理：“发生什么会让你有这样的感觉？”“你说说都谁嫌弃你了？”

如果服刑人员回答“说不好”“不知道”“说不出来”，实质是其内心不愿意配合。此时，民警就要查找出其不配合的原因，先解决掉不配合的问题，再对其歪曲思维进行矫治。

二、利弊分析

矫治服刑人员歪曲思想的过程就仿佛服刑人员自己钻进牛角尖里，他的思维方式导致他不知道怎么出来，民警要做的教育矫治工作就是把服刑人员从牛角尖里带出来。利弊分析是让服刑人员离开牛角尖的常用方法之一。

具体做法就是引导服刑人员分析歪曲思维导致的结果，这些结果既包括正性的，也包括负性的。这个结果一方面帮助民警更全面地掌握服刑人员心理情况，另一方面让服刑人员对自身的问题有更明确的认识。

☞ 案例

服刑人员钱某因头疼几乎每周都要求去看病，虽然医院检查后的结论是没有器质性病变，但钱某自己感觉每天都头疼，特别是早晨和晚上，而且头疼越来越严重。医院明确诊断钱某头部没有病灶，但钱某认定自己得了脑瘤，是医院的仪器落后、医生的水平太差，所以查不出来。一段时间以来，钱某对检查结果非常不满，他不断地以药没有效果、自己的病情在加重为由要求去更高级别的医院看病。钱某频繁地要求看病、抱怨医院和医生的水平差、说药没有效果、请假泡病号，在犯群中造成了非常不好的影响。

1.失误举例

以下为模拟对话，旨在通过模拟失误的管教过程来说明个别教育中存在的问题。

钱某：队长，您带我去看病吧，头疼得受不了。

民警：上次医生不是跟你说了嘛，大脑内部一切正常，你就是思想压力太大。

钱某：我头特别疼，疼得我躺不下、坐不住，您能不能安排我去北京协和医院看看？

民警：CT片子上看得清清楚楚的，医生对着CT片子一点点儿看的，完全正常。你怎么还非得查出自己有病才行？

钱某：不是我非要查出有病，我头这么疼还能没问题？肯定是大问题，脑瘤之类的。是什么我不怕，但我得明白啊！

民警：你别钻牛角尖了，回去再看看CT片子，想想医生的话。你呀，好好出工、好好改造就什么事都没有了。

钱某：队长……

民警：身体健康是多少人梦寐以求的事，健康多好啊！自己回去想想高兴的事。

民警以医院的CT片子和医生的诊断为依据，劝钱某放下思想包袱、好好改造。道理讲得很清楚，那么钱某听进去了多少呢？教育改造工作的效果不是以民警讲了多少为判断依据，而始终是以服刑人员接受了多少、改变了多少为依据。以上这一段谈话相当于非常浅表的、远距离的客套，不但没有思想矫治作用，还有可能导致钱某认为民警不关心自己、不重视自己。因此，这一段失误的谈话有可能不仅没有解决问题，还会为后续的问题埋下伏笔。

民警引导服刑人员就其所坚持的某一观念、某种信念有可能引发的结果做分析，从两个方面讨论这一观念带来的结果，既要讨论因为坚持这种思维导致的困扰、麻烦、阻碍等对其不利的部分，又要讨论因为坚持这种思维而带来的获益。这些获益可能是方方面面的，有些时候这种获益并不是显而易见的，服刑人员看不到自己的获益。但是，任何行为得以维持都一定有它存在的理由，这些存在的理由就是服刑人员从中得到的获益。

民警可以借助以下这些表达方式来使用这一方法：

这样想，对你会有哪些影响？

除了这些之外还有其他影响吗？（注意，这里使用的是中性词“影响”）

这么多年坚持……（歪曲思维内容）你付出了哪些成本？

你坚持……（歪曲思维内容）有哪些收益？

如果这个想法会对你造成不利，你认为不利是什么？

如果收益和不利一共是100，那么你觉得两者分别占多少？

为了帮助服刑人员对自己的问题看得更加清晰，民警在谈话前准备一张白纸，并把这张白纸纵向对折，制作出一个分左右两栏的表格。这张表格用来整理、记录服刑人员的想法，把有正性影响的想法写在一栏里，有负性影响的想法写在另一栏里。讨论时可以结合这张表的内容，让服刑人员先看看这张表，然后问服刑人员：

在这个表格里，你最关注什么？

这张表上写的内容对你来说有的影响很大，有的就没有那么大影响了，把影响大的内容指出来。

2.示范案例

钱某：队长，您带我去看病吧，头疼得受不了。

民警：上次医生拿着CT片子一点一点给咱们分析过，说大脑内部一切正常，头还是疼？

钱某：我头特别疼，疼得我躺不下、坐不住，您能不能安排我去北京协和医院看看？

民警：你觉得去最好的医院、找最好的医生看，有可能是一个什么诊断结果？（进一步验证钱某对头疼的思维过程）

钱某：我自己觉得多半是长脑瘤了。

民警：你对自己做了一个判断。

钱某：我的身体我知道。我得赶紧治！

民警：你坚持认为自己得了脑瘤，这样想对你有哪些影响？（正式开始分析原因）

钱某：就是难受，身体难受、心里难受，怎么待着都不舒服。

民警：咱们今天敞开了谈谈你这些难受，好不好？（循序渐进，引导服刑人员愿意跟随。这里使用的"咱们"一词以共同面对问题的态度对钱某表达支持，非常有效地拉近了与服刑人员的心理距离）

钱某：这一段时间，我每天都头疼，早晨醒了就疼，晚上躺下更疼，白天只要想起头疼的事就疼。

民警：真是受罪！你这段日子怎么过来的？（对钱某加以引导）

钱某：唉，熬吧！我就想脑瘤就脑瘤，总得治呀，这样下去我就只有等死了。

民警：你认为自己得了脑瘤会影响你的情绪。为了便于咱们一会儿能全面、认真地统览全局，我把这些记录在这张纸上吧！（带领钱某继续就思维造成的结果做分析）

钱某：好。其实我也不愿意总去看病，影响干活、影响挣分，但我没有办法。

民警：再加一条：影响干活、影响挣分。还有吗？

钱某：一想到自己得了脑瘤，我挺害怕的，我不想死，我闺女还等着我出去呢！

民警：会让你觉得害怕，写在这里了。你说你闺女等着你呢？

钱某：是呀，这一段我身体不好，我闺女每个星期都写信关心我。别看她妈说了我那么多坏话，闺女就是亲我，她那么小就这么懂事，我可真惭愧！还有四五年就出去了，我怎么才能对得起闺女，让她跟着我过好日子啊？

民警：再加一条：因为身体不好，闺女每星期都写信；还有，你担心出去以后没有办法给闺女好日子。

钱某：自己受多少罪我都不怕，头疼什么的，我都能忍，可是我这么一个大男人没有办法给孩子好日子，一想到这些我心里就乱七八糟的，头就更疼了。

民警：是不是头疼了，也就顾不上想了？

钱某：是呀，头疼了，什么也顾不上了。

民警：这么说头疼算是把你从无奈的、乱七八糟的内心纠结中解救出来的一种方式？

钱某：有时候我就想真得了脑瘤，又治不好，我也就解脱了。

民警：你很想让孩子过好日子，同时你又无能为力。这个时候脑瘤来了，脑瘤可以让你多少感到一些解脱。（不回避问题，但是用了钱某的思维角度做表达）

钱某：我不会这样对孩子的！我就是得了脑瘤要死了，也得想办法给孩子挣下嫁妆钱！

民警：听你这么说，真为你闺女高兴，她有一个真的爱她的父亲！（通过钱某的表达，民警找到了钱某的自我力量，于是继续用这个力量做推动）

民警：现在看看这张纸。你认为得了脑瘤对你的影响：1.身体难受。2.影响干活、影响挣分。3.觉得害怕。4.因为身体不好，闺女每星期都写信。5.担心出去以后没有办法给孩子好日子。6.真得了脑瘤，又治不好，其实也就解脱了。这些影响如果要分成不好的和还不错的，你觉得可以怎么分？

钱某：不好的影响有：身体难受，影响干活、影响挣分，害怕；好的影响有：闺女信多了，也是一种解脱方式。

民警：如果这两部分加起来是100，你觉得这两部分分别占多大比例？

钱某：我觉得不好的影响占90，好的影响占10。

民警：看来咱们必须解决这个问题。你刚才说就是真的要死，也必须给孩子挣下嫁妆钱？

钱某：是呀，我必须好起来，我得早点儿回去照顾闺女，我得想办法挣钱养活家！

民警：真替你闺女高兴！不过这事可能真的要靠你的毅力。你看医生给咱们看CT，脑袋里面没有问题，可是你的头又那么疼，这说明咱们得战胜这个疼！

钱某：除了上医院，还能怎么做啊？

民警：你回想一下，一般什么时候疼得最严重？

钱某：早晨我一般五点就醒了，那个时候最疼！

民警：你再回想一下，一天里什么时候感觉要好一些？

钱某：白天无论是干活还是看电视，不想头疼这个病、不想将来的时候，头不疼。可是，有的时候我一想头怎么不疼呢？头马上嗡的一下就特别疼。

民警：你这么说，我认为医生能帮咱们的可能不多，就得靠你自己帮自己了。为了闺女，咱们一起试试？

钱某：您说需要我怎么做？

谈话至此，民警已经完成了钱某的第一步思想矫治工作。在第一步思想矫治的基础上，民警会进行行为塑造并进行第二步思想矫治，帮助钱某重塑希望、规划人生、进行自我管理。应该说，思想矫治工作的第一步是进一步开展矫治工作的前提。

【要点】

分析结果时最容易出现的问题就是服刑人员认为歪曲想法对自己没有好的影响，他们会说“我不知道怎么会这样”。

在处理类似问题时一般会用香烟的例子，民警会这样做引导：“比如吸烟，谁都知道吸烟有害健康，但很多人无法戒烟就是因为吸烟时的感觉、自己的习惯等，咱们现在要发现的就是这个想法让你那么难受的同时，带给你的一些不同于难受的感觉。”

有时，民警也会直接引导：“人们重复在一些事情里总是有原因的，这个想法有没有用某种方式保护了你呢？”

一般来说，歪曲思维的潜在获益包括：避免失败、减少风险、规避承担责任、降低心理不适感等。有的时候，还需要带领服刑人员从长远的角度看问题，从而分析自己从中的获益。

三、以证据说道理

以证据说道理就相当于用事实来说明问题中的道理，把思维变成事实，再分析事实的真实性。把服刑人员的内在思维变成事实的过程，能够有效避免服刑人员以情绪以及歪曲的内在推理做自己思维的依据。

☞案例

罗某，从其他监狱调到某监狱，很少说话，平时不主动与人交往，凡事都躲在后面，收到母亲来信后情绪异常低落。母亲在信里写到，她在路上碰到罗某小学时候的同学，现在已经做经理了，穿着西服、开着新车。她从来都没有指望罗某能让她坐上汽车，甚至都没有指望过罗某为她养老送终，但愿罗某从今以后不再惹是生非让她受连累就足够了。罗某连续几天都处于恍恍惚惚的状态中，民警找罗某谈话。

1.失误举例

以下为模拟对话，旨在通过模拟失误的管教过程来说明个别教育中存在的问题。

民警：这几天怎么没精打采的？

罗某：挺好的。

民警：有什么心事跟我说说。

罗某：没有。

民警：母亲年纪大了，这么多年辛苦不容易，说几句不中听的话也是正常的。孝敬就是要对老人好，男子汉，不要那么小心眼儿，积极改造、早日回家是你最应该考虑的问题。

罗某：明白了。

民警：明天打起精神来！

罗某：是！

在这段谈话中，民警直接指出了罗某精神状态不好，但罗某并没有表露出自己真实的内心，对于民警讲的道理也只是嘴上敷衍着说明白了。这种谈话对做好服刑人员思想矫治工作几乎没有什么实际意义。

很多服刑人员的歪曲思维并没有真正的证据，所以，民警应巧妙地用提供事实证据的方式完成思想矫治工作。

民警可以借助这样一些表达方式来使用这一方法：

有什么能证明吗？

你要用事实来说服我。

咱们一起找找有哪些证据支持你的说法，有哪些证据不支持你的说法。

有时为了增加讨论过程的生动性，民警可以引入一个并不存在的陪审团。陪审团由来自各行各业、各个层面的人组成，陪审团通过讨论确定证据是否有效，以及这些证据是否足以支持判定某个问题成立。民警会以陪审团的口气转达陪审团的意见。由于陪审团表达的意见是全体陪审团成员各抒己见发表意见进行讨论之后的集体决议，虽然是驳斥服刑人员提出的证据，但由于驳斥意见不是民警个人的意见，而是一个有相对权威的团体讨论之后的决议，就不会有一个直接指向的对立矛盾，因此，大大减少了服刑人员对民警的对立情绪，便于民警进行思想引导。这一过程需要民警引导服刑人员不断地提供自己认为有利的证据，民警借用陪审团的意见对这些证据一一分析、驳斥。

引导语示例：

既然你这么坚持，为了让你的观点得到认可，咱们索性请一个陪审团来审理一下，怎么样？

假设陪审团由一些有头脑的、积极的、善良的人们组成，他们来自各行各业、各个层面，假设他们就在那边，现在咱们就开始讨论你的问题好不好？

陪审团请你提供一些证据。

在服刑人员提供证据后，民警可以参用以下方式回复：

陪审团认为你提供的证据不足以支持你的意见，因为……你还有其他证据吗？

陪审团认为你的证据可以支持你的意见，请你提供更多的证据。

2.示范案例

民警：这几天怎么没精打采的？

罗某：挺好的。

民警：挺好的是什么意思？（采用追本溯源，先弄明白问题的症结在哪里）

罗某低头不语。

民警：好几天了一句话都不说，也算挺好的？

罗某：我太惹人嫌了，我来这个世界就多余。

民警：你能用事实证明你“惹人嫌”“来这个世界多余”吗？

罗某：连我妈都烦我。

民警：还有其他证据吗？

罗某：我一个朋友都没有。

民警：还有其他证据吗？

罗某：就这些，已经足够了！

民警：那好，既然你有这些事实，咱们就请一个陪审团专门来审理一下这些事实是不是足以证明你“惹人嫌”，你看怎么样？

罗某：陪审团？

民警：就是由各个阶层、各种类型的、负责任的、善良的人们组成的，专门裁决证据是不是足够支持观点的团队。把证据提交给陪审团，看看他们怎么说，怎么样？

罗某沉默。

民警：陪审团问你：你说罗某惹人嫌，有什么证据吗？

罗某：他亲妈都嫌弃他！

民警：陪审团认为这是结论不是证据，请问：有证据证明亲妈都嫌弃罗某吗？

罗某：亲妈每次接见都会把罗某数落一顿，从来都不关心罗某，还特意写信说从来就没有指望过罗某养老送终。

民警：陪审团讨论后认为：罗某的亲妈如果嫌弃他，就会不理他，也不会跑大老远接见他；如果嫌弃他，就没有那么多话跟罗某滔滔不绝地说，更不会给罗某写信。陪审团认为：事实恰好证明罗某的亲妈很在乎罗某。请问，还有其他证据吗？

罗某：罗某没有朋友。

民警：陪审团请你提供更多证据，证明罗某没有朋友。

罗某：没有人主动和他说话，没有人听他说心里话。

民警：陪审团讨论后认为：交流是一个互动。罗某不主动和其他人说话，按照这个逻辑，是因为罗某嫌弃其他人，所以他才没有朋友。只有罗某不嫌弃其他人，主动和其他人说话，才能发现其他人是否真的嫌弃罗某。

罗某无语。

民警：你怎么看陪审团的意见？

罗某：不知道。

民警：我也同意陪审团的意见。不妨你试着先跟你们班长主动聊聊，看看他会是什么反应，然后咱们再讨论你的想法，你觉得怎么样？

罗某：那我明天找班长说说话，如果他嫌弃我怎么办？

民警：那你不就有证据交给陪审团支持你的观点了吗？明天咱们再聊，怎么样？

罗某：好吧。谢谢你。你跟我说了这么久，你就不嫌弃我。

民警：我跟你说这么久，也因为你跟我说心里话，如果你始终一个字不说，我就会认为是你嫌弃我，那咱俩就没有这么多交流了。所以，交流是互动，两个巴掌才能拍响，对吗？

罗某笑。

【要点】

（1）不针对服刑人员的情绪状态找证据。

如果罗某说“我很难受”，就不能使用这个方法。因为难受是一种情绪，情绪是主观感觉，是不需要证据的。“我很难受”就是一种感觉，相当于“我口渴了”。

（2）没有实质性内容的表达也不能收集证据。

比如，服刑人员说“我无法相信”，这种没有实际意义的表达不需要收集证据来支持，而是要讨论“无法相信什么”；再如，服刑人员说“我不能容忍”，同样是没有实际意义的表达，不需要收集证据，而是要讨论“不能容忍什么”。

四、在互动中矫治

增加互动是进行服刑人员思想矫治工作时有效调动服刑人员积极性、深入服刑人员内心世界的方法之一。

任何歪曲思维都有其相对的正性一面，比如，“我被人嫌弃”相对的正性一面就是“别人不一定在嫌弃我”，“我努力也没有用”相对的正性一面就是“我努力是有意义的”。

民警在对服刑人员进行思想矫治时会借助歪曲思维的相对的正性一面对服刑人员进行直接的说服教育，但是每当民警直接告知服刑人员其思维的谬误之处时，服刑人员往往下意识地予以抵触。比如，民警直接告诉非常自卑、总认为其他人在嫌弃自己的服刑人员“别人不一定在嫌弃你”，服刑人员会很自然地想“他们就是在嫌弃我”“你根本不明白”“我的经历证明了他们都嫌弃我”等，服刑人员也许会直接把这些想法说出来，也许会把这些想法隐藏起来，用表面的顺从、认同行为敷衍民警。

因此，在思想矫治工作中听到服刑人员的一些认同反应“是”“对”“您说得太对了”很有可能是不真实的顺从表达。互动的过程可以直接、有效地了解他们的真实反应和想法，从而确定思想矫治工作的进程。

☞案例

服刑人员赵某坚持认为自己没有罪，不吃囚饭、不穿囚衣，要求无罪释放。按照有关监管规定予以控制后，其仍旧与民警较劲儿、对抗。民警对其进行的谈话教育几乎无效，赵某始终坚持“我没有罪”“我不能服刑”。

1.失误举例

以下为模拟对话，旨在通过模拟失误的管教过程来说明个别教育中存在的问题。

民警：赵某，监狱的规定你清楚吗？

赵某：我没有罪，凭什么把我送进监狱！

民警：有罪没罪不是你我讨论的，你可以走司法程序进行申诉，但这里是监狱，既然在监狱里了，你就要遵守监狱的各项规定。

赵某：我不应该来监狱。你们把我送出去！

民警：你这样对抗对你没有任何好处，你以为这样闹下去就能出去吗？你这样做的后果是使问题更加严重。

赵某沉默。

民警：你打算这样坚持多久？

赵某：我没有罪。

民警：你必须遵守监狱的规定。

赵某：我没有罪。

民警：你可以一边服刑一边按照正常司法程序进行申诉。

赵某：你们现在就释放我！

赵某的非理性思维导致谈话处于僵持状态，这样的僵持一方面暴露赵某在应对外界问题时严重缺乏弹性，另一方面也让民警无法用正常的交流方式实行教育矫治。狱内不认罪服刑人员在提出申诉后如果还能够比较理性地等待司法程序履行的过程，那么当他们必须接受申诉被驳回甚至加刑的结果时，其思想矫治工作的难度是可想而知的。

在确定了服刑人员需要矫治的歪曲思维之后，民警会安排服刑人员扮演其歪曲思维，由民警扮演该歪曲思维的正性一面，从而完成对服刑人员思想矫治的第一步。在此基础上，民警还可以要求服刑人员扮演其歪曲思维的正性一面，由民警来扮演歪曲思维，实现服刑人员的自我矫治。

这个扮演歪曲思维的过程，一方面通过民警直接呈现的方式让服刑人员直观地接触自己思维的正性一面，从而实现对服刑人员的思想引导；另一方面通过由服刑人员扮演的方式让服刑人员直接表达自己思维的正性一面和负性一面，从而实现民警对其内心世界的充分了解。这一过程往往不是一轮扮演就能够解决问题的。有时，在扮演过程中，民警会发现服刑人员在一些时候无法接受正性思维，这种“无法接受”恰好为民警引导其思维提供了新的重要信息。

引导语示例：

现在咱俩要做一个角色扮演，分别扮演你的想法的正性一面和负性一面。谁扮演哪一面，就要努力说服对方自己的确是有道理的。

2.示范案例

民警：赵某，监狱的规定你清楚吗？

赵某：我没有罪，凭什么把我送进监狱！

民警：有罪没罪不是你我讨论的，你可以走司法程序进行申诉，但这里是监狱，既然在监狱里了，你就要遵守监狱的各项规定。

赵某：我不应该在这里，你们送我出去！

民警：“我不应该在这里，你们送我出去”是你的想法，这个想法还有另一面，就是“我要争取尽早出去”。既然你这么坚持，咱俩也没有必要说车轱辘话，你就扮演这个想法，我扮演这个想法的另一面，你来说服我，证明你的想法的确是对的。

赵某：什么意思？

民警：你就扮演“我不应该在这里，你们送我出去”，你要尽可能充分地把这个角色的全部理由都表达出来。我扮演“我要争取尽早出去”，我也会把自己这个角色的全部理由都说出来。你先把我说服了，好不好？

赵某：我本来就是没有罪的，没有罪我就不应该在这里！

民警：（用扮演思维的口吻）作为大脑，你这样想问题是完全不负责任的态度，你现在转动一下眼睛看看四周，明明已经在监狱里了，现在应该想的是“我怎么才能早日出狱”。

赵某：只要不穿囚衣、不吃囚饭我就不是服刑人员，我就能证明自己没有罪。

民警：（用扮演思维的口吻）作为大脑，你必须现实些思考，你真的觉得大脑怎么想就会有怎样的结果吗？

赵某：我如果不坚持了，就相当于承认自己有罪了。

民警：（用扮演思维的口吻）大脑啊，你应该面对现实去想我要尽早出去，去指导身体怎么做才能尽早出去。

赵某沉默。

民警：（用扮演思维的口吻）大脑啊，你好好想想，监狱不是判刑的地方，监狱是执行的地方，你坚持不认罪的这段时间没有正常的狱内生活、活动，就相当于在推迟自己的加分减刑，就相当于让身体在监狱里待的时间更长。

赵某：可是我没有罪。

民警：（用扮演思维的口吻）大脑啊大脑，这个问题通过申诉去解决，咱们左右不了怎么判决，但是咱们可以面对现实，争取尽快出去！

赵某沉默。

民警：（用扮演思维的口吻）大脑啊大脑，你坚持没有罪不就是要现在就出去吗？你成熟些吧，能不能出去不是你想、你坚持就能决定的！大脑真正能左右的是支配身体做些真的能促进早回家的事。

赵某：那我该怎么做？

民警：（用扮演思维的口吻）大脑啊大脑，你觉得早日出狱的真正有效行为是什么？

当谈话进行到这里，民警会询问赵某听了自己思维另一面的想法之后，哪些可以接受。比如，赵某提出可以接受的是应该考虑早出去，但是，还是不能接受必须认罪。这种互动使赵某对自己不面对现实问题的思维方式进行了检查，并开始了从“尽早出去”的角度考虑问题。

对赵某的思想矫治不可能通过一次谈话就能实现，民警可以继续通过上面的扮演让赵某熟悉、感受新的思维角度。当赵某能够有所思考后，再进入下一个阶段：要求赵某扮演自己思维中“我要争取尽早出去”的想法，而民警扮演“我没有罪”的想法。直至最后完成对赵某的思想矫治。

【要点】

有些服刑人员的思维非常固执，他们会“一根筋”式地坚持自己的歪曲思想，要引导他们进入扮演思维的角色互动往往非常困难。这时，民警就要降低服刑人员对新思维的抗拒。比如，可以对他们说：“并不是要你非得相信所有的事情，咱们只是要试试关注你自己思维的不同方式。”服刑人员还可能会说自己想的和民警说的不一样，民警可以这样回答：“你现在可能不这样想，但不妨咱们尝试一下，假如你的思维真的在这么想，那么这样的思维过程会让你怎么处理问题。”

另外，很多服刑人员过于敏感，他们可能会对嘲笑、讽刺等保持高度敏感。因此，在通过互动进行思想矫治时，民警应特别注意规避服刑人员有可能感觉到被嘲讽的措辞以及非言语行为。

第五节 思想矫治实战技术4——引导心理需求

在狱内开展对服刑人员的思想矫治工作必须不断促进服刑人员对各项改变的心理需求。在文明执法、严格遵守各项监管规定的前提下，通过调整、改变、引导服刑人员思想的关注点实现对服刑人员心理需求的引导。

举个例子，某分监区发饭时，由于人数有变化等诸多原因，最后发到甲犯时，没有菜了。

甲犯的思维过程关注的就是当下，认为别人都有菜唯独自己吃不上菜非常不公平。他感受和关注的信息就是“我没有菜吃”，由于种种客观原因民警无法立刻予以弥补，甲犯无法接受自己只能干吃馒头的现实，无论民警怎么解释，他都坚持自己必须有菜。因为甲犯的关注点就是当下，所以他坚持认为如果自己“服软”了就会被同犯耻笑，以后会被欺负、会在同犯嘴里落话柄，因此他必须解决问题。在如此局限的思维中，甲犯认为解决问题的方法就是自己马上就能吃到菜，而且不是其他同犯给的，必须是从桶里盛进自己碗里的。

如果民警的思维关注点也放在当下，那么民警就有可能只是对甲犯说：

“今天吃饭的人多了两个，菜已经分完了，你是最后一个，你克服一下吧！”

“你一个大老爷们，就这一顿少吃一口菜也不算什么，晚上补给你。”

“菜没了，谁也不是故意不给你的，你喝水吃馒头算了。”

“我让你们班长从他碗里给你拨点菜，行吗？”

接下来的互动就很可能进入死胡同。甲犯要在当下得到心理满足，他提出的“马上吃到菜”“菜是从桶里盛进自己碗里的”等要求看起来似乎属于合理要求，但当民警无法在当下给予解决，只是停留在一再说明菜没有的原因、承诺晚饭弥补等时，甲犯就会进一步以当下为着眼点看待问题，演变成“你不解决我的合理诉求”，这样的互动过程使小问题升级的可能性陡然增加。最终，甲犯爆发，把一件小事演变成激动地大喊大叫、坐在地上大哭，甚至写上访信等行为。

思想矫治法在面对甲犯以当下为思维关注点时，通过言语引导迅速地把甲犯的思维关注点转移到未来，转移到关注周围的人及人生等大背景中，从而实现甲犯的思想控制。

以下是使用思想矫治法的片段：

在发现没有菜发给甲犯时，民警立刻对甲犯进行如下教育：

方法一：

不好意思没有菜了，你支持一下我的工作，克服一下行吗？晚上给你补上。

——把甲犯从“没有菜”的思维背景中引导到“你支持我工作”的警犯互动背景中；使用疑问句式把甲犯从只能被动接受当下“没菜”的现实转化为可以主动选择“是否支持”的心理感受中。

方法二：

哎哟，菜没有了。一班先别吃呢，都过来。今天分菜出了点儿问题，咱们班甲某没有菜了，你们看咱们班能不能齐心协力一起解决一下这个困难？

——把甲犯的思维背景引导到和他犯的互动背景中。

方法三：

今天得让你受点儿委屈了，晚上多给你，把中午这些给你补上，以后力争不再出现这样的事情。你观察观察，过一段时间你惦记着告诉我：我是不是说话算数了，行吗？

——认同甲犯受委屈的心理感受，带领甲犯把思维视角从当下延伸到晚上、以后；同时，把甲犯从被动接受当下现实问题转化成主动的观察者、评价者的角色，从而完成了带领甲犯转化思维背景的过程。

民警顺利完成了甲犯思维关注点的转化后，不难设想，此事会得到平稳的解决，而且通过民警使用思维矫治法，发菜中出现的问题还成了改造甲犯思维过程的生动教材，无形中实现了对甲犯的思想改造。

服刑人员普遍思维狭窄，在想问题时常常固定在狭小的视野范围内，具体表现为“爱钻牛角尖儿”。对于这样的服刑人员，思想矫治法中的引导心理需求的系列方法能够行之有效地实现思想矫治。

一、促进目标需求

每一个个体的思想都有关注点和方向，因此，不同的个体从同一个特定事件或互动中所感受、觉察到的信息往往是不同的。面对问题时服刑人员比较普遍的思维模式是以问题做背景，围绕着会带来什么影响、会造成什么损失、会造成多少损失进行思考，他们会更关注自己的损失、付出、代价，思考会集中在以下这样一些问题上：

发生了什么？

怎么发生的？

谁/什么导致它发生了？

谁的错误？

我受到了哪些影响？

还有哪些属于我的“恶果”可能继续出现？

我有哪些损失？/我损失了多少？

这样的思维过程往往让服刑人员始终沉溺在已经发生的、无法挽回的损失里。而且他们还会对民警给予的建议、引导保持警惕甚至逆反，各方面的综合因素最终会导致服刑人员倍感绝望、无助。

☞ 案例

武某坚持“我没有犯罪”，每次和民警谈话他都会滔滔不绝地表达，研究武某所说的话会发现其思想核心主要是以下几个方面：

判我刑是错误的。

我受了天大的冤枉。

造成错判是因为掌握判决权、执法权的人都是坏人。

民警都是坏人。

我是清白的。

我不能接受错判。

由于武某的思想全部执着在坚决不能接受被判刑这个事实上，而现实中他又不得不在监狱内生活，于是他采用了不服从服刑人员行为规范、绝食等坚决抗拒的应对方式。

1.失误举例

以下为模拟对话，旨在通过模拟失误的管教过程来说明个别教育中存在的问题。

民警：你以为不吃饭就可以证明你的清白吗？

武某沉默。

民警：在监狱里不吃饭的你也不是第一个，你看哪一个是因为不吃饭被释放的？

武某沉默。

民警：你想清楚了再做决定，你自己不吃，就鼻饲。你仔细想想，是鼻饲加上你伤身体合适还是好好吃饭、积极改造争取早日出狱合适。

武某沉默。

民警：起来，现在把饭吃了。

武某闭目沉默。

这个谈话过程中，民警说了很多话，虽然看起来民警在做教育矫治工作，但实际这一组人际互动的主动权被武某牢牢地掌握着，武某不仅简单、直接地表达了不接受、不认同，还流露出轻蔑和不屑一顾。民警的谈话不但没有被武某接受，还因为武某的置之不理显得很乏力。

服刑人员遇到的很多问题往往是无法挽回的，如接受判决、接受在高墙内服刑的现实、接受狱外配偶提出离婚、接受违规后要扣分、接受虽然努力了但减刑材料仍旧不够减刑，等等。针对遇到类似问题的、在其中纠结不堪乃至绝望、无助并采用极端方式表达的服刑人员，主要是通过引导其关注自己想要的目标，以及怎么才能实现这一目标，收集实现目标需要的资源，从而引导服刑人员更多的思考如何解决问题。在诱导出服刑人员对目标的心理需求后，应以目标需求为方向促使服刑人员发生转变，最终实现思想矫治。

民警可借助这样一些表达方式来使用这一方法：

你期望的目标是什么？

怎么才能得到？

现在有哪些因素对你是有帮助的？

哪些因素对你没意义？

哪些因素有可能起相反作用？

怎么才能用好有帮助作用的因素，尽可能减少有阻碍作用的因素？

2.示范案例

以下是对武某进行思想矫治的过程。

民警：你那么看重清白，不惜代价地证明自己是清白的，挺让人敬重

的。(首先用对武某的认可让其比较容易地接受谈话，从而可以很自然地让谈话重点从问题背景的纠缠中转移出来)

武某沉默。

民警：你能说说自己那么看重清白的原因吗？(这里继续对“看重清白”进行讨论，是以服刑人员愿意讨论的话题为切入点，逐步实现引导其进入对目标的关注)

如果武某保持沉默，这里就要继续等待，等待期间民警应以倾听、关注的姿态对待武某，同时保持静默。

特别需要明确的是，思想教育改造是不可能一蹴而就的，最没有效果的思想改造是服刑人员出现对抗性行为表现或者迅速出现口头服从性表达，如“是”“好”。思维模式的转变必然要经过碾磨的过程，对有关问题的深入讨论是对服刑人员进行思想改造的碾磨过程。服刑人员积极参与的、细致深入透彻的讨论过程是完成服刑人员思想改造必须经过的环节。这样的环节有时需要经过半小时、一小时，有时甚至需要用几次谈话时间来完成。在这个过程真正取得效果之前，贸然开始“目标背景”的话题常常会导致因服刑人员断然拒绝而前功尽弃。

武某：我是被冤枉的，我是在坚持真理。

民警：目前这种情况如果继续下去，你觉得有哪些可能？(开始转向目标。这里可能还会细致地讨论：最好的可能是什么，出现的概率有多大？最坏的可能是什么，出现的概率有多大？为后续明确引导服刑人员开始进入全面关注目标做铺垫)

这一个环节的引导可能需要几次谈话过程才能完成。在这个环节里，做好思想矫治工作需要有足够的功力——耐心和稳定的情绪。

接下来的阶段会把谈话放在下面的主题上：

民警：怎么才能让你更快地/更有效地赢得清白？(明确地将服刑人员

的思维方向转向目标背景。此时容易出现的困难是服刑人员不积极跟随，因此，这里不是直接告诉武某“你积极改造，争取减刑、早些出狱才能重新清清白白地做人”，也不是用后果对其施加压力“你应该想怎么尽早出去才对，现在这种局面如果继续升级，只能延长你在狱内的服刑时间”，而是继续围绕服刑人员愿意讨论的话题进行讨论。同样，这个主题的谈话也许还要用几次谈话时间才能完成）

再接下去的谈话主题可能是以下一些方向：

现在有哪些因素对实现这个目标有帮助？

哪些情况有可能起相反作用？

怎么才能用好有帮助的因素？

怎么才能减少起副作用因素的影响？

【要点】

在使用促进目标需求这一思想矫治法时，需要特别注意很多服刑人员会使用消极方式表达自己的目标，在对目标的表达中常会出现否定词“不”，如他们会说“我不想待在这儿”“不想受罪”。或者他们会用不想要的来说明自己的目标，如“我特别烦跟这些人相处，我想离他们远点儿”“我想家里人别这样对我”。这样的表达方式仍旧是把注意力集中在问题上。民警需要引导服刑人员直接表达出自己想要的：

以“我想回家”代替“我不想待在这里”。

以“我想轻松愉快”代替“我不想受罪”。

以“我想和同犯搞好关系”“我希望自己有朋友”代替“我想离这些人远点儿”。

二、放大需求

“只见树木，不见森林”是服刑人员中常见的歪曲思维方式，他们会非常局限地应对自己遇到的问题，主要表现是片面地收集、加工信息，过度集中在自己关注的某个方面而完全忽略了其他。放大需求就是引导服刑人员在更为广阔的背景上重新评估、思考、判断问题的意义和核心。

有一个关于鞋和脚的例子：当一个人因为自己没有鞋穿而痛不欲生时，看到一个没有脚的人架着双拐走过。当有人引导这个没有鞋穿的人不要只是低着头看自己光着的脚而是抬起头来看看那个没有脚的残疾人艰难地挪步时，没有鞋穿的人内心世界悄然发生了变化：他从认定了自己是世界上最不幸的人，变成暗自庆幸自己还有脚；他从只有自己光着脚的局限关注中被引导到了更多人、更多信息、更多心理需求之中。在被放大后的需求中，没有鞋已经是无关紧要的判断因素了，服刑人员会很庆幸地认定自己是幸福的人。这种变化的过程就是"放大需求"产生的效力。

☞ 案例

监狱的一项活动要求每个分监区都必须出一个节目，时间已经非常紧迫了，某分监区的几名服刑人员利用晚上休息的时间认真地排练节目。孙某，已经服刑5年，余刑2年，是这几名服刑人员中各方面都表现积极的骨干力量，是这个节目的导演、教练、主要演员。

到了晚点名的时候，孙某等人的节目已经编排到结尾部分，再排一会儿就可以基本完成。值班民警要求集合点名，孙某公然顶撞。

1.失误举例

以下为模拟对话，旨在通过模拟失误的管教过程来说明个别教育中存在的问题。

民警拿着点名册径直走到大厅，大喊一声："所有人集合，点名"。（民警局限式地只关注了要完成点名的工作，而没有关注到排练节目的进展程度）

孙某大声说："晚五分钟不行吗？"

民警提高音量回应道:“我是队长还是你是队长? 谁说了算?”

孙某的声调也跟了上来:“你说了算,我还不干了,这么辛苦为什么呀,又不是给我家干的!”

民警恼了,点完名之后直接找值班领导要求严惩孙某。民警对值班领导说:“孙某太过分了,不就是排练个节目嘛! 不办他以后就没法管了!”

孙某第二天以头晕、心脏不舒服为由提出看病要求,并找到指导员,以身体难受为由要退出节目排练。

这个问题的核心并不是孙某不服从管理,相反孙某牺牲休息时间积极组织排练节目和他平时的表现都表明他是分监区的骨干力量。真正的核心是民警和孙某的思维模式,他们都在局限性背景下看待自己的问题,民警关注的只是点名工作;听到民警要点名时,孙某关注的只是排练节目,熟知分监区内点名完全可以浮动几分钟的他认为排节目是更重要的事,所以对民警只想点名而没有关注“更重要的事”多少有些不满,于是公然顶撞。显然,如果民警或者孙某任何一方能够在更大的背景下看待问题,这起风波都不会发生。

放大背景就是由民警引领服刑人员把自己的问题放到更长远的、更广阔的、更广大人群的背景中重新评估的过程。

引导语示例:

从分监区一百多名服刑人员的角度考虑……

以你能更早出狱为前提……

对比一般服刑人员的服刑经历……

从你父母、子女的角度看……

2.示范案例

让我们把时间退回到分监区晚上点名前的大厅。

值班民警通过监控对全分监区押犯进行审视后,拿着点名册走到大厅。他首先走到正排练的几名服刑人员面前，径直问孙某："什么时候能结束？该点名了！"（民警必须时刻保持对全局的关注，而不能只是局限在某个小视野里）

孙某："再让我们排一会儿吧！马上就结束了。"（孙某的思维过于集中在排练节目中）

民警："时间差不多了，一百多个人都等着睡觉呢！你们也累了，咱们明天再继续吧。最后给你们3分钟。"（首先，民警把分监区内其他一百多个人扩展进了孙某看问题的背景中；其次，通过明天继续很自然地扩大了时间背景；最后，又给出了3分钟让孙某等几人有结束缓冲的时间）

孙某：好！（转身对着其他几名排节目的服刑人员说）全分监区一百多人都等着睡觉呢，咱们抓紧收一下尾！大家一会儿躺下了在脑子里再自己完整过几遍！咱们必须把这个荣誉争到咱们分监区！

【要点】

内心的需求决定着个体能够看到什么、感知到什么，放大需求使个体对问题情境的体验和理解被扩展开，经历了这种扩展后才会有新的发现、看到新的含义、出现新的思维、带来新的意识水平。民警在应用"放大需求"思想矫治法时，需要就放大到怎样的人际互动和心理需求的问题做充分地思考，从而确保在引导服刑人员走入放大后的背景重新关注问题时，能够起到积极有效的促进作用。

比如，一名即将接受手术的服刑人员感到非常害怕，不断要求民警带其找医生复查，但医生已经明确暂时不需要反复检查，术后恢复一段时间就会好的。如果民警在处理这一问题时，这样直接地对该犯说："我问过了，你这个手术就算是不成功，最多也不过是白挨一刀，放心吧！"貌似在利用最坏的情况对服刑人员进行教育，但实际上民警也和服刑人员一样被禁锢在"手术不成功"的狭小空间里。这样的谈话相当于把服刑人员的思维带到“手术不成功”的背景中，引导服刑人员集中注意力在“如果手术不成功”中。可想而知，结果必然导致其更加焦虑。这种做法就属于错误使用放大背景的思维控制术。

正确的使用方法是把服刑人员的思维带到积极的大背景下，可以这样与其交流：“这种手术已经有几十年的历史了，医生做了无数例都非常成功，他们有足够的成功经验。”

三、意义需求

面对周围的人和事，个体总会在自己的内心做出这样或那样的解释，这些解释给外界事物赋予一定的意义，引发个体心理感受的正是这些内心赋予外界事物的意义。

比如，同样的改造服刑，一些服刑人员把改造解释为自己洗心革面赎罪的过程，因此他们会赋予改造生活“这是自己在获得新生的机会”的意义；一些服刑人员把改造解释为自己很倒霉，每天都在蒙冤受屈，因此他们赋予改造生活的意义就是“痛苦不堪的不公平待遇”。

再如，如果服刑人员把每天能舒服地待着作为生活的意义，就很可能感觉在狱内生活处处是束缚；如果以“自我救赎”“反思”作为生活的意义，就会觉得狱内各项生活和安排都很人性化。

在思想矫治过程中，民警要善于引导服刑人员探索、发现事物的积极意义，通过引发服刑人员内心的意义需求，调动其促进积极改造、促进人格成长的力量。

☞ 案例一

奥运会开幕式当天，监狱给服刑人员改善生活，每人发一只鸡腿，一小瓶可乐，两根香蕉。押犯间出现传言：“开奥运会给咱们改善生活是收买咱们，怕咱们打架、怕咱们闹事。”

1.失误举例

以下为模拟对话，旨在通过模拟失误的管教过程来说明个别教育中存在的问题。

民警声音洪亮地进行集体教育："听说有人在下面传闲话，说今天改善生活是为了收买你们，给你们改善伙食还改善出毛病了？因为是奥运会开幕的好日子，今天就不查是谁说的了，这些怪话都立即消失！如果我再听到说三道四的，该由谁负责的你就得把责任全都承担起来，该负什么责你就得负什么责！"

当民警在犯群中有足够高的威信时，这样的集体教育是能够起到威慑作用的。由于只是明确了要求、强调了问题的严重性，因此这样的集体教育最好的效果也只能是让服刑人员约束自己的言行，对于"说三道四"的押犯、"传闲话"的押犯没有起到思想矫治的作用。

2.示范案例

民警声音洪亮地进行集体教育："我想问问大家，今天是什么日子？大家都知道今天奥运会开幕。咱们中国第一次举办的奥运会要开幕了，你们觉得这对中国人意味着什么？意味着中国的强大！从申奥不成功到终于成功，全国上下准备了七八年的时间。所以，今天是咱们中国人扬眉吐气的日子。国家和监狱不计前嫌，让你们和全国人民一起扬眉吐气，是为什么？每个人都好好想想，每个人都写一份感想明天交上来。"

民警把伙食改善的意义凸显为中国人的骄傲、自豪，诠释为国家、监狱不计前嫌，把服刑人员引导到这样的意义背景中之后，要求他们做思考、写感想，从而自然、流畅地完成了这一次思想教育改造工作。

在节庆等特殊日子里都可以引导服刑人员内心的意义需求，比如，中秋节分监区发月饼之前的集体教育——

方法一：

中秋节了，监狱关心大家的生活，给每个人发一块月饼，这块月饼里寄托着监狱对你们的关怀和期望，寄托着所有关注你们、盼望你们的亲人的心。你们吃月饼时记着慢慢咬，每咬一口都嚼够、嚼烂，把月饼里寄托着的情分都收到心里去，消化进身体里。

民警没有就事论事地发月饼，而是为月饼赋予了监狱的关怀和期望、亲人的盼望。这段集体教育让月饼不再仅仅是一种食物，而成为一种具有特别意义的象征物。

方法二：

我要在发月饼之前给你们念一封家书。这封家书是一名服刑人员最年幼的妹妹在中秋节写给他的，大家听听小妹的信：哥，今天是中秋节，咱们一家人在院里吃月饼，月亮很大、很亮。我和嫂子坐在小桌前面，小桌上有月饼、有菜，可谁都没吃，谁都没说话，嫂子轻轻地说了一句："要是咱们家也全家团圆该多好！"哥，咱家的院子真大，我们都觉得好空。哥，你说咱们家院子怎么才能不那么空、有保护呢？

信念完了，你们觉得院里缺了什么？缺一棵树！你的小妹妹、你的媳妇、你的父母都需要你这棵树！就算家里没有亲人了，那座坟也等着你中秋节能去烧一炷香！

民警借用一封家书，用一个场景为中秋节吃月饼赋予了一家人团聚的意义，又借小妹对院子空、有保护的描述，生动地向服刑人员传达了他们身上所肩负的责任。这样的意义无形中让"每逢佳节倍思亲"的无奈、伤感情绪转化成了走向新生的力量。

☞ **案例二**

服刑人员高某已经有一个劳动积极分子的奖项，这次减刑后还有一年就可以刑满出狱了，各方面表现都很积极。这一段时间劳动改造任务中用到的材料质量参差不齐，有的好有的不好，领到好的材料就意味着能够比较快速地完成任务，领到不好的材料就意味着要多费时间、多花力气才能做好。高某当天第三次领材料，再次领到了不太好干活的材料。高某认为自己每次都领到不好的材料是不合理的，就跟发材料的A犯理论，要求换好的材料。A犯以“反正你手里已经有奖了，干活又快，你就发扬风格多干点儿难干的吧”回应高某。高某不接受，继续理论。A犯对高某说：“你凭什么早出去，你就认了吧。”高某继续跟A犯争执，A犯接着说：“你要真有本事就打我，要没本事赶紧回去干活吧！”高某继续争执，A犯骂娘的同时说：“有本事你打我！”话音还没有落，高某一拳打在A犯脸上，身高体壮拳重的高某不顾一切地把暴拳砸在A犯脸上、身上，虽然民警和他犯及时予以制止，A犯仍旧被打得眼眶撕裂、鼻骨骨折。高某、A犯分别受到相应的处理，高某此次减刑无望。

1.失误举例

以下为模拟对话，旨在通过模拟失误的管教过程来说明个别教育中存在的问题。

民警：想明白了吗？

高某：我觉得自己特别笨，怎么连A是人还是鬼都分不清！

民警：你反省反省自己错哪儿了！

高某：我错在不该碰到了这么不要脸的人！

民警：你这是什么态度？你自己错在哪里？

高某：都是我的错！我不想说这事了。

民警：你就这么认识自己的错误的？你反省反省自己的暴脾气，反省反省自己的约束力怎么那么差！

高某：我都快烦死了，我倒霉，我认栽！

民警：你什么态度？

高某：我错了，我认错！

民警找高某谈话原本是要对这件事做分析，引导高某吸取教训、反思自己情绪克制力不足、自我行为约束力不够等需要改正、提高的地方。但谈话至此，高某完全沉浸在被打击后的自我贬损中，他对这件事采用了归因他人的思维方式："我不该碰到了这么不要脸的人！"以无力的态度对待这件事："我倒霉，我认栽！"谈话过后，民警并没能有效矫治高某的思想问题。

服刑人员有很多负面思想，在犯群中负性过滤、过度推论等歪曲认知特别常见，尤其是当他们遇到一些无论有多不情愿都不得不接受的现实问题时，歪曲认知就会显现。假如服刑人员无法看到这些现实问题中蕴藏的积极意义，这些现实事件就有可能成为不稳定隐患。比如，评奖无望，减刑没有批准，各种各样自己定的目标虽然已经竭尽全力了但仍旧无法实现，配偶提出离婚，至亲离世，子女出现问题……当这些问题不可避免地出现、发生时，引导服刑人员的积极意义需求就格外重要了。

常常采用意义需求法进行思想矫治，在构建事件的积极意义时，以关注服刑人员内在积极动机以及自身的正面获益为出发点，通过主动赋予事件足够的意义，引导服刑人员对自己的遭遇做重新观察、思考，从而形成新的看法。

引导语示例：

如果说当下你经历的这些是老天特地从人群中选中了你，并且为你专门准备的礼物，你觉得老天出于什么考虑要为你做这样的安排呢？老天真正想要给予你的会是什么呢？就像唐僧西天取经一样，假如你现在遇到的事情是你取得人生真经要经历的磨难，你会怎么面对？

现在的情况让你觉得很糟糕，假如这恰好是一个重要的学习经历，关于自己，你学到了什么？

怎么把自己遇到的困难变成机遇呢？

怎么面对老天给你的挑战呢？

目前的问题中，你最不想要的是什么？对你来说，这件事情中有意义的部分是什么？没有意义的部分又是什么？

假如现在的问题是你面对的一个对手，怎么做就能战胜他了？

如果这个过程就是为了把问题说得更清晰一点儿，你觉得自己看清楚什么问题了？

2.示范案例

民警：高某，这两天想明白什么了吗？

高某：我觉得自己特别笨，怎么连A是人还是鬼都分不清！

民警：咱们先不谈这件事的过程，你怎么看自己好不容易挣到的劳动积分给废了？

高某：算我倒霉！

民警：假如这件事是老天特意为你安排的呢？

高某：那就是老天也觉得就该我这笨蛋倒霉！

民警：不是，一个超能量人，刻意精心地要选择一份礼物送给你，就是你遇到的这件事。你觉得老天为什么要送给你一份这样的礼物？

高某：我没有想过。

民警：以前没想过不要紧，现在想想嘛！

高某：唉，不就是要我更能忍吗？我已经很忍他了，谁让他这么过分！

民警：老天就是故意安排这一幕，你说老天为什么这么费心地要让你克制自己？

高某：嗯……

民警：老天特地从人群中选中了你，并且为你专门准备了礼物，你觉得怎么做可以让老天送你的这份礼物真的对你是有意义的？

高某：以后更加克制自己！

民警：听你这么说，看来老天没有白为你花心思。我知道现在的情况让你感觉很糟糕，假如老天给你送礼物的这个过程是一个非常重要的学习经历，那么你从中学到了什么？（这样的提问中包含了强有力的推动，这种推动让思想矫治工作深入服刑人员的骨髓，让服刑人员有力量改变自己的歪曲认知。“关于自己你学到什么”这一问题的讨论，旨在让服刑人员看到自己的力量，让服刑人员看到自己能够做到的、有意义的、有价值的方面，以及在事件中、境遇中的收获，这些都将对思想矫治工作起到非常重要的作用）

高某：真是，如果我的暴脾气没有彻底改了，那么我出去了还得惹事。

民警：其实就是一念之差，你前面控制自己做得很好，就是一念之差！

高某：我心里也后悔，自己再多忍1分钟就没有问题了！

民警：咱们讨论讨论怎么才能再多忍1分钟，如何？

高某：好的！

谈话中，民警为高某的际遇赋予了意义，从而让高某把注意力从这起风波给自己造成的巨大损失转移到这起事件对于自身成长所具有的价值上。由于民警能够带领高某从新的高度看问题，于是有效矫治了高某怨恨、悲观、沮丧的心理状态，并且促进高某把注意力集中在自我改变、自我约束上。

【要点】

使用意义需求法对服刑人员进行思想矫治的前提是民警能够找出现实问题背后的正面意义。正面意义的表达角度可能会很多，选择服刑人员易于接受的内容，易于接受的语言方式、表达方式，让他们爱听、听得进去，才能发挥作用。

引导语示例：

在招聘考试中，参加初试的人很多，淘汰掉大部分人之后进入复试，复试的题目一定比初试难。如果进入监狱是初试，那么老天精心选择了你，为你设计了这样的复试题目，你猜老天想考你什么？出现什么情况就意味着你通过了？通过复试以后老天会赋予你什么重要职责呢？

假如咱们被一群拿着武器的侵略者包围了，现在你有两个选择：一个选择是投降，卑躬屈膝地做侵略者脚边的狗；另一个选择是打出去、冲出重围，但是战斗就会有流血，甚至有牺牲。你会选择投降还是战斗？你现在之所以感觉特别难受，是有无形的心理侵略者在围攻你，你同样有两个选择：投降，被这些问题打败；继续战斗，付出全部力气也要全力以赴打败侵略者。你会怎么选？

民警创造了很多富有自身特色的表达方式，无论怎么表达、怎么引导、怎么讨论，落脚点都是意义需求的核心：就是要引导服刑人员的思维关注点不是停留在“我怎么这么倒霉”“努力也不会有结果”，而是转换到“这个事情是有价值的”“这个价值对于我来说是有特别意义的，对我的人生特别有帮助”。

引导语示例：

这份试卷不是谁都有机会拿到的。你的哪些素质让老天选中了你呢？

这么大动干戈的，好不容易你拿到了这份试卷，老天究竟想让你做什么呢？

第六节　思想矫治实战技术5——重建思维视角

面对同一件事，看问题的角度不同，会得到不同的结果。比如，烈日酷暑下的沙漠里有两个焦渴疲惫的人，他们取出唯一的水壶，摇一摇。一个人悲伤地说：“哎呀，太糟糕了，只剩半壶水了！”而另一个人却高兴地说：“是吗？真幸运，我们还有半壶水！”

服刑人员看问题时，片面看问题的多，能保持相对全面的少；消极的多，积极的少。任何一种歪曲思维也许会存在一些正确的部分，如少说话、少惹事。在一定意义下，这种说法是对的。但是，如果服刑人员比较极端地想问题，如认为能不说话就一定不要说话，多一句嘴就有可能让自己万劫不复，那么服刑人员就会变得非常自闭。自闭行为虽然和拘禁环境有一定的关系，但真正起作用的是服刑人员的极端歪曲思维。

本节将介绍思想矫治法中引导服刑人员正确地看待事物的方法。

一、建立全局视角

局限式地看待事物、思考问题就会片面、狭隘、短视。当一个不好的事情发生时，一些服刑人员会用“都怪我”“我真没有用”等思维方式把问题推到自己身上，并且以要么全盘否定，要么不去想、不去正面对待的方式来解决问题。

应对这些歪曲思维的一种有效干预方式就是建立全局视角。

☞ 案例

服刑人员周某因过失杀人入狱。入狱后，周某家中变故不断：妻子提出离婚并放弃对女儿的抚养权，周某的女儿和周某的父母亲一起生活；周某的父亲因病去世后，母亲不慎遇到车祸，司机逃逸，母亲长期卧床；周某的姐姐和母亲关系不好，周某年仅9岁的女儿每天照顾奶奶。每次打电话时，周某都会泣不成声地反复对母亲和女儿说：“我对不起你们，我该死！”“都是我害的！”

经历了这么多变故后，周某长期郁郁寡欢，笑容很少，话也很少，吃得也越来越少，和同犯、民警不主动交流，时常发呆，同犯之间的关系很紧张。

1.失误举例

以下为模拟对话，旨在通过模拟失误的管教过程来说明个别教育中存在的问题。

民警：这段时间你母亲的身体怎么样？

周某：没事了。

民警：孩子的学习怎么样？

周某：好。

民警：你自己怎么样？

周某：好。

民警：你不要想那么多，不要太自责了。

周某：是。

民警：你现在想的就是积极改造、努力减刑、早日回家。

周某：是。

民警：没事多和其他人聊聊天、下下棋，总闷在心里会生病的。

周某：是。

这样的谈话虽然是双方有问有答，但实际是单方面交流，并没有真正地互动。虽然周某用“好”“是”等对谈话做出回应，但这样的回应并不是用心交流，而是出于身份关系，周某对民警表达的尊重。

引导服刑人员对问题建立全局视角的方法需要借助阳台，做俯视观察。

简单地说，就是让服刑人员不再沉浸在问题中，而是从问题中脱离出来，用一个比较高的角度，从俯视的视角看待问题。通过把服刑人员的视角调整为第三方视角，全面地看待问题，让其可以用全面的角度对人际互动做观察、思考，逐步建立起全局的看世界、看问题的视角。

引导语示例：

假如咱们现在站在一个很高的阳台上，低头看到你的家、你自己，你能看到些什么？想到些什么？发现些什么？

假如地面上有一个小人国，小人国里有一个人和你的情况很像。现在看看，那个小人在哪里？在做什么？

2.示范案例

民警：这段时间你母亲的身体怎么样？

周某：没事了。

民警：你怎么样？

周某：还是老样子。

民警：看着你每天吃那么少，也不怎么说话，我们心里都挺着急的。

周某：谢谢队长，我没事。

民警：家里发生那么多事，现在只有小女儿和老母亲在家，搁谁，心里也得沉沉的。

周某：我对不起她们！

民警：有人说当局者迷，旁观者清，你怎么看？

周某：都已经这样了，横竖都是我对不起她们。

民警：还有一些你忽略了。

周某：我忽略了？

民警：是的。假如咱俩在一个很高的阳台上，向下看到了一个小人国，小人国里有一个人，他的情况和你几乎一样，他也在监狱里服刑。你看看那个小人国的人正在做什么？

周某：他在努力干活，咬着牙把全部力气都用在干活上。

民警：他怎么一直不笑呢？

周某：他对不起老母亲、小女儿，他没资格笑。

民警：你再看那边，那边是那个小人的家，从窗户里看进去，那个小人的老母亲和小女儿正谈论他呢，你听听，老母亲在说什么？

周某：老母亲说，也不知道你爸在里面好不好。

民警：小女儿说什么？

周某：小女儿说，爸爸还有多久才能回来呢？

民警：接着呢？

周某：老母亲说，再打电话时一定要告诉他我已经好多了。咱们得让他心里轻轻松松，否则，他在里面再病倒了，或者他犯了牛脾气再和别人相处不好，唉……

民警：接着呢？

周某：小女儿说，我想爸爸，要是爸爸在家该多好呀！

民警：小女儿还问奶奶，爸爸会不会表扬我？爸爸知不知道我现在有多能干呢？

周某：一定好好表扬！

民警：你听到这一段对话了，你现在可以从天空以神的名义指点一下那个小人，你会跟他说什么？

周某：（沉默良久）我会告诉他，老妈和女儿盼着呢，任何时候都要压住牛脾气！

民警：那个小人听到了，他在感谢有天神指点呢！

周某很不好意思地笑了。

民警：你再跟他说得具体些吧！

周某：（想了想）你要和队长好好相处，不能和同班的人、一个分监区的人发脾气，要好好相处。

民警：你说得真好，这些都很关键！他的老母亲和小女儿每天盼望的不就是他能好好劳动、好好控制牛脾气吗?

周某很感激地看着民警。

这样的谈话过程是深入周某心灵的思想矫治过程,这次谈话相当于民警带领周某经历了一次心灵之旅,周某通过全局视角看到了母亲和女儿对自己的盼望、对自己能够控制住牛脾气的期望。于是,思想矫治工作实质是在服刑人员有自我反省、思考与行为改变中实现的。

在需要引导服刑人员从全面的维度看问题时,俯视看问题是常用的方法。比如,对待非常努力但加分还是不够减刑的服刑人员,对待没有改造目标、混日子的服刑人员,下面这个俯视观察农贸市场的谈话就非常生动、有效。

民警:现在,假设咱们在一个阳台上往下看。下面是人山人海的农贸市场,农贸市场的这一边是入口,那一边是出口。有两个小人一起从入口进了这个农贸市场,有一个小人进去了并且很快就买好菜从出口挤出去了。另一个小人进去了,在里面挤了好久还在里面被人挤来挤去。你来看看,咱们一起研究研究第一个小人走得怎么那么快,第二个小人走得怎么那么慢呢?

服刑人员:第一个小人在使劲儿往前挤。

民警:第二个小人也在使劲儿啊。这两个小人有什么区别吗?

服刑人员:第一个小人挤开了一个缝儿,身子就挤过去了。再挤开一个缝儿,身子又挤过去了。

民警:(帮他提炼)哦,第一个小人很注意方法。还有其他区别吗?

服刑人员:第一个小人一直在使劲儿,第二个小人在有别人挤他的时候就没有那么用力了!

民警:(提炼)哦,要一直使劲儿!这两个小人还有其他区别吗?第一个小人总用眼睛看出口干什么?

服刑人员：第一个小人一直在看出口在哪儿。他始终是冲着出口挤的，所以他没有走冤枉路。

民警：(提炼)听你这么说，第一个小人获胜有三个原因：一是注意方法，二是一直用力，三是把握方向。你总结得真好！有时人生就仿佛挤农贸市场，不知道第一个小人的三个获胜经验对你是不是有启发？

思想矫治方法往往就是这样在“细无声”间完成了“润心”的过程。

【要点】

(1)带领服刑人员进行俯视观察过程目的在于引导服刑人员从更全局的角度去看问题，用自己把握全面的角度去看小人国发生的事，让服刑人员对自己以及更大的世界有全局的认识。民警需要为服刑人员设计好场景，如“他们家的窗户看进去，老母亲和小女儿正在谈论他”，民警根据服刑人员的问题设计和安排场景。场景一般就是服刑人员的生活场景、家庭场景、人际互动背景等。

(2)为了让服刑人员脱离自身想法的影响，增加抽离感，所以在俯视的过程中看的是别人的事，要用“那个小人”“他”做代词，不让服刑人员用“我”做代词。

二、珍惜拥有

服刑人员中普遍存在一种“无关紧要”的歪曲思维，他们会无意识地对自己“拥有的”无论是什么都认为无关紧要，只关注自己没有的、缺失的。珍惜拥有，就是让服刑人员懂得去关注自己拥有的，珍惜自己拥有的。对于自己拥有的，可能是具体的如健康，可能是抽象的如机会，也可能是人际互动关系如亲情、友情、爱情，还可能是物质的、经济的。服刑人员往往对这些自己拥有的熟视无睹、不以为然，似乎它们理所应当就是自己的，而且是永远的。

☞ 案例

服刑人员刘某，34岁，因持械伤人入狱。囚服穿得非常整齐，但是举止拘谨，目光很少直接和人接触；每天凌晨三四点钟都会醒，醒了就再也睡不着了；食欲不好，身体瘦弱，很长一段时间都闷闷不乐；能够完成改造任务，但注意力不集中，错误率高。同犯反映刘某经常会烦躁。刘某未婚。刘某的父母都是公务员，身体都很好，对刘某的各方面都很关心，自刘某入狱，一直没有间断过接见。

刘某的表现基本符合抑郁症的初步诊断。

1.失误举例

以下为模拟对话，旨在通过模拟失误的管教过程来说明个别教育中存在的问题。

民警：这两天睡眠好吗？

刘某：还好。

民警：有什么高兴的事情吗？

刘某：我努力改造。

民警：多想想自己拥有的。

刘某：是。

民警：你还这么年轻，多想想高兴的事。

刘某：是。

民警：每次接见父母都来看你，你要好好珍惜！

刘某：是。

民警：回去多想想怎么珍惜！

刘某：是。

引导服刑人员树立起“珍惜”思想，是非常重要的思想矫治内容，教育改造中帮助服刑人员发自内心懂得珍惜、下决心要好好珍惜并不是回答几个“是”就已经做到了。相反，服刑人员很快做出的顺从性回应多半是没有经过内心世界过滤、加工，为了回答“是”而做出的回答。

“一旦失去，才知道珍贵”是人类普遍的心理现象，丧失感会让个体重新审核、评估自己拥有的，从而建立并强化服刑人员“珍惜拥有”的态度。

引导语示例：

咱们一起来感受一下你所拥有的。假设你所拥有的一切都交给一个有超自然力量的人了。他会替你妥善保管，你会交给谁？你现在一无所有了，没有身体、没有物质、没有家人、没有朋友、什么都没有了。你的一切都交给那个你信任的超自然力量的人保管了。你只剩下思想。你可以把你想要的都要回来，但每次只能一件。而且，只有你说明你想要回来的东西对你来说非常重要、非常有意义，才能要得回来。你的思想在做什么？你想要回什么呢？

想象一下你所拥有的，如果你拥有的这一切全部都失去了，你首先想要回来的是什么？你想要回来的原因是什么？

2.示范案例

民警：这两天睡眠好吗？

刘某：还好。

民警：有什么高兴的事情吗？

刘某：我努力改造。

民警：咱们一起来感受一下你所拥有的，怎么样？

刘某：我能有什么呀，我都这步田地了。

民警：对呀，你拥有什么呢？

刘某：我没有自由，没有一技之长，没有工作，没有老婆、孩子，什么都没有。

民警：你有年轻、健康、父母、朋友。

刘某：这些什么用都没有，这些是谁都有的。

民警：反正你觉得这些拥有也没有什么用，那咱们把你拥有的这些都交给一个你信任的、有超自然力量的人保管，怎么样？

刘某：好呀。

民警：你信任的、有超自然力量的人是谁呢？

刘某：谁都行，反正我也没有什么。

民警：有的人会选如来佛，有的人会选弥勒佛，有的人会选太阳神，有的人会选孙悟空……不知道你最信任的神是谁？

刘某：灶王爷吧！

民警：那现在就把你拥有的一切都交给灶王爷了，你的身体、你的衣服、你的父母、你住的床……只剩下你的思想。灶王爷很讲理，只要你觉得自己这些东西有用了，想要回去了，你跟他说明就可以了。为了表明你是真的想要回去，你需要跟灶王爷说说你想要回去的这个东西对你有什么意义，你要回去的理由。怎么样？

刘某：干吗要这样？

民警：为了让你能尽快好起来！咱们开始吧！

刘某：我什么也不想要。

民警：什么也不要就什么也不要。你的思想在干什么？

刘某：待着。

民警：待着想什么？

刘某：思想在想活着其实真没有意思。

民警：发生些什么思想就会觉得有意思了？

刘某：看看电视吧。

民警：对不起，你没有眼睛，看不成。

刘某：那我就把我的眼睛要回来！

民警：好啊，你现在就跟灶王爷说说你想要回眼睛的原因。

刘某：灶王爷，我想要回眼睛，我想看电视，没有眼睛一片黑暗，更没有意思了！

民警：好啊，灶王爷说你想好了，一旦你把眼睛要回去以后，就由你自己全权保管了。

刘某：想清楚了。

民警：现在你有眼睛了。你想做点什么？

刘某：看电视。

民警：不行，你见过半空中飘着一双眼睛看电视的吗？

刘某：那我把头和身体要回来！

民警：那你跟灶王爷说说。

刘某：灶王爷，我要我的身体，没有身体我什么也做不了。

民警：灶王爷说反正你也觉得一切都挺没意思的，要不就算了吧，不看电视了。

刘某：不行，没有身体，思想在空中悬着，只能想想，什么都做不了，太难受了，我还是要身体，我觉得有身体就能干活了。

民警：如果灶王爷说对不起，你的身体出状况了，你不能再拥有健康的身体了，你会怎么样？

刘某：那我不就跟死了一样吗？

民警：好像健康的身体对你来说很重要？

刘某：是呀，我忽然想到如果有一天我瘫痪在床上不能动了，没有健康的身体，真是太可怕了！

民警：现在你每天好像也不爱动，也不怎么跟其他人说话，反正是不爱动，索性就不要身体了，怎么样？思想是不是会更自由？

刘某：有健康的身体，可以动也可以不动，和那种完全没有健康的身体不一样。不行，我还得活着！

民警：具体说说。

刘某：我小时候就很想去埃及看金字塔，这么多年了，我都忘记这事了。我出去以后得去看金字塔！

民警：好，身体回来了。身体做些什么呢？

刘某：看电视。

民警：光着身体？

刘某：（笑）必须穿好衣服。我要衣服。

民警：你跟灶王爷说说怎么想要衣服呢？

刘某：我怎么也不能光着身子呀，原始人都要围个兽皮什么的！

民警：灶王爷说衣服、电视、房子都是其他人为你提供的条件，你直接把那些给你提供条件的人要回去吧！

刘某：我想要回我爸，我爸能帮我了事，不像我妈总是唠叨我。

民警：好像上次你爸妈来接见，你都不怎么说话。要是不要他们了，你一个人自由自在的，不用跟他们说话，不用听他们唠叨，你觉得怎么样？

刘某：（沉默）我其实挺想他们的，也不知道怎么回事，真见面了，又觉得挺烦的。

……

谈话就这样一点一点进行下去，民警真正起到了引路人的作用，一路引导服刑人员用新的视角观察、思考自己所拥有的，发现平时被自己忽略的价值，完成重塑“珍惜感”的过程。

抑郁症患者往往忽略了生活中有意义的、自己有价值的，不能正确评价自己和外部世界的关系，不能注意自己所拥有的。当抑郁的服刑人员以失而复得的态度去关注那些属于自己的、自己熟视无睹的事物和人的时候，服刑人员就会对外部世界重新感知、认识，就会重建价值观。

很多抑郁情绪会在多次“珍惜拥有”的练习后消失，当服刑人员深深地感受到自己的拥有是多么重要时，会极大地增加他们应对挫折、面对问题的力量感。

【要点】

“珍惜拥有”也可以用在集体教育中。

民警：你们大家现在最想要的是什么？

犯群：自由、回家。

民警：有一名年轻人也同样想要自由。他每天都求佛，终于有一天佛被他的虔诚感动，决定给他最想要的。佛对年轻人说：“小伙子，我可以给你自由，但你需要付出代价，天下没有免费的午餐。”年轻人对佛说：“我什么都没有，要我付出什么代价呢？”佛说：“给你自由，但你从此以后必须变成植物人。”你们说这个年轻人会不会付出这样的代价呢？你们会交换吗？

犯群：不会，都植物人了，要自由又有什么意义呢？

民警：那么说，对于大家来说，健康的身体非常重要了？佛又说：“那就换个条件，给你自由，但你要把你的眼睛、双手、双脚都给我。”你们会换吗？

犯群：不会，变成又瞎、又没有手脚的人了，还怎么生活呀？不能换！

民警：这么选就意味着在大家心目中，宁可要双手双脚双眼，也不愿意变成一个自由的半截肉墩子。佛又说：“给你自由，给你一座金山，把你变成猴子，健康的、有四肢的猴子，怎么样？”

犯群：肯定不能换，连人都不是了，自由、健康还有什么意义？有再多的钱也是垃圾了！

民警：你们的选择就是大家正确的人生选择，有健康的身体，有双手双脚、能看能听能说、有作为人的权利，就等于拥有全世界最宝贵的财富。看来，咱们要讨论的不是自己一无所有，而是怎么好好珍惜自己拥有的，怎么把自己拥有的健康和双手用好，怎么对得起自己的生命！

珍惜拥有这一思想矫治法可能遇到的最大问题就是服刑人员怀疑这样的互动究竟有什么意义。服刑人员会对自己拥有的思考太少，因而无从选择。在这种情况下，民警需要引导服刑人员增加自己的观察能力，并用细节做现场练习。

引导语示例：

现在注意你的呼吸，每一秒你都在呼吸，虽然你并没有注意过它。现在把你的注意力集中在呼吸上，想象一下你的呼吸被剥夺掉10分钟会是什么情况。无论是谁，如果呼吸停止10分钟都会死。因为我们每一刻都在自然呼吸，所以我们从来都不需要刻意关注呼吸，但是，不关注并不意味着它不重要！

三、发现资源

“世界上没有垃圾，只有放错地方的财富。”“世界原本不缺少美，缺少的只是发现。”这些名言的意思是生活中处处都是资源，哪怕是被丢弃的垃圾。每个人的生活中都无法避免地遭遇问题、挫折、遗憾、痛苦等，服刑人员的生活中这类负面刺激会更多、更严重。当个体一味沉浸其中，就很容易被生活吞噬。发现资源就是引导服刑人员把困境当成完善自我、发展自我的机遇，引导服刑人员在消极中寻找积极力量、发现自身生存价值的思想矫治方法。

☞案例

邓某，26岁，父母常年在北京打工，邓某跟随爷爷奶奶在县城生活。爷爷奶奶对这个唯一的孙子溺爱无度。邓某读完高中后就一直在社会上混，没有稳定的工作，也没有结婚，始终由爷爷奶奶照顾生活。邓某因抢劫罪被判处有期徒刑15年。入狱半年来，邓某始终很悲观，对狱内的生活牢骚满腹，每天一副“度日如年”熬日子的状态；劳动改造中错误率高，不合格产品多，各项表现和评分都排在最后。2个月前，邓某的奶奶住院，爷爷要照顾奶奶，不能来接见，邓某常常唉声叹气。

1.失误举例

以下为模拟对话，旨在通过模拟失误的管教过程来说明个别教育中存在的问题。

民警：这几天过得怎么样？

邓某：还是老样子。

民警：家里情况怎么样？

邓某：爷爷奶奶来不了，爸爸妈妈也不知道在哪儿。

民警：你也老大不小了，该靠自己了！

邓某：干活我也不行，家里也没人管，熬呗！

民警：熬？换成一种更积极的思想状态呢？

邓某：还能怎么积极？

民警：事情都是一分为二的，你要多想想好的方面。

邓某：队长，我出去都四十多岁的人了，好不好又能怎么样？

谈话到此，进入了僵持状态。民警一片真诚想帮助邓某，但真诚的、负责任的态度并不意味着能够真的帮到服刑人员，民警的话并没有真正起到矫治作用。

痛苦、不如意从来都是人类生活的一部分，服刑人员会经历更多的挫折。这些痛苦在把服刑人员推入绝望的同时，也打开了一扇成长的门。如果单纯地沉溺在痛苦绝望中，单纯地在自身原来固有的行为模式中重复，就将会在痛苦中越陷越深，但是，如果帮助服刑人员用“发现资源”的视角发现自己成长的空间，调整自己的行为方式和思考问题的方式，痛苦就将成为服刑人员走向新人生的大门。

引导语示例：

咱们一起试着换个角度看看你遇到的问题，好不好？

你的经历一定告诉了你一些东西，那是什么呢？

从当下的情景里，可以得到什么好的东西吗？

目前的经历中，对你有成长意义的内容是什么？

如果一定要从你现在的境遇里找出一些被你忽略的有意义的内容，会是什么呢？

2.示范案例

民警：邓某，奶奶的身体怎么样了？

邓某：还是下不了地。

民警：我知道这段日子你过得很不平静。

邓某：我现在什么都没有了，出去的时候都45岁了，要什么没什么，唉……

民警：你做了最坏的打算。

邓某：我有的时候会想，如果哪天爷爷奶奶管不了我了，我该怎么办呢？

民警：他们年纪越来越大了，你想的是个现实问题。

邓某：我爸我妈从来都不管我！

民警：你觉得这个经历在告诉你什么？

邓某：我很可怜，能受就受着。

民警：如果说这段经历恰好是为了帮助你成长，你怎么看？

邓某：我够倒霉了，您别拿我开心了！

民警：什么让你觉得倒霉？

邓某：判刑了，奶奶住院了，我什么都没有了。

民警：这段日子你开始思考自己的人生了！

邓某：以前每天就是瞎玩，打电脑，也不用想什么。

民警：当你心里特别难受的时候，你会想些什么？

邓某：我一想自己这辈子来世上一趟干什么，心里就挺翻腾的。

民警：说说你的想法。

邓某：人家有的人有钱，有的人有地位，有的人要什么有什么。我可好，这么大人了，还要靠爷爷奶奶养活。那天看电视里说孝顺，我想了想，自己好像从来都没有报答过爷爷奶奶，难怪我爸妈不要我、不管我，真是挺没劲的！

民警：听起来你对自己前面的人生做了一个总结。咱们一起试着换一个角度看看你遇到的问题，好不好？

邓某：我什么都没有，将来就是出去了，又能怎么样？

民警：你的经历一定告诉了你一些东西，那是什么呢？

邓某：这段时间我一直想我怎么就什么都没有了呢？最后想明白一个结果：前二十多年的日子我都白过了。

民警：也许咱们应该从中看到一些对你来说好的东西。

邓某：我特别想奶奶、想爷爷，真后悔没有好好孝敬他们。唉，也不知道以后还有没有机会报答他们。

民警：你开始想报答爷爷奶奶了。

邓某：这辈子不一定有机会了。

民警：怎么说？

邓某：我在里面只能给他们添麻烦，还得他们养着我，就算我出去的时候他们都挺健康的，我也没有能力挣钱养活他们啊！

民警：如果你是爷爷奶奶，你觉得他们最想要的报答是什么？

邓某：我也想做，但我做不到！

民警：说说你想做什么？

邓某：我想给爷爷奶奶尽尽孝。

民警：爷爷奶奶如果知道你想给他们尽孝心了，他们一定会特别特别高兴。不是高兴你要为他们做什么，而是高兴你真正长大了！

邓某：以前的确没有这么想过。

民警：其实你现在就能做些什么，关键看你是不是愿意再继续想下去！

邓某：我是得好好想想了。

谈话到此告一段落。思想矫治工作绝不是一朝一夕、一次谈话就能完成的，后面的谈话将循着这样的思路让服刑人员发现生活中自己身上的价值，并最终引导到行为改变上。

民警可以要求服刑人员更多的关注自己言行上的冲突，特别是让他们从中做思考，思考自己的言行。很多负面的经历正是帮助个体重新思考自己、整合自己的契机。

【要点】

对于那些相信“自己不可能拥有自己想要的东西”的服刑人员，民警需要一边认同服刑人员表现出的痛苦、绝望，一边帮助服刑人员发现他们的价值，并且让他们明确认识到：他们自身所蕴藏的价值恰好就是帮助他们获得拥有的要件。

四、构建多维视角

一个建筑物的支撑点越多，稳定度就越好；一个人的支撑点越多，稳定度也会越好。每个人都会有自己的支撑点，支撑点往往就是个体关注的、在意的人或事。服刑人员的很多问题就是源于过度关注某一个维度，而忽略了人生中其他需要关注的维度。比如，过度关注家人对自己态度的服刑人员，就会由于家人没有来接见而出现情绪波动；过度关注自己是不是有面子的服刑人员，就会为了争个面子而意气用事；过度关注健康的服刑人员，就有可能因为身体的风吹草动而坐立不安，频繁要求看病。

构建多维视角是对任何停留在单一角度看问题的服刑人员都非常有效的思想矫治方法，由民警帮助服刑人员建立起多维度的视野，让其发现在他看重的内容之外还有很多同样重要的人生内容。

☞ 案例

服刑人员雷某因犯诈骗罪入狱，刑期15年，到分监区后，敌视、不信任民警，有一种内在的抵触情绪；专抓民警的小辫子，自身维权意识过强；数次告民警状，是高频率信访服刑人员。他从各个方面时刻保持着极度维权的状态，民警说话时，他会百般挑剔；民警不说话时，他就会以“冷暴力”为由提出申诉。

以下是雷某经典过度维权的事例，背景是雷某打亲情电话时，电话连续两次都没有拨通。

队长：你先出去，一会儿再来打。

雷某：你凭什么不让我打电话！

队长：你电话打不通就先让别人打。

雷某：你凭什么剥夺我打电话的权利！我就不出去！

队长：你的电话打不通还占着电话，先让别人打怎么了？

雷某：打电话是我的权利！

队长：你先出去！

雷某：我今天就要打电话！

队长：你冷静一下，这性质要变！你出去拿纸拿笔，到大厅写过程。

雷某：我错哪儿了？你凭什么对我不公正？

队长：你想清楚你现在行为的性质！

雷某：你执法不公正！

1.失误举例

以下为模拟对话，旨在通过模拟失误的管教过程来说明个别教育中存在的问题。

民警：打亲情电话的事考虑清楚了吗？

雷某：打亲情电话是我的权利。

民警：同样也是其他服刑人员的权利吧！

雷某：你是说民警为了别人的权利就可以侵犯我的权利？

民警：你怎么心里只有自己？那么多人等着打电话，你拨不通，先让别人打，一会儿你再打，怎么就侵犯你的权利了？

雷某：拨不通，就需要再拨！你也知道那么多人等着打电话，谁不明白我出去了就别想再进来了，让我出去根本就是不想让我打了！

民警：你就这么考虑问题的？

雷某：打电话是我的权利！

民警：你就不想想自己怎么和其他人相处？

雷某：只要民警公正执法，就没什么难处的。如果民警不能公正执法，想什么也没有用。

雷某过度关注的是自身权利是否得以保证，他完全无视除了自己之外的其他人也有打电话的权利。在谈话过程中，民警想引导雷某关注他人，但显然雷某以固执的状态顽固地抵制着教育引导。

因此，民警需要通过构建多维度视角，带领服刑人员全面关注自身生活的各方面要素，引导服刑人员对自己忽略的其他价值做思考、比较，最后进行权衡，从而矫治其过度关注单一价值的错误思维方式。

具体操作：

第一步，引导服刑人员建立一份全面的生活要素价值系统表。

引导语示例：

你认为生活中最重要的有哪些？把多方面的重要因素列在一张纸上。

常见内容有：物质、健康、情感（包括亲情、爱情、友情）、自尊、尊严、成就感、个人价值等。一般至少有5项内容。

第二步，等级排列。安排服刑人员对自己列出的重要价值进行比较选择，并确定对于他来说，哪些价值更高些，完成从1~5的排序。然后，与服刑人员讨论这些内容对他的意义，从而帮助服刑人员关注到那些被他忽略的、其实对他很重要的东西。

引导语示例：

你现在按照最重要的是1，凭你的感觉，给这些项目按重要性排一下顺序吧！

如果不得不在×与×之间选择，你会选哪个？

第三步，思想矫治。通过其他人的感受、看法引导服刑人员从单一的维度看问题中走出来，能够多维度思考。

引导语示例：

你希望自己的孩子有哪些价值？

大众的价值排序会和你的排序有什么不同？这样的不同来自哪里？

2.示范案例

民警：打亲情电话的事考虑清楚了吗？

雷某：打亲情电话是我的权利。

民警：你对于自己的权利很关注。

雷某：那是我应该有的权利。

民警：你应该有的权利不只是打电话，咱们一起把你认为对自己生活意义很大的内容写出来，好不好？

雷某：什么意思？

民警：你有打电话的权利，对你的生活来说，重要的内容还有很多，你还会想到哪些呢？比如，老母亲，每次看到你母亲写来的盼儿早归的信，看到信纸上滴了那么多眼泪，我都会特别感动。

雷某沉默。

民警：咱们在这张纸上把你看重的内容都写下来，我觉得现在可以写的有：权利、母亲或者亲情，你想怎么写比较好？

雷某：权利是我看重的，母亲、老婆和孩子都是我看重的，写亲情吧！

民警：你的生活中还有其他很多重要的内容，你还能想到什么？

雷某：健康，没有健康的身体，就什么都没有了。

民警：再把健康写进去。还有什么呢？

……

最后，纸上写下了：权利、亲情、健康、被尊重、有钱。到此，第一步的工作完成，下面进入第二步的内容。

民警：你现在按照最重要的是1，凭你的感觉，给这些项目按重要性排一下顺序吧！

雷某：都挺重要的，不好分。

民警：如果不得不在“权利”和“有钱”之间做选择，你会选哪个？

雷某：选权利，如果一个人连起码的权利都没有了，要钱有什么用啊？

民警：看来“权利”应该排在“有钱”前面。那么“健康”和“有钱”怎么排序？

雷某：肯定健康排在前面，健康没了，钱只能用来买药了。

民警：就是这样，你根据自己的感觉来给这几个项目排个序号吧！

雷某：1.权利，2.被尊重，3.亲情，4.健康，5.有钱。

接下来就要通过讨论，矫治其过度关注权利的思想。下面进入第三步。

民警：你把“权利”放在了“亲情”之前，说说你是怎么想的？

雷某：如果我放弃打电话的权利，就没有办法得到亲情，或者说没法让老母亲放心。所以，“权利”在“亲情”之前。

民警：一般很多老百姓会把健康放在第一位，他们会觉得假如人没了健康，如极端些的说法，人去了火葬场，其他一切都没有意义，不知道你怎么看？

雷某：（沉默良久）我还是把权利放第一位，头掉了碗大的一个疤；权利没有了，活着还有什么意思？

民警：给你两个选项：A.放弃一次打电话的权利，继续按部就班地生活、改造，加分、减刑早日回家。B.我就是一头撞死在这里也要抱着电话不放手。你更倾向于选哪一个？

雷某沉默。

民警：假如让你老母亲来为你做选择，你觉得老人家会建议你选哪一个？

雷某沉默。

民警静默，以倾听的姿态、关切地看着雷某。

雷某：选A。

民警：说说看。

雷某：其实回家是最重要的，我突然觉得打电话这事自己做得挺过分的。

民警通过这样的谈话实现对服刑人员的思想矫治。在这样的谈话中，民警以引领者的姿态，担当着服刑人员的人生向导，不是简单地告诉服刑人员对与错，也不是采用各种手段简单完成规范化的工作，而是在娓娓道来的过程中塑造服刑人员的思维过程。当服刑人员开始思考、开始沉默、开始对自己有新的认识时，矫治思想的过程才刚刚开始。毕竟，服刑人员的思维模式不是一朝一夕形成的，也不会在三言两语间实现彻底转变。

【要点】

第一，很多服刑人员对于自己正在拥有的东西往往没有感觉，这时就需要假设出极端的状态以增加服刑人员的心理感受，从而引导服刑人员做出果断的选择。

比如，选择爱情是第一位的服刑人员，非常执拗地坚持“若为爱情故，一切皆可抛”。

民警：(设置一个极端的状态)你得到她的爱情了，但要以你的健康为代价。她很爱你，但你要变成植物人。你会认同即便是这样的结果，也继续选择爱情放在第一位吗?

服刑人员：那我也认了，我要爱情!

民警：好吧，假如现在你变成了一个植物人，那个女孩很爱很爱你，你觉得怎么样?

服刑人员：挺好的。我认！只要她爱我，我变成植物人也可以。

民警：你猜一个如花似玉的女孩爱一个植物人能爱多久？你觉得，你躺在病床上，每天女孩都很辛苦地照顾你，而你只能躺在那里一动不动地被爱、享受，这就是你说的爱情吗?

服刑人员：不是!

民警：看来你想重新排序，对吗?

于是，在这个讨论的引导下，服刑人员就会考虑自己必须是健康的，无论从什么样的角度切入，讨论的意义就是要通过项目间的比较引导服刑人员做出新的思考和选择。

第二，思想矫治是不是到位，服刑人员的思想是不是真的有了转变，不是用道理讲得长、话说得多来衡量的。当民警滔滔不绝地讲大段的道理时，基本上这一段思想矫治无效的可能性比较大了。

服刑人员的思想是否发生了转变，是以服刑人员不断地有思考、不断地有沉淀为标志的。当在不断地思考和沉淀中能够得到回馈，这些回馈又恰巧是民警引导和期望服刑人员做的认知调整的时候，思想矫治工作就真的到位了。

五、积极语言环境

不同心态下，个体使用的语言就会不同，语言也影响着心态。不同语言环境下，心态也会不同。把塑造积极语言环境作为思想矫治的一个环节是思想矫治法的重要特色。

语言环境既包括内心世界里针对自我的内在对话，又包括人际互动中与他人之间的对话。不论是语言中充满了恶意和伤害，还是从悲观的角度解释事物，消极的语言都很容易造成负性情绪。消极的语言是不利于问题解决和塑造良好心理感受的。积极的语言是怀着善意的、积极的和建设性的，语言中包含着支持、关心。积极的语言往往会带给个体发展和朝向美好的力量。

在服刑人员口中，消极的语言比比皆是：

努力也没用。

没人看得起我。

我什么都没有了。

到处危机四伏。

活着太不容易了。

这是在针对我。

他们都太过分了。

凭什么这样对我。

没有任何可能。

没有人是真心的。

谁也好不到哪儿去。

毫无办法了。

这样的语言只会加重服刑人员的自我否定，在自我否定的心理状态下，自暴自弃、处处防御，甚至主动出击都是顺理成章的选择。因此，改变语言环境对于思想矫治工作有着非常重要的作用。

积极的语言环境主要有以下三种。

1.使用正性词汇

（1）原则

不断要求服刑人员将负性词语删除，变换为正性、积极的词语。

（2）变换词汇的要点

以解决问题为方向，一切都在变好。

（3）思想矫治过程

使用正性语言替代负性语言，并针对某一句话进行多次反复训练。

例一

服刑人员：没有办法了。

替代语言：

我需要想想怎么才能解决。

看来我需要找找其他思路。

类似情况别人的解决方法对我有什么启发吗？

例二

服刑人员：这次我没有面子了。

替代语言：

我需要想想怎么才能有面子。

我得尽力挽回面子。

我还可以做些什么挽回面子呢？

例三

服刑人员：全完了。

替代语言：

现在可以把握的是什么呢？

在这个经历中，我收获了什么？

这段过程给予我的是什么？

例四

服刑人员：太难了。

替代语言：

难点在哪里？可以怎么解决？

目前要做的是什么？

有什么资源可以用？

例五

服刑人员：没有人是真心的。

替代语言：

每个人都有各自的方式，我有什么可以调整的？

我只需要考虑自己应该怎么做。

在这个过程中，我学到了什么？

2.不抱怨

抱怨是人类的一种常见反应，之所以常见，是因为抱怨不需要花费任何力气。下面这些是典型的抱怨：

我为什么这么不幸？

凭什么就轮到我！

老天为什么对我这么不公正！

怎么谁都不来替我分担？

还要我付出多少努力？

这些语言都表达了个体内心的纠结，一些貌似自我反省的对话，其实是无奈、怨恨。当关注点停留在过去，对已经成为既成事实的事情进行徒劳的“责任归因分析”时，带来的是更多的烦恼，反而不会激发解决问题的力量。

（1）原则

把注意力集中在问题解决上，关注可能的解决思路。

（2）思想矫治过程

关注解决方案、个人成长与发展，关注能力提高。

例一

服刑人员：我为什么这么不幸？

替代语言：

通过这件事，我学到了什么？

我值得庆幸的是什么？

我要给自己的建议是……

例二

服刑人员：凭什么就轮到我！

替代语言：

目前最佳的方案是什么？

我现在可以用的资源有哪些？

从这件事上，我吸取了哪些经验和教训？

例三

服刑人员：老天为什么对我这么不公正！

替代语言：

老天要教给我什么？

老天在考验我什么？

老天究竟想告诉我什么？

例四

服刑人员：怎么谁都不来替我分担？

替代语言：

我现在可以做什么？

我可以找谁寻求帮助？

例五

服刑人员：还要我付出多少努力？

替代语言：

我怎么想才能对自己最有意义？

我怎么做才能对解决问题最有意义？

问题解决以后，我的收获是什么？

3.给困难加前提

很多问题是有前提条件的，比如，时间的前提是到目前为止、现在、当下……背景的前提是有的时候、有时、当时……增加了前提条件相当于把问题放置于某一个空间，问题只是在那个空间中存在。没有前提条件的问题可能被臆断为巨大无比地充斥在整个空间中。

（1）原则

给问题增加前提条件。

（2）思想矫治过程

要求服刑人员对问题重新认识、思考，把问题放置于某个背景中。

例一

服刑人员：我做不到。

替代语言：

到目前为止，我还没能实现目标，我需要……

今天，我还没能做到。目前，主要需要解决的问题是……

截至目前，我还需要思考怎么调整才能达成目标。

例二

服刑人员：我努力的结果是失败。

替代语言：

到目前为止，我还需要学习……

今天，我没有做到。明天，我要调整的是……

截至目前，我没有成功，可以给我一些指点的人是……

例三

服刑人员：没有人在乎我。

替代语言：

在我28岁的时候，我还没有找到合乎心意的人。

到今天为止，我没有特别好的朋友。

有时，我会希望有人盼着我。

第七节　思想矫治实战技术6——调整情绪

对于监管工作来说，服刑人员的情绪表现是最直接的晴雨表，因此，控制服刑人员的情绪是思想矫治工作的重要内容。

强烈的负性情绪是很痛苦的体验，有时甚至会阻碍服刑人员清晰地分析、思考问题。服刑人员改造过程中出现的很多问题，其核心根源往往是服刑人员体验着强烈的负性情绪无法自拔造成的。

在调整服刑人员负性情绪时，民警的矫治态度是不否认服刑人员的恶劣情绪感受，在理性认识和判断服刑人员的负性情绪状态后集中力量于评价服刑人员情绪背后的错误思维，从根本入手，从而真正有效地调整服刑人员的负性情绪。

一、把握情绪的根本

对于同一件事情，不同的人可能会有不同的情绪感受，个体对于事件的解释决定着其情绪感受和行为。情绪是个体如何考虑事件的结果，通过改变内在对事物的解释或思维，引起不同的情绪。需要明确的是：情绪和思维是完全不同的内容，情绪是由思维引发的。

思维和情绪是完全不同的，情绪是情感的内在体验，比如，我觉得很烦、我感觉很遗憾、我非常生气、我感到高兴、我特别无助、我很自责、我有些内疚、我在期待……服刑人员自诉处于某一种情绪中，就相当于在告诉我们“我很喜欢吃西红柿炒鸡蛋”“我不喜欢冬天”。思想引导法强调民警不挑战服刑人员的情绪，不针对情绪做辩驳，但要就引发情绪的思维做引导。

第一步，向服刑人员解释他们的想法是怎样引发了情绪。常用的方法是讲故事。

故事一

有一位秀才第三次进京赶考，住在一个经常住的店里。考试前两天他做了三个梦：第一个梦是自己在墙上种白菜；第二个梦是下雨天，他戴了斗笠还打伞；第三个梦是跟心爱的表妹脱光了衣服躺在一起，但是背靠背。

这三个梦似乎有些深意，第二天，秀才就赶紧去找算命的解梦。算命的一听，连拍大腿说："你还是回家吧。你想想，高墙上种菜不是白费劲儿吗？戴斗笠还打伞不是多此一举吗？跟表妹都脱光了躺在一张床上了却背靠背，不是没戏吗？"秀才一听，心灰意冷，回店收拾包袱准备回家。店老板非常奇怪，问："不是明天才考试吗？你怎么就今天回乡了？"秀才如此这般说了一番，店老板乐了，说："哟，我也会解梦的。我倒觉得，你这次一定要留下来。你想想，墙上种菜不是高种（中）吗？戴斗笠还打伞不是说明你这次有备无患吗？跟你表妹脱光了背靠背躺在床上，不是说明你翻身的时候就要到了吗？"秀才一听，更有道理。于是，精神振奋地参加考试，居然中了个探花。

故事讲完后，民警和服刑人员进行下面的讨论：

你怎么看同一个梦可以有不同的解法？

不同的解法对秀才的影响怎么会有这么大的不同？

如果你是秀才的好朋友，秀才问你该相信谁解的梦，你会给他怎样的建议？

就你现在遇到的困扰，还有其他解释吗？

过几天，我会问你：在你感觉难受的时候，你想到些什么？

故事二

有一位老奶奶，她有两个女儿，大女儿嫁给了卖雨伞的老板，小女儿嫁给了洗衣店的老板。两个女儿相继嫁人以后，老奶奶每天唉声叹气吃不下、睡不好，身体越发憔悴。和老奶奶做了多年好邻居的王阿姨看在眼里，急在心里。王阿姨就想不明白了，老奶奶家境殷实、生活无忧，身体底子又好，怎么就慢慢憔悴了呢？

有一天，王阿姨和老奶奶聊天，问老奶奶：“您老最近怎么了，看着总是闷闷不乐的！”老奶奶回答：“我心里着急呀！大晴天吧，大女儿家雨伞卖不出去；下雨天吧，小女儿家洗衣店衣服洗了没法晒干。我每天都替这两个女儿的生计担忧！”

王阿姨一听哈哈大笑，对老奶奶说：“您真傻呀！您看看，您的两个女儿多会安排生意呀！无论老天爷是什么样的心情，您家里都有人在赚钱。下雨的时候，大女儿家可以卖伞；晴天的时候，小女儿家可以洗衣服。这样，不管晴天还是雨天，都可以赚到钱，您应该为她们高兴才是啊！有什么理由自寻烦恼呀！”

老奶奶还是皱着眉头，对王阿姨说：“话是这么说，可是毕竟有一个姑娘家的生意不好呀！”王阿姨对老奶奶说：“咱们没有办法改变天气，也没有办法改变女儿女婿的生意。但是，您可以选择继续每天担心、着急，让自己吃不好、睡不好，最后病倒、受罪，全家人都守着您彻底做不成生意；也可以选择每天高高兴兴，让自己健健康康，女儿们过自己的日子。这事得您自己做决定！”

故事讲到这里，民警要和服刑人员进行下面的讨论：

你怎么看同一件事情可以有两种不同的看待方法？

一种方法看女儿们生意好，另一种方法为女儿们发愁，如果老奶奶特别信任你，专门来问你她该怎么想，你会怎么说？

就你现在遇到的困扰，还有其他解释吗？

过几天，我会问你：在你感觉难受的时候，你想到些什么？

故事三

三位秀才进京赶考，路过一座寺庙。据说，寺庙里的老方丈料事如神，他们就去求签问卜。他们三个同时问老方丈：“请问老方丈，我们三人进京赶考的结果你可预测得到？”老方丈微闭眼睛，思索片刻，便伸出一根手指，不出声。三个秀才都不知道一根手指代表什么，就问老方丈："请问老方丈，一根手指代表什么？"老方丈回答道："此乃天机，不可泄露，日后可知。"

此时，民警要问服刑人员："你猜这一根手指代表什么意思？"接着，要对服刑人员解释："这一根手指就足以解释三个秀才去考试的一切可能结果了。假如只考中一个，一根手指表示'只有一个秀才能考中'；假如考中两个，一根手指表示'会有一个秀才落榜'；假如考中三个，一根手指表示'没一个落榜'；假如一个也没考中，一根手指表示'一个也不会考中'。"

故事讲到这里，民警要带领服刑人员进行下面的讨论：

你怎么看伸出一根手指可以解释这么多种结果？

如果秀才们认为老方丈的意思是"没一个落榜的"，会有什么感觉？他们有可能怎么做？

如果秀才们认为老方丈的意思是"一个也不会考中"，会有什么感觉？他们有可能怎么做？

如果你是秀才们最好的朋友，他们来问你老方丈伸出一根手指是什么意思，你会怎么跟他们解释？

就你现在遇到的困扰，还有其他解释吗？

过几天，我会问你：在你感觉难受的时候，你想到些什么？

第二步，在三个故事全部讲完后，与服刑人员一起讨论。

你的想法在影响你的情绪，你需要先确定自己到底想要怎么过，是希望自己越来越好还是希望自己不好？

作为好朋友，你会建议故事里的人选择促使自己越来越好的想法吗？你会给自己怎样的建议呢？

咱们要一起分析哪些情绪影响了你的想法，以后的几天，你在感觉不好时，要注意在那个时候自己对自己说了些什么，并且记住，咱们要一起讨论。

过几天，我会问你：在你感觉难受的时候，你想到些什么？

二、从情绪的核心着手

不同的情绪往往有着不同的体验，这些情绪体验通过身体的感受直接表达出来，比如，心跳加速、心口发闷、呼吸急促，或者胃部抽搐、后背疼痛，或者手臂不自主地紧紧环抱住自己，等等。

民警带领服刑人员激活和感知这些情绪体验，一方面可以帮助服刑人员认识到情绪背后的思维过程才是导致情绪的根本原因；另一方面还可以把服刑人员从负性情绪上来后自身的无意识被动表达转化为对身体感受的有意识主动觉察。无意识被动表达是一种失控状态，有意识主动觉察是一种把握状态。让服刑人员可以有效把握自身的情绪体验并进行相应调整，是非常可圈可点的思想矫治工作。

☞案例

服刑人员韩某，半年前得知母亲去世的消息，一度悲伤得不能自已，在全分监区民警的共同持续关注下，韩某情绪趋于稳定，但始终愁眉不展，话少，每天闷闷不乐的，茶不思饭不想，一直没有走出低落、悲伤的情绪状态。

1.失误举例

以下为模拟对话，旨在通过模拟失误的管教过程来说明个别教育中存在的问题。

民警：这几天情绪怎么样？

韩某：挺好的。

民警：每次找你，你都说挺好的，又总是闷闷不乐的样子，道理都跟你说透了，你得让自己好起来！

韩某：我知道您关心我，分监区都关心我。

民警：的确上上下下都很关注你，你怎么也得拿出一个行动来吧！

韩某：我也挺想积极表现的，可是不知道怎么回事，就是总觉得心里堵得慌。

民警：你必须战胜自己、克服自己的心理压力。

韩某：是，我努力！

民警：这几次，每次找你的时候，你都是这样表态的，可回去还是照旧，你到底怎么回事？

韩某：我也不知道，我真的不是说话不算的人！

民警：希望这是咱们最后一次这样谈话，希望你回去以后真的能让自己走出来，全身心积极投入改造生活，让老母亲在天之灵也能踏实。

韩某：您放心，我一定努力！

谈话中，虽然韩某的态度非常坚决，但是完全可以预料到韩某仍旧会依然故我。谈话中，虽然民警明确清晰地提出了要求，而且是一再、多次谈，多次明确要求，但“保证做到”和“真的能够做到”是有区别的。内心世界的把控不是保证做、想要做就真的能够做到。此时，民警不仅要对服刑人员提出明确的要求，还要对怎么做到给予具体的指导。

思想矫治法首先会引导服刑人员关注由情绪引发的身体感受，对自己在情绪状态下的身体感受做观察、描述，是把服刑人员从情绪受害者转变为观察者，从而把一个无能为力、只能接受的状态转变为观察、研究的状态，为后面的矫治做好准备。

引导语示例：

你现在的情绪是什么？

这种情绪状态下的身体有什么不一样的感觉吗？

这种情绪让身体有哪些感觉？

现在，把注意力集中在你的身体上，这个情绪让身体产生了一些什么感觉？

2.示范案例

民警：韩某，这两天感觉怎么样？

韩某：还好。

民警：大家都觉得你总是闷闷不乐的，能描述一下你这一段时间的情绪感受吗？

韩某：就是高兴不起来。

民警：是什么情绪呢？

韩某：难过。（在谈情绪体验之前，让服刑人员先对情绪进行命名，命名的过程实现了把服刑人员变为观察者的角色转变）

民警：除了这个难过之外，还有其他的情绪或者感受吗？

韩某：说不清楚，挺难过的，我也不想这样。我知道民警和狱友都很关心我，都想让我恢复成以前那个爱说爱笑的我，我也想，我也告诉自己人已经走了，我应该积极改造，以告慰她老人家的在天之灵，但我不知道怎么恢复到以前。

民警：咱们慢慢来，有你这份心，一定能克服困难，让一切都好起来！

韩某：您说要我怎么做？

民警：你现在把注意力放在身体上，体会那种难过，注意发现身体里的不一样的感觉，发现了就告诉我。

韩某：胸口闷，胃一直在抽紧，肚子上的肌肉一揪一揪的。

民警：咱们现在就去感受你身体里的这些感觉，这个过程可能很难受，但对咱们很重要。现在，闭上眼睛，把注意力集中在胸部和腹部，胸口闷闷的，胃在抽紧，肚子上的肌肉一揪一揪的。把注意力集中在上面，你注意到什么？

韩某：胸口特别闷，我想哭，特别想哭，我忍住了，我能忍住。

民警：你感觉到眼泪马上就要流出来了，你使劲儿忍着，这种感觉是怎样的？

韩某：心口堵得特别厉害，肚子里面和外面都收得紧紧的。

民警：如果你真的哭了，会怎么样？

韩某：我不知道，我觉得特别慌，特别害怕。

民警：什么让你特别害怕？

韩某：你会看不起我，所有的人都看不起我。

民警：这是你的感觉，你知道我们都很关心你。这种感觉让你想哭，让自己集中注意力在这个感觉上，可以吗？

韩某点头。

民警：你能让自己释放这种感觉吗？

韩某：我不知道。（一边说一边开始哭，先是抽泣、呜咽，继而哭出声来）

民警：就这样，释放这个感觉。（停顿）你能告诉我现在心里的想法吗？

韩某：别不要我！我好像很多时候总会这么想。

民警：现在感觉怎么样？

韩某：我特别想找个地缝儿钻进去，您不会把今天的事告诉别人吧？

民警：钻进地缝儿？

韩某：我不能让别人知道我这么没出息！如果大家知道我是这样的，就会更加瞧不起我了！

民警：你的意思是难过的时候流眼泪是没出息的表现？

韩某：女人不是，男人是。

民警：咱们一起来找找这种感觉是从哪里来的。感觉胸口堵得特别厉害，肚子里面和外面都收得紧紧的，这种感觉让你想哭。闭上眼睛，集中精力在这种感觉上，眼前出现了一个画面，那是你第一次有这种感觉的时候。这画面在变清晰，看到了什么？

韩某：村口的路上一个人都没有，妈妈坐的车开远了，连影子都看不到了，就我一个人站在路边，我好害怕，特别害怕。（呜咽）

民警：睁开眼睛，都过去了，都过去了。

释放不出去的情感背后都有其更内在的原因，这些原因往往是服刑人员自己都意识不到的。身体的感觉等情绪体验是找到真相的向导。找到情绪的核心，并从情绪的核心着手，问题才能慢慢得以解决。对于韩某来说，情绪核心已经被挖掘出来，后续思想矫治的重点就可以很准确地放在充分释放悲伤情绪、处理被遗弃感这两个问题上了。

【要点】

第一，服刑人员中有很多人存在情绪表达障碍，他们会很不愿意或者很不习惯接近自己的情绪。需要对这类情感隔离的服刑人员说明情绪感受就像饥饿感、寒冷感一样，是身体本能的反应，没有好与坏之分，情绪只是个体内心世界的表达方式之一。

第二，有一些服刑人员表达情绪的核心是为了引发他人的反应，对于这些服刑人员，民警需要特别节制表达自己的反应，特别是让服刑人员有良好感觉的反应，以避免造成依赖式反应、讨好式反应。

三、引导完成情绪社会化

情绪社会化是指个体根据社会要求来理解、表达、调节自己的情绪活动，以实现与社会要求或预期相一致的过程。这一过程原本应该在个体成年前就已经完成，但情绪社会化过程直接制约着个体的道德水平。情绪社会化是个体社会化的最初形式和主要内容，服刑人员群体普遍情绪社会化程度偏低，进行思想矫治过程中把完成服刑人员情绪社会化作为重要的内容，是提高改造质量、减少服刑人员出狱后再犯罪的关键工作。

☞ 案例

服刑人员冯某非常爱发脾气，由于脾气暴躁，冯某和同犯关系不好。民警对冯某进行了多次、各种形式的教育，冯某写下了厚厚一叠检查、保证书。每次发生冲突后，冯某能够积极认错，但暴脾气的问题一直没有得到解决。

1.失误举例

以下为模拟对话，旨在通过模拟失误的管教过程来说明个别教育中存在的问题。

民警：说说今天怎么回事！

冯某：我在给儿子写信，想写“努力读书”，我忘了“努”字怎么写了，就问在一边看书的陈某，陈某说：“奴隶的奴加个力。”我就说：“你告诉我努力怎么写就行了，我不用知道奴隶的事。”刘某在旁边嘲笑我，说：“就你这样，凭什么当人爹呀！你还是等着你儿子下次写信来教给你怎么努力改造吧！”我就急了。

民警：急了就指着人家鼻子破口大骂？

冯某：我最不爱听别人说我不配当爹！那是我儿子，我怎么就不配当爹了？

民警：今天这事是你又冲动、又乱发脾气的问题，和其他问题没有关系！

冯某：我真的不是故意的，我错了，您原谅我这一次吧！

民警：你说你挺大的人了，怎么就说了不算，说多少回都记不住呢？前几天刚做完检查，你还有完没完？

冯某：有完，我再也不会骂人、发脾气了！

民警：你说这些话，你自己还信不信？

冯某：队长，我也不知道怎么回事，就是控制不住自己，我真的不是故意的！

民警：你说吧，如果再犯怎么办？

冯某：您说怎么办就怎么办！我当着全分监区的人做检查！

民警：去写一份思想认识！

这样的谈话与其说是在解决问题，不如说是在无奈中徘徊，无效的方法不会因为重复了很多遍就奏效。显然，冯某的暴脾气问题不是事过之后认错、检讨就能解决的，怎样在冯某脾气爆发之前加以控制才是解决问题的根本。

必须明确的是，冯某乱发脾气不是所谓的性格暴躁，而是他不知道怎么正确表达自己的情绪。冯某在幼年、童年、少年阶段没有很好地完成情绪社会化过程。当他发脾气时，对自己的力量感比较清晰，对外界的控制感比较好，发脾气其实是一种人际互动的关系控制。

情绪社会化就是个体逐渐懂得人际交往的双向活动，既要让别人了解自己，也要主动了解别人；既要让别人适应自己，也要积极适应别人；既要让自己感到愉快，也要努力愉悦别人。只有这样，双方才能建立起和谐的人际关系。例如，通过担负更多的社交责任和表现出更积极的情绪来应付交往中出现的矛盾；用有利于达到目标而不破坏人际关系的方式，应付人与人之间的冲突。在面临交往矛盾和问题时能提出建设性的解决办法；成为交往问题的有效处理者、协调者。

情绪社会化就是个体越来越多地了解到，在人际交往中，把自己摆在对方的位置上，设身处地地体验、理解他人的情绪，注意形成彼此之间的共同感受，这是增进相互理解、促进相互悦纳的一种有效方法。任何人都不可能十全十美、尽如人意，能否和谐相处，主要取决于自己是否善于发现别人的长处，认识到大多数人都是通情达理的，会使自己以友善、宽容的态度待人。谁都会有不顺心的时候，既能善于克制自己的消极情绪，约束自己的行为，又能在别人产生消极情绪时予以谅解。

诸如此类，个体在情绪社会化的同时，道德认知、道德情感和道德行为都得到了相应的发展。

思想矫治法关于完成服刑人员情绪社会化一般要经过以下几个过程：

第一，识别情绪。

你的感觉是什么情绪？

你给这种感觉起一个名字，它叫什么？

第二，寻找原因。

你觉得生气/难过/委屈……的原因是什么？

问问自己，当时想到了什么就会那么生气/难过/委屈……

第三，选择表达方式。

你可以怎么做？如果这样做了，可能引发的反应有哪些？

你最后的决定是什么？

第四，自我评价。

哪些地方做得好？

哪些地方做得不好？

2.示范案例

民警：说说今天怎么回事？

冯某：我在给儿子写信，想写“努力读书”，我忘了“努”字怎么写了，就问在一边看书的陈某，陈某说：“奴隶的奴加个力。”我就说：“你告诉我努力怎么写就行了，我不用知道奴隶的事。”刘某在旁边嘲笑我，说：“就你这样，凭什么当人爹呀！你还是等着你儿子下次写信来教给你怎么努力改造吧！”我就急了。

民警：你什么时候觉察到自己有情绪的？

冯某：刘某说我凭什么当人爹的时候。

民警：当时的情绪是什么？

冯某：就是心里很难受，憋着一口气。

民警：你给这个情绪起个名字。

冯某：难受。

民警：有的人把这种难受叫愤怒，有的人把它叫焦虑，有的人把它叫郁闷。你觉得你的这个情绪叫什么比较好？

冯某：着急加生气。

民警：你可以给自己的情绪命名了，这是咱们开始改变的第一步，没什么比开始更重要了！给你一张表当作业，你得一个词一个词地研究，咱们抽空要把这些词的意义都弄清楚。

冯某：好，我保证完成作业。

民警：咱们完成了第一步，给情绪命名。现在要做第二步，找原因。你现在想想自己当时着急加生气的原因是什么？

冯某：他说我不配做爹！我最恨的就是这种人！那就是我儿子，他凭什么说我不配做爹？

民警：假如他真的指着你说"你不配当爹"，你心里立刻一闪而过的、你跟自己说的话是什么？

冯某：我太差劲了！我儿子要不认我了！

民警：他说"你凭什么当人爹呀！"除了有可能是在说你不配当爹，还有其他可能吗？比如，他其实心里很羡慕你。

冯某：对呀，我怎么就没有想到呢！他有可能是羡慕我！

民警：还有其他可能吗？比如，他在表现自己和你近，所以跟你说话可以很随便。

冯某：(笑)我不知道。

民警：看来除了你想到的那种可能外，刘某其实还可以有很多其他意思。咱们现在要做第三步，选择方法，就是讨论一下你都可以怎么做？

冯某：我做得不好，我骂人了。

民警：你用了最简单的方法，结果你违纪了，要承担后果。还能有其他办法吗？

冯某：不理他，继续写我的信。

民警：好办法，如果你真的不理他，继续做自己的事情，结果会怎么样？

冯某：真是，我其实稍微克制一下自己就没这么多麻烦了。

民警：还有什么办法？

冯某：站起来找您请教。

民警：如果你站起来出班找队长，结果会怎么样？

冯某：也挺好的，就是人家可能会笑话我：不大点儿事又去找民警！这个不好，我还是自己处理吧！

民警：你能做出这样的权衡，并且愿意自己担当，了不起！

冯某不好意思地笑了。

民警：咱们现在来练习一次，我来扮演刘某，你来问字怎么写。然后，我还说那句话，你一边说前面的几个步骤，一边告诉我要怎么做了，你看怎么样？

冯某：好，我试试，如果我忘记了您提醒我一下吧。

民警：没问题。咱们开始吧。从你问字开始。

冯某：努力的努怎么写？

民警：我要说那句让你着急加生气的话了，你听完以后，先说出来你要怎么做，比如“我要给情绪命名”，然后再说下去，明白吗？

冯某：明白。我准备好了，您说吧。

民警：就你这样，凭什么当人爹呀！

冯某：（大力呼吸）我心里的感觉是着急加生气。我现在要找找自己心里的原因，原因是我知道自己不是个像样的爸爸，我不愿意说出来，我很担心儿子会不认我了。

民警：很好，继续，下一步是我可以怎么做。

冯某：我可以骂人、打人，但那是违规的，弄不好要送去惩教；我还可以去找队长，但其他人会笑我；我还可以站起来走到一边，假装没听见，其他人不会笑话我。我站起来走到窗口。（长长地出气）

民警：你按照要求完整地做到了！你是怎么做到的？

冯某：我想早点儿回家去看儿子。

民警：好样的，你儿子会为你骄傲的！明天你自己继续练习，过几天我检查，行吗？

冯某：好。

这是完整地引导服刑人员情绪社会化的过程示例。经过多次反复这样的训练，最终能够帮助冯某在出现负性情绪时按部就班地进行自我调整，从而完成其早年没有充分发展的情绪社会化，形成新的情绪处理体系。

【要点】

（1）有些服刑人员识别情绪会有困难，需要教会他们分辨基本负性情绪。基本负性情绪包括：悲伤、压抑、孤独、不高兴、焦虑、担心、害怕、恐惧、紧张、愤怒、生气、烦恼、害羞、尴尬、羞辱、失望、嫉妒、羡慕、愧疚、伤害、疑虑、疑惑。

（2）正常个体从三四岁到十二三岁用将近十年的时间完成情绪社会化，服刑人员由于不良的早年养育环境造成了这些心理发育的缺失和畸形。完成情绪社会化是不可能一蹴而就的，因此，需要民警保持足够的耐心。

四、引导情绪宣泄

情绪是人的一种能量形式，从情绪本身出发。情绪宣泄是基于生理、心理需要的一种情绪释放过程，恰当地释放能够排解或释放紧张情绪，对于抑制冲突、处理个体对痛苦经历的回忆具有重要意义。

引导情绪宣泄思想矫治法就是由民警引导服刑人员把自己内心的积郁与痛苦表达出来。研究表明，当能够自由表达困扰的事件和情绪时，情绪和压力会大大降低。

☞案例

服刑人员徐某，对民警总是表现出一副很畏惧的样子，战战兢兢的。心甘情愿地跟在其他服刑人员后面跑前跑后，时常被人利用。

1.失误举例

以下为模拟对话，旨在通过模拟失误的管教过程来说明个别教育中存在的问题。

民警：徐某。

徐某：到。

民警：今天这件事你怎么想？

徐某战战兢兢的，眼神里都是恐慌、不知所措。

民警：你自己也是一个七尺汉子！站直了！

徐某：（开始哭）是。

民警：到底怎么回事？

徐某：（哭）他们让我……

民警：哭什么？每次都跟你说你要有自己的脑袋，不要总是别人让你干什么你就赶紧去干。

徐某:(哭)队长,我错了,您原谅我吧。我改,我一定改。

谈话至此,虽然徐某说“我改,我一定改”,但不难从他的惊慌、哭泣、奉迎式回答“是”等表现看出,问题依然故我,并没有改变。徐某仍旧心甘情愿地被其他人操控。如果不针对现象背后的思维、情绪、创伤等问题做工作,只是一味地讲道理、提要求,将无法实现对徐某的思想矫治。

引导情绪宣泄法就是促进服刑人员努力回忆过去的痛苦,表达自己的记忆、痛苦。这个方法对于减少痛苦对服刑人员的困扰非常有帮助。

引导语示例:

回忆过去困扰你的事件,尽可能清楚地描述这个事件,以及自己的感受。回忆得越详细,帮助越大。

能够回忆起那些痛苦的事情很重要,那些事情甚至到今天仍旧在对你起作用。咱们要一起把这些事情找出来。

你需要做的就是努力使自己的回忆尽可能真实。

2.示范案例

民警:徐某。

徐某:到。

民警:今天这件事你怎么想?

徐某战战兢兢的,眼神里都是恐慌、不知所措。

民警:告诉我,你现在身体有哪些让你不舒服的感觉。

徐某:身体发抖,头皮发紧,脚有点儿要抽筋。

民警:这些感觉熟悉吗?

徐某:每次队长找我谈话都会这样。

民警:还有什么时候会这样?

徐某：很多时候。我们班长给我布置任务时也会这样。

民警：你还记得从什么时候开始有这种感觉的吗？

徐某：好像从很小的时候，想不起来了。

民警：现在闭上眼睛，专注在身体发抖、头皮发紧、脚有点儿要抽筋的感觉上，大脑中会慢慢出现你第一次有这种感觉的情形，看清楚了告诉我。

徐某：（身体抖得很厉害，抱住双臂）看到了。

民警：尽可能看清楚。

徐某点头。

民警：发生了什么？

徐某：爸爸在打人。

民警：睁开眼睛。讲一讲你看到了什么。对你来说回忆和描述那些情形可能非常不容易，但这么做是为了以后你可以摆脱这些难受的感觉。加油！

徐某：（哭）爸爸在打人。

民警：咱们要做的就是回忆那段经历，回忆过去困扰你的事件，尽可能清楚地描述这个事件，以及自己的感受。回忆得越详细，帮助越大。

徐某泣不成声。

民警：你现在在这张纸上把你看到的记录下来，努力使自己的回忆尽可能真实。

徐某写完之后——

民警：你可以把你写的故事念给我听吗？

徐某：（拿着纸开始读）爸爸一只手拿着笤帚，另一只手抓着妈妈的头发……爸爸抓住姐姐的衣领，在扇姐姐的脸……爸爸看到我了，对我说："你是我儿子，你也来打！"我好害怕，我不敢过去，爸爸对我喊叫："你不打她们，看我把你的头拧下来！"爸爸把我拎起来扔在妈妈面前，让我打。爸爸一拳打在妈妈脸上，妈妈在哭。爸爸拉着我的手一巴掌扇在妈妈头上，我好害怕。爸爸把姐姐拖过来，让我打，我没有打，爸爸的大手劈头盖脸打在我脸上。他一直在骂："你不打，看我把你的头拧下来！"

民警：在读的时候，哪一部分最困扰你？

徐某：爸爸对我说"你不打，看我把你的头拧下来！"

民警：现在是咱们两个在一起，你把它读给我听，你现在对它的感觉是什么？

徐某：我感觉很紧张，我告诉自己那是很久很久以前的事情了，现在不会了，再也不会了，就感觉没那么可怕了。

民警：以前你完整地讲过这件事吗？

徐某：没有。有的时候做噩梦会梦到，我就努力不去想，努力忘记。我想忘了这些事。

民警：现在你有什么感觉？

徐某：感觉好多了，只是我不想让其他人知道，我怕他们知道以后拿这件事当笑料。

民警：好，今天先到这里，过两天我会再找你的。

在民警的陪伴、支持下，徐某可以自由地表达情绪，可以哭，可以发抖，通过寻找情绪的核心引导徐某对整个事件进行回忆并且写出来，这些宣泄的方式都能够让徐某的内心得到充分的释放。释放之后，内心的压力会很大程度降低。

【要点】

民警要非常小心地观察服刑人员的反应，在写出自己的故事之前，要先让服刑人员描述一遍，如果描述过程中服刑人员过于激动、不安，就要暂停下来。常用的处理方法有三种：

第一种方法，增加控制感。一再地对服刑人员明确：现在很安全，这个谈话室里只有你和我，什么都不会发生，场景里的人不会出现，都是过去很多年的事情了。

第二种方法，做放松训练。带领服刑人员做渐进式肌肉放松训练，通过控制肌肉的紧张与松弛达到放松身心的目的，在这样的调节过程中，也实现了帮助服刑人员控制不良情绪的目的。（具体做法详见下册“叁 自杀自伤心理干预实战技术”第二章第一节，第477页。）

第三种方法，做保险箱练习。帮助服刑人员学习掌控自己的痛苦经历，也可以用这个练习来有意识地排遣内心的痛苦，至少使自己短时间地从压抑的念头里释放出来。（具体做法详见下册“叁 自杀自伤心理干预实战技术”第六章第一节，第573页。）

五、应急情绪疏导

有关调查显示情绪型犯罪占伤害和杀人案件的70%~80%。这类服刑人员的共同特征是：在情境刺激下，甚至没有明确的动机和目的，只是因为一时冲动就会达到短暂的、爆发式的情绪高峰，大脑失去思考能力，自我约束能力减弱甚至丧失，不计后果地“跟着感觉走”。这些指向自己或他人的情绪化冲动行为一般都具有破坏性。

☞ 案例

服刑人员李某得知本月加分无望后，找到分监区领导提出加分要求。被拒绝后，李某情绪激动，大喊大叫，同时用头撞桌角。被其他服刑人员控制住之后，仍旧大喊着“不活了”。

1.失误举例

以下为模拟对话，旨在通过模拟失误的管教过程来说明个别教育中存在的问题。

民警:(一边按狱政管理程序予以控制,一边对李某大声训斥)你想干什么?你以为这样做能达到目的?你闭上嘴!闭上嘴!

李某大喊不断。

这个处理的失误在于民警把李某当成了有理智的人做交流,而这个场景中的李某完全处于过度情绪化状态,无法用理智进行自我控制。因此,这种情况不适合讲道理,也不能寄希望于李某进行自我约束。

按照狱政管理规定和相关程序对情绪失控的服刑人员实施管控,以确保其安全,是常规处理方式。当民警有足够的改造实力时,对服刑人员危险性做出基本评估后,如果危险性在可控范围内,是可以凭借情绪疏导方法对服刑人员的情绪进行应急疏导并调控的。在服刑人员情绪过激时,立刻进行情绪疏导无疑是一个绝佳的思想矫治时机,但前提是民警不仅需要足够沉着稳定,而且需要懂得相应的思想矫治法。

民警在面对情绪失控的服刑人员时,会借助自己强大的心理力量,营造出一个矫治服刑人员情绪状态的氛围,把服刑人员当下的负性情绪状态矫治到一个稳定的情绪状态下。

一般可以使用如下方法:

第一步,根据自己对服刑人员负性情绪和负性思维的了解,选定一个正性词汇。使用频率比较高的正性词汇是放松、安全、冷静、平安。

第二步,看着服刑人员的眼睛,用非常平静、稳定的声音和态度吸引住服刑人员的眼神。可以说“看着我”“看着我的眼睛”“现在看着我”。

第三步,继续保持平静、稳定的声音对服刑人员重复“跟我一起说放松”“放松”“跟我一起说放——松——”“跟我一起说,f—— ang ——fàng(把汉语拼音慢慢地读出来)s——ong ——sōng ”。直到服刑人员开始跟着说“放松”。坚持一直说这个词,持续5~10分钟,始终保持这样的状态一直重复这个词。

在服刑人员能够非常流畅地跟随着说出这个正性词汇后，可以继续要求他闭上眼睛独立地接着重复这个词。当服刑人员可以稳定地、平静地、连贯地说出这个词时，才可以停止。

第四步，和服刑人员进行讨论：在稳定地说着正性词汇时的内心感受。

引导语示例：

大脑中出现了怎样的画面？

出现了哪些念头？

有一些什么样的感受？

2.示范案例

民警：（一边安排其他服刑人员予以控制，一边走到李某面前，蹲下身，看着李某的眼睛，对李某说）看着我的眼睛，现在看着我。

民警：跟我说放松，放——松——，放——松——，跟我一起说，f—— ang ——fàng ——s－ong －sōng 。

李某开始看着民警。

民警：放——松——，放——松——。

民警用稳定的声音始终很平静、坦诚地注视着李某，一遍又一遍地说“放——松——”，李某已经明显平静下来，开始跟随着说“放——松——”。持续5分钟后，继续要求李某闭上眼睛独立地重复“放——松——”。

李某非常流畅地说着“放——松——”。

民警：停下来，在你说放松时，大脑里出现了一幅什么样的画面？

李某：田野，绿油油的，好大一片。

民警：你想到了什么？

李某：我妈在唱歌，我听着我妈唱歌，真好听。

民警：身体的感觉怎么样？

李某：身体挺自然的，没有什么感觉了。

民警：有什么新的想法吗？

李某：庄稼该熟的时候才成熟，不能着急，让庄稼慢慢长！

词汇的多次重复会给大脑提供一个无形的背景情绪，每一次重复正性词汇都会让这个背景发生影响，最终在内心形成积极情绪体验，并促使个体在这种情绪体验下思考、说话、做事。

【要点】

在负性情感浓度非常高的时候，服刑人员可能会完全深陷其中，民警可以借助放松训练先让服刑人员松弛下来，然后再使用应急情绪疏导技术。

第八节　思想矫治实战技术7——调整焦虑情绪

焦虑情绪不同于一般的负性情绪，很多服刑人员都被广泛性焦虑折磨，担心家里、家人出问题，担心自己将来找不到谋生的途径，害怕自己熟睡中发生地震，害怕被其他人欺骗、讥笑。在很多事情发生前都有那么多焦虑的理由，担心做不好，担心发生意外，担心结果不如意；很多事情发生以后仍旧有那么多让人焦虑的内容，担心其他人有看法，担心自己有疏漏、错误，担心有某些已然发生的问题自己却浑然不知……慢性焦虑在无声无息间让很多人日渐筋疲力尽。

焦虑是各类强迫症、恐惧症、抑郁症的核心问题，本节着重讨论关于减轻焦虑情绪的思想矫治法。

一、识别焦虑

一些服刑人员的广泛性焦虑问题无法解决，并不是问题本身严重到了无法解决的程度，而是只知道痛苦、难受，却根本不知道是什么在困扰自己。常常听到关于焦虑的讨论，但焦虑究竟是什么，或者说让当前这名服刑人员备受其害的焦虑究竟是什么？

思想矫治法对待要矫治的问题始终秉承的态度就是：解决问题之前，必须首先明确问题。对于焦虑也是同样的，在调整焦虑之前，必须对要调整的焦虑做充分的认识。

☞案例

服刑人员钱某总在担心会有不好的事情发生，他会在心里为自己设定：今天点名时如果队长看了我一眼，今天就不会出问题；从床到大厅，如果我走的步子是双数，今天就要出问题了；今天吃饭的时候如果是米饭，就能躲过一劫……凡此种种，钱某不停地给自己圈定所谓好兆头和坏兆头。为了能够避免出问题，钱某常常要求民警配合。比如，他会很神秘地找到民警说："您今天点名的时候记得叫完我的名字以后看我一眼，对我点一下头。这样我今天就能平平安安了。""今天出工的时候，进车间之前，您务必记得叫我名字一次，否则可能就要出大事了。"一旦民警没有配合，钱某就会一次又一次地找民警，表达问题的严重性，并且对民警提出新的要求。

钱某的这些"仪式化"做法其实都是在进行自我安慰，从而缓解内心的焦虑。

1.失误举例

以下为模拟对话，旨在通过模拟失误的管教过程来说明个别教育中存在的问题。

钱某：队长，您今天点名的时候记得叫完我的名字以后看我一眼，对我点一下头。这样我今天就能平平安安了。

民警：你没事吧？

钱某：您相信我，真的，我有预感。您就看我一眼，点一下头就可以了。

民警：你不要再自己跟自己过不去了，有这时间，干什么不行啊？

钱某：队长，这对我很重要，您帮帮我！求您了！

民警：你折腾你自己还不够，还要折腾我。行了，回去踏踏实实该干什么干什么！

钱某：队长，您一定要记得看我一眼啊！

民警只看到了钱某的仪式化，但忽略了关注钱某为什么要这么做，或者说忽略了现象背后的原因。忽略只是不去关注问题，但问题依然存在，思想矫治需要面对问题。

焦虑作为一种情绪体验，总在被这样或那样地体验着，这些体验可能是内心的想法、自我言语，也可能是某些画面。带领服刑人员对焦虑进行有效识别，是非常重要的第一步，明确了问题可以为后续的矫治工作做好铺垫。

引导语示例：

有这些感受时，心里会想到什么？

什么时候最焦虑？

当你焦虑时，眼前会出现一些画面吗？

2.示范案例

情景一

钱某：队长，您今天点名的时候记得叫完我的名字以后看我一眼，对我点一下头。这样我今天就能平平安安了。

民警：你怎么了？

钱某：我五点多醒了就一直心慌，好不容易想出这个破解的招儿，您帮我破解一下！

民警：心慌？担心什么呢？

钱某：我觉得自己要倒霉。

民警：会发生什么？

钱某：我会很惨的！看我这臭嘴，该打。您记着冲我点头啊！

民警：咱们得一起努力把这个困扰你的焦虑赶走。你能告诉我对于你担心的这些，眼前会有什么画面吗？

钱某：有，我能看到自己特别难受，特别特别难受。

民警：特别难受？

钱某：我蜷在一个墙角，浑身疼，特别疼，谁也不理我，没有人管我，一个看我一眼的人都没有。

当谈话进行到这里，民警已经顺利找到了引发钱某情绪的画面，也有可能引发情绪的不是画面，而是歪曲的想法。

情景二

钱某：队长，您今天点名的时候记得叫完我的名字以后看我一眼，对我点一下头。这样我今天就能平平安安了。

民警：你怎么了？

钱某：我五点多醒了就一直心慌，好不容易想出这个破解的招儿，您帮我破解一下！

民警：心慌？担心什么呢？

钱某：我觉得自己要倒霉。

民警：会发生什么？

钱某：我会很惨的！看我这臭嘴，该打。您记着冲我点头啊！

民警：咱们得一起努力把这个困扰你的焦虑赶走。你能告诉我对于你担心的这些，眼前会有什么画面吗？

钱某：没有什么画面。

民警：那么你担心什么呢？

钱某：我会很惨，得很重的病。

民警：接着会怎么样？

钱某：不知道多少人在想“钱某怎么还不死”，人们心里都烦我。

无论是画面还是歪曲的想法，当民警找到了这些焦虑背后的、引发焦虑的原因，后续的思想矫治就会很有针对性了。

【要点】

（1）服刑人员有可能一时无法做出案例中的清晰回答，解决方法是留作业。民警可以要求服刑人员连续5~7天记录感受到的焦虑情绪，逐一写明“时间、情景、情绪的主要感受、想到了些什么”。只要再次出现这种感觉，就马上把自己的感觉、心里的想法记下来。

（2）服刑人员害怕把焦虑想清楚、说清楚、写清楚，担心会让焦虑更容易出现，会让问题变得更加恶劣、严重。他们会觉得只有不去想这些了，才能好起来。民警可以告诉他们：“你担心特别清楚地说明自己遇到的问题会让问题变得严重，很多人都曾经有过这样的想法。在解决掉问题以后，他们会用做CT来形容这个过程，就好像身体有问题了，只有先做CT，看清楚问题，才好做准确的治疗。做CT是不会导致病症更严重的。”

二、真实性讨论

当焦虑从针对含混不清的内容转变为清晰可见的内容时，就可以对焦虑内容做真实性讨论了，通过讨论评估焦虑内容的存在可能。

☞ 案例

这里继续以上述服刑人员钱某的问题为例。钱某被广泛性焦虑困扰，他存在潜在的焦虑，通过对话找到了钱某的焦虑内容是“我蜷在一个墙角，浑身疼，特别疼，谁也不理我，没有人管我，一个看我一眼的人都没有”，思想过程是“不知道多少人在想‘钱某怎么还不死’，人们心里都烦我”。钱某以完成某些“仪式化”的做法进行自我安慰，从而缓解焦虑。

1.失误举例

以下为模拟对话，旨在通过模拟失误的管教过程来说明个别教育中存在的问题。

民警：钱某，今天感觉怎么样？

钱某：挺好的。

民警：你那些要这样破灾、要那样免祸的说法都是无稽之谈，以后不要再那么做了。

钱某：您千万不要这么说！幸亏我自己还能想明白怎么破，否则我早就完了！

民警：那都是封建迷信，你不要作茧自缚。

钱某：您不明白！

民警：叫你不要信了，都是为你好，听见了没有！专心改造！

民警虽然非常义正词严地提出了要求，但显然并没有对钱某起到一定的矫治作用。当民警对钱某深信不疑的事情直接进行全盘否定时，钱某不是反思自己的问题，而是认为民警不明白问题的真相，不了解发生了什么。

当服刑人员对焦虑内容做出初步描述后，民警鼓励服刑人员以明确地预测现实世界真实事件的方式，在真实事件里谈自己的预测、谈让自己焦虑的内容，从而可以很直接地就其预测内容的真实性做出判断分析。在和真实事件做对比后，民警就可以引导服刑人员对其焦虑问题做出“是不是可能”的结论。

引导语示例：

具体地说，你预测将要发生什么？

最可能出现的情况是什么？

当时的情形是什么样的呢？

2.示范案例

情景一

服刑人员可以看到画面，直接针对画面进行思想矫治。

钱某：队长，您今天点名的时候记得叫完我的名字以后看我一眼，对我点一下头。这样我今天就能平平安安了。

民警：你怎么了？

钱某：我五点多醒了就一直心慌，好不容易想出这个破解的招儿，您帮我破解一下！

民警：心慌？担心什么呢？

钱某：我觉得自己要倒霉。

民警：会发生什么？

钱某：我会很惨的！看我这臭嘴，该打。您记着冲我点头啊！

民警：咱们得一起努力把这个困扰你的焦虑赶走。你能告诉我对于你担心的这些，眼前会有什么画面吗？

钱某：有，我能看到自己特别难受，特别特别难受。

民警：特别难受？

钱某：我蜷在一个墙角，浑身疼，特别疼，谁也不理我，没有人管我，一个看我一眼的人都没有。

民警：具体些，哪个墙角？

钱某沉默。

民警：你觉得可能是哪里就说哪里，凭着感觉就行。

钱某:(笑了)队长,我一直觉得应该就是大厅那个墙角,可我又一想,如果我蜷在那儿,不出几分钟就肯定有人来问我怎么了,怎么可能没人理我呢!

民警:(笑)分析得好。

钱某:那也许是我们老家的房子里?

民警:那个房子现在谁住着呢?

钱某:我弟弟一家。

民警:你如果蜷在那儿,你觉得他们会是什么反应?

钱某:他们不可能不理我。

民警:他们不可能不理你?

钱某:就我弟妹,别说我躺在他们家了,我一进她家院子,她眼睛就瞪起来了,人盯人地跟着我,怎么可能让我躺在她家里呢!

民警:也不可能?还有其他墙角吗?

钱某:(笑)我怎么就想出来一个墙角呢?到哪里去找一个这样的墙角呢?

民警:你现在怎么看自己的焦虑?

钱某:有点儿莫名其妙,可能是我压力太大了瞎想吧?

民警:下次再有这些感觉时,先跟自己试试到哪里找这个墙角。

钱某:(笑)我怎么从来都没有想过就没有这样一个地方呢!

当谈话进行到这里,民警顺着引发钱某情绪的画面在现实生活里找场景,结果钱某发现根本找不到这个场景,由此让钱某认识到自己焦虑来源荒诞不经。

情景二

直接针对服刑人员的思想过程。

钱某:队长,您今天点名的时候记得叫完我的名字以后看我一眼,对我点一下头。这样我今天就能平平安安了。

民警:你怎么了?

钱某:我五点多醒了就一直心慌,好不容易想出这个破解的招儿,您帮我破解一下!

民警:心慌?担心什么呢?

钱某:我觉得自己要倒霉。

民警:会发生什么?

钱某:我会很惨的!看我这臭嘴,该打。您记着冲我点头啊!

民警:咱们得一起努力把这个困扰你的焦虑赶走。你能告诉我对于你担心的这些,眼前会有什么画面吗?

钱某:没有什么画面。

民警:那么你担心什么呢?

钱某:我会很惨,得很重的病。

民警:接着会怎么样?

钱某:不知道多少人在想“钱某怎么还不死”,人们心里都烦我。

民警:人们?鲁迅先生说被人骂是正常的,谁的背后能没有人骂呢?你不会希望全世界所有的人都喜欢你吧?

钱某:我不想全世界的人都说我好。

民警:你最在乎哪些人对你的评价呢?

钱某:我在乎您对我的评价。

民警:还有呢?

钱某:张指导员。

民警:还有呢?

钱某:老爸、老妈。

民警:还有吗?

钱某：没了。

民警：你觉得我和张指导员心里总在想“钱某怎么还不死”？

钱某：（笑）不会，你们肯定不会这么想，你们应该想“这小子怎么还不加分”！

民警：你觉得你老爸、老妈心里总在想“钱某怎么还不死”？

钱某：（笑）肯定不会，他们还盼着我出去呢！

民警：那你说人们都在这么想！

钱某：我弟和我弟妹肯定这么想。

民警：你刚才不是说你最在乎的人是我和张指导员，还有你父母吗？没有你弟和弟妹呀？

钱某：的确没有。

民警：你刚才不是说没想让全世界的人都说你好，都喜欢你吗？

钱某：的确不可能全世界的人都说我好。

民警：那么，你最在乎的人没有一个那么想的，你不在乎的人也不可能让他们都说你好，都喜欢你。

钱某：要这么说也对，我还真没有这么一个一个地算过。

【要点】

（1）服刑人员有可能无法说出非常清晰的想法，只是一个非常含糊的预测，比如，我会很难受、反正很不好。这种情况下，民警就要引导服刑人员逐一正面直接回答下面的问题：

地点——在哪里？

时间——什么时候？

事件——发生了什么？

（2）服刑人员可能会用回避的态度，不去思考发生什么，而是给自己打气：我保证努力积极改造！我会克服的！这时，民警要一边鼓励服刑人员关注解决问题，一边继续要求服刑人员专注回答每一个具体问题。

三、验证焦虑预测

很多焦虑中的服刑人员虽然被焦虑折磨，却从来没有检验过焦虑本身的真实性。思想矫治法之验证焦虑预测就是由民警带领服刑人员对歪曲想法的预测进行检验，最终发现预测的无意义与无效，从而引导服刑人员放弃这个想法。

☞ 案例

服刑人员焦某非常自卑，认为自己很没有用。（发现其歪曲思想的过程在这里略去，下文将直接进入思想矫治过程）

1.失误举例

以下为模拟对话，旨在通过模拟失误的管教过程来说明个别教育中存在的问题。

民警：上次咱们一起发现了你时常在心里对自己说“我很没有用”。

焦某点头。

民警：这些都是你的歪曲思想，以后不要这么想了。

焦某点头。

民警：你要多想想自己有进步的地方！

焦某点头。

单凭明确歪曲思想的误区，是无法实现成功矫治歪曲思想的。无论焦某多么有诚意地承诺一定要改，歪曲思想仍旧会不断通过负性情绪吞噬他。

歪曲思想的存在会让服刑人员备感焦虑，验证焦虑预测就是通过对这些思想真实性的验证，引导服刑人员重新看待自己的歪曲思想。

引导语示例：

按照你的想法能预测出什么结果呢？

你去试一试！

2.示范案例

民警：上次咱们一起发现了你时常在心里对自己说“我很没有用”。

焦某点头。

民警：今天咱们要一起面对这个问题。

焦某：好的。

民警：你认为自己很没有用，那么按照你的想法能预测出什么结果呢？

焦某：我干活总是很慢，也没有什么突出的表现，拿不到分也评不了奖，没有朋友，在狱内待一辈子，八九十岁终于出去了，也无家可归了。

民警：你今年33岁，余刑8年，怎么会待到八九十岁才出去呢？

焦某：我没有想过，这一条去了。

民警：“干活总是很慢，也没有什么突出的表现”，需要加一个条件：如果继续保持现状，咱们不想任何办法改变。（找出这种模式导致的问题，引导服刑人员看到这些问题只是在某个条件下的。）

焦某：能改变吗？

民警：由你决定，要不要试一试？

焦某：那您帮我！

民警：这个一会儿再说。再说没有朋友。

焦某：就是一个朋友都没有。

民警：需要加一个条件：如果继续保持现状，咱们不想任何办法改变。

焦某：能改变吗？

民警：由你决定，要不要试一试？

焦某：那您帮我！

民警：那么，在未来的一周里，你期望咱们一起对哪件事做努力：干活还是交朋友？

焦某：干活！

民警：你们班谁干活最快？（对具体困难的解决方法进行指导）

焦某：陈某。

民警：你一会儿回去以后很真诚地找陈某求教，看看人家是怎么做的？

焦某：我不知道怎么说。

民警：咱们现在试试，假设你是陈某，我现在扮演你，你看着我怎么做。

焦某：好。

民警：（走到焦某面前，笑着说）陈某，您有空吗？我想找您请教个问题。

焦某点点头。

民警：您干活总是既快又好，您能教教我怎么就能干那么好吗？

焦某：我不知道他会怎么说。

民警：他会说吗？

焦某：会。

民警：那么你觉得怎么调整，就更适合你来跟陈某说？

焦某：不用调整，这样就挺好。

民警：那么现在我来扮演陈某，你来找我请教。

焦某：我试试。

当焦某可以很熟练地找民警扮演的陈某请教之后。

民警：你怎么看自己能够在扮演中尝试找陈某学习？

焦某：有您这样教我，我挺高兴的。

民警：你现在怎么看“我很没有用”。

焦某：有您帮我，我就不是很没有用？

民警：我帮你什么了呢？

焦某：你教给我要怎么做。

民警：当你知道自己要做什么的时候，你之前对自己的结论就是不公正的。看来，你需要明确自己应该做些什么。

焦某点头。

民警：你现在就回去找陈某请教，找班里其他人请教。明天，你要用心、用脑子做尝试，还要记录一下明天的成绩。每天都用心想要做好、用脑子想怎么做，每天都记录成绩。过几天我找你，咱们一起看看你的记录。

几天后，民警找到焦某，看他的干活成绩记录，每天都有小进步。民警继续对焦某的思想进行矫治。

民警：这几天你的进步是怎么做到的？

焦某：我这几天按您要求的：每天都用心想要做好、用脑子想怎么做。

民警：你还认为“我很没有用”吗？

焦某笑。

任何一个歪曲思想的形成都经历了若干年、若干件事，完成其矫治工作也必然经历“去病如抽丝”的过程。在一个服刑人员的矫治过程中，可见的是服刑人员的改变，不可见的是民警付出的精力和心血，以及漫长的时间。民警在使用这些思想矫治方法时，最令人敬佩的不是智慧，而是全心付出的奉献精神。

【要点】

（1）有时服刑人员按照歪曲想法预测出的结果是真实的，如下面的谈话过程——

民警：你认为自己很没有用，那么按照你的想法能预测出什么结果呢？

焦某：我会难过，总有人看不起我，心里难过的时候还是我一个人。

焦某的这些预测都是真实的，对于这样的情况，用下面的方法进行处理——

民警：你做出的这些预测对每个人都是正确的。每个人都会难过，每个人都会遇到一些看不起自己的人，每个成年人心里难过的时候都是自己一个人应付。难道这能说明所有的人都是很没有用的吗？

（2）除了让服刑人员预测会发生什么之外，还可以让服刑人员预测不会发生什么。通过对不会发生做分析讨论，从而检验这些思想的真实性。如下面的谈话过程——

民警：你认为自己很没有用，那么按照你的想法能预测出不会发生什么呢？

焦某：我不会快乐，不会有人真的关心我。

民警：你期望自己快乐吗？

焦某：我特别羡慕那些每天都快乐的人，也许是因为我太没有用了吧。

民警：你们班里有快乐的人吗？

焦某：陈某。

民警：你一会儿回去以后很真诚地找陈某求教，看看人家是怎么做的？

焦某：我不知道怎么说。

民警：咱俩现在试试，假设你是陈某，我现在扮演你，你看着我怎么做。

焦某：好。

民警：（走到焦某面前，笑着说）陈某，您有空吗？我想找您请教个问题。

焦某点点头。

民警：看着您每天都很快乐的样子，我特别羡慕，您能教教我怎么就能每天都快乐吗？

焦某：我不知道他会怎么说。

民警：他会说吗？

焦某：会。

民警：那么你觉得怎么调整，就更适合你来跟陈某说？

焦某：不用调整，这样就挺好。

民警：那么现在我来扮演陈某，你来找我请教。

焦某：我试试。

（3）验证焦虑预测需要对由焦虑产生的预测进行驳斥，如果服刑人员做出的预测是无法驳斥的，比如，我可能会得癌症；或者服刑人员对于很遥远而模糊的未来做预测，比如，将来我会得病。遇到这些问题时，民警可以要求服刑人员在某一个明确的时间框架里做预测，比如，五年之内会发生什么？

四、接受小概率事件

服刑人员的焦虑有时的确有发生的可能，而且这些可能是无法消除的。

比如：

咱们这里会地震吗？

我父母来接见的路上会遇到车祸吗？

会有他犯突然冲过来打我吗？

我会得大病吗？

无论谁都没有办法确定这些问题绝对不发生，但是，由于我们了解这些问题真实发生的概率几乎接近于0，这些事件都属于小概率事件。每个人都需要坦然面对小概率事件。

☞案例

服刑人员刘某疑心非常重，常会把人和事往坏处想，比如，父母来接见离开后，他会不停地找队长问："这条公路上出车祸了吗？""我妈妈会不会得癌症？"平常也会疑心重重，"分监区里会有人特别恨我吗？""我会不会得肺癌？"

1.失误举例

以下为模拟对话，旨在通过模拟失误的管教过程来说明个别教育中存在的问题。

民警：什么事？

刘某：我想请您破个例。

民警：什么事，要破什么例？

刘某：今天接见时，我爸妈给我一种感觉，今天可能要出问题。我想打电话问问他们到家没有，是不是出事了？

民警：没见过你这样的，你想让你父母出事呀？

刘某：我想打电话问问。

民警：我告诉你，他们挺好的！

刘某：您怎么知道的呢？

民警：我知道！

疑心的服刑人员不仅无法接受小概率事件，而且会放大问题，自己再被这些负性问题的恶劣结果纠缠得坐立不安。对于这类服刑人员，绝对不是直接告诉他们"没问题"就可以解决掉其心头的疙瘩的。

由于小概率事件是有可能发生的，因此不能完全认为这些事情是不会发生的。而要采用客观的态度，首先确定发生的概率。如果发生概率比较高，那么就要讨论应对方法；如果发生概率非常低，那么就要接受这些小概率事件。

引导语示例：

你所说的……绝对发生的可能性有多大？

有多少人一定会得？

无论什么事，我永远都无法做到确定。

2.示范案例

民警：什么事？

刘某：我想请您破个例。

民警：什么事，要破什么例？

刘某：今天接见时，我爸妈给我一种感觉，今天可能要出问题。我想打电话问问他们到家没有，是不是出事了？

民警：你估计父母出事的可能有多大？

刘某：不知道。

民警：你父母坐接见车走的，接见车自开通以来这么多年了，从来没有出过车祸。你觉得今天出车祸的可能性有多大？

刘某：0。但是万一就今天出事呢？

民警：你排除了所有的可能而坚持几乎不可能发生的事情？

刘某：我也非常不想！所以我希望能确定一下。

民警：每个人每天都和不确定在一起生活。

刘某：我知道。我也不知道自己是怎么回事。

民警：如果你要排除所有的可能性，那么你可能就要承担2倍，甚至5倍的焦虑。如果你只是简单地关注那些有可能发生的事情，你就更容易接纳。

刘某：有可能发生的事情？

民警：如果你回到班里随便找一个人，对着人家破口大骂。这种情况，你受罚的概率是多大？

刘某：100%。

民警：这个是有意义的概率，这些问题是需要你重视的。生活在这个世界上，绝大多数事情都是不确定的。对于这些不确定的事情，需要接纳。就是认可有些事有可能发生，但概率非常低。

刘某：挺难的。

民警：如果接受了这样的不确定性，对你有哪些好处呢？

刘某：我可能就不会这么焦虑了，反正应该不会发生，就算发生了，积极处理吧！

民警：就是这样的！你现在重复一句话：无论什么事，我永远都无法做到确定。重复10分钟，一直重复，观察自己内心的感受。

谈话分成三部分，第一部分重点在于对概率的分析，第二部分重点在于关于接纳的思想矫治，第三部分重点在于培养对不确定性的接纳。

最后那句“无论什么事，我永远都无法做到确定”要求服刑人员每天都反复说10分钟，从而完成引导服刑人员对小概率事件的接纳。

【要点】

（1）有些服刑人员无法做到以不确定的方式重复“无论什么事，我永远都无法做到确定”。这种情况下，需要民警坚定地要求服刑人员一定要做，同时鼓励他们关注自己的内心感受。重复“无论什么事，我永远都无法做到确定”10分钟，焦虑水平会先增加，再降低。

（2）有些服刑人员会很害怕，无法接纳“我永远都无法做到确定”。这时，需要民警坚持要求服刑人员接纳。

五、增强应对能力

思想矫治的核心是使服刑人员能够面对问题，能够以解决问题的态度看待自己遇到的困难，并且相信自己能够解决问题。思想矫治法之增强应对能力就是培养服刑人员对待问题时，不停留在焦虑情绪里，不停留在无奈、无力中，而是能够以解决问题的态度面对困难的能力。

☞案例

服刑人员朱某的口头禅是“完了”，凡事不敢担当，遇到任何问题都会频繁地找队长。朱某身体瘦弱、经常感冒，其不足百斤的体重常被其他服刑人员开玩笑。服刑第二年，其妻起诉离婚，离婚原因主要是朱某滥赌、身体总是病怏怏的。近期，朱某得知母亲病重住院后，每天都会若干次找队长汇报：同犯用异样的目光看自己，还在背后嘲讽自己。

1.失误举例

以下为模拟对话，旨在通过模拟失误的管教过程来说明个别教育中存在的问题。

朱某：队长，完了，他们又在嘲笑我了。

民警：他们？

朱某：我们班的。

民警：他们嘲笑你什么？

朱某：他们笑话我病怏怏的。

民警：他们怎么笑话你的？

朱某：就是在我背后说我，我一走过去他们就不说了，还以为我不知道，其实我看他们的口型就知道他们是在说我。完了，真完了。

民警：你好好改造你自己的，就算有人在背后说你，让他们说去好了。

朱某：他们天天都说！我完了，还怎么待呀？

民警：你每天都来告诉我一遍，你就不能自己想想怎么解决？

朱某：您帮我，全靠您帮我！

民警：我怎么帮你？

朱某：您告诉他们不许在背后说我。

民警：假如他们没有说你呢？

朱某：反正您不帮我，我就完了。

民警：你也挺大的人了，别把自己弄得跟幼儿园小朋友似的。人家说话不一定说的就是你，人家聊天说笑不一定笑的就是你。你越是觉得完了，越是不去面对问题，就越没有力量面对。回去好好想想你自己该怎么做！

朱某面对问题的方法是找民警，每天都找，哪怕是捕风捉影的事也要民警为自己解决。民警直接对朱某进行教育，虽然是苦口婆心，但这样的说教无法做到对朱某的思想矫治。

懦弱的服刑人员在面对问题时习惯性地寻求帮助，而不懂得自强自立。他们的思维模式是把问题看成无法逾越的、无法面对的，只有凭借外力才能解决。在无法通过外力解决问题时，这些服刑人员就很容易出现自暴自弃等现象。增强应对能力矫治法就是引导服刑人员以合理的方式看待问题，以解决问题的角度思考问题，并且减少对问题的反复思考。

引导语示例：

咱们来做一个练习，我提问题，你用“这不是问题”做前半句话回答这个问题。咱们试一试？

下面，你要用“这不是问题”造句。

咱们一起看看是否可以找到一些角度说明这不是问题？

2.示范案例

朱某：队长，完了，他们又在嘲笑我了。

民警：他们？

朱某：我们班的。

民警：他们嘲笑你什么？

朱某：他们笑话我病怏怏的。

民警：他们怎么笑话你的？

朱某：就是在我背后说我，我一走过去他们就不说了，还以为我不知道，其实我看他们的口型就知道他们是在说我。完了，真完了。

民警：你说一个人如果口渴了，怎么办？

朱某：找水喝呀！

民警：没有认识的人，怎么办？

朱某：花钱买一瓶水呀！

民警：你真有办法！那如果到了一个没到过的公园，不认识路怎么办？

朱某：问啊！找工作人员、清洁工问，或者自己看看路标。

民警：这两个办法都挺好！

朱某：队长，您不说我的事，怎么说起这些来了？

民警：如果有一个人走在路上，发现后面有两个人跟着自己怎么办？

朱某：找警察！

民警：好办法！但是，万一附近没有警察呢？

朱某：那就想办法到人多的地方去！去银行，银行的保安多。

民警：真是好办法！你怎么有这么多办法呢？

朱某：这些问题都是小事，我们班的人总在背后议论我才是大问题！

民警：那咱们一会儿再讨论你的问题。假如走在街上有人看着咱俩笑，像嘲笑的样子，怎么办？

朱某：忍了，赶紧走开。

民警：这不是问题，咱俩可以继续走咱们的路。还有其他方法吗？

朱某：告诉自己，我何必要"拣骂"呢，他们都不认识我，我走自己的路就是了。

民警：很好！你始终都记得要走自己的路！那么，假如走在街上有两个认识的人在看着咱俩笑，像嘲笑的样子，怎么办？

朱某：没办法。

民警：刚才那两个方法能用吗？

朱某沉默。

民警：我觉得可以用。你觉得呢？

朱某：赶紧走开，或者告诉自己何必"拣骂"，我走自己的路。

民警：是呀。

朱某：也行。

民警：班里有两个人在聊天，你一走过去他们就不说了，你会怎么处理？

朱某：走开，做我自己的。

民警：好！你会在心里跟自己说什么？

朱某：队长跟我说过，他们也有可能不是在说我。我何必"拣骂"！

民警：听你这么说，我特别高兴！留一个作业，怎么才能让自己强壮起来？这几天你要用"这不是问题"做开头造句回答这个问题，想清楚了，有方法了，咱们再聊！

【要点】

（1）服刑人员的心理期望是民警把自己的问题当成头等大事予以解决，因此，当民警要求用"这不是问题"造句时，服刑人员可能会参与度低、不感兴趣，甚至抗拒。假如服刑人员出现这些情况，民警需要直接跟服刑人员做沟通。

例如：

民警：看起来你对造句有意见？

朱某：没有意见。

民警：心里想什么呢？

朱某：他们在背后嘲笑我，您不管，却跟我说这些没用的事。

民警：我跟你讨论的这些问题都是非常重要的问题，咱们先讨论这些问题，一会儿你就明白这些问题有多重要了。

（2）问题的设定是很重要的。在起初要求服刑人员用“这不是问题”造句时，要注意两点：

第一，问题难度适宜，服刑人员肯定能够找到解决问题的方法。最好还可以是不止一个解决方法。

第二，问题和服刑人员的问题有关联性，不能太难，也不能太简单，如果服刑人员感觉回答这个问题太小儿科，不仅会影响参与度，而且还会让服刑人员有被轻视的感觉。

第二章 行为矫治实战技术

行为矫治是心理治疗学派中一个重要派别，在国际上行为治疗与精神分析治疗并驾齐驱，是最重要的两大治疗学派，具有很高的科学性和系统性。

服刑人员日常的改造行为表现是个别矫治效果的最好佐证。行为矫治直接针对行为表现，具有“好操作、易接受、见效快”等优势。

本章就个体矫治中常用的实操技术逐一进行说明。

第一节　行为矫治实战技术1——行为功能评估

行为功能评估是对问题行为的化验，就相当于一个人发烧了，需要先验血，通过化验结果，医生可以判断给病人用什么药。大家必须有一个概念：即便遇到过一百个肚子疼的病患，再遇到第一百零一个的时候，他很有可能和前面一百个完全不同。这一概念很重要，这样的态度才是客观的，更有利于做好心理矫治。可以说，行为功能评估是后续矫治的依据。

一、重点

行为功能评估有三个重点：

第一，发现行为发生的原因和背景。什么情况下出现了这些行为，发现行为发生的前因，并且从前因中找到有关的线索。这是改变行为、改变维持行为条件非常关键的内容。

第二，了解服刑人员的思维过程。发生行为时，大脑里在对自己说什么，内心的感受，具体的反应和外显动作。这是一系列的反应模式，也就是一个服刑人员在用什么样的方法应对。

第三，发现行为的后果。所有的行为都一定会有相应的后果，要能够看到问题行为究竟有怎样的意义和价值。服刑人员自己发现不了，甚至会认为问题行为是干扰自己生活的，但只要这个行为一次一次地重复着，就意味着所谓的问题行为对于服刑人员是有意义的。

二、用途

首先，必须弄清行为模式，这是心理干预的基础，弄清行为模式以便进行相应的心理干预。

其次，帮助服刑人员看清楚自己的行为模式。

三、做法

通过提问、观察、访谈他人等多种渠道，了解以下问题：

（1）什么情况下这个行为会出现，什么情况下行为不会出现。

这是前因、背景。行为功能评估方法的第一点就是什么情况下会有这样的行为。常用问题有：

一般在什么情况下会发生这种情景呢？

什么时候不会发生呢？

什么情形下最严重？

什么情形下绝对不会发生？

这都是在了解原因和背景。

（2）从行为模式的四个方面了解行为的反应。

首先是认知方面：

脑子里会想到一些什么？

你觉得心里特别麻烦的时候，自己会跟自己说些什么？

其次是情绪方面：

什么感觉？

再次是身体方面：

身体有什么不一样吗？

最后是行为方面：

你会怎么做？

（3）行为后果。

你担心会发生什么？

这么做可以避免什么？

四、注意事项

第一，用口语化、聊天的方式，不可以满嘴术语。

如果民警满嘴术语会引发服刑人员的阻抗。比如，护士给病人打针，护士如果跟他说，你准备好了，我现在要用注射器推多少毫升，要在你臀部哪个部位注射，那么病人的这个部位的肌肉就会很紧张。如果护士跟病人说，跟我说说你最喜欢吃什么食物啊？讲讲它怎么那么好吃呢？一边聊一边针已经扎进去了，这边还聊着那边很放松地打完针了。做心理干预，最麻烦的问题就是服刑人员有意识地阻抗。怎么才能减少阻抗？就是要用口语的方式去聊，娓娓道来地聊。

第二，了解情况时，要引导服刑人员多倾诉。民警如果过早开始教育，就不能充分收集服刑人员的资料。

比如，一个服刑人员说："队长，我就是肚子疼，怎么查也查不出什么问题来。"

正确提问：你都有哪些不舒服？怎么不舒服？

错误提问：你的肚子怎么不舒服？

原因：要用开放式的态度，把他所有的不舒服都打开，而不是直接把问题集中在肚子上。

再如，关于认知。

正确提问：你脑子里会想到一些什么？你觉得心里特别麻烦的时候，自己会跟自己说些什么？

错误提问：你有没有告诉自己一些特别不好的话？

再如，关于后果。

正确提问：你担心会发生什么？

错误提问：你知道这样的后果吗？你这样做，对你有好处吗？你想得到什么？

五、问题行为常见的功能

问题行为往往有两类功能。

一类功能是他人给予的强化。比如，有的服刑人员在集体活动时说话，民警批评他，他却闹得更厉害。原来，他闹起来，得到了全队的关注。他人给予的强化，可能是精神上的，也可能是物质上的。

另一类功能是自动的、自身产生的强化。比如，很多服刑人员习惯于用发脾气、大喊大叫、扔东西、摔东西来缓解情绪，这就是一个很典型的自身产生的强化。发脾气这种行为会有哪些心理学的意义呢？第一，人在情绪紧张的时候肌肉也是紧张的，人在情绪松弛的时候肌肉也是松弛的，人的情绪和肌肉之间的这种关系会互相影响。此时，通过大喊大叫或一个外在的动作，通过扔东西、摔东西时肌肉的活动，带动了情绪的这种焦虑度的释放，让肌肉松弛下来，情绪才会释放。第二，发脾气还有一个作用，就是似乎在声势上占了上风，于是在心理上找到了一些平衡。所以，发脾气是很多人自然而然采用的一种行为。

第二节　行为矫治实战技术2——腹式呼吸

一、适用范围

除了呼吸系统做过大手术的人之外，没有限制。

二、注意事项

这项技术需要做两步:

第一步,民警先教会服刑人员怎么样的动作是腹式呼吸。

第二步,引导视觉化。

保持自身的松弛非常重要,一个平静的放松的心态比具体娴熟的技术要重要百倍。

三、引入阶段

民警引导服刑人员做腹式呼吸,需先征求服刑人员意见。服刑人员愿意做,才继续带领他做。

引导语示例:

有这样一项技术,帮助过很多和您情况类似的朋友。您愿意试试吗?

现在,把手放在您的腹部,每次吸气的时候,就像是打气球一样把腹部充满了气,感觉手在往上抬。呼气的时候,腹部的气排出了,手落下去。每次吸气都鼓起,呼气都落下。继续做,深深地吸,慢慢地呼。在这样一个深深地吸和慢慢地呼的过程中,去体会空气进出身体的感觉。并不是在每次吸气和呼气的时候,空气进入了腹腔,而是通过腹部肌肉的起伏带动了胸隔膜的起伏。胸隔膜更彻底地起伏帮助我们的肺部做了更彻底的扩张与收缩。于是,在每次吸气和呼气的时候都有超过寻常7倍到9倍的氧气进入了我们的体内,要注意慢慢地呼吸,让呼吸尽可能延长,并且尽可能地保持呼吸非常细、非常匀。

四、干预阶段

引导语示例:

请您闭上眼睛,在您的身体里寻找到一些您不想要的东西。找到它,并且看清楚它。有些人会说是一团黑色的烟雾,有些人会说是一团乌突突的棉花，也有人说是一些砂砾、一层油。您看清楚它，看清楚了之后就这样闭着眼睛描述给我听。

然后，把注意力放在每次呼气上，每次呼气的时候，那些东西都尽可能多地离开了您的身体。您可以试着加大呼气的力度，让那些东西更加彻底地离开您的身体，直到您觉得这一次已经足够了，请示意我。

现在，请您把注意力放在您周围的空间，在您周围的空间里有很多很多身体非常愿意吸收的营养，看清楚它们。有人会说是一些金色的星星，有人会说是一些红色的光。只要您觉得喜欢，感觉是身体需要的营养就好。看清楚，看清楚了之后就这样闭着眼睛描述给我听。

把注意力放在每次吸气上，每次吸气周围空间的这些营养都进入了您的身体。每次吸气都有更多的营养进入您的身体，特别是刚才存放那些不想要的东西的那个部位，那个部位充分地吸收了这些营养。每一次吸气都有更多的营养进入您的身体，直到您觉得这一次已经足够了就可以轻轻睁开眼睛。

第三节　行为矫治实战技术3——想象性放松

想象力评估和训练、想象性放松等多项干预技术都是建立在服刑人员的想象基础上的，需要服刑人员有足够的想象力。因此，需要对服刑人员的想象力做评估。

一、想象力评估

引导语示例：

现在，请您轻轻地闭上眼睛，想象一个您曾经经历过的让您感觉非常舒适或者非常放松的场景。它可能是自然风光也可能就是您自己的家里，或者是一些田园村落，不管是怎样的，只要您曾经经历过的、觉得放松就好。

民警通过服刑人员描述的场景，进行想象力评估。包括四个方面：

第一，是不是一个具体的场景，即服刑人员描述场景时，有没有细节，有没有具体的感受。

第二，是否参与其中，即服刑人员是否在使用听觉、视觉、触觉、味觉、嗅觉这些感官通道。

第三，是否能随时开始、随时停止。

第四，场景是否可以固定。

以上四点缺一不可，只要有一项缺失，就需要进行想象力训练。

二、想象力训练

想象力训练具有双重意义：一方面，对于评估出的想象力欠缺的服刑人员，这个训练可以提高他们的想象力，为后续的行为训练做好准备；另一方面，对于那些感性思维差、情感隔离的服刑人员，想象力训练本身就是一种行为训练。

想象力训练分三步：

第一步，让服刑人员手里拿着一件东西。比如，一支笔，要求服刑人员把注意力集中在手里的笔上，握紧它，盯着它看，直到确定看清楚了。然后，让服刑人员一边握紧笔，一边闭上眼睛，描述笔的形状、颜色、特征等。

只有服刑人员能够非常清晰地描述了，才可以进入下一步的训练。如果不清晰、不完整，就需要重复进行这一步的训练。

第二步，让服刑人员在现场的视线范围内寻找一样自己喜欢的东西。比如，一幅画，要求服刑人员把注意力集中在这幅画上，盯着它看，直到确定看清楚了。然后，让服刑人员闭上眼睛描述这幅画的大小、内容、色彩等。

只有服刑人员能够非常清晰地描述了，才可以进入下一步的训练。如果不清晰、不完整，就需要重复进行这一步的训练。

第三步，让服刑人员回想自己每天生活起居的环境，找一样东西。比如枕头，要求服刑人员努力回忆这个枕头，并闭上眼睛描述出来。

只有服刑人员能够非常清晰地描述了，训练才完成。如果不清晰、不完整，就需要重复进行这一步的训练。

引导语示例：

你手里拿着这支笔，稍用些力，仔细地看这支笔，直到你确定自己看清楚了，就告诉我。（民警等待）

现在，继续稍用些力地拿着这支笔，闭上眼睛，把这支笔描述给我听。

接下来，你在这个房间里找一个你特别喜欢的东西，找到了告诉我。（服刑人员提出喜欢墙上的表）

好，你就去看那个表，直到你确定能看得非常清楚了，就告诉我。看看它的样子，看看它挂在那里的位置。

现在，闭上眼睛，去想象你刚刚看到的那个表，想清楚它的样子，它的位置，就是你刚刚看到的那个表，想清楚了告诉我。

我们继续。在你的生活环境里有一样东西，你非常熟悉，想到它，想清楚了告诉我。（服刑人员提出放在他床头的一本书）

好，那请闭上眼睛，看清楚那本书，然后把它的外观讲给我听。

三、想象性放松

1.意义

（1）治疗意义：在想象力评估之后，想象力足够的服刑人员可以缓解紧张、焦虑等负性情绪。

（2）教育意义：通过想象性放松，帮助服刑人员建立起“可见”的愿景，实现深度激发良性行为的教育过程。

2.过程

放松分为四个阶段：

第一阶段：构建场景

引导语示例：

舒服地坐在椅子里，（对戴眼镜的服刑人员，建议他们把眼镜摘掉）闭上眼睛，想象一个让你感觉放松的、舒服的、你曾经经历过的场景，它可能是高山、大海，也可能是你的家，或者是田野、村庄、院落，只要是你曾经经历过的、你觉得舒适和放松的就好。想到了，就说出来。

第二阶段：建立多感官通道

引导语示例：

在这个情景里，什么让您感觉放松、舒服？

有声音吗？

还有什么因素让你感觉放松？

在这一阶段里，民警需要一边听服刑人员描述，一边在心里描绘出画面，记住服刑人员感觉放松的要点线索。

第三阶段：想象性放松

用缓慢的、稳定的语气语调，把场景描述给服刑人员。两个注意点：第一，尽量使用服刑人员在描述场景时的词汇；第二，凸显服刑人员感觉松弛的线索。

第四阶段：唤醒

引导语示例：

接下来，我将从3倒数到1，你将满身轻松地回到这个房间。3，深呼吸，2，轻轻地动动手指，我们看到手指动了，可能就是某一个手指轻轻地有一点点反应，1，慢慢睁开眼睛。

第四节 行为矫治实战技术4——描述性表扬

描述性表扬是发现服刑人员自身改造资源，从而激发服刑人员自身改造动力的重要技术手段。同时，还能够在严格管理的过程中使民警与服刑人员建立起良好的互动关系。

一、技术要点

描述性地说出你看到的事实，并说出这一事实带给自己的感受。

二、描述性表扬与评价式表扬对比

评价式表扬：你真是太棒了！你真了不起！

描述性表扬：你今天写笔记时一笔一画、非常认真，看到你这样努力，我很高兴。

评价式表扬空洞、不具体，让听者感觉很泛泛不知所谓。

描述性表扬首先针对的是具体发生的事情或者发生的过程，这是“眼里有”；其次是表达自己的态度，这是“心里有”。同时，事实的描述也能让服刑人员清楚自己哪里做得好，再遇到类似情况时，就很容易再做出相关行为。

例如，某服刑人员在完成绘画作业时，很费力地画了很多线条，但和要求差距很大，和其他服刑人员相比显得很糟糕。当该服刑人员看着自己的画情绪低落时，如果你勉强地说“很好”，就失去了对其教育引导作用。如果你说：“不好，很难看”，恐怕会伤了该服刑人员参加活动的积极性。

描述性表扬会针对事实表述："你没有绘画的基础，但在画的过程中毫无怨言、一笔一画地努力画，这种做事的态度，我喜欢！""你特别专心地画了30分钟，能集中精力做好当下的事，真好！"

描述性表扬不是直接给出"好"或"不好"的评价，而是重在描述过程，肯定服刑人员在哪些方面做出了努力。由于得到了认可，今后相关的行为就更有可能出现。因此，描述性表扬比评价性、结论性的表扬对服刑人员的影响更为直接、更为明确、更为深远。

三、注意

1.描述性表扬忌评价性的言语

比如，你做得很对！很好！（要具体说出哪里好、如何对）

2.忌拿别人做比较

比如，你这次比小王做得好。（比较不利于建立服刑人员的自我意识与自我价值感，更不利于形成更多类似行为的内在的动力和自发性）

3.描述性表扬要把内心感受传达给对方

比如，你的……让我觉得……（用心来感受，把内心感受传达给对方，不能敷衍应付）

第五节　行为矫治实战技术5——建议式批评

一、要点

用建议的方式传达给服刑人员被尊重的感觉，用具体的事情，让服刑人员明白需要他做什么，从而更愿意接受，更能够有直接的行为改变。

二、做法

可以用这样的句式:“如果你可以考虑试一试……可能会让你……”“如果……就更好了,你觉得呢?”

三、注意

在提建议的时候要注意:

1.要用疑问的语气。

2.所表达的意思是善意的、尊重对方的。

3.针对具体的事情。

建议式批评要注意,只说能改的方面,对于无能为力的方面是忌讳去谈的。使用建议式批评时,尽量说得更具体一些,可以考虑加上背景和描述性表扬,忌讳指向人格层面和不能改变的现实方面。

第六节 行为矫治实战技术6——行为强化

积极改造是一系列行为表现,教育改造的过程就是塑造服刑人员越来越多的积极改造行为,或者说帮助服刑人员形成新行为习惯的过程。行为强化技术就是塑造行为习惯的重要方法。

行为强化是指某行为之后立刻出现一个直接的刺激,该刺激导致这个行为更容易出现。比如,张民警认真表扬了某服刑人员,而王民警对此不以为意,根本不理该服刑人员。于是,该服刑人员更愿意听张民警的话。

一、影响行为强化的因素

1.强化行为所给予的刺激必须是直接的

心理干预过程的倾听就是一个非常直接的强化刺激的例子。在服刑人员讲述过程中，民警倾听的态度让服刑人员更愿意说。

2.一致性

多次重复的，在各种情况下只要出现这个行为，都会出现同样的强化物。

3.已形成事件

服刑人员当时处于什么样的状况中也是很重要的因素。用食物做强化物，肚子饿的时候和刚刚吃饱之后效果自然会有很大区别。

4.个体差异

每一个人都有自己的成长经历，有自己的个性特点，这些都决定着强化是否有效果。

5.强度

就如手被开水和温水烫的反应完全不同一样，刺激强度直接影响着这个行为。

以上这五个方面对行为强化有直接的影响。

二、过程

第一，准确定义要增强的目标行为，也就是民警希望塑造出的行为。

第二，确定强化物。综合考虑上面的五个因素，以及服刑人员的心理需求，要确定好在行为出现后立刻给予的刺激物。

第三，对新出现的行为立即给予一致标准的强化。

第四，保持新行为，进入间歇强化阶段，即在新行为一出现就给予强化，一段时间之后（14~20天），采用每2~3天给予稍大一点儿的刺激，再接着5天给予再大点儿的刺激，两周后给予更大的刺激，最后逐步变为不用特别强化了。

第五，形成泛化。在尽可能多的相关情景出现时，被尽可能多的相关者强化。一个强化行为的出现，至少需要3~4周的时间。前两周一直在努力做，每次行为出现立刻给予刺激物，再立刻跟上强化，形成行为强化；后两周就是促使这些强化的出现，促使泛化行为的出现，使行为变成一个牢固的行为习惯。

第七节　行为矫治实战技术7——代币治疗

代币治疗是行为强化技术的延伸和变式，以代币的方式给予积极行为及时的强化，并在积累到恰当的程度时，用后援强化物给予再次强化。

一、目的

增加期望的行为，减少不期望的行为。

二、过程

1.确定目标行为

所谓目标行为就是明确、具体的行为，就是要做什么。

2.确定代币项目

就是服刑人员做到靶行为（目标行为）会获得的标志。这个标志可以是小红花、签名、记录等，由民警实施。

3.确定后援强化物

后援强化物是用一定数量的代币兑换的奖励。后援强化物要有吸引力，如果服刑人员觉得无所谓或者不感兴趣，那么，这个后援强化物就失去了强化作用。

4.制订强化计划

就是具体落实的过程和方法，特别需要明确代币兑换后援强化物的比率、兑换情景。

三、要点

1.代币需要在目标行为出现后立即落实。

2.一定要以精神鼓励为主，引导服刑人员关注行为的自然后效——新行为不是因为代币及奖励而维持，服刑人员会因为这个行为本身获益。

3.逐渐减少使用代币，过渡为间歇性强化刺激。就是拉长代币兑换的时间，提供更大一点儿的后援强化物，帮助服刑人员逐渐过渡到自然后效强化。

4.严格执行。代币制度一旦明确，就需要严格实施，这直接关系到治疗是否有效。

第八节　行为矫治实战技术8——行为技能训练

一、适用范围

行为技能训练应用非常广泛，所有服刑人员缺乏的，需要服刑人员掌握的、学习的技能，都可以通过行为技能训练获得。

很多服刑人员表现出的低技能，根本原因是家庭教养不足、后天教育缺乏。比如，自我情绪控制的技能、人际交往的技能、提要求的技能等的缺乏。

二、过程

行为技能训练包括四种技术：示范治疗、指导、角色扮演和反馈。这四种技术常常结合在一起使用，也可以单独使用，需要根据服刑人员的情况决定。

1.示范治疗

就是让服刑人员直观地看到正确的行为表现。

（1）分类

示范治疗分两类：一类是具体示范，即民警现场做示范；另一类是通过电影、幻灯、录音、录像等方式进行象征性的示范。一般具体示范相对更有针对性，效果更好一些。由民警向服刑人员示范一个正确的行为，示范正确行为的同时，服刑人员是在做观察，然后民警和服刑人员一起练习，再让服刑人员进行模仿。

引导语示例：

这个方法已经帮助过许多和你情况类似的朋友，你愿意试试吗？我们要做这样几件事……你会先看到我做示范动作，然后我会和你一起练习这个动作，接着由你独立完成，最后你将可以在显示情景中进行练习。经过这些练习，你就可以很从容地面对现在觉得困难的这些情景了。

（2）要点

第一，复杂行为需细分为一系列的任务，选择服刑人员熟悉的喜欢的场景。

第二，按实际程序排序。

第三，每次示范前需详细说明示范内容。

第四，示范行为时，告诉其动作要领，明确没有任何负性后果。

第五，要多重示范，在多个地方示范，主要动作要领不变。

2.指导

向服刑人员恰当地描述某种行为。

这个过程要注意：

第一，语言要符合年龄水平。

第二，尽快安排演练。

第三，重复引导语。

3.角色扮演

民警与服刑人员交互扮演有关场景中的人，民警借此向服刑人员示范新的行为。

这个过程要注意：

第一，提供适合服刑人员的版本。

第二，扮演要从容易、简单的角色开始。

第三，正确的角色要强化。

第四，不正确的角色要有更正性反馈。

第五，至少有3~5次正确行为后，才能停止。

4.反馈

服刑人员出现行为之后，民警要给予反馈。

第一，要立即反馈。

第二，要以描述性表扬为主。

第三，在做出更正性反馈前先表扬，并采用建议式批评。

第四，一次只对一个方面更正，但描述性表扬不限。

除此之外，还要加强泛化：不同的角色扮演，结合真实情景，争取社会支持系统配合进行练习。

第九节　行为矫治实战技术9——行为消失

行为消失就是操作性地让行为习惯逐渐消失。

一、步骤

1.行为功能评估

明确靶行为是什么，充分了解当前的行为水平。这一步最关键的是准确识别强化物。很多时候，相同的靶行为，会有完全不同的强化物。

比如：

一年级的小学生小明每天必须由大人陪着写作业。

小明1：需要父母的陪伴，那么，父母陪伴就是强化物。

小明2：父母要求高，看到做得不好的就要求小明擦掉重写。由于父母替代学习，所以小明作业都做得很好，容易得到满分和老师的表扬。此时，父母替代学习就是强化物。

小明3：小明写得好的时候，妈妈会摸摸他的头、拍拍他的肩，或者抱抱他；写得不好的时候，妈妈就会推推他。小明和妈妈的亲密接触只有在写作业的时候有，那么，强化物就是和妈妈的亲密接触。

再如：

服刑人员张某在有不同意见时，总是说脏话骂人。

张某1：为了显示自己，对谁都不服不忿，此时，发生争执的对方不再说话了，一些胆小的服刑人员怯生生的眼光都是强化物。

张某2：说脏话时感觉自己很强大、内心很爽。那么，说脏话时的身体感觉就是强化物。

张某3：每次吵架说脏话后，都会得到监区一把手认真地长谈、若干天的关注。那么，监区领导的谈话和关注就是强化物。

通过行为功能分析，确定究竟是哪种强化物让靶行为得以维持是使用行为消失技术的前提。往往服刑人员自己并不清楚强化物以及强化物对自己的影响。

2.配合行为强化技术，设计新的行为，在新行为出现时，给予强化物

任何一种心理需求都不是问题，比如，对谁都不服不忿是被尊重的心理需求，被尊重不是问题，但获得的渠道是否恰当、合理是问题。当新行为出现时，立刻给予服刑人员该强化物。与此同时，再实施行为消失技术，能实现改掉不良行为习惯与培养良好行为习惯兼顾。

3.实施行为消失

忽略目标行为，移除行为强化物。服刑人员不良行为习惯出现时，拿掉原有的强化物。

二、注意

1.会出现行为消失前的爆发现象

就是在行为消失过程中出现的行为在频率、时间、强度等方面比原来明显增加。这种行为消失前的爆发往往是超出想象的。在爆发阶段能否坚持拿掉强化物，是行为消失技术是否有效的关键。因此，行为消失技术必须保证安全。

2.行为消失前的自发恢复，就是在某些类似情景下，行为有可能再次发生

比如，服刑人员张某和一个将要释放的服刑人员刘某就看电视的问题发生争执，刘某首先骂骂咧咧，张某再次说脏话发泄情绪。

第十节 行为矫治实战技术10——系统脱敏训练

一、原理

在治疗过程中用放松来抵抗焦虑，即在焦虑状态下用与焦虑完全不相容的放松来抵抗焦虑状态，产生交互抑制。也就是说，在原本焦虑的情景中，用一种新的状态——放松来抵御、替代焦虑状态。逐渐的，焦虑状态就会消退。这就是消退作用。

脱敏疗法的优势就在于用放松替代原来的焦虑，越来越多次的替代会使焦虑情绪慢慢消退。

二、适用范围

适用于所有出现高度焦虑的情境，且服刑人员自身的能力能够解决这个情景里的问题。

三、操作过程

第一步，想象力评估和动力评估。

系统脱敏的治疗过程是借助服刑人员的想象力完成的，所以，想象力能不能足以支持这个技术决定着是不是可以使用这个技术。必要时，进行想象力训练。（想象力评估和训练部分的内容，详见本章第三节，第151页）

动力评估是要充分了解：这是一个什么样的人？为什么这个人现在要

解决这个问题？焦虑、恐惧的问题，不可能是现在才有的。服刑人员的动力越强，治疗效果越好。

第二步，说明原理和过程。

引导语示例：

有一项技术帮过很多和你情况类似的朋友，你愿意试试吗？

你要先学会一套放松的办法，在你能够很好地掌握放松的办法之后，咱们会一起从你最容易面对的那个情景开始，让你在那个情景里可以很好地面对。咱们会逐步进行，直到你能够从容面对最难应对的情景为止。

第三步，确认情景和放松训练。

确认情景就是和服刑人员一起确认有关的、曾经引发过焦虑情绪的情景。

注意：用20分钟左右确认情景，用20~25分钟做放松训练。

留作业：

（1）每天至少练习一次到两次放松训练。

（2）记日记法，每天记录引发自己焦虑的情景、现实的状况。

第四步，构建训练情景，进行情感尺度打分训练，继续放松训练。

教给服刑人员如何对自己的情绪打分，要求对场景做尽可能具体的描述，和前面确认情景的区别是这一步需要服刑人员非常具体清晰地描述场景，描述这个场景里发生的事件，以及自己的情绪，并且还要给自己的情绪打分。

注意：用20分钟左右构建训练场景，用20~25分钟继续做放松训练。

留作业：

（1）放松，每天继续做一次到两次放松，能够更简洁、快速地进入全身松弛的状态。

（2）卡片作业。要求服刑人员以A4纸大小为一张卡片，每张卡片上记录：时间、地点、事件和自己的情感尺度打分结果。要求一张卡片上只写一个情景。

卡片法和日记法的不同是，日记法是记录在这一周里真实发生的事情，卡片法是在一张卡片上记录一个曾经经历的情景，或者现在真实发生的事情。

第五步，进行脱敏治疗。

先和服刑人员确定一个动作暗号，在其对场景想象清楚之后，做这个动作。一般的暗号是抬一下食指。

（1）放松。让服刑人员在椅子里坐舒服，把眼镜摘掉，做两次深呼吸，整个身体变得放松了，体会身体的这种松弛的感觉。因为前面有了足够的训练，所以可以直接一步到位进入放松。

（2）呈现情景。让服刑人员想象自己情绪浓度最低的场景，场景呈现清楚了就发暗号。保持5~7秒后，要求服刑人员给自己的情绪打分。

（3）消除情景。让服刑人员用自己的方式把刚才呈现的情景从大脑里消除干净，继续放松，然后再打一个分。

（4）唤醒。只有第一次做治疗时要做唤醒，唤醒后要询问：你觉得刚才的过程怎么样？你是怎样把大脑里的那些场景全部消除的？

如果服刑人员不知道怎么做，可以引导他："有的人会想象面前是一张白纸或者一片白墙，有的人会想象自己站在大海边。你觉得怎么样呢？"

继续重复一次治疗，重复呈现同一场景3~4次，直到最后一次打分要降到0分，这个场景的治疗才可以结束。其实，一般分数降到3分以下就可以了。

注意：在治疗过程中，绝对不随意赞许，只用非常准确清晰的引导语去告诉他“你要做什么”就可以了。引导语非常简洁：“呈现情景，呈现清楚了示意我，现在请您打分。”

（5）留作业。第一，每天独自重复完整的训练过程1~2遍。第二，现实练习。就咨询室里做过练习的项目，做现实练习。但是，在咨询室里没有做过的项目，坚决不许做现实练习。

第十一节 行为矫治实战技术11——自我管理技术

自我管理是加强服刑人员的自我督促，最终将行为逐渐变成习惯的过程。

一、使用范围

第一，增加期望的行为。

第二，减少不良行为。

二、影响自我管理的因素

第一，多种技术的整合。

第二，使用时间在3~4周。

第三，服刑人员的动力。

三、操作步骤

1.行为功能评估。

2.确定行为改变的目标，评估服刑人员的信心。

3.向服刑人员明确一切可能的自我管理办法。

4.和服刑人员一起选择方法。

5.服刑人员复述实施的步骤。

6.落实方法。

7.服刑人员坚持，每周一次落实情况讨论。

第十二节　行为矫治实战技术12——空椅子技术

空椅子技术不但可以宣泄内心积压的情绪、想法、压力等，还可以整理信息和情绪、处理未完成事件、修复心理创伤。使用该技术之前，民警须确认服刑人员头脑清楚，且愿意或要求修复心理创伤。

一、适用范围

1.内心有两个势均力敌的矛盾成分，这两个矛盾成分让服刑人员难以做决定。

2.内心有无法化解的矛盾方——对头、仇人等，矛盾方可以是任何人。

3.未完成的事。在现实生活中没有办法完成的事情，如重要亲人去世时自己没有在现场等。

二、操作步骤

准备A4白纸和几把一模一样的椅子，至少准备3把椅子。

1.技术一：难以做决定的事情

服刑人员有难以取舍的事情时，使用以下操作步骤。

第一步，说明原理。

引导语示例：

你内心有两个矛盾的成分，一方有很多的理由，另一方也有很多的理由。现在，我们要用一种技术帮助你把这两个矛盾的成分分开，让你更清楚地感受自己的内心。我们会用两把椅子分别代表两个矛盾，你坐在哪把椅子上就要完全持有它代表的理由，直到你把心里话全部说完为止。你愿意试试吗？

第二步，制作标签。用尽可能简洁的词或字分别写在两张纸上。

第三步，选择椅子。最好准备两把相同的椅子，在服刑人员选择椅子时，告诉他把两把椅子面对面放（椅子之间的距离由服刑人员自己决定）。民警找自己的位置，也放一把椅子。

第四步，选择开始。让服刑人员把刚才写好的两个标签分别放在两把椅子上，然后选择其中的一把椅子坐上去，把标签拿在手里。此时，民警也坐在自己的椅子上，手里拿着纸和笔。

第五步，放松、想象。请服刑人员闭上眼睛，在椅子里坐舒服，注意自己的呼吸，深深地吸气，缓缓地呼气，全身放松，心完全沉浸在标签上写的全部有关的理由里。当服刑人员想好了，就可以说出所有的理由了。民警需要记录服刑人员说的理由，并用眼睛的余光去看服刑人员，但不要和他有任何的交流，以免影响他。

第六步，换身份。让服刑人员坐到另一把椅子上，拿起那把椅子上的标签重复第五步。当服刑人员说完以后，民警可以问他是否还想再坐到第一把椅子上去。这是一个可以来回反复的过程。民警把服刑人员坐在椅子里说的话要写在相应的栏里，不能记混。

第七步，交流、讨论。注意民警不要和服刑人员谈刚才记录的内容，可以问服刑人员：你刚刚经过这样的一个过程，有什么想法吗？有什么感受吗？有什么想说的吗？民警要相信服刑人员有充分的内加工的能力。

注意：

（1）有的服刑人员很激动，坐到椅子上放松不下来，情绪难以平静。民警须先引导他平静下来，可以问服刑人员：什么东西让你平静不下来，愿意说说吗？宣泄结束后，服刑人员平静下来，可以做理性思考的时候再开始。

（2）标签必须简洁明确。

（3）民警不参与对话，服刑人员做选择之前要告诉他只代表这把椅子来说话，确保陈述不混乱。

（4）不关注服刑人员选择的结果。

（5）民警记录的内容，如果服刑人员需要，可以让他自己抄一份拿走，把原件留在咨询室备案。

（6）适时停止。整个空椅技术大约需要40分钟的时间，如果服刑人员还有很多没有说完，要择机叫停。可以对服刑人员说：今天先到这儿，咱们谈论了一些内容，我想你还有一些思考和很多话没有说完，咱们下次再继续！

2.技术二：敌对的人或未完成的事

服刑人员内心有一个敌对的人，或者有未完成的事、无法了结的人际互动时，使用以下步骤。

第一步，说明原理。要求服刑人员用“你”和“我”进行对话。

第二步，制作标签。在标签上写出服刑人员和其敌对的人的姓名（以下用张三代称服刑人员，用李四代称与张三有未完成事件的对方）。

第三步，选择椅子。让服刑人员选择一把椅子坐上去，把标签拿在手里。

引导语示例：

请你轻轻地闭上眼睛，做深呼吸，保证自己的呼吸越来越慢，你感到非常舒服。现在，去想象李四坐在你对面的椅子上，看清楚他的样子，他的发型，他的穿着，他的身体姿势。看清楚他就坐在对面的椅子上（一定要引导服刑人员看清楚对面椅子上的另外一个人），看清楚了示意我。现在，把你的全部感觉都沉浸在自己的内心。在你心里有很多很多的话想对他说，等你想好了，就用“我”和“你”来对话，你可以把你心里想说的话，全部对他说出来。

第四步，换椅子。等服刑人员说完了，让他坐到对面的椅子上。

引导语示例：

现在，请坐到对面的椅子里，用你的方式进入李四的身体，进入了示意我。好，请想象张三坐在你对面的椅子上，你要看清楚张三的五官、发型、衣服、姿势等，看清楚了示意我。你充分感受李四有很多的话想对张三说，在你感觉很清楚了之后，就可以开始对张三说你想说的话了。

当服刑人员说完以后，民警可以问他是否还想再坐到第一把椅子上去。如果需要，可以重复前面几步。反复的过程，民警也需要记录。

注意：

1.民警不参与对话，告诉服刑人员只代表这把椅子里的人说话，确保陈述不混乱。

2.当服刑人员不愿意坐到对面的椅子时，民警可以引导他：并不是要你成为他，而只是要用这种方式，去体会一下心灵和心灵之间的对话。

3.当服刑人员说不知道李四想什么时，民警可以引导他：你只需要静静地感受就好。

4.常常会遇到服刑人员有很多情绪反应，比如，流泪，陈年旧事翻出来难以控制等。民警的态度是平静和坚定的，因为此时服刑人员需要有力量。

5.适时停止。控制在40分钟左右。(引导语同上)

第十三节 行为矫治实战技术13——内隐模仿法

一、适用范围

所有适用行为技能训练的,都可以使用内隐模仿法。当其他行为技能训练技术无法操作时,可以使用内隐模仿法。

二、操作步骤

第一步,初始访谈、想象力评估。

整个治疗过程是借助服刑人员的想象力完成的,所以想象力能不能足以支持这个技术,决定着是不是可以用这个技术。(想象力评估和训练部分的内容,详见本章第三节)

第二步,介绍原理。

引导语示例:

通过想象你喜欢的场景、你满意的场景,找到你良好的心理状态,然后把这样的状态和你有困难的情景联系起来,建立条件反射,来帮助你很好地应对必须应对的场景。

第三步,确定靶行为的真实场景、示范人及其行为。

真实场景至少需要3个,示范人由服刑人员自己选择,示范人的行为包括躯体感觉和动作,将积极结果作为正强化。

第四步,场景训练。

场景由易到难，从第一个开始呈现，要有足够的时间充分想象。结束场景后询问持续时间、清晰度及感受，并且和服刑人员讨论感受。讨论后，服刑人员可以自我指导重复场景，直到随机的场景也可以很好地做到为止。

第三章 “十必谈”的实战技术

司法部颁布的79号令《监狱教育改造工作规定》明确要求：罪犯有下列情形之一的，监狱人民警察应当及时对其进行个别谈话教育：

（一）新入监或者服刑监狱、监区变更时；

（二）处遇变更或者劳动岗位调换时；

（三）受到奖励或者惩处时；

（四）罪犯之间产生矛盾或者发生冲突时；

（五）离监探亲前后或者家庭出现变故时；

（六）无人会见或者家人长时间不与其联络时；

（七）行为反常、情绪异常时；

（八）主动要求谈话时；

（九）暂予监外执行、假释或者刑满释放出监前；

（十）其他需要进行个别谈话教育的。

本章就实际工作中进行“十必谈”时的操作要点进行分别说明。

第一节 “十必谈”1——新入监或者服刑监狱、监区变更时个别谈话要点

一、谈话目的

新入监服刑人员因刚刚来到监狱服刑，监狱民警需要对他们有一个全面的了解。掌握新入监服刑人员的基本信息（年龄、文化程度、家庭情况、罪名、刑期、犯罪事实等）、性格特点、思想状况、服刑态度等，从而对服刑人员进行初步评估。

此外，新入监服刑人员因身份的转换，心理存在巨大落差。很多服刑人员嘴上承认，但心里不愿接受这个事实。同时，加上监狱环境的限制，难免会产生失落、悲观、孤独、恐惧、自卑、焦虑的负面情绪。

因此，做好对新入监服刑人员个别谈话教育是十分有必要的。民警尽可能多地了解服刑人员的情况，以倾听、安抚、教育为主。谈话以信任和引导的方式进行，让服刑人员敞开心扉，流露真实想法，民警通过自己的经验，让服刑人员对监狱改造有新的认识。民警也可通过此次谈话树立自己的威信，让服刑人员感觉民警是可信、可敬、可畏的。

二、谈话提纲

1.建立关系

引导语示例：

我是民警×××。这次谈话主要是因为你刚来到监狱服刑，对各方面

情况可能都不了解、不适应，我会对如何在监狱服刑改造进行说明，同时也想了解一下你的情况，和你共同制订一下今后服刑的改造计划，明确改造方向，希望你能够如实回答一些问题。

首先，先介绍一下你自己，如年龄、文化程度、身体状况、罪名、刑期等。

2.从家庭环境入手，了解服刑人员社会支持、成长经历等

引导语示例：

你是哪里人？家里还有什么人？和他们关系怎么样？

家里人都是干什么的？家庭状况如何？身体状况怎么样（身体健康和精神状态）？有无父母去世？何时去世？对你有什么样的影响？

你从小由谁抚养大？家人对你的教育方式是怎样的？有无控制、溺爱、忽视、虐待等情况？

你从小学习成绩怎么样？学校表现如何？有没有和社会人员接触？

你有没有亲密的朋友？

你早年有没有欺负过别人或受过欺负，那时是怎么对待的？

你有没有过离家出走？入狱前是和父母一起生活还是单过？单过是因为什么？从事过什么职业，入狱前是做什么的？

你入狱前的爱好是什么？爱喝酒吗？酒量大不大？

你有没有吸毒史？身边有没有吸毒人员？对吸毒怎么看？

3.了解服刑人员认罪态度

引导语示例：

谈谈你的案情吧。具体情况是怎样的？你怎么看待这次犯罪？被捕后想得最多的是什么？对法院的判决认可吗？有没有财产刑？是否上诉？

你是第一次犯罪吗？上一次犯罪是什么时候？这次犯罪的主要原因是什么？

家人对你之前犯罪或这次犯罪的态度是怎么样的？你自己觉得内疚吗？

4.了解服刑人员性格特点，是否心理异常

引导语示例：

你觉得你是一个怎样的人（冲动、理智、偏执、忍）？发生冲突后，你怎样处理？感觉自己心理承受能力怎么样？

目前你的身体状况怎么样？有没有慢性疾病？

你近期有没有失眠或者闷闷不乐的时候？那时候都在想什么？

现在你最担心的是什么？

你认为一个人在什么情况下会自杀？你对自杀怎么看？（如果有自杀的想法追问当时是怎么想的，打算采取什么样的手段，后来有没有实施）

5.对服刑人员有了初步了解后，根据情况进行教育

对新入监服刑人员的教育切不可敷衍了事，如果不进入服刑人员内心深处，只是几句“今后好好干”“别给我惹事儿”是很难起到教育效果的。

民警要对政策进行必要的宣讲，让服刑人员对相关规定有所了解；根据服刑人员自身情况，对有思想困难的服刑人员给予宽慰，给予希望；可通过正反面典型、改造标兵事迹，促使服刑人员树立改造信心，自觉遵守监规、监纪。

三、注意事项

在与新入监服刑人员谈话过程中，要保持心平气和，使服刑人员放下防御心理，认真倾听服刑人员的回答，抓住关键词，从关键词上了解服刑人员的真实想法，尽量避免漏听、误听。

每名服刑人员的回答都不会是一样的，民警要根据服刑人员的回答进行判断和评估，根据判断和评估决定谈话时间和内容。

第二节 “十必谈”2——处遇变更或者劳动岗位调换时个别谈话要点

一、分析原因

服刑人员处遇变更一般有两种情形：一是随着服刑期限延长、月考核分数连续满分，从而使处遇提高；二是月考核连续被扣分，致使处遇降低。

服刑人员发生劳动岗位调整，一般是由于生产任务的变化，或工期、质量的变化引起的。岗位调整一般会照顾到个人的技能和身体情况，但是不一定会符合每名服刑人员的个人愿望。

服刑人员的处遇变更或者劳动岗位调整后，会造成服刑人员一定的心理波动。比如，当处遇提高、岗位变好时，服刑人员会产生欣喜的情绪，往往会在一些特定情况下把控不住自己，俗话说“乐极生悲”；当处遇下降、岗位不理想时，服刑人员就会产生激动、愤怒、焦躁不安的情绪，对正常改造造成影响，甚至会发生危害监管安全的事件。

为消除和减少负面情绪造成的不良影响以及隐患，民警需要在服刑人员发生处遇变化、岗位调整时及时找他们进行个别谈话，了解思想动态，捕捉不良苗头，及时进行教育。

民警在与这类服刑人员谈话时，先要做到对他们底数清、情况明，再进行有针对性的谈话教育。

二、谈话提纲

1.处遇改变的服刑人员

对于处遇提高的服刑人员，一般好做工作，主要是鼓励他们不骄不躁、再接再厉，不能沾沾自喜、得意忘形，注意保持良好心态，与其他服刑人员处好关系。

对于处遇降低的服刑人员，民警要格外重视，在谈话过程中挖掘服刑人员对这次调整的真实看法，切不可敷衍了事。同时，民警要分析造成服刑人员处遇降低的原因，解答服刑人员提出的问题，适当地进行鼓励，帮助服刑人员树立对未来恢复或提高处遇的信心。

引导语示例：

对这次处遇级别变更有什么想法？说来听听，咱们共同探讨一下。

能谈谈这次处遇改变对你有什么影响吗？

你认为造成处遇级别变更的原因是什么呢？

或许咱们能共同想想该如何解决这些问题。

如果因为这件事而消极颓废，是不是会让期盼你安心改造、早日回家的亲人更挂念你呢？

处遇是三个月一调整，只要注意当下遵规守纪，尽量不发生扣分的情况，就能在下个季度恢复处遇。我对你是有信心的，你自己呢？

你能对我说心里话，我很高兴，说明你很信任我，没把我当外人。

据我所知，很多人都很关心你，比如××民警。

回家之后的路还长，如何发展关键要看自己的想法和愿望以及具备的客观条件。如果打算回家后自己做点儿事情，现在就要开始做准备，要在知识方面进行充实储备，要设法提高自己的专业能力，我也会关注你每天的进步的。

2.劳动岗位调整的服刑人员

民警在同服刑人员谈话时，应注意摆事实、讲道理，主要以化解矛盾、解开服刑人员心结为主，根据不同的实际状况制定谈话教育方案。

引导语示例：

近期安排了部分新岗位(或根据生产任务调了部分工序)，这次安排你……我一直在关注你，有什么想法想和我说说吗?

这次岗位调整是出于……并不是针对你。我认为你在这个岗位上能更好地发挥作用。(针对因劳动需要，正常调整的服刑人员)

我想知道你是如何看待这次给你调整劳动岗位这件事的。(针对因某件事而刻意调整劳动岗位的服刑人员)

你在这个岗位上，同样可以发挥自己的能力，只要积极表现，挣分减刑都没问题。

如果对岗位不太满意，也要服从，先做好交给你的任务，以后才能找机会给你调整。

我相信你不会为这点儿事就消极的，因为你之前一直都很努力改造，我是看在眼里的。

以后你有什么问题或者有话想说的时候就找我。

三、注意事项

民警同服刑人员谈话时一定要细致耐心，观察服刑人员的反应和细节，注意摆事实、讲道理，以法服人、以理服人，不靠权势压人。要引导他们说出自己内心的真实想法，做到认真细致地倾听，不武断地训斥，这样才会取得需要的谈话效果。

服刑人员在改造中发生思想波动是正常现象，民警应多关注服刑人员平时的表现，多寻找和利用积极的资源(取得的奖励、其他服刑人员的关注点、兴趣爱好），尽可能化解矛盾，稳定情绪，提高服刑人员认识，取得良好个别谈话的教育效果。

第三节 “十必谈”3——受到奖励或者惩处时个别谈话要点

一、分析原因

服刑人员在受到奖励或者惩处时，都会产生一些情绪。这些情绪可能会激励服刑人员积极改造，也可能会使服刑人员消极或过于激动。控制不好情绪，不仅会影响服刑人员自身改造，还可能会导致他们发生违规违纪的行为，甚至会发生危害监管安全的严重违纪事件。

为杜绝隐患，消除或减少服刑人员因受到奖励或惩处产生的负面情绪，民警需要在第一时间，及时找到服刑人员进行个别谈话教育，掌握服刑人员思想动态，消除其情绪的不稳定因素，教会他们控制自己的情绪。

此类谈话主要针对两类服刑人员：一是在改造中受到奖励的服刑人员，二是在日常改造中受到惩处的服刑人员。民警在与这两类服刑人员开展个别谈话时，一定要事先了解他们的基本情况、社会支持度、平时改造表现、心理状况等；要认真分析服刑人员的反应，再开展相应谈话。这样的谈话教育才会更具有针对性，达到事半功倍的效果。

二、谈话提纲

1.服刑人员受到奖励时

服刑人员受到奖励，特别是受到减刑奖励后，刑期缩短，心里高兴，心态放松，容易出现得意忘形、忘乎所以、骄傲自满、放纵自己等不良情绪，生活中便不再严格要求自己，说话、做事会不太顾忌，大大咧咧，给和谐、稳定的改造秩序带来安全隐患和不稳定因素。

针对这种情况，民警在谈话中要引导服刑人员正确认识改造成绩，切不可“一叶障目，不见泰山”，被眼前的奖励冲昏了头脑，不要局限于当下，更不可因为奖励出现违纪情况，从而得不偿失。民警要引导服刑人员看长远，帮助服刑人员树立正确的改造观。此类谈话要在奖励发生后及时进行，谈话要有时效性，不然意义不大。

引导语示例：

获得奖励是对你积极改造的肯定，也是对你取得成绩的认可，我想你的家人知道后也会和你一样高兴和欣慰，恭喜你距离与亲人团聚的日子又近了一步。

减刑裁决拿到手了，有什么感受？下一步打算怎么做？

得意而不忘形会更让人高看一眼，你觉得呢？

很多人获得奖励之后心态难免发生变化，认为可以不顾忌了，你认为这样做会有哪些危害呢？

我很希望你做到一如既往地踏实改造，平和心态，这样做可以进一步取得好成绩。反之，就会乐极生悲，这样的例子也很多。

现在取得了阶段性的改造成果，下一步你对自己的改造规划是什么？要是规划好了就要及早落实，不能只停留在口头上。

2.服刑人员受到惩处时

服刑人员在受到惩处时，大多数都是懊悔、情绪低落、意志消沉，甚至还有部分服刑人员怨恨监狱、民警和其他服刑人员等。这时，了解和掌握这些服刑人员的真实想法、化解不良情绪、鼓励他们调整心态是民警必须做的一项工作。在与这部分服刑人员谈话时要认真分析，了解原因，循证矫治，针对不同的人，用不同的谈话方式。

☞案例

服刑人员孙某，平时表现良好，与其他服刑人员无明显矛盾，对民警的教育比较认可。这次孙某与其他服刑人员因琐事争吵，被对方向其吐口水而激怒，遂动手殴打对方。孙某被惩教6个月。在惩教后，孙某非常后悔，情绪低落。

民警：这次事情对你的影响相信你已经很清楚了，我想知道你是怎么看待这次事件的。

孙某：特别后悔，能给我一次机会吗？

民警：任何人都要为自己的行为负责，后悔是不能免除处罚的。但是，你能认清自己的行为和过错，这一点是值得肯定的。我认为你还有弥补的机会。

孙某：怎么弥补呀？惩教6个月都是事实了。唉！

民警：也有提前结束惩教的，咱们监狱就有很多。

孙某：可以提前结束吗？您能告诉我该怎么做吗？

民警：这得问你自己，我看得出你的积极性很足。我认为首先你应该正确看待这次违纪的事实，认清冲动的代价；其次就是积极主动地改造。你能说说怎么积极主动改造吗？

孙某：多找民警汇报思想，遇事不能冲动，还有多积极主动地做一些事儿。

民警：说都是很容易的，关键是要去做。你能明白就很好，我对你还是比较放心的。这次是个教训，要牢记，多找民警请教才是最正确的方式。我会经常问问惩教监区民警你在这期间的表现，希望你能为自己提前结束惩教而努力。

服刑人员孙某平时表现比较积极，因为冲动和其他服刑人员挑衅才动手殴打他人。相对来看，孙某的矫治是比较容易的。与孙某谈话也没有很复杂。但是，有的服刑人员歪曲思维严重，与这类服刑人员谈话不是一次就能转变的，需要民警耐心、细致，讲究策略。平时多积累，谈话教育时底气自然更足。

三、注意事项

与受到奖励或惩处的服刑人员进行谈话时，切忌急功近利，为了使谈话能够正常进行，必须紧紧围绕主题，并注意做到以下几点：

一是要有耐心，细致。多引导他们说出自己内心的想法，认真细致地倾听，不要武断地直接教育，否则谈话效果是十分有限的。

二是要适度引导。对说话不多和沉默不语者要给予引导，让他们讲出心里话，对滔滔不绝、说话云山雾罩的服刑人员要引导他莫跑题，掌握主动。

三是要注意暗示的正效应，民警的一言一行、一个动作、一个表情都会对正在倾诉的服刑人员产生影响。因此，民警要尽量避免暗示可能产生的负面影响。

四是民警应多关注这类服刑人员平时的表现，多寻找有利资源（取得的奖励、其他服刑人员的关心、兴趣爱好等），尽可能地利用有利资源对服刑人员进行谈话教育。

第四节 “十必谈”4——罪犯之间产生矛盾或者发生冲突时个别谈话要点

一、分析原因

服刑人员之间产生矛盾或冲突后，如果不及时干预，进行谈话教育的话，服刑人员的情绪难以平息，矛盾会升级，冲突会加剧，给监管工作留下安全隐患，甚至会酿成更为严重的违纪后果，影响监区正常的监管改造秩序。

为杜绝隐患，消除或减少发生矛盾或冲突服刑人员的负面情绪，在矛盾发生后的第一时间要根据服刑人员情绪状态确定是暂时冷处理还是可以进行谈话。如果服刑人员情绪激动，不能很好地思考，建议暂时冷处理；当服刑人员基本平静，能够进行自我审视、思考时，监区民警就要分别进行个别谈话教育。

民警在与这类服刑人员谈话之前，务必充分研究相关视频资料，结合其他人的证言进一步佐证，尽可能地还原客观事实真相。谈话前，民警要先弄清楚矛盾事件的来龙去脉，不仅有当下的是非，更有事件的延伸背景。

在谈话时，民警要与两名服刑人员分开进行，以免矛盾激化而无法达到调停的目的。在谈话过程中，无论是针对过错方还是声称无过错方，都要给其倾诉、表达的机会。谈话时，着重分析他在这个事件当中的不足之处，让其认识到自身的错误，以不偏不倚的态度，制定双方都能接受的解决方案，从而达到化解矛盾、教育矫治的目的。

二、谈话提纲

服刑人员间发生矛盾或冲突，多数情况下两人之间积怨已久，是长期的矛盾和不满积累的结果。因而，这类矛盾的化解需要更深的谈话技巧，不局限于当前的矛盾，而是挖掘两人矛盾的症结所在，达到标本兼治的目的。

引导语示例：

我想了解一下你们之间有什么矛盾，也让我能够清楚的分析一下，你和我好好说说吧。

你知道今天你们发生矛盾，如果边上没人将你们拉开，事态会很严重，说不定现在你已经在惩教监区被集训，这样的结果是你愿意看到的吗？

你跟我说说你在这件事上有没有什么做得不对的地方？

你来说说，什么方法可以在不影响你改造成绩的情况下解决你们之间的矛盾？

每个人都不是十全十美的，都有优点和缺点。眼睛里不能只盯着对方的缺点而忽视了他的优点，你觉得他身上有哪些优点？

你换位思考一下，如果你是他，遇到这种事情会怎么处理？

如果你们今天造成严重的违纪后果，被惩教处理，你葬送了自己的改造成绩不说，你考虑过你家人的感受吗？

今天谈话后，我希望看到你在今后的改造中有变化和进步，你能做到吗？

三、注意事项

服刑人员在服刑改造期间情绪异常，甚至发生矛盾、出现违规违纪的行为，并不代表这类服刑人员改造无望、无可救药，民警应去掉有色眼镜，理性地看待这种现象。打击服刑人员的违纪行为是维护监狱正常改造秩序的有效手段，但打击违纪行为不是监狱工作的最终目的，我们应将打击违纪与教育挽救有机结合。在实际谈话中，应注意以下几点：

第一，谈话以安抚、平息事态为主，找到双方症结所在，对症下药，尽量使双方达成共识，彻底化解矛盾。

第二，充分利用服刑人员班组的力量，规劝违纪服刑人员看清违纪后果，不要冲动和意气用事，共同营造和谐改造氛围。

第三，应当通过有效教育，使违纪服刑人员转变观念，彻底醒悟，弃恶从善，投入正常改造中，并使其成为教育潜在违纪服刑人员的典型。

第五节 “十必谈”5——家庭出现变故时个别谈话要点

一、分析原因

大多数服刑人员在服刑改造中，最为挂念的就是家中情况。就算家庭出现一点点变故，都会造成服刑人员心理波动，从而影响自身正常改造，严重者会产生悲伤、焦虑、抑郁、躁狂等不良症状。不加以干预、疏导，服刑人员的情绪就得不到缓解，进而引发服刑人员钻牛角尖儿、情绪失控，甚至发生危害监管安全的事件。

为杜绝隐患，消除或减轻因家庭出现变故引发的服刑人员消极情绪，民警需要及时对他们进行个别谈话教育。

在监狱中，最能影响服刑人员情绪的家庭变故一般有以下情形：一是家中亲人去世；二是家中亲人患重病；三是配偶要求离婚；四是家中财产分割发生纠纷；五是子女问题。

民警在与这类服刑人员谈话时，一定要事先摸清服刑人员的性格特征和家中具体问题，根据情况进行有针对性的谈话教育。

二、谈话提纲

1.家中亲人去世或患重病

服刑人员家中亲人去世或患重病，而他们因为在狱中服刑不能为亲人操劳，会产生无力感，进而引发一系列的问题。这个时候需要民警开展细致入微的谈话，运用共情的技术，让服刑人员感受到来自民警的真心关爱，感觉民警能够理解他的心情。

引导语示例：

你家里的事情我知道了，我能体会到你失去亲人的痛苦，有什么心里话可以和我说说。憋在心里你会很难受的，我不想看到你这么痛苦。

对逝者来说，最好的哀悼方式是我们相信天堂的存在，而逝去的亲人在另一个世界会听到我们的祈祷和祝福。你认为呢？

认真地想一想，你现在能为家人做些什么呢？

你现在能为家人做的事情其实很多，多写信，安慰他们一下。不让家人再为你操心，让他们看到你能够振作，在努力改造，这就是对他们最大的鼓励。

2.配偶要求离婚

入狱服刑的服刑人员，特别是一些长刑犯、已婚但没有子女的服刑人员，离婚率较高。无论服刑人员嘴上怎样说，或表现自己已经看开、无所谓等，或情绪激动、不能理解等，都需要及时谈话进行心理疏导。在谈话中，根据服刑人员不同的归因，进行不同的教育。

（1）内归因服刑人员

引导语示例：

你能把原因归到自己身上，让我感觉你是条汉子，没有逃避责任和过多地责备你的妻子，这一点很可贵。但是，过度自责于事无补，跟我说说你以后的打算吧。

我知道你不可能不去想这些问题，这段时间我都在，如果有什么心里话想找个人说说，你随时可以找我。

（2）外归因服刑人员

引导语示例：

你内心的痛苦你能感受到，那你妻子内心的痛苦你能感受到吗？

如果真的放不下，我们可以试着来体会一下她的内心。（采用空椅子技术，详见第二章第十二节，第169页）

三、注意事项

第一，与家庭出现变故服刑人员谈话，特别要注意方式方法，语气、环境都很重要，需要考虑服刑人员此时的情感，认真倾听服刑人员的倾诉，了解服刑人员真实的想法，包括情感和物质诉求，辅以对服刑人员信件和亲情电话的分析，因人施教，对症下药。

第二，条件适宜的情况下，在服刑人员接见时，尝试与服刑人员家属接触，居中协调，缓解服刑人员与亲属的紧张关系，消除误解，帮助服刑人员走上改造正轨。

第三，在与家庭出现变故服刑人员谈话时，尽量找威望较高的民警或专职心理民警，效果会更好。

第六节　“十必谈”6——家人长时间不会见时个别谈话要点

一、分析原因

服刑人员长期不会见，社会支持度差，会造成服刑人员心理失衡，产生焦虑、自卑、嫉妒的心理，久而久之甚至会发生危害监管安全的事件。为杜绝隐患，消除或减少长期不会见的服刑人员负面情绪，需要定期对他们进行个别谈话教育。

服刑人员长期不会见一般有以下情形：一是家中无可会见的亲属；二是服刑人员与亲属存在矛盾纠纷；三是家庭存在经济困难，亲属身体原因或距离较远，不方便会见。

民警在与这类服刑人员谈话时，一定要做到底数清、情况明，究竟是什么原因长期不会见，根据情况进行有针对性的谈话教育。

二、谈话提纲

1.家中无亲属的服刑人员

这类服刑人员一般年龄较大或者是孤儿。针对这种情况，民警在谈话中要以鼓励关怀为主，切实让服刑人员感受到被关心、被关注，帮助服刑人员树立对未来的希望，特别是可以抓住特定时机，如节日、会见日、服刑人员生日时谈话效果会更好。

引导语示例：

最近怎么样？我发现你在这一段时间……（可以是心情，也可以是行为，最好能说出具体表现，让服刑人员感受到民警在关注他）

心里有什么事情可以说出来，咱们聊聊也许会好点儿。

我很愿意听一听你的心里话，或许我能帮你想想该如何解决这些问题。

你能对我说出你的心里话我很高兴，说明你很信任我，没把我当外人。

我很希望你有什么问题或者有些话需要说的时候能够想到我。

据我所知，很多人都很关心你，比如××民警。

听说你最佩服××，据我所知他的身世也很坎坷，但是他从来没有自暴自弃，而是把磨难当作考验。

你未来的打算是什么，现在就要开始做准备，比如，每天做俯卧撑把身体锻炼好，或者每天学几个英语单词，我也会关注你每天的进步的。

2.与家人有矛盾的服刑人员

民警同这类服刑人员谈话时，应多以化解矛盾、解开服刑人员心结为主。同时，民警还要多与服刑人员家属沟通，了解情况，根据实际制定谈话教育方案。

引导语示例：

近期怎么样，我一直很关注你的状况，能聊聊最近有什么进展吗？

我们和你的家人沟通过了，他们对你近期的状况也很关心。

毕竟是自己的家人，血浓于水。我相信，谁都希望自己的家庭和和睦睦，很多矛盾只是因为一些误会或者谁都不愿意退一步造成的。你认为呢？

很多矛盾都是因为想表达的和对方理解的不一样而产生的，不妨把你真实的想法说出来，或许民警可以帮你分析一下。

3.路远或其他原因不能会见的服刑人员

同这类服刑人员谈话时应多鼓励和教育他们理解家人。

引导语示例：

能说一说家人不能来看你，都对你造成了哪些影响吗？

我能理解你很想念家人的心情，因为你很爱你的家人。同样，我相信他们也很爱你，你能告诉我他们不能来看你的原因吗？

家人对你的思念相信一点儿也不会比你少，所以你更应该把这种思念转化为动力，争取早一点儿与他们团聚。

三、注意事项

同长期不会见服刑人员谈话时一定要细致、耐心，多引导他们说出自己的内心想法，认真细致地倾听，不要武断地直接教育，否则谈话效果是十分有限的。

无论因为何种原因服刑人员不能会见，都会对服刑人员的改造造成影响。民警应多关注这类服刑人员平时的表现，多寻找有利资源（取得的奖励、其他服刑人员的关心、兴趣爱好），尽可能地利用有利资源对服刑人员进行谈话教育。

第七节 “十必谈”7——出现思想波动、行为反常、情绪异常时个别谈话要点

一、分析原因

服刑人员在改造过程中由于不同的原因，常会发生思想波动、行为反常、情绪异常的状况，比如，出现焦虑、抑郁、孤独、失眠、激动、愤怒、焦躁不安等不良情绪，这些情绪会影响改造，给监区安全造成隐患，甚至会引发危害监管安全的事故。

造成上述不良情绪的原因很多，主要有以下几个方面。

1.家庭方面：家中有人发生变故，经济上出现危机，夫妻关系破裂，孩子抚养出现困境。

2.本人方面：身体患病，减刑无望，会见、采买出问题。

3.服刑环境方面：减刑政策从严，增加新的管理限制，考核标准变严，日常被扣分，劳动岗位调整，与其他服刑人员产生矛盾，与民警产生误解等。

为消除和减少服刑人员的负面情绪造成的不良影响，以及形成的隐患，需要管班民警在发现服刑人员有思想波动、行为反常、情绪异常等状况发生时抓住苗头，及时找他们进行个别谈话，了解掌握思想动态，及时进行有针对性的个别谈话教育，目的是化解服刑人员心结，稳定情绪，确保监管安全。

二、谈话提纲

对于服刑人员中发生思想波动、行为反常、情绪异常状况苗头的人员，管班民警应格外重视，及时找他们谈话，在谈话中要以关心和关怀为主，认真了解他们的内心状况，寻找发生问题的根结，解答服刑人员提出的问题，开导和帮助服刑人员树立信心。

在谈话中，对于服刑人员家庭及个人方面问题，民警要帮助其分析问题的症结，多鼓励，一起商量办法。对于服刑环境方面的问题，民警要多听服刑人员的诉求，然后帮助其分析产生问题的症结，令其理解产生问题的原因，树立改造的信心。

引导语示例：

感觉你最近有些情绪低落，是不是有什么事呀？

是不是遇到难题了，有什么想法可以说说，看看能不能找到解决问题的办法。

这样情绪低落不是解决问题的好方法，换一种心情或者转换一下角度说不定就会发现事情没你想得那么严重。

能告诉我现在对你来说最关心的是什么吗？为什么关心？怎样做才是对你最有利的？

有了目标就要从眼前开始做准备，要储备知识，提高自己的能力。我也会关注你每天的进步的。

以后你有什么问题或者有话想说的时候就找我，我会关注你的。

三、注意事项

民警同服刑人员谈话时一定要细致耐心，认真倾听，要引导他们说出自己内心的真实想法，以化解矛盾、解开服刑人员心结为主，不能采用武断的训斥方式，这样才会取得良好的谈话效果。

服刑人员在改造过程中发生思想波动是正常现象，民警应多关注服刑人员平时的表现，多寻找和利用积极的资源（取得的奖励、其他服刑人员的关心、兴趣爱好），尽可能化解矛盾，稳定情绪，提高服刑人员认识，取得良好的个别谈话的教育效果。有时，试着转换服刑人员看问题的心态是处理这类问题的好方法。

第八节 “十必谈”8——主动要求谈话时个别谈话要点

一、分析原因

主动要求谈话的服刑人员都带有一定的目的性，有些人会开诚布公地直接说出来，通过正当渠道反映问题；有些人喜欢在聊天过程中捎带出来，试探民警的态度。总体来说，主动要求谈话的服刑人员分为几种情况：一是自身遇到问题找民警倾诉；二是反映其他服刑人员的问题；三是套近乎。

民警在与这类服刑人员谈话时要清醒地分析原因，随机应变，进行有针对性的谈话教育。

二、谈话提纲

1.服刑人员自身遇到问题找民警倾诉

你遇到问题能对我说让我很欣慰，这是你对我的信任。能具体说说是什么事吗？（民警要平视对方眼睛，语气平缓而真诚，开放式提问）

2.服刑人员反映其他服刑人员的问题

你能向我反映问题，说明你对这个集体是很关心的，我想知道你是怎么看待这件事的。（民警要积极关注，鼓励多说）

他这么做，对你的影响是什么？

是什么原因让你关注这个人、这件事？

你认为怎样做是解决问题的最好办法？

3.服刑人员套近乎

我很愿意和你聊一些怎样做才能对你的改造更有利的事。（民警不拒绝，但要亮明自己的态度）

三、注意事项

在与主动要求谈话的服刑人员进行谈话时，切忌主观臆断，更不能偏听偏信。为了使谈话能够正常进行，要仔细聆听、认真思考、正确引导，并注意做到以下几点：

第一，要耐心、细致。多引导他们说出自己的内心想法，认真细致地倾听，不要武断地直接教育，否则谈话效果是十分有限的。

第二，要适度诱导，对说话不多和沉默不语者要给予诱导，让他们讲出心里话，对滔滔不绝的服刑人员要引导他的思路。

第三，民警应多关注这类服刑人员平时的表现，多寻找有利资源（取得的奖励、其他服刑人员的关心、兴趣爱好等），尽可能地利用有利资源对服刑人员进行谈话教育。

第四，尽量不拒绝主动要求谈话的服刑人员，如果没时间也约定好时间主动找到他们进行谈话。

第九节 “十必谈”9——暂予监外执行、假释或者刑满释放出监前个别谈话要点

一、分析原因

服刑人员在经过一段时期的服刑后，除刑满释放外，有些服刑人员在符合条件的情况下会出现另外两种情况：假释、暂予监外执行。

刑满释放是服刑结束的最佳状况，后两种情况是服刑人员服刑过程中出现比较好的状况，可以回家在与家人团聚的情况下完成刑期。这三种情况都面临同一种行为——走出监狱。

在面对这三类走出监狱的人员时，为了确保其在刑满释放、假释、暂予监外执行后不再出现新的问题，民警要找其进行特别谈话，提示一些需要注意的问题，并提出希望。

二、谈话提纲

对于刑满释放、假释、暂予监外执行的人员来说，他们经过一段时期的服刑改造，在这封闭的环境里，在严格的管束下，面对单一的群体，特别是刑期长的服刑人员，因长时间没有在正常社会生活，其心理难以适应。这时候他们要回归社会，无论是心理上还是行为上甚至是身体上，都会有一些“不适应”。找他们谈话的主旨就是要指出他们即将面对的问题，给他们指引一条正确的道路。同时，临近释放，服刑人员心情激动，情绪和行为的控制力降低，他们认为自己马上就要出监，监

狱的约束力相对减少，容易乐极生悲。因此，此时的谈话教育十分有必要。

引导语示例：

要回家了，首先我为你感到高兴，也希望你能够坚持到最后，为自己的服刑改造交一份圆满的答卷。

我能够感受到你马上要出狱与家人团聚的喜悦，但是越是这时候越不能放松对自己的要求。我希望你能够多和民警聊聊天，既能缓解情绪还能保证不发生影响其他服刑人员改造的事情。

回家后的打算是什么？

这么多年的服刑对你来说也是一种修炼，我相信你学会了很多。放纵的危害你已经有了深刻的体会，也付出了沉痛的代价，所以一定要记住自律。

对自己有信心，特别是面对挫折时的选择至关重要，也时常想想这些年一些有意义的活动给你的启发。

目前，社会上出现了很多新兴行业，比如……你对哪些行业比较感兴趣，咱们可以聊一聊，也许对你的就业有帮助。

三、注意事项

民警在谈话时要真诚，敷衍了事的态度对谈话作用微乎其微。服刑人员感受到民警的真诚会相应的约束自己。在与面临出监的服刑人员谈话时，最重要的是要亮明民警的态度——不会因为快释放就放松对其的要求，发现问题同样会处理，让服刑人员感受到顾忌。同时，民警也可以谈一谈社会目前的信息点及关注点，让服刑人员回归社会前有所准备，可以适当对服刑人员就业问题提出一些建议。

第十节 “十必谈”10——会见服刑人员个别谈话要点

一、背景分析

会见是服刑人员关注的事件之一，也是服刑人员服刑改造的主要环节。监狱安排好会见活动，对会见内容进行分析，加以利用，能够有效提高改造教育服刑人员的效率。

服刑人员会见的对象一般都是家庭成员或亲近之人，是服刑人员最在意和牵挂的人。在长时间失去自由的情况下，服刑人员势必产生复杂心理变化，这种变化最直接的反馈对象就是亲属。因此，服刑人员会见内容大多是一段时间发生事情的累积，是服刑人员内心变化的间接呈现，服刑人员的想法、打算能够通过会见内容分析体现出来。

同时，会见是解决服刑人员内心矛盾的有效途径，有效管理服刑人员还需要监狱与社会相结合，通过与亲属沟通合作，能够更加全面地了解服刑人员内心想法、改造服刑人员内心世界、约束服刑人员日常行为。

民警在与会见服刑人员谈话时，一定要做到：

第一，了解情况，要对服刑人员本人和服刑人员亲属情况熟悉。

第二，根据实际问题，做到有目的地谈话，确保谈话的针对性和有效性。

第三，晓之以理，动之以情，通过谈话接近服刑人员内心，建立信任，深入根植正面思想。

二、谈话提纲

1.预热

会见前找到服刑人员谈话，本身具有针对性，能够使服刑人员觉得受到重视，从情感上拉近距离，作为深入谈话前的聊天。

引导语示例：

今天接见日，提前跟家里打电话没有啊？都是谁来啊？

上回见到你们家老人来看你，感觉身体不错，多大年纪了？今天接见来不来啊？

2.进一步感情靠拢

和服刑人员谈话要讲究策略，要能够自然而然地接近话题核心，不能急于求成、直奔主题。因此，找到话语衔接很重要，能够进一步拉近情感，为核心目的做准备。

引导语示例：

现在天气比较冷，你父母来一趟可不容易，那么大岁数了。

看看，这么多人来看你、关心你，可得好好地跟家里人说说话，多说说自己的成绩，让他们也为你高兴高兴。

3.建立同理心，给予深切关怀

站在服刑人员的角度考虑服刑人员的感受，并且以民警的角色给予适当同情和关心，尤其是给予其家人关怀，能够使服刑人员感受到存在感、体会到尊严获取的欣慰，这是走进服刑人员内心的重要一环。

引导语示例：

上回会见你爸/妈说你家里……现在怎么样了？

等老人来了，我也会去问候他们一下。你父母很不容易，看见他们我就想起来我的父母了。

你女儿学习情况怎么样了？我这里有几本好书，你会见时推荐给她。

4.走进核心话题，围绕目的说话

所有的谈话都是为了发现问题、解决问题、防止出现问题，因此，说话应有核心，围绕目的说话，讲究实效。

引导语示例：

这回把你平常纠结的事好好跟家里人说说。

你有什么想法、在这里的表现都跟家里人说说，别让家里人为你操心。

5.及时分析录音，提取有效信息，针对性谈话，巩固成果

会见结束后，要及时对会见录音进行分析，做到仔细认真，以小见大，从细节中提取有效信息，分析服刑人员心理，及时了解服刑人员心理变化，以便针对性地进行谈话，达到既定目的。

引导语示例：

在这次会见中，家里有什么事吗？说出来咱们一起分析一下。

你认为怎样做才能回报家人对你的这份关怀？

三、注意事项

同会见服刑人员谈话时一定要细致耐心，很多服刑人员在对待自己家庭或亲人的话题上是十分敏感的，用语不当容易造成服刑人员的反感和阻抗。

首先，要建立信任关系，这一点至关重要。在一些敏感话题上，如夫妻关系复杂等切记用词要得当，不能拿家人开玩笑，要予以尊重。

其次，对服刑人员进行亲情教育，是教育改造服刑人员的一个非常重要的手段，因此，在关于家庭和亲人的谈话中，讲究方式方法，会有很好的成效。

最后，谈话工作要具有连续性，保持和服刑人员的沟通，建立长效机制。

（感谢北京市监狱管理局清河分局潮白监狱教育改造科张振警官对本章的贡献）

贰

班组矫治实战技术

◎ 在日常班组管理中逐步应用技术手段开展班组建设、团体辅导，是提高教育矫治工作效率、促进服刑人员在真实的人际互动中出现更多良性行为，以及培养服刑人员亲社会素质的便捷途径。

◎ 本篇章并没有罗列团体辅导技术，而是提供了分八个阶段开展班组辅导的思路。通过在班组真实人际互动中良性体验，重建内心依恋感；通过引导利他行为，鼓励服刑人员对团队的奉献型行为；通过控制情绪的表达尤其是控制消极情绪表达，增加现实人际互动的正性体验，以积极改造、早日释放为核心，树立起服刑人员班组共同的价值体系。班组逐步深入、系统的教育矫治过程，不仅能够及时排除高风险隐患，还有利于实现服刑人员班组的长效稳定；既保证了教育矫治工作的效果，又减少了民警逐一谈话的工作强度与难度。

第一章 形成积极氛围

形成班组的积极氛围是开展班组教育矫治的前提，只有在积极的氛围中，对班组集体进行教育才能得以顺利开展。本章所介绍的方案，民警可根据服刑人员班组情况选择使用。

第一节 形成积极氛围方案1——自我介绍

矫治目的:通过介绍自己的优点,提升每个人的自我价值感,形成积极班级氛围

参与人员:整建制班组

持续时间:30分钟

所需道具:无

可用场地:监舍、监区、团体活动室等

矫治内容:自我介绍

矫治过程要点:

1.大家围成一个圆圈坐下,指定一个人为开头。

2.从开头的人开始,介绍自己的姓名、兴趣爱好、优点。

3.以此类推介绍完毕。

详细引导语示范:

很高兴能够有这样一个机会跟大家一起做些事情,今天要做的是大家先要找到自己的优点,并且还要记住身边人的优点。

我来做个示范。我的名字叫××,我最大的爱好是写作,我最大的优点是勤奋。一会儿从我的左手边开始的第一位,要像我一样进行这样的自我介绍。每个人要说的都是自己的名字、爱好、优点。

大家需要特别注意一个问题,不可以说“我爱好打篮球,我的优点是篮球打得好”。爱好是你喜欢做的一件事,优点是你的人格品质。优点也不可以是“我没有优点”。咱们既然遇到了,大家就要用真诚的态度,你要是

实在想不出来，也没关系，别勉强，你身边的朋友们会帮你想，（对左手边的第一位说）我想请你开始，可以吗？

我的名字叫××，我的爱好是集邮，我没有什么优点。

现在需要大家帮帮忙，哪位能够说说××在你心目中的优点是什么？

乐于助人。

同意“乐于助人”这个优点的举手！看，大家都觉得你乐于助人。除了乐于助人，还有吗？

爱劳动。

同意“爱劳动”这个优点的举手！这么多，还有吗？再说一个，我们给他提供三个选项。

人缘不错。

你觉得乐于助人、爱劳动、人缘不错这三个优点中哪个是自己最大的优点？

其实都是我的优点，都挺好。

你选一个自己最喜欢、最认可的。

那就是人缘不错吧。

如果大家同意的话，掌声鼓励一下，请坐，谢谢你做的示范。

第二节　形成积极氛围方案2——循环介绍

矫治目的：促进正面认识、增加自信、提升自我价值感，形成积极班级氛围

参与人员：整建制班组

持续时间: 30分钟

所需道具: 无

可用场地: 监舍、监区、团体活动室等

矫治内容: 循环介绍

矫治过程要点:

1.大家围成一个圈坐下,指定一个人开头。

2.每一位都重复从第一位起的全部信息后,再说自己的信息。

例如,第一位先说出自己的姓名、爱好、优点,“我叫〇〇,爱好是〇〇,优点是〇〇”。

第二位要先重复第一位的信息,再说自己的信息,“我左边这位叫〇〇,爱好是〇〇,优点是〇〇;我叫●●,爱好是●●,优点是●●”。

第三位要在重复前面两位的信息后,再说自己的信息,“第一位叫〇〇,爱好是〇〇,优点是〇〇;第二位叫●●,爱好是●●,优点是●●;我叫□□,爱好是□□,优点是□□”。

3.以此类推介绍完毕,最后一位重复全体成员的信息。

详细引导语示范:

从我左手的第一位开始,先说自己的名字、爱好和优点。接下来,大家每一个人要先重复从第一位开始的信息,比如,第二位要先说右边这位名字是××,爱好是××,优点是××,再说自己的名字、爱好和优点。第三位要说前面两位的名字、爱好、优点。到最后这位的时候,重复全体成员的信息。大家不要着急,假如有说不上来的,大家就主动帮一下忙。咱们是团队共同来完成这个任务的。

现在咱们先来试一下。我左手的第一位先说你自己的三个信息,有请!

第一位服刑人员开始按照民警的要求说自己的三个信息。

第二位，现在你要先重复你右手边朋友的信息，再说自己的。谢谢！

第二位服刑人员开始按照民警的要求复述刚才服刑人员的三个信息，然后说出自己的三个信息。

第三位，你要重复你前面两位朋友的信息，再说自己的，开始。

想不起来了。

大家帮忙想一下，我们说到哪说不上来的时候，大家就主动地帮一下忙，因为咱们是一个团队。

这位服刑人员在大家的帮助下复述前两位服刑人员的三个信息，并且说自己的三个信息。此后，大家按照民警的要求，依次请每位参与者表述前边人员的姓名、爱好和优点，最后再表述自己的姓名、爱好、优点，遇到记不清的就集体帮忙。

在刚才的这个环节，大家都特别努力地在用自己的办法来解决问题，比如，大家刚才用自己的方式把别人说的都记了下来；再如，咱们团队相互帮助，能这样在一起特别好。

第三节　形成积极氛围方案3——抢椅子

矫治目的：促进目标思维，提高改造动力，形成积极班级氛围

参与人员：整建制班组

持续时间：30~50分钟

所需道具：无

可用场地：监舍、监区、团体活动室等

矫治内容：抢椅子

矫治过程要点：

1.将椅子围成一个大圆圈，所有参与人员站在椅子内侧，向右转。

2.拿掉一把椅子，椅子数比人数少1。

3.民警发令：走，走，走……参与人员开始走；民警发令：坐，参与人员要尽快找到一把椅子坐下。

4.没有椅子的人原地跳三下。

5.分享、讨论。

6.再拿掉一把椅子，重复。

详细引导语示范：

大家现在全体起立，围成一个圈，注意不要离得太近，每个人都有一把椅子。现在，我要从这里面拿掉一把椅子，一会儿会有一个人没有椅子。现在请大家向右转。我会先说“走，走，走”，大家开始走，然后我会说“坐”，大家要找到一把椅子坐下，肯定会有人没有椅子坐。没有椅子坐的那位就要到我身边来，原地跳三下。现在开始。

走，走，走。你们的任务就是要找到一把椅子坐下。好，现在坐！

民警指挥进行游戏，服刑人员坐下后，有一人没有找到椅子。

请你总结一下经验，是什么原因让你没有找到椅子坐下。

精神不集中。

这位服刑人员最让我感动的是，他说的原因是自己的原因，是自己的精神不集中让自己没有坐到椅子。最了不起的就是遇事先找自己的原因。大家给他掌声鼓励。

接下来，我还要再拿掉一把椅子。你刚才说自己是因为精神不集中，那你能不能就“怎么样可以精神更集中”给大家一点儿建议呢？

就是要注意前后看，边走边看，注意看自己前后最近的一把椅子。

要看前后的椅子，这就是你发自肺腑的建议。那么，按照游戏规则，你现在要跳三下。

该服刑人员跳了三下。

当我说没有找到椅子要原地跳三下的时候，这位朋友一句怨言都没有，一点儿都没有说失误是因为前面的人，因为后面的人，或是因为其他什么，并且在跳三下的时候，三下都跳得这么高、这么认真。我觉得，这样的态度，咱们这个团队应给他热烈的鼓掌。

现在，你要给我帮个忙，你来喊走和停。为了公平，我要请你面对墙喊号令。好，接下来我要再拿掉一把椅子，你可以开始了。

民警上前又拿掉一把椅子，并且指挥大家准备继续开始游戏。该服刑人员喊：走走走……坐！大家按照游戏指令进行游戏，停下后，又有一名服刑人员没有找到椅子。民警把没有找到椅子的服刑人员请到面前。

请这位服刑人员告诉我，在刚才的服刑人员已经给你建议的情况下，你是什么原因没有找到椅子？

主要是因为我自己谦让了。

那什么原因让你谦让了呢？

因为这是一个集体。

我的确也看到他刚才很谦让。那么，我们应为这个“谦让”鼓鼓掌。现在，你给大家一点儿建议好吗？注意，我刚才说了，这个游戏是要以大家可以坐到椅子为胜利。那么，你先不要讲谦让，而是想想怎么样建议大家可以获得胜利？

还是要争取吧。

怎么争取？刚才那位服刑人员说得就很好，要看着前面的和后面的椅子。那你给大家的建议呢？

赶上了就是机遇吧。

赶上了就是机遇，听起来有点儿随命的意思。其他的服刑人员给点儿建议，看看怎么才能胜利有椅子坐？

要掌握距离和步伐。

第四节 形成积极氛围方案4——抓手指

矫治目的：引导目标取向思维方式，形成积极班级氛围

参与人员：整建制班组

持续时间：30分钟

所需道具：无

可用场地：监舍、监区、团体活动室等

矫治内容：抓手指

矫治过程要点：

1.所有参加人员围坐成一个大圆圈，左手掌心向下，右手竖起拇指，相邻的两位一人左手手掌盖在另一人右手拇指上，掌指相触。

2.民警描述小蜜蜂飞，当民警说到“抓”，所有人用手掌抓手指。

3.被抓住的，原地跳三下。

4.分享、讨论。

5.依次继续。

详细引导语示范：

下面，我请大家对目标进行思索。请大家坐得稍微近一点儿。每一位服刑人员把自己的左手变成手掌向下，右手握拳，拇指向上。然后，将自己的左手盖到旁边服刑人员的右手拇指上。注意，要将自己的右手拇指，顶到旁边服刑人员的左手手心里。

稍后，我会说一些口令，当我说到“抓”这个字的时候，你们就要将旁边服刑人员的拇指抓住。当然，你们也要注意不要被别人抓住。我这样要求不是让大家不和谐，而是希望大家通过游戏思考，在我们的人生中，有些是我们想获得的，包括美好、快乐等。那么，这些美好、快乐我们怎么才能获得呢？请大家在游戏中思考这个问题。下面我们开始游戏……抓！

哪位服刑人员的手被抓住了，请起立。请先跳三下。

三位服刑人员站起来，原地跳了三下。

下面请这三位服刑人员分享一下经验教训。

第一位说，主要是反应太慢；第二位说，积极性不够，不主动；第三位说，没注意。

下面请抓住别人的人举手。你们给大家分享一下成功的经验，你们是怎么样抓住的？

第一位说，凭感觉；第二位说，积极一点；第三位说，用心了。

继续游戏，这次大家一定要更加用心。预备……抓！

下面请被抓住的四位服刑人员起立，先跳三下，然后分享一下自己的经验教训。

第一位说，没有集中精力；第二位说，过于集中精力了。

对，不集中不行，过于集中也不行，这句话特别重要。

第三位说，我就是过于注意抓住别人了，结果自己被抓住了；第四位说，上回太高兴了，没反应过来。

那么，下面抓住别人的人来说说自己的经验。

第一位说，就是刚才没注意，这次注意了，就抓住了。

看来注意力很重要。

第二位说，我就是注意抓了；第三位说，我认真了一下；第四位说，我也注意力集中了。

下面，我们最后一次游戏，一定要注意力集中，预备……抓！

你接连三次都被抓住了，请和我们说一下这次被抓住的原因吧。

是练习不够，注意力不集中。

第五节　形成积极氛围方案5——抓手指变形

矫治目的： 同方案4的内容，本方案的目的在于明确思维重点，引导积极班组氛围

参与人员： 整建制班组

持续时间： 20分钟

所需道具： 无

可用场地： 监舍、监区、团体活动室等

矫治内容： 抓手指

矫治过程要点：

1.所有参加人员围坐成一个大圆圈，左手掌心向下，右手竖起拇指，相邻的两位一人左手手掌盖在另一人右手拇指上，掌指相触。

2.民警描述小蜜蜂飞，当民警说到“抓”，所有人用手掌抓手指。

3.被抓住的，原地跳三下。

4.分享、讨论——重点在于引导服刑人员集中注意力，以及对集中注意力在改造生活中的思考。

详细引导语示范：

今天这个活动怎么做呢？把你的左手变成手掌，像我这么放。把你的右手拇指向上。把你的拇指顶在旁边那位的掌心，椅子有点儿远的，拉近

一点儿。当你听到我说“抓”这个字的时候，你就用左手把对方的拇指抓住，同时，右手拇指不要被别人抓住。

那么，我们开始。两只小蜜蜂呀，飞到花丛中呀……哎，你先动手啦？这叫焦虑。放松，抓！都跑啦？好，再来一次。拇指要顶在人家掌心，不要玩赖啊。手掌得是平的，你的手都变成小伞了，也叫玩赖。

两只小蜜蜂呀，飞到花丛中呀……再来，我说抓，你才能抓，我没说抓，你就先动手，这叫心理素质不好。如果我没说抓，先动手的就输了，要站起来，原地跳三下；我喊抓以后被人家抓住的，也得原地跳三下。

两只小蜜蜂呀，飞到花丛中呀，飞呀……你先抓了，跳三下，飞呀，抓！你俩被抓住的跳三下吧。

大家帮我总结一下，怎么能在这个活动中赢？怎么能保证抓住别人，自己又不被抓住？怎么能保证稳定？说说你的经验、心得、体会。你先说说吧。

我没赢也没输，就没总结出经验来。

认真思考是最无价的，找规律、找经验。我们再来一次，这一次，你要在心里找规律、找经验，各就各位。

两只小蜜蜂呀，飞到花丛中呀，飞呀——飞呀——抓！你被抓住了，跳三下。

你思考到了什么？无论是教训还是经验，只要是贡献给团队的，就是在为这个班组做贡献，就是在做这个班组的建设，有请最边上这一位先说。

我左边没人，只要想好怎么逃就行。

就是怎么逃，那你是怎么做到尽快逃掉不被抓住的呢？

说话的时候集中注意力。

说话的时候集中注意力，它的核心是努力收集一切外界线索，假如我只关注我自己，不去管外界口令的话，恐怕在这个游戏中就不容易胜出了。那么，下一位呢？

反应吧，听您的口令做出系列的反应。

系列的反应，瞬间做出，这叫适应。适应的意思是，根据外界变化而变化，比如，天冷了，我赶紧加衣服；天热了，我赶紧减衣服；有点儿感冒了，我赶紧喝水。这都叫瞬间做出系列的反应。感谢，有请下一位。

我也是瞬间的反应。

一定要求自己要在瞬间做出反应，否则的话，我们就没办法在这个游戏中胜出。继续，有请下一位。

之前您说“两只小蜜蜂”的时候，我提前思考一下，怎么抓、怎么跑得快。

精彩！人生常常施之于规划，有提前的思考和预先的准备、方向。感谢，有请下一位。

我觉得是预判。

有预判吗？怎么预判的？和大家分享吧。

预判就是根据您说话，要想逃，就是事先得做好准备。

刚刚我在说的时候，好多朋友都用眼睛看着我，这样你可以收集的信息是听我去说，我给你信号时抓，你还可以通过我的表情，甚至口型，来做预先判断。所以，智慧的人，往往会主动，主动不是因为他们掌握的信息多，而是他们捕捉信息的意思强。感谢，有请下一位。

注意力集中，先逃跑后，再去想抓。

这又是一个对团队特别无价的贡献。主要矛盾、次要矛盾分清楚，被抓住就要跳三下，而抓住别人没奖励。游戏规则就是这样，所以，先要完成我的主要任务——不被抓住。主要矛盾清楚了，我们就能够让自己做出清晰的判断，因为鱼和熊掌不能兼得。有请下一位。

我要用10%的注意力看您的形态，30%的注意力去抓他的手，再花30%的注意力去躲他的手，还有30%的注意力去听您喊“抓”。所以，我索性不花抓的那30%的注意力了，不让他抓着就可以了，跟班长一样，就做一个躲就可以了。

这位也是判断清楚了主要矛盾之后作出决定，每个人都是以自己的标准在做这样的判断，特别好。有请下一位。

不能一心二用，这边想躲他，那边想抓他，还是要抓主要矛盾。

你得知道你想要什么，你要的核心是什么。有请下一位。

我觉得还是得思考一下，还有就是身体的灵活性。前边几位说的也不能说没有道理，但是有时候看得太多，当您喊的时候，也不一定能抓得到。

没太听明白。

反正我就是没看您的表情。

你是用你的方式做判断？

对，我主要是集中注意力，听您下令。

他告诉我们得知道什么是适合自己的。感谢，有请下一位。

反应速度快。

你在做自我反思？有一些经验可以贡献给大家吗？比如说，注意力要更集中。

就是注意力再集中一些。

第六节　形成积极氛围方案6——心理高度

矫治目的：引导目标取向思维方式，增加集体的自信心，以自信的角度构建班组积极氛围

参与人员：整建制班组

持续时间: 30~40分钟

所需道具: 每人一张白纸

可用场地: 监舍、监区、团体活动室等

矫治内容: 心理高度

矫治过程要点:

1.所有参加人员围坐成一个大圆圈。

2.民警讲述心理高度的实验。

3.每人发一张A4大小的白纸，要求在10分钟内将这张纸撕成可以让一个人穿过的形状，并保持这张纸的完整性，即撕开的纸是连续的，不能断开。

注意：此时可能会有很多服刑人员不知道怎么做，可以简单提示，以让服刑人员发挥想象；这一过程重在充分调动服刑人员思考能力，各组内部成员团结协作，共同完成任务。

4.10分钟活动结束后，各组轮流展示。

5.分享、讨论。

6.总结。

详细引导语示范:

给大家讲一个心理学上很有趣的实验。先要抓一只健康的跳蚤，为什要用跳蚤做实验呢？因为跳蚤是自然界里能跳的高度超过它身体长度300倍的动物。把跳蚤放进一个透明的玻璃杯里面，大家猜，这只跳蚤会怎么样？注意，这是一个正常的喝水的玻璃杯，没加盖子，跳蚤还是保持它跳跃的习惯。大家觉得它会怎么跳？正常时候，它应该很容易就跳出来，因为玻璃杯的高度比它能跳的高度矮太多了。现在，给玻璃杯加一个盖子，大家觉得会怎么样？

会跳着撞到盖子上，而且撞得很痛。

这个跳蚤在玻璃杯里跳了两天，一直都被撞回去。到了第三天，这个跳蚤终于学会了，它会跳得稍微低一点儿，就是跳到盖子的下面，这样它就不会被撞到。实验继续，这时，把盖子拿走了，你们猜这个跳蚤在里面会怎么跳？

还是跳到盖子下面的高度。

对，它仍旧跳到比盖子低一点儿的地方。虽然它是可以跳得更高的，但是它不敢，因为它担心被撞到。这就是心理学上说的心理高度。每个人都有自己的心理高度，这个高度就是自己给自己的定位，这个定位就是自己觉得自己不能做、做不了、不可以做的状态。

下面，我给每个人发一张白纸，我们来挑战一下大家的心理高度。每个人都有一个定位，这个定位是在日常生活中咱们一次一次碰壁之后学会的。现在大家就要突破一下，从手里的白纸中钻过去，而且还要把这张白纸复原回一个完整的状态。大家现在一定在想，这不可能，这怎么能行呢？当你在想这不可能时，其实这就是你的心理高度，你的心理定位一定说：不行，我钻不过去。但是，我要告诉大家一定可以。注意，要求是这张白纸你可以撕，但是撕完以后它还须是完整的、连续的。把它变成一个完整的、连续的像门一样的东西，让大家都可以钻过去。大家可以讨论进行。我对大家的要求是，每个人都要完成、都要尝试。

民警给大家发放白纸，指导大家进行。服刑人员进行实验，大家开始折叠、撕开自己手中的白纸。

可以将纸撕开，也可以折叠，每个人都要完成，要让大家都能很轻松地钻过去。大家可以看看其他已经在做的服刑人员的做法，纸不能断，必须是连续的、完整的。有的服刑人员已经做了一个连续的长条形，可以给大家看看。你也给大家讲讲你是怎么做的？

用一张白纸，在不把它撕断的情况下，尽可能窄地把它环绕着撕开，这样就形成了一个长环。

大家现在一起来做一件事，就是像这位服刑人员说的那样，把你们手里的白纸，撕成他说的那样的长条。大家撕的时候，慢一点儿、小心一点儿，围着纸慢慢转着撕。不要让它断掉，一圈一圈地撕。

民警带着大家一起撕手里的白纸，同时用透明胶带将服刑人员手里不小心撕断的白纸粘好。

大家做得很好，不要让这张纸断掉，将它做成一个门的样子。有的服刑人员已经做好了，你先小心地试一下，看看能不能钻过这道门。其他服刑人员加油，需要帮忙的说话。

有的服刑人员开始试着钻过自己手里撕好的门，其他服刑人员也陆续完成。

大家每个人都把自己的作品举起来，把凳子推到后面，站起来排好。

大家纷纷按照民警要求，把手中撕好的白纸门举过头顶。

下面，见证奇迹的时刻到了。五班的每一位服刑人员都用自己的手创造了奇迹。大家一起从自己做的门里钻过去。

大家一起按照民警要求钻过了纸门。

为五班的服刑人员们鼓掌祝贺。大家发表一下心得。

不尝试不知道，尝试了才知道可以做到，而且很容易。

做了才知道，只要是努力去做，总会找到办法。

要相信自己，用心就好！敢于尝试，用心去做，打破常规，就可以创造奇迹。

多去学习，多去做。我觉得没有做不到的事，只有不去做的事。

刚才大家都发言了。也讲出了很多的人生智慧，我想看看大家是不是认真听了。现在，我想请大家选出自己觉得最喜欢的一句话，无论是团队里谁说的，都可以。请大家回忆选择，并且告诉我。每个人都要选择一个。

用心就好。

创造奇迹。

多去学习，多去做。

用心去做。

打破常规。

敢于尝试。

大家可能从刚才的游戏里有一些感受。下面，要求大家做一件事，就是你们看着自己身上囚服胸前的黑白条，发挥想象，把它想象成一件你觉得美好的东西。无论把它比喻成什么，只要让大家感到美好就行了。这是个脑筋急转弯。大家都思考一下，然后告诉我。

天空。

我在之前的一个监狱有一位服刑人员告诉我，他看着这个黑白条，觉得像是钢琴的琴键。他说："我在用这个琴键为自己弹奏美好的音乐。"我特别希望大家能够有这样的感悟。其他人还有什么感悟吗？

二维码，这是可以让我快乐的二维码。

这是一条斑马线，也是我们今后一条新的路。

非常好，还有其他的解释吗？让我们快乐地比喻和联想。

我把它比喻成一双眼睛，就是让我们的心要宽一点，感到快乐。

其他的服刑人员，还有吗？

它像给家里写信的时候，放信的格子，可以将家人的关怀记在心里。

第二章 价值观层面的班组干预

价值观是明辨是非的取向，是人际关系的基石，班组在价值观实践上的一致是稳定良性人际关系的保证。借助服刑人员间彼此友好的人际互动、自我呵护的训练等，在维护和谐、温暖班组气氛人人有责的高度，形成统一的班组集体价值观。本章所介绍的方案，民警可根据服刑人员班组情况选择使用。

第一节　价值观层面的班组干预方案1——整衣达情

矫治目的: 强化利他行为、促进情感表达与释放，确立建设和谐的班组气氛人人有责的价值观

参与人员: 整建制班组

持续时间: 30~50分钟

所需道具: 无

可用场地: 监舍、监区、团体活动室等

矫治内容: 整衣达情

矫治过程要点:

1.全班人员站成一个圆弧(见图1)，每一个圆圈代表一位服刑人员。

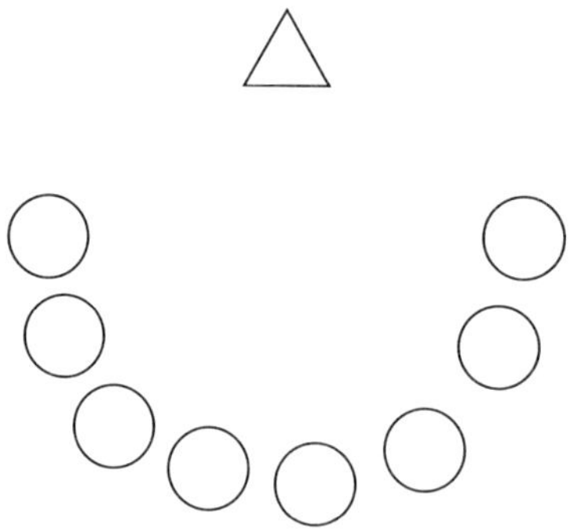

图1　圆弧座位图

2.一位服刑人员站到图示三角形的位置，其他人依次走过去为其整理一下衣服，再说一句祝福的话，如“我祝福你越来越好”。

3.这位服刑人员说出自己的感受后回到原来的位置。

4.下一位服刑人员站到三角形位置，重复要点2、要点3。

5.依此类推，全体参加者逐一站到三角形位置完成要点2、要点3。

详细引导语示范：

现在请大家做一件事，这件事需要团队共同完成。请我左手的这位服刑人员来帮忙，其他人坐成一个圆弧。

一位服刑人员站起来走到民警身边，其他人坐到另一边。

在监狱里，大家与自己的家人分离，和身边的服刑人员朝夕相处。那么，我们就要去做一些相处的事宜。这些相处事宜平时大家可能不会去做，因为也许不太符合亚裔文化的习惯方式。就是大家要依次走过来，给我身边的这位服刑人员整理一下衣服，包括整理上衣，整理裤脚。

民警示范性地给身边的服刑人员整理了一下上衣，还整理了一下裤脚。

整理完之后，再对这位服刑人员说一句话：“我祝福您越来越好！”大家现在跟我一起学说这句话，“我祝福您越来越好！”预备，开始！

大家跟着民警一起说：“我祝福您越来越好！”

在整完衣服和裤子之后，要看着对方的眼睛，很认真地说出这句话。可以叫或不叫他的名字，但是一定要很认真地去说。现在开始，第一位服刑人员请过来。

第一位服刑人员为站在前面的服刑人员整理了衣服和裤脚，并对他说：“我祝福您越来越好。”其他服刑人员在民警的带动下，给了掌声。接下来，其他服刑人员依次上前，完成这一行为。大家都在民警的带动下，报以掌声鼓励。随后，被祝福的服刑人员换了一位，大家又依次上前，完成了祝福。被祝福人不断更换，直到大家都被服刑人员祝福，也都给予了他人祝福。

现在我想和大家讨论两个问题，第一个问题是，当服刑人员上来给你整理衣服时，你心里感觉是什么，有什么想分享给这个团队的。

我觉得真让我们去做这件事情的时候，还真的需要一些勇气。我们班虽然很友好、很团结，但实际上没有过这样的感受和经历。当有人去赞美你，同时你也要去为别人做点儿事，去赞美别人时，的确是需要有点儿勇气的。

还有谁愿意交流一下，当被人一次一次地给予服务和赞美时，你内心的感受是什么？

人与人交往的形式有内在的，也有外在的。内在的很多时候需要用外在的方式去表达出来，我很感谢其他服刑人员给我的赞美和祝福。谢谢。

我的内心感觉很温暖。

我感觉到集体的温暖，这种温暖是发自肺腑的。

我的第二个问题，大家在刚才的游戏中，每个人都站起来几十次，这个团队让我很敬佩。因为在这之中，你们没有一个人表现出不耐烦、抱怨、不愿意做等行为。当然，我想一方面因为大家希望配合我，另一方面大家一定也有自己的想法和判断。是什么让你愿意这么努力地去给这个团队做贡献？我希望每一位服刑人员都发言。

人人为我，我为人人。

非常好，大家掌声鼓励。

大家在民警的带领下鼓掌。

下一位服刑人员，是什么让你做得那么认真呢？

一是别人为我那么认真地整理衣服和祝福。二是我也必须要认真地给他们做点儿事。

就是整个班级的团结和友善。

因为我是真心地祝愿我的室友的。

很简单，就是在座的每一个人都值得我去这样做。

我看你蹲下身子不是很方便，但是你还是没有放弃蹲下去帮别人整理裤脚，是什么让你这样去做呢？

主要是大家都很努力地做，同在一个班，我很感动。

谢谢大家，我现在希望大家能够发明出一个动作来，这个动作要求大家的身体要连在一起。我知道你们可能会拉手，或是搂肩，或是挎胳膊，都可以。然后，大家要一起有一个共同说“加油，越来越好”的动作。下面就要看你们班是不是可以真的那么和谐、那么有凝聚力了。开始吧！

大家站起，抱成一团，大声喊两遍：“加油，越来越好！”

大家掌声鼓励。谢谢你们可以这么默契快速地一起行动。我记住你们这个团结默契的团队了。现在我要给你们留作业了，越来越好不仅仅是一个祝福，一定要落实在行动上才可以。

我现在要求每人给这个班提一个建议，这个建议是你们可以做到的一件事。这件事不一定是大家都要去做，只是你想到的，想要做点什么，就是一个真诚的建议。

打水的时候不光打自己的，也顺带手给其他人打一下。

我说的只是自己做点什么，但是这位服刑人员不仅是为自己，还想到为别人做点儿事，这个班真的了不起。如果在自己做的基础上，还想到为别人做点儿什么，就更加值得掌声鼓励了。

其他的服刑人员有什么建议吗？最好是一件具体的事情，比如，看到同班服刑人员要及时打招呼，每天对着镜子要自己微笑一下，等等。

大家要多注意身体，有不舒服时要及时说。

我们都有自己的卫生区，把自己的卫生区干完，尽量也帮着别人干一下。

建议大家尽量锻炼身体，多多运动。

吃饭的时候吃点儿蒜。

谢谢大家的建议，那我现在给大家一个建议，越来越好一定是你自己每天的一个行动。这个行动还不能是一年只做一次的行动。现在大家有一个任务，就是你们都收到了这么多的祝福，包括班里服刑人员的、队里指导员的、各位民警的，愿大家越来越好。所以，下次我们再见面的时候，我要问你，你给你自己作的那个决定、那个让自己越来越好的行动是什么。如果你想不起来的话，我给你一个小妙招，那就是每天洗脸的时候，看着镜子里的自己笑一下。大家一定会说，这么难的服刑时光，怎么能让自己笑的出来呢？一定能，请大家相信我，笑或者不笑，这一天都要过。是让自己越来越好，还是让自己难受，我想无论如何，一定要选择让自己有笑容的生活方式，这样才可以真的让自己越来越好。

第二节　价值观层面的班组干预方案2——渐进式肌肉放松

矫治目的：增加自控力训练，通过控制身体的训练，强化自强、自治、积极的价值观

参与人员：整建制班组

持续时间：30~50分钟

所需道具：无

可用场地：监舍、监区、团体活动室等

矫治内容：渐进式肌肉放松

矫治过程要点：

1.睡眠情况现场自测。

2.两手握拳，坚持一会儿，迅速把力气释放完，感受两手放松的感觉。

3.按照“双手—双臂—双肩—脖子—脸—后背—小腹—臀—双腿—双脚—全身”的顺序，依次进行“用力—放松”的练习。

4.全身彻底放松。

5.按照“深呼吸—动手指—睁开眼睛”的顺序唤醒。

详细引导语示范：

我想教大家一个操。晚上睡得不好的时候，做操就能睡好了。但是，我不知道这个是不是咱们这个班需要的，所以跟大家有一个沟通。哪一位告诉我？谁是班长？您是班长呀！您的睡眠情况怎么样？您满意吗？

还可以！

还可以！

就是偶尔醒一回。

您呢？

我有睡眠障碍综合征，挺严重的。有的时候有缺氧的状态，早晨起来经常一口气喘不过来。

明白了。您呢？

我还行！

您呢？

我也还行！

也还行，就是躺下就能睡着？

判断睡眠好不好的标准其实不是时间的长短，也不是睡得快慢，是早上醒来的时候精神怎么样。要是早上醒来后精力特别充沛，那就是睡得好；要是早上醒来后感觉状态特别不好，不是特别舒服，那就是睡得不好。要是这么判断，您怎么样？100分为满分，0分是彻底不行，您大概是多少分？

80分吧！

那您呢？

10分吧！

10分。那您呢？

七八十分吧！

您呢？

50分！

您呢？

0分。

0分，睡不着是吗？

睡不着。

您觉得躺下一直是清醒的，还是昏昏沉沉的？

睡一会儿就醒，睡不实。

这种情况多久了？

这种情况有一年多了。

谢谢。您呢？

我差不多六七十分吧。

睡好觉对人的身体健康很重要，我觉得保持自己的身体健康是最重要的了。下面，我会给大家介绍一个非常实用的操。您学会了之后，您的任务就是每天晚上睡觉之前做这个操，它非常有效。

大家现在看着我，您的手放在腿上就好了。一会儿我说握拳的时候，您就把两只手用力地握拳，用最大的劲儿，我说放松的时候，迅速地一下就把劲儿放掉。放掉的目的是什么呢？用肌肉的松弛对比刚才的紧张。人类有一个特点，肌肉彻底松弛了，人就能踏实了，就能休息了。

大家试一下，两手握拳，用最大的劲儿。加油，用尽吃奶的劲儿，再用力，加油。10、9……2、1，放松，把力气放掉，只用意念去感觉，感受这种放松的感觉。把注意力关注在您的两只手上，手背松松的，手掌软软的。这种松软的感觉叫做松弛。不用动手指，用意念去感觉，因为你一动肌肉就更紧张了。

接着，请大家用您的肩膀用力地去够您的耳朵。够得着、够不着都不重要，感觉肩膀很用力就行。用力，加油，坚持住。体会肩膀肌肉的紧张。闭上眼睛，每次呼气的时候，感觉身体的力量落在地板上；每次呼气的时候，肩膀的力量都落在地板上，感觉人的力量，随着呼气落到了地板上。闭着眼睛，专注在自己身体的感觉上，你越去专注这种松弛，这种轻松的感觉就会越清晰。10、9……2、1，放松。

接下来，请您用力闭着眼睛，舌头顶着上颚，上下牙咬紧，上下嘴唇绷紧，10、9……2、1，放松。感觉你的下巴松松的，舌头软软的，眼睛外部的肌肉松弛了，您越是注意眼睛外部肌肉的松弛，这种松弛的感觉就越清晰，这种松弛的感觉蔓延到眼睛内部，眼睛内部的肌肉也放松了。您用您的方式让眼睛内部的肌肉再放松些，再放松些，脸颊松松的、软软的。

这种松弛的感觉，顺着您的皮肤，向头部蔓延，蔓延到头皮都变得松弛、舒适。用您的方式让整个头皮都处在松弛中，用您的方式，让整个头皮再放松些，让这种松弛蔓延到大脑中，整个头部在每次呼气的时候都在变松弛。

下面，把注意力集中在您的脖子上，感受脖子和衣领之间的接触，把全部的注意力都集中在脖子和衣领之间的接触上，仔细感受这种接触。随着每次呼气，您让自己身体的重量落到地板上，整个人都变得更加轻松。

下面，把注意力转移到您的后背，收紧后背的肌肉，用力、加油，坚持住，10、9……2、1，放松，感觉的后背每一根肌纤维都很松弛。

现在，把注意力转移到您的腹部，腹部的肌肉紧紧地收成一个团，用力，加油，再用力，坚持住，10、9……2、1，放松，腹部的肌肉松弛了，软软的、松松的。

两条腿的膝盖靠在一起，假想您左右两个膝盖间夹住一枚硬币，体会大腿小腿肌肉的紧张，用力，再用力，加油，坚持住，10、9……2、1，放松，两条腿松软了，腿上的力气完全放掉了。

脚趾用力扣地，体会脚背和脚掌肌肉的紧张，加油，10、9……2、1，放松，用您的注意力扫描自己的脚趾，一根一根地来，扫描到哪一根，哪一根就变得很松弛、很舒服。

让这种松弛的感觉顺着脚踝向两条腿蔓延，然后顺着两条腿向全身蔓延，整个人会很松弛、很舒服。每次呼气的时候，身体的重量都落在地板上，继续慢而长地呼气。每次呼气的时候，身体的重量都落在地板上。

在身体里找到一根血管，这根血管很光滑，很有弹性，找到一滴欢快的血滴，欢快的血滴在血管里流淌着、跳跃着，感受血管壁的弹性，也感觉到了血滴欢快地流淌。您的内心很满溢，全身很通透、很健康。在心里，慢慢地告诉自己，我很健康。带着这种感觉，再次感受全身的通透和舒服。

接下来，慢慢地深呼吸，感受整个身体的通畅。接着，轻轻地动一动手指，每个手指都轻轻地动一动，带着轻松的感觉，慢慢地睁开眼睛。

这样一个自我调节的办法有点儿像体育锻炼，需要大家坚持做一段时间才会有比较好的感觉。

如果今晚让您自己做这个锻炼，大概的过程和要领能记得吗？

能记得。

为了加深大家的印象，按照顺序，一个一个轮着说，轮到您那里，您说自己喜欢的动作就好。比如，班长说两手用力握拳，在心里数10个数，然后把力气放掉。然后，下一位就说用肩膀去够耳朵，能否够到不重要，够完耳朵后，把力气放掉就好了。就这样依次轮下来。没事儿，您说不上来的，我帮您。班长，有请。

我喜欢后背绷紧的感觉，用力后，放松。

掌声（鼓励）一下。

您喜欢哪个感觉？

大腿小腿并拢，中间好像夹着一枚硬币，使劲儿的感觉。

掌声（鼓励）一下。大家要是觉得10秒钟不过瘾，您还有劲儿，或者觉得还不够放松的话，那就劲儿使得再足一些。有请下一位！

我喜欢的是脚趾发力。

脚趾发力，大家掌声（鼓励）一下。有请下一位！

我喜欢的是手攥拳这个。

掌声（鼓励）一下。如果大家在车间干活干累了，也可以这样休息一下。您就坐在那里，闭着眼、睁着眼都行，两手用力握拳，过10秒钟之后，放松。它会让末端的毛细血管有一个流通的过程。

告诉大家一个秘密，如果您觉得心里难受，无论是特别生气，还是特别难过，或者特别委屈等，只要这种特别的劲儿上来了，您一定要先握拳，数10个数，放松。这时候再告诉自己该怎么做，这是特别好的办法。继续有请！

我喜欢腹部用力。

感谢，掌声（鼓励）一下。有请下一位！

我觉得够耳朵这个动作特舒服。

掌声（鼓励）一下。够耳朵这个动作，放松之后，一定要配合一个动作，就是呼气的时候要把肩膀的重量落到地板上，靠意念去放松。有请下一位。

我喜欢后背夹紧的动作。

掌声(鼓励)一下。有您喜欢的吗?

我就是浑身使不上劲儿。

那您可以呼吸的时候用意念把重量放下去。这样可以是吧?好。我觉得这位朋友在身体有各种原因的情况下,还那么努力地去做,我们掌声鼓励一下。所谓的顽强、坚持,所谓的对自己的关怀和激励,就是在这样点点滴滴的行动中体现出来的。继续有请。

我喜欢两条腿用力,还有肩够耳朵。

大家都为这个团队做贡献,我要给大家留个作业:从今天开始,第一,每天晚上睡觉之前,这个操您能记住多少做多少,别光做自己喜欢的动作,多做几个动作;第二,干活干累的时候,尽量自己做做这个操,对大家身体特别好。

最后一句话,照顾好自己,靠您自己每一天的行动让自己越来越好。

第三节　价值观层面的班组干预方案3——制作团队旗帜

矫治目的: 形成团队标识,以可见的、共同绘制的旗帜凸显和谐人际关系,强化班组和谐价值观

参与人员: 整建制班组

持续时间: 30分钟

所需道具: 大白纸一张、水彩笔一盒

可用场地: 监舍、监区、团体活动室等

矫治内容: 制作团队旗帜

矫治过程要点：

1.确定班组代言动物。

2.确定班组口号。

3.用每个人的手印组成一幅图画。

4.每个人签名。

5.班组齐声呼喊班名、口号。

6.每个成员发言说说制作团队旗帜过程中的好人好事。

详细引导语示范：

现在，请大家在心里想一种动物，只能是现实中的动物，不能是动画片或神话传说里的，这种动物能代表您心目中的咱们班级应该有的精神。比如，我选老虎，因为我觉得我们班是虎虎生威的。选什么动物都好，但必须是一种真实的动物。大家现在想一下，想好了之后您就举手告诉我，所有的朋友都想好了咱们就继续。

接下来，咱们就按照顺序每个人说出您选的动物，还要说出您选这个动物的理由。从您开始吧！

我选的是牛，因为我觉得牛比较有耐力。我们这里边服长刑的比较多，需要有一种持久耐力。

为这种对团队的贡献鼓鼓掌吧！有请下一位。

我选的是兔子，因为所有动物都有优缺点，兔子的优点就是温顺，现在这个环境大家稍不顺心就容易吵架。希望大家像兔子一样，温顺一点儿，维持一个好的环境。

感谢。下一位。

我选的是猫，这个监狱里形势太紧张了，我们得活着。猫有九条命，生存能力强。

掌声（鼓励）一下。有请下一位。

我选的是羊，羊比较温顺、安静、和谐。

鼓掌。下一位。

我推荐马，它的性格欢快、豪爽，现在需要这种精神。

那您喜欢马的哪一种精神?

我喜欢马跑，特别欢快。

掌声(鼓励)一下。下一位。

我喜欢的是猪，我觉得猪是牺牲自己，满足别人。

牺牲自己，照亮别人！为他鼓掌。下一位。

我选猫，它比较爱干净，我们服刑人员要像它一样，勤洗衣服勤洗澡。

掌声(鼓励)一下，有请下一位。

我选的是熊猫，理由是熊猫温顺，而且给大家带来快乐。

温顺和快乐。大家掌声感谢。

下面有个问题，咱们这里八个服刑人员刚才选出了七种动物，都很好，但是现在咱们这个班只能选出一种动物作为全班的代言动物，请大家一起讨论一下，并且在最后统一思想，看用哪一种动物做代言动物。辛苦班长组织大家讨论。

班长开始组织大家讨论。讨论后，班长对民警说：“我们选择的代表动物是牛。”

咱们班长特别好，他还做了一件让我敬佩的事，就是在讨论后，他逐一问到了所有没有发言的朋友。人与人之间的尊重就是这样在点点滴滴之间表现出来的。我提议，为我们这个班、为我们班长鼓掌！

最后，大家同意以牛作为代言动物，而放弃了自己原先表示喜好的动物。请告诉我放弃的原因，是什么让您为这个班级做这样的放弃呢?

我们是一个班集体，需要个性时可以发挥个性，需要集中时就要服从集体，多为集体考虑。

我和他一样，为了集体。

我觉得刚才看到您说您喜欢马的时候，您笑得特别开心。但是现在要让您放弃了，您难过吗？

没事，为了集体，没关系的！他选择牛，我觉得在监狱里面是个很好的参照，努力干活，任劳任怨，脾气也很好，把自己手里的劳动干好了。更适合。

那就是说您不是放弃了自己的想法，而是更加认可这种说法，对吗？

是，就是说在一个班集体里，更加尊重别人吧！

熊猫可比牛要珍贵多了，您还是选择放弃自己原来选择的熊猫吗？

我尊重大家的结果，选择牛。

我经过了很多的班级，但是像我们这个班这样在这么短的时间里就达成了一致的，真的非常少见。有的班甚至商量两三个小时还是达不成一致。所以，请接受我对在场的每一位团队成员的敬佩！

下面就要考验一下大家的知识储备了。在我们的词汇里，有很多形容牛的精神的词语，四个字、八个字都可以，我们要把我们班的精神和口号总结出来！

俯首甘为孺子牛！

任劳任怨。

牛气冲天。

班长，你要再辛苦一下，把上面的几个尽量整理成一句话。

班长带着大家讨论，最后说："任劳任怨！"

下面，我要问你们，你们要一起告诉我。我说：你们是什么？你们要告诉我：牛班！我说：你们的口号是什么？你们要回答我：任劳任怨！我们一起来试一下。

你们是什么？

牛班！

你们的口号是什么？

任劳任怨！

好极了。这里有一张大纸，这张大纸要在大家的努力下变成一面我们班的旗帜。下面先由班长在纸上写上“牛班”和“任劳任怨”，然后每个人在上面贡献一双手印。这些手印会组成一幅图画，你们可以商量一下看能拼出什么图案？最后每个人用自己喜欢的颜色在纸上签名。下面开始操作。

大家按照民警的要求开始进行，在白纸上作画。在作画过程中，民警在一边指导大家。

这幅作品在这么短时间里完成，下面大家说说心得和感受。

一个集体在一起，使这个班级更加和谐、更加有力！

就是一起协作，团结。

身为班里一员，多为班里做贡献。

这个虽然简单，但是是我们班经过劳动，集体协作完成的。通过这个让我们更加有爱心，更加团结！

全班都发挥任劳任怨的精神，产生了很大的凝聚力。

下一个问题就是要看你们的观察力，看你们有没有心了。我发现在刚才的过程中，有很多的好人好事，请大家直接说出来。

大家纷纷在向民警讲述刚才作画时候的一些体会和心得，包括色彩的配合。有的服刑人员腰不好，有人在扶他。有人很细心地在帮助他人完成作画。

我来说一下我看到的吧，咱们班所有的人都在坚持完成作画，我看到有的服刑人员身体不是太好，但还是坚持趴在地上完成。没有一个人退出。就冲这一点，我看你们真的为这个班级付出了。另外，在讨论时，我没有听到任何对于他人的伤害和打击，听到的只有商量与帮助，大家都会很和气地讨论，并且可以互相接受和配合。所以，我由衷地建议，为我们这个班级鼓掌！

下面，大家做最后一项，共同商量创造一个给自己加油的动作。大家一起做这个动作，并同声说：“我们是牛班！”好的，大家先讨论一下动作。

好，现在我们开始。

你们是？

我们是牛班！

你们的口号是？

任劳任怨！

大家一边排成一排喊口号，一边将手放在头上做牛角状。

大家请坐。大家做得非常好。现在大家再看一下刚才共同创作的这幅画，如果离开了大家的配合和互助是完不成这样的作品的。这里有每个人的付出，我希望大家在难过的时候都能想起这幅图，想起各位朋友们。在落难的时候，能够每一天用这样七彩的颜色和彼此互相照顾、互相谦让的态度去寻求快乐，过好每一天，使自己越来越好。

最后一个作业，大家从今天开始，每天选一个喜欢的颜色，每天要告诉自己：要做一件什么事可以让自己越来越好！记住要坚持。下次见到大家，我会问你们：你是做了什么事让自己越来越好。记住，在这里，无论民警还是朋友给您再多的帮助，但是如果没有您自己对自己越来越好的希望与要求，都是没有意义的。

第四节　价值观层面的班组干预方案4——处理阻抗

矫治目的：方案3的变式，在班组价值观树立过程中会遭遇很多对抗，

有效化解阻抗在班组教育矫治的难点与重点问题

参与人员：整建制班组

持续时间：30~50分钟

所需道具：大白纸一张、水彩笔一盒

可用场地：监舍、监区、团体活动室等

矫治内容：制作团队旗帜

矫治过程要点：

1.活动流程与方案 3相同，确定班组代言动物、班组口号、用手印组成图画、签名。

2.对不合作行为，使用积极关注的态度，逐渐引导。

3.不急于完成任务，重点在于引导思考。

详细引导语示范：

今天要给咱们这个团队选一种代言动物，您觉得哪一种动物最能代表咱们这个团队特别需要的那种精神和力量。只许选动物，而且是自然界里真实存在的。自然界里没有的动物咱们不说，卡通的也不说。比如，咱们这个班用老虎来比喻最形象，老虎作为咱们班的代言象征咱们班会越来越好。或者您觉得鸽子、小鹿都行，这种动物的精神会使咱们班越来越好。大家现在思考一下。谁想好了请举手告诉我。

10位服刑人员举手后开始发言。

从您先来可以吗？

我的想法是狼。

狼？先给大家解释一下为什么是狼？

我看过一本书叫《荒野的孤魂》，说的是阿拉斯加的一只被养成家犬的狗到阿拉斯加的狼群里生活，最后变成了一头狼。为什么我要选狼呢？因为我们现在的环境比较恶劣，狼的精神是群体，群狼需要团结才能有力量。

为了在这种恶劣环境下生存，我们必须学狼。比如，狼嚎是自卫，是为了生存，而不是让自己变成一头没有底线的狼。所以，我喜欢狼。

总结一下：一要团结，二要生存，三要有底线。好，感谢，掌声（鼓励）一下。有请下位。

鹰。

您选鹰的理由是什么？

飞得高，想事情想得多，而且鹰的视野广。

感谢，掌声（鼓励）一下。下一位。

蛇。

蛇的种类太多了，能具体点吗？蟒蛇、水蛇、眼镜蛇、五步蛇，那么多种蛇您说的是哪一种呢？

草蛇。

给我们说说草蛇的特点。

不走直线，学会委婉。我们这个班级挺特殊的，有些事情需要我们委婉地去处理。

感谢，掌声（鼓励）一下。下一位。

其实，我想的也是狼，但是他说了，我就换一种，野猫。为什么是野猫呢？因为野猫这种动物能给大家带来快乐。我也希望大家像野猫一样快乐。

感谢，掌声（鼓励）一下。下一位。

选择不回答。

那您能告诉我们您不回答有哪些原因吗？

我觉得我想用驴或骡子，因为自己太封闭了，我总是觉得很委屈。

所以，您不愿意用驴或者骡子来比喻咱们班？

对。

感谢您心里对咱们班的这份温情。掌声(鼓励)一下。下一位。

我觉得是绵羊。

您选绵羊的理由是什么?

我可能表达能力不行,可能是任人宰割。

感谢,掌声(鼓励)一下。下一位。

鸽子。

您说说为什么选鸽子?

可以自由自在地飞啊。

信鸽?白鸽?

都可以,只要会飞翔。

感谢,掌声(鼓励)一下。下一位。

鸵鸟,天天把脑袋扎在土里自我麻痹。

掌声(鼓励)一下。下一位。

其实我也没太想好,我也不清楚我具体想表达什么。那就刚生下来的小熊猫吧,萌萌的,一睁开眼看什么都好。

感谢,掌声(鼓励)一下。下一位。

代表班级的,变色龙吧。

您选变色龙的理由是什么?

我们班应该说是在监区比较成熟的班级,碰上什么样的事情,碰上什么样的环境,都需要学着适应,学着为这个环境而改变。变色龙正好就是随着环境伪装自己,而不让自己受到伤害。

感谢,掌声(鼓励)一下。

下一个任务需要大家来讨论,刚才咱们每一位朋友都提出来一种动物,这些是候选动物,你们需要选一种当咱们班的代言动物,还得告诉我:你们是怎么确定的。

民警示意班长坐到大家中间，围成一个圈，由班长带头讨论，候选动物只能是刚才大家说的，不能再有新的了。讨论开始，民警走到教室角落观察大家发言。大家展开激烈地讨论，蛇和狼都获得了很高的支持，但最后大家选定了鸵鸟，理由很简单：身子大，脑袋小，遇到事情就把脑袋往土里一扎。

选出的动物是咱们班的一种代言，所以它得让咱们班每个人感觉到有力量，而不是自我贬损。所以，请每一个人从鸵鸟身上找到一种力量。我会请大家逐一发言。在您的发言中，我们能感受到您是真的接受鸵鸟，还是您被迫选择了鸵鸟。如果是第二种情况的话，请大家重新讨论。因为这样的一件事情本身没有对与错，有的只是我们在一起的一种感觉。

下面，请告诉我鸵鸟能正确的传达给您的美好的、有意义的力量是什么？

鸵鸟有一点特别好，就是他有耐力，它能不停地奔跑，它能跑好长的路。

第五节　价值观层面的班组干预方案5——驴子的故事

矫治目的：引导资源取向的思维方式，促进班组形成从困难里发现资源的积极价值观

参与人员：整建制班组

持续时间：30分钟

所需道具：无

可用场地：监舍、监区、团体活动室等

矫治内容：驴子的故事

矫治过程要点：

1.讲故事。

2.讨论。

详细引导语示范：

有一种思维方式叫作“资源取向”。为大家讲个故事：有一头驴不小心掉进了垃圾井里，不停地被周围的人往身上丢垃圾，又臭又脏。这头驴就想：我竟然要被垃圾埋死。洞口离得那么远，喊半天也没人来救我，我竟然就这样憋屈死了。它恨透了在这个环境里，但是它依旧离不开。现在，这头驴需要得到一些人的指点，比如，它需要得到您的指点。那么，现在就请您来指点一下这头驴，用“资源取向”的态度来告诉它：在这里的意义，这些意义常常相当于什么。

掉在垃圾井里的驴听了您的指点，换个角度看世界，世界变了样子。

现在，咱们就从井口告诉驴子一些至理名言。大家的发言是这样的：驴子呀，你掉进垃圾井里太好了。然后再告诉驴子一个太好的理由。我给大家举个例子：驴子呀，你掉进垃圾井里太好了，你再也不用被人们驱使着干那么多的活了。好，下面请大家用“驴子呀，你掉进垃圾井里太好了”来造句。

驴子啊，你掉进垃圾井里太好了。你已经走到了你的最低点了，你以后每走一步都是向上的。

驴子啊，你掉进垃圾井里太好了，免得你在外面被人给宰了。

感谢您，有请下一位。

民警，就这个事，我想跟您深入研讨一下。我不希望是这种理论指导，因为理论没有意义。在这种环境中，只有您观察出我们每个人身上的现象，然后再根据这种现象整理出一个结果，这样对我们的帮助会特别大，而不是套给我们一个既定的理论。

停。您先把我安排给您的作业完成了。

我觉得一个人可以有积极的一面，也可以有消极的一面。就说一个人能屈能伸，能屈不能屈，也是适可而止。我觉得这就是一种积极改造。我希望多用一些方式，而不是隔山打牛，更不是纯理论去指导现象。

第一，在我心里，我对现场的每一位都非常尊重。我从不认为服刑人员是所谓的"有心理问题的人"。第二，如果我要跟大家讲理论的话，我现在会和大家讲什么叫情绪管理的自我训练。但是，我不想去谈这些理论。同样，我也不想去把大家身上那么多的伤疤扒出来看、扒出来讨论，因为我没办法跟在场的每一位进行一对一的私密交流。我们这一行最重要的原则是尊重和保密。第三，我之所以要跟大家共同用借喻的方式来思考，是因为我深深地知道大家每一个人的思想力足够。所以，我希望我只是一个导游、向导、陪同者，让大家可以发现看世界的眼睛。正是因为我没有能力和时间把在场的每一位的伤疤都撕下来之后，再跟大家逐一交流，再把伤疤都修复好。所以，我特别感谢您直截了当地看到了我在做隔山打牛的事，但是也请各位原谅我，这也是我现在能够找到的对大家最尊重、最保护而又能为大家做一点事情的切入点，您看我这样解释可以吗？

可以。

好的，我郑重地对大家承诺，我们在一起做的每一件事我都会认真地思考，我认为每一件事对大家都有意义。那么，各位要做的，就是给我一个信任。我让您在课堂上完成的任务，您跟我一起玩、一起做，我希望用大家喜闻乐见、愿意接受的方式，用引领大家思考的方式共同来重新看这个世界。所以，可能有些事情会像大家刚才说的隔山打牛。好吗？您能帮我这个忙吗？

民警面向刚才发言的服刑人员。

用“驴子呀，你掉进垃圾井里太好了”来造句，我现在请您帮我的忙是带领团队一起在这么艰难的情况下找到一种新的视角与途径。

我需要想想。

那下一位您能回答吗？

我也需要想想。

好，那下一位。有请。

驴子太好了，你终于能上来了。

它怎么上来的呢？

它踩着垃圾上来的。

它可以踩着垃圾上来吗？

可以的。

那你给大家讲讲，这个很重要。

垃圾越来越多，只要它不被陷下去就行，然后就踩着垃圾上来了。

我认为这句话每一个字都值得再给大家重复一遍。它可以踩着垃圾上来，垃圾越来越多，它只要自己别陷进去，它就会离洞口越来越近。它是不是要踩着垃圾上来，是由垃圾不断扔下来之后，它所处的位置决定的。有很多类似的情况，少了这种思考，它会被垃圾埋掉。一个人如果自己放弃了自己，那么这个人就会被他人放弃。任何一个人无论现在面对或将要面对的困难和挫折是怎么样的，他都可以选择不陷进去，垫高自己的人生就会离希望越来越近。当我听到班长用淡定的、轻松的，好像开玩笑似的语气把这个道理说出来的时候，我希望大家都能肃然起敬。因为这是人类最重要的心理力量，请大家为他鼓掌。下一位请发言。

说实话吗？

是的。

说什么都成?

当然。

如果我是那头驴,他们说的那些我都会想到。

您现在是人,那头驴子在垃圾井底下,您要给它一些建议,别把自己假设进去了。

我想说的是,如果现在我站在井边对着下面这头驴说话,它也就是不会说话,它要是会说话,它肯定会骂我:"我都掉进去了,你还很高兴!"我可以用语言来鼓励它,"你坚持坚持,怎么才能上来",但是在有些情况下,唉……

它特别希望的是有谁能伸把手把它给拉出来,那么所有在乎它的人、关心它的人、爱它的人都特别希望能伸把手,可是如果它不努力地去踩那些垃圾,其他人伸手是拉不到它的。所以,这可能就是不同的人看问题时有不同的角度吧。

我跟很多服刑人员的家属有过座谈。曾经,有一位60多岁的老妈妈告诉我:"我除了在家里天天念经,别的什么也做不了,我怎么这么没用。"我不知道各位会不会从不同的角度看问题,我只知道无论有没有人来帮忙,您都有责任与义务让自己越来越好。所以,无论面对怎么样的情况,您都有责任让自己越来越好!

刚刚还有这么多的服刑人员告诉我:"我想不到""我不知道说什么"。我的感受有两点:第一,我特别看重你们班,因为你们能跟我说特别真诚的话,只有这样我们才能彼此互相尊重。第二,我觉得大家只要特别自然地做到,就好了!

我要告诉大家一个真相,就是真正的关怀只能来自您自己。当您懂得自己去关怀自己的时候,您才真的达到了"天将降大任于斯人也"的那份领悟。

下面继续。哪位来帮我举个例子吧。

民警随机抽取一位请其配合。

那就请您来帮我举个例子吧！我觉得您的思维比较快，您举一个倒霉的事就好了。我让大家造的句子是从倒霉的事里找出有价值的东西。当然，也别太倒霉是吧，随便来举个什么例子。

那我就说进监狱这件事吧。

谢谢，您这么有魄力，可以把这件事拿出来直接谈。我见过千千万万个在监狱内服刑的朋友，但是像我们这样近距离交流的不太多。很多人会因为服刑内心越来越难过，越来越多的心理力量被耗竭。我想说两点：第一，坏事变好事要靠大家的心理视角，您自己不让它变，这个神奇的事情它就发生不了。第二，正负情绪之间的转换必须依靠您自己的思维过程才能完成，既然这么深刻的分析我们都完成了，那么我们现在要做的事就是让人生这段艰难的日子变成对您来说是有意义的事情。对于在场的每位朋友而言，您有一个责任：不可以让自己湮没在负性情绪里。所以，即使是进了监狱，它依然有它的意义和价值。我不强迫各位发言，但是我很期待大家内心有一种支持自己、关心自己的态度。

我觉得我们最应该学会的就是接受，因为我们所生活的环境是被动的，比如，关于减刑、假释的政策，它既然出台了，我们哪怕只有万分之一的可能能够达到，也要变得越来越好。如果可能，我愿意付出一亿倍的努力把这万分之一的可能完成。当然，用我们正常人的思维来说有些不可能，因为这不是我们通过努力就能改变的事情。也许这话太难听了，我们本来就生活在这样的一个环境下，本来压力就很大，负面东西就很多，我们只能自我调节。因为进监狱这件事已经发生了，就算不如意，我们也只能通过自我调节，学着接受。我们在这里最大的痛苦莫过于我们在里面，外面的亲人们发生变故。拿我自己举例，突然监狱告诉我一个消息，说我的亲人去世了。当我听到这个消息的时候，我特别难受。既然将这件事情告诉我了，在上午半天的时间里，我肯定会去想、会难受。但是，中午吃饭我肯定是该吃什么吃什么。下午一起床，我该干什么干什么。因为我觉得这件事已经发生了，我不能再因为这件事不减刑了，什么都不干了，整天都浑浑噩噩的。所以，我觉得最好是要接受，要面对现实。

感谢您这样真实地把自己的想法分享给大家，用正性的情况来看问题，大家掌声(鼓励)一下。下一位请发言。

首先我很感谢民警能来这里与我们这些人交流。我前一段时间在二监，父亲病重去世了。那时候一个队长给我做思想工作，劝我想开点，当知道了我还有一个姐姐的时候跟我说："你还有一个姐姐呢，就算没有你姐姐，你们家还有你呢。"我觉得很感动。

这句话的分量是需要去咀嚼的，而这种咀嚼的过程真的挺痛的。不管它多疼，都要牢牢地记住："我们的家还有我们呢！"

第三章 行为层面的班组干预

心理干预的效果不是用语言表态，而是用行为表现。有效建立良性行为的途径之一是通过班组中真实的人际互动，训练、塑造服刑人员表达、利他、自我激励等行为。本章所介绍的方案，民警可根据服刑人员班组情况选择使用。

第一节 行为层面的班组干预方案1——小鸡成长“三部曲”

矫治目的：用游戏的方式进行行为训练，促使班组成员学会并习惯主动做出利他行为

参与人员：整建制班组

持续时间：30~50分钟

所需道具：无

可用场地：监舍、监区、团体活动室等

矫治内容：小鸡成长“三部曲”

矫治过程要点：

1.民警讲解：在活动中，每个人都要经历一次小鸡成长的过程。(1)最开始都是鸡蛋，用蹲着的姿势表示处于鸡蛋状态，然后找同为鸡蛋的成员用猜拳的形式决胜负，赢了的成长为小鸡，输了继续做鸡蛋。(2)用半蹲的姿势表示小鸡，小鸡找与自己一样的小鸡猜拳决胜负，赢了的成长为大鸡，输了退回去做鸡蛋。(3)用站立的姿势表示大鸡，大鸡之间以猜拳方式决胜负，赢了的成为男神，回到自己的座位上，输了的又变回小鸡。

2.规则要点：通过剪刀石头布来决定胜负，赢则进化、输则退化，同一级别之间才能进行PK。

3.讨论、分享。

详细引导语示范：

今天我们一起来做一件事，一会儿我说开始的时候，大家都到中间来蹲下，蹲下就变成了一个可爱的鸡蛋。然后找另一个鸡蛋进行剪刀石头

布，一局定胜负。赢了的变成小鸡，输了的继续做鸡蛋。小鸡只许和小鸡一起来做剪刀石头布，一局定胜负。赢了的变成大鸡，输了的退回变成鸡蛋。大鸡和大鸡做剪刀石头布，一局定胜负，赢了的变成男神，找个凳子坐下，输了的再变回小鸡。大家一定要把姿势做好，鸡蛋是蹲着的，小鸡是半蹲着的，大鸡是站立的。

为什么要辛苦做出这样的动作呢？因为只有同级之间才能PK，要是不把自己的级别做出来，大家就不知道找谁PK。所以，为了团队的活动，大家一定要把动作做到位。最后，我们会留下三位，一个鸡蛋、一只小鸡、一只大鸡。这样一个过程相当于经历一次人生的成长过程。心理活动有一个特点，您有多少投入，就有多少收获。所以，希望大家信任我，这不是一个儿童游戏，希望大家在这个过程中有所思考。这个游戏的目的：第一，迅速地成长为男神，坐回椅子；第二，思考在这个过程中是怎么赢的。那么，开始吧。

游戏开始，大家按照民警的要求进行游戏。民警在旁边指导大家游戏。游戏结束，民警请剩下的三位到身边来。

你们三个现在把自己的形态跟大家报告一下。

三位服刑人员依次报告：我是鸡蛋，我是小鸡，我是大鸡。

已经坐回椅子的，你们都是男神了。那么，请各位男神给他们三位一点建议，怎么能够赢？刚才你们是怎么赢的？

运气。

有运气的成分。

集中注意力。

还有吗？

思考对方出什么。

还有吗？

输了再找人PK，增加PK的次数。

你们三个听了这么多建议了，也来说说你们的感受吧，您先请。

我觉得还是运气很重要。

同意运气很重要的请举手！有六位，过半数了。一位朋友说运气很重要，有朋友举手赞同，有朋友反对，哪位来告诉我运气很重要的理由。您来说。

这个剪刀石头布，如果想分析心理必须要先了解对方。如果对对方不了解，那么就主要靠运气了。

还有哪位朋友说一说为什么运气很重要。

因为时间特别短，你来不及思考对方出什么。

我们不排除运气的成分，我现在的问题是如果全部靠运气，那么能不能赢？就靠运气行吗？哪位说说？

我理解，如果要是您说全靠运气、全靠等待，就像算命一样，肯定是不行的。这个还是要有一定思考的。

需要自己去思考，需要自己去把握自己能把握住的那一点，我觉得这是人类最了不起的态度了。掌声(鼓励)一下。还有别的吗？

我觉得运气只是一部分，运气只是给有准备的人，一旦开始思考了，运气就越来越倾向于你，做事前过一下脑子更好。

比如，在刚才的游戏中，我只是蹲在原地不动，不主动找别人，无论运气好还是坏，都找不到我头上，对吗？所以运气只给有准备的人。为这样的智慧鼓掌！还有吗？

前些日子我从《大众文摘》中看到一个说法，说从唐朝开始就有剪刀石头布，还是有一定规律的，但规律是给有准备的人的，还是要多多准备。

有规律，我们觉得任何事情都有规律，要多做准备，研究这件事情的缘由，我们能用正确的态度去掌握它、认识它。特别好！我们为这样的行为鼓掌。下一位。

我觉得运气和机遇一样，必须要有。我们现在就是运气不好的，等我们出了监狱的大门，运气就好点了。不能只相信运气。

运气是一部分，关于运气我们今天就聊到这里。(民警问旁边输了的服刑人员)您刚才听了大家说的，觉得什么才是最重要的?

我觉得最重要的是态度。凡事一认真，事情就成了一半了。刚才我就是不够认真。

您觉得刚才有什么值得学习的?

就是参与过程要主动，态度要积极。别人都很主动，我就是在等。如果再来一次的话，我会主动一点儿。

多找别人几次是吗? 您就是比较矜持，所以才落后了。如果再来一次，您会有改变吗?

会。

我们为这样的改变掌声鼓励一下。刚才说了这么多建议，您认为什么建议最重要?

刚才大家说得比较多了，我没有补充了。

大家都给了这么多建议，比如，运气、态度积极、有准备，等等。您觉得这么多建议中哪些建议对您有启发。

我觉得三者都很重要，缺一不可。

您会怎么调整自己成为男神呢?

争取一下时间。

再来一次，我们要想办法，争取成为男神。现在，还有没有不清楚的地方可以提问。如果没有，现在就可以开始了。

游戏再次开始，大家按照民警的要求进行游戏，现场更加热闹与活跃。民警在旁边指导大家游戏。游戏结束，民警请剩下的三位到身边来。

报一下自己的状态。

三位服刑人员依次报告：我是鸡蛋，我是小鸡，我是大鸡。

我这次先请你们三位输了的发言。你们三位总结一下，为什么输了？

刚才都乱了，都不知道怎么赢的，怎么输的。

您是说很多人都没有遵守规则，直接坐到男神的位置上面了吗？

不是，从鸡蛋变小鸡，从小鸡变大鸡，他们都不知道谁找的谁。我看他们混乱，就不跟他们争了。

您觉得规矩有点儿混乱了。(民警回头问赢了游戏的服刑人员)在座的各位，您知道自己的成长经历吗？

大家都表示没有疑问。

这个咱们先不说了。这边这位，您有什么反思吗？

还是运气不好。

我们知道运气只是一部分，还有其他的因素吗？

没有。

我们让大家给您帮帮忙。每人给咱们台上的三位一句金玉良言。这句金玉良言，一定是台上的各位能够做到的。有请。

这个就是一个游戏，在游戏中，他心态挺好，有机会也没有争取。但是在现实中，如果是一个职场的话，他就没有留下的机会了。所以，我们一定要把放弃的后果想清楚。成长是一个好机会，现实中，我不会把成长的机会轻易放弃。

我们听到的态度是，在竞争中我们不会选择自动放弃。我们不会选择放弃不是为了自己，而是为了爱你的人和你爱的人，而是要去完成自己的心理目标。所以在竞争中，您除了放弃还有一个选择就是按照心中最好的目标去争取。我不知道我这么解释是否合适？大家鼓掌，表示感谢！

我觉得还是那句话：机会只给有准备的人。运气只是一方面，主要靠人。

掌声（鼓励）一下！好，下一位男神在哪里？

我觉得要注意细节，自己必须要认真。

这是肺腑之言，谢谢。其他的男神，有请。

我觉得还是得积极主动，为自己寻找一次机会。

掌声（鼓励）一下，表示感谢！我觉得听大家说这么多，真的需要您更加积极主动。好，下一位男神在哪里？

对方总喜欢出锤子，或者是出完布出锤子。我找到了他的规律，所以就能赢他。

您想告诉对方的是，他的这个规律让您抓住了，所以他就输了。感谢男神无私的奉献！掌声（鼓励）一下。（民警对旁边输了的服刑人员说）您知道吗？您特别爱出锤子。

我不知道，没有概念。

那现在这个朋友说您的策略有问题，您愿意接受他的这个建议吗？

愿意。

掌声（鼓励）一下，感谢。那么哪位还有什么可以分享的？

我觉得这就是个游戏而已，不用太在乎细节。

我想请团队出出主意，我希望下次咱们每个人都有机会成为男神。下一轮，咱们一定要积极竞争，在游戏中不可以不争取，不可以不认真。我不希望在下次游戏中再出现把机会让给别人的情况，一定要有努力的过程。

我们会主动一点儿，他不方便活动，我们就主动过去。

特别感谢，马上就有人回应，为我们的团队立刻就有这样利他的建议鼓鼓掌。现在我希望每个人一定要遵守规则：鸡蛋只能找鸡蛋PK，赢了的变成小鸡；小鸡只能找小鸡PK，赢了的变成大鸡，输了的退回鸡蛋；大鸡要和大鸡PK，赢了的变成男神，输了的要退回小鸡。第一，在这个过程中，大家要自律。咱们团队要玩得开心，咱们成员也一定要遵守规则。第二，咱们团队中有一名成员不方便移动，咱们团队要照顾一下这名成员，主动去找他PK。那么接下来，我想这个团队共同见证这个开心的过程。

游戏继续开始，大家按照民警的要求进行游戏。民警在旁边指导大家游戏。游戏结束，民警请剩下的三位到身边来。

你们三个坐在这里，先明确一下谁是鸡蛋，谁是小鸡，谁是大鸡。然后发表一下“获奖感言”。你们三个谁先来?

我觉得是突发性的。

我觉得这个游戏带给我一个积极乐观的心态，无论是男神还是鸡蛋都很锻炼自己，积极乐观很重要。

掌声(鼓励)一下。

这次我没有把握好机会。

我们听到他上来就说“这次我没有把握好机会”，我们把这个叫作内归因。如果说的是“我这次运气不好”，我们把这个叫作外归因。外归因会把责任推给他人，这样的人会让自己轻松。而真正了不起和有力量的人是张嘴就说我怎么怎么样，这是用自我来承担责任的人！我们为这种内归因鼓鼓掌。

您总结一下这次是怎么做的男神?

这次大家比较照顾我，我也积极配合，所以我这次做了男神。

咱们总结一下他成功的原因：第一，团队比较照顾他；第二，他也积极配合。切记，这两点缺一不可。所以，在日常的工作中，在与家人的交流中，在与民警的沟通中，都是这样。我们为男神有这样的肺腑之言而鼓掌。

下面有请做男神的介绍心得。

我总结：第一，态度要端正；第二，积极参加游戏；第三，珍惜这次机会。我认为在这里服刑，无论怎么样，都要多多思考。

有这样一个特别稳定的思考让我感动，我们看到他不仅关注自己，还关注别人，掌声感谢一下。有请下一位。

还是他们运气不太好，规律说不好。

您对于这次做男神有什么想说的吗？

我没有了。

掌声感谢一下。有请下一位。

我觉得必须积极思考，运气只是一部分。就像刚才他们说的，机会是给进行分析的人的。

第一，准确的数字，有八个人在这里。第二，准确的定位，谁和谁之间的关系说得非常准确。好的，谢谢。最后，连赢三次的那位，请将喜悦之情和我们分享一下。

顺其自然吧，还是要积极主动，态度认真一点儿。

说了就要做，反思了就要行动，这是我们越来越好的关键。再次感谢您！在场的每一位其实都是做好了自己分内的事情，而且能够思考出这么多有用的道理，掌声鼓励一下！

那位服刑人员，您刚才做了一个加油的动作，还有面部表情，特别好！我想请您教给大家一起做这个加油的动作，您给大家做一个示范。

这位服刑人员站起给大家示范加油动作。每一个人都做了一次加油的动作。

好，谢谢！班长您来一个吧！

大家一起加油！加油！加油！

那么我们一起起立，大喊三遍加油！

大家一起加油！加油！加油！

今天咱们就到这里，我想告诉大家的道理其实在游戏中也都讲到了。人生有可能会连赢三次，也可能会连输三次；也许我们会否极泰来，到了谷底才会上升。无论怎么样，离开我们自己的努力，一切都没有了意义。我们要每天给自己加油。

第二节　行为层面的班组干预方案2——你的意思，我能懂

矫治目的：进行关注他人、识别他人及自己情绪的行为训练，进一步激发利他行为

参与人员：整建制班组

持续时间：40~50分钟

所需道具：无

可用场地：监舍、监区、团体活动室等

矫治内容：你的意思，我能懂

矫治过程要点：

1.每位成员用动作表达自己最喜欢的动物，让其他成员猜。

2.每位成员用动作表达自己的爱好，让其他成员猜。

3.识别情绪。

4.每位成员用动作表达自己最近一周的情绪，其他成员用不同的动作做支持性回应，做动作的成员分享被团队支持的感觉，以及怎么才能理解别人。依此类推，直到全体成员都做完。

详细引导语示范：

今天，我想请大家用一个动作做出您最喜欢的一种动物，其他人要能猜得出来。我现在做一个示范，大家看着我。

民警双手放在头上，比做兔子耳朵，原地跳两下。

这是我最喜欢的动物——兔子。大家都猜出来了。接下来，每个人心里都要想一种动物，然后做一个动作，把这种动物做出来。想好了请举下手告诉我。好，不要说出来。那咱们按顺序来吧！您先开始，有请！

该服刑人员原地跳了一下，双手比画拳击姿势。

大家猜出是什么了吗？袋鼠。好，谢谢！有请下一位。

该服刑人员双手放在胸前，吐出舌头哈气。

大家说这是什么？狗。好，谢谢！下一位。

该服刑人员双手比画游泳状。

青蛙。谢谢，下一位。

该服刑人员双手放在头上比作犄角状。

牛。好，有请下一位。

该服刑人员单手在脑后比作挠头状。

好，猴。谢谢！

接下来，大家就要做第二件事，用一个动作做出您特别爱干的一件事，就是您的一个兴趣爱好。我先来示范，大家来猜猜我在干什么？

民警双手做翻书状，大家回答：看书，翻书。

看书，好！大家现在来想想，您用一个动作来表达一项爱好，想好了举一下手告诉我。好！谢谢！那这次从您开始吧。有请！

该服刑人员用右腿做踢球姿势。

大家猜！

踢球。

踢球，好，谢谢！有请下一位。

该服刑人员原地做跑步状。

跑步。

跑步，谢谢！有请下一位。

该服刑人员双手做翻书状。

看书。

看书，好，谢谢！有请下一位。

该服刑人员双手在脸旁边比画枕头状。

睡觉。

睡觉，好，谢谢！有请下一位。

该服刑人员双手摆出打台球姿势。

打台球。

打台球，好，谢谢！有请下一位。

该服刑人员双手比画电脑打字状。

电脑打字。

谢谢，有请下一位！

该服刑人员做打乒乓球动作。

打乒乓球。

好，谢谢！

大家刚才所做的练习是用身体来表达语言，其实今天咱们核心是识别情绪。识别情绪的意义非常重要，很多时候被我们忽略了，把自己从一个控制者变成了受害者。那么，控制者和受害者之间的区别是什么呢？受害者就是整天喊“我难受！”“我很难受！”“我非常难受！”而在这样一个特殊的环境里，这种难受是没有办法排遣的。而控制者会去研究“这个难受是什么”，会给情绪命名，会想“这个难受我要怎么处理才能让自己好些”“我要去做点什么真的让自己好起来”。我特别认真和客观地告诉大家，除非您自己想让自己变成控制者，不断想怎么让自己好起来，不管别人多在乎您、多想帮您，但什么也做不了。所以，我们今天要做的第一件事是能够命名情绪。我这里有一些图片，请大家告诉我，图片上这个人的内心情绪是什么，给它命名。先看第一张。

惊讶。

恐惧。

愤怒。

这人应该是失望。

这是舒缓吧。

喜、怒、哀、惧、忧这些是情绪，您说的舒缓是一种状态。

好，大家现在举手表决，同意这是惊讶的举手。四票。同意这是恐惧的举手。一票。其实，惊讶和恐惧不太容易区分，惊讶之后如果这事我们没法处理就是恐惧了。

（民警换了一张图片）我们继续看，这个表情好懂。

悲伤。

委屈。

沮丧。

委屈。

好，这个表情我们看到是在流眼泪吧？当大家能够像这样来定义它的时候，各位就已经让自己从受害者变成控制者了。

（民警继续换了一张图片）我们继续看，这是什么？

高兴。

兴奋。

高兴。

除了高兴大家能想出别的词来吗？

喜悦。

喜悦，您想到什么词都可以说。（民警继续换了一张图片）继续看这张图。

悲痛。

委屈。

伤感。

悲痛。

哀伤行吗？

特别好！哀伤，还有吗？

伤心。

难过。

好！（民警继续换了一张图片）这是什么？

疑惑。

好！争取不用别人说过的词，咱们都给团队做贡献！

困惑。

凝视。

惊讶。

惊讶，这和刚才那个惊讶差距有点儿大。

迷茫。

好，就是迷茫、疑惑，跟那个惊讶的差距有点儿大。（民警继续换了一张图片）这是什么？

开心。

欢喜。

特别好！继续换新词。

欢笑。

雀跃。

喜悦。

笑口常开。

得意。

得意这个词非常好！还有吗？

高兴。

好的。这些词我们都很熟悉了，下面咱们来个真人版的。咱们这个团队共同来面对负面情绪，每个人都要做贡献。从我开始，我们每个人来表演一种负面情绪，表演您在过去的这一两个星期或这一个月感觉最让自己难受的一种负面情绪，别人演过的也行。想好了就举手，一会儿不许说话，用动作表演。

我先开始吧，你们给我的这个情绪命名。

（民警双手攥拳，原地跺脚）猜一下这是什么情绪？

愤怒。

着急。

气愤。

惋惜。

懊悔。

差不多就这个意思。工作量特别大，时间特别紧，我是又急又恼，就这样一种状态。好，接下来咱们就开始了，从您开始，有请。

可以不做动作做表情吗？

表情也行，您怎么表达得清楚就怎么表达，反正不许说话，可以有声音，可以假装哭声。

该服刑人做了一个眼神。

眼神好！您稍微再站一会儿。大家现场来猜一下，有请！

质疑。

质疑。（民警对做表情的服刑人员说）如果他说对了您就向上竖个大拇指，如果您觉得错了就向下竖个大拇指。

该服刑人员向上竖了大拇指。

好，对了，下一位。

不满。

该服刑人员向上竖了大拇指。

好，还有吗？每个人都可以猜。

鄙视。

该服刑人员向上竖了大拇指。

也对了。既然大家都懂了，我们来做一个支持性的回应啊！大家在一起像家人一般相处，你们猜出来他的表情，那么要过去做一个动作，给他一个加油的支持性的回应。这个动作代表我读懂你之后，来给你一些家人般的支持。比如，我读懂了，我就过来拍拍他的肩膀，表示“别拿这当回事”。你用你自己的方式走过来，做一个支持性的回应就好啦。这次您先来，有请。

轻拍了一下该服刑人员的肩膀。

（民警对做表情的服刑人员说）要是对他的支持满意您就给他竖个大拇指，要是不满意您就摇摇头。

该服刑人员竖大拇指。

好，请大家继续。

轻拍该服刑人员肩膀两下。

轻拍该服刑人员胸口一下。

轻拍该服刑人员肩膀三下。

大家都对您做了支持性的回应，您和大家说一些什么吧。大家这么支持您、理解您，您感觉怎么样？

就是感觉挺舒服。

谢谢！掌声（鼓励）一下。下一位有请，表演您的负面情绪。

低头，一手摸头。

大家猜猜。

烦恼。

无奈。

犯愁啊！

想家。

就是无奈。

苦恼。

那接下来请大家来给他做支持性的回应，由您开始。

拍两下胳膊。

轻拍胳膊。

轻拍肩膀。

挥手示意。

挥手示意，轻拍胳膊。

大家这么回应您，您的内心感受是什么，给大家说几句话。

就是，也是同感吧。

掌声（鼓励）一下。下一位，把您的动作做给我们看。

双手在胸口前攥拳。

哪位先猜？有请！

没吃饱。

着急。

暴躁。

应该是无奈。

干不上活。

那接下来,大家就要做一个支持性的回应。从您开始。

上前握手。

上前握手。

比作吃饭状,上前握手。

上前握手,同时指了大家一圈。

大家这么回应您,您也给大家做个回应吧。

谢谢大家。

谢谢大家,鼓掌!有请下一位!把您的动作做给我们看。

垂头丧气状。

大家一起来猜。

发愁。

无奈。

无奈。

无奈。

伤心。

感觉有点痛苦。

好,大家要去做支持性的动作了,从您开始吧!

上前握手。

我这次有个要求,我发现你们特别愿意用一样的动作。这次有个要求,您用您有自己独特的动作就好了。有请下一位,争取不重复。

双手一起拍两臂。

握手。

拥抱。

拥抱。

挥手，单手拍肩。

拥抱。

好，该您给大家一个回应了。

同感。

同感是什么意思呢？为什么让您解释呢？因为我有点儿怀疑您是用了他们的词随便对付我一下，所以辛苦您多说两句。

感到关心。

好，感到关心了。感谢您，鼓掌！有请下一位！把您的动作做给我们看。

低头，双手挠头。

哪位先来猜？

着急。

发愁。

烦恼。

无奈。

着急。

不知所措。

那么，各位请用您的方式给予支持性的回应，如家人般的对待。有请！

握手，轻拍胳膊。

双手轻拍双臂。

握手。

拥抱。

双手轻拍双臂。

拥抱。

现在，请您告诉大家您被大家这样支持后的感觉。

谢谢大家的理解和鼓励。

鼓掌！有请下一位！

单手攥拳向下挥动。

大家猜一下。

烦。

翻脸。

气愤。

亢奋。

烦恼。

好，下面是家人般的支持，有请！

双手轻拍双臂。

双手轻拍双臂。

握手。

拥抱。

双手轻拍双臂。

搂一下肩膀。

那么，您给大家一个回应吧。

大家都理解我，我觉得心里很舒服，而且通过大家的鼓励，我觉得大家都很好。所以说没有什么问题是解决不了的，感谢大家！

感谢！鼓掌！

我不知道大家是怎么看站在这里把您内心的负面情绪表达出来的意义的。我很希望大家把思考表达出来。有请。

就是能得到大家认可。

表达出来就特别舒服。

我觉得表达出来就是敢于面对现实，敢于展现自我的缺点。

精彩，掌声鼓励一下！

我感觉心里特别痛快，然后是高兴。

大家多理解、帮助。

我们在服刑当中，自己有烦恼可以跟大家分享。别管别人怎么样，你都要尽力帮助他。

这算是一种无言的行动吧。

表达非常重要，刚刚大家提到了一点：只有心理力量足够的人，才能够去正视表达。所以，用恰当的方式表达自己负面情绪是男人的做法，了不起的人才会有力量来表达自己的情绪。另外一点，表达本身就是一个很好的宣泄过程，所以要表达，只是一定要有一个合适的渠道。

第三节　行为层面的班组干预方案3——处理负性情绪的方法

矫治目的：情绪管理的行为训练，帮助每个人掌握至少一种有效的情绪管理方法

参与人员：整建制班组

持续时间：30分钟

所需道具：无

可用场地：监舍、监区、团体活动室等

矫治内容：处理负性情绪的方法

矫治过程要点：

1.每人说一个在改造生活中可以用来处理负性情绪的方法。

2.达成班组共识。

详细引导语示范：

在狱内这种特殊的生活环境中，请每个人给团队贡献一种表达自己负面情绪的方式。

我觉得就是心大，我看不见就没有负面情绪了。

您是做了优先处理，看不见就没有负面情绪了。可是，大家现在心里已经有了委屈或愤怒，那用什么方式表达出来呢？您可以像咱们班现在这样在一起，跟自己班里的人说；或者您可以把它写出来；或者您还可以用锻炼身体的方式把它释放出来。我不知道您更喜欢什么样的表达方式，大家可以说出来。那您先来。

我觉得是练练字。

好，练字一种表达。我们掌声（鼓励）一下！

就是锻炼吧，发泄出来。

体育锻炼是一种特别好的释放负面情绪的过程。第一，排汗的过程就在往外排负面情绪了；第二，大脑出现多巴胺，也会很好地帮助我们缓解。感谢！有请！

我觉得对我来说，不管做任何事情就四个词：心静、心定、安静、安定。

那您能不能更直接地跟咱们这个团队分享一下，做哪几个具体的事能实现您的这种境界呢？我的意思是，比如说心静就是坐在那里做深呼吸，心能静下来。我想请您给大家建议，大家具体能做点什么，比如，做深呼吸人就能静下来。

大伙在一起干活，不管怎么样别想不开。我也没有说做深呼吸、做仰卧起坐，或是做操，我觉得就是自己调节。

我们曾经做过心理学实验，大家都住在一个特别小的黑屋子里，黑屋子只有一个小小的窗口。当人心里难过的时候就通过这个窗口看外面的天空，想象自己在天空飞翔。这是他们发现的一个可以让自己感觉释放和舒畅的方式。感谢，有请下一位。

看书吧。

看书好。看书会有选择吗？比如，有的书看了让自己难过，有的书看了看不明白，有的书看了可能会感觉好一些，您会有选择吗？

我的选择是故事类的。

好，您能看进去书。掌声（鼓励）一下！

想想高兴的事。

好！想想高兴的事特别重要。掌声（鼓励）一下！

转移情绪。

掌声（鼓励）一下！

就是交流沟通。

交流沟通，找自己信任的人聊一聊。掌声（鼓励）一下！

我特别信服一句话，也许监狱的高墙能够控制住我们的身体，但是心灵的自由和情感的自由是属于我们自己的。我希望大家能够像刚才咱们说的那样，有了负面情绪之后要自己去表达。如果您不去表达只是想我就是这样一个难受的状态，让自己停留在难受中的话，可能这种难受会让您变成受害者，越来越难受。所以，任何时候，无论您身处在何地何时，大家都需要做个选择，这个选择就是我要让自己越来越好。我希望这几个字大家能记住，就是让自己越来越好。这是您的责任和使命。好，我们再来一遍，任何时候您都要做的选择是什么？

服刑人员一起回答："让自己越来越好！"

掌声（鼓励）一下！我们刚才做的第一件事是表达，第二件事是互相支持。在大家得到别人支持的时候，大家都会说，感到温暖、舒适。好，我想请您想想，假如您愿意在后期咱们这个班相处的时候，像刚才一样，主动伸出手去为他人做一点点事情，那么请您原地起立。

好，大家围成一个圆。我刚说完，大家瞬间就都站起来了。我想请大家来说说，您是怎么看待大家瞬间起立的？您先来。

主要还是每个人都不自私。

多付出一点。

就是通过学习更理性的去做事。

大家和谐。

积极搞好关系。

大家都和平相处。

好！（民警手搭在旁边人的肩膀上）请大家和我一起做。

服刑人员集体将手搭在他人肩膀上围成一个圆。

在任何时候，您都要做一个选择。这个选择是什么？

集体回答："让自己越来越好！"

好，再来一遍，这个选择是什么？

集体回答："让自己越来越好！"

一起说加油，您要用您的胳膊和您的力量传达给您身边的朋友！好，开始！

集体喊：加油！

再来一遍！

集体喊：加油！

最后一遍！

集体喊：加油！

好，不错，鼓掌感谢各位。

第四节 行为层面的班组干预方案4——拍背

矫治目的：塑造利他行为，训练利他行为

参与人员：整建制班组

持续时间：20分钟

所需道具：无

可用场地：监舍、监区、团体活动室等

矫治内容：拍背

矫治过程要点：

1.全班站成一圆圈，向右转，每个人把手搭在前面人的肩膀上，如果后面的人够不着前面人的肩膀，就把圆圈缩小。

2.在民警明确的指令要求下，后面的人给前面的人拍背。

3.向后转，重复做一次。

4.每个人向前后的两位表示感谢。

详细引导语示范：

大家先互相做一个支持。为什么要互相做支持呢？在这里很多不太好的事情或消息是我们无法回避的，就像冬天来了会有雾霾，我们必须要去面对。咱们在一起的意义和价值就是让彼此过得更好。所以，咱们先来做一件事。请大家全体起立，站成一个圆圈，在场的每一位全部向右转。

请大家都往左跨一步，谢谢各位。

服刑人员全部向左跨了一步。

好，请你把双手放到你前面那个人的肩膀上。我说“拍”的时候，大家

用双手去拍，给前面的人做肩颈部的按摩；我说“捏”的时候，大家用手去捏；我说“捶”的时候，大家用手去捶前面人的肩颈部、肩膀和脖子后面的部位；用心去感受你怎么做前面的人才会舒服。我说的顺序是拍、捏、敲。好，预备，开始！

服刑人员在民警的引导下拍、捏、敲。

我看到有几位心理年龄特别小，像几岁的小朋友一样。肩颈部的放松就是脖子和肩膀，拍在其他的地方就是小朋友在开玩笑，请大家用一个成年人的态度帮助前面的人放松，一定要用心去感受，要给这个团队传递温暖和舒服的感觉！好，停下来，全体向后转。

服刑人员全体向后转。

好，这次连起来，大家跟我一起拍拍、捏捏、敲敲，同时用心去感受怎么做前面的人会感觉舒服！好，停，大家互相道谢。

服刑人员微笑着互相道谢。

请大家入座。各位每天在一起彼此能够感觉到舒适和愉快，这种态度是在座的各位让自己越来越好的感觉！特别感谢刚刚各位对身边朋友的付出，这种付出和收获是成正比的！

第五节　行为层面的班组干预方案5——拍背进阶

矫治目的：激发利他行为，从关注他人的感受向自觉感受他人的感受转变，从要求做向自觉做转变

参与人员：整建制班组

持续时间：30分钟

所需道具:无

可用场地:监舍、监区、团体活动室等

矫治内容:拍背

矫治过程要点:

1.全班站成一个封闭的圆,一起向右转,把手放在前面人的肩膀上,如果够不着,就把圆缩小。

2.每个人都为前面的人做按摩,并且根据对方的反应调整自已的动作。

3.向后转,重复做一次。

4.互相表达感谢。

详细引导语示范:

咱们先做一个热身,现在原地起立,站一个封闭的圆。然后,大家一起向右转,把您的手放在前面人的肩膀上,大家往左跨一小步,用您的方式,给前面的人做肩颈部的放松、按摩。

请您根据对方的反应和感受,来调整您的方式和力度,对方已经感觉不舒服了,那您就得调整。一定是要让前面的人感觉到松弛和舒服。还有,要让对方感觉到,您是很真诚地希望他能放松一下。

现在,手放下,向后转。手放在前面人的肩膀上,这次先别开始。刚才,您面前的这位朋友特别认真地想要传达给您一些放松,所以,您现在用您的双手和您的心意表达一下您对他的感谢。请大家不要开玩笑,也不要嘻嘻哈哈的,咱们能在一起,每一分钟都应该珍惜。所以,在对方已经觉得痒、不舒服的时候,您就得调整一下,比如,把手掌换成锤子,给对方敲一敲。

现在开始吧,用您的方式,给前面的人做一做肩部的放松。最重要的是,用您的双手把您对他的关心传达过去。您希望他感觉到松弛,就把这份希望、把您对他的热情传达过去,这个很重要。

现在，请大家闭上眼睛，感受一下来自您身后的这双手。这双手在为您传达关心，希望能为您减轻一些压力，希望您能感觉更舒服一些。这双手背后还有很多手，试着调整一下您为他做按摩的方式，捏一捏、捶一捶、敲一敲、揉一揉，试着感受在您的背后，有那么多的手，他们希望源源不断地把力量传给您，把松弛传给您。

现在，手放下！大家都面向圈里。每一个人都对这个团队说一句感谢的话。班长，从您开始，您和大家说一句感谢的话。

谢谢你为我做的服务，非常感谢。

那就从班长的右手边，依次传递下去吧。

谢谢。

谢谢大家。

谢谢大家。

谢谢大家。

谢谢大家。

谢谢两边的朋友。

非常感谢给我传递的能量。

谢谢大家。

受累。

好，谢谢，大家现在请坐。

第四章 愿景层面的班组干预

如果没有共同愿景，那么连真正遵从的行为都不会产生。多维度、不同深度地强化早日回归的愿景，同时让服刑人员深切地感受朝向愿景过程中个人价值不断提升，是帮助服刑人员从被动的服从变为积极改造的捷径。本章所介绍的方案，民警可根据服刑人员班组情况选择使用。

第一节　愿景层面的班组干预方案1——图画接力

矫治目的：借助图画和画图过程中的想象，让愿景成为清晰、可见的画面

参与人员：整建制班组

持续时间：30分钟

所需道具：大白纸、彩笔

可用场地：监舍、监区、团体活动室等

矫治内容：图画接力

矫治过程要点：

1.民警宣布图画的主题：美好的未来。

2.开始画画之后，不许说话。每个人依次选择自己喜欢的水彩笔，轮流画画。

3.一共进行三轮，三轮之后要轮流讲故事。

4.每个人只可以建设性地添加内容，不可以把别人画的涂抹掉。

详细引导语示范：

我们要在一张白纸上画出一幅共同的作品，每个人依次画，一共画三轮，画出自己想画的内容，这幅画的名字叫作“美好的明天”。大家千万不要认为这离您太远，我只想跟大家说，想一想是可以的！如果大家用各种理由阻止自己去想象，那就太残酷了。所以，请每个人都要想象美好的明天，然后用30秒的时间画出自己想象的美好。第一轮画完后开始第二轮、第三轮。第三轮画完之后大家就要讲故事了。特别提醒一下，大家只能往上增加内容，不能涂改。如果涂改就视为犯规。大家如果没问题就开始

了，请大家保持安静！

服刑人员依次开始蹲下画画。轮到某一位服刑人员时，他没有动笔。

我不想画了！

理由呢？

我想象不出来！

（民警点头微笑示意下一位）有请下一位。

剩下的服刑人员依次画画。

好，第一轮结束。这幅画需要集体来参加，班长帮我劝一下刚才这位朋友，尽可能参与进来！我刚才说了，任何人都有自己的想法，可以提出自己的建议。班长，您有建议吗？

我没有建议，我只能劝劝，但很难劝动，因为他的刑期挺长的！

好，您试试看。

往好了说是不实在，往坏了说是挺失望的，因为最近确实没什么好消息，所以请理解！

朋友在一起就应该这样，我觉得特别好，大家为他鼓鼓掌！

集体鼓掌。

还有哪位愿意说说？还有哪位愿意做出贡献和帮忙吗？

我有两个想法：就是每个人出去后都可以做自己想做的事，这是我的第一个想法。

好的，说说第二个想法！

我尝试着做到一种放松状态。

这种状态很真实，大家应该认真地想一下！没有任何勉强你做的事。曾经有一个小姑娘很会跳舞，于是她找了个舞蹈团的团长问："你看我跳舞行吗？"那个团长告诉她："你不行。"于是，这个小姑娘放弃了。等她成年后，她发现其实自己跳舞很棒，为什么团长说她不行呢？后来，团长告诉她:“每一个这样问我的人,我都是这样回答的。为什么?只要她坚持,就一定能成功!”所以,我想跟大家说,无论怎么样您都有一个责任让自己坚持!每个人应该学会心疼自己,爱自己。

我不接受。

说说理由!

我不接受什么都得按照您的意愿去做,没有自己的想法!

明白了,那您想好之后尽量一起完成我们的作品。我们开始第二轮,有请下一位!

服刑人员继续画画,又有一位服刑人员表示放弃。

如果您真的不参与,咱们这幅作品就没办法完成了。您愿意为这个团队做点儿贡献吗?

有遗憾才完美,我想放弃!

您真的决定就这样放弃吗?您有什么想对这个团队说的吗?

时间就这样流逝了,一小时就这样过去了!

这样回答是为了照顾团队的每一个人,所以对每个人都是公平的。如果没有这个,咱们班的这个作品注定没办法完成,您确定放弃吗?

确定!

好的,有请下一位!

服刑人员继续画画,又有一位服刑人员表示放弃。

您有什么想法说说看。

您刚刚说了按照自己的想法去画,可是现在却成了集体去完成一个形式的东西,所以我不想再继续了!

懂了。我不知道是什么原因让大家有了这么足的劲儿。那么,我把我该做的事情做完,大家可以给我一个态度。比如,咱们需要做的事情是到这周就结束了还是后面还继续。因为,原定我是要跟大家继续下去的,但是后续的活动一定会还有类似的规则，这些规则一定需要在座的各位配合。如果不反对的话，我把今天该做的事做完！

下面，请每个人说说你画的内容要传递什么，从您开始！

我想要传达的是太阳，因为太阳能看到光明。因为我们的刑期一样，都是死缓。我待了将近十七年了，马上就可以有光明了！

我能不能冒昧地问您是不是因为您很快就有光明了，所以您画了太阳？那十多年前，您心里有太阳吗？

十多年前，我心里也有太阳，一定要坚强。十多年来，我是这么坚持下来的。为什么我选择狼，因为狼坚强。有坚强就一定能见到太阳，所以我画了太阳。既然没有死就一定会有太阳，这就是我要传递的！我希望能够帮到他们！

为了这份真诚，大家鼓鼓掌吧！

我画了一张笑脸，传达了开心！

谢谢，有请下一位。

我画金山和飞机，我想坐飞机离开这里！

您能解释一下吗？

我想传递两个意思，一是要有信心，二是要珍惜！

好，谢谢，有请下一位。

我画了一个家，有一个铁墙，上面有阳光，希望阳光照耀我们回家的路！

有请下一位！

我画小鸟，想回家，因为我十八岁就进了监狱，现在四十多岁了，一直觉得活得很累！

谢谢您画了这么多的小鸟，掌声鼓励！有请下一位！

我看了好多玄幻书，我就画了一个家庭。

谢谢！下一位。

我画了家，看着亲切。

感谢大家合作完成了作品，最后还是那句话，希望大家越来越好！

第二节　愿景层面的班组干预方案2——戴高帽

矫治目的：在互相表扬、认可的过程中，塑造展望愿景的心理力量

参与人员：整建制班组

持续时间：40~50分钟

所需道具：无

可用场地：监舍、监区、团体活动室等

矫治内容：戴高帽

矫治过程要点：

1.全班人员围坐成一个圆弧（见第224页图1），每一个圆圈代表一位服刑人员，三角形位置放一把空椅子。

2.一位服刑人员坐到图示三角形的位置，其他人依次完成造句：我欣赏你……或者我感谢你……欣赏或感谢的内容必须围绕一个事实。

详细引导语示范：

哪位愿意告诉我，自信心的价值和意义。就是一个人有自信，它有什么意义？您先说，有请。

意义就是成功。

我觉得自信的意义就是对自己充分地理解。

自信的意义就是能促使自己干成一件事。

自信等于相信自己，也相信别人。

自信就是能把能力传递给大伙儿。

自信就是在顺利的时候敢于看到自己的不足之处，在逆境中敢于面对这个困难。

自信就是挑战困难、战胜困难。

我的理解就是，自信让人在困难的时候可以坚持。

我觉得对于我来说，就是支持自己能够生活下去的能量。我们队里很多人都很自信，像王××，他就非常自信，没白活。

自信对我来说，就是一种对自身的鼓励吧。

好，掌声鼓励。接下来，需要大家互相帮助，一起来找找自信。下面，大家将轮流坐到这把椅子上，然后享受一下从别人的眼睛里看到的自己的美好。比如，第一位朋友坐到这把椅子上之后，其他每个人都要造句，我欣赏你……或者我感谢你……后面跟一件具体的事。您也可以说，我特别记得您曾经做过的一件什么事，我感谢您。

我举个例子，我要对五班的班长说，我特别感谢您，在我说"哪一位做班长"的时候，您主动推荐了一位做班长，既表现出谦让，又为大家节省了时间。这就是一件具体的事情。咱们先来试一试。刚才他们把您推为自信的榜样，可以从您开始，您先坐在这把椅子上吧。掌声感谢一下。

王××，当我需要有一位朋友坐在这儿做示范的时候，我向您提出这个请求，您立刻就来帮我这个忙，我感谢您！这就是用事实表达。你们可以说欣赏，也可以说感谢，下面咱们开始，从您开始行吗？有请。

王××，我还真是欣赏你，因为你出口成章。

我欣赏你的气质。

我欣赏你敢于面对。

我欣赏你干活干得不错。

王××，我特别感谢你、欣赏你，你什么事情都能勇敢地去做。

我欣赏你的性格。

感谢你，就是我刚来的时候你帮助过我。

王××，你是我们组的组长，我感谢你，在生产上帮助我。

王××，在队里干活能排在前三。

王××，我很欣赏你，你的自信心很强，做什么事都很认真。

王××，您给大家一个回馈吧。听大家这么说了一遍之后，您想跟大家说什么呢？

太难为我了，谢谢大家。

下一位，有请。大家在心里边想一下。感谢或者欣赏，从您开始，可以吗？

××，我特别欣赏你，又是朋友，又是敌人。

怎么叫又是朋友，又是敌人呢？您能说一件具体的欣赏他哪方面的事情吗？

有时候我的活忙不过来，他就帮我。

明白了，鼓掌。

我也是，我也特别感谢你，在我有不懂的问题时，比如说减刑吧，你就帮助我，谢谢。

我很欣赏你老帮助别人，帮助小王捏捏被包什么的。

××，你特别幽默、沉稳。

××，我们相处很和谐，我特别欣赏你。

××，我刚来的时候，你照顾我。

那你要说我感谢你呀。

感谢。

××是我们班的班长，我作为班组的成员，感谢班长为我们班的付出。

××，我欣赏你做人厚道，做班长公道。

我感谢你，在我刚来的时候，遇到了很多的困难，但是得到了你的帮助，让我的心里充满了阳光。

好，××，跟大家说点什么？

谢谢大家对我这么高的评价，其实我没那么好，还得继续努力。

好，下一位，有请。还从您开始。

我欣赏你，思想特别单一，没有坏心眼儿。

我欣赏你活泼开朗的性格，给人带来了美好的心情。

你在班里岁数小，蹬高、爬梯都是你在做。

我欣赏李××，虽然岁数小，在这里却没有撒娇，踏踏实实的，班里的活抢着干。

李××，我特别感激和感谢你，在我生病的时候，伸出援助之手。

李××，我感谢你，活跃了我们班的气氛。

我们更多是友谊。

那您到底想用欣赏造句，还是用感谢呢？

欣赏。我欣赏，我们之间友谊很好。

我比较欣赏李××的性格。

我比较欣赏你年轻，给队里带来活力。

我欣赏你开朗的性格，给我们大家伙儿都带来了快乐。

好，李××，跟大家说点什么吧。

我也就是感谢大家吧。

下一位，有请。还是从您开始。

你是我们班长，事做得很到位，什么活都干。

那您是欣赏还是感谢呢？

都有。

方哥，你岁数比较大，我有感谢，也有欣赏，为什么呢？在劳动中，你不怕脏不怕累，老在前头。

我也是欣赏吧，因为你是我们班的班长，在班里做得那些事情，我很欣赏。

欣赏我们老班长，刚来的时候，我有点儿想不开，刑期比较长，你老劝我。

你是我们班的班长，在我们班里任劳任怨，什么脏活累活都干，我也挺感谢你对我的帮助的。

我也挺感谢班长为我们做的一切，欣赏你非常努力地学习知识，很多事儿都做得非常认真，非常欣赏你。

我欣赏你很执着，一直学英语。

班长干活一直是和我一组的，我比较欣赏你干活、做事的执着劲儿。然后，你作为大哥特别仗义。

你有信仰，有学习的韧劲儿。

我欣赏你干活的态度。

好，方××和大家说两句吧。

感谢大家对我的支持。

有请下一位，还从您开始。

龙哥，我很尊敬你，你在我们组干活很实在。

龙哥在队里算身体不大好的，而且刑期比较长，但性格好，跟我聊天的时候很幽默，干活也是任劳任怨，所以，很感谢你。

我也是感谢吧，我们一个班的，我岁数小，好些事情你不和我斤斤计较，感谢你。

我和你是朋友，感谢你。

你在我们班默默无闻，在看书学习方面对我帮助也很大。

我非常欣赏你对生活特别乐观的态度。

我比较欣赏你，你心态比较平和，对什么事都看得开。

刚才我们班长说了，我身体不太好，长期有高血压。我比较欣赏你做人做事儿的性格，也比较感谢你对我的支持。

你干的活特别的脏，还能够这样的坚持，我比较欣赏你。

我确实欣赏龙哥的工作态度。

好，龙哥，想对大家说点儿什么。

感谢大家对我的帮助。

下一位，有请。还请您开头。

你马上要走了，但在班里还是一如既往。

接触时间不是太长，但是据我观察，你凡事都不与别人争，默默做自己的事情，对生活的态度还是比较乐观的。

我也是欣赏，欣赏你平常的做人做事。

你是老病号，但是每天我们出工后，你还帮着打扫卫生，谢谢你。

冯哥确实是病号，不出工。我们出工之后，谁的东西弄不好，你都给整理，避免被扣分，我代表全班感谢你。

你是一个病号，大家帮助你是应该的，你总会把这个表达出来，每天都在表达对大家的感谢。

我比较欣赏你的坚强，战胜病魔。

我也是，感谢冯哥对我工作的支持，谢谢。

比较欣赏你，待人做事都比较好。

我欣赏你做人的态度，非常谦和。

冯××，跟大家说点儿什么。

谢谢大家这么支持我，我以后继续努力。

有请下一位。请您开始。

什么事都照顾得特别好，实在。

金老师，我从内心比较尊重你，我有什么问题或者知识不懂的，一般都会去请教你，欣赏你学习的态度和做人做事的方法。

我感谢你，因为我好多不懂的知识，经常去问你。

特别感谢，你总是不厌其烦地告诉我知识，谢谢你。

金老师，岁数大，学问高，我挺欣赏你的。因为我们床挨着床，每天晚上头睡觉的时候，你都得学习半小时。

我也挺感谢金老师的，这么大岁数了，每天还要坚持学习，而且我们不会的东西，你都给予细心地解答，包括看电视，好多不懂的东西，都请教金老师，不厌其烦地给我们解答。

比较欣赏金老师的执着，认准一件事情干下去。

金哥，我没有什么感谢，就是比较欣赏，我认为金哥的内心比较强大，一般人比不了。

我比较欣赏金老师学识渊博，治学严谨，诲人不倦。

我欣赏金老师的学习态度，特别认真。

金××，您想说点儿什么？

感谢大家对我的夸奖，我今后还要继续努力。

好，下一位，有请。从您开始。

我欣赏你任劳任怨。

我欣赏你的生活态度，整天乐呵呵的，没什么烦心事儿。

我也是，我欣赏你的生活态度。

感谢你带来的快乐。

我感谢你，干活挺好的。

虽然我们接触不太多，但是，大伙儿比较认可你，是勤恳干活的一个好孩子。

我欣赏你有上进心，今后一定有希望。

我比较欣赏你的性格，同时也感谢你对一些人一些事的看法，比较豁达。

我比较欣赏你为人直率，精力充沛。

我比较欣赏你这种快乐的心情。

××，和大家说点什么吧。

年轻人就得充满活力，感谢大家。

有请下一位，从您开始吧。

做事认真，从来不拖泥带水，在队里担任两个工作，分都不高，所以我特别欣赏你。

我感谢你在最近这段时间的付出和努力，尤其是默默无闻地为我们服务，所以我很感谢你。

我欣赏你不管干什么，都挺认真的。

平常都是很忙，所以这些话也没机会说。特别感谢你，没少照顾我。

我感谢你，每天给我发药。我们30个人吃药，谁吃什么药你都记着，记忆力真好，感谢你。

我是个老病号，首先还是感谢你为我们提供了那么多的服务，在给我们发药的整个过程中，你都任劳任怨，感谢你。

在我的印象中，你就是为人实在，还关心别人。

欣赏你对待每一个人都一样，又比较年轻、充满活力。

我比较欣赏你真诚、热情，任劳任怨。

我比较感谢你工作态度认真，给病号带来了一种温暖。

××，跟大家说点儿什么吧。

谢谢大家，我这刑期也特别长，有一句话叫“路遥知马力，日久见人心”，谢谢。

好，谢谢。有请下一位。辛苦从您开始。

我和你认识时间并不是很长，但是我感谢你。你可能都忘了，我借东西，你主动给我拿过来了，你特别信任我。我还你时，你还不要，所以我特别谢谢你。

你是我们班组成员，首先我要感谢你，在这段班组建设、卫生评比中你做的努力，谢谢。

我和你虽然没有什么接触，但我挺欣赏你的性格的。

我也感谢你，刚下队的时候，你就送我一本字典，让我学习，后来又送我一本书，谢谢。

我挺佩服你的，爱学习，在车间劳动让干什么就干什么。

我挺欣赏你干活任劳任怨，从来不埋怨什么。

最欣赏你的态度。

比较欣赏你的爱学习。

我比较欣赏你的强忍耐力。

我比较欣赏你对学习特别认真，对工作也是特别认真。

好，和大家说点什么吧。

感谢大家对我的鼓励和鞭策，我继续努力。

有请下一位，还从您开始。

我先和你说声对不起，因为我开玩笑说我这儿没茶叶喝了，你就给我送了一袋茶叶。我本想要回敬你，请你吃顿饭。但因为各种原因我误会你了，所以没请你。今天借着这个机会，我道个歉。

就冲您今天把这个事说出来，大家鼓掌。

所以说，对不起，以后有事儿找我，我一定办。

我感谢你最近这段时间所做的努力，同时我也很欣赏你幽默的态度，谢谢。

我挺欣赏你干活的时候任劳任怨。

我欣赏你乐观的态度。

你非常任劳任怨，在车间等干活时没掉过链子。

我挺欣赏你这个人对生活各方面充满着活力。

你的这股认真劲儿，我特别欣赏。

我特别欣赏你的是和平对待每一个人。

我比较欣赏你的性格，还有就是做事不斤斤计较。

做事比较认真、细致，乐于助人。

你想跟大家说点儿什么？

我感谢大家对我的表扬，但是，我心里知道做得还是不到位，以后多多努力。

第三节　愿景层面的班组干预方案3——加油动作

矫治目的：强化朝向未来加油的心理状态，用加油动作激活内心的愿景

参与人员：整建制班组

持续时间：20分钟

所需道具：无

可用场地：监舍、监区、团体活动室等

矫治内容：加油动作

矫治过程要点：

1.每人示范一个加油的动作，其他人学习，并一起做这个动作。

2.轮流做示范加油动作，全体学习，一起做这个动作。

详细引导语示范：

我来的时候就在想，要给大家送一个什么礼物呢？我觉得任何物质的礼物都不如大家在这么艰难的服刑过程中能找到给自己的力量。任何力量，其实不是来自别人，而是来自您自己的内心，这就叫自信。

刚刚，我特别感谢在场的每一位，您那么真诚地用您自己的心和您的表达，让这个团队的其他成员照了照镜子，看到了自己的美好。谢谢您带给这个团队每位成员的正能量。

我还特别欣赏各位，因为你们会有那么多的力量去看待美好。新的一年马上就要来了，咱们每个人现在想一个动作。您做这个动作的时候，大家都要和您学，一起找找朝向新一年、朝向越来越美好、朝向快乐、朝向加油、朝向正能量的动作，然后咱们就一起把这个动作作为每个人送给这个团队的礼物。

想一个动作就好，谁想好了就举手告诉我，等每个人都想好了，咱们就继续。

咱们现在开始，辛苦您，再给团队做个贡献，从您开始做动作。

该服刑人员竖起大拇指。

好，我们大家一起做一个这个动作。

有请下一位。

我这个动作和他的一样。

那您可以换两个手呀。

该服刑人员两手都竖起大拇指。

好，后面的人继续做动作。

第三位服刑人员做出超人的动作。

第四位服刑人员做出加油的动作。

第五位服刑人员做出向前的动作。

第六位服刑人员做出高兴的动作。

第七位服刑人员做出坚持的动作。

第八位服刑人员做出出彩中国人的动作

第九位服刑人员做出爱心的动作。

特别感谢大家。最后，我们一起加油。大家原地起立，围成一个封闭的圆，把手搭在中间。班长您发令，让大家一起说，加油。

1、2，加油。

再来一次。

加油。

最后一遍，新的一年，加油。

加油。

鼓掌。

第四节　愿景层面的班组干预方案4——脑力激荡

矫治目的：在训练资源取向思维方式的同时，以朝向未来的姿态，围绕“拥有”这一主题，对自己拥有而被自己忽略的资源，进行重新认识

参与人员：整建制班组

持续时间：30分钟

所需道具：白纸、笔

可用场地：监舍、监区、团体活动室等

矫治内容：脑力激荡

矫治过程要点：

1.报数分组为保证训练效果，需要以3~4人为一个小组进行思维训练。

2.以5分钟为限进行比赛，哪一组写得内容多，哪一组获胜。

3.第一项，列举出一张纸的用途。

4.全体坐成马蹄形，每组由一名代表读出来，其他成员负责数数。

5.第二项，写出尽可能多的“我的拥有”。

6.讨论、分享“拥有”的意义。

详细引导语示范：

我们一起做一件事，我希望大家分成两组。下面大家报数，所有报“1”的坐在左边，所有报“2”的坐在右边。现在大家移动。

下面的任务是：第一，没有禁忌，只要你想到的任何事情都可以往这张纸上写；第二，有时间限制，我只给大家5分钟时间；第三，这是个比赛，哪一组写得内容多，哪一组获胜。写你想到的一张纸能干什么。写得少的那一组要对写得多的那一组说：“你们组了不起，真厉害！”

五分钟计时开始！小组讨论的时候要小点儿声，否则要被其他小组听到了。加油，数量多的取胜！让每个成员都做贡献，大家一起想。还有60秒！加油！

好，时间到，请大家坐成马蹄形后面对我。每个小组出一名代表汇报一下，哪个小组先来。有请，掌声（鼓励）一下。您在上面念，下面的朋友在底下数。其他的组如果有质疑，可以提出来。开始！

一张纸可以：点火、燃烧、画漫画、叠纸飞机、擦屁股、糊窗户、吸水、做包装纸、擦身上、叠纸盒、写字、写日记、写检查、画画、卷小炮、卷烟、叠玩具、卷纸钱、做冥币、做人民币、做美元、做澳元、做道具、做纸浆、写字、练字、写作业、糊书包、做手工、做标示、写判决书、写起诉书、写告知书、卷大炮、叠千纸鹤、作窗花、作邮票、作杂志、作报纸、作电影票、擦眼睛……

好，第一小组一共说了52项。第二小组，有请。

一张纸可以：叠纸飞机、写字、留言、擦桌子、擦玻璃、印杂志、卷香烟、做纸筒、挡车牌、写保证书、写申请、写判决书、写总结、点火、写家书、写检查、写日志、算算术、写笔记、做书签、做吃饭垫底、做鞋垫、变魔术、做火车票、做飞机票、做球票、做船票……

也是52项，两个组数目一样，那咱们就来一个答辩。除了刚才说的，看一看咱们哪一组能继续说出刚才大家都没说到的，就算获胜了。

书籍，书籍是人民智慧的源泉。

另一组有接招吗？

家书，一封家书无价。

还有吗？

大家开始思考，争着说新的项目：做释放票、做减刑通知单、做支票、做情书、做采买单子、做汇票、做报纸、做奖励通知书、做字画、做扑克、做家具、做成象棋、做成牌九、糊茶叶桶、做灯笼、做花车、做风筝。

咱们要一起鼓鼓掌了。我们暂停一下，我不知道大家发现了没有，一张纸咱们说出这么多的用途。先说了52项之后，大家又说出这么多。第一，大家竟然有这么多力量，之前没有迸发出来是因为大家从来没有意识到。第二，在座的各位都是为了各自的组而努力。所以，大家先把两只手伸出来，为咱们的团队有这样的智慧鼓鼓掌。然后，大家再把两只手伸出来，伸出大拇指，说："今天我真棒，今天我真棒！"

服刑人员在民警的带动下，鼓掌，并说："今天我真棒！"

有了这样的前提之后，下面，我们就要开始今天的话题了，究竟我们拥有什么？为什么要从咱们拥有什么说起呢？就是想让咱们管理好自己的资源，盘点自己的资源。接下来，我将给大家再发一张纸，大家写下拥有和珍惜的东西。不用考虑时间了，让大家认认真真地想一想。大家还像刚才一样，每个组围成一个圆。纸上的内容不要重复，我还是建议大家群策群力地讨论，可能想到一个点就能带出一个面来。哪一组认为你们稳操胜券了，就可以叫停。加油！

大家在民警的引导下，分组完成思考，在纸上写下答案。其中一个组叫停了，另一个组随即也叫停。

好，两人组都叫停了，那我们就停止。为了保证公平性，我们现在把笔收回。下面，每组派一个代表上来说你们的答案，其他人负责数数。我们增加一个监督机制，由另一组上来一个代表监督，确保代表读的时候不自己加项。

第一组的服刑人员代表开始读：感情、热情、才华、睡眠时间、刑期、健康、友谊、亲情、好心情、家人、积分考核、朋友、选择权、话语权、衣服、鞋、欲望、房产、首饰、囚衣、希望、明天、今天、后天、现在、过去、将来、亲情电话、接见权利、棉鞋、电推子、电池、牙刷、牙膏、床单、被褥、扇子、碗筷、机遇、难熬的感受、书、缝纫机、毛巾、烦恼、零食、信心、家庭、诚信……

一共列举了66项。第二组，有请。同样，请第一组派一位监督员上来。

第二组的服刑人员代表开始读：热水澡、衣服、囚衣、夏装、冬装、鞋、袜子、馒头、水煮的菜、牙齿、脚、脚趾头、手、兄、弟、智慧、勇敢、刑期、坚持、刚毅、执着、亲情、朋友、关心、关怀、爱我的人、空气、水……

看到大家列举了这么多项的“拥有”，我想问大家一个问题：你觉得自己大概值多少钱？心理学研究发现一个很有意思的现象，拥有的都是无价的，而无价的东西总是不被人们珍惜。比如，我们完全意识不到自己身上的血液值多少钱。也许，现在医院的某位病人，无论花多少钱都买不来他们想要的血液。还有，我见过长期抑郁的人，他们许多天都睡不着觉，他们会说：我会用全部的钱去换躺在床上睡一觉，但就是做不到。所以，我现在的问题是：你现在真实拥有的而被你忽略的无价的东西是什么？哪位来说？

自由。

我把它理解为大家现在在这个房间发言的自由。可以说，咱们现在正在拥有的是在这个房间发言的自由和不发言的自由。还有谁来说？

我说是痛感。因为我上次看到一个报道，一个记者到麻风病村采访，一个病人的脚趾都被耗子吃了，自己都不知道。那个病人说，他现在如果能够感觉到疼痛就是最幸福的了。

我们要为这样一位认真发言的人鼓鼓掌。因为很多人都认为痛感是一个很难受的感觉，是一个受害者的感觉，而当刚才这位朋友发言的时候，我能感受到他是一个思考者和观察者。痛苦感觉的心理学意义是：您要了解自己的内心，您要调整了。我们有许多做不到的事情，我们也有许多做得到的事情，比如，在任何情况下，照顾好自己，我们可以做得更好。

刚刚有人举手，有请发言。

我觉得在监狱里，人人都有的就是时间，但是每个人对时间的态度是不一样的。如果说每个人用金钱定义时间的话，那么有些人会认为是无价，有些人会认为是廉价。

是的，时间。就在座的各位，在你们的身上也会看到，比如刑期，有的人会很计较刑期长短却不珍惜时间，有的人就算是被判处无期徒刑还是会在临睡觉前学习半小时。后者是珍惜时间的态度。

还有哪位想发言？有请。

亲情。

亲情是什么？大家一定不要以为，亲情就只是在接见时来看你们的那个人。亲情不仅仅是这些，爱你们、在乎你们的人，也许在天堂，也许在心里。亲情不只在表面也在心里。这个人会用他自己独特的方式关心着你，也许到现在为止，他的表达方式都并不是你喜欢的。但是，亲情永远是亲情，它在你的血液里，请永远不要忽略。让我们为亲情鼓掌！

还有哪位？

我的刑期。

这个说法沉甸甸的。有一个故事：有一头驴掉到垃圾坑里，当不断有垃圾往里扔的时候，它想，我不能被垃圾砸死，我要把垃圾踩在脚下，来垫高我的人生，使我的人生越来越好。这就是我们必须具备的责任和使命。让我们为这个“刑期”的贡献者鼓掌！

还有哪位？

信念。

有没有信念就像在茫茫大海中行船有没有灯塔，有灯塔的话就有前进的方向，知道自己要往哪里去。我们都要有自己的灯塔，不忘自己的责任，让自己过得越来越好。让我们为这个“信念”鼓掌！

还有哪位？

人有三命：性命、生命、使命。

你的使命究竟是什么？现在你是谁？30年后你又是谁？这些问题真的值得你去思考。我很难忘，曾经碰到过一名服刑人员，他说：我就是光棍一条，没有任何使命。我告诉他：你有，你最在乎的爸爸、妈妈和奶奶的坟，还需要你去清理杂草。无论你的爸爸、妈妈和奶奶在哪里，他们都希望你越来越好。所以，怎样使自己的“三命”更有价值，值得大家今天晚上认真思考。

还有哪位？

良知。虽然我们都犯罪了，但是我们都有良知和底线，这是最无价的。

良知决定了一个人的价值，有些人一直让人仰视，良知就是能让人仰视的非常重要的东西。它与你身在哪里、处在什么环境里，没有必然的关系。

第五节 愿景层面的班组干预方案5——送礼物

矫治目的：珍惜的意义是为了未来更好，所以现在要更加用心。借助建立“珍惜拥有”的思维定式，在无形中强化内心朝向未来愿景的力量

参与人员：整建制班组

持续时间：10~30分钟

所需道具：便签、白纸、笔

可用场地：监舍、监区、团体活动室等

矫治内容：送礼物

矫治过程要点：

1.在充分讨论最无价、最值得珍惜的拥有的基础上，要求每人考虑送给团队一份礼物。

2.每人发言，说明送的礼物以及选择这份礼物的原因。

3.本方案可以引申为每人发N-1张白纸，为班组中除自己之外的其他每个人送一份无价的、最值得珍惜的礼物。

详细引导语示范：

新年将至，每个人都要利用这个机会以自己的方式送给团队一个值得回忆的新年礼物。大家认真思考一下，想好后告诉我。我们的发言格式是：“咱们现在拥有……我建议大家珍惜……”注意，你建议要珍惜的是大家拥有的。

好，大家思考一下，想好了，告诉我。看到大家都准备好了，那就开始吧。

友情，我希望大家新的一年里，友情越来越深。

我希望大家在岁末之际，拥有父母的健康，多多珍惜，不要到有一天想珍惜也没有机会了！

我希望大家在新的一年里拥有健康。

我记得有一句台词，就是有些事情如果我们永远无法拥有，那么你能够做到的就是不要忘记。我希望大家能珍惜自己的记忆，无论好与坏，都有要珍惜。

刚才说到的是监狱里大家都有时间，我觉得还有的就是身在监狱这个逆境中。大家应该有机会去思考一下怎么完善自己，怎么提升自己，在逆境中自我激励。

我希望大家在新的一年有一个好身体。

我真诚地祝福大家，新年礼物就是健康、快乐！

我希望大家珍惜健康、快乐。

我希望大家珍惜热水澡，开心微笑。

新的一年来了，我希望大家忘记烦恼。

感谢各位，让我们共同有了这么多的思考，团队让我们更有力量走向未来！

第五章 身份定位层面的班组干预

身份定位决定个体的态度，一个人在一件事中只能有一个身份定位，服刑人员出现的绝大多数问题，最根本的原因是没做好身份定位。本阶段包含的方案，帮助服刑人员建立“生活者”的定位。

第一节　身份定位层面的班组干预方案1——在我心中

矫治目的：增加自我价值感，通过每个人正性身份定位，强化团队和谐

参与人员：整建制班组

持续时间：30~50分钟

所需道具：无

可用场地：监舍、监区、团体活动室等

矫治内容：在我心中

矫治过程要点：

1.全班人员围坐成一个圆弧（见第224页图1），每一个圆圈代表一位服刑人员，三角形位置是一把空椅子。

2.一位服刑人员坐到三角形位置的椅子上，其他人按照这位服刑人员的气质和优点，在心里找一种有共同美好特质的植物来形容这位服刑人员。

3.坐在圆圈上的服刑人员都想好了，就依次发言，说出植物，以及自己这样选的原因。

4.全部发言结束后，坐在三角形位置的服刑人员分享自己听完以后的感受。依此类推。

详细引导语示范：

现在这里放着一把椅子，大家要依次坐在这把椅子上。大家要用心去想，每个人在心里面去想你认为和坐在椅子上的这位服刑人员有相同气质、共同美好特质的一种植物，来形容这位服刑人员。如果这个植物实在

找不到，用动物比喻也行，但是不可以是动画类的东西。例如，他可以像松树、柏树、冬青等，也可以是绿草、牵牛花、牡丹花等，还可以是一种小动物。同时，我希望大家可以在内心跟随我一起到大自然里奔跑。

下面，请班长先坐过来，大家来形容他。大家不仅要说出来像什么，还要说出来原因。

我觉得班长像一棵松树，总是那样屹立不倒。

我觉得班长像向日葵，因为它瓜子很多。

我想了半天想不出来花草，第一，我觉得班长在大家有困难时常帮助大家，有人生病就照顾。第二，我觉得班长让我们班更团结。所以，我觉得班长像熊，因为我觉得熊更大，很包容。

我觉得班长像麦当劳里的巨无霸，我像可乐，因为巨无霸很好吃。

我觉得班长像阳光，因为阳光温暖。

我想到的是藤条，因为班长很坚韧。

我觉得班长像月季花，因为班长在班里的每一个角落。

我觉班长像蒲公英，很阳光。

下面，请班长说句话。

谢谢大家给我这么高的评价，其实我真没大家说得那么好，谢谢！

好的，下一位服刑人员，请坐到椅子上来。大家用最短时间去想，开始形容他。用什么来比喻他的美好特质。

我将他比喻成一棵小草，虽然不起眼，但是生命力很顽强。野火烧不尽，春风吹又生。

我想到的是鸟，而且是飞得很高、很快的鸟，思维很跳跃。

他像白杨树。

他像老北京的豆汁儿，有人喜欢，有人不喜欢，爱喝的人觉得还可以，不爱喝的觉得挺怪的。

我认为他像仙人掌，有刺，但是优点是坚韧不拔、乐观。

他像香蕉，好吃的在里面，要刨开了以后才好吃。

他像油条，油水在里面。

现在你给大家一个回复吧，感谢大家对你的评价。

谢谢大家给我这么高的评价，谢谢！

下一位服刑人员请上来，大家准备形容他，开始。

我和他接触时间最长，我觉得他像雄鹰，因为雄鹰寿命在70年左右，但是雄鹰在40年后要用残忍的方式蜕变新生，获得第二次生命。也希望你能够蜕变新生。

我觉得他像鲸，因为他很有城府。现在虽然在海底，但是喘息之后，还会露出水面。

我想到的是树根，无论环境好坏，都能生长。

我觉得他像牛排，谁都喜欢。

我觉得他像蓝莲花，为人随和。

我觉得他像大象，这么多年地磨炼，内心很强大。

你可以给大家一个回复，谢谢大家的评价。

谢谢大家给我这么高的评价，我可能没那么好。谢谢！

下一位服刑人员请上来，大家准备形容他，开始。

我觉得他像爬山虎，很坚韧。

我觉得他像牵牛花。

他像杨树，改造生活中很随和，性格好。

我觉得他像高山盘羊，虽然路不好走，但是还能攀登。

我觉得他像壁虎，坚持前行上爬。

你可以给大家一个回复，谢谢大家的评价。

谢谢大家给我这么高的评价，大家过奖了。谢谢！

下一位服刑人员请上来，大家准备形容他，开始。

我觉得他像荔枝，表面看着柔弱，但是有一颗坚持的硬心。

我觉得他像黄花梨，有价值。

我觉得他像大枣，有内涵，有知识。

你可以给大家一个回复，谢谢大家的评价。

谢谢大家给我这么高的评价。新年到，祝大家新年快乐。谢谢！

下一位服刑人员请上来，大家准备形容他，开始。

我觉得他像老家的榆树，关键时刻可以充饥。

我觉得他像花椒树，总有一种麻麻的感觉。

我觉得他像树懒，他除了干活，常常在床上。

我觉得他像大蟒蛇，吃完就盘在床上。

你可以给大家一个回复，谢谢大家的评价。

我祝我班的服刑人员万事如意，福如东海。谢谢！

下一位服刑人员请上来，大家准备形容他，开始。

他像松树，在困难的环境中依然屹立不倒。

我觉得他像雄鹰，傲视一切。

我觉得他像蘑菇，外表不好看，但能吃。

我觉得他像辣椒，好吃。

你可以给大家一个回复，谢谢大家的评价。

我会继续为大家服务。谢谢！

下一位服刑人员请上来，大家准备形容他，开始。

我觉得他像大象，吨位大，知识也多。

他像苹果，大家都想吃。

他像香蕉，看着好看，吃起来也好吃。

我觉得他像山楂，偶尔好吃，吃多了不行。

你可以给大家一个回复，谢谢大家的评价。

谢谢大家给我这么高的评价，新年到，祝大家新年快乐。谢谢！

下一位服刑人员请上来，大家准备形容他，开始。

我觉得他像雪豹，在寒冷高原也可以有活力。

他像草，有耐力，也很坚强。

他像向日葵，很阳光。

我觉得他像河豚，很美味，但是有毒。

你可以给大家一个回复，谢谢大家的评价。

谢谢大家给我这么高的评价，新年快乐。谢谢！

现在大家每人一句话，做个发言，说出这么多评价中你最喜欢哪一个。班长先开始。

我喜欢说我像向日葵。

我喜欢说我像杨树。

我喜欢说我像鲸。

我喜欢说我像蘑菇，因为可以给人带来美味。希望用有限的生命给大家快乐。

我喜欢说我像草，很简单，但是一直都在。

今天，我们用这样的游戏，带大家在大自然里驰骋，只想告诉大家：在这样一个团结的班级里，让你借着别人的眼睛，看到自己的美好。这是一个来自全班的礼物，请你一定要收好。请一起用掌声感谢一下你们所在的班级，也感谢一下你身边的这些朋友们。鼓掌时，请你一定要看着你身边的朋友。一下一下，一位一位，把你要表达的感谢传达给身边的人。如果不巧，你要鼓掌的人在看别人没看你，就要等一下，一定要他看着你眼睛时，才算完成你的感谢。我也要看看你们这个团队的默契度够不够。下面我们请班长先开始。

班长开始一位一位地鼓掌给大家。

谢谢，班长给大家做了很好的示范。大家依次来做吧。

大家开始依次鼓掌给大家，互相鼓掌交流鼓励。

我真的很敬佩这个班级，所以我现在要站起来说：我刚才一直在对这个班级的默契度进行考评，我发现刚才大家一一进行鼓掌鼓励时，所有人都是那么真诚，对别人的鼓掌回应也是那么真诚。很高兴和大家在一起交流，也谢谢这个班级给我的感动。希望大家在心中记住今天的美好，记住这些植物、动物的美好。开心过好每一天！

第二节　身份定位层面的班组干预方案2——身体自我保健

矫治目的：借助穴位按摩练习，增强自控感，让每个人内心明确“我是可以让自己更好的人”，从而为后续的干预做好铺垫

参与人员：整建制班组

持续时间：10分钟

所需道具：无

可用场地：监舍、监区、团体活动室等

矫治内容：身体自我保健

矫治过程要点：

保健穴位：劳宫穴、足三里

详细引导语示范：

冬天天气冷，大家要把自己的身体保养好，咱们先学会搓劳宫穴，这是保健心脏的要穴，做法是用两只手对着搓。注意一个要点，你的手掌一定

是要鼓出来的，把两手贴在一起，手掌要用力，互相搓，互相摩擦，位置点在手掌最高处。

民警做示范，双手合拢，相互摩擦搓热。服刑人员跟着民警一起做，纷纷表示，手已经搓热了。

下面，大家一起再来找一个点，这个穴位叫足三里。找足三里时，大家先看到你们的膝盖。我看在座的服刑人员有知道的，谁来给大家说说足三里在哪儿？

一位服刑人员向大家示范介绍：在膝盖下两寸，腿骨侧面有一个小窝，就在这个位置。

大家摸一下，在你的膝盖上有一块大骨头，这个大骨头下面四指左右的位置，再找到小腿中间有一块髌骨，在这个骨头旁边向外一指，这个交叉点就是足三里穴位。然后，立起你的拳头来敲击它。使劲敲，两只手一起敲。

民警带着大家进行敲击。大家在民警的带领下，用拳侧敲足三里穴位。

足三里又被叫作长寿穴，是三条经络的汇集，所以每天要敲击一百下。现在，大家开始数，自己数自己的，敲击一百下。有酸胀的感觉就对了，没有酸胀的感觉就是还没有到位。大家现在先敲击一百下，最后全身都热了就对了。

穴位是人体自带的药库，而且是相当科学的。你哪里按着酸、按着疼，哪里就是有问题。今天，我们学习了两个穴位，大家记住了。我们一起回顾一下：第一个穴位，劳宫穴。哪位服刑人员告诉我劳宫穴在哪里？

一位服刑人员回答：把手攥起来，中指正下的位置。

非常好，精彩！

中指握过来就是劳宫穴。所以，我们在出工时、疲倦时、冬天手凉时，可以常常搓这里，劳宫穴是心脏的宫殿。保护心脏就要常把这里搓热。

第二个穴位是足三里，刚才那位服刑人员再给我们讲一下在哪里。

就是在髌骨旁边，膝盖下面就是足三里，敲击它会酸疼。

我觉得大家都有健康的意识，特别好，一定要关注到这些每天可以给自己做的事情。

第三节　身份定位层面的班组干预方案3——问题解决

矫治目的：问题解决思维训练，在内心世界建立起“我的问题我应对”“我对自己负责”的身份意识

参与人员：整建制班组

持续时间：40~50分钟

所需道具：白纸、笔

可用场地：监舍、监区、团体活动室等

矫治内容：问题解决

矫治过程要点：

1.讲解什么是内归因。

2.讲解遇到问题后心理学的思维方式：第一，明确方向，确定目标；第二，找解决办法，“我怎么应对”。

3.由简单问题开始进行思维训练。

4.针对改造中的现实问题进行思维训练。

详细引导语示范：

任何时候、任何事情都得靠自己。用一个心理学的词即“内归因”。内

归因是什么意思呢？举个例子，比如说我碰到这个桌子。哪位告诉我，你会怎么解释？有请！

自己不小心。

这是特别典型的内归因。鼓掌！如果是我自己不小心的话，那我接着的问题就是我怎么能下次就不碰了。有很多人更习惯于外部原因，他们的做法就是批评、指责、要求、抱怨："这怎么有个桌子呀！""这桌子怎么这样呀！""这桌子凭什么碰我呀！""这事谁负责呀？""该由谁来保证我下次别再碰啊？""我怎么这么倒霉呀！"这些做法都只会让自己感觉更加不能解决问题。所以，只有内归因才会让你不断去想："我怎么能面对这个问题。"今天，咱们的重点就是跟大家讨论内归因的问题。

第一，目前为止，这件事我希望达到的最好的目标是什么？我希望达到我能接受的目标是什么？方向先得明确。

第二，我该怎么应对。

接下来，咱们活跃一下气氛，按照1、2报数，我要把大家分成两个组。报数报"1"的在左边，报数报"2"的在右边。两个组分别围成一个封闭的圆圈。

服刑人员分成两个组，分别围成两个圆圈。

接下来的任务，每个组给对方组出一道题，题目是什么呢？咱们先来一道简单的，活跃一下气氛。请大家注意，在写题目的时候，只能写在这张纸的最上面这一行。下面的地方留给对方组来回答。

请大家现在想一想，一个五六岁的孩子，他可能会遇到一个什么问题，把这个问题简单地写在这张纸上，一会儿两个组互换。我看大家能否用我们刚才说的——我的目标是什么，我该怎么应对——来帮这个孩子找到解决办法。

我的问题是，一个五六岁的孩子会遇到的一个难题，请大家帮忙把这个难题写在这张纸上。三分钟时间，有请！

民警为两个组分发了白纸和彩笔。

五六岁孩子能遇到什么事呢？每个组集体讨论，写出一个问题。

写完啦？二号组已经完成任务。一号组也完成了。谢谢！接下来，我们要对话了。

民警交换了两组的题纸。

请注意！一号组拿到了二号组的题目，二号组拿到了一号组的题目。接下来，你们的任务就是给难题找办法，商量一下吧！每人至少想出一个解决方法来。

两组服刑人员在讨论。

大家都完成了，请两个组坐成马蹄形，开一个口就行了，大家面向我。

我们来讨论一下，大家来做裁判。咱们就从先完成的一号组开始。二号组出的题目是：不想上幼儿园。大家来听哪一个答案是大家觉得特别好的。第一个答案是：不去。大家觉得这个答案怎么样？哪位来发言？有请！

我觉得还是孩子小，偷懒。

好！现在假设大家都是那个不想去幼儿园的五六岁的孩子。

我觉得还是要以孩子为主。

好，感谢，还有吗？

我觉得是孩子生病了吧。

假如没生病也要想办法赶紧生病。好，感谢！您怎么看？

孩子也没主意，还是得听家长的。

好！第二个答案是哭闹。谁给解释一下这个答案。有请！

就是不想去。

爱怎么办怎么办。

哭闹也是一种解决办法。

哭闹至少是表达。比如，你现在不想干的事，你还会坐在地上又哭又闹吗？

现在？绝对不可能了。

为什么？不解决问题是吗？

对！解决不了什么问题。

虽然哭闹是一种表达方式，但是它不能解决问题。感谢！接着说，第三个答案：跟父母商量、用心交流。谁来解释一下？

我觉得就是，不想去有很多的原因，必须要跟父母说为什么这样。

好，就是要交流、要沟通。谢谢。二号组来评价一下，不去，哭闹，跟父母商量、用心交流，哪一种方法最符合你们说的？

应该还是交流好。

用心去交流。

主要就是交流，跟父母沟通。

谢谢！我们来看看一号组出的题目：天黑会害怕。二号组给出的答案：第一，大人要陪伴。第二，给孩子讲故事。第三，陪孩子玩游戏。第四，陪孩子看动画片。对这四个答案，二号组有什么要解释的吗？

没有。

咱们这次活动，出这个题目的核心是什么？现在天黑了，孩子害怕。这就和我走到桌子边碰到桌子上是一个意思，我是孩子，天黑就是这桌子。你们的解法不是“我怎么来应对”。咱们需要重新答。一号组，你们帮帮忙。

我是孩子的话，可能我会想，找一个不害怕的理由或一个不害怕的解决方法。

好！找一个不害怕的理由或一个不害怕的解决方法。这就是最了不起的心理力量。鼓掌！继续发言，有请！

要求和父母一起睡。

要求和父母一起睡，自己想了一个解决问题的方法。鼓掌！一号组已经帮忙想了两个了，二号组继续。您先来！

找到自己最喜欢的玩具。

看喜欢的动画片。

转移注意力，就是自己玩自己喜欢的玩具。

我感觉也是，这孩子恐惧就看动画片转移注意力，就没那么恐惧了。

我不知道大家有没有意识到，今天咱们在做的这个思维训练的价值和意义。我想告诉大家的是，我对世界五百强企业中的108位副董事长进行过心理评估。结果发现，他们的智力水平和一般人群平均智商差不了太多。但是，他们有一个重要的思维方式跟普通人差距非常大。普通人碰到桌子角上了，大多数会去抱怨、指责、批评，要求外部原因。而他们总会：第一，方向很清楚地知道我到底要什么；第二，很努力地在用我做主语，去找我怎么来应对。而这样的过程就会让他们自身应对问题、应对外界变化的能力不断增强，而这种能力的增强才是一个人最重要的力量的增强。所以，我怎么应对是以我做主体的。

刚刚咱们小试了一下锋芒。现在，再请大家回答我一个问题：冬天冷，你怎么应对？有请！

找暖和的地方待着。

在被窝里待着。

多穿点儿衣服。

运动运动。

找个热水杯焐焐手。

应该是补充热量，喝热水什么的。

就是平时多穿衣服吧。

我会让我待的地方变暖和了，比如，我这屋里两三个人，我会尽力把我这个屋弄暖和了，不仅让自己暖和了，还让别人也暖和了。

所以，冬天冷，除了跳着脚指着老天爷骂街之外，除了说我怎么这么可怜、我怎么这么倒霉之外，原来还可以有刚才大家说的那么多办法。让自己暖和，让所在的环境和周围的人都感觉暖和。为这个团队每个人都顺利完成任务鼓掌！

第二个问题：我今天感冒了，特别难受，我该怎么应对？

吃药休息。

主要是找病因，还有就是找大夫。

起来活动活动。

自己鼓励自己。

多喝水，注意休息。

睡觉。

吃药喝水。

我没别的办法，我就是想说，我为什么会感冒？我尽量避免感冒。如果真要是感冒了，那就按感冒去看病。前提是，我不会感冒，所以这问题不好答。

刚刚，我说感冒了特难受，大家都想到了吃药、喝水、睡觉等。有一位朋友给大家做了一个特别大的贡献。他说，我们还要去反思，怎么能有效避免感冒。这就是一个新的境界了。能够这么快就想到我要去反思，我怎么去避免。请大家用诚挚的掌声向他致敬！

我也希望大家在遇到问题之后可以在这一个境界上去思考。因为“避免”真的很重要。最智慧的人是同样的错误绝不会犯两次。只有保持智慧的状态，我们才是最有力量的。这种力量不是我不感冒了，而是对于未来的控制感。

刚才考了大家两个题目，都是训练大家能够按照这样的一种内归因的方式思考。第三个题目，还像开场时那样，请两个组分别出一道题。这个题目要求是大家在日常生活中可能会遇到的，类似于我刚才说的感冒。然后，两组交换问题，讨论，写出解决办法。

两个组再次围成一个圆，民警给两个组发了纸和笔。两个组出题后，民警交换题目。

注意，每小组有几位成员就写几个答案，一定得是你怎么应对。每个人都要想一个答案别只让执笔的人想。

我们来看看一号组提的问题：如果您遇到不高兴的事，应该如何面对？我先请大家讨论这个问题，其实，潜台词已经在里面了。二号组，你们在写这些答案的时候，想到的方向是什么？

勇敢去面对。

就是面对，用高兴的事去转移思想。

想高兴的事。

主要让自己高兴起来。

排泄心中的烦闷。

好，二号组特别让我敬佩。在遇到不开心的事的时候，二号组的方向特别明确，那就是让自己朝向开心、朝向美好。我提议，我们为二号组鼓鼓掌。

下面，我来念二号组的解决方法。如果您遇到不高兴的事，应该如何面对？第一个答案，看书。第二个答案，锻炼。第三个答案，参加文艺活动。第四个答案，和朋友坐在一起聊天转移话题。好，请一号组对这四个答案进行一下评价。您最喜欢哪一个？

锻炼。

看书。

坐一起转移话题。

聊天转移话题。

看书。

这几个方法都非常好，都是自己能够做到的，而且也都是因人而异的。如果要让我来排序的话，我建议大家第一个选锻炼。因为在科学研究中发现，人在出汗的时候，心里面压抑的很多负性的东西很容易排泄出去。出汗能减少压抑在身体里的疾病。所以，让自己运动运动，出点儿汗，这个很重要。其他的这些方法也都特别好，咱们一起鼓掌感谢一下二号组，非常好地完成作业，谢谢！

我们再来看二号组出的题目：与亲人失去了联系。请问一号组，你们的方向是什么？

方向就是寻找亲人。

找朋友问。

掌握好自己心态，别太往坏处想。

我这上面写的是除了特定的几个因素外，也找找自己的问题。

请队里民警帮忙。

一号组没有回答我的问题，我的问题是方向是什么？其实我希望大家能够厘清思路。比如，我遇到这么一件事，我心里首先想的方向是什么？只有我自己努力，才能与我心里在乎的人重新美好、温暖地在一起，我才能再次为他们做点什么。所以，我的第一个方向是我要让家人越来越好的前提是我自己得越来越好。我不知道我这样说，是否能够代表一组没说出来的潜台词。

我们来听听解决问题的方式。与亲人失去了联系。第一，请政府帮忙。第二，写信给朋友代为转告。第三，找。第四，调整好心态，别往坏处想。第五，除了特定的因素外，找找自己的问题。二号组，你们评价一下，您最喜欢哪一个？

看能通过什么方式找找。

写很多的信。

还是反思自己吧。

要调整好自己的心态。

好，感谢！一号组也在这么短的时间里给出了答案，咱们也鼓掌感谢一下。

谢谢！今天，咱们在一起，我想要传达给大家的信息是：第一，遇到任何事情，方向要明确。可能很多事情我们不能左右，比如雾霾、冬天寒冷。所以，不能左右的这些事我们一定要去找怎样做能让自己更好。这也是今天我要跟大家说的第一件事，就是在遇到任何问题的时候，目标清晰，我要什么？第二，我怎么应对，就是目标清晰之后要做的事。我自己能去做的事，我当下就能做的事，我能把握的事。

第四节　身份定位层面的班组干预方案4——盲行

矫治目的：让服刑人员理解自助与他助同等重要，引导他们感受自己定位于“助人者”“被照顾者”不同角色中的幸福感体验，从而增加对他人的接纳与宽容，以及自身的自立与自强

参与人员：整建制班组

持续时间：30分钟

所需道具：每人一个眼罩

可用场地：监舍、监区、团体活动室等

矫治内容：盲行

矫治过程要点：

1.一半人带眼罩扮盲人，另一半人不许说话扮哑人。

2.一位哑人与一位盲人共同完成行走任务。

3.分享、讨论。

4.角色互换，可沿用前面的两人小组，也可重新结组。

注意事项：

1.强调安全。

2.强调安静，用心体会内心的感受。

3.障碍设计，应有跨越、钻圈、下蹲、上攀、上下楼梯等多种障碍。

详细引导语示范：

今天，我们要一起来做一个新的体验，这个体验是要大家来感知：你的拥有是多么无价。现在，我要把大家分成两组，分别进行体验。首先，大家按1、2报个数，分成一组和二组。

服刑人员按照民警要求依次报数，民警按人数将服刑人员分成了两组。

我给一号组每人发一个眼罩。请报数“1”的服刑人员先起立，把你们的椅子往后靠墙放，把眼罩戴上，记住一定要戴好。

好的，戴上眼罩就是让大家感觉盲人的世界，你现在需要别人来帮忙了，后面请允许我称呼你们盲人。下面，报数“2”的服刑人员请起立，你们一一对应地站在报数“1”的服刑人员身后，然后顺时针移动两个位置。请把你的两只手搭在你前面戴着眼罩的服刑人员肩头。现在没戴眼罩的服刑人员，你们被剥夺了说话的权利，请允许我称呼你们哑人。你们要用你们的手传递给对方一个态度——我会认真地照顾你、用心地帮助你。

现在，盲人向后转，把手与哑人放在一起。你们要用双手给对方传达信息。哑人对盲人传达:我能照顾你,相信我。盲人对哑人传达:我信任你,相信你能照顾我。

我会安排大家完成一段行走任务。各位哑人,你们的任务就是照顾好你身边的盲人搭档,一定让他不要磕到、碰到,把他顺利平安地带到指定位置,中途不允许说话,只能用你的手或身体其他部分传达给他信息。

服刑人员按照民警的要求做上述动作。

哑人请注意,速度不重要,确保安全最重要,因为盲人信任你,他要感受到你可以被信任,你要用一切办法让他感到信任和安全,让他感觉到你对他的照顾。用你的方式传达给他你的关心和照顾。

服刑人员按照民警的要求依次行走,做上述动作。

现在,哑人把盲人送回原来的座位上,然后你们也拿一把椅子坐在盲人旁边。坐下后,盲人的眼罩可以摘下了,看看你的搭档。下面,请盲人说说,你的搭档都做了什么。

给我一个身体的暗示,在给我传递消息,让我踏实。

我的搭档会给我信息,让我知道前面有什么障碍,或是拐弯什么的,让我很舒服。

我的搭档太好了,好到我都不想回家了,都想一直当盲人了。他带我披荆斩棘,他用手的力量告诉我要拐弯了。

我觉得我的搭档不够好,他可以更好。

接下来,请各位哑人朋友依次来夸一下自己的搭档,因为如果扮演盲人的服刑人员只站在原地不配合,这个行走任务也完不成。

我的搭档很听话。

我的搭档很有意思,互相很有默契。

我的小搭档很聪明,很配合。

我的搭档很细心,反复地尝试,终于成功。

大家互相感谢一下。

下面，盲人将眼罩给你的搭档。角色互换，由哑人来扮演盲人，盲人扮演哑人，我们再进行下一轮行走。

服刑人员按照民警的要求做上述动作。

现在行走结束，坐下后，眼罩可以摘下，看看你的搭档。这一次，大家可以自由发言，夸夸你的好搭档。

我觉得他很细心，给我带路带得很好。遇到什么障碍，他会让我意识到。在我遇到困难时，他可以帮助我。

感觉特别好。但是，我没有太好的领悟力，让他有时比较费力，我需要再提高。

你不仅在夸自己的搭档，还在对自己的行为做出自检和反思。我觉得非常好，我们为这种精神鼓掌！

我的搭档刚才在拍我的时候，感觉特别厚重、特别有力，让我很放心地把自己交给他。

我戴上眼罩后，感觉失去视力真的是很大的障碍，我的搭档完全把他的信息传达给了我。

刚才，我们的盲人发了言，接下来我们的哑人也要发言，说说你的搭档。

我觉得我的搭档特别聪明。

我的搭档很相信我，很配合我。

我觉得我的搭档和我很默契，很心有灵犀。

我觉得我的搭档对我很信任。

我的搭档很好，很有经验，我谢谢他。

接下来，我要和大家讨论的话题是：做盲人、做哑人分别是什么样的感觉？先说说做盲人的感受，有请。

扮演盲人时，比我想象的障碍要大，如果没有视力的话，人感觉很恐惧。如果搭档不好的话，都不敢往前走，觉得前面都是坑。

做盲人时，每走一步都要往前探一下。

做盲人时，你不知你的前后左右有什么东西会让你受到伤害，而身边有这么一个人，最起码让他充当我的眼睛，就好多了。

特别感谢这个团队，可以有这样的智慧。对我们每个人来说，对于明天、对于所有没有经历过的事情，我们都像一个盲人一样。而身边如果有支撑自己的力量，真的太重要了，哪怕是只让你感觉到他的存在，都是很重要的。我个人觉得，当大家在人生最难过的这一段时期，我们的班组建设的核心就在于大家在一起，向未来共同前进。所以，请各位在日常每一个互动的过程中，都用你刚才做哑人的那种支撑，去面对所有的互动过程；而当自己感觉困难的时候，他人的那一点点支撑、引领、慰藉，都是无价的。

下面我们再说说变成哑人是什么感觉？很期待各位的发言，有请。

我觉得如果只是单纯的不能说话，可能还好一些。其实，大多数不能说话的人是因为听不见。世界一方面是绚丽的色彩，另一方面是缤纷的鸟鸣虫叫，如果听不见、感觉不到，太可怕了。

就是感觉很着急，不能说话没有办法告诉他。

通过语言去表达很方便！

就算能说话，还会有言不达意的偏差存在呢，更何况不能说话，我真的无法想象。太可怕了。

有一个很重要的事情，就是沟通可以缓解你内心很多压力，而这种沟通和表达是大家能够意识到重要性的焦点。现在，我提议大家，为我们有眼睛可以看见，有耳朵可以听见，有嘴巴可以表达先欢呼一下，它们如此珍贵。而今天我用这样一种方法让大家意识到这种珍贵，意识到你拥有的东西这么重要，我希望大家懂得珍惜。

下面，请大家起立。心理学很多方法都是要大家来释放一下，释放就是请大家能够尽情地把声音放出来。我提议大家把手拉在一起举起来，闭上眼睛大声喊："我爱眼睛，我爱耳朵，我爱嘴巴，我爱说话。"

大家一起起立完成上述动作，一起欢呼。

今天的体验对于团队的建设有什么样的意义和价值，大家可以说出来，也算是对这个团队的贡献。

我觉得人是群居动物，在一起时要珍惜在一起的机会。

我觉得任何人在同一个空间下，情绪都会互相感染，所以大家要互相感谢。

相互弥补短处，增加长处。

我觉得我还是喜欢自己独处，不喜欢太多人生活。

大家在一起，团队一起完成任务，并不是说平时在一起日常生活。比如，刚刚你夸过你的搭档，你的搭档也夸过你。就是这样情况下，团队互助的意义。

我觉得刚才戴着这个眼罩，带着他走，还不如直接帮他把眼罩摘掉更好。授人以鱼不如授人以渔。

你希望给他更多，是吗？谢谢。

互相帮助，增加正能量。

我觉得团结就是力量，一个人从生到死，随时随地都需要人帮助，不可能自己一个人生存。

这个团队很优秀，很多帮助都是需要体会以后才能有感触，互相帮助，互相支持很重要。

下面，我们做最后一件事。我们按照顺序来，我对我旁边的服刑人员做一个动作，他收到了给我一个回应。我再接着对下一位做动作，依次做下去。从我开始，我会从最远的那位服刑人员开始，对他点头致意，每一位服刑人员在看到我的动作时，都要给我一个回应。这表达的是我愿意为团队做贡献的诚意。好的，下面从我开始。

民警开始依次对服刑人员点头致意，并向大家伸出大拇指，大家纷纷对民警表示回应。

谢谢大家，下面有请服刑人员上来向大家依次致意。你做你喜欢的动作，或者说话都可以。大家记住要给他回应。

第一位服刑人员开始依次对其他服刑人员点头致意，并向大家伸出大拇指，大家纷纷表示回应。

下一位服刑人员开始依次对其他服刑人员作揖致意，大家纷纷表示回应。

下一位服刑人员开始依次对其他服刑人员做剪刀手致意，大家纷纷表示回应。

下一位服刑人员开始依次对其他服刑人员做敲击心脏动作致意，大家纷纷表示回应。

今天，大家做了一个丧失感官的体验，目的在于告诉大家你所拥有的，也告诉大家你的帮助与支持对团队是多么重要。还有一个意义请大家记住，无论是蒙着眼睛，还是不能说话，你自己愿意往前走，才是这个团队能够继续往前的基础。再次感谢大家！今天回去以后，大家要有一个思考，你爱眼睛、爱耳朵、爱嘴巴、爱你自己，该怎么做？做点什么才是真正的珍惜？期待各位认认真真地完成思考，谢谢。

第六章 愿景引导行为层面的班组干预

在前面阶段中，班组共同愿景稳步建立后，本阶段将进一步集成、凝练，进而深入影响行为，以激发服刑人员的积极改造行动。本章所介绍的方案，民警可根据服刑人员班组情况选择使用。

第一节　愿景引导行为层面的班组干预方案1——我的五样

矫治目的：借助丧失感，引导服刑人员清晰自己的愿景，强化积极改造行为

参与人员：整建制班组

持续时间：30~50分钟

所需道具：每人一张白纸、一支笔

可用场地：监舍、监区、团体活动室等

矫治内容：我的五样

矫治过程要点：

1.思考自己最贵重的五样东西，写在白纸上，分享自己写下的五样。

2.设置场景，需要每个人都画掉一样，在这一样东西后面写一句话，然后画掉。分享自己的选择。

3.以此类推，依次再画掉三样东西，只留下一样。

4.每个人分享将如何珍惜自己留下的、最珍贵的东西。

详细引导语示范：

我们开始做今天的任务，请大家将手中的白纸打开并将其对折，我们先用这张纸的一半。您用的时候要注意，左侧写字，右侧留空白，因为稍后右侧还要继续写字。准备好了就将这张纸的最上面写上“×××的五样”几个字。

接下来，您就得认真地想一想，想您现在拥有的所有东西。将您认为最重要的五样东西列在纸的左侧。注意，这五样东西是一个概念或者一个

类别。比如，时间、健康、年华、知识、技能、梦想、亲情。大家别着急，因为落字无悔，这么大的世界，您到底要写什么呢？仔细地想一想，想好了再写。我要求写上了就不能改了。可以开始了，只能写五个词。如果完成了，请举手示意一下。

警官，我现在就想到四样东西。

没关系，那您先保留，一会儿大家发言之后补充。您正好再想想。

好的，保留吧。

接下来，请各位来说说对自己最重要的五样，这是在对团队作贡献，可以帮助大家去重新思考和整合对自己来说最重要的东西是哪些。班长，从您开始行吗？把您纸上写的五样东西说给大家听。

英语书、笔、墨水、纸、时间。

如果我告诉您说英语书、笔、墨水、纸都可以算成一类物品，那您还可以写很多。现在请您把那几样给加个括号，它们统称为物品。有请下一位，说说你的五样。

我写的是包容、思念、诚信、亲情、平安。

好，选其中任意一样跟大家解释一下。

思念就是思念亲人，平安就是祝福朋友或亲人平平安安的。

好，感谢。有请下一位。

我写的是家人、朋友、我的民警、我的学生、我的邻居。都是属于亲情的。我一开始理解这五样必须得是同一类的。

那可能是我没说清楚，五样不用是同一类的。您现在也可以像班长一样把这一类的用括号括起来，除了亲情和友情这两类，您还空出了名额。

咱们继续，有请。

亲情、友情、知识、时间、梦想。

随便挑一两样给大家解释一下。

亲情就是说自己家人，家人永远是放在第一位的。

好，有请下一位。

亲情、友情、临近释放、对社会的适应、对新生活的向往。

您愿意挑一两样跟大家做一下解释吗？

亲情始终忘不了，友情，没有朋友帮忙我也走不到今天。

有请下一位。

亲情、对方、朋友、知识、时间。

好，感谢，下一位。

我也不会写。我觉得一是在这里面的环境，二是原谅我自己，三是与家人的关系，四是我失去的时间。剩下的一个我没想出来。

确实想给您一点点建议，就是“我失去的时间”和其他的有点不一样。您可以换成“未来我还拥有的时间”。因为咱们要写的是我拥有的而不是我失去的。

刑期太长我也没敢去想，也没法去想。

明白，每个人去做自己的决定的时候，肯定会有自己的原因和想法。在写这五样东西的时候，我由衷地希望大家是对“我正拥有的”东西做一个整理，它就相当于把我们自己的物品箱做一个整理，让自己明确地知道我自己都有什么东西，我将会更好地珍惜这些东西，我将会更好地走向未来，对未来会有一个动力，出发点是这样的。另外，您还空着一样，您可以借鉴一下这个团队的发言，还可以再继续增加。

有请刚才没有发言的第二位发言。

我的是健康、物资、时间、家人、照片。

那您随便挑一样，分享给大家。

我要说的就是照片，照片承载着对不能见面的家人的一种思念。还有健康，要拥有健康的身体。

好,感谢!

刚才有几位服刑人员纸上还有空缺,现在可以增加。没写满的还可以继续往上增加,只是增加不可以涂改;写满的就不可以继续写了。我再等大家一分钟。

我把友情、梦想、健康给写上了。

我写了知识、梦想、健康。

我就加了一个健康。

好。感谢。接下来这一段的心灵旅程,我特别希望大家能够很认真地投入,目的是帮您去厘清您现在所拥有的这些对您的意义和价值。咱们现在一起进入了一个宇宙飞船,离开地球了,看着您的行李箱,就是您手里的这张纸。这是您认为最重要和最贵重的行李啦!咱们在外太空中行驶着,不知道要去哪里。忽然,喇叭里传来了船长的声音:“由于宇宙飞船出现了状况,每人必须扔掉一件行李。”您先别着急,想想看这五样东西,您挑一样,每人都要扔一样。但是,您要在扔之前给这样东西一个交代,对它写一句话,然后在这个词上画上几道表示这个词被扔掉了。想清楚了就可以开始了。

现在都完成了。那依次跟大家说说您扔了什么,为什么要扔掉。

我扔了时间,时间过去就过去了。

我也扔的时间,因为它还可以补上。

我也是一样,时间。

我扔掉的是健康,因为就算扔掉了健康,我还剩下其他的四样。

我扔掉的是思念,思念其实是我不舍得扔的,它相对没用吧。

我扔的是梦想,理由是我现在应该顾眼前的事。

我扔掉了时间,因为在外面回不来对一切都是未知。

好,谢谢,接着看着您的这张纸,您的这张纸上还有四个词,就像大家心里的忐忑一样，别着急，就是要让您经历一下这个心理过程。所以，接下来，您还得再选一样，继续把它扔掉，一定要给它写上一句话再扔掉，感受内心的不平静、感受那种难受，这是对您自己的一种认识。

我扔的是朋友，离开我会更好。

我扔的是知识，因为以后有机会还可以再去学。

我把对社会的适应给扔了，生存才是硬道理，先活下去。

我扔的是时间。

我扔的是知识，也对不起我没有时间陪你。

我扔的包容，因为这个是我可以扔的。

我扔的知识，也是可以从头再来。

我扔的是物资，也不知道以后会怎么样。

大家现在来说说，每个人内心的感受，只需要大家像平时一样把您内心真实的感受告诉我就好了。

割舍很痛苦。

选择很难。

凡事不能两全，必须要去割舍一部分。

我也觉得选择很难。

凡事要看着眼前。

觉得每个都很好，确实很难选择。

每个人的行李箱里还留有三样东西，这三样对大家来说很重要、很珍贵。大家看着这三样贵重的东西，在您的心里给它们排个序。假如我还要让您继续去扔，您在剩下的三样物品上标记一下顺序，第一个能丢掉的写下“3”，第二个能丢掉的写下“2”，一定要留下的写上“1”。按照这个顺序排个序。

我的选择是这三个全都不能扔掉，因为我要再丢任何一样，我自己都不能原谅自己了。

那您是否能跟大家说说您一定不能扔的三样东西是什么?

家人、健康、自己。因为这三样丢任何一样我都无法生存,与其丢掉不如我跟着一起跳下去。

谢谢,有请下一位。

健康、朋友、亲情。因为没有了朋友和亲情,要健康也没什么用。亲情肯定比朋友重要,所以这就是我的排列。

亲情和友情保留,剩下的临近释放不要了。

我是先扔梦想,然后友情,最后留下的是亲情。亲情在什么时候都是第一位的。

我跟他一样,先扔梦想,然后友情,最后留下的是亲情。

先是平安,然后诚信,最后留下亲情。亲情对我来说很重要,其他的都不是那么重要。

时间是第一,然后是健康,最后留下是友情。

照片、健康、家人,我的顺序是照片和健康可以不要,但是家人一定要保留下来。

为了让大家更清楚地知道这三样东西对您的价值,请您在这三样东西后面写下三句话,这三句话是这三样东西在您心里的意义、位置、价值。

为了让大家都明白每样东西对您的重要性,接下来需要您给这三样东西做一个说明。

我的照片可以不要,健康以后可以恢复,家人是必须要的。

我第一个是时间,第二个健康可以再恢复,友情失去就没有了。

平安、诚信,最后的是亲情,这个是绝对不能丢掉的。

亲情就好像是我的生命,是不可失去的;友情好像是空气;梦想是我的精神支柱。

我最重要的也是亲情，我可以为了家人付出我的一切；然后是友情，因为友情一直陪伴着我；最后是梦想，因为梦想一直支持着我。

我第一个写的是亲情，毕竟血浓于水；第二个友情，请朋友原谅我；第三个是临近释放，因为人不能总为自己活着。

亲情、朋友、健康。

一是家人，因为家人可以抛弃我，可我不能抛弃家人。二是健康，因为只有身体健康才可以去做任何事情。最后一个是自己的想法。

不是说您留下了健康就一定健康，也不是说您要梦想就有梦想了。请您认清自己拥有的、在乎的这些东西，做出一个承诺：我会珍惜！

第二节　愿景引导行为层面的班组干预方案2——我的承诺

矫治目的：借助愿景层面的心理动力，激发日常的积极改造行为

参与人员：整建制班组

持续时间：30~50分钟

所需道具：每人一张白纸，一支笔

可用场地：监舍、监区、团体活动室等

矫治内容：我的承诺

矫治过程要点：

1.讲解“拥有”是动词，是自己的行动。

2.要求制订计划，如何拥有自己最在乎的东西。

3.每人对全班宣读自己的计划。

详细引导语示范：

我们做过“我的五样”的训练，当时我就说过，不是您想要健康就一定健康，也不是说您要梦想就有梦想。请您在心里面跟自己做一个讨论，您将要在下一个星期里做点什么事，才能一点点地拥有您在乎的这些东西。比如，在什么时间段您做了多少个俯卧撑、仰卧起坐，也就是说您在某个时间段会出现的具体行动。空话、套话就免了。

下面，请您在纸上写下三件事，这三件事是您在接下来的时间里每个星期都会做的事。下面请您认真地思考一下您对自己的承诺和要求。您要写的是您自己要做到的，能做到的，会认真去做的。我会让您在这张纸下面签上名字，所以落字无悔，各位可以开始了。签上名、写上日期，表示您对自己的一个承诺。

大家都写完了，请依次站到中间来念给大家听。有了朋友们的督促与监督，您就能够长久地坚持了。就从您开始吧。

第一，注意自己的饮食起居，调节自己的心态。第二，给家人打一个电话报平安。第三，每天都提醒自己不要虚度光阴。

第一，给家人写信。第二，每天多学点儿知识。第三，为了家人多注意身体。

第一，每星期都坚持给家人写信。第二，每天都要巩固自己的专业知识。第三，每星期都要对自己有一个总结。

第一，锻炼身体。第二，多读书、多读报。第三，多反思自己的错误。

第一，每个月给家里写一封信。第二，早日减刑回家。第三，自己身体健康。

第一，多看书。第二，多锻炼身体。第三，多喝水。

第一，坚持吃药把身体养好。第二，每月给家里写封信或打电话。第三，不扣分多减刑。

我不知道大家是否看到，你们带队的民警在听完大家的发言后，也在为大家鼓掌。我不知道大家能否理解这个行为，这说明了这些民警发自内心地愿意看到大家往越来越好的方向去努力。今天，我所做的事情就是借用心理学来让您的行动落实在您所珍惜的东西上，这正是监狱领导和民警无数次希望大家做到的事情。你们作为成年人，只有懂得珍惜了，这种东西才可能真正属于你。

最后，请每人用一句话来告诉我：从今天开始，以后的日子里，您如何珍惜这个融洽的班级氛围。

珍惜彼此。

包容一切。

和谐与共。

互相融洽。

亲如兄弟。

多作贡献。

亲如一家。

请大家把纸和笔放在椅子上，围成一个圈，左手叠放在一起，再把右手叠放在一起，然后班长说"加油"，大家一起喊"加油"。

新的一年越来越好！加油！

加油！

由衷地祝福大家，也期待下次跟大家再见面的时候能看到大家的笑容！

第三节　愿景引导行为层面的班组干预方案3——方法总比问题多

矫治目的：以解决问题的愿景做前提，训练问题解决的行为，从而建立

起遇到困难时，积极应对的态度和能力

参与人员：整建制班组

持续时间：30~50分钟

所需道具：笔、写好题目的纸（每张纸上有三道题）

纸上的题目是以下三类题目之一：

第一类题目：我不会唱歌/画画/说英语。

第二类题目：我没有好朋友/钱/爱人。

第三类题目：我无法陪孩子成长/没有跟父母说过我爱你。

可用场地：监舍、监区、团体活动室等

矫治内容：方法总比问题多

矫治过程要点：

1.讲解任何事物都是在一定条件下成立，在其他条件下发生变化。

2.给问题加条件练习。

3.小组间竞赛，解决问题。

详细引导语示范：

今天，我要跟大家讨论的一个话题是：条件。条件是什么？任何事物我们都需要加上条件，但是，很多时候我们总会忽略条件。比如，水一定是液态的。如果没有条件，这句话就不对。谁能告诉我，“水一定是液态的”需要加什么条件？或者说，换个条件它就不是液态的了。

温度。

谢谢。水在常温常压下是液态的，水在冬天零度时就变成固态的了。那么，我的第二句话：树叶是绿色的。哪位帮我换条件或者加条件，都可以。

秋天变黄了。

秋天变黄了。特别好！第三句话：杯子是圆的！哪位帮我加条件？

杯子摔了就碎了。

非常好，如果摔了它就不是圆的了，这就是条件。然而，我们很多时候忽略了条件。哪位能够告诉我，研究条件有什么价值和意义，为什么研究条件这么重要呢?

因为它改变了！

研究条件这是个关键词，它常常会带给我们改变的可能，它常常让我们在认识问题的时候更加全面。所以，一个很重要的事情就在于大家的思维广度是否足够让我们来把握自身，找到自己应有的方向。下面，咱们就要分小组比赛了！两人组成一个小组，拉椅子坐得近一点。

现在开始分题。我给每个小组三个题目，这三个题目从容易到难，希望大家讨论并找出每个问题的准确答案！我先解释一下大家现在拿到的题目，这三个题就相当于刚才我跟大家说的三句话。比如，树叶是绿色的，在秋天树叶是黄色的，枫叶在秋天还是红色的呢。所以，大家需要做的事情就是把我给的这些题目分别找出一些条件让它们都发生变化。现在开始讨论。

是给一个条件改变它吗?

对，给一个条件改变它。

我们开始公布答案。自由发言，有请！

我们的第一个题目是：我不会画画，我们给的条件是：我会用心去描绘美的事物。第二个题目是：我没有跟父母说过“我爱你”，我们给的条件是：我会用生活中的点滴去感染你！第三个题目是：我的腰很疼，我们给的条件是：我用坚强的意志来完成每日的任务！

我提议大家为这一小组鼓掌！

我们组的第一题是：我不会唱歌，我们给的条件是：心情好了就会唱歌！第二题是：我没有好朋友，我们给的条件是：心胸宽广就有好朋友，会做人就有好朋友！第三题是：没有钱，我们给的条件是：我们努力工作了就会有钱。

为这一小组鼓掌！下一组，有请！

第一题是：我不会外语，我们给的条件是：我可以学！第二题是：我无法陪孩子成长，我们给的条件是：我没有孩子！或者孩子母亲可以陪孩子成长。第三题是：我不能回家，我们给的条件是：因为家就在我们心中！

很好，我们为他们鼓掌！还有两组，有请！

第一题是：我不会变魔术，我们给的条件是：没学！

你的意思是只要学了就会了？

是的。

很好，请继续！

第二题是：我没有爱人，我们给的条件是：只要有就肯定能爱！第三题是：我没有朋友，我们给的条件是：我们会努力去学习的！

谢谢，有请最后一组！

我们的第一题是：我不会唱歌，我们给的条件是：我可以学！第二题是：我没有好朋友，我们给的条件是：只要真诚就一定能找到！第三题是：我没有钱，我们给的条件是：努力工作挣钱就行！

刚刚，我们讨论的是条件，做任何事都需要有条件。请大家一定要记住，通过条件的改变，事情就能发生变化。

第四节 愿景引导行为层面的班组干预方案4——找不同的朋友

矫治目的：感受彼此友好相处时人际差异不是和谐相处的障碍，训练

利他、共情等行为

参与人员：整建制班组

持续时间：30~50分钟

所需道具：无

可用场地：监舍、监区、团体活动室等

矫治内容：找不同的朋友

矫治过程要点：

1.用眼睛寻找一位和自己最不同的朋友。

2.主动走向自己选择的最不同的朋友面前，用语言说服对方和自己做朋友。

3.两个朋友为一组，坐下，聊聊彼此间的三个不同。

4.引导讨论：为什么在找不同的时候，可以感觉很好玩，而有些时候会感觉跟不同的人在一起特别难受？在什么情况下，“不同”不会变成两个人之间的障碍？

5.分享、讨论。

6.再找一次。

详细引导语示范：

下面我们做一个游戏。大家要用眼睛在咱们这个班里找一个跟您自己最不同的人。大家可能会认为谁跟谁都不同，我要说的是，你从心里觉得他跟你不同。现在开始，用眼睛寻找，找一个与自己差异最大的朋友，找到了举手示意我。

谢谢大家，接下来要做的事情希望大家有点儿心理准备，要按顺序来，选择与自己完全不同的朋友，说服他，让他认可。你一定要用语言说服对方，第一轮开始。

一起找，已经找到的就坐在一起，只能找一位。

已经找好了。

好，接下来，两位新朋友开始聊一聊，找出你俩的三个不同点，给大家五分钟时间交流，开始！

时间到！请大家发言！

我们两个的三个不同是：他理性，我感性；他是做事认真的，我是无所谓的；我喜欢开玩笑，他很冷漠。

非常好！谢谢，有请下一组。

我们两个的三个不同是：我爱学习，他不爱；他身上阳光的东西比较多，我比较少；他会闪躲，我不会。

我认为你俩的第二个不同不是这样的，因为太阳照在地球上，一面有阳光时另一面肯定没有，人身上总是会有背阴的一面，这很正常。所以，我觉得你俩只能说位置不同，这不是问题！有要补充的吗？

我们两个学历不同。

明白了，有请下一组！

我们两个的三个不同是：我好静，他好动；他学历高，我学历低；我性格开朗，他内向。

好，下一个问题。其实谁和谁坐到一起都能找出彼此的不同，关键是理解。我的问题是：为什么在找不同的时候可以感觉很好玩，而有些时候我们会感觉跟不同的人在一起特别痛苦和难受？在什么情况下，刚才的那些因素和条件让“不同”没有变成你们两个人之间的障碍和阻碍？开始讨论！

我再强调一下，比如说我跟这个人处不来，只有一个原因，我跟他太不同了。但是，我们会发现，我让大家刻意找的就是他跟你的不同。大家在找不同的时候不仅没有打起来，而且聊得非常好！哪些条件会让彼此间的不同不会成为彼此间的障碍呢？请继续讨论！

好，时间到，我们按小组发言，有请。

什么情况下不同，肯定是关系融洽时！

求大同存小异，彼此包容！

什么事分开做就可以了。

那么，做不同的事和不做共同的事，区别在哪里？为什么在做共同的事的时候，就容易因为彼此见解不同、要求不同、心理需求不同，而出了那么多矛盾和意见，说说理由！

分开做就不会有不同或者分歧。

你的意思是要互相包容。很好，有请下一组！

彼此太了解、太熟悉了，即便是有冲突的时候，也知道彼此没有恶意！

我们的答案很简单：因为有监规纪律，不许动手，要不然早就开打了。是监规纪律在约束。

假如没有监规纪律呢？

那早就开打了！

人类世界和动物世界之间一个最根本的区别就在于，有些事情在你自己心里有标准，比如说，我们可能知道这一拳要不要打，我们还可以去控制自己的这一拳打的力度和打在哪个位置，还可以控制这一拳打在自己的被子上。我不知道大家怎么看，但是我觉得这个小组又做了一个特别的贡献，那就是心理学中的“超我”。“超我”是什么？“超我”是不断地告诉自己是否应该做某件事情。我们做任何事情是从心里去权衡性价比，选择性价比最高的过程，而这个过程是成熟的人和不太成熟的人最大的区别。成熟的人做事情一定会货比三家，去选性价比最高的；不成熟的人的一大特点就是向我们刚刚这个小组所分享的，对于规则他没概念，他不知道去适应和遵守某些要遵守的东西。

下面，我们继续找出不同的朋友。有一个问题，可能我们每个人在做选择时都会和周围的世界有着相互的影响，所以，如果有发信号的而没有接信号的，那么对信息的沟通就是受阻的。到现在，还有不畅通的渠道，我再等30秒钟，你接着找。班长，我有个不情之请，就是请你到我身边来做观察员。大家发现了吗？现在有变化了，格局变了，还得重新开始。大家起立，开始找朋友，然后入座讨论，找出三个相同和三个不同。

时间到，我们开始讨论。

我们的相同点是：都能接受现实，心地善良、人心向善，助人为乐。不同点是：我年轻，接受东西快，他岁数大；我开朗，他冷漠；我乐观，他心事重。

感谢，下一小组！

我们的相同点是：喜欢音乐、都比较感性。不同是：他做事沉稳，我浮躁。

感谢，下一小组！

我们的相同点是：经历和目标相同。不同是：我冷漠，他热心。

下一组，感谢！

我们的相同点是：文艺，爱写东西。不同是：一个内向，一个开朗。

我想说，大家找不同能找到，大家找相同也能找到，为什么呢？

因为了解。

很重要。了解对方你才能找到，了解对方你才会去做比较，才会去发现。谢谢，请问还有什么原因？

因为大家都在一个集体待着，时间长了彼此有一定的了解。

就是用心去感受！

我觉得人都是多样化的，每个人跟每个人都有相同的一面，也有不同的一面，就像您刚才说的那样，我们是求同存异的！

因为没有完全两个一样的，就跟树叶一样，没有完全一样的两片树叶。

我想到一个词叫大同小异，实际上要往一样上说就是大致都是一样的。

感谢，把我下个主题都说出来了，“大同小异”压轴发言，感谢你，有请下一位。

成长环境和生活方式不同。

那怎么还能找出相同呢？

只要愿意找就一定能找到！

好，看你愿不愿意去找！

第五节　愿景引导行为层面的班组干预方案5——送祝福

矫治目的：以朝向美好的未来为导向，以班组成员间积极自我教育为背景，增加自我控制力和利他行为训练

参与人员：整建制班组

持续时间：30~50分钟

所需道具：无

可用场地：监舍、监区、团体活动室等

矫治内容：送祝福

矫治过程要点：

1.民警提问：请大家想想，什么是“每个人都有的，属于这个班的，大家自己都能有的”。

2.依次发言，把自己认为最需要珍惜的“拥有”送给大家。

3.分享讨论。

详细引导语示范：

每个人思考一个问题，属于这个团队的、共同的、每个人都有的、最美好的东西是什么？

减刑。

我刚说的是不管是什么，这个东西能够扎扎实实地在大家手中通过自己的努力就能得到的这个东西。减刑，这是大家心里面最迫切、最需要的。不过，减刑不是只靠大家或者只靠监狱就能做到的。我把它作为一个很重要的贡献吧，感谢瞬间做的贡献！现在，继续去想，属于这个团队的、求大同的东西，最好每个人都有的，属于咱们这个班的，而且是大家自己就能有的。

时间。

能具体解释一下吗？

我现在觉得特别幸运的就是时间，幸好时间是不能停止的。因为我的刑期很长，随着时间的流逝，我的刑期也会越来越短，但是我的年龄也会长，这就是好的和不好的。

好，那你送给大家的祝愿，或者发自内心的祝愿是什么呢？

祝大家新的一年，过好每一天！

感谢你做的贡献，鼓掌。下一位！

生存能力！

请解释一下。

我们改变不了这个大环境，只能是让自己有更强的生存能力，从而适应这个环境！

好，感谢，有请下一位。

心情。以前心情压抑的时候比较多，所以要调节好自己的心情。

谢谢，下一位。

忍耐。政策和环境不好,所以只能忍耐。

今天中午,我看了一个访谈,主持人就说到了这个主题词。她说:“真正的忍耐才是一个人最有力量的表现。”好,我们继续贡献,有请!

一个融洽的小环境需要大家一起创造,和谐的班级更美。

鼓掌,有请下一位做贡献。

互相勉励,在这种环境下只能是这样!

不仅要有融洽的氛围,还能够互相激励、互相勉励。这个更好,谢谢,鼓掌。

包容,在这个环境,你就要互相包容,这一点我们班做得非常好!是每个人付出的努力,互相包容!

为包容鼓掌!有请下一位!

我想的词是成长,人在成长中成熟!

成长很了不起,相当于一粒种子,无论它是在阴凉的地方,还是在有阳光的地方,它不仅要存在,还要努力地去发芽、去成长,好,为成长鼓掌!

活着。

好好地活着,掌声鼓励一下。我不知道大家能记住几个关键的词,大家认真地来总结一下,把所有的词说两遍:生存、时间、互励、互勉、融洽、包容、心情、成长、活着、忍耐,谢谢!

在跟大家告别之前,我送给咱们班一个词——爱自己。有一些人永远长不大,因为他总是需要别人的呵护,成熟和不成熟之间的区别就在于会不会好好地爱自己。所以,预祝大家在新的一年里,做一个能够爱自己的成熟的人。

最后,请全体起立,手拉手围一个圆。班长带头,请大家跟我一起大声说:爱自己!

爱自己!

谢谢大家!

第七章 价值观引导行为层面的班组干预

在前面阶段中，班组内已经确立了辨别是非曲直的价值观。在本阶段，意识形态将更实实在在地转变为服刑人员的改造实践行为。本章所介绍的方案，民警可根据服刑人员班组情况选择使用。

第一节　价值观引导行为层面的班组干预方案1——汪洋中一条船

矫治目的：强化问题解决思维，强化利他行为，在班组中强化共同的价值观——积极、利他

参与人员：整建制班组

持续时间：30~50分钟

所需道具：每班一张废报纸

可用场地：监舍、监区、团体活动室等

矫治内容：汪洋中一条船

矫治过程要点：

1.将一张报纸比喻为汪洋中的一条船，要求全班的重心都要在船上。

2.对折报纸，增加难度，要求全班继续保持重心都在船上。

3.鼓励全班继续尝试。

4.分享、讨论。

详细引导语示范：

一张报纸变成了汪洋中的一条船，大家全部都要站到这条“船”上，不能掉在报纸外面的“海”里。然后，随着报纸不断对折变小，“船”也越来越小，大家要继续尝试到最小的面积为止。这张报纸越叠越小，也就意味着，这个团队的凝聚力越来越大。

无论是几只脚站着，只要重心在报纸上就可以了。至于你们的重心究竟需要几只脚，就要看你们的团队有多团结了。还有，可能团队里有的人身体不好，需要照顾。这就需要大家协调，反正一个都不能少，谁都不能掉

到“海”里去。现在大家起立，进行游戏。

大家按照民警的要求开始游戏，站到报纸上，完成了第一次的游戏。

大家重心要在“船”上。但是，这“船”太大了，现在要把“船”变小。

民警把报纸对折，把“船”变小。

刚才我看到了，大家是在各尽其责，是在完成了自己的事情。对我们班来说，除了每个人完成自己的事之外，还要互相帮扶、互相照顾，否则后面的路真得太难了。好的，我们现在就开始下一轮挑战。

这时，有两位服刑人员表示：这太难了，我们愿意牺牲，我们自己掉“海”里吧。

不能有掉“海”里的，大家要一起完成，想办法。

大家按照民警的要求开始游戏，尝试着继续站到报纸上，相互协调，最后终于完成了这一轮的游戏。

加大难度，报纸继续对折，“船”继续变小。

有服刑人员表示应该结束游戏，不再挑战：危险都是这么产生的，我觉得人不能追求太极致的东西，应该适可而止。

我觉得再站上去对个人有太大挑战，人总是贪得无厌，最后就掉“海”里了，应该知难而退。

每个人有自己的想法，一定有他自己的原因和出发点。刚刚大家谈到的退出原因，那是你个人的思考。游戏要进行下去，还可以有其他办法，我刚才听到有人提议就很好，比如，你们的棉衣都还穿着。还有，没有人说可以把自己的脚拿出来让别人去踩着。我想说的是，大家其实可以再多一点团队的努力，可能就会有不同的结果出现。我想请大家把你们那些个人的想法和理由先放一放，游戏不存在对还是错，只存在这一刻，在这个房间，你们一起全力以赴的态度。我们暂且把今天这个游戏当作大家全力以赴地疯一次，给这个班级留下一点记忆。刚才大家都想到了很多，其实缺乏的只是“要这么做吗？”“谁来这么做？”

所以，这么小的面积，一定是有人要做奉献者，把脚放着让人来踩。刚才，我听到有人有特别好的建议，说是把人背上。所以，你们其实不缺乏思考，问题也很明显，厚衣服占地方了，脚占面积了，背起来就解决问题了。所以，我现在要和场上的七位谈的核心问题就是：人群中，特别多的人是只有想法，没有去做。如果我刚才没有听到大家那么有智慧的思考和办法，你们提出退出，我可能会说算了。在这个世界上最可怕的事情就是，自己放弃自己。自己放弃自己其实太容易了。但是，你们记住，如果你只是为你自己的话，你怎么选择都行。可还有那么多爱你、依靠你的人，在等着你的肩膀依靠。所以，就这样一张小报纸，我希望你们能用全力以赴的态度对待，你们一定能做到！大家加油！

大家按照民警的要求开始游戏，站到中间的报纸上，想办法，互相踩在脚上减少面积，终于完成了游戏。

基本上算成功了，大家怎么看“基本上成功了”这个结果？

这个就是潜在的意识问题，我觉得就算再减一半也行。

我觉得这个游戏不难，主要是看一个班的团结，互帮互助。

我觉得这个游戏是考验这个班的团结，但意义不大！

我觉得如果立刻下结论，可能有点儿草率。其实世界上什么有意义，什么没有意义，不在于这件事情本身，而在于大家看待这件事的态度。你愿意让它有意义，它就有意义。你要是觉得它没意义，就真的没有意义了。还有其他感想吗？

我觉得就是挖掘潜力，不断地调整，挑战自己的极限。

你们怎么看待这个游戏，那么大的报纸一次一次变小。而且，你们没有太多的变化与努力，你们没人脱掉外衣，也没有人脱掉鞋子，也没有人背上他人，什么变化也没做，但是还是保持“基本完成我的职责就可以了”的态度。你们怎么看?

这个我也不知道了。

我觉得就是困难来了,就去尝试一下,不要放弃希望!

这句话很精彩!困难来了,其实最可怕的是你自己放弃了希望,你自己压根儿都不想去尝试了!你就放弃了自己朝向最美好的可能。

第二节 价值观引导行为层面的班组干预方案2——得失之间

矫治目的:引导服刑人员充分感受物质价值的得失,强化自我概念、塑造自我约束行为,继续强化利他行为

参与人员:整建制班组

持续时间:30~50分钟

所需道具:

1.可以使用沙盘配套的沙具若干,也可以用纸搓成小纸球等。

2.白纸。

可用场地:监舍、监区、团体活动室等

矫治内容:得失之间

矫治过程要点:

1.将2~3人分为一个小组,小组坐在一起,每组前的地面上放一张白纸。

2.每人挑三个小物品放在白纸上。

3.每个小组有1分钟时间,小组成员同时行动,随意去拿其他小组面前的物品,拿回来以后放在自己小组的白纸上。要求:第一,每人都要完成两

个动作：拿和放。第二，必须一样一样地拿，不要一把抓。

4.一共进行三轮，三轮的活动顺序要做变化，第一轮从一侧的组开始，然后每组依次进行。第二轮从反方向的另一侧的组开始，依次进行。第三轮从中间那组开始先来，依次进行。

5.分享，讨论。

详细引导语示范：

首先，两人组成一个小组。接下来，我要给每个小组一个机会。每个人从前面这些物品中挑选三个，迅速去挑就可以了，因为待会儿这些物品会流动，所以这些物品只是暂时属于你。我给每个小组发一张白纸，放在你们面前，待会儿你挑回来的物品要放在白纸上。

大家按照民警的要求分组，依次分别挑选物品，放到面前的白纸上。

现在，每人都有三样了，我再给每个小组一个机会，可以加一样东西。下面，游戏就要开始了。我们的游戏要进行三轮，每个小组都会有1分钟时间，需要小组成员同时站起来，完成一个拿的动作和一个放的动作。注意，必须一样一样地拿，不要一把抓。至于要拿谁面前的物品，这随便你，爱拿谁的拿谁的。放下去也随便你，爱放谁那儿放谁那儿，但要求是必须放在白纸上。我们共进行三轮，第一轮从班长这组开始，然后每组依次进行。完成后，进行第二轮时，从反方向的那组开始先来，依次进行。第三轮要从中间那组开始，依次进行。

大家按照民警要求，开始游戏。每组依次进行拿取。

游戏结束。下面我问一下大家的感受，你们是怎么想的？

我没有多想，就是随便拿，然后随便放。

我们就觉得自己东西自己拿，也不拿别人的。但是，没想到人家都给我们，我们就乱套了，有点混乱。

我觉得我的白纸很小，所以不要太多。

这个团队让我很意外，大家都在想着别人，有很多利他的做法。让我们为这种不自私的精神鼓掌！

下面，我为了刺激一下大家，让大家不要有那么多地利他。我希望大家在这个游戏中感受到人生的得与失，而不是只看这个团队的利益。我现在加一个规则，第二轮之后，我们来数一下，哪一组面前的东西最少，哪一组要站起来给大家唱《新年好》。而白纸上东西最多的一组，我们要为他们鼓掌。因为他们最有策略。大家抓紧时间商量一下策略。

好的，刚才是尝试，现在游戏正式开始。

大家按照民警要求，开始游戏。每组依次进行拿取，然后放下。

现在，请输的服刑人员给大家唱歌。

面前东西最少的一组出列为大家演唱《新年好》。

大家再商量一下策略，下一轮准备开始。

大家开始游戏。每组依次进行拿放。

进行了两轮比赛了，我想请大家分享一下你们的思考。

开始关注了一下周围，尽量做到平衡。

平均很重要。

别人的少就要给别人，大家都差不多。

我觉得我拿一个给别人，别人也会给我。若别人不给我，也没关系。

我看到他们已经唱歌了，不想让他们再唱了，就给他们了。

输的服刑人员出来唱歌吧。

面前东西最少的一组出列送给大家唱《新年好》。

关于人生的得与失，有很多东西是需要我们去思考的。下面，我们再来一轮，这一次我要求你们两只手都要去抓，仍然是完成拿和放两个动作。现在你们讨论一下，然后开始。

大家讨论，然后开始游戏。每组依次进行拿和放。

这轮结束了，一样问大家的感受和想法。

有人都唱了，就不要再唱了。

想让他们唱一回。

还是希望大家一样多，谁给我们，我们要给回去。

我们自己不给别人，别人的我们也不想要。

那么这两位面前东西最少的服刑人员，给大家唱歌吧。

面前东西最少的一组出列送给大家《新年好》。

这个团队真的让我很敬佩，大家可以很默契地达到平衡。那么下一轮，随着两只手拿，随着面前的东西越来越多，情况也越来越复杂了。我们看一看下面这一次谁来唱歌，大家商量一下策略吧。

大家按照民警要求，开始游戏。每组依次进行拿和放。

结束了吗？有一组少一个。那么，我们再分享一下感受吧。

我刚才想让大家都平衡，但是没做到。

没有均衡得很好。

我可不可以理解为大家都知道你们两个不愿意出来唱歌，所以，大家就很默契地让能唱歌的出来唱歌？你拿之前有没有想过谁唱？

我们的意思是想让他们唱，但是最后一小组思路乱了，就没有成功。

世事难料，我们也没想到。

我们会发现有一件很有意思的事，就是前面无论你掌握着多与少，但是最后出场的往往会决定整个事件发生的走向，你就无法控制了。所以，究竟什么时候才能说我到底得到多少或者失去多少，真的不能轻易下结论。有个成语叫盖棺定论，就是不要因为一时的得到而窃喜，也不要因为一时的失去而难过。千万不要觉得我就得不到了。因为即使到了最后一刻，仍旧会有很多我们不可预料的事情发生。而对于这些不可预料的事情，如果我们能尽量去掌握和预料，那我觉得我们的人生就能更加主动了。那么，这样一个更加主动的过程，是需要你具备更多力量、具备更多观察力和思考力的。最后，请你们两位被“不可预料的事”发生了的人发言。

就是像刚才说的一样，很多事不能都均衡了，不能什么都和我们想的一样。每个人的思想都不一样。

谢谢，你说得很客观，也谢谢你可以坦诚地承担，减轻了最后一组内心的负担。谢谢。

我觉得如果我们压轴来做的话，我们一定会把数量都相等。然后，把球踢给民警，看你让谁来唱这个歌。

刚才这位服刑人员很诚实地告诉大家他们的感受，同时也在告诉大家，在有很多失去的时候，其实你也会有很多得到。为这一组鼓掌。

现在中间这一小组要唱歌了。他们在唱歌的时候大家要思考，他们除了有可能得到大家的认可，还有可能得到什么呢？我想请大家打开一个视角，任何人在失去什么的时候，也会得到什么。每个人都要思考，然后举手告诉我，依次发言。

虽然唱歌了，但是很开心。

虽然他唱歌了，但是我为他骄傲。

听到他的歌声，我很高兴。

他挺有担当的，我谢谢他。

他们承担了，我觉得他们很有勇气。

我也是要感谢他们！

你俩成英雄啦，发表一下感言。

我觉得这是个游戏，唱歌无所谓。但是，以后在外面遇到任何困难都要承担。

我想请你回答的是，在监狱里面，遇到一些不公平的事情时，你会告诉自己这样的事情其实也是有一些价值和意义的，你会对自己怎么说？

那不公平应该也会有它的道理，我也会面对。

刚才大家对你们的赞扬，把你们当作英雄一样赞美的时候，其实你也得到了很多。

是的。我觉得这就够了！这太值了！

今天和大家讨论的话题是得与失，我觉得大家要记住，鼓励自己最好的方法就是在失去的时候要告诉自己，这份失去的背后，也会有一些价值和意义，能够拿到这些价值和意义的人，他们都会在自己的一生中得到越来越多的收获和美好！所以，我想说，第一，再次看看你面前的小果子，它代表什么呢？它代表着你所在的班级，在你们班长的带领下，这么和睦、这么有礼数。大家都很有修养，能够懂得照顾别人，能够考虑全局的利益。我觉得这就是很难得的修养了。第二，请大家记住，在最后那一刻的一个不经意的闪失，可能会导致你计划的全局发生了不一样的变化。面对任何问题时，我们都要笑着去看它背后的价值和意义。我希望大家能够牢牢地记住：所有的失去背后，一定会有特别的价值。我们要去努力寻找它！只有找到这个价值后，你才会让自己的人生谷底变得很有意义和力量！

第三节　价值观引导行为层面的班组干预方案3——拍卖会

矫治目的：通过服刑人员看重的物质、精神等诸多项目的比较，进行深化的价值观教育

参与人员：整建制班组

持续时间：30~50分钟

所需道具：打印好拍品

可用场地：监舍、监区、团体活动室等

矫治内容：拍卖会

矫治过程要点：

1.准备拍品，并标明底价。建议拍品及底价如下：

身体健康1000元

每天鼓励自己1000元

面对挫折的坚韧心1000元

获得一张学历或职级证书1000元

保持好心情 1000元

拥有好的人际氛围1000元

亲情1000元

家人健康1000元

2.2~3人分为一个小组，每个小组共同拥有10000元。先安排小组讨论一下拍卖计划。

3.进行拍卖会。

4.分享、讨论。

详细引导语示范：

今天，我要帮大家整理您认为最重要的一些价值和最重要的一些东西，咱们举行一个拍卖会。这个白板上有若干的东西，它们都是精神类的。下面就请在场各位分组，两人一组。一共分了五个小组。你们的任务：每个小组共同的现金是10000元。这10000元用来参加咱们今天的拍卖会。你们每个组先商量一下自己的竞拍计划，讨论一下什么是对小组来说势在

必得的，什么是不那么重要的。一会儿拍卖是这样的：我将依次出示拍品。比如，第一件拍品身体健康，底价1000元，每个小组只要一举手就加100元，变成1100元了，别的小组可能会出1200元，还可能人家一张嘴就是5000元。具体出多少，由您决定，反正每个小组都有10000元。还有一个问题，如果有两个小组甚至你们五个小组全都说了10000元，则每个小组出一个代表，用30秒钟进行一个演讲拉票，然后咱们投票决定，票数多的，拍品就归这一组啦！好，接下来，就请各小组商量一下。讨论好了，可以举手告诉我一下。

那咱们开始啦！咱们一样一样地来。从这件开始，当您拍到它的时候，这张纸就到您手里了。第一件拍品，每天鼓励自己。我不知道各位怎么理解每天鼓励自己，哪一位愿意来解释一下您理解的“每天鼓励自己”是什么意思？

我的理解就是，每天早晨起来都得有个积极的上进心。

积极的、阳光的话都是鼓励。

好，谢谢！我觉得最了不起的人，心理力量最强大的人，是能够自己鼓励自己的人。很多人喜欢被鼓励，但是，当我们希望得到别人鼓励的时候常常会是小孩子的状态。所以，一个成年人要懂得自己鼓励自己。1000元起拍，举手一次加100元，三次没人理就流拍。1000元一次，你们的眼神和表情都在告诉我，估计要流拍了。大家对这个都不太感兴趣。但我还是要把流程走完。1000元两次。有人举手了，1100元。

不是，我第一个举价的，应该是底价。

为了保证我能开张，咱们就按底价。好，1000元一次，还有没有哪个小组愿意来竞价？1000元两次！三次的时候就没有了。1000元三次，每天鼓励自己是这个小组的了。掌声（鼓励）一下！

说说你们组的心得吧。

我觉得我们得到这个“每天鼓励自己”确实挺值的，因为底价拍回来的，性价比高。

好，感谢。第二件拍品，面对挫折的坚韧心，在任何时候都是非常重要的，让人仰视和敬佩的品格。第二个小组，你们帮忙解释一下，什么叫面对挫折的坚韧心。

就是有事多忍耐一下。

忍耐，好。我觉得，一个人是否成熟，是否让人敬佩，很重要的一点就是面对挫折的态度。而面对挫折的时候自己能特别坚定地朝向自己要去的方向，真的是要竖大拇指的，只是要做到真的很不容易。1000元起拍，仍就按第一次举手还是底价，我们保持一样的政策。1000元一次。1000元两次。

举手。

有人举手了。1000元一次。

举手。

这次在举手就要加100元了，1100元一次。

举手，1500元。

1600元。

2000元。

2100元。

2100元一次，2100元两次，如果再没有出价的，将以2100元成拍。

举手，2500元。

2600元。

2700元。

2700元一次，面对挫折的坚韧心，我个人认为，对于我来说它可能是高于一切的，因为它意味着你有力量。所以，我也请旁观的几个小组有一个思考。2700元两次。

举手，2800元。

3000元。

3000元一次，用3000元这样一个投入我感受到了这个小组的坚持。

举手，3100元。

3100元一次，3100元两次，大家还有最后的机会，3100元三次，成交！掌声（鼓励）一下！

好，谢谢！把成交价写在上面的同时，你们两位谁来给大家分享一下，拍得它之后的感受。

在逆境当中应该有这种不放弃的心态。

好，谢谢！第三件拍品，身体健康。中间的这个小组，哪位给大家解释一下这个拍品的意义。有请！

大家可能对身体健康的认识不一样，都无关紧要，为了能够身体好，应该说大家对自己的要求不是特别高，都不在意。所以，身体健康应该说是基础，只要内心健康就身体健康吧。

可能我有点儿不同意见，就是内心健康和身体健康可能还真的会有一点儿区别。身体是躯体的心、肝、脾、胃、肾，而心理健康是思考过程。有人举了一个例子，说每个人的身体健康就是站在那儿成一个数字“1”，你所拥有的其他的一切都排在“1”的后面。当这个“1”躺平了就表示一切归零。当“1”站立时，你的心、肝、脾、肺、肾、肌肉、骨骼都排在“1”的后面，这样你拥有的一切加一起会是一个天文数字。我不知道大家怎么看，你所拥有的是天文数字！我接触过很多人，其中一位，12岁时家境特贫寒不得不去工地打工，命运多舛，经历了若干次的事故后，他的眼睛看不见了，一条胳膊没有了，一条腿也没有了。在这种情况下，他在一些慈善机构的帮助下，补习小学、初中、高中课程，学习画画。现在，他以画画和在世界各地做励志演讲来养活自己和他的家庭。现身说法时，他说有人问他，你现在在各处演讲和卖画，你是不是赚到很多钱了？他说，你们在场的每一位都比我有钱，大家很诧异。他说，你算过吗？用多少钱能买你的眼睛？用多少钱能买你的胳膊？用多少钱能买你的腿？用多少钱能买你在没胳膊、没腿、没眼睛的情况下，一个人在黑暗中艰难挣扎的那些心路历程？所以，心理学有一个发现，拥有的时候你不知道它无价，而当它没有了你才会知道。你们每个人所拥有的健康就意味着你有一座金山，你是一个千万级的富翁。

好，我们开始对健康拍卖。底价1000元。

举手，1000元。

举手，3000元。

3000元，我发现你们组越拍越有豪情啊。

举手，3100元。

……

举手，4100元。

举手，4500元。

……

举手，6000元。

举手，6400元。

举手，出价10000元！

10000元，志在必得！10000元一次，还有吗？其他小组出价吗？10000元两次，如果哪个小组也出10000元，可以做一次演讲比赛，也许你能拉到更多的票，10000元三次。掌声（鼓励）一下！

谢谢！请你们小组发表一下获得这个拍品之后的感受。

我觉得，一个人有再多的朋友，事业再成功，家人再健康，有再多的钱，如果他没有一个好身体的话，就像您刚才说的：一个人本身是个“1”，这个“1”倒下来了，所有的都没有了。

好，感谢，下面我们继续。第四件拍品，亲情。接下来轮到第四小组给大家做贡献，解释一下这项拍品的意义和价值。

亲情是无价的，举个最简单的例子，在这里只有亲人才能接见，否则进不来。

感谢！亲情底价1000元。如果到最后，你们组富得只剩手里的那10000元了，你们小组是不是就应该给大家唱首歌。

举手，1000元。

举手，3000元。

举手，8000元。

太有钱了，之后就不好掌握了，可以一点点地涨。

举手，8500元。

举手，10000元。

10000元应该有底气，还有出10000元的吗？10000元一次，10000元两次，10000元三次。掌声（鼓励）一下，你们获得了亲情。

谢谢！把10000元标上去，然后派个代表发表一下感言。

10000元钱买个亲情，多便宜，买的是这种感受。

感谢！第五件拍品，获得一张学历或者职级证书，它的意义和价值究竟是什么，请第五小组给大家做个解释，谢谢！

就是没什么用。对于我们来说，这个没什么用。反正给我，我不要。

哪位觉得能换个角度来看，咱们曾经讲过“方法总比问题多”，加条件可以改变一个角度。比如，水一定是液态的。不是，加条件，零下水会变成固态的。哪位告诉我，什么情况下，一张学历或者职级证书会有价值？

没进来的时候，它有价值。

好。我们还要限制，就在进来了，它仍旧有价值。哪位能帮忙？

确实没用，因为我好多证书，我那一沓儿呢。

好，谢谢！我有很多证书，它们都没有意义。听到这些话的时候，我心里有点儿难过，因为我也有一沓儿证书，我那一沓儿证书里，每一个我都可以问心无愧地说我付出了很多的努力。基本上我从1993年开始12点以前就没有睡过觉，所以我会在同行中间领先，我也深深地知道有那么一沓儿证书都没有用背后的无奈。哪位能帮帮忙，既然我们是在一起的团队，互相给点儿力量，什么情况下它会有意义？

就付出来说，在你学任何一个技能的时候，你付出的时候，价值很高。

在场的各位亲友团，请认真地为刚才的发言，以及愿意为团队去做这样一种推动而付出的家人鼓掌！当我们把视线放在了超过你的视线的更漫长的一生的时候，这些证书可能就会有特别重要的价值了。一生究竟有多长？有些人会认为，我在狱内出不去了。有些人会认为，我有责任和使命让我的生命持续到开百岁生日聚会，邀请我所有重视和在乎的人，见证我的喜悦和努力。我不知道各位会不会觉得，这大概可能会是你应该放在心头的使命和责任。我们回到拍品上，证书需要以你的勤奋和努力来见证它的含金量，非常有价值的含金量。也许现在你拿到它没有意义，但我想让大家拍回去的目的是，放远你自己的视线，对未来关注，而不是拒绝去看到它。

好，1000元起拍。

举手。

感谢！1000元一次，还有吗？1000元两次。

举手。

感谢！1100元一次，1100元两次，1100元三次。掌声（鼓励）一下，谢谢！

标上你们付出的成本，谈一谈拿到这份拍品的感受。

这个挺合适的，就比底价高100元钱就得到这个拍品。其实我觉得，在这里面更讲究的是一个逻辑，为什么我要在他们竞价以后才出价呢？这个其实有挺大学问的。因为在我们这个五个小组之间博弈，还有三个拍品，加上这个还有四个拍品。他们（指先举手竞拍的小组）手里的现金是10000元钱，而我们手里只有9000元钱了。如果遇到一个特别想拍的拍品需要全力竞价的时候，我们争不过他们。可如果在这件拍品上，我们出价1100元，他们这个时候跟随了，付出1200元的话，那么，在下一个拍品时，我们就占有绝对的优势了，我们是最有钱的。当然，这是我们要达到的一个效果，既然他们没出，那我们拿到这个相当于底价的物品，我觉得也合算。

刚才这段发言让我由衷地要对这个小组表达敬佩。第一，全图视角，他们不仅看到在我身后还有拍品，还看到其他小组的态度，他们还会权衡自己应该怎么样处理。这样一个全图的视角了不起！第二，有自己的规划，而这种规划是每一个成年人都应该有的。

好，我们的第五件拍品，家人健康。有很多人，在你心里无论你想不想提他，他的名字一旦出现，你的感觉就会不一样。也许你的付出不是你的收获，而是你在乎的一些人的收获。家人健康，底价1000元。

举手。

举手，1100元。

举手，5000元。

举手，6900元。

6900元这个报价是因为你们就这么多钱了吗？

对。

明白了。好，6900元。世界上最昂贵的付出就是我只有这么多，我全都拿出来。谢谢。

举手，10000元。

10000元，那我就不用再多说了，因为你们组钱最多。把你们付出的成本写到后面，然后小组做个发言，是什么让你们全力以赴？

这个就是物有所值吧，值这个价。

当我看到大家愿意把自己能拿出来的全都拿出来，是为了其他一些人更健康、更美好的时候，我觉得这就是人的高尚和伟大。特别感谢各位愿意用这种态度来表达。第六件拍品，良好的人际氛围。说真的，什么都不如在自己的现实环境中有良好的人际氛围。关于这个的解释请一组做贡献，解释一下。

人生的基础也挺难的。

好！我觉得，良好的人际氛围是一个人最起码的能力。如果不能在自己的身边营造出一个良好的人际氛围。那么这个人人缘就太差了，就该对自己有所观察和反思了。所以，一个好汉三个帮，良好的人际氛围还是很重要的。1000元起拍。

举手，3000元。别的小组已经出局了，现在就剩两个组竞争了。

3000元一次。

6900元。

这样的一个态度，我觉得你们要表达的是豪情。人最有力量的就是心理力量，6900元，良好的人际氛围归你们组了。发表一下获奖感言。

就这个挺重要的，比那几项都重要。

好，谢谢！

警官，其他组都没钱了，最后这一件拍品“保持好心情”，我给你1000元钱拍下怎么样？

好的！你们坚持到了最后。下面大家把拍品都字冲外拿到手里，让别的小组都能看到。谢谢！这就是你们今天的收获。

第四节　价值观引导行为层面的班组干预方案4——送礼物

矫治目的：通过选择礼物、送出礼物，对班组的价值观进行整理、建设，同时促进利他行为，一方面增加自我内心和谐度，另一方面强化自我管理

参与人员：整建制班组

持续时间：30~50分钟

所需道具：白纸、笔

可用场地：监舍、监区、团体活动室等

矫治内容：送礼物

矫治过程要点：

1.分组，2~3人一个小组，每组发一张白纸、一支笔。

2.要求每个小组给其他小组准备一份精神类的礼物，写在纸上。

3.走到其他小组前，双手送上礼物。

详细引导语示范：

下面就请在场各位分组，两人一组。每个小组一张白纸，这张白纸上有你要送给别的小组的礼物。注意只能送给别的小组。你将礼物写在这张白纸上，这个礼物只能是精神类的，不能是物质类的。然后，你要郑重地把这份礼物送过去。这个活动是为了增进团队中关注别人的态度。小组内两位商量一下，给哪个小组送礼物，送什么礼物。

请问，能多送吗？

你是希望给其他四个小组都送是吗？

对。

这个提议特别好。这样吧，可以把纸撕开，分别送礼物。这是一份礼物，大家要带走的，将礼物写在纸上以后，要签上你们的名字，让对方知道是谁给的。

钱是最不值钱的。咱们可以去揣摩别人的需要，予人玫瑰，手有余香。咱们现在轮流答谢。一号小组，从你们开始行吗？两位请到我身边来。

两人起立，走到民警身边。

两位配合一下，一位说，另一位走过去送。

我们在拍卖会上倾尽所有拍到了身体健康，我们觉得得到这个确实不容易。然后，我看到他们几个组这点儿东西好像都挺好的，但是没有健康全都白搭。所以，我们决定倾尽所有，让他们如愿。祝他们身体健康！另一位上前按顺序送出纸条。

掌声（鼓励）一下，谢谢！二号小组两位，有请。

我们送出的是早日回家、身体健康、家人健康、保持好心情。

你们这是送一个组还是送四个组？每个组都送四样东西吗？

对。

虽然这个有点儿违规，但人家愿意往外送，我就不拿规则来卡，感谢你们这种奉献的态度。三号小组，有请。

我们送一号小组：保持好心情，因为这么多年都挺不容易的，每天保持好心情挺重要的。送二号小组：每天鼓励自己，因为每天在监舍里负面情绪都挺多的，需要自己给自己鼓励，自己给自己加油。送四号小组也是保持好心情，因为××心情一直是比较压抑。

××请站起来接一下他们送的礼物。

我们送五号小组也是保持好心情，因为心情好了就能事事顺利。

谢谢，掌声（鼓励）一下！

接下来，有请四号小组。

我们送给四个小组的都是信仰，因为信仰就是动力。

谢谢！接下来请五号小组。

我们送给一号小组的是减刑，××马上就要回去了，拿了好几个奖，我们先在精神上给你减刑。送给二号小组的是健康，他俩身体不好。送给三号小组的是良好的人际氛围，他们人多。送给四号小组的是快乐，他俩喜欢音乐，给他们来点儿快乐、来点儿音乐。

现在，把你们收到的礼物放在你们面前，让每个小组都可以互相看到。每个小组就面前你们组所拥有的这些，对这个大团队说一句获奖感言，或者说点儿你的感想，这次要求每位都发言。

我们都盼着早日回家，早日回家必须有一个好身体，回了家以后保持一个好的心情，然后再有一个积极向上的信仰，我觉得我就离成功不远了。

大家送的礼物，我觉得全部集中在我身上，我想什么事都会成功啦！所以我特别感谢你们。

我们班都知道我身体不好，我特别感谢大家给我健康！

我觉得通过赠送，我和大家一样都获得了美好，也和大家一起分享这份美好。

通过之前的人生拍卖会，我最关注的一点就是有所得就有所失。对于人生来说，可能就是要了这个顾不上那个。我觉得这就是事实，我们每个人都应该接受。其实，这个世界需要用努力和付出换得一些你想要的东西。

这次给我印象最深刻的一个是信仰，另一个是面对挫折的坚韧心。这是大家都应该每时每刻保持或者说面对的。

之前大家竭尽全力去拍的东西，又无私地送给了团队里的其他人，我觉得特别感谢大家，这充分体现了良好的人际关系。

我觉得我们拍到的是特别想要的，大家送的也都是特别想要的，这次活动满载而归！

我希望大家不管是拍到的还是接受到的都能实现！

今天无论是拍品还是礼物都不是可以用钱买到的，都是无价的。今天只是一个游戏，但从这游戏当中得到了很多人生道理，要有一个阳光积极的心态！

请各小组把你们所拥有的收起来，这是你们的珍宝，你们轮流负责保管。今天你拿到这些纸面的东西，它并不意味着真正拥有，我的作业就是，各位都要想一想，你怎么做才意味着你真正地拥有了这些。

第八章　延伸矫治效果的班组干预

对服刑人员的心理矫治不可能一蹴而就，在班组中进一步从愿景、身份定位、价值观等维度延伸矫治效果，促进积极改造行为定型。本章所介绍的方案，民警可根据服刑人员班组情况选择使用。

第一节　延伸矫治效果的班组干预方案1——如何珍惜我的珍宝

矫治目的：以珍惜视角，强化自我概念，强化内心的愿景

参与人员：整建制班组

持续时间：15~30分钟

所需道具：每人一张白纸或彩纸、笔或水彩笔

可用场地：监舍、监区、团体活动室等

矫治内容：如何珍惜我的珍宝

矫治过程要点：

1.每人一张纸，纸对折。

2.在纸的最上端写“×××（自己的名字）的珍宝”。

3.要在3分钟时间内写出现在拥有的、无价的、免费拥有的三类珍宝，不限数量。

4.经过认真思考，从中找三个自己会特别珍惜的词。在这三个词上画个图形重点标注。

5.分享、讨论。

6.每个人写出对自己的承诺：为了真正拥有，自己将怎么做，并签名。

详细引导语示范：

今天跟大家在一起是从珍宝开始。那么珍宝是什么呢？请大家挑一个自己喜欢的颜色的水彩笔，再拿一张已经对折好的纸。你拿着这张纸，先不要把它打开，先在这张纸的最上面写上“×××（自己的名字）的珍宝”。写好以后，把这张纸打开，在里面写上你现在拥有的、无价的和免费拥有的

三类珍宝。

我先举个例子让大家找找感觉。我要举的例子是血液。下面每人说一个。

健康的脏器官、生命、父母、时间、健康、经历、阅历。

其实,还有很多是大家没有注意到的,比如,用钱可以买来笑,但是买不来欢乐。再如,你可以有知识,也可以有很多思考。大家可以在纸上写,给大家3分钟,能写多少就写多少。

好,写完了我们交流一下。

孝、生命、父母、家庭、亲人、好朋友、自己的情感。

心态、生命、表情、经历、联想、笑容、友善。

阅历、生命、父母、兄弟姐妹、正义、道德、理想。

健康、心态、父母。

父母、家庭、健康、生命、学习、亲友、快乐、自由、洁净的空气、优美的环境、阳光、白云、大自然。

健康、时间、思想、生命、知识。

时间、生命、亲情、爱情、经历、阅历、磨难、坚持、等待、希望、知识、交流、责任、担当、痛苦。

时间、家庭、知识、经历。

接下来,经过认真思考,在你所有答案中找三个词,是你最珍惜的,把这三个词圈起来,我一会儿问你会怎么去珍惜。

我的是父母、家庭、大自然。

健康、乐观心态、等待。

生命、健康、心情。

健康、心态、父母。

父母、家庭、快乐。

健康、时间、自由。

心情、责任、学习。

家人、生命、经历。

谢谢。既然是你最在乎的，它就不能是放在嘴上的口号，你怎么才能拥有它？可能因为大家在狱内服刑有一定的限制，但是我觉得你也能做点什么让自己有所不同。每个人在这张纸的空白处认真地写一句话。这句话就是你可以真正落实的方案。比如，我要健康，那么我每天要坚持喝八杯水；我要让父母省心，那么我要通过好好服刑，争取早日回到他们身边。下面，请你认真地做承诺，这个承诺是："我承诺将会……"然后签上名字、日期。

接下来，我想让大家把承诺跟班组其他成员分享一下，让大家都有一个更好的方向。

我希望在祖国的蓝天白云下与家人去游山玩水。

在今后改造中平和心态。

发奋图强。

多多学习。

每一天都使自己快乐。

早一点儿出去。

用一颗感恩的心面对以后的生活，我会努力坚持、也有责任担当。

我想早日回到家人身边。

第二节　延伸矫治效果的班组干预方案2——真心祝福你

矫治目的：强化、深化班组中的正性互动，延续心理矫治效果

参与人员：整建制班组

持续时间：30分钟

所需道具：彩纸、彩笔

可用场地：监舍、监区、团体活动室等

矫治内容：真心祝福你

矫治过程要点：

1.为每人准备多张彩纸。

2.每人为其他人写一份礼物。

3.依次送礼物。

详细引导语示范：

大家需要互相送一份礼物，在彩纸上写上您认为比较珍贵的一段话，送给其他人。这个礼物会变成咱们这个班长久留存的一个记忆，所以千万别忘记签上自己的名字。

好，咱们按顺序来送礼物，您先请。您从您对面开始依次送。那么，大家在他送的时候也把自己的礼物顺序整理好。送礼物的时候，要走到对方身边十分认真地说："我把××祝福送给您，祝福您"。

我把"改变"送给你，祝福你。这是我送你的礼物：正道，祝福你。这是我送你的礼物：幸福，祝福你。我把"健康"送给你，祝福你。送你的礼物是"保重"，祝福你。这是我送你的礼物：坚持，祝福你。这是我送你的礼物：家人，祝福你。送给自己的礼物是：坚强。

来掌声（鼓励）一下。有请下一位。

这是我送你的礼物：早点回家，祝福你。这是我送你的礼物：实现自我价值，祝福你。这是我送你的礼物：健康，祝福你。这是我送你的礼物：家人的祝福，祝福你。这是我送你的礼物：做好自己，祝福你。这是我送你的礼物：早日回家，祝福你。送给我自己的礼物是：健康。

掌声鼓励！下一位。

这是我送你的礼物：活着，祝福你。这是我送你的礼物：坚持，祝福你。这是我送你的礼物：珍重，祝福你。这是我送你的礼物：保重，祝福你。这是我送你的礼物：学习，祝福你。这是我送你的礼物：尊重，祝福你。这是我送你的礼物：健康，祝福你。给自己的是：坚持。

来掌声（鼓励）一下。下一位继续。

我送你的礼物是：每天快乐，祝福你。我送你的礼物是：每天快乐，祝福你。这是我送你的礼物：每天快乐，祝福你。我送你的礼物是：每天快乐，祝福你。我送你的礼物是：每天快乐，祝福你。送给自己的也是：每天快乐。

掌声鼓励！下一位继续。

这是我送你的礼物：早日回家，祝福你。这是我送你的礼物：好的心态，祝福你。这是我送你的礼物：心想事成，祝福你。这是我送你的礼物：回家之后，心想事成，祝福你。这是我送你的礼物：身体健康、早日回家，祝福你。这是我送你的礼物：学习天天向上，祝福你。这是我送你的礼物：身体健康，祝福你。给我自己的是：心态平和。

来掌声（鼓励）一下。有请下一位。

这是我送你的礼物：身体健康别有病，祝福你。这是我送你的礼物：这一秒不放弃，下一秒就有希望，祝福你。这是我送你的礼物：命里有时终须有，命里无时莫强求，祝福你。这是我送你的礼物：你若安好便是晴天，祝福你。这是我送你的礼物：好人一生平安，祝福你。这是我送你的礼物：万事俱备，只欠东风，你的未来不是梦，祝福你。这是我送你的礼物：好人一生平安，祝福你。送给我自己的是：坚强。

来掌声（鼓励）一下。下一位继续。

这是我送你的礼物：身体健康，祝福你。这是我送你的礼物：身体健

康，祝福你。这是我送你的礼物：身体健康，祝福你。这是我送你的礼物：身体健康，祝福你。这是我送你的礼物：身体健康，祝福你。这是我送你的礼物：身体健康，祝福你。这是我送你的礼物：身体健康，祝福你。送给我自己的也是：身体健康。

好，掌声（鼓励）一下。

为大家送了礼物，也收了大家的礼物，咱们的心路探索也要告一段落了，未来的日子里还需要大家自己去面对。当您觉得累了，当您觉得难了，当您觉得心里面无依无靠的时候，您要记得把您的珍宝跟大家的祝福拿出来看一看。祝福大家越来越好，谢谢各位。

第三节　延伸矫治效果的班组干预方案3——强化行为

矫治目的：引导班组成员关注良性行为，增加班组整体的价值感，进一步强化良性行为

参与人员：整建制班组

持续时间：10~20分钟

所需道具：无

可用场地：监舍、监区、团体活动室等

矫治内容：强化行为

矫治过程要点：

每人谈一谈近一段时间以来班组发生的变化

详细引导语示范：

每个人谈一谈咱们在一起的这段时间里，您感觉到咱们班有什么变

化，咱们班在这段时间里，越来越好的地方，不管是您意识到的，还是您喜欢的，都行。想好了就举手告诉我。

好。从您开始。

以前，不能谈心里话。现在，互相了解了。这是一个互相了解的过程，像我们班，经过这个活动，有了很大变化。

通过这个活动，我发现我们班的人更能够互相包容对方了。

什么事情都知道谦让了。

体现出了什么叫集体。

感觉参加了这个活动，大家之间的关系更融洽了，人与人之间聊天没那么较劲了。

班里确实是发生了很大的变化，不再吵架了，挺和谐的。

学到了帮助与和谐，学到了很多。

人与人之间没有矛盾，聊天也和谐了。以前不说话的，现在也说话了。

先感谢您，给班里带来了和谐的气氛，每个人都有一个越来越好的愿望。通过做这个活动，每一个环节都促使每一个人心里有了转变，班里的凝聚力比以前更好了，比较和谐。

第四节　延伸矫治效果的班组干预方案4——你的愿景比你想象的还要美

矫治目的：借助班组内的良性人际互动关系，在愿景层面强化自我概念，延续心理矫治效果

参与人员：整建制班组

持续时间：30~50分钟

所需道具：无

可用场地：监舍、监区、团体活动室等

矫治内容：你的愿景比你想象的还要美

矫治过程要点：

全班人员坐成一个圆弧（见第224页图1），每一个圆圈代表一位服刑人员，三角形位置是一把空椅子，椅子后背对着圆弧。

一位服刑人员坐到三角形位置，由其他人为他设想30年以后的美好生活，全部说完以后，坐在三角形位置上的人谈谈自己的感受。

详细引导语示范：

在困境、逆境中的时候，我们不太敢想自己有多美好。那么，接下来，在这间房子里，大家做了一个特别开心的梦，这个梦是关于30年后的自己，关于30年后你身边的这些人，关于30年后我们每个人都是那么快乐地生活着。所以，坐在这把椅子上的这位，您只去听别人猜的30年后咱们怎么样美好，是怎样一种状态。

下面，我就看看这个团队为每个人勾勒出的30年后的美好是什么样的，会不会变成一个特别难忘的礼物留在心里。这个梦就要开始了，谁第一个自愿坐到这把椅子上？

我来吧。

特别感谢您，您怎么想的，第一个坐到这把椅子上。

我是年纪最大的，60多岁了，可能活不到那会儿了，就从梦里让大家给我描绘一下30年以后吧。

掌声鼓励一下。金×说，他可能活不到那会儿了，我特别希望咱们这个团队能换一个角度，给他一个美好的未来。您可以随便去说，比如，他正在吃他爱吃的东西，或者他正在和您分享他从哪里旅游回来，或者他在告

诉您他又完成了一本著作。我不知道您会想到什么，但是，您的话会帮助坐在这把椅子上的朋友，有力量去拥有这个美好。开始吧。

他现在还在专心地学习英语，一家人幸福美满地生活在一起。

描绘一下一家人幸福美满地生活在一起那种场景，什么叫幸福美满呢?

就是一家人在一起，大家都在笑，没事儿都遛遛弯儿。

我们听下去，有请。

他和家里人一起高兴地旅游。

他们在旅游，是在山上？还是在海边?

在海边。

真美。有请。

他和他老伴儿散步。

拉着手吗?

对。

好，有请下一位。

他已经子孙满堂了。

子孙满堂，正在发红包吗?

正在吃团圆饭。

吃团圆饭。好，有请。

在30年以后就儿孙满堂，大家吃火锅。

真好，有请。

30年以后他还在学习。

谢谢，有请。

30年以后他和家里人一块儿出去旅游。

刚才咱们有个大海了，这次他们去哪儿了?

去森林里。

好，有请。

他躺在躺椅上，在书房里晒太阳。

好，金×可以起立了，跟大家做个回馈，他们给您30年以后的这些假设，您喜欢吗？

喜欢，特别喜欢，因为我之前经常这么想。所以，大家给我描绘得非常美好，我希望这些预言可以成为现实，也激励着我朝着这个方向努力。

好，下一位请坐到这里来。

王×30年之后，正是好时候，50岁出头，成为一位老板，忙得不亦乐乎，要注意健康，事业是事业，但是必须注意休息。

他跟爱人手拉着手一起去旅游。

30年之后，王×又稳重了，而且给孩子去开家长会。

30年以后，他能见到隔辈儿人了，天天带着小孩玩儿。

30年以后，他抱孙子了，在躺椅上，逗孙子玩儿，吃点儿、喝点儿。

我觉得王×应该成为一位老板了，公司经营得特别好。不过，还是少抽点儿烟，少喝点儿酒。

30年之后，真是一家子其乐融融的。

好，王×，大家和您说的这些，您怎么想？

我也是挺感谢大家的。我特别喜欢，不辜负大家对我的期望，向着这个目标努力。

各位朋友，想象一下30年后美好的事情。当很多人一起在发愿的时候，特别是没有血缘关系的人一起在发愿的时候，你发现会有奇迹发生的。

好，有请下一位入座。

身体好了，注意养生了，这是最关键的。有了这个就都好了，出去之后，改变生活方式，身体变得很好，比现在都好很多。

30年后，他和他的家人正在草原上旅游呢。

30年之后，他比现在瘦了，领着可爱的孙子正在海边玩儿呢。

30年之后，估计他看着电视，中国足球踢进世界杯了。

30年后，他喝着啤酒，看着球赛，正带着小孙子玩儿呢。

30年后，他正在海上，开着豪华游艇，带着家人，欣赏美景。

30年以后，康×多注意身体，少抽烟、少喝酒，多与家人在一起，带着孩子，多出去旅旅游，注意身体。

我想，30年之后他是不是回山西养老了。

康×，大家给了您那么多美好，您喜欢吗？

喜欢。

最喜欢哪一个？

最喜欢的还是最后一个。

他最了解您，给大家一个态度吧，这么多人为您发愿。

我尽量奔着目标去努力。

好，感谢。有请下一位。

他的梦想很多，所以，30年以后他很可能在非洲的某个国家定居了，在那过着幸福的生活。

会娶一个当地的姑娘吗？

有这个可能性。

据我研究发现，他们生的孩子，会以黄色皮肤为主的。好，有请。

希望30年后，他变得成熟些。领着他那个非洲老婆满处玩儿。

30年后，他领着父母和孩子去大草原玩儿。

成熟、稳重、维持他自己幸福的家庭。

30年以后，也能见到隔辈儿人了，他带着小孙子、小孙女这儿玩玩儿，那儿转转，挺好。

30年以后，他看着自己的麦田跟孩子说：“这都是我创下的基业。”

我觉得30年以后，他应该有一个幸福美满的家庭，有自己的事业，多注意身体。

50多岁了，他成家立业了，也稳重了。

大家给了您那么多发愿的东西，您喜欢吗？

喜欢。

想和大家说点儿什么？

我真正的梦想是去国外，我会朝着这个梦想努力吧。也感谢大家为我许下的愿望，我会一个一个实现的。

好，有请下一位。

30年以后，他60来岁了，功成名就了。到时，他没有现在这么胖，有幸福美满的家庭。

30年后他有了一定的财富，一家人开心地看着电视，吃着零食。

他身体健健康康的，正开着越野车带着媳妇儿兜风呢。

30年之后，他事业上应该有点儿成就了，儿孙满堂，领着孙子吃点儿喝点儿。

30年以后，他骑着车，看着美景，锻炼身体。

希望他多注意身体，多出去旅旅游，比如去美国。

我幻想着，他领着老伴儿，在秋天的枫树林里散步。

喜欢大家的愿望吗？

喜欢。

跟大家说点儿什么？

谢谢，确实我也喜欢开车在草原上奔跑，还有就是希望自己身体健康，有自己美满的家庭，所以，我谢谢大家。

好，有请下一位入座。

他早就开启了人生的新历程，身体状况还保持得非常好，自己和家庭都非常好。

30年之后，他拥有了一定的财富，没事儿就健健身、养养生。

他出去了儿子也大了，有孙子了，一家也挺和谐的。

他带着女朋友在海上玩儿呢。女朋友长得挺漂亮的，俄罗斯的。

我跟他不错，他有一个美好的家庭。

给我的印象，他应该是挺高兴地在打牌呢。

他应该是事业有成，多注意身体，多出去散散步。

他正跟儿子、孙子在一起。

这么多朋友在为您发愿了，您喜欢吗？

喜欢。

想和大家说什么？

人生都不确定，咱们往好的方向发展，谁都想平平安安的。

好，有请下一位入座。

现在已经进入了人生的最低谷了，不可能再往下走了，所以，30年后肯定会越来越好，开始了新的生活。

30年以后，他躺在一个按摩椅上晒太阳呢。

他在看电视，而且儿子、孙子都有了，没准儿重孙子也有了，一家人在一起可高兴呢。

他爱玩儿棋，带儿子玩玩儿棋。

30年以后，他在一个山青水秀的地方，孩子时不时过来看看，他和老伴儿自由自在的。

我希望30年以后，他多注意身体，安享晚年，找一个美的地方如森林，享受美好的生活。

我希望他身体好，心情好。

听大家已经发愿了，您喜欢吗？

喜欢。

跟大家说点儿什么？

祝愿大家越来越好，我能尽量活着出去就行。

您得给我们大家一个态度，大家给您一个愿望，您会很努力地帮大家去实现。

对。

有请下一位。

不要太忙，适当地休息休息。

30年以后，他和家里人去海边旅游。

30年以后，他身体棒棒的，和家里人和睦相处。

30年后他租了50个大棚养花，还有儿子、儿媳妇，都一块儿养花。

他经营着自己的事业。

30年之后他儿孙满堂，享受天伦之乐。

他在海上玩儿漂移，和家人冲浪。

他快70岁了，在家过着安逸的生活。

听了大家给您许下的未来，什么感受？

一件一件地去实现吧，也希望大家多注意身体，身体好就行。

剩下班长压轴了。我发现咱们班长特别了解大家，咱们给班长共同发一个愿。

班长英语很好，每年就像候鸟一样，到国外住一阵，在国内住一阵，多开心呀。

30年以后，他开心地躺在按摩椅上，晒着太阳，哄着自己的孙子玩儿。

30年以后，他的愿望都实现了，也是儿孙满堂。

30年之后，只要是说英语的国家，他都去过，和家人一起住在纽约。

他身体健康，和自己的孩子天天快快乐乐的，事业有点儿成就了，钓钓鱼，看看书。

现在他就五个孩子，30年后，孙辈最起码七八个了，哄着孙子、孙女，给他们讲故事。

身体健康，与家人美满地生活。

班长，大家共同为您发愿了，跟大家表个态。

希望大家都身体健康，阖家欢乐。

第五节　延伸矫治效果的班组干预方案5——我的核桃

矫治目的：借助核桃，提升自我价值感，增加服刑人员的自尊度，从而延伸行为上的自我约束

参与人员：整建制班组

持续时间：30~40分钟

所需道具：每人一个核桃

可用场地：监舍、监区、团体活动室等

矫治内容：我的核桃

矫治过程要点：

1.把核桃放在小组中间，每人用眼睛选出一个核桃。

2.按顺序每人取回一个核桃。

3.用引导语带领全体充分感受核桃，要求每人夸夸自己的核桃。

4.分享、讨论。

详细引导语示范：

大家先挑一个自己喜欢的核桃，然后按顺序拿。

我们从最后一个拿核桃的开始发言，你对于自己最后一个挑选核桃有没有什么怨言？

没有怨言。

那是什么原因让你没有怨言呢？

生活中充满了各种变数，不见得所有的东西都会按照你的逻辑、想法按部就班地进行。所以，我们也要做出很多的改变，出现了就学着去接受，不接受也无法去改变这个现实。所以，还不如坦然地接受。

什么叫心理负担强大呢？就是在面临像这样的一个问题的时候要学会怎样去对待。我们一起为他鼓掌吧。

这个掌声其实是送给每一个最后一个拿核桃的人，但是，其实前面拿的也一样，我不喜欢核桃，你非要我来拿。好，下面我们继续。

把这个核桃放在自己的手心里摸一摸，用自己的脸贴一贴，再用耳朵听一听。然后，闭上眼睛，你会听到这枚小核桃在跟你说话。它在说："主人啊，你能感觉到我吗？我好兴奋，好激动。我从开花到结果，经历了风霜雨雪，还经历了一路颠簸才能这样贴着你的手心。主人啊，你能感觉到我的开心吗？你能体会到我的开心吗？我终于找到了你，你终于把我选择回来了。虽然我的样子很丑陋，也没有五彩的颜色和芬芳的香味吸引你，不知道你是否会嫌弃我。但是，主人啊，当这一刻我能贴着你的手心的时候，我特别开心、特别兴奋，谢谢你给我这样的机会，如果你接受我，请你睁开眼睛。"好，请睁开眼睛的各位，再次看一下自己的核桃。一会儿每位都要对自己的核桃说几句话。夸夸这个核桃，比如，我的核桃是非常美的核桃。下面，请你们找一找你手里的核桃值得你夸的地方，为它说几句话。

大家都想好了。这个核桃从开花到结果，经历了风霜雨雪，还经历了一路颠簸，昨天经过我们教育科科长的手到这里，终于能到你的手中，并且是你从一堆核桃里接纳了它，把它带回去，让它能感受到跟你在一起。所以，我请你为它在其他核桃兄弟面前夸夸它。你的任务是拿着你的核桃到我的身边来展示给大家，说我要隆重推荐一下我的核桃，它哪里哪里好。那就先从你开始，感谢，有请。

我的这个核桃非常庄重饱满，一看就特别诚实，我特别喜欢它。

我的核桃长得又黑，又美。

我的核桃长得特别对称，看着特别舒服，我特别喜欢它。

我的核桃里面的核桃仁比别的大。

我的核桃跟别的核桃长得差不多，但是它在我手里面，所以我特别喜欢它，我希望它能陪着我晚上学习。

我把我的核桃跟别的比较了一下，没有什么特别，但是我觉得，我选择了它，而它没有选择我的权利。它在我手中把玩，还是有特色的。我不管它是否与众不同，我还是喜欢它的。

我的核桃外观看着不是那么漂亮，但是它很充实，并且具备很高的营养价值。

我的核桃让我想起了我小时候生长的地方，那个地方也有核桃树，但是比这个核桃要大。根据我的经验来看，这个核桃虽然小但是它不是空心的。

我这个核桃比较与众不同，属于长得比较异类，很独特。

我的核桃确实没有什么与众不同的地方，但是我听民警一说，它为了来到我的手里真是煞费苦心，经历千辛万苦，来温暖我这颗改造了17年的心，所以我很珍惜它。

我的核桃，从播种到成长经历了整个的生长周期确实也挺不容易，千里迢迢来到这里。虽然不是我想选择的那颗，但是它到了我的手里，这就是缘分吧。人这一生可以遇到很多的变数，有可能你选的不是你想要的，但是既然在一起了，你就要珍惜它，就要认真地去对待。

好，现在闭上眼睛再听听核桃，核桃有话要说："主人啊，我心里特别感谢你。当你接受我的那一刻，我特别担心和忐忑，担心你嫌弃我长得丑，担心你嫌弃我不能给你带来你想要的那些，但是，当你在我其他核桃兄弟面前那么认真地跟我说话的时候，我是那么幸福。主人啊，你给了我价值感，从开花到结果，经历了风霜雨雪，经历了这么多苦难，终于遇到你。谢谢你。有时，我不再是一个核桃，比如，我有些时候会化成你本人，虽然你很普通，虽然在人生最痛苦的时候，虽然你要面对很多的困难，但是当像这样互相给予价值的时候，我们会发现，你和我这个核桃相比，你比我有那么多的优点，那么多的不同。"

第六节　延伸矫治效果的班组干预方案6——我心目中的你

矫治目的：通过稳定的激励氛围，呈现自我价值，延续心理矫治效果

参与人员：整建制班组

持续时间：30~50分钟

所需道具：无

可用场地：监舍、监区、团体活动室等

矫治内容：我心目中的你

矫治过程要点：

1.全班人员坐成一个圆弧（见第224页图1），每一个圆圈代表一位服刑

人员，三角形位置是一把空椅子。

2.一位坐到三角形位置的空椅子上，其他人对他说几句话，第一句：我欣赏你……第二句：我感谢你……如果愿意，可以再加上一句：我祝福你……祝福的内容要具体。

3.分享、讨论。

详细引导语示范：

今天，咱们这个团队要给予大家力量，给予对方价值感。越是在低谷，在我们向上走的时候，越是需要很大的勇气与力量，所以需要我们这个团队互相来给予对方能量。接下来要做的事情是大家要依次坐到中间这把椅子上来，坐在下面的人要对这个人说几句话，第一句：我欣赏你……第二句：我感谢你……如果愿意，可以再加上一句：我祝福你……祝福的内容要具体，比如，我祝福你30年后可以牵着你心爱的人的手在散步。那么，我们按顺序来。有请，坐到中间的椅子上来。请大家现在去想要对他说的那三句话。

我欣赏你特别善良。感谢你在我新入班的时候给了我很多的帮助。我祝福你未来有一个很好的前景。

我欣赏你对曾经的一些事情的坚强。我感谢你对我的帮助。我祝福你越来越好。

我欣赏你与人和善，跟谁都能很好地相处。我感谢你在平时能帮我。我祝福你早日回家。

我欣赏你积极乐观的态度。我感谢你在日常生活中对我以及其他人所做的事。我祝福你通过自己的努力走好自己的服刑之路。

我欣赏你对大家都很热情。我感谢你对我的帮助。我祝福你可以活得更好。

我欣赏你的好人缘。我感谢你为大家做的贡献。我祝福你早日回家，在社会上能早日找到实现自我价值的那个点。

我欣赏你的阅历。我感谢你帮助别人的心。我祝福你，你终于要回归社会了，希望你早日回家。

我欣赏你与人和善。我感谢你对我的长期帮助。我祝福你早日回家。

我欣赏你在处理事情上的能力，以及在环境中的适应能力。我感谢你平时经常帮助我们。我祝福你出去以后可以在事业上有很好的发展。

我欣赏你在逆境中出众的态度。我感谢你对我的帮助。我祝福你身体健康。

好，那么也请你给大家一个回应好吗？

大家给我的评价有点儿高，我有点儿受宠若惊。

那你喜欢吗？

我太喜欢了。

好，请坐回自己的位置。有请下一位坐到中间来。大家准备好了以后，依次发言。

我欣赏你客观的态度。我感谢你，在我值了一上午班的时候，中午能出来帮我值个班。我祝福你，还有一年多就回家了，希望你以后的路越走越宽。

我欣赏你乐于助人。我感谢你，在我忙不过来的时候总能帮助我。我祝福你将来越来越好。

我欣赏你有个好的心态。我感谢你对我的帮助。我祝福你越来越好。

我欣赏你朝气蓬勃，充满活力。我感谢你，帮我多次值班。我祝福你，以后走好自己的人生路。

我特别欣赏你的智商。我感谢你乐于助人。我祝福你，通过这次教训，可以让你以后的路更好走。

我欣赏你的直率乐观。我感谢你，平时经常帮我值班。

我欣赏你积极客观的态度。我感谢你带给我一段快乐的时光。我祝福你出去以后心想事成。

我欣赏你干活不怕苦不怕累的态度。我感谢你对我的帮助。我祝福你早日回家，出狱以后就别回来了。

我欣赏你乐于助人和特别乐观的态度。我感谢你这一路的陪伴。我祝福你出去赶紧结婚。

我欣赏你青春有活力。我感谢你带给我的快乐。我祝福你今后越来越好。

好，给大家一个反馈吧。

衷心地感谢大家，祝愿大家今后越来越好。

来，掌声（鼓励）一下。下一位。大家继续说想对他说的话。

我欣赏你平时乐观的态度。我感谢你这段时间以来多次帮我值班。我祝福你出狱以后在音乐这条路上能越走越远。

我欣赏你的才华。我感谢你在班里对大家的帮助。我祝福你出去后能越来越好。

我欣赏你想法很多。我感谢你平时对我的帮助。我祝福你出去后能按照自己的心愿走得更好。

我欣赏你锐意进取、有勇气去开拓新的生活。我感谢你每天都为我们值班。我祝福你在钟爱的领域里能够获得更高的成就。

我欣赏你的乐观态度。我感谢你平时总在为大家服务。我祝福你出去要学会容忍。

我欣赏你有梦想，有自己喜欢的事业，能够孜孜不倦地一直追求。我感谢你无微不至地照顾。我祝福你出去以后早生贵子。

你众多优点中最为闪光的就是善良，我很欣赏。我感谢你，平时有你一起度过的时光。我祝福你出去找一个好媳妇，认真地做自己的事业。

我欣赏你在外语方面的特长。我感谢你对我的陪伴。我祝福你早日回家。

我欣赏你生活的态度。我感谢你一路的陪伴。我祝福你未来会更好。

我欣赏你天赋、才华、个性。我感谢你带给我的快乐。我祝福你出去以后自己的乐队能越来越好。

好,那么也请你给大家一个回应吧。

大家说得太好了,真的很感动,谢谢大家。

来,掌声(鼓励)一下。有请下一位。大家都准备好了以后我们就继续发言。

我欣赏你乐观和积极向上的性格。我感谢你重承诺。我祝福你早日减刑。

我欣赏你聪明,理解力超强。我感谢你给班里带来了很多快乐。我祝福你以后越来越好。

我欣赏你心态好。我感谢你也给我带来了好的心情。我祝福你早日回家。

我欣赏你为人性格随和、胸怀宽广。我感谢你为我所做的一切。我祝福你以后更加快乐。

我欣赏你内心的成熟。我感谢你带给我的快乐。我祝福你以后能有好的前途。

我欣赏你无论干什么都能干得特别精。我感谢你把这些知识能传授给大家。我祝福你有一个好身体。

我欣赏你学习的态度。我感谢你能积极助人。我祝福你越来越棒。

我欣赏你会玩儿。我感谢你给我好多知识。我祝福你出去以后有一个好身体。

我欣赏你的大气。我感谢和你在一起的快乐时光。我祝福你出去以后有个好身体。

我欣赏你友善随和。我感谢你带给我的快乐。我祝福你早日回家。

那么也请你给大家一个回应。

谢谢，将来出去能在一起的话，我们再相处。

来，掌声(鼓励)一下。有请下一位。

我欣赏你好学的劲儿。我感谢你平常为班里做出的贡献。我祝福你赶快回家把自己的事业做大做强。

我欣赏你的才华。我感谢你把你的知识无私地传授给我。我祝福你出去后越来越好。

我欣赏你有才华。我感谢你能帮助我，传授我知识。我祝福你出去以后事业上能越来越好。

我欣赏你具有国际化的视野。我感谢你传授知识。我祝福你出去以后能更加博学。

我欣赏你知识广，还有能拿得起放得下的态度。我感谢你平时与我的交流。我祝福你出去后能有更大的作为。

我欣赏你内心比较强大。我感谢你能为我背负一些事情。我祝福你出去会更好。

我欣赏你的才华。我感谢你带给我不一样的知识。我祝福你出去以后有好的生活。

我欣赏你对人生有一个很好的计划。我感谢你给我营造的学习氛围。我祝福你出去后能早日登上人生的高峰。

我欣赏你对知识的执着。我感谢你给我带来的知识。我祝福你越来越好。

我欣赏你博学多知，内心强大。我感谢你的陪伴。我祝福你出去以后能干成一些大事。

那么，也请你给大家一个回应吧。

我看大家都对我做出了评价，比如年轻的对我知识的肯定，年龄大的对我内心世界也做出了肯定。大家的看法挺感动我的。

来，掌声（鼓励）一下。下一位，大家都准备好了以后我们就继续。

我欣赏你乐于助人的态度和直率的性格。我祝福你早日减刑。

我欣赏你拿得起放得下。我感谢你教给我这种积极的态度。我祝福你早日回家。

我欣赏你有一股锐气。我感谢你为大家值班。我祝福你在生活中有更好的进步。

我欣赏你对自己认知的执着。我感谢你对大家的贡献。我祝福你早日减刑。

我欣赏你比较直率敢想敢说。我感谢你在班里每天发饭。我祝福你早日回家。

我欣赏你大度从不计较那些琐事。我感谢你在日常生活中对大家的帮助。我祝福你早日回家。

我欣赏你动手能力强。我感谢你对我在电子方面的知识的帮助。我祝福你早日回家。

我欣赏你思维特别清晰，特别敏捷。我感谢你帮助过我很多事。我祝福你早日回家。

我欣赏你对事物的感悟与追求。我感谢你对我的帮助。我祝福你早日出去，找到自己的另一半。

我欣赏你直率。我感谢你在这段时间里为我做的事。我祝福你早日回家。

那么，也请你给大家一个回应。

感谢民警给的这次机会，因为一群大老爷们儿平时很少会有这种机会说出这种感性的话，毕竟男人很少表露出自己感性的一面。我希望不光是在这里，更希望平时也能把心里想的说出来，与大家及时沟通。我希望在平时如果我有哪些做得不到的地方，大家可以及时跟我说，我也能很好地去接受，谢谢大家。

来，掌声（鼓励）一下。咱们这次的活动就要结束了，我来说三句话。

第一句话：我非常欣赏7班，大家要值班，大家在狱内会有那么多的困难，大家有很多的理由把自己给包裹起来，但是今天我很感谢大家可以用体温来温暖大家。

第二句话：咱们每一次活动都是大家利用自己的智慧、才华、态度共同完成的，展现出7班的力量。

第三句话：30年之后的你究竟是会牵着你爱的人的手在海边漫步？还是一家人在餐桌前温馨地就餐？我不知道。但是，我相信大家会知道。希望各位在每天晚上认真地去想我的问题：30年后，你在哪儿、如何认真地生活着。

最后，希望大家能带着这份美好的感觉从今天开始的每一天，照顾好自己，越来越好。也请大家相信，在这个世界上还是会有一群人希望大家越来越好的！

第九章 服刑人员集体教育实战技术

“集体”不是人员的简单组合，而是“精神共同体”。集体教育针对的不是个别人，而是打造集体精神，并把个体的思想、情感和目标聚合为集体共同的思想、情感和目标。本章所介绍的方案，民警可根据服刑人员班组情况选择使用。

第一节　集体教育实战技术1——接收新入监服刑人员

“迎新”工作是监狱每一个层级单位都需要面对的工作内容。新分配的服刑人员大都不了解本监狱环境、不熟悉本监狱人员，甚至对于个别新入监的服刑人员来讲不能很好地接受和适应监狱的正常管理工作，以上这些情况给监狱民警的工作带来不小的难度。

一、讲话层次

1.民警自我介绍

大家好！我是你们的民警，我叫×××。

说明：

（1）先表明身份，明确定位，在新入监服刑人员普遍观望或缺乏安全感的时候给予一定的支持。

（2）最好能够告诉服刑人员自己的名字，这样让服刑人员感受到自己对他们的坦诚无距离。

2.强调“新”

今天，你们正式成为×监狱的一员，开始你们的新阶段，这是新起点、新方式，甚至新生活，一切将与你的过去不一样，每个人都要从头开始，从现在开始。

说明：

（1）先入为主，强调“新”，打消过去状态。

（2）每个人渴望平等，给予心理支持。

3.介绍人员

下面，我介绍一下监区领导和民警……

说明：

（1）明确指出对监区领导的尊敬，见面时可以直接打招呼，不至于叫错名字。

（2）有问题需要监区领导给予指导时，可以具体明确到人。

4.介绍环境

监区的优势是……特色是……

说明：

（1）介绍监区的历史沿革，可以促使服刑人员迅速了解所在监区，特别是可以使服刑人员明确如何继承并保持好的传统和作风。

（2）可以使服刑人员尽快了解监区的优势和特色，发挥个人长处和主观能动性。比如，本监区在监狱歌咏比赛取得了好的名次，服刑人员如有声乐方面的特长，可以贡献力量。

5.宣讲纪律

日常应该注意事项有以下几点：……

说明：

服刑人员的日常行为规范和生活注意事项一定要由民警直接对新入监服刑人员宣讲，尽量避免由监区“老犯”代行宣讲，否则易失于偏颇，且也不一定“传授”全面。

6.了解新入监狱服刑人员基本情况

请大家向我报告一下你的基本情况，包括身份情况、家庭情况、所犯罪行情况、能否减刑情况等。

说明：

不要刨根问底，服刑人员愿意说多少就说多少，有些问题是服刑人员不愿意当着所有人面去说的，那么这些问题就是个别谈话时需要掌握的内容，也从中找出服刑人员部分痛点（如家人不和睦等）和部分性格特征（如好面子等），为将来精准施教打好基础。

二、要点提示

1.民警应注意保持良好的个人形象，态度坚定，可以采用适当的肢体语言。

2.减少一般性的叙述话语，如希望你能够遵守监规纪律、有事情找民警，我们都会帮助你等，这些话给人的感觉比较例行公事，多少都有些冰冷。可以增加引导性语言，如我知道你一定可以在咱们监区过好服刑生活的每一天，并且帮助我们民警把监区建设好。（目前，类似的话或是讲话技巧在监区民警中很少听到）

3.建议增加鼓励性话语，如相信你通过努力，一定可以尽快挣够减刑所需要的分数，所以希望你干出成绩。

三、案例示范

以下范稿是在一次监狱接收200多名外省籍服刑人员时当众宣讲的文字稿，负责宣讲的民警在讲话过程中全程脱稿，声音洪亮，语速适中而坚定。

各位服刑人员：

大家好！

我是××监狱民警某某，受监狱委派，现代表监狱对你们进行宣讲。

从即刻起，你们就是××监狱的一员，没有特殊情况下，你们将在这里完成你们的全部服刑生活。所以，在这里对你们提出几点要求和希望。

第一，我要讲的是纪律。不管你来自哪里，被捕前有什么辉煌或者不堪的过去，从现在开始，希望你从头来过。首先就是遵守××市监狱管理局的各项规章制度，遵从××监狱的管理，这就是服刑纪律。纪律大家都听得懂，简单来讲，令行禁止，一切行动要听从××监狱民警的管理和指挥。这是服刑的底线和纲线，任何人不能以任何借口来触碰这条底线和纲线。希望你们牢记于心，并从实际行动中来表现。对于心存侥幸的，或者想进行试探的，我们将严厉打击，绝不手软。

第二，我要讲的是阳光。阳光有两层含义，首先是我们的执法理念，我们监狱是一所司法部命名的现代化文明监狱，监狱管理局也一直在倡导“阳光下执法，视频下办案”，也就是说，××监狱所有的执法活动均是在阳光下进行的。我们在执行法律赋予我们的职责，同时，我们也一样接受社会各界，包括你们的监督。其次是你们的心态，要用一种阳光的心态来对待在监狱服刑。随着社会的发展，地域的概念也越来越模糊，你们不是第一批也不会是最后一批在这里接受服刑改造的外省籍人员。所以，阳光心态、阳光服刑，将决定你是否能够顺利度过服刑生活，尽早取得优秀的改造成绩。

第三，我要讲的是公平、公正。我相信，你们各位现在有不少人心存疑虑，疑虑你们为什么没有回到原籍进行服刑改造，担心在这里服刑会不会受到不公平的对待和处理？现在，我郑重地告诉大家，你们在××监狱服刑，小到一日生活制度，比如说伙食和居住环境，大到关于你们的减刑假释制度，都将和所有的本籍服刑人员一样公平、公正，我们绝对不会有任何理由和任何借口来区别对待，搞地域歧视；同时，我们也对你们提出要求，不要拉帮结伙，搞老乡同盟，这是监狱规章制度绝不允许的，一经发现，监狱将严厉打击，绝不手软。

最后，我希望所有服刑人员牢记身份，尽快适应新环境，努力改造，争取早日回归社会。宣讲完毕！

第二节　集体教育实战技术2——一般性违纪发生后

一般性违纪是服刑人员在日常服刑改造生活中较为常见的事件。对于个别服刑人员的错误行为进行防微杜渐地集中警示、全面深入地集体分析和以点带面地群体诫勉教育能够起到节省民警时间和精力、增强教育工作质量并使对服刑人员的改造收到事半功倍的效果，建议民警能够重视使用。

一、讲话层次

1.讲述违纪经过

大家好！下面咱们开个班组会。以下详细叙述本班两名服刑人员的错误行为和被查处的事件经过……

说明：

(1)民警在服刑人员犯错误后第一时间进入班组，对服刑人员的错误行为及时纠正和警示、杜绝其他服刑人员跟犯具有重要作用。

(2)在本次针对一般性违纪行为的班组集体教育谈话前，应和当事服刑人员做一个对该次问题的详细了解性交谈，如发现其中还有其他问题，应允许服刑人员申辩；提前做好前期工作，并让当事服刑人员做好当众讲话的准备。

2.由服刑人员对本次事件进行道歉

说明：

当事服刑人员应态度诚恳、挖掘认真、内容丰富、改错坚决。

3.由民警对本次一般性违纪事件进行分析

说明：

(1)民警应帮助当事服刑人员和班组其他服刑人员深刻挖掘此次一般性违纪事件的发生原因，警示全体服刑人员此次一般性违纪事件产生的严重后果：恶劣效应的影响(会被扣分乃至受到更严厉的处罚、影响接见和采买等个人处遇待遇)、由之产生的恶果(可能耽误个人日后减刑假释早日释放、可能影响班组其他服刑人员的奖励分数)等。

(2)一定要帮助服刑人员深刻挖掘一个个表面看似一般、轻微的错误但会产生和引出更大危害——很多严重的错误最初开始时都是由一些小问题引起的，这就是需要人们时时防微杜渐、提高警惕——这是很多服刑人员不能认识和理解导致的疏忽，民警要着重帮助分析。

4.提出希望、提升信心

犯错误并不可怕，每一个人所犯的错误都是在成长过程中所需要付出的必不可少的代价，只要能够及时改正，还是会向好的方向发展的。

说明：

民警一定要给服刑人员带来希望和期冀，同时鼓舞和提升服刑人员的信心和士气。

二、要点提示

1.民警讲话威严、郑重，可以适时流露自己的情绪，但不要有过于激动的表现，要注意把控自己的情绪。

2.民警应表达出与服刑人员“感受一致”，让服刑人员感受到“战线一致”，用共情融入他们集体、拉近大家距离，为后续对他们开展说教可以收获更好效果打下基础、做好铺垫。

3.民警应注意：服刑人员的或检讨或认识或道歉其实叫不叫“检查”都

没有关系——书面检查可以“底下”直接交给民警留档，未必需要强制服刑人员当众宣读；只要当事服刑人员态度诚恳、挖掘认真、改错坚决，做到“收效重于形式”就好。

4.民警应安排当事服刑人员到“主席位”发言，一方面可以让班组全体服刑人员正方向“正视”服刑人员；另一方面可以更好地触动服刑人员，为他们下次彻底戒除犯错打好基础。

5.让情绪成为教育工具。对人表示出适度的失望之情是约束和要求人的利器，民警与其大声喝止或斥责服刑人员的错误行为，不如心平气和地对服刑人员表达出自己对这件事情的失望心情，以此影响和约束服刑人员。

6.尽量少用甚至不用反问、质问的语气和语句；用正常、肯定、陈述语句。

三、案例示范

1.起因描述

（1）本班服刑人员×××因将自己的日常阅读书籍放在了自己的储物箱中，被监狱科检查组民警在日常例行清监检查时查出，参照《监狱计分考核及奖励服刑人员规定（试行）》第52条“个人物品摆放不符合定置管理规定的”被扣除5分。

（2）本班服刑人员×××因自制、私藏、把玩核桃，被监狱科检查组民警在日常例行清监检查时查出，参照《监狱计分考核及奖励服刑人员规定（试行）》第51条第（6）项“自制、私藏、把玩手串、核桃等物品的”被扣除10分。

2.讲话范稿

大家好！下面咱们开个班组会。以下详细叙述本班两名服刑人员的错误行为和被查处的事件经过。（此处省略）

此时，我想说我的心情和这两名服刑人员以及大家是一样的，感觉非常沮丧。平时，咱们在一起生活很和谐，在一起工作很快乐，犯了错误咱们被人批评，大家心里肯定都不好受。下面，咱们先听听两名服刑人员的认识和道歉吧。（此处省略）

班组出现违纪现象，我希望每个人都仔细想一想，这件事如果发生在你的身上，对你自己的影响，对班组的影响，对你家人的影响。一是对你自己的影响。出现违纪必然要扣分，你每个月的得分情况与采买、亲情会见、亲情电话都有联系。因为一次违纪，影响自己的切身利益，这个账你算过吗？二是对班组的影响。你生活在班组中，你不是一个人在服刑，你们都有互监组，你个人违纪对班组的形象有没有影响？你一个人拖了班组的后腿，你在班组中会是什么样的地位和形象？三是对你家人的影响。每一个家庭都盼着你们早日回归、早日团圆。违纪行为可能会影响你的减刑假释，因为你的一次违纪，就拖延了与亲人相聚的时间。即使你不在乎减刑，你的亲人希望你在监狱出现违纪现象吗？换位思考一下，人非草木，孰能无情，我相信每个人都会算清这笔账。有错并不可怕，可怕的是知错而不改。相信大家对这种事情都有一个正确的认识，知道下一步应该怎么做。

另外，我想根据我多年来看过的人、经过的事来和大家做个分享，题目是：小问题引出大后果。在监狱中，对于服刑人员的惩处都是与减分乃至减刑和假释“挂钩”的，所以大家一定要充分认识到奖惩分数对于服刑人员的重要作用和意义，关键时刻“一分”哪怕是“半分”也会改变一个人的命运！

各位，下面我把今天咱们班组会的情况做一个简单的小结：第一，我认为咱们今天的班组会议开得非常成功，相关违规违纪服刑人员做出了较为深刻地检查，表达出了他们诚挚的后悔道歉之情和时刻警醒永不再犯之意。其他服刑人员也了解了整个事情的经过，受到了较好的警示教育。所以，我认为咱们的集体谈话教育是较为成功的。第二，我们还是要向前看，毕竟是个小问题、小错误，只要我们今后不再犯，争取年度优秀班组、争取良好的个人服刑改造还是没有太大问题的。第三，让我们大家共同努力，争取下一次更大的进步和成绩！

第三节　集体教育实战技术3——月度例行亲属接见后

每个月的亲属接见日是服刑人员充满期盼同时又特别敏感的一天。对有亲属接见的服刑人员，民警要做好了解访谈工作；对没有亲属接见的服刑人员，民警要做好情绪安抚工作。这是关乎服刑人员能否安心服刑改造、维系班组能否稳定和谐运转的重要工作。

一、讲话层次

1.了解当月亲属接见情况

说明：

民警走进班组了解服刑人员的当月亲属接见情况，掌握服刑人员心理动态和班组情况第一手直观资料。

2.讲述亲属接见时的表现

今天，我在外面看到了咱们服刑人员×××的孩子，比上次来时又长高了不少。上次来是寒假吧，孩子学习怎么样？

服刑人员×××，你妈妈又来看你了吧？我记得好像是每个月接见都来。在候见时，她拉着我问你表现怎么样？她好像更愿意听我说你的情况。

说明：

民警可以从侧面和不经意角度给服刑人员讲述此次接见过程中自己所看到的服刑人员亲属的情况。这个话题是服刑人员最为关心和爱听的。

3.关心没有亲属接见的服刑人员

××，这次家里没来人？写信了吗？如果有什么担心的，你可以找我带你给家里打个电话，问问情况，别憋在心里。

说明：

（1）会见日家里人能来而没来，服刑人员心里多少有些失落，会有很多想法，要及时予以疏解。

（2）发现并解除隐患是民警日常的工作，要特别重视类似关键节点。

二、要点提示

1.接见日是每位服刑人员的敏感日，此时服刑人员大多数比较放松，用较为轻松的话语能够体现人情味，拉近距离，这里用“咱班”，而不是生冷的“你们几个人”。

2.让服刑人员自由讲述，家里谁来接见了，要注意观察讲述人和不搭话的人，同时观察有没有情绪低落的服刑人员。此时，能够主动并兴奋地讲述家里谁来了的服刑人员，多数是外向型人格，有想要倾诉、分享的愿望，应加以适当引导。

3.会见日家里人能来而没来，服刑人员心里多少有些失落，民警一定要给予关注，予以疏解。

4.及时发现服刑人员的改造资源，并做正向强化，引导服刑人员向善向好。

三、案例示范

接见日，民警在等候大厅和部分服刑人员亲属见面打招呼问候并做了小范围简短的交谈，有一些收获和感想，回到监区后想和服刑人员做一个分享交流。

今天接见日，我在等候大厅看到了咱们班服刑人员×××的孩子，比上次来时又长高了不少。上次来是寒假吧，孩子学习怎么样啊？

×××，妈妈又来了吧？我记得好像是每个月接见都来。在候见时，她拉着我问你表现怎么样？她好像更愿意听我说你的情况。

××，这次家里没来人？写信了吗？如果有什么担心的，你可以找我带你给家里打个电话，问问情况，别憋在心里。

啊？是吗？是你说没啥事情，就不让家里人来啊！太远了，大热天儿的，父母岁数大了。嗯，真没发现，平时看着挺粗糙的老爷们儿，够心细的，知道心疼老爸老妈，就已经是最好的孝顺了。

给咱们大家分享个事情。在这次接见完之后，回去的班车还没来，我看到一位60多岁的老母亲坐在马路牙子上，这里我就不说是谁的母亲了。马路牙子那儿，虽然有点儿阴凉，但也很热。她旁边放着一个水杯，一看就是从家里带来的，手里拿着一个烧饼和一袋榨菜，正就着榨菜啃烧饼，烧饼想来也是早上从家里带来的。

看到这里，我有点儿难受，过去跟这个妈妈聊了几句，让我真的知道什么叫"妈妈"、什么叫"爱"、什么叫"伟大"了。你们犯了罪，但是家人并没有犯罪，他们这么为你们付出，真的值得我们每个人深思。

我问这位妈妈："您早上几点出来的？吃这个凉不凉啊？"

妈妈的几句话让我震惊意外。妈妈说："没事，我没觉得苦，能吃一口，不至于低血糖摔倒了就行。早上6点多就出来了，倒了好几趟车。"

我问："那为什么就吃这个干烧饼啊？去吃碗面也好啊！"

妈妈特别淡定，但是又有些愧疚："其实吧，儿子犯罪了，在这里面，是我没教育好。所以，我吃点儿苦也是应该的。我省下来一点儿，他在里面就能多花一点儿，舒服一点儿。"你们说，妈妈又没犯罪，她愧疚什么呢？什么叫没教育好？到底是妈妈的错，还是我们自己的错？她省一点儿，为了给你们多一点儿。哎，可怜天下父母心，大家都好琢磨琢磨自己该怎么做。我也要给我妈打个电话去，我也想我妈了。

我真心盼望大家能够体会并理解家人对我们的思念和渴盼之情，在有限的服刑改造期间能够好好表现，争取早日回到亲人们的怀抱中。

第四节 集体教育实战技术4——突发一般性传染病后

监狱和其他密集型场所一样，预防传染病是重中之重。随着管理规范，卫生水平的提高，传染性疾病已经基本在监狱杜绝，但是偶发性的传染性疾病（如水痘）还是会零星出现的。出现此种情况，民警一定要进行集体教育，预防恐慌，预防出现集体性事件。民警应在第一时间向服刑人员传递“我和你们在一起”的信号。

一、讲话层次

1.第一时间进入班组，参与事件处置

说明：

（1）向服刑人员传递“我和你们在一起”的重要信号。

（2）面对疾病，不要恐慌，沉着应对，为相关后续处置工作开个好头。

（3）下达指令准确有力，给处于观望或有小想法的服刑人员“立主心骨”。

2.开展集体教育谈话

说明：

（1）可以使服刑人员通过谈话的形式释放压力，转移注意力。

（2）让服刑人员主动说说话，可以使民警从谈话中提取出有意义内容，并可以发现服刑人员是否心存恐慌，为下一步个别教育做好准备。

3.进行相关知识的科学普及讲解

说明：

部分服刑人员受知识水平和视野局限等影响，对一些传染性疾病认识不深或存在误解，民警应给予及时讲解，以消除服刑人员心理顾虑，使之可以科学应对。

4.公布后续处置方案和安排

即使被传染疾病，也不要害怕，要相信科学和监狱的管控责任和处置能力。

说明：

循序推进，采用适当肢体语言如拍拍肩膀、直视眼睛等，以表达民警的坚定与自信。

二、要点提示

1.类似事件发生后，民警必须第一时间进入其所在班组，尽可能保护自己的身体健康；如有可能，最好邀请医生或防疫部门人员共同进入。

2.民警应到位及时、表情沉稳、指令准确、处置果断，给处于观望或有小想法的服刑人员“立主心骨”。

3.民警对于在该次事件中涌现出来的好人好事应给予及时表扬。

4.民警不是万能的，不可能什么事情都懂，此时借用权威力量（这里是医生）进行详细的解释，能够让人信服。权威解释后，马上交代下一步的工作要求。此时，强制性非常重要，强调自己会一直和服刑人员一起做这样的事情。

5.民警用微笑或略带调侃的语气和服刑人员进行交流，适当放松，缓和气氛，可以迅速将部分服刑人员重新带回“积极阵营”。

三、案例示范

××班出现一例疑似水痘病症服刑人员，在对疑似病例服刑人员进行完全隔离后，民警马上对其所在的班组召开班级会。

大家好，我给你们带来了消毒物品，咱们现在一起将×××可能接触过的所有物品进行擦拭和消毒，将窗户打开，进行通风。

（在相关必要措施处置完毕后）今天，我们班的服刑人员表现不错，在×××出现疑似水痘病症的时没有恐慌，没有在这个关键时刻给监区添乱。

我刚才看到一个细节，服刑人员×××拿着消毒毛巾，擦拭的是×××（疑似病例）的床铺，特别好，那可能是病毒最多的地方，为了大家的健康，他主动去擦的。

现在相关工作的处置暂时告一段落了，咱们大家坐下来歇口气儿、说会儿话。我给大家提一个小问题，咱们大家共同讨论一下。大家了解水痘吗？

（等服刑人员都说完后）嗯，大家说的有一部分内容是正确的。由此可见，咱们服刑人员还是有一些日常生活常识的；但也应看到，有一些内容是不完整的，可见大家对科学知识是一知半解的。下面，就让我把刚才和医生了解到的内容和相关科学知识向大家传授一下。

水痘的传染途径是飞沫和接触。所以，我一进来就让你们开窗进行通风，对接触过的地方进行消毒，这是最好的措施。这几天，我们每天必须要进行通风和消毒，我会每天来监督大家开窗，每天来对监舍进行消毒。

医生还说，水痘终生免疫，意思就是说，只要你出过水痘，就不会再被传染了。咱班有没有出过水痘的？有？你啥时候出过？你接种过疫苗吗？恭喜你，还有你，此生水痘与你无关了。

再告诉大家一件事情，医生说，40岁以上的人是基本不会再被传染水痘了。大家注意啊，我说的可是“基本”啊，也不是绝对。咱们班40岁以上的，也不用过度担心了。剩下的你们几个，可是我重点关注的对象了。不过，也别担心，这个病现代医学完全能够治愈，也不会留下什么后遗症，常规抗病毒治疗就完全可以，只是完全隔离三周以上就行。

大家都明白了吧？从现在开始，我们班每名服刑人员都要随时监测体温，谁要是觉得不舒服了，立即找我或其他民警，马上去医务所进行检查、治疗。同时，防疫部门也会密切关注我们，如果有需要，下一步可能要给大家注射防传染的药物。这个事情需要防疫部门来决定，我们就像今天一样，密切配合，不添乱就好。

最后，我还想跟大家说，这件疫情发生在我们班，监区的其他班组人员也会产生各种不必要的猜疑或警惕设防，我相信我们班每一名服刑人员都可以担负起一名义务宣传员的职责，将我刚刚给大家普及的科学知识告诉他们，使大家都可以做到“有事不慌，遇事不乱”。

谢谢大家！若谁还有什么问题可以再单独找我。

第五节　集体教育实战技术5——民警必须道歉时

给服刑人员道歉，是很多民警心里接受不了的一件事，总认为如果承认自己错了，就会损伤尊严，丢面子，以后不好开展工作。明明知道自己做得不对，就是不愿意说，不愿意做。殊不知，越是这样不能坦然面对，越难以树立自己在服刑人员面前的权威。“教育的本质是以人育人，以人影响人。”民警用自己的真诚来影响和带动服刑人员是对服刑人员教育和改造最好的示范；同时，民警也可以收获服刑人员的真心敬佩、班组的和谐稳定。就像《诗经》所讲，“投之以桃李，报之以琼瑶”。

一、讲话层次

1.阐明主题

我这次要向大家道一个歉，我对大家的某次工作处置方法有所失当。

说明：

（1）如果在服刑人员班组内召开此次会议，民警应坐在正中或整个场所内最为显著的位置；如果在班组外召开，民警则在整理完服刑人员的队列后，选择站在高于服刑人员的位置（一般高于服刑人员身高半个身位左右比较合适），以便在谈话过程中眼睛可以扫视到整个队列。

（2）直接切入谈话主题，可以让服刑人员感受到并感动于民警的坦诚。

2.适当点评和先行表扬

说明：

（1）民警对服刑人员的优点和进步进行适当点评和先行表扬，可以很好地鼓励服刑人员的积极性和参与度。

（2）可以敏锐地针对服刑人员的抵触情绪采取相应的对策。

（3）暗示民警此时已经意识到自己在某件事情或某方面的处置失当，为自己随后的解释和检讨做好铺垫工作。

3.剖析原因和真诚道歉

民警针对某事的处置不当客观全面地剖析原因，并真诚地向服刑人员致歉。

说明：

（1）民警的做法可以得到服刑人员的认可和理解，便于服刑人员的接受和体谅。

（2）服刑人员也可以参照原因查找自己的不足和失误。当事双方的共同努力弥合才能更好地消除心理隔阂。

4.鼓励服刑人员私下提意见

今后再遇到类似情形还要像此次一样，在严格遵照执行民警指令的基础上暂时保留意见，可以在随后私下与民警进行充分沟通。因为在监狱的监管工作要求中，服刑人员对于民警指令的绝对服从是放在首位的。

二、要点提示

1.对服刑人员下达队列动作指令传达的是监狱民警一丝不苟的日常工作标准和必须遵照执行的操作要求。有些民警口令含糊甚至因自己的心情而随意下达口令，这些会直接影响服刑人员的动作规范程度，需要民警予以注意。

2.民警在集体谈话中态度要诚恳，开诚布公、坦诚相见，不文过饰非。

3.民警用直面错误的勇气影响并最终感化服刑人员，关心服刑人员的身心，实现对服刑人员成功改造的“软着陆”。

4.民警在全部讲话完毕后，务必再次向服刑人员发布口令。此举旨在加强民警权威，同时起到提醒和暗示服刑人员的作用——对民警指令的绝对服从是监狱监管生活中的必须要务。

三、案例示范

一次雨后，在监狱车间厂房和服刑人员监舍的水泥通道上有一些积水。民警在带队收工的路上，当遇到一些小水洼和水坑时，服刑人员躲避，队伍变得较为混乱。民警看后很生气，下达“立定”口令，并用严厉地口气说：“你们怎么都那么娇气啊，不就是几个水坑吗？左躲右闪的，我都没躲，你们躲什么躲？”之后，重新整队，继续前行……服刑人员队列重新恢复正常，但是可以明显感觉到整个队伍气氛沉闷，服刑人员的口号声也没有刚才嘹亮了。在到达监舍楼门口时，民警意识到了问题，没有立即让服刑人员进入监舍，而是重新整队，进行队前讲话，集体教育。

（民警在下达列队动作操作指令后）大家想一下我今天为什么要和你们再说几句话？（停顿两三秒）因为刚刚在收工的路上我看到了几件事，也反思了一下自己。

首先，我想说，一直以来我都为咱们监区出收工的行进队列表现和由此反映出来的大家的集体意识感到满意，只不过没有机会和大家说起过。大家可不要轻视行进队列这一件看来不起眼儿的小事，它恰恰可以反映出咱们良好的精神面貌、严格的自律作风。另外，对于“只有错误的动作没有错误的口令”这一标准要求，有时候就算是我们民警下达的指令是错误的，大家也都能够很快很好地执行，是吧？

我刚才看了一下大家的鞋和裤脚，又看了一下自己的，你们觉得有什么不同吗？对，我穿的是皮鞋，你们穿的是布鞋，皮鞋的跟比较高，布鞋底比较薄，你们的鞋比较容易进水。现在大家的脚都湿了吧？

我对我刚才所说的话，正式向大家道歉！是我的主观武断，让大家踩着水过去，其实这样的处理是否妥当，值得我们考虑。如果说，一个并不算复杂的要求，能避免大家浸湿了脚，不这么难受，是我们民警需要时常考虑并用心实施的。

其次，还有一个需要道歉的地方。我刚才说了一句“我都没躲，你们躲什么躲？”（停顿几秒，并扫视整个队伍）一方面是我确实忽略了我穿的是皮鞋；另一方面也是最重要的，是我看问题的角度有问题：我在心里把自己拔了高，认为自己比你们更有资格，这是不对的。躲与不躲，可以是队列的要求，但不应该加入民警的个人意志。在这一点上，我想是我加入个人意志了，所以很抱歉，恳请大家能够原谅并接受我的道歉。

刚刚我向大家做了深刻的自我剖析和说明，但是，我还要说一点：今后再遇到类似情形时，希望大家还能够像这次一样，在首先严格遵照执行民警指令的基础上暂时予以保留意见，可以在随后私下与民警进行充分沟通。因为在监狱的监管工作要求中，服刑人员对于民警指令的绝对服从是放在首要位置的。

好，请大家听我口令……

这是一个在监狱日常监管中最常见的案例，事情虽然已经过去了两年多，但常被服刑人员记起。现场服刑人员自发地给予民警以赞扬的掌声和雪片般发至监狱自办报纸的投稿昭示着民警对服刑人员这次集体教育谈话的成功！

第六节　集体教育实战技术6——节日前夕

节日期间特别是节日前夕，对于服刑人员来讲，对亲人的思念会较其他时间更加强烈，渴望自由也是每一名服刑人员无法回避的思想主题。监狱民警要注意把握好尺度：既不能避而不谈，也不能刻意和过分地突出渲染，免得引起服刑人员不好的心理感受或其他行为反应。

一、讲话层次

1.民警公布今日集体谈话的主题，充分调动服刑人员参与的积极性，营造节前班组和谐喜庆氛围。

2.民警引领服刑人员围绕谈话主题进行发言，不在发言过程中轻视任何一名服刑人员，要相信任何一名服刑人员都是非常有个人能力和人格魅力的。

3.民警在主题谈话告一段落后可以带动服刑人员参与小范围轻体力的室内活动。

4.民警公布自己的节日期间值班时间和自己愿意并能够为大家做些什么，以免服刑人员瞎猜瞎等。同时，此举可以有效拉近民警和服刑人员之间的距离，令其受到服刑人员的欢迎。

5.民警在本次集体谈话教育即将结束的时候，向服刑人员强调“看你们的”，给予他们自己为自己负责的心理提示。

二、操作提示

1.民警的心情和状态会直接影响和带动服刑人员，所以建议民警要提前做好准备工作，酝酿好情绪。同时，提醒民警要规避向服刑人员透露自己的节日活动安排，否则会诱发服刑人员诸如自卑等负面心理反应。

2.各班组服刑人员的家庭背景和文化程度等差异直接导致他们对于文艺活动喜好差异，其中尺度把握还要民警根据情况具体而定。民警可以根据情况与班中骨干力量提前沟通。

3.此类型的集体教育尽量避免由民警单方面主导的简单说教形式，除民警必须传递的信息外，班组集体教育最好能彼此互动。民警做好提前准备，既要使讲话内容丰富，又要有效地调动服刑人员参与的积极性。

4.民警在谈话中用语要注意接地气，在服刑人员诉说自己在未服刑前过节的感受时，民警要让服刑人员觉得彼此的心意是相通的。

5.民警对服刑人员主动提出并导向“家人”和“节日”这一主题，可以表现得更加积极和主动。如果刻意回避，会让服刑人员感到“欲盖弥彰”，效果可能反而不好。只要掌握好尺度，就会让服刑人员收获良好的效果。

6.节假日要准备一些小奖品作为奖励，充分调动服刑人员的参与积极性。

7.民警说一百句虚话不如给服刑人员实实在在地做一件事情。民警应该大方地告诉大家，可以为大家提供什么样的帮助，对于民警以后再有事情需要约束和要求服刑人员的时候，可以有一个很好的提前基础和感情铺垫。

8.对于经过长时间监狱服刑改造生活的“老犯”来说，他们已经熟知如何过好节日期间的监狱生活以及相关注意事项。即使是刚入监的“新犯”，因在看守所生活过以及相互之间的传授和影响对于节日期间的监规纪律也大概了解了。所以，民警对这一部分的谈话做到话语有力度、郑重、简短即可。

三、案例示范

中秋将至，这一年的中秋又恰在国庆节期间，按照之前的计划，民警准备和服刑人员一起搞一个小型庆祝活动。

古时候，中秋节有中元节、八月节等叫法。这是咱们中华民族众多传统节日当中较为重要的一个，因为它是一个阖家团圆的节日。我想咱们一起热热闹闹地搞一个班组内的小范围的联欢活动。我提议大家先来个集体鼓掌，算给开个场吧。

首先，我想请大家介绍一下之前的中秋节是怎么过的。俗话说：尺有所短，寸有所长，大家踊跃地交流一下，可以取长补短，开阔眼界！

（服刑人员发言后）说着说着，大家都有点儿想家了吧！大家在外面“瞎玩烂逛”的时候没有现在这样想念父母、惦记妻儿吧？老话儿说得好，“吃一堑”咱们一定要“长一智”。大家一定要记下来今天的感受，等到“早回家、晚回家，早晚回家”的一天，和家人团聚时，把今天不能做到的事情做到，把今天不能实现的心愿完成，大家说好不好？

大家今天说得真好，我也被深深感染。中秋古人讲究“对酒当歌”，我们这里肯定是不可能的了，但是为了我们的美好愿望，也为了所有爱我们的家人，我建议现在我们大家都能够伸出我们的双手，一起鼓掌，给自己加油，给大家祝福！

接下来，咱们按照提前布置，来个高雅点儿的活动，来点儿文的，别一过节就是拔河、跳绳那些卖力气的活儿，咱们做个有技术含量的活动，大家说××××怎么样？（活动时间不宜过长）

好了，今天活动就到这里。节日期间，我在××天值班，大家想和家里打电话问候的，可以找我。这几天我也在，也可以带你们打电话。

最后，节前例行提示，虽然你们知道但是必须提示，希望这期间大家不出任何问题。这就是“放假不能放制度，放松心情但绝对不能放纵行为”！我知道大家都能够有一个很好的表现，我在时刻看着大家。

第七节 集体教育实战技术7——狱内消费主题

现在狱内很多服刑人员在给家人通电话、写信甚至接见过程中很少关心家人的生活、外面的变化，更不考虑或很少顾及家人挣钱的辛苦和家庭实际生活条件，他们更多的是向家人要钱，要求家人给其在狱内生活的消费卡上面存钱，用于本人在狱内消费、采买等。也有部分无任何经济来源的服刑人员，他们乐于与“有钱”的服刑人员进行各种形式的攀比，并因感到自卑而致使其产生心理问题，严重的还会有其他狱内犯罪行为发生；而有些所谓“有钱”的服刑人员，也不同程度地表现出看不起无经济来源的服刑人员。

不能正确地看待“金钱”的有无和多少，折射出服刑人员在其过往人生经历中、在人生观和价值观方面的偏离甚至缺失。国家赋予监狱对服刑人员进行教育改造的工作使命和任务之一就是帮助服刑人员树立正确的人生观和价值观，把他们成功地转化为社会新人。

一、讲话层次

1.开门见山，阐明主题

说明：

民警对服刑人员的日常集体教育谈话尽可能做到随见随讲，说清谈话主题的由来。因和服刑人员密切相关，会引发服刑人员的兴趣，并可提高服刑人员的参与度。

2.先进行表扬，肯定正能量

说明：

集体教育，一味地批评和一味地表扬均不可取。看到服刑人员身上哪怕是微小的闪光点，给予放大，起到很好的教育效果。

3.引入谈话主题和谈话原因

说明：

对事情经过的描述点到为止，促使服刑人员对谈话主题的挖掘和思考是促成谈话结果的重要部分。

4.引导思考和讨论

说明：

让服刑人员围绕谈话主题进行深度思考，用他们自己的话教育自己。同时，当事服刑人员也会明辨自己的行为是错误的。这样的谈话角度可以更好地教育服刑人员本人，进而达到警示大家的作用。

5.鼓励正确的做法

说明：

自然引出需要达到的目标教育：正确的消费观。班组里的服刑人员情况各有不同，民警在集体谈话中解决有些服刑人员的自卑，同时，含蓄地点醒或批评那些笑话他人的人。谈话自然收尾，不必长篇大论。

二、要点提示

1.如果民警对服刑人员进行集体谈话的内容会让部分服刑人员感到敏感，则可以采用集体讨论的方法开场，效果会更好，有助于为服刑人员营造一个平和、平等的谈话氛围。对服刑人员的表扬和批评均需要视具体情况而定：遇到乐观外向的服刑人员可以点他们的名字，反之不用点名；可以待会后个别教育的时候给予适当表扬。

2.民警在谈话过程中可以经常用含笑的表情、貌似随意的目光扫向在座的几个“有钱”的服刑人员。

3.谈问题时不要点具体服刑人员的名字，只要严肃地叙说事实即可。

4.采用让服刑人员亲自参与进行是非判断的方式。例如，我想请大家给评评理，咱们服刑人员这样和家人说话，做得究竟对不对？这样可以将所有服刑人员拉到情境中来。

5.在此等语境下民警采用反问的语气，可以引发和触动服刑人员的正向思考。例如，我觉得我们服刑人员在这里服刑，不能为家人尽责、为双亲尽孝，说得更加直接一些，就是不能为家庭创造劳动价值。那花着家里的钱就不是那么理直气壮吧？我说的对不对？

三、示范案例

近期，民警在带领服刑人员打亲情电话和检查服刑人员给家人的信件工作中，发现有个别服刑人员不顾自己家庭的具体情况，向家人要钱要物；同时，懂得勤俭生活的服刑人员遭到了个别服刑人员的嘲笑。服刑人员生活中的攀比之风在班组内有所抬头，民警认为需要及时召集服刑人员进行一次集体主题谈话教育。

今天，咱们集体谈话的内容是一起共同讨论一个话题。这个话题源自这几天我带大家打亲情电话和检查你们给家人的信件时所听所见的，让我有了一些感慨，想和大家说一说。

首先，我想请大家先考虑一个问题并实事求是地回答。请问：每个月在亲属接见前的电话和信件中，大家和家人提到最多的内容是什么？

（大家发言后）嗯，刚刚大家围绕我出的主题说了很多，涉及的内容基本是真实且常见的，如问候家人的身体健康状况以及谈谈自己的服刑情况等。从这些内容来看，当然没有任何问题，对家人的想念和关心是我们应该做的。

还有一个情况，不知道是大家是有意回避不想说，还是觉得这个事情根本就是理所当然的，不叫个事呢？我发现，大家给家人提到频次较多的内容还有一个就是“×××卡里没钱了，又到了采买时间了，请给卡里打钱”。

有些服刑人员提出得很轻松、表现得很随意，也有个别服刑人员某次在给母亲打电话的时候，刚一接通，不是先进行问候，而是张嘴就质问母亲：“都什么时候了？咋还不给我存钱？过了日子，我就啥也买不到了！”可据我所知，他并不缺少生活必需品。

我想请大家给评评理，咱们服刑人员这样和家人说话究竟对不对呢？

我觉得我们服刑人员在这里服刑，不能为家人尽责、为双亲尽孝，说得更加直接一些，就是不能为家庭创造劳动价值。那花着家里的钱就不是那么理直气壮吧？我说的对不对？

在这里我再做一个退一步的假设，就算是全世界都欠你的——你们说我这个假设行不行——可我觉得，你的家人也不欠你的。

其实，我今天还有一件高兴的事情，就是我们班某个服刑人员，我听他的亲情电话后，知道了什么叫孝顺，什么叫真的成长了，什么叫替别人着想了。

他是给他父亲打电话。他父亲年纪大了，已经半年多没来了。他说："爸爸，现在是冬天，您就别来了，我在这里很好。等明年天气好了，您愿意来再来吧。"他爸说给他存钱，问他账号有没有变，他很急切地说："爸爸，不用存了，我还有钱用，劳动报酬也有，够我花的了。您别省着给我，我没孝敬您，我不能总用家里的钱。如果我需要，再跟您说。"

据我所知，你们也能观察到，平时，他从来没有买过方便面、火腿肠，香皂也总是用到最后不能用了，再把几个薄片捏到一起用。他很平静，甚至很坦然，可居然有的人笑话他。我觉得，他应该得到我们的尊重，而不是招人笑话。这些凭自己的劳动报酬，用自己双手解决问题的人，你不需要自卑。相反，浪费、铺张、大手大脚、花家里钱还那么理直气壮的人才应该感到惭愧。

不知道大家是不是这样认为的。这就是我所说、所看、所想的。真心希望我们所有服刑人员不要再盲目地攀比吃穿，甚至在这里还讲究铺张浪费。正常合理的消费咱们不藏着掖着，同时也要做到不笑话甚至是歧视别人，更不能像我说的那位服刑人员对待母亲、对待家人那种样子。

好，咱们今天的谈话就先到这里吧。

第八节　集体教育实战技术8——教育临释人员及其班组其他服刑人员

在班组里，每一名服刑人员的刑期不一、释放时间不同，但是无论哪一名服刑人员刑满被释放在班组内都是一件非常重要的事情，是一次很好地对其他服刑人员进行教育的机会。同时，临释服刑人员的表现各种各样，比较类似的反应基本都是越临近释放就越容易焦虑失眠。民警一方面可以对其进行提醒，另一方面要尽可能诫勉其尽量少地影响其他人。班组内其他服刑人员要给予一定的理解，确保班组内不发生问题。民警选择此时召开集体谈话教育，放大教育效果，产生更好效果。

一、讲话层次

1.阐明主题

说明：

民警对临释服刑人员在释前再做一次改造教育，同时对与会其他服刑人员也有很大的诫勉作用。

2.鼓励临释人员展望被释这一时刻的活动，并请其他服刑人员发言

说明：

在实际工作中，民警发现服刑人员普遍对“自由”感受不深，很少思考关于“自由是什么”的问题。刑期长的服刑人员或许已经习惯了监禁生活。此时点题“自由”，让服刑人员们去感受是最好的时机。

3.结合对临释人员的诫勉教育说明应注意的问题

说明：

临释服刑人员情绪不稳定，强调“我可以帮助你”，避免发生问题。同时，服刑人员里普遍有些“潜规则”“小忌讳”，如出监狱不回头等，以接地气的方式结束集体谈话。集体谈话后，最好对其进行个别谈话教育，有机结合，起到良好效果。

二、要点提示

1.在这个主题的集体谈话教育中，民警以唠家常的方式开场，为服刑人员营造一个比较轻松的会议氛围。同时，微笑地面对即将释放的服刑人员，鼓励他讲话，把他作为此次集体教育的另一主角。

2.民警将临释服刑人员的个人事件放到集体里面进行讨论，把其个人事件当作焦点，降低其他服刑人员对自己刑期（长）的不适感。

3.民警在谈话中为参会服刑人员设定一个场景，鼓励他们围绕美好生活展开想象和讨论，越具体越好。这样可以激发出每一位服刑人员对美好生活的向往，鼓励服刑人员参与讨论。这样的“精神会餐”可以让服刑人员产生愉悦感，同时放松心情。

4.民警要注意倾听，鼓励有细节、美好的事物和感觉。民警语速慢而有力，巩固“美好”，形成画面感，定格教育内容。

三、案例示范

再过三天，班组内服刑人员×××就要刑满释放了。民警准备抓住这一良好的教育机会，深入班组，对全体人员做一个集体谈话教育。

今天是×月×日，再过三天，我想大家都清楚是什么日子吧？

（服刑人员回答问题后）对了，就是这个意思。再过三天，就是咱们班

×××回家的日子了。作为班组的一员，我想咱们大家都由衷地为他感到高兴。来，咱们大家一起为他刑满释放鼓鼓掌。×××，你也给大家鞠个躬吧。

×××，想一想，三天之后的现在，你在干什么呢？

终于盼到这一天了，有啥想法？快睡不着觉了。我理解你的感受，尽自己最大能力放松，睡不着很正常，但也别有太多压力。还有就是，尽量不要影响班里其他服刑人员的休息。

今天，我们来个“精神会餐”吧，大家伙一起说说，在外面有啥自己印象深的事，或者释放后想做点什么，啥都可以说。

真好，大家刚才说的令我感动。刚才的气氛是自由的，大家诉说也是自由的，说起来的事情都是我们“自由”时的心情，可见自由是多宝贵的东西啊。

其实我也有感受。周日，我和朋友们约了一场球赛，比赛结束后浑身大汗淋漓。大家简单地冲了一下澡，晚上吃的大排档，喝了点儿啤酒，有微风吹过来，我当时感觉“真舒服啊”。原来生活也可以如此简单。不奢望、活在当下，也会有幸福感的。

最后，我们再一次用掌声给×××祝福一下，也在心里给自己祝福一下，无论刑期长短，都能够走出大墙，一起拥抱美好的自由生活。

×××，还有什么需要帮助和提前准备的，在临释放前的这两天尽快找我。你走的那天，我一定送你走出大门。出门不许回头啊！

好，散会。

第九节 集体教育实战技术9——改造劳动主题

无数真实案例证明：热爱并积极参加劳动可以改造一个人。在监狱日常服刑改造生活中，劳动是每一名服刑人员的权利，更是每一名服刑人员的义务。同时，劳动也是考核服刑人员改造情况和班组建设管理水平的重要标尺。所以，组织服刑人员参加劳动是监狱对其进行改造的重要形式之一。

同样，生产劳动的形式和内容也是服刑人员日常关注的焦点。部分服刑人员以临近释放、身体原因等种种借口逃避劳动。所以，对服刑人员的劳动改造教育是一个长期性的、连续性的、系统性的工作。民警不但要讲，而且要常讲。

一、讲话层次

1.根据本阶段服刑人员在日常生产劳动过程中的表现以及生产指标任务的完成情况，民警在进行梳理分析后以召开班组会议进行集体谈话教育的形式进行点评，并对服刑人员进行以“热爱劳动、彻底改造”为主题的宣讲。

2.民警采用引起思考的案例或经典的话语来引导服刑人员进行引申思考，让服刑人员充分认识到生产劳动对于服刑改造的重要性，鼓励服刑人员积极参加劳动。

3.民警为服刑人员设立努力目标，目标设立的标准以短期能够达到为准。设定的目标过高会不切实际，设定的目标过低则没有挑战性。

二、要点提示

1.此类主题的集体谈话教育应该让服刑人员了解到是系列化的、常态化的，不是民警一时心血来潮随便说说的。民警自己重视此项工作，服刑人员才能正确认识。

2.此类主题教育内容可能是枯燥的。民警对服刑人员进行此类主题的宣讲不是单纯的灌输式教育，尽量把枯燥的谈话内容变成有趣的。会议谈话时间最好选在晚间集中学习或其他集中活动时间，尽量不要占用服刑人员的休息时间和娱乐时间，以免引起服刑人员的反感乃至内心抵制，把好事反而变成了坏事。

3.民警在进行此类主题谈话教育前要做一些了解和准备，在讲话过程中向大家表明自己近期关注的重点，以表明是用事实来说话，而非民警凭空想象、毫无根据的。

4.找准群体里正面典型进行宣传和表扬，抓住闪光点要具体到人。批评人尽量不要点名。可以将劳动表现以严肃的语气提升到“人品”的层面来进行突出强调，对服刑人员也是一种有形的约束，因为任何人都会非常在乎自己的“人品”。

三、案例示范

监区要开展劳动竞赛前，民警动员服刑人员积极投入劳动改造。

大家好，咱们开个班组会。今天咱们班组会议的主题是“积极参加劳动”。这个问题对于我们每一名服刑人员来说太重要了，因为它和大家切身利益息息相关。所以，咱们就以集体谈话的形式开个主题班会。

另外，咱们会都开了，时间和精力都付出了，咱们就要有相应的收获，咱们大家在一起就把这个问题学懂、聊透！

最近一段时间以来，我重点观察了咱们的劳动进度和每一名服刑人员劳动时候的工作态度。我想请大家说说，大家是如何看待咱们的劳动？

咱们班每一名服刑人员的刑期不一样，身体条件不同，年龄差距也很大，所以监狱/监区安排其从事的工种也不尽相同。可又说回来，劳动的责任和义务对每一名服刑人员来讲都是一样的，也就是说，在监狱从事生产劳动是服刑人员在改造过程中应尽的义务。

×××，你今年多大岁数了？59岁了！据我所知，×××不但是咱班岁数最大的，也是全监区岁数最大的。可是，你们没有看到过他在劳动生产过程中偷懒吧？虽然从事的工种是辅助工种，可每次我经过他的时候都看到他在那里特别认真地按照要求去做。反观我们许多身强力壮的20多岁的小伙子，你们啥感觉？

还有，××，再过一个月左右就该释放了吧？我真心觉得监狱、民警为他报请减刑没有错。他的获奖前后表现一致。并没有因快释放了而少干活。这真的要比那些为了要分、要奖拼命干，不要分、不要奖就消磨混泡的人真实自然，这是人格问题，甚至是人品问题。这就是我们常说的“改造前期看表现，改造后期看人品”。

总体来说，我们班的服刑人员的劳动还是得到认可的，劳动不要只是想着强制、被迫，如果我们每天无所事事，就连基本的监舍卫生都没人打扫，这样的环境你们愿意待吗？前两天看书时看到一句话，我觉得很对，拿出来跟大家一起分享：“一个人对待劳动的态度，就是对待人生的态度；一个人对待产品的态度，决定对待自己的态度。”希望能够引起大家的思考。

最后，在这里通知一下大家，监区马上就要开展劳动竞赛了，我们班组服刑人员在监狱/监区组织的历次活动中都能够做到踊跃参加，并通过自己努力的表现取得较好的名次，为班组增了光，也给大家的脸面上添了彩。我相信，这次我们也是监区优胜的有力竞争者。希望大家打起精神，通过本次竞赛展示出我们班组的实力，全面反映我们良好的改造态度，我时刻关注并期待大家的好消息。

第十节　集体教育实战技术10——服刑人员受到表扬和奖励时

服刑人员作为特殊的社会群体，他们的改造和进步是非常不容易的。所以，民警要时时、处处地发现他们向好的变化，不应该以“一点小善无需表扬”而予轻视，一个及时的表扬乃至小小的奖励会“威力大显”。

另外，在监狱中，对于服刑人员的表扬和奖励都是与加分乃至减刑和假释相“挂钩”的，所以，民警一定要让服刑人员充分认识到奖惩分数对于服刑人员的重要作用和意义——正所谓“关键时刻半分也能改变一个人的命运”！

一、讲话层次

1.阐明表彰主题

说明：

有时，服刑人员的“向善表现”他们自己都不一定发现，如果民警能够及时发现，会让他们感到受到重视，他们也会更加有意提升自身的“向善”意识。而有时，民警因为疏忽或确实不知道而未能及时对服刑人员“微小善行”进行表扬，会破坏服刑人员的继续“行善”和努力积极性，下次遇到类似情形时会变得不主动或闪避。所以，提示民警一定要注意对服刑人员特别是“微小善行”的表扬和鼓励。

2.回顾事情经过

说明：

不是所有的服刑人员都发现了“向善表现”，重复场景，让记忆深刻，鼓励所有服刑人员的信心和勇气。

3.对幕后支持人员和其他付出人员给予表扬

说明：

在谈到要感谢的人时，民警可以启发服刑人员进行思考：这份表扬和荣誉取得的背后还有谁付出了努力？让本来没有受到表扬和奖励、以为已经被遗忘的人感到特别的惊喜，从而认清存在的“自我价值”，激发出他们心底和体内“向善”和“行善”的动力。

4.鼓励服刑人员戒骄戒躁，取得更大进步

说明：

要让所有的受表扬者认识到自己获得的表扬和奖励是大家集体共同努力付出的结果。同时，要让他们深刻地理解并牢记改造的道路还很漫长，里面凝聚着每一分踏实的努力，不要出现“刚刚受到表扬，马上又被批评”的常见现象。

二、要点提示

1.民警对服刑人员的表扬和奖励要表现出由衷的喜悦，要真诚地对服刑人员的努力和付出表现出认可，注意不能流于形式。

2.取得的荣誉、产生的积极意义和深远影响可能是大部分服刑人员看不到和意识不到的，民警应该充分挖掘并重点宣讲。民警一定要带头带动大家鼓掌，要知道“一个实际的动作比一百个认可的口号更加能够打动人心，更加能够制造出热情的氛围和强烈的反响”。

3.民警要注意：在鼓励大家集体鼓掌庆祝取得的成绩时，不要放弃和放过任何一个不好意思鼓掌或不参加鼓掌的服刑人员，为了达到群体参与的最佳效果，民警可以轻松并幽默地加以带动，比如，咱们是不是过分谦虚了，取得这么大成绩，再不给鼓掌就是骄傲了。

4.服刑人员在监狱中很重要的激励是物质激励，民警应明确指出，物质奖励也是自己努力得来的，没什么不好意思的。

5.现在最能够影响服刑人员日常表现和改造动力的就是减刑假释政策，民警谈话时一定要懂得在最合适的时机和条件下直指核心内容，然后不论采用“话语直指”还是“围绕影射”的谈话技巧，都一定要服刑人员认识到奖惩分数与服刑人员切身利益有直接关系。民警在谈话和宣讲中，可以多举发生在监狱内、服刑人员身边的真实案例，以加强道理的说服力和可信度，强化服刑人员对奖惩分数的高度重视，从而激发出他们“多为善举”的主观意愿。

三、案例示范

××班四名服刑人员代表监狱出赛，获得了第一名的好成绩，其中，×××在比赛中获得了“最佳个人”奖项。民警决定进入班组对四名服刑人员进行表扬。

大家好，咱们开个班组会。想必大家都已经知道了，在日前举行的“分局年度服刑人员知识竞赛”中，咱们班×××等四名服刑人员代表监狱出赛，获得了第一名的好成绩，×××还在比赛中获得了“最佳个人”奖项。我认为这不单是参赛选手取得的成绩，还是我们整个班组的荣誉，是我们整个监区的荣誉，更是我们整个监狱的荣誉。

我提议，咱们大家都伸出双手，不要不好意思，给我们的参赛选手和我们自己献出最热烈的掌声！

参加竞赛并获得较好名次能够给参赛的服刑人员本人带来荣誉和直接利益。这次最直接的就是监狱、监区的物质奖励了吧？怎么样，这次物质奖励是不是很丰富啊？

不管是吃的也好，用的也好，都是物质奖励，我也更看重这次参加比赛的实际利益。这里面更大的实际利益是参加比赛的服刑人员可以按照部局下发的《监狱计分考核及奖励服刑人员规定(试行)》获得加分奖励;大家不要轻视加的这十几分。大家还记得咱们小时候流行的一句话吗?“分、分、分,学生的命根”,咱们大家都切实感受过升学考试等重要考试中,一分之差能错过千军万马的情形吧。这个道理在咱们服刑人员的减刑假释条件中同样适用。现实中,不要说差十几分,就是差一分、哪怕差半分都会影响服刑人员提前出监,从而耽误了早日回家的情形经常能看到,让我们都觉得特别可惜但爱莫能助。所以,我们更要为参加此次比赛取得良好成绩并获得加分奖励的服刑人员高兴了。

下面,我要说的是,我们要认识并时刻牢记,获得的表扬或奖励无论从表面上看来归功于谁,实质上都是大家一起努力的结果。我就不止一次地看到,在你们认真准备竞赛时,班里其他服刑人员默默地担负起你们的工作,比如说监舍的卫生。还有,你们在背书的时候,平时大嗓门的××都刻意地放低说话的音量,怕打搅你们学习。所以,我建议为在幕后对我们参赛服刑人员默默支持和付出的服刑人员鼓掌,在这枚闪亮的“军功章”上,同样记载着一份他们沉甸甸的功劳。

最后,我们请参赛的服刑人员给大家讲讲比赛时候的事情,听说很激烈。

(服刑人员讲话)

本次主题班会就到这里,我期待大家在今后服刑改造生活的各个方面都能取得更好的成绩和更大的进步。

(感谢北京监狱局清河分局清园监狱教育改造科张君警官对本章的贡献)

TESHU BINGREN
DE
XINLI LIANGFANG

—

方 舟——著

特殊病人的心理良方

服刑人员教育矫治实战技术（下册）

法律出版社 | LAW PRESS

目 录

叁

自杀自伤心理干预实战技术

第一章 服刑人员自杀自伤案例分析

第二章 自杀自伤的预防性干预

肆 应急事件管理心理实战技术

第一章 应急事件心理干预概论

第二章 应急事件之前的预防性心理干预

第三章 应急事件之前的特殊问题心理干预

叁

自杀自伤心理干预实战技术

◎ 如何及时发现自杀自伤行为?

◎ 如何预防性地规避发生自杀自伤行为的潜在危险?

◎ 如何在每天的监管工作中有效地识别、发现自杀自伤苗头?

◎ 怎样在日常的个别教育中有效地预防自杀自伤心理的形成?

◎ 这些问题需要每一位监狱人民警察用自己的教育矫治实力来回答。无数事例告诉我们,能够解决人类心理危机的绝对不只是那些受过专业训练的心理工作者,熟悉服刑人员的情况、与之已经有很多日常接触的民警在对服刑人员自杀干预工作上,比陌生的心理专业人士多了很多得天独厚的优势。

◎ 本部分重点讨论自杀的识别与干预。

第一章 服刑人员自杀自伤案例分析

各个监所是国家刑法执行机关。服刑人员处于严格的监管中，在监狱系统的共同努力下，服刑人员自杀比率远远低于社会人群。服刑人员自杀自伤有很多不同于社会人员自杀自伤的特点，服刑人员自杀自伤问题深深地困扰着监狱民警。从源头分析，把握服刑人员自杀自伤的原因，对于矫治与预防都是非常关键的环节。

第一节　典型自杀自伤案例分析

自杀自伤是一个非常复杂的现象。自杀自伤因素需要做系统分析，各个因素在分别对自杀自伤起作用的同时，彼此间又有着相互作用从而形成交互影响。虽然说各个因素对于不同服刑人员的影响有所不同，但是，毫无疑问的是，服刑人员的自杀自伤需要以多个因素形成的系统做分析，正是由于这样的系统作用才形成了自杀自伤想法并有可能进一步演绎成自杀自伤行为。

下面用四起典型案例做简要说明：

☞ 案例一

服刑人员赵某，男，33岁，农民，小学文化，离异，由父母帮助抚养两儿子，因犯诈骗罪被判刑4年9个月。赵某脾气暴躁、情绪容易失控，冲动时会大喊大叫、不服从管理，改造不积极，认罪态度差；经常因为琐事与他犯发生争执，多次打架斗殴；多次顶撞民警，扬言出去后要报复民警；认为评分不合理，民警管理存在诸多问题，经常歪曲事实写告状信。3月监狱组织队列广播体操比赛，监区做了参加比赛前的动员，赵某因不想参加广播操比赛，放话说如果民警逼其走队练操，就舍出命来闹一出事。第二天下午训练前，赵某试图用头撞墙，被互监班组控制住。

【原因分析】

赵某自杀自伤行为属于行为获益。在自伤自杀之前造舆论，并且有明确的目的要求，这样的自杀自伤就是要挟性的，企图以此获益。

☞案例二

服刑人员刘某，女，34岁，汉族，农民，初中文化（自述并没有读过多少书），由奶奶带大，很少见到父母，对父母有很深的成见；与男友育有两个女儿，因男友母亲坚决反对，一直没能结婚，加上刘某认为男友母亲极其偏袒男友前妻所生的男孩小贝，对自己的两个女儿冷淡漠视，因此刘某与男友的母亲矛盾很深，经常发生言语甚至肢体冲突。某天，在和男友母亲对骂后，刘某在饭菜里投毒，除刘某及两个女儿之外，男友、男友母亲、小贝及一起生活的男友弟弟一家五口共八口全部中毒，男友母亲和小贝死亡，其他人经医院抢救后获救。最终，刘某因犯故意杀人罪被判处死缓。刘某的男友和她断绝了关系，没有接见过，刘某写给女儿们的信也被退回。刘某曾两次自伤自残。当月因违规被扣分后，刘某实施了在腕部反复割切的自伤行为。

【原因分析】

1.刘某在家投毒的行为导致其众叛亲离。刘某意识到出狱后没有任何人会接纳她，因此对生活绝望。

2.刘某行为乖戾，处理问题的方式简单粗暴，行为特点是毁灭性暴力解决、手段残忍。刘某的自伤行为是其行为习惯的再现。

☞案例三

服刑人员季某，男，48岁，因走私毒品被判处无期徒刑。季某幼年丧母，由父亲拉扯长大。入狱后，季妻带着孩子不知去向，81岁的季父靠村里救济生活。自幼家境贫寒的季某对生活用品极度节省，由于口吃、左腿略有残疾，常被同犯嘲笑。季某性格内向，说话时不敢与民警对视，和民警说话时常表现出过度焦虑，总是点头，很少用语言做详细回应，因此难以交流，较难摸清其真实想法。1月22日，某电视剧播出了一段剧情：一个女人嘲笑丈夫养不了孩子、养不了老人、靠吃软饭活着，是个没用的窝囊废。当晚刷牙时，一名服刑人员拿起季某的牙膏用，季某与其发生冲突，该服刑人员故意大声重复电视剧里的台词，并取笑季某。1月23日，季某吞食异物企图自杀。

【原因分析】

1.思维方式方面：相比健康的正常人，那些身体残疾、口吃或者家境贫寒、生长过程艰难曲折的个体更容易出现扭曲的认知方式，他们更容易敌对、自私，由于资源极度缺乏，也更容易绝望。

2.刑期漫长、逃避现实：在没有家人、朋友支持时，很多刑期漫长的服刑人员没有动力继续走向未来，他们会把自杀当成逃避现实的自救方式。

☞ 案例四

服刑人员张某，男，40岁，初中文化，因犯诈骗罪被判处有期徒刑6年10个月，已服刑3年。年迈的、身体都不好的父母帮张某照顾 6岁的女儿，家庭主要生活来源是张某的妻子常年在外打工挣钱。张某在服刑改造期间，基本能遵守监规纪律，没有朋友，不主动与人交往，心胸狭窄，性格偏激，被班长批评后，会在较长时间内沉默不语，隐藏较深。9月13日中午，张某因生产质量问题被班长批评、被同犯责备后情绪低落，当晚出现企图从上铺跳下的行为，被控制住。9月18日，张某妻子来接见，提出协议离婚。9月20日，张某从上铺头冲下跳下，被列为自杀高风险的重控犯管理。

【原因分析】

1.性格方面：张某属于沉默内向的、不主动表达的人。性格方面越开朗、豁达、热情性格的人，内心自愈能力越强；反之，越容易把事情想绝。

2.人际互动方面：良好的人际互动是个体的社会支持体系，家人间、好朋友间的密切人际互动更需要每个人的支持。面对应激事件时，支持系统越薄弱越容易无力、绝望。张某缺乏有力的人际支持，妻子提出离婚，让张某意识到父母、孩子将失去生活来源，极度无力感促使张某选择逃避现实。

绝望的程度越深越有可能出现自杀想法。

以上这四个自杀自伤案例是服刑人员自杀自伤事件中常见的案例。自杀自伤的原因很多，类型也很多，举出这几例，是想通过实例说明：尽管自杀自伤的行为表象相同，但内在原因未必相同。只有区别对待、发现根源，才能确保教育矫治有效、高效。

第二节　自杀自伤的生理因素

比照犯罪综合动因论，这里重点就影响服刑人员自杀自伤心理形成的主体因素中异常生物学因素做讨论。影响自杀自伤心理形成的异常生物学因素主要有以下几方面：遗传因素、精神发育不良、内分泌异常、脑损伤、精神障碍、染色体异常。其中，最需要民警高度注意的是精神障碍因素。

面对“服刑人员为什么会自杀自伤”这一问题，人们习惯性从外部世界（当事人遇到了什么事）、内心冲突（当事人的内心经历了怎样的挣扎）中寻找答案，而另一个重要的因素常常被忽略——异常生物学因素。需要说明的是，关于自杀的异常生物学因素仍旧处于研究阶段，忽视异常生物学因素和一味只盯住异常生物学因素都是有失偏颇的。毫无疑问，自杀是多种因素综合作用的结果，各种因素之间必然存在互相影响。

关于自杀异常生物学因素的探讨来自两个方面：一方面，有一些自杀似乎找不到可以理解的外部、内部因素。比如，服刑人员王某自杀未遂，在谈到自杀的理由时，王某说：“没有什么因素，活着太没有意思了，就是想死，心里总是在想死。”虽然找不到合乎情理的自杀内因和外因，但自杀行为分明就是发生了。对于这类问题的探索让异常生物学因素成为焦点。所谓异常生物学因素是指自杀可能是某些疾病导致的症状。举个例子，任何人都有可能感冒、发烧，在高烧时就会出现全身疼、四肢无力、困倦等症状。感冒的原因也许是被某个感冒患者传染，但并不是所有感冒患者都会发高烧。因此，更确切地说，个体高烧的原因是体内发生了感染。所以，异常生物学观点认为有些自杀是症状，引发自杀这个症状的是大脑异常。另一方面，精神疾病患者的高自杀率把学者们的视线引向了关于精神疾病生物学因素的研究成果，并试图从中寻找规律。

在过去40年里，关于引发自杀的异常生物学因素的实证性研究大多来自自杀者的尸检结果和自杀未遂者的身体检查。从这些检验报告中可以找到一些规律：脑室比正常人明显扩大；大脑内某些化学物质异常——主要是负责传递信息的神经递质和与这些神经递质代谢有关的酶；某些激素的浓度比正常人高。

大量研究表明，精神疾病是导致自杀的重要原因。国外一项对571例自杀死亡者的研究表明，这些自杀者63%有精神疾病。

与自杀高度相关的精神疾病主要有：

抑郁症——自杀风险最高，2/3抑郁症患者有过自杀想法与行为，15%~25%抑郁症患者最终自杀成功。自杀死亡者中50%~70%可以诊断为抑郁症。

精神分裂症——约有1/4的精神分裂症患者蓄意自伤。

病态人格——我国调查显示男性服刑人员中人格障碍的比例为13.87%。

一、抑郁症

自杀死亡者中50%~70%可以诊断为抑郁症，其中绝大多数是隐性抑郁症患者。所谓隐性抑郁症患者就是足够诊断但又没有得到治疗的抑郁症患者。抑郁症是完全可以治愈的，它的别称叫"心灵感冒"，意指抑郁症在精神类疾病中就像我们常常遇到的感冒一样，是每个人都可能患上的心灵感冒。

既然抑郁症不是疑难杂症，那么为什么有如此多的抑郁症患者成为隐性抑郁症患者呢？主要原因是：抑郁症的症状常常表现为躯体症状，很容易被作为躯体疾病治疗，反复到医院就诊的患者中有50%伴有抑郁症，但他们却常常反复到神经、心血管、消化等科室就诊。抑郁情绪常常被认为是人生病时的正常情绪而被忽略；抑郁症的治疗属于精神疾病类治疗，由于担心周围人的歧视、偏见、嘲笑，所以很多抑郁症患者对此讳莫如深，甚至在医生确诊后仍旧不愿意接受，如认为医生在诬蔑自己。在一名服刑人员的遗书里就有这样的内容："我有这么多的不适，却碰到一个可恶的医生。他治不了我的病，还说我是精神有问题，他其实就是在说我有精神病。这几个月我不去医院了，就是再难受我也不能被当成精神病。"

监狱是抑郁症和抑郁症自杀自伤的高发区，没有进行相应治疗的隐性抑郁症服刑人员很容易被忽视。提高对抑郁症的识别能力，并能够保证及早让隐形抑郁症服刑人员接受来自精神科医生的相应治疗，已经成为一线民警在预防服刑人员自杀问题中极为重要的工作之一。

1.抑郁症的表现

服刑人员王某，42岁，被判处有期徒刑5年，自缢被及时解救。

王某父母早逝，其因先天左脚内翻加上家里太穷，一直单身。王某与唯一的妹妹相依为命，妹妹嫁到了同村的李家后经常挨打。王某潜入李家厨房投毒并因此入狱。李家不允许王某的妹妹到监狱看他，也不让寄东西、寄钱。

王某性格内向、不爱说话。半年前，王某得了一个外号叫"烙饼"，每天早晨三四点钟别人都睡得正香的时候，王某就会醒，一个人在床上“烙饼”，一直到天亮再也睡不着了。早晨点名时，王某一脸疲倦，不像刚起床倒像刚干完体力活。上午出工时，王某心神不宁，想问题很慢，想不明白。干活时，王某小错不断、丢这少那，始终没什么精神。下午比上午要略好些。吃过晚饭，王某的状态是一天中最好的，大多数的时候他会和同犯一起看电视，偶尔也会看着同犯玩扑克。王某的身体越来越差，头痛得更厉害了，两个月前添了胃痛的毛病，查不出什么问题。

王某时常莫名其妙地唉声叹气，原来很喜欢下象棋，现在连棋子都懒得摸；天天都闷闷不乐，老是觉得累，总想睡觉，可真躺下了又睡不着；无缘无故地发脾气，不愿意和人说话，人也变得很小心眼儿，朋友越来越少，与原来一起下象棋的同犯、同监舍的同犯几乎连话都不说了。

王某的一些状况是抑郁症的典型症状：

(1)每天的绝大部分时间或几乎每天感到悲伤或情绪低落。

时常莫名其妙地唉声叹气，每天没有什么理由但就是觉得不高兴，不管什么事都没意思。

天天都闷闷不乐，老是觉得累，总想睡觉，可真躺下了又睡不着，总会想让自己烦心的事情。

(2)兴趣丧失：对平时被视为很重要的事情漠不关心，对日常活动完全没有兴趣，以前感兴趣的事现在一点儿兴趣都没有，可能不得不强迫自己完成该做的事情。

原来很喜欢下象棋，现在连棋子都懒得摸。

不管什么事都没意思。

(3)精力下降或易疲劳，没有干多少活儿但感觉很累，一天到晚总觉得疲倦。

早晨点名时，王某一脸疲倦，不像刚起床倒像刚干完体力活。

除了这三项典型症状外，抑郁症还有一些附加症状：

（1）睡不好：入睡困难，睡不着；多梦；早醒，凌晨醒后难以再次入睡；有的会睡得特别多、嗜睡。

每天早晨三四点钟别人都睡得正香的时候，王某就会醒，一个人在床上“烙饼”，一直到天亮再也睡不着了。

（2）身体不适：主要是心血管方面，如心悸、胸闷，头部、胃部疼痛等。

自己的身体越来越差，头痛得更厉害了，两个月前添了胃痛的毛病，去医院看过，片子也拍了，化验也做了，医生说查不出什么问题，开了点儿浅表性胃炎的药，有的时候管用，大部分时候不管用。

（3）失去自信或失去自尊。

人也变得很小心眼儿，总是担心别人责怪自己，同时又不断地自己责备自己。

（4）不合理的罪恶感，过度内疚。

满脑子胡思乱想：今天能不能睡着？白天有什么做得不好的事？自己是不是招人嫌了？还常常担心妹妹，很后悔投毒，有的时候好像看到妹妹被打得满脸是血地躺在地上动不了。

（5）反复想死或自杀。

也不知道怎么了，总是会想到死，我也不想给队长找麻烦，可是自己管不住自己，就是不由自主地想死，好像被死勾着了。

（6）集中注意力能力下降、记忆力下降或做事情犹豫不决。

（7）精神运动活动改变，激越或迟滞。

（8）胃口改变：食欲不振、体重减轻、口干、便秘。

（9）内分泌紊乱，女性出现闭经、月经紊乱。

对服刑人员做抑郁症的初步判断时，并不需要上面所有症状都出现。

以下两个方面是做抑郁症判断的条件：

（1）三个典型症状都出现，或者出现任意两个典型症状，同时再出现任意两个附加症状。

（2）持续时间在2周以上，而且不能归因于重大的生活事件。

这里特别需要注意的是持续时间。喜怒哀乐是人之常情，遇到精神压力、生活挫折、痛苦的境遇或生老病死等情况，自然会产生情绪变化。谁都会有郁闷的时候，服刑人员究竟是正常的抑郁情绪还是需要关注的抑郁症，主要依据可理解性和持续时间来区分。如果抑郁情绪事出有因，那么就属于正常的抑郁情绪；反之，无缘无故地产生，没有任何情理之中的缘由就不属于正常的抑郁情绪。另外，一些重大的生活事件如入狱、离婚、亲人亡故等必然引发相对时间较长的抑郁情绪；但如果事情已经过去一段时间了，如已经入狱3年、离婚1年以后仍旧长时间处于抑郁中就不能视为正常的抑郁情绪。

2.鉴别抑郁症

服刑人员抑郁症有一个显著的特点：以躯体症状掩盖抑郁症的本质。有些患了抑郁症的服刑人员反复提出的是身体不适的问题，并且只凭一句“这么多病，哪能高兴”就使包括本人在内的所有人把注意力全部集中在了身体的不适上，因为“身体不好，精神自然也不会好”是大家共同默认的事实，于是很自然地忽略掉了实质性问题——抑郁症。

很多躯体疾病本身是会引发抑郁症的，特别是慢性病，对于服刑人员更是这样。因为长期的病痛折磨，加上一些客观事实，如无法取得理想的劳动改造成绩影响自己减刑，服刑人员非常容易在躯体疾病的同时出现抑郁症。

需要特别注意的一点是，一些抑郁症服刑人员始终查不出器质性问题，但是本人不断地提出身体不适。他们并不是装病，尽管检查不出器质性问题，但对于他们来说，躯体这样或那样的不适感、疼痛感是真实存在的。

☞ 案例一

服刑人员张某，男，28岁，因犯故意伤害罪被判处有期徒刑8年。入狱4年来张某情况很稳定，改造态度很好，父母妻女常来看他。张某有文化、人又豪爽、大方，和同犯相处得很好，虽说身体有病，但民警和家人都为他积极想办法治疗，无论是狱内直接管理他的民警还是亲属，都不能理解张某怎么会自杀。

张某每天和其他同犯一样按部就班地劳动、学习，虽然常常唉声叹气，但也跟同犯有说有笑，就是越来越爱挑毛病，看哪儿都不顺眼，特别是吃饭的时候。以前张某饭量很好，后来吃饭时明显地挑三拣四，而且吃得很少。张某以前挺爱干净的，后来生活变得很懒散，不修边幅、很少换洗衣服。民警统计请假记录发现，张某在自缢前5个月共看病16次。每次看病主要是两个问题：一是每天早晨醒后都感觉睁不开眼，心脏有突突的感觉，连说话的力气都没有，一整天总想躺着；二是肚脐周围发硬，很难受，一按就像被重打了一拳一样。

以下片段摘自服刑人员张某自杀前一周的日记：

5月20日，今天我停止了用药，总去医院我也烦了，治和不治都一样，我的病越来越重，说出来也没有人理解，查不出来问题就是大问题，看来是生命走到尽头了。

5月21日，如果不是身体的疾病，我也可以和其他人一样每天劳动、娱乐，现在每天没有好的时候，只是睡着那一会儿自己不知道，一旦醒过来身体就难受得坐立不安，再这样下去我怕自己连自尽的力气都没有了。

5月22日，谁不想好好活下去，可是我的身体太糟了，怎么治都治不好呀！我也不想再多说了，这样日趋严重的结果其实就是死。

5月23日，今天很想念亲人，今生是不能报答你们了，我走了对你们也是一种解脱吧。

5月24日，今天我特意感谢了一下王队长，告诉他很感谢他对我的关心帮助，我真的很想积极改造，报答他对我的关心。王队长要我乐观些，我的身体太差了，已经坚持不下去了，对不起。

5月25日，我现在每多活一天就多一天痛苦，只要醒着就难受得坐卧不安，我实在坚持不下去了。如果有一线希望，我也会积极治疗、加倍努力改造的。我也不愿意再给政府、亲人增加麻烦了，就让我走吧。

抑郁症患者会有很多身体症状，常见的有乏力、头部不适（头重或头疼）、睡眠障碍、胃腹部不适、食欲不好、心慌气急、精力无法集中、思维困难、记忆力大幅下降、反应迟钝等。虽然患者会有真实的身体不适感，到医院却检查不出问题。对于这样的情况，再三地到医院看病不仅没有任何好处，反而会加重抑郁情绪，有些服刑人员甚至会因为更加关注自己的身体症状而使躯体不适变得更加严重。因此，当遇到服刑人员反复就医而没有查出病因时，需要全面分析，观察了解是否有抑郁症的其他表现。

比如上面提到的张某，除了身体不适之外，还有这样一些抑郁症：

典型症状：

①每天绝大部分时间或几乎每天感到悲伤或情绪低落。

常常唉声叹气。

②精力下降或易疲劳，没有干多少活儿但感觉很累，一天到晚总觉得疲倦。

一整天总想躺着。

附加症状：

①身体不适。

肚脐周围发硬，很难受，一按就像被重打了一拳一样。

总去医院我也烦了，治和不治都一样，我的病越来越重。

②反复想死或自杀。

③精神运动活动迟滞。

张某的生活很懒散，不修边幅、很少洗换衣服。

④胃口改变：食欲不振。

以前饭量很好，后来吃饭时明显地挑三拣四，而且吃得很少。

服刑人员张某有明显的两个典型症状和四个附加症状，因此，他并不是躯体问题，而是抑郁症在作怪。最后促使他自杀的也是抑郁症。

☞ 案例二

服刑人员郑某，女，37岁，农民，因犯抢劫伤人罪被判处有期徒刑15年，吞食剪刀头自杀。

入狱前，郑某一直照顾邻居年近75岁的孤寡老人林大妈。1999年7月，林大妈的一个远房侄子忽然来看望林大妈，临走给林大妈留了人民币2000元、一条金项链和两枚金戒指（价值人民币1万元左右）。一天，郑某趁林大妈熟睡之际偷偷来到林大妈家，翻箱倒柜地找钱和首饰。林大妈听见动静后开始大喊。郑某一时害怕就随手从柜子里拿出一床被单盖住林大妈的头，绑住林大妈的双手，哑着嗓子、变了声音威胁林大妈交出钱物，否则就勒死她。林大妈无奈之中说出东西都在褥子下面压着。郑某在抢劫过程中致林大妈双臂骨折，并因惊吓过度出现遗尿不止、常常惊慌失措等精神症状。郑某劫走东西后的第二天逃往外地。被公安机关抓捕归案时，她还天真地以为只要把钱和东西交还给林大妈，自己继续伺候她到送终就没事了。

入狱后，郑某改造情况良好，家里人间或过来看看她，和同犯们相处得也很好，因为改造表现好还成了本组的组长。2006年年底，家人告诉她林大妈去世了。自从出事后，林大妈就住进了敬老院，家人说林大妈在敬老院死的时候很惨，一身的褥疮，浑身臭味。2007年3月的一天，郑某突然感到心脏跳得特别快，胸部发闷，喘不过气来，到医院做检查后，医生根据检查结果说她心脏没有问题。郑某不相信，后来先后到医院找其他医生检查、找院长看病，多次做心电图等检查，依据检查结果医生们的判断都是她并没有心脏病。郑某起初认为是医生水平低、不负责任，后来认定了是林大妈在咒自己，每晚都会对着家乡的方向一边作揖一边数落自己的罪过，求林大妈饶了自己。就这样过了一年，郑某的“心脏病”越来越严重了，频繁地感到心悸气短，还出现了好几次两腿发软摔倒在地的情况。这些让郑某更加坚持认为自己不仅有心脏病，而且是很严重的心脏病。

同犯们说郑某自从得了“心脏病”，就像变了一个人一样。以前的她干起活儿来都不知道累，现在的她成天愁眉苦脸的，每天都说自己跟没有睡觉一样，还没有干两下就唉声叹气地说自己没劲儿，总说自己快死了，人也瘦下去了一大圈儿。特别是从2008年春天开始，郑某月经先是紊乱，后来就停经了，大家还逗她发愁发得提前进了更年期，郑某却说自己的心脏病是要命的病。郑某越来越爱发呆，有的时候一个人莫名其妙地待着抹眼泪，有时候一个人念念叨叨来回就两句话“不能做亏心事，不能贪昧心钱”。

既然在检查中没有任何心脏病变的依据，那么郑某就应该不是心脏病。既然不是心脏病，怎么会身体越来越差，心脏病的症状越来越明显呢？其实类似的事情很多，当个体特别、格外注意什么时，如自己身体的某些不适，就会发现自己能收集到很多的证据来支持自己的担心，不自觉地忽略掉和自己意识不一致的线索。而且越是担心，就越会发现不对的地方，这样的过程属于人类的一种思维特征，叫作选择性注意。郑某越是担心自己得了心脏病，就越害怕、担心，她越想越怕、越怕就越紧张，于是越发感到心脏跳动得不正常。其实对郑某的状况做整体性关注时，不难发现她得的是抑郁症。

典型症状：

①每天的绝大部分时间或几乎全天感到悲伤或情绪低落。

郑某自从得了“心脏病”，就像变了一个人一样，成天愁眉苦脸的。

②精力下降或易疲劳，没有干多少活儿但感觉很累，一天到晚总觉得疲倦。

还没有干两下就唉声叹气地说自己没劲儿。

附加症状：

①睡不好。

每天都说自己跟没有睡觉一样。

②身体不适。

感到心悸气短，还出现了好几次两腿发软摔倒在地的情况。

③反复想死。

总说自己快死了。

④不合理的罪恶感，过度内疚。

每晚都会对着家乡的方向一边作揖一边数落自己的罪过，求林大妈饶了自己。

有时候一个人念念叨叨来回就两句话“不能做亏心事，不能贪昧心钱”。

⑤精神运动活动变迟滞。

越来越爱发呆，有的时候莫名其妙的一个人待着抹眼泪。

⑥内分泌紊乱，女性出现闭经、月经紊乱。

从2008年春天开始，月经先是紊乱，后来就停经了。

3.是否需要用药

抑郁症既然是一种精神疾病，又有那么高的自杀危险，是不是只要初步鉴别是抑郁症就应该马上交送精神科医生开始服药呢?

关于这个问题要从两个方面做权衡:

首先,区分抑郁症的发病因素无论是来自服刑人员身体内部还是外部世界。

如果是由躯体内部因素所引起的抑郁症,即所谓内源性抑郁症,就需要尽快考虑使用药物配合治疗。目前的研究认为,内源性抑郁症是由大脑内有关神经递质或体内激素问题造成,必须使用药物予以治疗。换句话说,就这样的抑郁症而言,抑郁情绪乃至自杀都是症状,是大脑内部病变的结果。因为大脑病变了,所以才会出现相应的症状,甚至自杀。

如果是由突发的生活事件、心理冲突、特别的生理期(如更年期)引起,就属于外源性抑郁症,不一定必须尽快考虑药物配合治疗。就外源性抑郁症而言,因为有了若干问题,所以才会抑郁,才会想到自杀。抑郁症和自杀是外界若干问题作用于服刑人员后引发的结果。

区分抑郁症的发病因素是“内”还是“外”的依据主要是可理解性。也就是从服刑人员的全部生活背景判断出现这样的抑郁情绪是否可以理解;按照服刑人员曾经应付压力的能力判断遇到现在的问题是否能够引发出多么大的反应。理解不了的、不合情理的反应就是内源性抑郁症。

另外,即便能够找到明确的外部因素,我们也无法判断一段时间的抑郁是否已经引发了有关的生物性变化。研究表明,一些内源性抑郁是由外部压力引发、促成的。

其次,要考虑外源性抑郁症所处阶段。

抑郁症也像世间万物一样分发生、发展、结束等不同的阶段,如果患抑郁症的服刑人员出现了不能完成正常劳动和学习的任务,不能胜任和同犯之间的正常交往,不能适应狱内生活时,他就已经处于社会功能受损状态。这样的状态自杀的可能性非常高,必须尽快使用药物控制其情绪。

抑郁症不仅高自杀率令人触目惊心，而且在抑郁症的各个阶段都有自杀的危险伴随，无论是发病初期，还是疾病进一步恶化过程中，甚至是康复期。

二、精神分裂症

25%的精神分裂症患者会蓄意自伤的因素是什么呢？

首先让我们来了解一下精神分裂症有哪些症状。有关精神分裂症的症状在《中国精神疾病分类与诊断标准》第2版（CCMD－Ⅲ）中有详细的诊断标准，在这里就不逐一提及了。

特别典型的症状有：

1.妄想

持有一些荒诞的、离奇的、古怪的想法。比如，坚信有人在用什么高科技的东西控制自己；认为别人会加害自己等。

2.情感障碍

没有正常状态的情感表达，无论什么事情都引不起喜怒哀乐，还有的看着悲伤的电视节目会哈哈大笑，看着喜剧却呜呜痛哭等。

3.幻觉

客观现实并不存在，患者却可以真实地感受到，主要有幻听、幻视。比如，无中生有地听到一些声音，常常是有人对自己说话，如命令自己去死，或者是在议论自己、辱骂自己。大家都在安静看书，幻听症状下的服刑人员可能就会坚持说自己听到另外两名同犯在骂自己。

不难发现这些症状都可能导致自杀，对于精神分裂症自杀因素的研究证实了这一点。

处于病症较轻阶段（发病初期或康复阶段）时，对于“有家不能归，有单位不能回，无法出院回归社会”可能遭受歧视的担忧，对于社会舆论的畏惧等都会使患者情绪低落，强烈地感受着悲观、绝望等情绪，因而自杀。

在病症比较严重时，妄想、幻听、行为障碍、被动体验或被控制体验、被洞悉感等症状都可能直接导致自杀。比如，有的精神分裂症服刑人员坚持认为自己会被各种残忍的方法折磨，如砍断脖子、割掉脑袋、砍下四肢等；有的精神分裂症服刑人员不断地报告其他同犯在商量“怎么做掉我”；有的精神分裂症服刑人员认为民警会逼迫自己脱光衣服站在大庭广众之下；有的精神分裂症服刑人员说有人命令自己去死，不能不遵命；有的精神分裂症服刑人员好好地在院子里晒太阳，忽然变得狂躁不安，一边大喊“不活了”一边就猛烈地用头撞墙，只求一死。

第三节　自杀自伤的心理因素

即便看起来是某个外因引发了自杀自伤，我们仍旧发现：在同样的事实面前，并不是每一位患者都会自杀自伤。所以，内心冲突其实和事情无关，而是来自自己内心的解释过程。

在相同的境地中，个体做出的反应常常千差万别。如穿着同样的囚服、从事同样的劳动改造、接受同样的监管、文化背景相似、家庭条件相似的两名服刑人员生活在高墙中，一名遵守监规监纪，为获得新生积极努力地劳动改造；另一名却消极应付、围绕着“自杀”思前想后。是什么造成了这样的差别呢？

☞案例

服刑人员A、B都是32岁，都是高中文化，都是诈骗罪，罪行相当，都被判处15年有期徒刑，A比B早入狱两个月。

在和民警的交流中，A这样看待自己的服刑生活：自己让好多人倾家荡产，如果不是在监狱里服刑，还不知道什么时候会遇到那些被害人让他们活活打死。现在自己不用处心积虑、胆战心惊地东躲西藏，能在监狱里平静、有规律的生活，通过劳动、反省、忏悔、改过，还有可能提前出狱重新做人。父母一把年纪了，不但没有嫌弃自己，接见日还常常会不顾一路颠簸来看自己。父母平时省吃俭用，很多东西舍不得吃，但是会把这些东西带给自己。所以自己每天都要好好劳动、遵守监规，争取早日翻开人生新的一页，早日出狱用行动回报父母。

B认为：自己太倒霉了，如果父母有钱，自己也不至于通过骗人去弄钱；如果父母有权有势，自己根本就不用在监狱里受罪。偏偏自己生在一个普通的家庭里，父母什么都不能给自己，所以从出生就开始倒霉！自己从来就没有遇到过好人，有些被害人就因为一两千元钱也跟着起诉，没有一个人帮自己。那么多贪的钱比自己诈骗高很多倍的人在外面逍遥自在地过日子，自己却要进来受罪，真是倒霉！父母来接见翻来覆去就是“要好好改造”的老一套，从来都没有说过“我们想办法把你弄出去”之类的话。跟他们要点儿钱没有一次是痛快给的，他们再不容易也比住监狱舒服吧。听民警教育已经够多了，还要接着听父母唠叨，还不如他们不来，让自己落个清静。每天的改造就是一遍又一遍地看明白自己是个倒霉蛋。

正是因为A、B两人对于自己的罪行、对于服刑改造生活、对于父母等的不同的想法，造成了一年以后的天壤之别。

一年后。

A的情况很稳定，积极改造，无论是劳动还是平时的生活都表现很好，还有立功行为，得到了减刑。

B每天闷闷不乐，常常和其他服刑人员发生冲突，还振振有词：“别觉得我倒霉就想欺负我！”同犯们没有人愿意和他接近，父母也很少来接见了。B在监舍内吸烟被同犯制止后非常不满，对同犯大打出手。受到免评处理后，B的第一反应是认为自己倒霉透顶，所有的人都合伙整自己。于是对同犯说也许哪天自己会自杀，几个同犯听后一起嘲笑他："你要是真死了，我们就太高兴！"一句玩笑话竟然成了B自杀的理由，在自缢被救后，B说："我就想死了变成鬼，没想到自己竟然倒霉得死都死不了！"

心理学研究表明：个体对于事件的反应（情绪、行为）并不是事件造成的，个体对于事件会做出怎样的反应，完全由个体对这件事怎么想、怎么看决定。个体会对遇到的事情自然而然地做出自己的解释，这样的解释过程有时是经过思考的，有时甚至没有经过思考，下意识间就已经确定了。

比如，对于判刑入狱，A的想法是："自己让好多人倾家荡产，如果不是在监狱里服刑，还不知道什么时候会遇到那些被害人让他们活活打死。现在自己不用处心积虑、胆战心惊地东躲西藏，能在监狱里平静、有规律的生活，通过劳动、反省、忏悔、改过，还有可能提前出狱重新做人。"B的看法是："自己太倒霉了，如果父母有钱，自己也不至于通过骗人去弄钱；如果父母有权有势，自己根本就不用在监狱里受罪。偏偏自己生在一个普通的家庭里，父母什么都不能给自己，所以从出生就开始倒霉！自己从来就没有遇到过好人，有些被害人就因为一两千元钱也跟着起诉，没有一个人帮自己。那么多贪的钱比自己诈骗高很多倍的人在外面逍遥自在地过日子，自己却要进来受罪，真是倒霉！"

正是因为这些内在的想法，A在自责中很珍惜悔过的机会，B却发现了那么多世界对自己不公平的证据。于是我们就很好理解为什么A会有良好的表现，而B却在抱怨中不断找到新的让自己抱怨的理由，更多地感觉到别人对自己不公平、欺负自己。

比如，对于父母，A这样认为："父母一把年纪了，不但没有嫌弃自己，接见日还常常会不顾一路颠簸来看自己。父母平时省吃俭用，很多东西舍不得吃，但是会把这些东西带给自己。所以自己每天都要好好劳动、遵守监规，争取早日翻开人生新的一页，早日出狱用行动回报父母。”B的想法是：“父母来接见翻来覆去就是‘要好好改造’的老一套，从来都没有说过‘我们想办法把你弄出去’之类的话。跟他们要点儿钱没有一次是痛快给的，他们再不容易也比住监狱舒服吧。听民警教育已经够多了，还要接着听父母唠叨，还不如他们不来，让自己落个清静。”

鉴于对父母存在的这样一些内在想法，A心怀感恩、愧疚，B一肚子不满，我们就不难理解A为什么会用主动改造、争取早日出狱回报父母，而B为什么除了跟父母要钱就是嫌父母啰唆。

比如，对人生，A认为：“每天都要好好劳动、遵守监规，争取早日翻开人生新的一页，早日出狱用行动回报父母。”B认为：“每天的改造就是一遍又一遍地看明白自己是个倒霉蛋。”在这样的情形下，A积极改造、B每天混日子就是非常正常的了。

造成了A、B两人改造生活天壤之别的是他们内心经历的心理过程。心理学研究表明个体的行为反应不是因为发生了什么事引起的，而是由个体的心理因素决定的。

心理因素促使个体对遇到的事件做出自己的解释，并因为这样的内在解释而采取了不同的应对行动。所以，心理因素直接导致了个体的内心冲突，也直接影响了内心冲突的变化。

一、认知因素

认知因素，是指服刑人员个体认识外界事物的过程。个体获得信息并进行信息加工的过程就是认知过程，这是一个逐渐形成的过程，形成后就成为个体看待世界、解释事物的相对固定的过程。人类常见的歪曲认知有十几种，下面几种歪曲认知在有自杀行为的人群中较为多见。

1.负性过滤

负性过滤就是对包括自己在内的一切人和事，习惯性地只关注负性信息，很少或者几乎不会去关注好的方面。习惯用负性过滤的方式看问题的服刑人员消极、悲观。他们最擅长的就是发现周围的、社会的、整个世界的阴暗面，而这样的发现让他们变得更加消极、无奈，甚至绝望，于是他们会更容易选择用死作为逃避的方式。（如表1所示）

表1　负性过滤

序号	服刑人员遇到的事件背景	持负性过滤认知方式时，可能会这样说/想
1	接见日家里人没有来	他们是嫌弃我、心里没有我，才不来看我的
2	妈妈来接见，见面妈妈就哭了	接见就是哭一场，以后别接见了
3	父亲的老寒腿这个冬天又重了	越来越糟了
4	爱人提出离婚	又一个抛弃我的人
5	孩子辍学（学习不好，自己也不想上学）	不上学了就彻底不需要我这个爸爸了
6	民警做单独谈话，鼓励好好干，多努力	队长找我是因为看我不顺眼
7	被民警批评	跟我过不去
8	看待周围的同犯	张三小气、王五自私，没有一个能做朋友的
9	打牌时，同犯赢了	打牌就是我输，一点儿意思都没有
10	和同组的组长发生口角	吵过架了就是有过节了
11	同监舍的服刑人员说屋里有味儿	连新鲜空气都呼吸不到了
12	重感冒多日，班组没有得到表扬	真倒霉，今天真没意思
13	没有加到分，恰逢阴雨天	老天都在哭我
14	吃不惯狱内的饭菜	除了淡就是硬
15	胃疼，医院检查不出问题	我就是倒霉
16	评分不理想	活着也是赖活着
17	余刑长	还有十多年怎么熬呀
18	思考自己出狱后的生活	外面本来已经有那么多人找不到工作了，我出去了也一样找不到

2.过度概括

过度概括也叫过度引申，就是只凭少量信息就做出整体的、消极的推断。这样看世界的服刑人员总是抓着自己看到的局部的、片面的、单一的内容做消极的推断，他们不考虑其他因素是否存在，就对人或事做整体性的、负面的推断。（如表2所示）

表2 过度概括

序号	服刑人员遇到的事件背景	持过度概括认知方式时，可能会这样说/想
1	接见日家里人没有来	家里人都不在意我
2	妈妈来接见，见面妈妈就哭了	妈妈肯定每天都难过
3	父亲的老寒腿这个冬天又重了	我们家的人都不得好报
4	爱人提出离婚	连老婆也没有了，我什么都没了
5	孩子辍学（学习不好，自己也不想上）	孩子将来好不了，我再活下去落的埋怨就更多
6	民警单独谈话，鼓励好好干，多努力	队长的意思是我这次没有加分希望了
7	被民警批评	我这一段时间拼命劳动全白费
8	看待周围的同犯	身边这些人身上没有一点儿好的地方
9	打牌时同犯赢了	他又占我便宜，他们总是欺负我
10	和同组的组长发生口角	他们所有的人都是我的对头了
11	同监舍的服刑人员说屋里有味儿	我的脚从小就臭，他们就是在说我
12	重感冒多日，班组没有得到表扬	命不好，其他什么没有用
13	没有加到分，恰逢阴雨天	老天爷的意思是我以后再也加不到分了
14	吃不惯狱内的饭菜	监狱里没有任何好的地方
15	胃疼，医院检查不出问题	我这身体没有好地方了
16	评分不理想	没戏了
17	余刑长	住上十几年监狱，人都废了
18	思考自己出狱后的生活	没有人会雇服过刑的人

3.糟糕之极

糟糕之极也叫灾难化，就是在遇到事情，特别是不如意的事情后，认为已经发生的和即将发生的事情是可怕的、糟糕的、自己无法承受的“灭顶之灾”。当服刑人员这样想问题时，他会让自己不断沉浸在灾难中，就他们而言，自杀很容易成为唯一的能够彻底避免灾难的方法。(如表3所示)

表3　糟糕之极

序号	服刑人员遇到的事件背景	持糟糕之极认知方式时，可能会这样说/想
1	接见日家里人没有来	他们不要我、不管我了
2	妈妈来接见，见面妈妈就哭了	妈妈有很多难事瞒着我
3	父亲的老寒腿这个冬天又重了	爸爸要是瘫了家就完了
4	爱人提出离婚	这下我全完了
5	孩子辍学(学习不好，自己也不想上)	我在这个家里完全没有意义了
6	民警单独谈话，鼓励好好干，多努力	完了，队长盯上我了，以后好过不了了
7	被民警批评	他跟教导员、监区长汇报，开会再点我的名……
8	看待周围的同犯	我和这些人在一起待了这么多年，让别人怎么看我呀
9	打牌时同犯赢了	打牌都输，活下去不可能好了
10	和同组的组长发生口角	再也不会有人帮我了
11	同监舍的服刑人员说屋里有味儿	空气污染越来越严重了，呼吸就是在被动的慢性自杀
12	重感冒多日，班组没有得到表扬	我们组这次加分没戏了
13	没有加到分，恰逢阴雨天	惨了，再也加不到分了
14	吃不惯狱内的饭菜	这么吃下去身体早晚就完了
15	胃疼，医院检查不出问题	我肯定是得了很严重的、没法治的病
16	评分不理想	减不了刑，我后半辈子全完了
17	余刑长	我是进过监狱的人了，这辈子已经彻底完了
18	思考自己出狱后的生活	我没技术、没关系，什么都没有，出去也活不下去

4.两极化

两极化就是在遇到事情后，倾向于采取非此即彼思维方式，以黑白、对错、好坏的简单二分方式来分析遇到的问题，看不到解决问题的多种途径，在挫折和困难面前不能对自己和周围环境作出客观的评价。（如表4所示）

表4 两极化

序号	服刑人员遇到的事件背景	持两极化认知方式时，可能会这样说/想
1	接见日家里人没有来	他们从来就没有爱过我
2	妈妈来接见，见面妈妈就哭了	唉，我妈是哭我的丧呢
3	父亲的老寒腿这个冬天又重了	我爸完了，肯定好不了了，下一个就是我
4	爱人提出离婚	这就是要逼着我死
5	孩子辍学（学习不好，自己也不想上）	他像我一样没有用
6	民警单独谈话，鼓励好好干，多努力	他这是要开始整我了
7	被民警批评	队长也讨厌我了
8	看待周围的同犯	他们除了两个特别仗义的，剩下的都特别自私
9	打牌时同犯赢了	我从来就是被别人欺负
10	和同组的组长发生口角	他就是跟我过不去
11	同监舍的服刑人员说屋里有味儿	这些人都在嫌我，找碴儿骂我
12	重感冒多日，班组没有得到表扬	老天爷都说我不行了
13	没有加到分，恰逢阴雨天	老天在说：死吧，死吧
14	吃不惯狱内的饭菜	这就是活受罪
15	胃疼，医院检查不出问题	要么是没有病，要么就是要我命的病
16	评分不理想	评不上就没意义再活着了
17	余刑长	这辈子就全用来蹲大牢了
18	思考自己出狱后的生活	找不到活儿干就是死路一条

5.个人化

个人化就是把不好的、消极的事情都归到自己身上，看不到其他人、其他因素的影响。习惯这样看问题的服刑人员一般都很自卑。个人化的认知方式会让服刑人员在遇到问题时首先从自身找原因。应该说这样的思维方式在一定程度上是有助于服刑人员改造的，但是当个人化演变成过度地自我贬低、自我诋毁时，就有可能导致服刑人员以极端的方式毁灭自己。（如表5所示）

表5　个人化

序号	服刑人员遇到的事件背景	持个人化认知方式时，可能会这样说/想
1	接见日家里人没有来	我就是个多余的人
2	妈妈来接见，见面妈妈就哭了	我害得妈妈一辈子过不好
3	父亲的老寒腿这个冬天又重了	我怎么能把老父亲拖累成这样
4	爱人提出离婚	我这样的人不会有人爱的
5	孩子辍学（学习不好，自己也不想上）	我真是个废物，孩子是因为我才不上学的
6	民警单独谈话，鼓励好好干，多努力	谁都看不惯我，我活着就是让别人碍眼
7	被民警批评	就是我总给别人找麻烦
8	看待周围的同犯	跟我在一起，他们也都出不去
9	打牌时同犯赢了	我笨得连打牌都不行
10	和同组的组长发生口角	我连话都不会说，真没用
11	同监舍的服刑人员说屋里有味儿	我怎么闻不到，连鼻子都坏了
12	重感冒多日，班组没有得到表扬	我就是个拖后腿的
13	没有加到分，恰逢阴雨天	要是没我了，就不会下雨了
14	吃不惯狱内的饭菜	我还浪费这些粮食干什么
15	胃疼，医院检查不出问题	我得病都要得个受罪的病
16	评分不理想	别人都能评上，就我评不上
17	余刑长	我就是给人家垫底用的
18	思考自己出狱后的生活	像我这样的，好不了的

应该说，在导致自杀的过程中，外部因素和内心冲突是共同起作用的，但是它们又有各自的特点。内心冲突导致自杀时，往往找不到具体的外部因素，既没有破坏性的、毁灭性的重大生活事件发生，又没有某种威胁存在。由内心冲突导致的自杀往往是由于个体内心世界的挣扎造成的，这种挣扎日复一日地存在于个体的内心。在和自杀未遂者交流时，常常会发现他们总会不自觉地就会从上面五个表格所列的这些歪曲的角度看问题、想事情，有的持有其中一种，有的可能会同时持有其中几种。人的思想过程决定着行为方式，当他们用负性过滤的、过度概括的、糟糕之极的、两极化的、个人化的方式思考时，他们就会是悲观的、消极的、自责的……他们不断地在内心折磨着自己，最终导致无法承受下去，这就是由内心冲突引发的服刑人员自杀的基本过程。

☞ 案例

服刑人员王某，男，21岁，初中文化，因盗窃罪被判有期徒刑3年。父母都是工人，王某入狱后总担心父母会和自己断绝关系，只要父母没有来接见，王某就会持续若干天心慌、坐立不安，不断找民警问父母是不是跟民警说过什么？是不是不管自己了？父母来接见时对王某做解释：来一趟监狱需要坐七八个小时的火车，加上考虑路费、住宿等支出，所以只能偶尔来。王某当时点头表示理解，还请父母放心。谁知，随后父母连续3个月没有来接见，接见日当天王某企图自缢。

后来民警和他谈话时，王某这样说："他们不来接见不是嫌弃我了还能是什么？如果他们都不要我了，出去以后我怎么活呀！"

民警让王某说说自己是怎么想出这样一个结论的，王某说："我也不知道怎么回事，好像不用想就知道结论了。"

从王某的例子中，可以看到歪曲认知有这样一些特点：

1.自动发生

这些思维方式并不是服刑人员刚刚形成的，它们往往在服刑人员小时候就已经入住大脑，是被服刑人员使用多年的思考问题的方式。每当遇到问题，服刑人员就会自然而然地套用它们，因为使用了无数遍。所以，它们在大脑中发挥作用的过程已经像吃饭、走路一样熟练，甚至在个体毫无觉察的情况下就可以完成，一闪而过、在大脑中持续的时间非常短。

2.影响很大

虽然一闪而过但歪曲认知对情绪的影响却非常大，这种影响还很持久。比如，王某的情绪会持续若干天。

3.不容易改变

这些不能说明客观事实的歪曲认知很不容易改变，在实际工作中常常遇到这样的服刑人员：跟他们讲了很多道理、举了很多事实例子都没有用，他们仍旧很固执地坚持不正确的看法，而且还会振振有词地拿出很多证据来证明自己的看法有道理。

二、性格结构因素

性格是个体对现实的稳定态度以及与之适应的行为习惯，可以从对现实态度的性格特征、性格的意志特征、性格的情绪特征等方面分析性格特征与自杀心理的关系。这里重点讨论性格特征和情绪特征。

1.性格特征

从性格特征看，自杀者中性格内向、孤僻、敏感多疑的占2/3。有关研究显示，自杀者中大约95%的人性格内向。内向性格容易出现焦虑、绝望，特别是偏执、缺乏兴趣爱好的人，一旦遇到问题常常钻牛角尖儿，容易走上绝路。外向性格的自杀者，大多以自我为中心，而且情感起伏变化大、遇到外界刺激或者不愉快的事情，甚至在常人眼里很不值一提的事情，都容易产生剧烈的情感反应；非常容易生气、激动、愤怒，常常会大发雷霆。外向性格的自杀者自杀多与冲动行为有关。

☞ 案例

服刑人员张某，女，26岁，非常内向，很少和其他服刑人员交流，没有什么爱好。母亲来探望时告知，张某以前的男朋友已经定在一个月后的“五一”结婚。张某没有和任何人谈起这件事，就在“五一”当天企图跳楼自杀。对于张某自杀，她的母亲很不解：“他们早就已经分手了，我觉得对她不会有什么影响才说的。”张某说：“我活得很累，既然我活着不能开心，那就让我没有痛苦地死去吧。没有人能分担，这个世界也没有什么值得留恋的。我是真的累了，没人要我，所有的人都是虚伪的、自私的。现在我只有死才能彻底解决问题！反正人总要一死，只是早晚的问题罢了。”

对于张某自杀，其个性因素占了很大比例，内向让张某习惯了遇到事情不跟其他人讨论，自己内心的痛苦也不跟其他人说，只是按照自己的理解钻牛角尖儿，以至于走上绝路。

2.情绪特征

情绪特征包括个体的喜怒哀乐等情绪，也包括理智感、道德感、美感等情感。心理因素对个体身心健康的影响主要是通过情绪发挥作用。

自杀的情绪先兆通常是焦虑、抑郁、愤怒、厌倦、内疚等负性情绪。

有自杀可能的服刑人员另外一个情绪特征就是情绪不稳定，起伏明显。

冲动性自杀者一般都不擅长处理自己的情绪，他们往往采用不计后果的、破坏性的方法处理情绪，如用头撞墙、用锐器割伤自己。

三、个性异常

个性异常就是人格障碍，也称病态人格。在精神疾病分类中还没有明确的位置。人格障碍，是指因为患者形成了固有的待人接物处事的习惯，而这些习惯是不符合正常人习惯的。他们往往在没有诱因的情况下，就会出现一些异常的言行，这些异常的言行往往是不被社会所接受的。人格障碍是目前精神科医生、心理治疗师都非常棘手的挑战之一。我国学者的研究表明：罪犯人格障碍的发生率显著高于普通人群。

人格障碍的种类很多，其中最具自杀危险的是边缘性人格障碍，重复的自杀行为、自杀姿态、自杀恐吓或自残行为是边缘性人格障碍患者的特征性行为。边缘性人格障碍患者的自杀率为8%~10%，60%~70%的边缘性人格障碍患者有过自杀或自杀未遂。

下面就是一个边缘型人格障碍服刑人员的情况。

☞案例

服刑人员金某，女，23岁，无业，因贩毒、吸毒、卖淫被判处有期徒刑12年。金某是监区的重点监管对象，她经常会用各种各样的方式自杀，还总是用“自杀”“自残”的话威胁别人。

金某脾气很暴躁，每次跟同犯之间闹意见后都会自残，千方百计把自己割破。看着血从伤口里流出来，她就会觉得特别兴奋，会盯着血看。金某说：“我从小就觉得我以后肯定是用自杀的方式死去。我从上小学就经常想各种方法自残，特别是心情不好的时候，脑子里总会想自己在自杀。”

这样的人格是怎样形成的呢？让我们一起追溯到金某小时候。金某是独生女，父母都是很专制的人，不喜欢和金某交流，而且父母亲性格都很暴躁，心情好的时候对金某百依百顺、溺爱至极，心情不好的时候对金某非打即骂。这样的养育过程导致了金某看待事情很极端，要么全好，要么全坏，情绪也忽冷忽热，控制不住，非常容易爆发，爆发的时候怎么都无法解脱。金某的母亲很不喜欢和女儿有肢体接触，这让金某觉得妈妈非常讨厌自己。母亲脾气又急又暴，每次和丈夫吵架两个人都会比着凶，金某看在眼里记在心里，遇事说话总是很冲，所以和同犯之间关系很差，几乎和每个人都吵过架。

金某的父亲是家里的主要收入来源，也有绝对的权威。金某小时候很怕父亲，除非父亲心情好，否则无论金某有什么想法、要求，肯定都会被否定，这直接导致了金某自我认识模糊。

金某的父母对女儿的教育缺乏关爱，从不鼓励而且说话很难听。比如，金某5岁时喜欢穿着花裙子在镜子前面转来转去，父母就骂金某："现在就是小婊子，长大了做大婊子。"父亲还常对金某说："如果你死了，我们就再去领养一个更好的孩子。"就是金某入狱后接见时，父亲仍旧对金某说类似的话："早知道今天，回到20多年前说什么都不生你了。要么就去领一个六七岁的，能看出来听话、聪明、有出息的孩子。"这种环境直接导致金某非常害怕被抛弃、被冷落，而且对人际关系异常敏感。一次，原本和金某关系很好的同犯打饭时忘了帮金某打，金某哭着写下遗书"我今天就死给你看，看你后悔不后悔"，然后割腕。

第四节 自杀自伤的社会环境因素

影响自杀自伤心理形成的主体外因素包括社会环境因素、自然环境因素、情景环境因素。在这里重点讨论社会环境因素对自杀自伤心理形成的影响。

各种各样的社会环境因素都通过其他人与服刑人员的关系体现，社会环境反映着个体和其他人之间的相互关系。多项研究结果一致表明有自杀自伤行为的个体普遍长期缺乏良好的社会环境。也就是说，缺乏社会支持环境的服刑人员更有可能自杀自伤。

每一个人都有各自的社会支持环境。任何人都无法脱离社会存在，哪怕是生活在高墙之内的服刑人员，他们和高墙外的家庭成员、朋友，高墙内的同犯、各级监狱民警都有着各种形式的关联。每一名服刑人员都有很多直接接触或间接接触的人，服刑人员和这些人以及彼此间的支持性活动，构成了一个庞大的系统，就是良性的、支持性的社会环境。社会环境的支持性越牢固、稳定，个体自杀自伤的可能性就越小，同时积极改造行为出现的可能性就越大、越持久。

支持性社会环境不是一个抽象的概念，它通过下面这些内容鲜活地、生动地存在于服刑人员的生活中。

一、结构

1.社会关系的种类。如监狱民警、其他服刑人员、父母、兄弟姐妹、亲戚、朋友等。

2.数量。就是社会关系网络的规模，指和服刑人员有交往关系的人数、每一类社会关系的人数、每一类社会关系的人数在整个关系网络中的比例、服刑人员与其他人的交往频率。这些数量的对比能够揭示出各类社会关系在服刑人员生活中的相对地位和重要性。

二、对服刑人员起支持作用的方面

1.尊重支持。让服刑人员感受到尊重、提高服刑人员自我价值感的言语或行为。

2.信息支持。就服刑人员困惑的问题给予建议或指导。

3.工具性支持。给予服刑人员谦让、帮助、合作、共享、奉献、赠予等利他行为。

4.情感支持。让服刑人员得到安慰、同情、关心、陪伴、共同娱乐等。

服刑人员中因缺乏社会支持有可能自杀的班组主要有：一是长期无接

见、无汇款、无通信的“三无”服刑人员；二是缺乏安慰、关心、陪伴等情感支持的服刑人员；三是与周围的人经常发生冲突的服刑人员。

三、生活事件

社会环境对个体的影响是通过各种各样的生活事件产生的，对于服刑人员来说就是生活中发生了一些事情、出现了一些变动。生活事件常常会成为引发自杀的导火索，这些对服刑人影响重大的生活事件可能是一件非常“重量级”的事情，如亲人逝去；也可能是一些生活琐事，如每天都会被同犯嘲笑、捉弄。由于服刑人员的特殊生活空间和生活经历，他们相对普通人群更为敏感、脆弱。

服刑人员中与自杀高度相关的生活事件主要有：重大家庭变故（如亲人亡故、离婚、家庭成员重病、孩子辍学、家庭纠纷）；接受监管改造后的适应障碍；重大希望破灭（如减刑）；故意杀人，特别是被害人是自己的亲属；被班组发现不耻的行为（如偷窃、同性恋）；被其他服刑人员威胁、羞辱。

第五节　自杀自伤行为发生的因素及预防

自杀自伤行为发生因素包括服刑人员自身因素、自杀行为情景因素。这里重点讨论工具、地点等情景因素。

可用的工具、地点等情景对服刑人员的影响是潜移默化的。在便于行动的环境、条件中，行为出现的可能性就大；在不利于行为出现的环境中，行为出现的可能性就非常小。比如，服刑人员坐在整洁的教室中，面前是书本，读书学习的行为就容易出现；在球场，每人发一个球，体育活动的行为就容易出现。情景可能是自杀行为发生的因素，同时也增加了一项预防自杀行为的有利因素。

1.去除便于自杀自伤的工具和环境

服刑人员不可能在众目睽睽下实施自杀，隐蔽的场所和自己认可的工具是服刑人员自杀的物质条件。相关研究表明：阻止自杀的最好方法之一是去除方便行使自杀的工具和环境。去除便于自杀的工具和环境，如服刑人员手边没有绳索、没有独处的时间等，能起到暂时消除自杀危险、避免一时冲动采取自杀行为的作用。

就环境方面而言，生产劳动场所的互监制度，监舍区门口、楼道的坐班员制度，民警的不间断巡视制度，定期安检制度，集中管理制度等都能从环境方面避免自杀发生。

可能脱离民警视线的场所如监舍内的阳台、洗漱室、厕所、库房，生产区的院中院、房中房等；可能成为自杀工具的物品如刀具、刃具、电源、绳索等。这些都需要严加管理。

虽然违禁品的管理、环境的管理的确非常重要，但是监狱内最危险的危险品是服刑人员的思想，从思想根源做好教育矫治工作才是预防自杀自伤的根本。

2.注入希望的环境因素

蓬勃生长的绿色植物总能给人生机勃勃的感觉，无论是花草树木还是墙上的张贴画，都能让服刑人员感受到自然界中的盎然生机。生活在这样的环境中，非常有利于减少自杀想法、打消自杀企图。

3.未来愿景的环境因素

家乡的山水、美食，家人的笑脸，孩子渴望的眼神，美好幸福的未来，以及需要服刑人员担当的责任，这些都是非常好的自杀自伤阻止因素。

第二章 自杀自伤的预防性干预

凡事预则立。

预防性处理是处理服刑人员自杀自伤事件时性价比最高、最有利于监狱安全稳定的方式。自杀自伤最早期的预防阶段不是在服刑人员开始着手准备自杀自伤行为时，而是要再早些，在服刑人员内心刚刚开始关注自杀自伤时。

第一节 个体预防

在日常监管工作中增加预防自杀意识，点名、个别教育、带队出工等与服刑人员直接接触时，都是开展个体预防工作的好时机。

一、予以支持

鲜活、生动的支持是最有助于服刑人员安心改造的。在和服刑人员的谈话中，建立起对服刑人员的积极的情感支持是预防自杀心理形成的前提工作。当服刑人员能够感受到这样的情感支持后，不仅直接有助于预防其自杀自伤心理的形成，也为其他改造工作疏通了道路。

建立积极情感支持的方法主要有：

1.支持性的非言语行为

具体做法：目光接触，各种恰当的目光，如和蔼的、关切的、鼓励的；身体朝向服刑人员前倾但不僵硬的姿势；恰当的关切的表情（不随便地笑）；温和的声音；恰当的空间距离和位置；得体的身体接触，如拍拍肩膀、为服刑人员整理一下衣领等。

2.保持倾听

倾听是心灵的营养，任何人都需要被倾听。民警无论听到服刑人员说了什么都要停止批评和评价，要带着真实的兴趣去听服刑人员说。因为愿意诉说传达着服刑人员主动解决问题、有积极性朝向未来等心理态度。

具体做法：专注于服刑人员讲的话；不随意地打断；用非言语行为表达专注和尊重；以听为主，不说服教育、不评价。

3.对服刑人员及时予以肯定

选择自杀是因为自己没有力量去应对问题，自我价值感低下。那么，及时肯定、表扬是培育服刑人员自我价值感的方法。

这里说的表扬并不是常说的“你做得很好”“你表现不错”“你有进步了”之类的，而是描述性的。通过表扬，要让服刑人员明确地知道自己哪里做得好。同时，所谓的好不是用某些标准评判出来的，而是发自民警内心的，民警自身感受到的。

具体做法：观察、发现服刑人员做到的、做得好的事情，先把服刑人员做得好的事情描述出来，然后继续说出这样的事实带给自己的内心感受。

以服刑人员郑某为例。

民警对郑某说：“你心脏不舒服、心里压着这么多事，还坚持每天出工。看着你这么要强，坚持着干，我心里很感动。你愿意跟我说这些身体的难受、心里的麻烦，而不是躲它、不提它，我挺佩服你的。”

这不是简单地表扬，而是带领服刑人员学习看积极方面的开始，从引导其看自身积极的方面开始调整其视角，能够积极地看自己是能够积极地看生活、看他人的开端。

同时，在对服刑人员自杀想法的干预中，民警顶着人命关天的压力，感受着服刑人员的愁眉苦脸，也需要不断地予以自己激励。看到服刑人员在好转、在变化，看到服刑人员身上好的方面，能够帮助民警增加信心。

上述内容是开始下面做法的前提，如果没有经过上述内容，下面做法无法取得理想的效果。只有能够和服刑人员建立起彼此信任的关系，服刑人员愿意说心里话时，下面的干预才会有效。上述内容就是在与服刑人员进一步建立起可以做心灵沟通的渠道。

予以支持是所有心灵干预的前提，只有在服刑人员能够感受到来自心灵的陪伴后，才有可能实现心灵改造、内化改造行为。下面这些方法是从不同角度做干预的方法，需要根据服刑人员情况加以选择，每次谈话围绕1~2项方法进行即可。

二、促进自我教育

1.换个角度看问题

当服刑人员认为自己的想法就是事实时，就会出现固执、执拗、听不进建议等现象。此时单纯告知服刑人员“你这样是不对的”往往收效甚微，需要带领服刑人员看到除了他的想法之外，还存在其他可能，最终引导服刑人员意识到自己的问题存在很多种可能性。

具体做法：

方法1：引导服刑人员思考问题的其他方面。比如，直接问服刑人员：你想一想，还有没有其他可能？

方法2：故事启发。假如服刑人员沉默不语，民警可以用讲故事的方法做进一步引导。比如，在本书壹 “个体矫治实战技术”第一章第二节提到的“升官发财”的故事。

古时候，有甲、乙两个秀才去赶考，路上遇到了一支出殡的队伍。看着送葬的队伍抬着一口黑乎乎的棺材缓缓从自己面前经过，甲秀才心里立即“咯噔”一下，心想：“完了，赶考路上碰上了棺材，这次赶考是找死，怎么考都是死定了！”于是，甲秀才心情一落千丈，脑海里一直浮现着那口“黑乎乎的棺材”，心里一直想着“这次死定了”，坐在考场里文思枯竭，写得文不对题。乙秀才也看到了这口棺材，按照他家乡的说法：“棺材棺材，升官发财！”乙秀才欢天喜地地想：“我要升官发财了！今天能遇到这口棺材，我一定能金榜高中！好棺材，好棺材！真是好兆头！我要鸿运当头了！”于是，乙秀才情绪高涨，走进考场后思如泉涌，全力以赴地考。结果乙秀才金榜题名，甲秀才名落孙山。甲、乙两个秀才回到家后都对家人说：“‘棺材’

真是灵验！”

同样遇到棺材，甲、乙两个人竟然会有这么大差距，原因是什么呢？——这个讨论是重要的干预部分，需要深入、细致。借此带领服刑人员思考：自己怎么解释遇到的问题，决定结果的究竟是什么？

2.强化自我阻止因素

能够预防服刑人员产生自杀心理的关键环节是在其内心强化自我阻止因素。每个自杀者的内心都矛盾重重，一方面他们被强烈的无望、无助、无奈煎熬；另一方面他们又一直在苦苦地寻找解决问题的方法。几乎所有自杀的服刑人员都用了相当长的时间纠结于“要不要自杀”。这样的纠结告诉我们，其实服刑人员内心本身是存在自我阻止因素的。

具体做法：引导服刑人员关注自己好好活下去的想法，并对此加以引申讨论。比如，“你觉得自己还有很多事情要做，都是些什么呢？”“在你为自己加油时，你会跟自己说些什么？”“有些事情你心里很惦记，你愿意说说自己最惦记的人或事吗？”

三、注入希望

有希望就有明天。希望是支持服刑人员积极改造的关键因素。

1.看到真实的美好未来——时光隧道

带领服刑人员看看未来，当服刑人员能够看到10年、20年以后的美好生活时，这些美好生活将成为支持他积极改造的重要力量。

具体做法：让服刑人员找个舒服的地方坐好，整个过程都是闭着眼睛的。让服刑人员想象进入了时光隧道，首先回到了小时候快乐的时光。当有服刑人员表示看到后，就让他说出来。“在时光隧道里，来到了10年以后（这个时间需要超过该服刑人员的余刑），你非常高兴，看清楚发生什么了吗？看清楚了就说出来”。然后，继续进入时光隧道，来到了1年或3个月以后。“你感觉很轻松，看清楚自己在做什么。看清楚了就说出来”。

顺序：

（1）先回到小时候的快乐时光，这样的快乐是情绪基调，直接关系着后面看到的内容。

（2）接着要到服刑人员已经刑满释放的未来，同时注意强调“你非常高兴”“你生活得很好”“你很舒服地待在自己家里”。这个环节不是只能做一次，可以多重复几个时间点，如30年以后，20年以后，等等。但是要处于相对较远的时间点，处于服刑人员可能会生活得很好的时间段。

（3）然后再从远及近回到现在，但时间点在1个月后、3个月后等稍近的未来。

注意：

（1）这个方法不能在第一次谈话中使用，需要在已经和服刑人员建立起信任关系，服刑人员愿意表达自己对生的渴望后使用。

（2）服刑人员可能会说看到自己活得很糟糕，出现了这种情形，民警一定要保持平静，并继续加以引导。

2.希望是方向——生活中的希望

现在没有的并不意味着不可能拥有，比如，美好的生活。能够看到的美好生活对于服刑人员来说，就是一剂强心针。

具体做法：让服刑人员用“我希望我的生活是……”造句，可以是民警与服刑人员对话交流式的，也可以是服刑人员自己写出来或者画出来的。

3.积极视角

任何问题都有两面性，自杀想法常来自消极的视角和感受，帮助他们建立积极视角是打消自杀念头的有效方法。

具体做法：引导服刑人员回忆真心对自己好的人。“这些对你好的人一定都期望你能生活得好，如果他们能够给你一些建议，会怎么说？”“如果你的问题一下解决了，这些对你好的人会怎么看？”“如果你的问题一下解决了，你自己觉得大概是发生了什么？那么你会怎么做？”

四、重建行为

在改变服刑人员内在想法的同时，要让服刑人员可以做些什么，这些行为的塑造直接让服刑人员站起来。

1.放松训练——渐进式肌肉放松

渐进式肌肉放松是通过控制肌肉的紧张与松弛达到放松身心的目的，简单易做。在这样的调节过程中，也实现了帮助服刑人员控制不良情绪的过程。同时，渐进式肌肉放松在睡前做，还非常有利于改善服刑人员的睡眠，所以是个简便的好方法。

具体做法：带领服刑人员从双手开始尝试，找到放松的感觉后再继续。放松的顺序是：双手—双臂—双肩—脖子—脸—后背—小腹—臀—双腿—双脚—全身。渐进式肌肉放松的要领就是用力后彻底放松。

引导语示例：

请你伸出两只手，我说用力的时候，你就用力握紧拳，直到我说放松为止。我说放松你就一下子把两只拳头上的力量完全卸掉。我说清楚了吗？那现在来试试吧。现在两手握拳用力，坚持住，10、9……2、1（倒数10个数基本是以每秒数一个数的节奏来数，以下同），放——松——。体会两手松弛的感觉，你越是注意这种感觉，这种感觉就越发清晰。你愿意我们再试一次吗？

让服刑人员体会这种紧张与松弛的感觉非常重要，如果服刑人员感觉不清晰，这个动作可以反复来做，直到体会到松弛的感觉再接着做下一个的部位。可以和他语言交流，很多人紧张惯了，不太容易体会到松弛的感觉。一般的服刑人员做3次以上，才体会到松弛的感觉，而有的服刑人员需要做很多次，才能体会这种松弛的感觉。

下一个动作，是两手握拳举到肩膀，用双拳去够你的肩部，手的位置和姿势不重要，重要的是体会小臂和大臂肌肉的紧张感觉。如果你准备好了，那就开始。好的，两手握拳举到肩膀，用双拳去够你的肩部。好的，用力，坚持住，10、9……2、1，放——松——。好的，让两只手臂上的力量迅速地卸掉，两臂一点儿力气都没有了，松松的、软软的，充分体会这种松弛的感觉，充分地体会两只手臂松弛的感觉。

现在，将你的注意力转移到双肩，尽力耸肩，去够耳朵。好的，坚持住，10、9……2、1，放——松——，体会双肩放松的感觉。

下面，把注意力放到你的下巴，用下巴去够你的前胸，能不能够着不重要，重要的是去体会脖子肌肉紧张。好的，用力，坚持住，10、9……2、1，放——松——，体会脖子松弛的感觉。

下面，面部放松，舌头抵住上颚，上下牙齿咬紧，嘴唇绷紧，面部所有肌肉尽可能往一起皱，坚持住，10、9……2、1，放——松——，充分体会面部肌肉的松弛，舌头软软的，整个脸颊都软软的，这种松弛顺着头皮向整个头部蔓延。

现在，将注意力全部放在你的背部，用你的方式收紧后背的肌肉，坚持住，10、9……2、1，放——松——，体会后背肌肉放松的感觉。（一般大的肌肉部位可以坚持的时间稍长一点儿，小肌肉的部位坚持的时间短点儿。）

下面，将注意力转移到小腹部，用你的方式体会腹部的肌肉收成一个团，紧紧的，坚持住，10、9……2、1，放——松——，小腹松松的、软软的。

下面，把注意力转移到臀部，收紧臀部全部肌肉，坚持住，10、9……2、1，放——松——，体会臀部松松的、软软的感觉。

现在，将注意力放在你的两个膝盖上，想象在两个膝盖中间夹住了一枚硬币，用力夹紧它，体会大腿、小腿和膝盖的紧张，用力，坚持住，10、

9……2、1，放——松——，充分体会两条腿松弛的感觉。

现在，将注意力放在你的双脚上，用你的脚尖用力向上指，体会脚掌和脚趾肌肉的紧张。（也可以是用你的脚趾扒地，使劲的勾住地，体会脚背和脚掌肌肉的紧张。）好的，坚持住，10、9……2、1，放——松——，两只脚松松的、软软的，体会双脚松弛的感觉。

两只脚松松的、软软的，用你的方式，任由这种松软向两条腿蔓延，蔓延，接着它继续蔓延到小腹，蔓延到臀部，蔓延到的地方都变得松弛。充分体会这种松弛，整个身体都变得松松的、软软的，后背的肌肉也变得非常松弛，每一根肌纤维都变得那么松松的、软软的。两个肩膀松松的，没有一点儿力气。两条手臂和两只手完全的松弛了，彻底地放松了。整个脖子和面部，整个人都沉浸在放松的感觉中。

现在，我将从3数到1，你将满身轻松地回到这个房间里来。3做深呼吸，2轻轻动动手指，1在你想睁开眼睛时，慢慢睁开眼睛。

以上这一过程是服刑人员第一次接触渐进式肌肉放松的整个过程。有的服刑人员会在中间的某个环节就自然而然地闭上了眼睛，那这个教动作就变成了一次放松的过程。如果服刑人员在整个教的过程中是睁着眼睛的，那我们在教完后，就可以再做一遍，要求他先找一个舒服的姿势坐好，戴眼镜的如果可以就摘掉眼镜，两只手、两只脚是不交叉的，闭上眼睛，从双手开始做。

2.身心自愈

一个人对情绪、创伤最深刻的记忆不是在大脑里，而是在肌肉、骨骼里，同一种情绪出现时，总会随着身体同样部位的肌肉紧张甚至抽搐、痉挛。当身体肌肉的紧张程度得到改善，情绪、心理感受就会发生良性变化。

具体做法：首先，完成一段时间的放松训练，直到能够自如地找到全身各部位肌肉放松的感觉；其次，每当出现不良情绪时，让自己暂停，扫描身体，发现有异样感觉的部位；最后，针对有异样感觉的部位进行放松。

3.情绪管理训练

帮助服刑人员懂得怎样管理自己的情绪，这是服刑人员可以战胜自杀想法的重要方法。

具体做法：

（1）命名。对自己心里的情绪做辨认，并确定它是什么，看看是什么让自己难过。

（2）节制。被负性情绪控制是危险的，试试有没有办法可以控制住负性情绪的滋长。如果控制住负性情绪滋长了要怎么奖励自己？

（3）思考。是什么原因让自己心里难过？这些原因怎么就会让自己难过了呢？

（4）管理。选择合适的方法把情绪宣泄出去（这个环节需要跟服刑人员讨论）。

以上这四步需要经过反复多次练习。

4.体育锻炼、笑容操

体育锻炼是很好的宣泄方式，在骨骼、肌肉的运动中，把不良情绪释放出去。同时，运动也会改善睡眠。不过，需要根据服刑人员的情况选择合适的方法。

笑容操就是像做操一样做笑容练习。即便是强制性的笑，对于身心恢复仍旧有很好的效果。

5.养一盆花、一条鱼

在监管条例允许的情况下，让服刑人员承担起照顾花草、鱼虫的任务，让其感受到自己被别人需要，同时真切地看到在自己的呵护下，小生物在成长，以此不断冲击、抚慰服刑人员内心。

第二节 班组干预

班组干预就是以班组活动的形式提供心理支持和帮助，通过在班组内进行真实的人际互动实现观察、学习、思考、体验、认识自我、提高自我的过程。班组干预所提供的内在调整过程是：在班组中自然地表露得到来自班组的正性反馈，从而对自己的行为方式做调整。

对服刑人员进行班组干预的最大优点是几名民警可以进行从数十人到上百人的干预，时间成本低。更重要的是，在真实互动中得到的感受和体验可以非常好的与日常的生活、劳动相结合。班组干预是近年来应用越来越广泛的一种心理干预方式。

一、有关设置

人数：每组以8~15人为宜，可以多个班组同时进行。

场地：室内安静、不会有其他声音或活动干扰。

位置：所有参与人员围成一个封闭的圆就座。

二、班组干预的要点

1.保持稳定、安全的班组氛围

民警在带领班组活动时，保持、把控班组气氛是活动进行下去的前提。要求民警能做到以下几点：

第一，专注于在场的服刑人员以及出现的互动。

第二，尝试让自己设身处地了解服刑人员的观点。

第三，语言、非语言的共情表达。比如，用自己的身体表达很希望听、很愿意为班组成员做些什么；发生了这样的事情，每个人的内心都不平静。

2.多问无法用“是”或“否”直接作答的问题

例如：请多告诉我一些关于……

你会怎么做？

我希望你说一些……

3.少说多听

（1）不要随意打断服刑人员说话，给予其足够的时间，让他们自由地表达。

（2）专注服刑人员流露出的言语和非言语的讯息（如眼神、音调和肢体动作等）。

（3）对说话的人表现出你想要听他说话，如注视、前倾，避免看着门、看表，或身体出现小动作，表现出不耐烦的样子。

三、干预过程

作为预防自杀心理形成的班组干预，可以重点从互相支持、情绪管理、应对挫折、展望未来等几个主题着手。

主题一：互相支持

1.活动目的

帮助服刑人员建立同犯间的互助、支持，良性的人际交往有利于个体良性心理发展，从而避免形成自杀心理。

互相支持主题的目的：

首先，帮助服刑人员建立积极的人际互动。

其次，在互助中学习、感受付出。

再次，在互助中体会自我价值、重塑自我价值。

最后，和谐的人际关系是积极改造的前提。

2.活动过程

第一步：形成积极的团队精神

具体做法：

（1）每个班组（可以用监舍、生产班组为班组，也可以形成新的班组）讨论本组的名称、口号。

（2）形成本组全体通过的规则（如互相帮助、真诚相待等）。

（3）制作本组的标志（在大白纸上写下上述内容，并由每个成员签名）。

（4）各班组依次在全体参与者面前就上述内容做集体展示。

第二步：盲行

具体做法：

（1）各组成员分成两部分：一部分带眼罩遮住眼睛，扮演盲人；另一部分不许说话，扮演哑人。

（2）在盲人不知情的情况下，一个哑人拉着一个盲人结为一个班组，共同完成指定的任务（如行走等）。

（3）回到原位置后摘掉眼罩，彼此分享。

（4）轮换角色（可以仍旧沿用前面的两人班组，也可以重新结组）。

主题二：情绪管理

1.活动目的

情绪对个体有着不可估量的影响，每一个行为的发生除了理性思考之外，都会受到情绪因素的影响，很多时候个体会在不良情绪的影响下做出很多对自身发展无益的行为，特别是在自杀事件等会引发强烈情绪感受的事件发生后。

情绪管理主题的目的：

（1）帮助服刑人员体会情绪的产生和变化，了解自己的情绪状态。

(2)体会情绪对自己的积极作用和消极作用。

(3)了解调节情绪的必要性。

(4)掌握调控情绪的有效方法。

(5)主动避免情绪的消极影响,有意识地采用恰当、合理的情绪表达。

2.活动过程

第一步:感受、表达情绪——你的情绪我能懂

下面内容都在不说话的前提下完成。

(1)每人做一个动作表达自己最近一周的情绪。

(2)其他人依次对做动作的人用一个动作予以反馈(表达理解、安慰、安抚、关怀、支持等)。

(3)在所有人都依次完成后,由民警带领进行讨论。

例如:依次讲讲自己刚才表达的是什么情绪。

其他人做的反馈带给自己什么感受。

其他人做的反馈中哪一个是自己感受最深的。

在这个过程中想到了什么。

每个人有什么想对其他人说的。

第二步:控制情绪——我还可以这样做

(1)每人讲一件不良情绪对自己有不好影响的事情,以及自己的感受。

(2)其他人予以反馈。

(3)每人讲一件自己控制住情绪的事情,以及自己的感受。

(4)其他人予以反馈。

(5)总结、整理有效方法。比如,不良情绪对人的影响有百害无一利,现在大家一起总结出可以帮助自己控制不良情绪的方法。每个人都说一说自己想到的。

在此介绍一些服刑人员可以使用的方法:在心里大声数数,从10倒数

到1；在心里大声对自己说“冷静”，重复10遍；渐进式肌肉放松练习；告诉自己这样不仅对自己没有好处，还会伤害自己，反复在心里告诉自己；想想什么让自己有了这些负性的情绪，分析自己怎么会这么想；接纳自己的负面情绪，寻找稳妥的方式表达出这些情绪；想未来，想自己快乐的生活在理想的情景中；找一个信任的人谈谈；做运动，如俯卧撑。

第三步：实践检验

（1）确定自己控制情绪的行动方法。

（2）坚持每天实行自己的方法。

（3）班组活动时每人都反馈自己的执行情况。

（4）奖励自己的成绩。

主题三：应对挫折

1.活动目的

服刑人员选择自杀常常是因为挫折，在这个时候恰好是“怎样面对挫折”的教育契机，帮助服刑人员认识挫折既可以是一件事情，又是由这件事情产生的一种内心体验，从而了解以下三个方面：

（1）困难和挫折难以避免，在现实生活中，由于自然、社会、个人等原因，人们随时都可能遇到大小轻重不同的挫折，挫折就像是呼吸一样与人同在。

（2）树立正确地对待困难和挫折的态度，挫折是把“双刃剑”。

（3）提高观察问题、分析问题和解决问题的能力，培养从容应对挫折和逆境、直面挫折的品质，培养积极乐观的生活态度和积极进取的精神状态。

2.活动过程

第一步：体验挫折

这一步的重点在于让服刑人员感受、体会挫败。在这个阶段可以选择使用下面这些内容。

（1）小鸡成长三部曲

全体服刑人员都蹲在圈内变成鸡蛋。

鸡蛋之间以“剪刀石头布”猜拳决胜负，胜者可以屈膝站立，成长为小鸡；败者继续做鸡蛋，继续和其他鸡蛋猜拳决出谁可以成长。

小鸡和小鸡以“剪刀石头布”猜拳决胜负，胜者可以站立，成长为大鸡；败者退回做鸡蛋，继续和其他鸡蛋猜拳决出谁可以成长。

大鸡和大鸡以“剪刀石头布”猜拳决胜负，胜者可以回到座位，进化为人；败者退回为小鸡，继续和其他小鸡猜拳决出谁可以成长。

最后圈内留下大鸡、小鸡和鸡蛋各一个。

分享活动过程中的感受。比如，人生的整个历程就像无数次的鸡蛋、小鸡和大鸡的成长过程，有人赢的同时就会有人输，大多数人都要经历起伏，在刚才的活动中，大家都有什么感受？怎样才能快些长成人呢？大家有什么窍门吗？如果我放弃，不玩了，就蹲在圈子里做鸡蛋了，会怎样？这个活动让大家联想到了生活中的哪些事呢？

（2）背运气球

给每个服刑人员发一个气球（民警提前在大多数气球上扎一个细小的针眼），一根短线绳，要求服刑人员吹起气球，用绳扎住。

只有极少的人完成任务，绝大多数人吹不成气球。

大家分享：当遇到无法完成的任务时该怎么面对。比如，看到别人已经完成任务，发现自己的气球很快就瘪了，大家的感受是什么？大家都谈谈当时自己心里的第一个想法是什么？在这个想法带领下，做了什么？还可以有其他的想法吗？

（3）倒霉蜡烛

每人一支蜡烛，一盒火柴（民警事先处理火柴，有的发潮、有的没有头、有的很短)。

只有极少的人能点着蜡烛,绝大多数人点不着。

大家分享:当遇到无法完成的任务时该怎么面对。

第二步:现实问题

这一步的重点在于让服刑人员表达自己内心的挫败,讲述曾经的经历,敞开心怀一起分担。在这个阶段可以选择使用下面这些内容。

(1)你的挫折我来听

每个服刑人员匿名在两张纸上写下自己曾经遇到过的两个挫折,越详细越好。

把纸条放在一起,打乱。

民警逐一读出纸上的内容,每读一个请大家谈谈自己的看法。注意:这个环节需要强调"大家一起面对问题""这是大家共同的问题",坚决不猜测是谁提出的问题。比如,对这个问题,大家都说说自己会怎么想、怎么处理?不同的处理方法就会有不同的结果,就这张纸上的问题,大家说说积极的、消极的后果分别会是什么呢?

讨论后做分享。比如,听了别人的建议对自己有哪些启发?刚才大家一起面对的过程,带给你一些怎样的感受?

(2)生命线

画一条直线,标注出自己现在的年龄,找到自己过去经历里记忆犹新的3个挫折,在相应的年龄标注出来。

简要写出这三件事、自己当时的处理方法、结果。

每个人都讲讲自己的三件事。

大家互相帮助:一起寻找其他的、带来更积极结果的处理方法。

大家分享:比如,不同的态度就会导致不同的结果,大家怎么看这句话?面对挫折和困境,可以有很多不同的处理方法,今天的作业:就自己的问题找出至少3种面对的方法。

第三步:战胜挫折

这一步的重点在于让服刑人员学习战胜挫折的方法、建立新的问题解决思维方式。在这个阶段可以选择使用下面的这些内容。

(1)脑力激荡

围绕某个题目进行班组比赛,在3分钟的时间里,找到的积极方法多的组获胜。注意:在出题时要具体化,比如,不要用“战胜挫折的方法”为题,而用“刑期长怎么办”“身体有病加不了分怎么办”为题;要在大组的基础上,再分出班组,每组3~4人即可;班组间比赛,而不要个人完成;要求班组之间彼此支持、不互相批评。

到时间后,每个班组推荐发言人大声宣读本组找到的方法。

大组选出可行的好方法。

分享感受。

(2)如果是我

大家一起分析自杀事件的背景。

讨论“如果这些事发生在我身上,我会怎么办?”

讨论各种其他方法可能的结局。

总结归纳除了自杀以外的应对方法。

在此介绍一些服刑人员可以使用的方法:正确看待挫折,把它想象成自己面前的一座山;调节情绪,用积极情绪去面对;建立和谐的人际关系,向其他人学习、求助;明确自己的方向,大处着眼;寻找让自己感觉好一些的方法。

第四步:激励自己

这一步的重点在于让服刑人员被激励,并能够把握持续自我激励。在这个阶段可以选择使用下面的这些内容。

(1)《真心英雄》

听歌曲《真心英雄》。

印发歌词要求熟记。

分班组学唱，班组间比赛。

(2)我的榜样

每人在心里找到一个面对挫折的榜样。

在组内讲述榜样的事迹。

说出自己将以怎样的具体行动学习榜样。

(3)我感恩

主题是说出24小时内别人为自己做的3件事。注意：可以由民警先开始，引导服刑人员关注被自己忽略的内容。比如，感谢有一张可以睡觉的床；感谢有一碗可以吃的饭。

说出组内其他人值得自己感谢的地方，并当场表达自己的谢意。

分享这个过程带给自己的感觉。比如，很多时候不需要做很多，但对被帮助的人来说却感到很多，在彼此帮助中度过挫折；有那么多人在帮助自己，在为自己做事情，这么多同犯帮助自己，现在怎么看自己的问题？

为自己制定出一件帮助别人的事。

作业：每天临睡前在心里至少感谢3个人。

主题四：展望未来

这个主题的重点在于让服刑人员真实、深切地感受美好的未来，在这样的希望感支撑下积极改造。下面这些内容都可以酌情使用，不需要分先后。

(1)图画接力

2 开白纸一张，白板笔一支。民警确定主题，如“美好的明天”“美好的未来”“幸福未来”等。

让服刑人员每人一分钟轮流在纸面上围绕主题作画，只许添加不许涂抹。注意：鼓励服刑人员画出具体的东西。

轮流发言做分享。

就图画内容编一个契合主题的故事。

分享在这个过程中个人的感受。

（2）故事接龙

把服刑人员分成3~4人的班组，围绕同一主题编故事，主题参见“图画接力”活动的主题。

班组成员每人一句话把故事讲出来。

分享在这个过程中个人的感受。

（3）音乐励志

听一首展望未来的歌曲，如《明天会更好》《阳光总在风雨后》。

讨论对这首歌的感受。

班组学唱，可进行合唱比赛。

第三章 自杀自伤干预的识别

改变人的内心世界远比改变客观世界艰难百倍，“工欲善其事，必先利其器”。从这一章开始，我们将讨论服刑人员以及出现自杀心理后的干预，并讨论帮助服刑人员打消自杀想法有哪些可用的“利器”。这个阶段的工作需要有以下五个前提：

第一，自杀干预的效果取决于民警的心理状态。两位不同的民警使用完全相同的自杀干预方法效果也会不同，有时甚至是天壤之别。

第二，对任何一种方法都需要持有批判的眼光。对于各项干预技术持有批判的眼光能够有效地帮助我们做选择，让我们可以不迷信任何一个方法，同时也让我们可以更加从容地就干预方法做选择。

第三，适合的才是最好的。心理干预从来都没有对错、好坏之分，只有关于干预是适合还是不适合的讨论。效果其实与方法无关，而是取决于使用方法的时机、对象是否适合。

第四，任何一种单一的方法都是不足的。自杀想法的形成过程是复杂的，带领服刑人员重新审视、思考，并建立起新的想法替代自杀想法是更复杂的过程，没有任何一个方法可以独立完成这样的过程。因此，自杀干预是一个整合的过程，它需要根据服刑人员的情况整合多种方法。

第五，没有一次自杀干预可以完全复制。因为服刑人员不同，进行干预的民警不同，所以每一次自杀干预都是全新的挑战，即使使用同样的方法，也仍旧需要保持敏锐的观察、判断和思考。

第一节　识别自杀的基础

心理学研究表明：任何人的内心世界都时刻通过自己的身体、语言和行为与外界做交流。当我们使用心理学的方法去破译时，会发现在没有任何语言交流的前提下，仅仅依据身体姿态、表情、视线等就可以得到很多的线索。虽然服刑人员是一个有着特殊经历的群体，行动上大多有比较强的隐蔽性，但是只要我们能够了解自杀人群表现出的先兆性因素，同时能够敏锐、犀利地捕捉信息，就能够根据服刑人员的言行举止做出其有自杀危险的判断，从而实现对自杀的及时干预。

一、识别自杀的可能性

对于这个问题的讨论，我们下面的从一组对话开始。

民警分别找三名服刑人员做单独谈话。民警问同样的问题："说说这几天的情况。"三名服刑人员回答的内容完全相同。

服刑人员一：（目光主动迎向民警，表情自然，身体没有什么小动作）挺好的。

服刑人员二：（目光迎向民警，迅速地垂下眼皮）挺好的。

服刑人员三：（目光迎向民警，仔细地看着民警，讨好地笑着、绕动着两手的食指）挺好的。

虽然说话的内容完全相同，但这三名服刑人员所处的内心状态完全不同。

服刑人员一，当下的心理状态平静，"挺好的"是真实的。这次谈话接下去要引导这名服刑人员分析“哪些因素帮助他处于这么好的状态”，从中去掉“依靠别人才感觉好”的因素，更多地关注自己做了什么、是怎么做到的。比如：

民警：自己分析分析，这几天哪些因素让你感觉挺好的？

服刑人员一：您对我好，关心我。

民警：除了我以外，和你自己有关的呢？

服刑人员二，当下的心理状态是不平静的，“挺好的”是敷衍，是否愿意做视线接触常常表达着交流者内心是否愿意、乐于做交流。低头有可能是回避交流或者畏惧交流的表达。这次谈话继续下去的重点是引导服刑人员多说话，从而发现其内心真实的想法或困扰。比如：

民警：这几天业余时间做点什么呀？（或昨天劳动怎么样？）

注意，要问让服刑人员不能用“是”或“否”作答的问题，即开放式问题。假如非常难以交流，得到的回答是“挺好的”“好”之类而没有讲述、表述的内容，可以确定为需要高度关注的对象。要通过多方了解，为下次谈话做准备。

服刑人员三，当下的心理状态不平静，“挺好的”是对民警投其所好式的回答，讨好的姿态可能会让民警松懈，仔细地看着民警是在很机警地寻找对自己有用的线索。这类服刑人员一般都会很小心，说话、做事的目的性会很强。手部小动作反映出其内心的焦虑，是为不知道民警找自己谈话的目的而焦虑，说明他很有可能有什么要对民警隐瞒的事情。民警在这样的谈话中要用让服刑人员摸不着底的态度，同时可以适当敲打、威慑，以探虚实。比如：

民警（没有表情、声音平稳、看着服刑人员）：真的那么好吗？

服刑人员三：好，好，都挺好的。

民警沉默。（平静、视线保持注视、慢而意味深长地点头）

服刑人员三：真的都挺好的。

民警（平静、视线保持注视、声音果断）：今天谈谈什么？

除了说话内容之外，在说话时同时传达出的其他信息就是非言语行为。相对言语内容而言，这些非言语的线索会流露出内心世界极为真实的活动。特别有意思的是，尽管社会经验丰富的服刑人员在跟民警说话时常会很小心，并且可能是在经过了深思熟虑之后才把话说出来，但他们却往往不会意识到自己在言语之外“说”了什么，于是“说”之外的流露呈现了内心的真实活动过程。

心理学从五个维度讨论非言语行为：

（1）身体的动作：手势、面部表情、视线、视角、身体姿势等；

（2）副语言线索：语气语调等发声信息、出现沉默、口吃、语误等；

（3）空间因素：位置、距离等；

（4）环境因素：环境与个体之间的相互影响等；

（5）时间因素：对某个问题表达时间持续长短、开始表达与结束表达的时间等。

洞察服刑人员的内心需要凭借敏锐的观察力，依据不经意的小动作或表情变化等做推断，正是这些细节最能反映出一个人的真实内心状态。从人的一举一动来了解其内心的确需要一些经验性的知识，但比经验更重要的是敏锐。能够敏锐地捕捉到服刑人员下意识的动作、表情，是做分析判断的前提，特别是一些一闪而过的线索。

比如，当民警和服刑人员讲话时，服刑人员不断地用手摸自己的后颈或不断地用手指在鼻翼搔痒或不断地抖腿等，这些貌似不同的动作，都在传达心里不安或不耐烦。

再如，民警询问服刑人员A：“你想过自杀吗？”

情形一：A在迟疑片刻后很果断地回答：“没有。”

迟疑的时间虽然只是很短的一瞬间，但在这一瞬间里服刑人员内心已经经历了很复杂的加工过程。因此，迟疑告诉了我们这个看起来果断的回答背后有很多内容值得探究。

情形二：A非常果断地回答“没有”，然后把脸转向另一边。

人在交流时一般会主动关切对方的反应，特别是关注对方的眼神。视线回避已经表明了不愿意多交流，常常是内心不满或者有所隐瞒的符号，脸转向另一边更明确地表达出“我不想谈这个问题”。可能真正找到服刑人员想隐瞒的内容还需要一个过程，但无论如何我们都不会相信听到的果断反应。

情形三：A非常果断地回答“没有”，同时迅速地用视线打量民警，下意识地用手摸了一下鼻子。

用视线做上下打量有可能是服刑人员在推测民警怎么会这么问，手部的小动作反映出内心的焦虑。这些焦虑来自哪里？怎么会有这样的焦虑？类似的一系列问题为我们铺就了探寻服刑人员内心世界的通道。

心理学认为个体的任何存在形式，无论是明显的还是隐蔽的，都无时无刻地表达着自己。神探福尔摩斯能够在案件的侦破过程中不断地柳暗花明，很多时候依靠的就是对非言语行为的敏锐观察和对自己观察到线索的整合与思考。除了经过专门训练的特工、演员、心理工作者等会有意识控制自己的非言语行为，绝大多数个体在内心经历冲突、做出抉择时，都会有言语之外的这样或那样的非言语线索流露。结束自己的生命，特别是在监管环境中结束自己的生命，是一个非同小可的决定。服刑人员不仅会考虑怎么在严密的监管生活中实施自杀，还必然会考虑自杀对于自己、家人的影响，并且不可避免地会想到民警、同犯、被发现的后果等。因此，服刑人员从萌生自杀念头到做出最后决定将经历“一而再、再而三”的内心冲突，这样的冲突都将有这样或那样的表达。这便帮助民警在无形中打开一扇洞察服刑人员内心世界的窗。

这些观察要变成民警的一种习惯，要在管理服刑人员的过程中时刻进行。比如，每天数次点名时，民警一边点名一边用视线一一扫视被点到的服刑人员，凡是目光躲闪的、始终低着头的、面目表情不自然的都是心里不平静的。再如，在集体活动中，注意力不专注的、做小动作的人；检查监舍时，手部或脚部有小动作的人。

二、识别自杀的前提

有关自杀的先兆因素都是“规律”。所谓规律是指出现过自杀行为的服刑人员普遍出现的特征，应该说这些规律更多地表达着统计学的意义而不是预测性意义。预测性意义的规律需要更多地关注个性特征，因为预测本身就是针对某一个特定的个体而言的。某一个特定个体的具体言行举止可能是符合“规律”的，也完全可能是统计规律之外的。所以，只有某个特定的服刑人员所表现出的言行举止才是能够确定他将要出现自杀行为的可能性有多大、有多急迫的线索。因此，准确识别服刑人员自杀先兆只了解那些符合统计学意义的规律是远远不够的，这些来自统计学意义的规律只有建立在下面两项内容的基础上才会有价值，如果离开了下面两项内容做基础，所有的规律将失去它们的意义。

第一，了解服刑人员一般状态、行为习惯，以常态状况作为衡量其内心是否发生变化的标准。

比如，兴趣明显减弱甚至丧失是自杀前兆之一。

最近一周，服刑人员钱某好几天没有去看电视了，对很多服刑人员关注的球赛都无动于衷。这名服刑人员是否出现了自杀前征兆呢?

如果钱某以前很喜欢看电视，特别是球赛，而且每次都非常投入，是数得着的球迷，那么，最近一段时间钱某不去看电视了就需要特别关注；如果钱某以前看电视的时间有时去、有时不去，就是去了也不怎么认真看，他并不喜欢看球赛，那么，最近几天每天演球赛钱某不去看电视就不是需要特别关注的信号。

第二，熟悉服刑人员的家庭背景、曾经的经历、近期发生的对其有影响的事情。

比如，情绪不稳、与同犯冲突增多是自杀前兆之一。

服刑人员周某近期连续和其他服刑人员发生争执。周某的行为是否属于自杀前兆呢？

周某因为抢劫杀人入狱；从没有见过母亲，对于母亲的记忆就是被继母毒打；小学三年级开始跟着不务正业的大孩子“混”，打过无数场架，一贯脾气暴躁，动辄暴跳如雷；两周前刚进行了监区调整，周某所在监舍的服刑人员分别来自四个不同的监区。在这样的背景因素下，周某出现的“脾气暴躁”可以归为适应性问题，需要改变的是周某习惯用武力处理问题、发泄情绪的行为方式。

服刑人员赵某，人长得瘦小白净、文质彬彬、说话声音细小常被取笑“娘娘腔”；入狱前是一名会计，因经济犯罪入狱；虽然在狱内的生活、劳动环境没有什么变化，但上月接见时妻子带来了离婚协议书，并且告诉赵某自己已经带着孩子住到“人家”给买的大房子里了，离婚只是走个手续。接见后，赵某沉默寡言，最近又出现了“脾气暴躁”。这种情形下的赵某就需要高度关注，情绪不稳极有可能是自杀前兆。

第二节　发现自杀讯息

服刑人员常常千方百计地隐瞒自己的真实想法，对于自杀这样的敏感问题更是如此，而非言语行为恰恰是发现服刑人员自杀想法的最重要渠道。在服刑人员用语言甚至行动隐瞒自己的真实想法时，可以通过他们的眼睛、身体、小动作等非言语行为线索，查明真相。在与服刑人员就自杀问题谈话时，需要通过其非言语行为侦测其内心的活动方向，重点是服刑人员试图做隐瞒的部分。

下面，我们针对与服刑人员就自杀问题做交流时的非言语行为做探讨。

服刑人员一（神色凝重、视线固定在某一点、缓缓地低声）说："我太傻了，以后不会自杀了。"

服刑人员二（表情淡漠、嘴角微翘、眼睛眨了几下、轻描淡写地）说："我太傻了，以后不会自杀了。"

同样的言语内容却分明表达着完全不同的内心世界。

非言语行为是我们洞悉其他人内心世界的一扇窗，不用通过说话的内容能够获得很多信息，而且和说话的内容相比，在说话同时身体不自觉流露出的非言语信息更真实、更可信。因此，在进行谈话过程中，民警需要格外敏锐地关注服刑人员的全部反应，这样的关注不仅能让民警发现服刑人员说的话是否是真实的，同时还告诉民警刚才自己说的话哪些有意义、哪些没有作用。

假定进行干预自杀谈话的民警要为这次谈话投入自己100%的精力，那么，大约50%的精力要用于观察服刑人员在谈话中流露出的非言语行为，大约30%的精力用于听和思考，大约10%的精力用于调整自己的非言语行为，只需要大约10%的精力用在说话的内容上。

1.眼部

（1）视线接触。如果服刑人员可以坦然地保持视线接触，说明就谈话问题而言其内心没有隐瞒什么。如果服刑人员不敢做目光接触，短暂接触后马上就躲开，或者目光游移不定，那么无论其言语多么坚定，这些言语的内容都是很值得推敲的。当服刑人员说真心话时，视线一般会自然地保持和谈话对象之间的接触，特别是服刑人员要急切地表达自己说的话都是真实的，急切地要证明自己时，视线会很专注地盯着民警，甚至会有瞪着眼睛说话的感觉。

（2）眨眼。正常情况下，个体每分钟眨眼不超过10次，越是集中精力，内心越是平静，眨眼次数就越少。明显地眨眼增多无疑是内心不安的表现，这种不安有时并不来自个体可以意识到的部分，而是来自个体潜意识里的紧张，是个体在潜意识里无形中预期到自己将面临某种处境时自然产生的紧张情绪。

2.嘴部

服刑人员在谈话过程中出现嘴角上翘的自然微笑时，他的内心是平静的、愉快的。如果微笑时嘴部僵硬、嘴唇绷紧，那么此时的微笑是装出来给别人看的。有自杀想法的服刑人员即便是微笑也难以自然、轻松。很多时候个体会用敷衍的微笑来掩饰自己内心的若干“秘密”。如果随后紧紧地闭嘴、咬嘴唇，可能意味着服刑人员内心的不确定、迟疑、犹豫或者愤怒。

3.头部

头部动作为我们了解服刑人员内心状态提供了重要的资料，头部朝向民警和头抬起都是服刑人员愿意接受谈话内容的表示，同时伴随若有所思地点头是内心一边思考一边接受的表达。但是，频繁地点头，如果脸上再有讨好式的笑，点头就很有可能是应付性的了。

如果服刑人员由于脖子用力而使头部位置、角度显得僵硬时，多半是在表达内心的愤怒、烦躁；相反，脖子无力、头部低垂，往往是服刑人员内心悲哀、痛楚的表达。头部虽然是低垂的，但脖子明显有力，那多半在表达“我不服你”“你说得不对”之类的意思。

4.手、脚

谈话中服刑人员手部出现某些用力的动作，如用力握拳，说明其内心已经有了某种与谈话内容有关的、不能表达的情绪，并且在努力地压抑着，手部力量越大内心的情绪强度越大。玩弄手指、手部不断重复着同样的小动作，都是内心焦虑的表现。

内心平静时，脚部一般处于自然放松状态。服刑人员在谈话中出现两脚反复交叉、脚部抖动等动作时，表明其内心因谈话引发了焦虑，这种焦虑可能是服刑人员在犹豫、迟疑要不要说出些什么，也可能是对谈话内容不耐烦、不信服、不接受的表现。

如果服刑人员在说话时摸脸，或者用各种方式碰鼻子，或者揉眼睛、挡住嘴等，此时所说的内容多半是虚假的。

非言语行为是一把“双刃剑”，在民警观察服刑人员的同时，服刑人员也在观察民警，毫无疑问，非言语行为不仅服刑人员有，民警也有。所以，非言语线索让民警侦测到服刑人员内心的同时，也时刻流露着民警内心的情绪。因此，注意到自身的非言语行为对于民警非常重要。特别是当民警和那些社会经验异常丰富的服刑人员“打交道”的时候，有些时候民警用非言语行为去影响服刑人员，效果甚至数倍于言语行为。

例如：

服刑人员陈某，被同犯报告写了一封遗书，而且前一天晚上还发现他一个人蒙着被子里哭。警官找陈某谈话。

民警（在生产车间的办公室里把陈某叫过来，让陈某站在门口，自己坐在靠窗的办公桌前，彼此相距2米左右。民警的视线直直地盯着陈某，严厉地）说：“谈谈你最近的想法吧。”

陈某（小声、低着头）答：“没什么。”

民警（大声）问：“有几天没和你谈话了，这几天有什么要报告的吗？”

陈某（小声、低着头）答：“没有。”

民警（急切地）说：“有什么事情就报告……”苦口婆心地讲了半个小时。

陈某沉默着。当民警问到对不对、是不是的时候，陈某不迭地点点头，始终低着头，左右脚不时交替着用脚尖搓地。

民警问陈某：“想死吗？”

陈某（低着头，小声说）：“不想。”

在这样的交流过程中，民警很辛苦地讲了半个小时，工作做了，但效果呢？难道陈某真的就此不想自杀了？同样的内容，不同的非言语行为就会有截然不同的结果。另外，和有自杀可能的服刑人员接触，选谈话地点很重要，公开的场合都不利于谈如此私人化的问题。相对封闭的、没有人打扰的、安静的场合，会促使谈话顺利进行。

民警（在生产车间的办公室里把陈某叫过来，自己坐在靠窗的办公桌前，让陈某坐在办公桌一侧，彼此相距0.5米左右。用关注的眼光看着陈某，声音平和地）说：“谈谈你最近的想法吧。”

陈某（小声、低着头）答：“没什么。”

民警（仍旧用关注的眼光看着陈某，声音平和地）问：“有几天没和你谈话了，这几天有什么要报告的吗？”

陈某（小声、低着头）答：“没有。”

民警（平和地）说：“把心里话说出来吧。”

陈某沉默着。

民警关注地看着陈某，等待。

人与人的交流过程中，彼此之间的态度是完全可以心知肚明的，即便言语内容完全相同。姿势、动作、表情、目光、声音以及彼此之间的距离、方位等谈话内容之外的非言语行为都有可能让谈话的言语内容变了味道，而传达给听话人言语内容真正“味道”的其实正是这些非言语线索。在关注的目光下、平和的态度中，以及不急于讲道理、耐心等待的过程里，都传达出民警不急不躁、稳定而有力的态度。俗话说有的放矢，这个时候让陈某自己开口是比民警大量地讲道理更有利于自杀干预的。

在监管工作中，这两种态度各有各的使用时机、各有各自的用武之地，优秀的监狱民警需要自如地调整态度，确保态度能够与当时所处背景、面对的服刑人员、谈话目的等相匹配。

服刑人员对“你是一个什么样的民警”很感兴趣，他们主要通过民警的举手投足来判断。因此，民警要懂得关注自己的非言语行为，并且不断用端正的姿势、适合的表情、没有小动作的利落等非言语行为塑造自己在服刑人员心里的形象，并对其施加积极、正面的影响。

就自杀干预而言，需要特别注意的是，用非言语行为传达民警对自杀问题的积极态度：在谈话过程中民警主动、直接接触服刑人员的目光，声音平和、坚定，身体没有小动作、挺拔松弛、恰当的表情，这些都在无形中把民警积极的、解决问题的态度传达给服刑人员。而温和的表情会直接鼓励服刑人员多说一些，明朗的态度便于服刑人员找到自己的方向。

第三节　自杀的其他信号

一、自杀前的言语信号

下面是一些原始资料，它们出自自杀行为出现之前的人，这些用书面或口头形式表达出的内容只是统计数据，对于服刑人员个体，需要考虑其原本的言语习惯和方言习惯，不能一概而论。比如，有些人的口头禅是

"死",有些人称自己亲近的人用"死鬼",有些人发泄情绪的话是"没法活了"。因此,需要就当事人当下出现的状况,比照原来的情况判断是不是新出现的变化,只有新出现的变化才是需要密切关注的。

对自己关系亲近的人,或在日记、绘画、信函中,多次、反复、认真地谈下面这些话题。

1.探寻死亡或者与死亡有关的

因为大脑里不断地在想和死有关的事情,所以会常常主动谈到和死有关的话题;还有人会拿杀人、自杀开玩笑;打听监狱内自杀事件的细节,很详细地问细节。

比如:

如果有人死了会怎么样?

如果没死成会怎么样?

2.表达自己的寻死意愿

比如:

我不想活了。

死了算了。

我希望我已经死了。

我怎么还没死?

3.表达无助、无望

比如:

没人能帮我。

我实在受不了了。

4.表达绝望

比如:

生不如死。

生活毫无意义。

我不可能有办法了。

5.表达彻底解脱的愿景

比如：

我的问题都可以解决了。

总算可以彻底解决了。

如果没有我了，事情也就没有了。

6.安排后事、做嘱托、留遗嘱

比如：

我也不能为你做什么了。

来生我给你当牛做马。

不管发生什么，你们都要好好活下去。

7.表达道歉、愧意、自责——常常是过度的

除了以上七种，也有的表现为非常沉默、极少说话、回避交流。

二、自杀前的行为信号

下面提到的这些行为是服刑人员出现的不同平常的行为，是一种和其平时行为相比较明显的行为改变。

(1)一些以前没有的、不可理解的行为。

(2)回避和其他人交流。

(3)莫名其妙地收拾、整理东西。

(4)长时间写信、看家人照片。

(5)把个人物品，甚至自己喜欢的、有特别意义的物品送人。

(6)原本郁郁寡欢，突然好转，变得爱说话了，像变了一个人似的。

三、必须即刻实施严格监管的情况

服刑人员处于紧急的自杀危险中的前兆性信号是：不仅流露出了想要自杀的企图，而且有关于如何实施的计划。无论这个计划是他自己说出来的，还是是同犯反映的，一旦发现认真考虑过的自杀计划，自杀的发生就迫在眉睫了，必须马上谈话，并尽快实施监管措施。

当有线索指向某个服刑人员有自杀嫌疑时，对于已经出现的线索需要做理性分析，并不是所有的线索都一定是自杀前兆。比如，常说到“死”也可能不是自杀前兆，一些服刑人员特别是女服刑人员会把“死”当成口头禅，如“烦死了”“死了算了”。再如，服刑人员在收工回监舍的路上说：“累死了，天天这么累还不如死了算了。”

如果这名服刑人员是个爱发牢骚的人，就有可能只是服刑人员发发牢骚，平时也没有什么异常，就不需要做特别的关注。

如果服刑人员说：“哪天我咬咬牙，干活儿的时候拿起剪刀一使劲捅下去，就再也不用受这份累了。”民警就必须有意识地进一步对其密切关注了，因为这段话里提到了明确的实施方法。

第四章 自杀自伤干预之消除自杀心理

这一章重点讨论怎样对企图实施自杀的服刑人员进行干预。当有线索指向某服刑人员有自杀可能时，需要随即介入进行自杀干预。对于服刑人员来说，自杀是一件天大的事情，如果没有建立起信任关系，是很难就这个问题做深入透彻地交流，并撼动其内心的。无论是侦测到服刑人员有自杀想法，还是深入其心灵真正打消这些念头，都需要经过逐层深入，急不得、乱不得。民警在收集更多资料、了解更多线索、加强看管工作布控的同时，必须马上和该服刑人员做直接接触。

第一节　谈话原则

一、恰当的态度

1.态度的重要性

民警在与服刑人员接触时，具体说了些什么永远都不如民警用怎样的态度，以及服刑人员感受到了怎样的态度更重要。很多时候完全相同的问话，在不同的态度背景下，常常会有大相径庭的谈话结果。

我们以服刑人员陈某为例，在获得了一些线索后，民警和陈某做第一次谈话。

民警在办公桌前坐着，让陈某在自己侧面0.5米左右的位置坐下。

民警（用关注的目光注视着陈某，中等音量，语速稍缓）："有几天没和你谈话了，这几天怎么样？"

陈某（小声、低着头）答："没什么。"

民警（保持关注的目光，中等音量，语速稍缓，表情关切）："有什么要报告的吗？"

陈某沉默。

民警沉默，保持视线一直和缓地注视着陈某，表情保持关切。

陈某抬起头看看民警，民警主动用视线去迎接陈某的视线，表情仍旧温和、关切。

陈某低下头，左右脚不时交替着用脚尖搓地。

民警（中等音量，语速稍缓，视线和缓，表情温和、关切）："我知道你心里有话，说说吧。”

陈某抬起头，民警主动用视线去迎接陈某的视线，并坚定地点点头。

陈某低下头，两只手互相搓着，沉默。

民警注视着陈某，等待。

陈某抬起头，正遇到民警关注的视线，陈某咬了一下嘴唇，说：“我这几天总是睡不好觉。”

民警仍旧注视他，用鼓励、赞许的眼神看着他。

陈某继续说下去……

服刑人员陈某说出自己心里解不开的疙瘩，就相当于告诉我们问题的根源在哪里，从哪里入手最有效。能够接触到服刑人员的内心，是自杀干预工作的前提。有自杀可能的服刑人员一般心理压力很大，他们深知监狱、监区、民警对于自杀的态度，所以，如果民警一开始就使用很严厉的态度，在谈话过程中可能得到服帖、顺从的回馈，但这些服帖、顺从的回馈是应景式的，并不是发自服刑人员内心的。应景式的回馈越多，心理伪装就越多，我们就越难接触到真实的内心。

自杀干预是对内心世界的干预，而心理世界的特点是只有个体愿意敞开自己的心扉、说出自己的想法，其他人才有可能进得去。所以说自杀干预不是一件容易的事，难就难在怎样进入服刑人员的内心。因为只有服刑人员愿意说出自己无法面对、无力解决、不能承担的究竟是什么，才能够找到“从哪里进行干预”的入口。假如服刑人员对民警紧闭心门，或者用大话、套话搪塞、敷衍，那么民警几乎就无法做到有效的、帮助其打消自杀念头的干预。很多民警凭借自己优秀的品行、人格、敬业等已经赢得了服刑人员的心，服刑人员也愿意说出自己的心里话。有些服刑人员自杀前还会专门给自己信服、尊敬的民警留遗书。

下文是一名服刑人员写给主管民警的遗书：

“在人生的道路上、岁月中，我有幸遇到了您，为人潇洒的您，文采飞扬的您，仁和慈善的您，平易近人的您，有领导艺术的您，身体健壮的您，球技精湛的您。我曾经对您说过，您是最值得我尊敬的人，也是我学习的榜样，在我的心中早就把您当亲人、恩人相待。”

在日常的改造监管工作中，民警已经赢得了服刑人员的认可，服刑人员愿意把心里话说出来。同时，民警对于服刑人员非常了解，不仅知道档案里记载的犯罪过程，还了解面前这个服刑人员的脾气秉性；不仅知道档案里记录的家庭成员情况，还知道服刑人员与家人之间的亲疏远近和恩仇；不仅知道在档案中文字包括的内容，还知道服刑人员在狱内发生的事情、服刑人员家人发生的事情。这些已经了解的情况、资料，加上服刑人员对民警的信任、信服，正是民警完成干预服刑人员自杀工作中最有利的因素。

怎么谈、谈些什么，这些具体问题的确非常重要，但一个又一个血淋淋的事实不断提醒我们：在谈话内容和方式完全相同的情况下，因为态度不同，产生了大相径庭的结果。做对的事情不一定就能取得对的结果，要看是不是在恰当的背景下做对的事情。如果不能从内心打消服刑人员的自杀念头，那么就只有靠监管手段确保不出问题。此时，具有自杀可能的服刑人员变成了一颗重磅定时炸弹，无论白天还是晚上，在任何监管手段不到位的时候都有可能引爆，这必将给民警带来超乎寻常的压力。所以，从内心做干预成为成本最低的监管方法。干预要从民警保持积极的、关注的、温和的态度开始，特别是在接触自杀问题的开始阶段。

2.非言语行为

民警传达自己态度的最重要途径不是说话的内容，而是非言语行为。做自杀干预谈话时需要注意以下非言语内容：

（1）空间。

①场所。不同的场合反映着谈话的被重视程度，有关自杀问题的谈话需要认真、正式，而不能当成玩笑一样处理。比如，在收工的路上就不适合谈，民警办公室、谈话室等相对正式的场所更便于讨论与自杀有关的话题讨论。

②距离。心理学实验显示：0.5~1.5米的空间距离正好可以很方便相互握手、比较亲近的交谈。这样的空间距离是熟人之间交往的空间。较为融洽的熟人之间谈话的距离保持在76厘米左右。与服刑人员就自杀问题做交流时，建议采用这个距离范围。

如果民警与服刑人员之间距离超过1米，彼此之间还有桌子等间隔，无形中已经和服刑人员拉开了一段距离。比如，审讯、答辩、面试时的室内布置，都会利用距离和桌椅增加当事者之间的距离，增加庄重、威严的气氛。自杀问题是很私密的问题，假如处于威严和距离感非常强的气氛中，服刑人员主动袒露内心的可能性将大大减少。

在谈话中身体向远离民警的方向倾斜，是服刑人员不服气、想躲开、想远离的表达。相反地，在谈话过程中，服刑人员身体向民警方向靠近，是其内心认同民警、期望接近民警的反映。但过快地接近就需要考虑其目的性、伪装性。

（2）姿势。服刑人员是民警的监管对象，这种身份关系是绝对的。但对于自杀问题而言，如果不能接触到服刑人员的心灵世界，自杀的干预只能停留在外部监管手段方面，而无法从内心进行调整、改善。

心理学研究发现，坐着的教师要求站着的学生说事情，和教师让学生一起坐下交流相比，学生前后两次的心理有着非常显著的不同。前者学生表现得消极、被动；后者学生的参与度增加很多。一个小小的区别——坐下来谈话，无形中就营造了一种平和的谈话气氛，这样的气氛非常有助于解除防卫心理、吐露心声。

对于服刑人员也是同样道理，在就自杀问题谈话时，平和的气氛有助于缩短民警与服刑人员心灵之间的距离，当服刑人员感受到民警对自己的尊重和良苦用心时，民警走进其内心世界去发现自杀的想法并在其中做干预工作就相对容易很多。

(3)朝向。

谈话时双方的朝向是空间位置的一部分。(见图2)

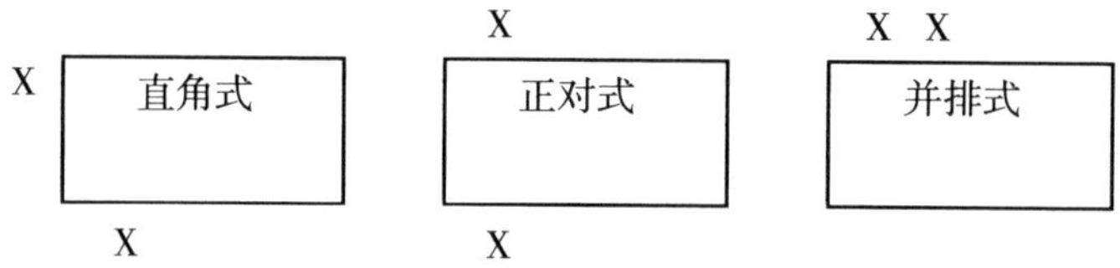

图2　空间位置图

①正对式。人们在协商、会谈、谈判、争吵时往往都会不自觉地选择正对式就座。正对式位置表达了双方对谈话的重视和投入，但面对面很容易形成对立、评判、争执等心理感觉，使谈话气氛变得严肃甚至敌对。

②并排式。并排式似乎双方距离很近，很亲切，但并排就座无法清楚地观察对方的面目表情、动作变化。

③直角式。直角式位置没有正对式的对立感，又可以很便捷地保证对服刑人员从面部表情到身体姿势、动作的全面观察，同时很容易形成商讨、交流、彼此一致的心理感受。与服刑人员谈话时要尽可能采用直角式位置，也就是彼此身体之间夹角在90度至135度。

二、少说多听

在与有自杀嫌疑的服刑人员谈话时，一定不能急着讲道理。服刑人员接受了狱内各种形式、各个方面的教育，他们并不是不知道道理，很多道理他们是耳熟能详的。想要自杀的服刑人员不是不明白道理，而是认为自己面对的问题只有“死路一条”，或者说他们把死作为解决问题的方法了。民警的任务不仅仅是给服刑人员讲道理，当然，道理是必须要讲的，有些道理还需要反复讲多遍，但是，对于有自杀嫌疑的服刑人员来说，帮助服刑人员明白道理并不能解决根本问题，要寻找服刑人员“好好活下去”的原因，并帮助他们逐步调整到“我愿意好好活下去”的状况中。

在人与人进行谈话时，心理学研究发现了一个很有趣的现象：说话多的，对谈话内容的思考就多；说话少的，对谈话内容的思考明显少很多，甚至有可能完全没有想和谈话有关的内容。比如，开大会时，会场中最不容易走神的人依次是：正在发言的人、在发言内容里直接涉及的人、下一个发言的人。最容易走神的人是只有听会任务、发言者讲的又全部与自己无关的听众。两个人之间的谈话是否实现了真正意义的交流取决于双方的参与度。主动发起谈话的人参与程度自然会很高。比如，进行自杀干预的谈话。民警找有关服刑人员谈话，民警是主动发起谈话的人，民警非常急迫地希望通过谈话化解掉自杀想法，民警不仅对谈话的参与度非常高而且也控制着谈话的进行状况。但是，进行谈话的目的是干预自杀问题，所以谈话的效果取决于服刑人员在谈话中的感受与思考，假如在谈话中服刑人员没有足够的参与，那么不管民警对谈话有多投入，都不能对潜在的自杀危险起到干预的作用。

怎样让服刑人员愿意参与到谈话中呢？在谈话过程中，民警不能长篇大论地讲道理，更不能完全不顾及谈话对象，而是需要引导服刑人员尽可能多说话。自杀危险仿佛是悬在空中、随时可能落下的剑，当有自杀可能的服刑人员还没有采取自杀行为、毫发无损地和我们进行谈话时，一定要好好把握住机会。头顶的悬剑随时可能落下，生命的不可复制性让我们无法承担悬剑落下的后果。毕竟一旦人死了，就不再有任何干预的可能和余地了。

在进行自杀干预的谈话时，以下三点非常重要：

(1)对方没有答话时，不要急着开始长篇累牍的教育。

(2)对方说话时，无论对方说什么，都不要打断。

(3)不替对方说话，不需要说“我知道你想减刑”“我知道你担心孩子”等，就是再熟悉的服刑人员，我们也不能确定对方内心真实的感受，任何猜测都带着自身的主观色彩。

三、应对沉默

沉默是自杀干预中常常遇到的情形，能够稳稳地应对沉默，是一个容易被忽略的重要内容。沉默其实也是一种交流，谈话过程中服刑人员沉默主要有这样一些原因：

1.思考判断

在交流过程中，服刑人员最理想的沉默莫过于因为在思考问题而沉默。思考中的个体一般视线较少移动，有眯眼、皱眉等表现，沉默时完全沉浸在自己的回忆或者思考中。

2.缺乏信任

民警对服刑人员的监管身份使服刑人员有很多话不知道是不是可以对民警说，尤其是自杀这样的话题，服刑人员不敢完全信任民警，他们自然会在心里盘算如果说了民警有可能怎么看自己，怎么处理自己，不信任是沉默的原因之一。当服刑人员的沉默出于缺乏信任的原因时，可以从服刑人员的非言语行为中发现犹豫、迟疑和不安等内容。

3.茫然

有些服刑人员在谈到自杀问题时，自己也是茫然的，他们不知道该怎么回答民警的问题，不知道从哪里说起。处于这样的茫然中，服刑人员就会选择沉默。茫然的沉默常常有木然的神情，还有的会直接对民警提出的问题表示困惑。

4.抗拒

有些服刑人员会对民警有反感甚至抵触，不愿意谈心里话，但又不得不听从要求进行谈话、不得不用收敛的表情对待民警和谈话，这些服刑人员就会选择沉默来表达自己内心的不接触甚至是抗拒。内心抗拒与民警就自杀做交流时，服刑人员很有可能用沉默应对，在沉默的同时，他们的非言语行为会表现出不屑一顾、漠然、无所谓，也有可能流露出愤怒。

☞ 案例

服刑人员王某，41岁，最近一两周以来出现一些反常的情况：常常一个人呆呆地，唉声叹气。每天早晨他都起得很早，别人起床时他早就穿好衣服自己坐了好半天了。醒得稍早些的服刑人员还能看见他抹眼泪。一年前，王某离了婚，老婆带着孩子走了。刚离婚时，王某有过一段时间挺消沉的，后来就没事了，劳动、学习都没有耽误过。王某的父母跟着王某的弟弟过，前一段婆媳之间闹了些矛盾，最近没发生什么事情。以前王某挺爱说话的，最近同犯主动找他说话，他都有气无力、爱搭不理，好像没什么可说的。同组的服刑人员反映王某这几天找了跟他关系不错的同犯，交代自己都有什么东西留给谁，还嘱咐他们要好好改造。其中一个同犯问王某什么意思，王某说没什么，就是想跟大家说说。

王某表现出的状况非常让人担忧，为了确定王某关于自杀的想法，民警专门把王某找来谈话。

情景一

民警：最近怎么样啊？

王某沉默。

民警（看着王某，发现王某没有说话的意思，仍旧看着王某）：别总想不高兴的事情，多想想高兴的事。

王某（沉默了一会儿才说）：谢谢警官。

民警：是不是胡思乱想了？

王某（迅速地摇摇头，缓慢地说）：没有。

民警：多和其他人说说话，别总自己闷着。早晨多睡会儿，躺着多舒服呀，醒了就闭着眼睛躺着，想想高兴事，想想中午改善伙食。大家对你都很关心，再不就在心里给自己唱段小曲，不许瞎想！想那些没有用的，一点意思都没有。听见了吗？

王某点了点头，头低得很低，一言不发。

民警抽出专门的时间和精力关注服刑人员王某，尽职尽责地处理已经发现的问题，在服刑人员沉默的时候，民警苦口婆心地说了那么多，把该讲的道理也都讲到了，这些道理也都是非常正确的、为王某好的，如果王某能听到心里去，落实在自己的行为里，自杀问题一定可以避免。但是，这样的工作对于王某会有怎样的效果呢？低着头、一言不发的样子告诉我们他心里有自己的想法，那些想法和民警讲的不一样，虽然点了点头，但他并没有真正认同民警说的话，点头只是因为他知道自己在民警面前应该怎么做。看起来在服刑人员沉默时民警抓紧时间积极工作，但是从王某越来越被动地听、没有任何主动参与的状况看，民警用心良苦讲的道理他基本没有放到心里去。于是，这样的谈话白白耗费了民警的时间，更有可能错过打消服刑人员自杀念头的机会。

需要再次重申：民警的良好初衷和尽职尽责的心并不能决定谈话可以取得满意的效果。效果取决于王某的感受。

情景二

民警：最近怎么样啊？

王某沉默。

民警（看着王某，发现王某没有说话的意思，仍旧看着王某）：说说吧。

王某（沉默了一会儿才说）：谢谢警官。

民警表情温和，用视线关切地注视着王某，等待。

王某（慢且艰难地说）：我……没有什么可说的。

民警（和王某差不多的语速）：还有呢？

王某：我不知道说什么。

民警（继续用和王某差不多的语速、关切地注视）：慢慢说，想起什么就说什么吧。

王某（开始流眼泪，一边用手抹眼泪一边慢慢地继续说）：我不中用了，就算出去了也是将近60岁的人了，就是个给人找麻烦的老不死的。

情景二的谈话和情景一的谈话最大的区别在于民警放慢了交流的速度。在服刑人员沉默时，民警并不急着把自己心里的道理讲出来，而是用足够的时间等待。这种等待让服刑人员很清楚地感受到了被关心，以及民警愿意做深入交流的期待，同时还有民警能够不急躁、不慌乱、泰然处之的稳定。因为被关心，所以服刑人员才会知道民警关注的是我这个人好不好，而不会误解为民警关注的只是我会不会死，我会不会找麻烦；因为民警有做深入交流的意愿，服刑人员才会觉得可以把心里的话说出来，而不会觉得就是例行公事；因为民警不躁不乱的稳定，服刑人员才能够感受到可以依靠，可以把自己内心解不开的结拿出来。服刑人员的这些内加工直接关系着我们是否有机会把自杀这个地雷挖掉。情景二的谈话最具价值的收获是王某开始说出自己内心的想法了。

在涉及自杀问题时，服刑人员低头沉默是很常见的现象。民警越着急、讲得越多，服刑人员对这次谈话就越疏离。

应对沉默时的要领是：第一，不急于打破沉默；第二，保持等待的同时，用非言语行为传达关注；第三，多提引导服刑人员说话的问题，如“还有呢”“慢慢说”“我不太明白”；第四，对于服刑人员流露出的错误想法、消极想法不急于矫正，先耐心地听下去，会有利于避免一些反应式沉默。

第二节　谈话过程

一、开始谈话

两个禁忌：

1.切忌自顾自地跟服刑人员说大段的话。

2.切忌说教、批评、责备。

两个“一定”：

1.一定要努力建立良好的谈话氛围。

2.一定要努力让服刑人员多表达（多说话或者痛哭）。

涉及自杀问题的第一次谈话多从日常生活谈起，从日常生活中服刑人员比较有话说的方面谈起。这样开始谈话是先让服刑人员感受到民警的关怀和关心。自杀是服刑人员内心的秘密，就算是在同犯中也是讳莫如深的话题，能够深入、真实地谈自杀需要以彼此间能够信任为基础。当感受到民警真诚的关怀时，服刑人员便会与民警建立起信任。

和服刑人员谈话是件急不得的事，要保持与其相应的速度：反应的速度、表达的速度、思考的速度。模仿其语速是一个和服刑人员保持协调节奏的常用方法。

二、导入“自杀”

谈话时，从日常生活转到自杀想法、计划的内容是需要导入过程的，绝对不能和服刑人员还没有说三句话就开始问自杀想法。如果不经过导入，三言两语谈过生活直接问“你想过自杀吗？”服刑人员常见的反应是用回避和否认做自我保护。所以，导入过程不仅必要而且非常重要，不可或缺。

导入过程是通过谈服刑人员的负性情绪来完成的。关于日常生活的话题很容易过渡到服刑人员面对无法解决、难以面对的问题时心里的负性情绪，再以这些负性情绪为线索，通过对这些负性情绪的探索，自然地导入自杀想法。

导入自杀阶段的原则：

1.关注感受、情绪。不关注事情，而是把话题放在服刑人员的情绪上。

比如：

服刑人员：一想到离婚了，连家都没有了，我心里就特别乱。

民警1：连家都没有了，真是让人难受。（民警把重点放在谈事情上了，谈事情不利于引发服刑人员感受自己内心的痛苦，并以此为线索导出自杀想法）

民警2：你心里特别乱，觉得很烦，又很无奈。（民警没有谈事情，重点关注情绪。这样的情绪是服刑人员无法忍受的，于是在强烈的情绪下就会容易导入自杀想法）

2.回应服刑人员时，要用自己内心对其感受、情绪的体会。

比如：

服刑人员：一想到离婚了，连家都没有了，我心里就特别乱。

民警1：太惨了，真可怜。（这是同情，不是用自己内心对服刑人员情绪

的体会做反应。同情会让服刑人员更加自怜，这样的自怜对于打消自杀想法有害无益。所以，不要这样说）

民警2：你心里特别乱，觉得很烦，又很无奈。（这是民警把自己对服刑人员情绪的感受反馈给服刑人员，其中饱含的是理解。所以，建议多做这样的回馈）

完整的导入过程是这样的：

服刑人员：一想到离婚了，连家都没有了，我心里就特别乱。

民警：你心里特别乱，觉得很烦，又很无奈。

服刑人员：一点儿办法都没有，我连家都没有了。

民警：这种感觉会在什么时候好一些呢？

服刑人员：脑子里总在想这些，什么时候都不好，我现在连一条狗都不如了，连个窝都没有了。

民警：想过还有什么其他的可能吗？

服刑人员：没有了，我再也没有家了，就是出去了连个窝都没有了。

民警：你一想到这些就觉得再努力改造也没有意义了。

服刑人员（神情黯淡，低低的声音）：一点意义都没有了。

民警：你有没有想过索性死了算了？（由此导入自杀想法。）

☞ **案例**

服刑人员齐某，男，1962年出生，因强奸罪被判处无期徒刑剥夺政治权利终身。入狱一年后，齐某的妹妹在接见时告知：因齐某的事一些人到老母亲家中砸抢，老母亲脑溢血住院。一周后的中秋节前夜，齐某在厕所里用腰带自缢，经抢救无效死亡。民警在齐某的口袋里找到一张纸条，上面写着一行字："我罪有应得，死有余辜。"

齐某入狱前曾经营一家小超市，认识了比自己小14岁的歌女王某后便经历了变卖小超市、与妻子离婚、和王某结婚的一系列变故。后来，齐某发现王某仍旧在歌厅陪客，劝阻未果反遭受羞辱，齐某盛怒之下将继女（王某的女儿）强奸。此后两年多的时间里，齐某对继女多次实施强暴，继女在不堪忍受的情形下服药自杀，未果。王某要带女儿到公安机关报案时，齐某又对王某暴打，导致王某重伤。

把时间退回到齐某的妹妹来接见之后的第三天。接见后，齐某出现情绪异常，民警做单独谈话。

民警把齐某叫到办公室，让他在一侧坐下（关切地看着齐某，主动进行视线接触，身体向齐某略略前倾）：今天累不累？

——民警从日常生活谈起，"累不累"的问话很清楚地表达了关切。

齐某：不累。

民警：接见以后，看得出你每天心里都不好受。

——民警关注齐某的情绪，为后面用这些情绪体验导入自杀讨论做准备。

齐某低着头，不说话。

——此时，齐某的沉默可能是茫然的，他不知道怎么回答。

民警（关切地看着齐某）：这几年你没有一天心情好过。

——民警不谈事情，而专注于齐某的情绪，并表达了自己深刻的理解。

齐某（用两只手撑住头，头使劲向胸口埋下去）：都怪我，都怪我！

——齐某的非言语行为证实了他的言语内容是真实的，折磨他的是无以言表的自责、歉疚。

民警（保持关切的眼光）：你愿意跟我说说吗？

——民警用真挚的态度对进一步深入交流发出邀请，其中没有任何强制、高人一等的感觉，"愿意"一词在这里真切地传达出尊重。

齐某开始抽泣。

——抽泣是因为齐某感受到了民警真实的关切，情绪浓度在提高，这为下一步的讨论自杀想法打好了基础。

民警保持身体前倾，一动不动地、平静地注视着齐某。

——民警身体前倾传达的是关切；不动、平静让民警用稳定传达出可信、可靠。

谈话到此，可以算第一个段落。下面就可以很自然地导入关于自杀想法的讨论了。

齐某（哭了一会儿，自己平静下来）：我明白道理，我犯了罪，就该被老天罚，只是不该连累老妈！（顿了顿，看着民警）我没事，谢谢您关心我，过几天我就没事了。

——齐某开始流露出自己的内心想法，但同时他又马上收住。

民警（主动用视线与齐某的视线接触，表情中自然地流露出关怀）：你的文化水平比别人都高，咱们不说道理，在监狱里生活不容易，你母亲这一病，我挺担心你心里不好过。

——民警主动与服刑人员进行视线接触能够很好地提升可信度，同时又很好地确立了自己对于谈话的控制。表情中的关怀仍旧会让齐某感觉到温暖。明确不说道理，不关注事情，仍旧把关心齐某的感受放在第一位。

齐某又低下头，沉默。

——这里的沉默是对民警缺乏信任的反应，齐某不知道该不该把自杀想法说出来。

民警倒了杯水放在齐某面前，看着齐某，等待。

——民警用实际行动更深刻地传达关心，而且是绝不勉强的、等待的态度。

齐某再次用两只手撑住头，头又使劲地向下埋，继续沉默。

——齐某心里在挣扎，他不知道该不该说自己想自杀。

齐某（长叹了一声）：唉，还不如判个死刑干净！

——经历了内心再三的挣扎之后，齐某很间接的表达出自杀想法。这是后续深入交流的良好开端。

三、核心阶段

在完成了第一阶段的任务后，将进入这次谈话的核心阶段，这个阶段的任务不是规劝、教育，而是很客观地弄清楚服刑人员关于自杀的想法和计划。

这时候的谈话常常充满了挑战。我们要直接而明确地和服刑人员谈自杀问题，当然这样的谈话必须借助心理学的方法。

1.直接谈自杀

首先需要强调：和服刑人员之间的谈话必须审慎、负责，谈话的对象、谈话的主题、谈话的方式等都不是随意的，而是在观察、思考、确认的基础上进行的。以自杀为主题做单独谈话也必然经过谈话对象的甄选，而不是随意的。

有些民警很犹豫：可以直接和服刑人员谈自杀吗？可以直接问服刑人员“你想过自杀吗？”直接问自杀想法会不会反而促使其采取自杀行动呢？其实有关自杀的话题绝对不会引发真实的自杀。自杀在文化传统中是一件羞耻的事情，所以，在我们每个人的内心都很忌讳关于死的话题。服刑人员绝不可能是从和民警的谈话中第一次听说自杀，无论是他们自身的生活经历，还是影视作品、流行歌曲、电脑游戏中关于自杀的描写，或者媒体就某些名人自杀长篇累牍的报道都让服刑人员从不同角度接触到自杀，在谈话前出现的征兆也表明服刑人员有可能已经开始考虑自杀了。而且，做出结束自己生命的选择是一件非同寻常的事情，不可能因为和民警谈到过自杀就做出这样的决定。极个别不安心改造、内心狡猾复杂或者人格障碍的服刑人员会在被问到“想过自杀吗？”这样的问题时，告诉民警：“你这么说，我就要好好想想了。”这种情况是服刑人员做出的要挟式反应，他们的目的就是激怒民警。所以，民警一定要保持冷静、平静，不妨微笑着问：“你的意思是我说的话你都会好好想想了？”

必须说明的是：直接谈自杀对于有自杀想法的服刑人员来说是很重要的心理干预。民警可以如此冷静地对待自杀，就相当于告诉他们和民警之间没有什么是不可以开诚布公地谈的，同时也让他们感受到完全可以依靠、信赖民警。对于真正想自杀的服刑人员来说，自杀想法是他们不可告人的秘密，因为担心会被严格监管，所以他们尽可能小心地不让其他人知道。于是，他们的内心被“要不要死”“自杀对不对”的冲突困扰，没有一个人可以分担。受自杀困扰的服刑人员在内心深处是非常渴望有人听他诉说的，有时自杀甚至是由于内心烦乱的无法控制而采取的手段。但民警开诚布公地、坦然地和服刑人员谈自杀时，只要方法得当，服刑人员感受到的是关心，坦诚的讨论自杀本身就能够帮助企图自杀的服刑人员打消自杀念头。一名放弃自杀念头的服刑人员这样说：“直接把自杀的想法都说出来了，就觉得心里一下就轻松了，不用藏着掖着了，我忽然发现民警是直接可以依靠的人。”

尽管所有有关自杀干预的研究、宣传都告诉我们要直接谈，但真正问出这个问题的确是需要勇气的。我们骨子里几千年的文化传统对自杀一直讳莫如深，在日常生活中谈论到的自杀也都是一些遥不可及的人和事，直接和面前的人谈自杀，是对传统习惯的颠覆。但在这个阶段，我们必须要求自己这样明确地提问：

你想要结束生命吗？

你想过自杀吗？

你有没有自杀的想法？

你会不会在一些时候想到自杀？

有时候人们太痛苦了，就会想自杀，你有过这样的想法吗？

有些想法偶尔会冒出来，自杀会偶尔冒出来吗？

遇到一些自己看来毫无办法的事情时，有的人会有自杀的想法，你会想杀死自己吗？

你希望用死来逃离所有的这一切吗？

不要问“你想过离开吗？”因为这样含糊的问题会让服刑人员认为没有必要说出自杀的想法，于是他会小心地藏起心里的秘密。

不要问“你不至于想自杀吧？”因为这样的问题相当于告诉服刑人员我们期待的回答是“我不想自杀”，于是他知道不能直接说出自己的真实想法。

不要问“你觉得同犯中会有人想自杀吗？”因为这样的问题会让服刑人员以为民警只是想了解同犯的情况。

不要问“为什么会有服刑人员自杀？”因为“为什么”的问法带着潜在的指责，同时似乎是对服刑人员班组在做宏观的研讨，回答时能够很轻易地绕开自己去谈别人、谈班组。

关于自杀的谈话，要直接用平静、中立的口气问“你想过自杀吗？”这个过程传达着我们客观的态度：自杀是可以拿出来讨论的问题，不需要隐瞒。这样的问题有两种可能的回答，“有”或者“没有”。在继续之前，需要先判断回答是不是真实的。

2.保持敏锐的观察

对于“你想过自杀吗？”这样的问题，服刑人员很有可能直接做否定回答。一方面，民警要很小心地介入，能够逐步自然而然地过渡到自杀问题，尽可能减少服刑人员的抗拒；另一方面，在监狱这样的特殊环境中，在民警和服刑人员这样特殊的关系前提下，来自内心的抗拒常常是无法避免的。那么，民警就要能分辨服刑人员的回答是否可信。

关于自杀问题的谈话是绝对不能因为服刑人员一个否定的回答就轻易放过的。那么，当服刑人员回答“没有想过”时，民警必须用观察到的线索做判断。所以，在问出这个问题后，要全神贯注地观察服刑人员回答时的非言语行为。

如果服刑人员在回答时：

手接触面部，无论是嘴唇、鼻子还是眼睛，说谎的可能性极大。

沉默片刻后再回答，说谎的可能性极大。

视线避开民警的视线，甚至头部扭到另一边，说谎的可能性极大。

说话的声音很低，或者回答时声音含糊不清，说谎的可能性极大。

回答时手部或脚部开始出现小动作，说谎的可能性极大。

回答时出现不合其说话常规的口吃，几个字的句子出现间断、重复等，说谎的可能性极大。

如果发现了服刑人员在说谎，怎么办？有两种处理方法：

第一种，谈当下的情况。“好像你有些紧张？”“这个问题让你想到了什么？”

第二种，减轻服刑人员的心理压力。“有的时候有些人会用自杀来解决问题，你会这样做吗？”“满脑子烦心事的时候，有些人会想自己要是死了就好了，你有这样想过吗？”

如果服刑人员回答“是的”“有”，怎么继续谈下去？下面接着要问的是自杀计划、方法、时间、地点、自我阻止因素等问题，这类问题包括：

你打算怎么做？

你想到自杀的时候，会继续想些什么？

有些时候你可能会想自杀算了，还会想要具体怎么做，你想过吗？

你想到的自杀方法有哪些？

你觉得什么时候自杀比较符合自己的心意？

在最想自杀的时候，你会想多久？想些什么？

在痛苦中的时候，有的人会想出一些办法自杀，你想到了哪些呢？

在劳动的时候你想过自杀吗？那个时候你有什么具体的想法呢？

躺在床上想自杀的时候，你会怎么计划？

你想过可以怎么做吗？

是什么让你没有实施这个自杀计划呢？

3.民警对自杀的看法

民警对自杀问题的看法会直接影响到就自杀问题谈话时的方向和侧重点。

关于服刑人员自杀，下面哪些选项更符合您的看法？

A.知道有服刑人员想自杀，我有些不寒而栗。

B.一想到有服刑人员想自杀，我就会很气愤。

C.自杀是懦夫的行为，我很鄙视。

D.罪恶滔天的人该死，但我的工作职责决定了不能让他们死，心里很矛盾。

E.自杀其实是逃离他们应该面对的、应该承担的问题。

F.想自杀的都是不正常的、没有责任感的人。

G.自杀在一定程度上是服刑人员解决问题的一种方法。

如果民警传达给服刑人员的是“我害怕服刑人员自杀”，那么就无法在服刑人员心目中建立可以信赖的感觉；如果民警传达给服刑人员的是“自杀是罪恶的、令人厌恶的”，那么就无法让服刑人员把心底的想法全盘托出。

其实，并不一定是民警把自己的想法告诉服刑人员，内心的倾向性会在谈话过程中流露无遗。比如，一位内心非常恐惧服刑人员自杀的民警在谈话中这样问：“你不会自杀的，对吗？”当时可能能够得到一个满意的答复，但这样的答复除了给民警一些安慰之外，没有什么意义。因此，民警要始终保持冷静、中立的态度，一种对自杀不评价、不批判的中立态度。

每个人对自杀问题都会有自己的判断和想法，这些判断来自生活经历和成长环境。人类会习惯性地用自己的想法作为对与错的判断标准。如果只是民警个人内心的思考那么无可厚非，但如果我们带着自己的判断进入这个阶段的干预性谈话，将会严重影响阶段任务的完成。因为服刑人员深知自杀将给民警和监狱造成不良影响，所以在服刑人员心目中，自杀是一种罪恶行径。既然自杀是一种罪恶行径，那么就必然要千方百计地隐瞒。被隐瞒的自杀想法不是消失了，而是在慢慢地滋长。但是，这样的刻意隐瞒会让服刑人员错过了得到帮助的机会，民警错过了挽救生命的机会。相反，当民警非常平静地和服刑人员谈自杀时，服刑人员就不会再将自杀当成一种必须死死隐瞒住的罪恶，而是重新理解自己的自杀想法——只是把自杀当成了一种解决问题的办法，甚至愿意承认是自己万般无奈中发出的求救信号，服刑人员可以开诚布公地谈论自杀，民警也将赢得宝贵的干预自杀的机会。

另外，与服刑人员就自杀问题做谈话时，民警需要保持冷静的态度。冷静本身不仅帮助民警做理智地思考，更重要的是在服刑人员眼里这种理智等同于力量感、知识和智慧，以及对待类似问题的丰富经验。这些是获得服刑人员信任的重要因素。

必须注意的是，在后面的谈话中，民警须始终保持中立的、不加评价的、冷静的态度。把自杀想法当成一名类似服刑人员反复请假去医院的问题——一个需要认真面对的问题。态度更多的是非言语行为在表达，平和的声音、没有任何身体小动作出现、保持视线主动接触、面部表情平静都是这次谈话必备的非言语行为。

四、结束谈话

打消自杀念头需要一个过程，绝不可能通过一次谈话就达到目的。第一次谈话在良好的氛围中探索了服刑人员的自杀想法和计划，基本任务完成了，这个时候可以考虑结束谈话。在结束谈话之前需要和服刑人员达成一项契约式的承诺。虽然我们会在随后跟随严密的监管措施，但仍旧要有这份契约，因为只有自己决定不自杀，才是最万无一失的。

另外，契约的心理学意义有两个方面：一是强化彼此间的信任，这是后期自杀干预的基础；二是明确自己对自己负责，自己对承诺负责，自己有能力控制自己的行为，这些都是在强化服刑人员的自我价值，这样的做法非常有助于服刑人员打消自杀念头。

契约的主要内容是："我承诺在下次谈话前不采取自杀行为，如果我想自杀，会第一时间找某某民警谈话。立约人签名"

同时，民警需要与服刑人员约好下次谈话的时间，建议安排在两三天内。这样的约定让服刑人员心里知道民警将一直帮助他。

需要明确的是，要求服刑人员签订不自杀契约只是一种干预手段，它并不能替代监管手段，按照监狱有关的管理规定予以相应监管，甚至是约束。签订自杀契约和相应的监管措施是同步进行的。

第三节　心理原因导致自杀自伤的干预

自杀是服刑人员选择的一种解决问题的方法，在自杀者看来这是唯一自己能把握的方法，是他们在万般无奈中的选择。干预自杀的方法最终以服刑人员不再坚持认为只有自杀才能解决问题为目的。

一、准备工作

在前面谈话的基础上合并使用共情，对消除服刑人员自杀心理有很好的效果。

有自杀想法的服刑人员一般有强烈的孤独感，民警对其内心的理解是对他们积极情感支持的一部分。深刻地理解服刑人员是为了让服刑人员内心压抑的情绪得到释放、处理，这些情绪释放以后其继续生活下去的理智会被唤回，同时因为被民警理解，后续的自杀干预将更容易被服刑人员接受。

具体做法：

首先，根据言语内容、非言语线索确定服刑人员的情绪。

其次，在心里根据服刑人员的状况勾勒出一个框架，并以此为基础在心里设想服刑人员前面提到的情绪达到最高峰的情景。

最后，把这个情景和当时服刑人员的内心感受表达给服刑人员。

☞案例

以第一章第二节中提到的服刑人员郑某为例，详细案情参见第449页。

服刑人员郑某，女，37岁，农民。因犯抢劫伤人罪被判处有期徒刑15年，吞食剪刀头自杀。

入狱前，郑某一直照顾邻居年近75岁的孤寡老人林大妈。林大妈的亲戚给了林大妈若干钱物，郑某在抢劫过程中致林大妈双臂骨折并出现若干惊吓后精神症状。入狱后，郑某改造情况良好，直到林大妈去世。后郑某总担心林大妈来找自己寻仇，常感到心脏跳得特别快，胸部发闷喘不过气，医生检查后说她心脏没有问题。郑某的“心脏病”却越来越严重，频繁地心悸气短，还出现了几次两腿发软摔倒在地的情况，连月经也停了，这些让郑某更加坚持认为自己得了很严重的心脏病。

我们把时间调回郑某出现月经周期混乱时，民警判断郑某存在自杀可能专门找郑某谈话。

首先，情绪状况：郑某非常恐慌，怕林大妈找自己寻仇，怕自己得了非常严重的心脏病。

其次，框架：郑某是一个农村妇女，迷信、胆小，无论是多年照顾林大妈有了感情，林大妈去世前可怜的状况让其内疚，还是白白丢了林大妈的遗产心里很懊悔，郑某都无法让自己的内心平静。什么时候郑某心里的这些负性情绪最强烈呢？心悸气短的时候。

最后，把这些表达给郑某：民警（关注地看着郑某）说："每次心脏难受、喘不过气来的时候，你不自觉地就会想起林大妈，那种感觉太难受了。"

特别提醒：

民警不是简单地表示"我知道了"，也不是不断地对服刑人员说"我理解"，而是把自己设身处地感受到的感觉反馈给服刑人员。

二、改变内在想法

在服刑人员心里有很多的困惑，他们想得最多的问题往往是"自杀对不对""该不该自杀""自杀有没有用"。这些问题就相当于"先有鸡还是先有蛋"。所以，对这些问题的讨论往往白费力气、毫无意义。即便有一万条理由可以说明自杀是无益的，如果不解开内心真正的结，想自杀的服刑人员也可以固执地认定自杀能一了百了，我们无法否认这样的一了百了，所以困住服刑人员的不是"要不要自杀"，而是他们看待问题的方式。无论跟一名戴着有色眼镜的人说多少遍世界不是单一颜色的，是五光十色的，都不会有根本的意义，需要的是摘掉那副有色眼镜。当有色眼镜摘掉后，世界是什么样的自然会一目了然。在自杀干预中，直接讲道理不会有什么效果的原因就在于此。相反，一遍又一遍地讲道理，有时甚至会造成服刑人员一次又一次地在心里告诉自己这些道理是错的，加重其自杀的企图。实际上，并不是道理错了，也不是民警的说服力不够，是因为不摘掉服刑人员戴着的有色眼镜，就没有可能让他们看到多彩的世界。

在有自杀想法的服刑人员心目中，自己的人生是个死胡同。但人生不会是死胡同，即便面前有阻碍，后面也会是“柳暗花明又一村”，但有自杀想法的服刑人员却把自己面前的人生看成了死路一条。所以，无论处于怎样的境地，自杀永远不会是事情、境遇造成的，一定是服刑人员怎么看待自己面临的境地造成的。服刑人员心目中对问题的解释、思考过程，也就是认知过程，决定着他们看问题、想问题、解决问题的方式，就像戴着的有色眼镜。所以，在对服刑人员自杀干预过程中，民警没有必要就“自杀是对还是错”的问题教育他们，真正需要的是改变他们的认知。

三、明确根源

1.理性讨论

除精神疾病造成服刑人员自杀外，其他自杀行为大多是有引发原因的。很多服刑人员在内心情绪的折磨下，用自杀来解决问题。能够有一个值得信任的人谈谈这些压得自己喘不过气来的问题本身就是很重要的干预，这个过程是让服刑人员感受社会支持的过程，也会是服刑人员宣泄、释放的过程，同时对于问题、由问题引发的情绪做的辨别性讨论，本身就是引导服刑人员做事件管理、情绪管理的干预过程。所以，在信任的基础上理性、客观地讨论引发其自杀想法的问题是非常必要并且十分重要的。

具体做法：

第一步，帮助服刑人员把促使自己想自杀的问题都列举出来。

第二步，帮助服刑人员厘清由此产生的情绪感受。

第三步，整理目前服刑人员能想到的应对方法。

注意：

在这个干预过程中，不评价、陪伴、支持性的态度至关重要，没有人愿意把自己的无奈说出来给别人批评。这个过程不是一次谈话就够了，而是需要给服刑人员留作业：每次有自杀想法出现，要立刻思考两个问题——是什么让我有了这样的想法？我现在的情绪是什么？

2.垂直下降

自杀想法是多种因素造成的，服刑人员可能会有很多不得不自杀的理由，这些理由都源自其内心的潜在信念——核心的歪曲认知。直接针对核心歪曲认知做干预必将事半功倍，所以，民警首先需要探索服刑人员明确或不明确的潜在担心背后的原因，寻找引发其焦虑、恐慌等负性情绪背后的潜在信念。

具体做法：

民警带领服刑人员假设最担心发生的情景真的发生了，一起探讨“如果……是真的，那又会怎么样？”“如果……真的出现了，对你来说意味着什么呢？”这样的问题，从而探寻服刑人员内心左右其选择自杀的根本想法。

☞ 案例

如第一章第三节中提到的21岁的服刑人员王某，详细情况参见第463页。

服刑人员王某，男，21岁，初中文化，因盗窃罪被判有期徒刑3年，入狱后总担心父母会和自己断绝关系，只要父母没有来接见，王某就会持续若干天心慌、坐立不安，不断找民警问父母是不是跟民警说过什么？是不是不管自己了？

为发现王某核心歪曲认知，民警使用垂直下降的方法：

民警：假如你的父母真的不再来了，又会怎么样呢？

王某：我会很惨。

民警：很惨是什么意思？

王某：意思就是活着还不如死了。

民警：活着不如死了是什么意思？

王某：死了就不用担心了，活着一天就得提心吊胆一天。

民警：活着你最怕什么？

王某：怕就剩下我一个人，没有房子住、没有饭吃。

民警：假如你一个人，没有房子、没有饭吃，又会怎么样？

王某：我成了要饭的！全世界的人都会笑话我，都看不起我。

至此，王某内心最担忧的是“全世界的人都会看不起我”。直接针对这个核心的潜在信念做干预，必然比“担心父母不来”这样一件事情要容易很多。

3.强化自我阻止线索

能够打消服刑人员自杀念头的重要环节就是寻找到其内心的自我阻止线索。每个自杀者的内心都是矛盾重重的，一方面他们被强烈的无望、无助、无奈煎熬，另一方面他们又一直在苦苦地寻找解决问题的方法。几乎所有自杀的服刑人员都用了相当长的时间纠结于“要不要自杀”。这样的纠结告诉我们，其实服刑人员内心是存在自我阻止线索的。

具体做法：

引导服刑人员关注自己不想自杀时的想法，比如，问以下类似的问题，并对此线索加以引申讨论：

有些时候你觉得自己不该自杀，那时候会想什么呢？

你说服自己不要想自杀的时候，会跟自己说些什么呢？

有些事情你心里很惦记，你愿意说说自己最惦记的人或事吗？

4.把服刑人员和自杀分开——问题外化

假如说自杀是服刑人员的一部分，那么就是把服刑人员放在了无能为力的背景中。只有调动出服刑人员自身的力量，才能有效打消自杀想法。

具体做法：

首先，民警要树立这样的观念：服刑人员本身是自杀的受害者，自杀就像是一个恶魔，现在自己面前的这名服刑人员正遭受自杀这个恶魔的侵袭和困扰。

其次，民警要把这个观念传达给服刑人员。

不是你有问题，而是自杀这个魔鬼来纠缠你，咱们需要一起努力打败它！

自杀现在用各种各样的方法折磨你，让你难受，它等着折磨你，你受不了了，真的选择自杀了，它就得逞了。

最后，民警和服刑人员讨论这种情形要怎么应对。

自杀这个恶魔天天折磨你，你怎么想？

你能甘心让这个恶魔就这么折磨你吗？

如果你不作出反应，这个恶魔就会变本加厉，你觉得咱们该怎么做？

使用问题外化这个方法的目的是让服刑人员变成解决问题、对抗自杀队伍中的成员，调动其内在的力量对抗自杀。

5.重新审视问题——提供证据

服刑人员认为自己的问题是没有办法解决的，才会自杀。其实，究竟有没有路要看其怎么看、怎么想。服刑人员坚持认为自己的问题不可能有办法解决时，民警不要直接告诉他还可以这样、还可以那样，因为告诉他的所有办法都会被他轻而易举地否决掉。此时，民警要做的是用事实来说明问题。

具体做法：

要求服刑人员列举出自己只有自杀、肯定没有办法解决问题了等问题的理由。可以这样问："你有哪些证据？""有什么能证明吗？"

☞案例

如第一章第三节中提到的26岁的服刑人员张某，详细情况参见第465页。

服刑人员张某，女，26岁，非常内向，很少和其他服刑人员之间有交流，没有什么爱好，母亲来探望时告知张某以前的男朋友已经定在一个月后的"五一"结婚。张某坚持没有人要自己了，所以还是死了好。民警使用收集证据的方法。

民警：有什么能证明没有人要你了？

张某：我男朋友结婚了，他就不要我了。

民警：还有证据吗？

张某：这就已经足够了。

民警：那就接着说另一个问题，有人还要你，你能证明吗？

张某：我妈妈，她总来看我。还有民警，你们都挺关心我的。

民警：还有吗？

张某：我们组的人都对我挺好的。

民警：你怎么证明他们都是关心你的？

张某：我们组比别的组手巧，干活快，就我最慢。大家并不是干完就不管了，经常帮着我一起干。

民警：你怎么看这么多人都很在意你？

对服刑人员认知的挑战不是较劲儿，而是让服刑人员可以自己说服自己，在事实面前，让服刑人员用事实做思考问题的参照。

6.体验丧失——全部失去

有自杀想法的服刑人员想的只是解决问题，而忽略了自己的拥有。这个方法类似于本书壹“个体矫治实战技术”第一章第六节讲到的“珍惜拥有”，它的目的在于带领服刑人员体验、感受失去的滋味，引导他们从新的角度看待自己拥有的生活。

具体做法：

首先，民警和服刑人员做一个假定，假设服刑人员所拥有的一切全部失去，成为绝对的一无所有，没有身体、没有记忆、没有朋友、没有家、没有任何财产。这些都交给了一个有超自然力量的人(这个人由服刑人员自己确定)保管。

其次，引导服刑人员要回自己的东西。

我们仍以上例中服刑人员张某为例。

民警：既然你想好了要死，那现在就来假定你什么都没有了，包括你的身体，你全部的私人物品，你的朋友和家庭，等等，只留下了你的思想。这些都交给一个有超常力量的人保管，你愿意交给谁？

张某：观音吧。

民警：观音替你看管这些，如果你又想要回去了，只要对观音说出足够的理由，观音就会还给你。

张某：我什么都不想要。

民警：好的，那就让观音全都拿走。那么，你的思想在干什么呢？

张某：让她把思想也拿走吧。

民警：你的思想谁都拿不走。你猜你的思想在做什么？

张某：在想这下好了，轻松了。

民警：轻松了，思想在干什么呢？

张某：待着。

民警：思想待着也会想事情呀，它想些什么呢？

张某：它想没有负担了真好。

民警：它想做点什么呢？

张某：抽根烟吧。

民警：思想怎么抽烟呢？想抽烟得有能抽烟的部位，你得跟观音说说。

张某：那我就要嘴。

民警：你怎么跟观音说呢？

张某：观音呀，我想要回我的嘴。

民警：这样说不行，你得告诉观音要回嘴对你有多么重要。

张某：观音呀，我想要嘴抽根烟，就这么点儿要求。

民警：观音说，好，把嘴还给你。还有个问题，一张嘴在半空怎么待着呀？

张某：跟闹鬼似的了。我把头要回来。

民警：那你还得跟观音说。

……

在这样的过程中，服刑人员开始关注被自己忽略掉的那些拥有。当服刑人员越来越多地思考自己拥有的价值时，放弃全部去实施自杀的可能性就会降低。

7.全面考虑——画馅饼图

引导服刑人员从整体考虑问题，思考并呈现与自杀所有可能的原因，同时也可以帮助民警了解有关的各种原因在服刑人员心目中所占的比例。

具体做法：

民警在一张白纸上画一个大圆，中间点为圆心，对服刑人员提要求：这个圆代表一个馅饼，这个馅饼可以随意分。整个馅饼就是你想到的和自杀有关的所有问题。你现在可以想一想，想好了就把所有问题都用馅饼上的一角来表示，再用一两个字写上它代表什么内容。

等服刑人员全部画完做讨论。比如，“讲讲这张图吧。”“哪个部分让你想得最多？”“你怎么看自己画的这个图？”

8.危机卡

民警可以教给服刑人员随身携带一张危机卡，每天至少拿出来读三遍，特别在被自杀想法搅得心乱如麻时，要立刻把危机卡拿出来读。

卡片内容：有很多人支持我，无论如何，警官都会支持我，我是一个坚强的人，我要好好活下去。

9.自我管理

民警在谈话时根据情况选择完成前面的干预方法后，需要给服刑人员留作业。

作业分两个阶段：

第一个阶段，发现服刑人员有自杀想法后。这个阶段的作业主要是每次谈话干预后的延伸——就谈话中做干预的重点留作业。

具体做法：

（1）民警布置作业，要求服刑人员复述，确保其完全明白作业的内容和要求。比如，每天晚上睡觉时做渐进式肌肉放松，做情绪管理训练，白天读危机卡等。

（2）讨论奖惩方法。根据每天是否能够按要求保质保量地完成作业，制定一个自己给自己的奖励或惩罚的方法；根据连续几天完成作业的情况，民警给予的奖励或惩罚的方法。

第二个阶段，干预2~3周后服刑人员情况稳定。这个阶段的作业主要是服刑人员就自杀问题的自我调整计划。

具体做法：

民警帮助服刑人员列出其可能有自杀想法的情形，以及可以采用的应对方法。

注意：作业不能太多，过多反而会造成应付、厌倦等负面反应。同时，为了鼓励服刑人员坚持，民警要和服刑人员一起商讨一个奖惩条款，借此实现服刑人员的自我管理，在保证服刑人员处于良性状况中的同时，还能够强化其自我价值感。

第四节 生理原因导致自杀自伤的干预

对于生理原因自杀的干预一般以医学治疗为前提，保证有关医学治疗手段到位是最有效的干预。对于精神分裂症、人格障碍患者的治疗需要由精神科医生来完成，不建议由民警来担当。对于一些症状严重的服刑人员需要配合相应的措施约束其行为，保证其人身安全。

对抑郁症服刑人员的干预一般和药物治疗相配合，在抑郁症初期和稳定期如果能在药物治疗的同时配合心理干预，将非常有助于防范自杀并促进服刑人员康复。对于抑郁症服刑人员，督促其按时按量服药是非常重要的。

下文仅讲述针对服刑人员处于抑郁症初期或经医学治疗后的稳定期出现自杀想法的干预方法。

对服刑人员自杀干预工作而言，予以支持、改变认知、注入希望、重塑行为、创设环境是必不可少的部分。就抑郁症服刑人员，除了上一节提到的内容之外，还需要一些直接针对性的干预方法。同时这些干预措施完全可以用于其他有自杀想法的服刑人员。

一、建立支持感

每次谈话服刑人员都是乐意接受的。如果每次谈话都让服刑人员感觉不好、不愉快，他们就有可能用形形色色的理由逃避，比如身体坚持不了。

对自杀想法的干预不会在一次谈话中就完成，需要经历一段过程。因此，让服刑人员愿意继续参与才能保证干预能够顺利进行下去。

具体做法：

（1）耐心地听服刑人员述说自己身体的病痛。身体的病痛让服刑人员坐立不安，平时很少遇到愿意总是听他们说自己病的人，身边的人做得最多的是告诉他们“你没有病”“没有什么可担心的”。可服刑人员本人感觉到的是这些病痛不断加重，抑制不住担心。因此，别人对自己的病轻描淡写的态度让他们感觉到被遗弃、被忽视。耐心地听他们说自己身体的不舒服，才能让他们相信面前这位民警是真的愿意帮助自己。耐心听非常有助于建立信任关系。

（2）更多地表示对服刑人员的深刻理解——共情。身体疾病引发的抑郁症还会有真实的疾病，很多抑郁症服刑人员身体并没有什么大问题，却表现得要死要活，这是我们最不容易理解的。这种不理解会在无形中造成隔膜。民警对抑郁症服刑人员更多地表示理解，没有任何理由、条件的理解，这样的无条件理解会让服刑人员更愿意接受民警的建议和干预方法。

民警需要理解其真实的身体不适感，需要理解想好好改造但痛不欲生的无奈感。理解绝不意味着认同，而是表现出民警是懂得这些感受的。有些民警可能会迟疑，表示理解是不是就相当于告诉服刑人员你可以这样？理解的意思是懂得、知道，表示理解是为了更好地走进服刑人员的内心，理解并不意味着赞同。

二、改变认知

1.讨论身体症状

当服刑人员的自杀想法和身体症状直接有关时，比如明明感觉难受，但检查不出问题，以及感觉自己身体越来越差，都必须要讨论身体症状。当抑郁症服刑人员出现自杀想法时，对身体症状的讨论必不可少。

具体做法：

(1)从关注身体情况开始，先询问身体感觉。

身体怎么样？心情怎么样？吃饭好不好？胃口怎么样？睡得怎么样？醒了以后做什么？身体都有哪些不舒服？还有吗？

(2)了解服刑人员自己的解释。

你觉得是怎么回事？

(3)就服刑人员的自我解释做认知调整。

服刑人员认为是医生不负责、水平差。民警：身体难受是实实在在的，检查也是实实在在的，没有医生敢骗病人。不过，不知道你是不是能理解人的心理和身体是连着的，就像有的人生气了就吃不下饭去，但并不是胃有病了。不生气了，肚子就饿了。

服刑人员有迷信的想法。民警：你想着是有鬼来寻仇，就会担心、害怕，鬼还没来，身体就已经有反应了。

服刑人员不能接受，“我凭什么得这样的病？”民警：谁都有可能感冒，如果感冒了你会不会想凭什么我感冒？现在试着想想我怎么才能快点儿好？

(4)对症状做解释。

身体的这些感觉都是抑郁症的表现。

身体如果发烧，就会头晕、浑身疼，这些难受的感觉不是因为头部、四肢的肌肉有问题。你现在身体的感觉就是心理感冒了出现的症状，并不是身体有了问题。

(5)了解其应对方式，并探讨对待症状的方法。

你有没有尝试过什么方法让自己能感觉好一些？

每天感觉好些的时候，是哪些因素让你感觉好些了？

心理学发现越是关注难受，身体就会越难受，你有过这样的经验吗？

愿不愿意做些尝试……（渐进式肌肉放松、重塑行为的若干做法都可以有效缓解症状）

2.接纳抑郁

抑郁症期间身体、心理都会出现一些症状。如果总是用自己以前的好状态做比较，就会越来越无奈，特别是不断关注身体、心理症状导致的痛苦感受，痛苦感受不会减轻反而会越来越重。因此，服刑人员需要懂得很多事情不可能按照自己的意愿存在，抑郁也是一样，身体、心情、睡眠等问题是因为抑郁而存在，越是要彻底摆脱它们越会发现事与愿违。在这样的情况下，要接纳抑郁、接纳身体的感觉。

具体做法：

（1）从服刑人员不能接受的症状开始。下面以失眠为例。

民警：你说早晨醒了以后是最难受的？

服刑人员：老早就醒了，看别人睡得那么香，好多不想去想的事情就都往外冒。

民警：你一般会怎么做？

服刑人员：闭上眼睛数数，我想能再睡着。

民警：效果怎么样？

服刑人员：睡不着，翻来覆去地就是睡不着。

（2）以感冒等常见病为例与服刑人员进行讨论。

民警：发烧了，浑身难受，你觉得怎么样就能让感冒尽快好？

服刑人员：吃药、喝水、睡觉、出汗。

民警：吃了药躺在床上，还是浑身疼，怎么办？

服刑人员：闭上眼睛睡一觉就好了。

民警：你是说不要总是想浑身疼？

服刑人员：想也没有用。

民警：对，有的时候越想越难受，反而好得慢了。

（3）引导服刑人员接纳症状。

民警：你很早就醒其实和发烧以后浑身疼是一回事，浑身疼是发烧引起的，你早醒是抑郁症引起的。

服刑人员：我想睡觉，但是睡不着了。

民警：就像发烧以后，虽然你想参加劳动好好干活，但就是没有劲儿。很多事情不会因为我们想怎么样就变成怎么样。

服刑人员：那怎么办？

民警：不去跟睡不着较劲儿，越较劲儿它对你的影响就越大。睡不着就像一个皮球，你越使劲儿往下拍它，它就跳得越高。把它放一边，它就不会跳出来影响你了。

服刑人员：那我怎么才能把它放一边？

民警：好问题！咱们一起想想。你觉得睡不着了可以做点什么？只要你的注意力转移了，就是把它放一边了。

（4）以服刑人员为主体，寻找其能接受的方法。

注意：我们只带领服刑人员思考，不直接告诉他们做什么、怎么做。其他人说出来的方法都很容易被"没有用的"推翻，用什么样的方法，要靠服刑人员自己积极思考。当他们找到了一些"可能"后，就要鼓励尝试，并引导他们多关注有效果的地方。

3.灵活使用问题外化

把服刑人员和自杀分开使用问题外化的方法，对抑郁症服刑人员这个方法需要灵活使用，他们不仅需要把自杀外化，还需要把抑郁症外化。问题外化的目的始终是让服刑人员改变消极等待的状况，发挥主体的积极作用，调动其自身的力量应对抑郁、自杀。

三、重塑行为

对于抑郁症服刑人员，放松等行为同样是非常必要的。下面这些针对抑郁服刑人员自杀干预的行为塑造，都是关于怎样把注意力更多地放在好的方面的。在注意好的方面时，情绪会有明显地改善；当能够习惯性地把注意力放在好的方面，思考方式就会发生改变，从而带动整个人的变化。

1.历数恩典

具体做法：

（1）静静地思考，默默数出一天中在自己身上发生的好的事情，这些好的事情都是来自老天爷或者其他人对自己的恩典。数出来以后，对有关的人说谢谢，并说明谢的理由。（这个过程可以是服刑人员真实的去直接向有关的民警、同犯说出来，或者用可能的方式向亲人、朋友表达；也可以是在办公室里让民警在一旁见证由其自行完成）

（2）完成以后再进行下面的讨论：

回忆恩典经历时，有没有感觉到很有意思、高兴、幸福？

有没有一些值得感恩的事情被忽略了？

多思考感恩的事情有什么特别的意义吗？体会到了什么？

这个练习能帮助人增加正面情绪，对你来说是什么？

它有没有帮助你更多地觉察发生在自己身上的美好事情？

你有更多地注意自己生活中的美好吗？

2.做好事

每天做一件好的事情。所谓好，是指通过自己的付出使其他的服刑人员或者集体受益。

3.盘点好的事情

列出当天发生的那些带给自己正面情绪的事情。

具体做法：

（1）要求服刑人员数出一天中发生在自己身上的至少三件好事情（让自己有好的感受的事情）。

（2）要求服刑人员尝试在心里设计感谢的方式。

（3）在第二天实施这些感谢的行为。

4.美好回忆

通过回忆曾经的美好，重温回忆中的情绪感受，帮助服刑人员增加自我价值感。

具体做法：

要求服刑人员回忆出自己曾经经历过的、最快乐的时刻。

引导语示例：

现在尽可能地寻找自己曾经经历过的，让自己感到高兴、幸福、了不起的事情，不一定是什么大场面，也许你会认为是微不足道的，仔细想想，想到了就告诉我。

这个练习需要多次反复去做。

第五章 危机现场干预及善后心理调整

监狱内绝大多数服刑人员能够认罪服法、积极改造，但也存在一部分顽固不化的服刑人员，他们为达到自己的目的可以不择手段。于是，狱内就出现了一种特殊形态的自杀——服刑人员公开自伤或者以自伤、自杀威胁民警。在这样的状况下如果不能及时有效地予以干预，就会造成不堪设想的后果。在采取有效防护措施防止意外发生的同时，危急关头能够化险为夷的方法莫过于攻心了。这样的危机必须在现场处理，而且处理过程中要求不仅要保证服刑人员人身安全，而且不能随意答应服刑人员提出的要求、条件，必须保证监狱监管的严肃性。

曾有研究发现：监狱内59%的自杀存在某种获救的期望，自杀很可能是服刑人员达到某种企图的手段，当自杀未遂而企图失败后，他们就会非常坚决地结束自己的生命。

这些自杀未遂事件究竟是求死但没有成功，还是原本就没有想死？我们需要在辨别后区别对待。不管怎样，自杀未遂都是需要认真、妥善对待的，因为随后的干预直接关系着再次发生自杀行为的可能性。

第一节　公开自伤的现场干预

除了常见的自杀之外，狱内还有一种特殊形态的自杀——服刑人员在公共场合自伤或威胁民警要自伤、自杀。在公共场合发生自伤这类事件总是那么惊心动魄，如果现场处置不当很可能瞬间变成在众目睽睽之下自杀，造成无法挽回的损失和极为恶劣的影响。事发现场的干预不仅关系着“主角”的生死，而且对犯群、对监狱都会造成相当大的影响。从一定意义上说，这样的事发现场相当于监狱能否行使对服刑人员监管任务的一个考场。

服刑人员苏某，女，入监2年来常常因为嫌劳动太苦太累在劳动现场又哭又闹甚至撒泼打滚公然抗改。事发当天，苏某没有完成劳动任务且态度蛮横。收工时，王警官当着全体服刑人员的面对苏某提出批评，苏某立刻倒地打滚，王警官当场戳穿苏某是在装病，并要求服刑人员改造组两名服刑人员架起苏某站在队伍前。苏某晚饭前对其他同犯宣称“不给我面子就一起死”，并开始绝食自杀。

服刑人员刘某，男，连续发生私藏违禁品和同犯打架等违纪事件。在监区研究对他的处分期间，刘某站在机器前要见监区长，提出如果不答应“只扣分不处分”的要求，就立刻将头放入机器。

服刑人员耿某，男，入狱3年，坚持不服法院判决，认为法院对自己的判罚有误，多次向民警提出申诉要求重审但没有任何进展。事发当晚11点左右，耿某在监控器前方撞墙，当场昏厥、头部大量出血，被送往医院的路上耿某苏醒过来，第一反应是对身边的民警说：“我会一直撞下去。”

显然上面这三起事件中，自伤、自杀是服刑人员为达到自己目的的工具。这类自杀有如下特点：

第一，有明确的目的和要求。有的为了引人注意、得到关注；有的为了满足或达到某种需要；有的是要发泄情绪；有的是要在同犯面前自我显示；有的是为了报复民警；等等。

第二，发生在公开场合或者容易被发现的时间、地点，给自己被解救留下足够的余地。

第三，关心自杀对自己的影响和结果，他们会关心“我的事情怎么样了”“会不会有后遗症”“是不是给我处分”等问题。

本着保证服刑人员生命安全，同时又要维护监狱执法机关的威严的干预原则，现场干预可以参照以下做法。

一、现场管理

原则：在场的人员越少越好，尽可能让无关人员远离，坚决避免众多服刑人员围观。现场人多会引发以下不利后果。

1.激发情绪

众多同犯和民警在场会增加当事服刑人员的心理压力。有关研究表明，当他人在场时，人体的出汗量会增加、呼吸加快、血压升高、心跳加速。这样的生理反应会进一步激发情绪而不是平静情绪。

2.过激行为

当周围有众多的同犯围观时，当事服刑人员会不自觉地关注同犯对自己的评价，会因担心同犯对自己作出不良评价而采取更加过激的行为。

3.去个人化

是指忘记个人身份。在同犯围观的情景中，当事服刑人员会忘记自己的个人身份，从而抛弃行为规范的约束，做出不顾后果的行为。

因此，现场人数尽量少，一是有利于控制现场局面；二是有利于避免现场对其他服刑人员造成不必要的刺激；三是便于以后就此事对其他服刑人员进行教育。

二、确定干预人选

1.选派服刑人员信任、尊重的民警做直接接触

能够说服当事服刑人员改变自己的态度，事情马上就会平复，否则事情就有可能恶化、升级。已有服刑人员信任基础的民警更容易开展说服工作。

2.稳定、冷静的态度

在整个干预过程中，民警务必始终保持稳定冷静的态度，这样的态度能够增加民警的可信度，从而提高说服服刑人员的可能。同时，民警的情绪状态会在很大程度上影响到服刑人员，民警稳定、冷静，服刑人员也会逐渐平静。

具体做法：

态度是通过非言语行为体现的，民警要保持果断的语气、镇静的语调、中速以上的语速、主动做视线接触、温和平静的面部表情、自然的身体姿势、没有小动作等非言语行为。

三、干预要点

1.表达关心

直接、清楚地关心服刑人员当下的身体，以此增加信任、亲近感，同时引导其关注客观现实、平静情绪。

比如：

那边风凉，别让凉风灌进肚子里了，到这边咱们慢慢说。

都过了开饭的时间了，饿了吧？

这一个姿势都待这么久了，腰酸吗？

说了这么多话，喝点儿水吧。

你在流血，一边包扎一边继续说，好吗？

2.引导宣泄

鼓励服刑人员讲出自己心里的痛苦，充分宣泄情感、充分倾诉。随着宣泄情绪，服刑人员会慢慢平静下来，情绪平静的同时理智就在恢复。理智恢复是成功干预的重要条件。

比如：

跟我说说你的想法。

你心里有很多话，说说吧。

（1）双方面说服

说服的过程中怎样处理服刑人员的要求是一个很敏感的问题。心理学研究表明，不仅说明自己的观点，而且从对方观点和自己的观点两个方面进行说服，比较有利于持反对意见的人接受自己的观点。也就是说，要对服刑人员提出来的问题表示理解，并肯定其中的正面动机。

以前文提到的三个事件为例：

对苏某：你不愿意丢面子，你不能没面子。

你要在其他人面前维护自己的尊严，这很重要。

你想让大家尊重你，人活着就要得到别人尊重。

对刘某：你不想影响到减刑，不想！

你想早日出狱，哪怕早一个月。

你希望过去发生的事情不要影响自己早些与家人团聚。

对耿某：你想把自己的问题弄清楚，这对你很重要。

你想通过法律渠道解决自己的问题，你非常想。

你希望法院再次了解事情的经过。

假如服刑人员问“能答应我吗”，民警要做肯定正面信息的回答：

对苏某：要保持尊严。

好好活着，要不就算有面子了放在哪儿？

对刘某：不想影响减刑是好想法。

我也希望你早日出狱。

对耿某：法律有相应的规定。

这件事情要通过法律途径解决。

这件事你可以用正当渠道来要求的。

在此基础上，民警再提出建议，是对下一步行动的建议而不是命令，中心内容是大家用更多的时间好好谈。

命令式的语言，如“不许动！”“马上吃饭！”“下来！”等会让服刑人员感觉失控。为了重新获得掌控感，他们有可能让事件进一步激化，甚至当场自杀。

对苏某：吃点东西，咱们好好谈一谈。

对刘某：我想要一个机会和你深入谈，如果你不过来，我就做不到。我们一起对这个问题花些时间好吗？

常用思路：能不能过来再聊聊，咱们一起找一个办法来解决问题。

（2）彻底扭转局面

要彻底扭转局面，就必须用适合的内容打动服刑人员的内心，触动其情感。两个原则：

①谈细节

请对下面两句话做比较：

A：你对大家很重要。

B：那天你病了，你们组劳动的时候都没有精神。重新分监舍的时候，大家都愿意和你住一起。你妈妈来看你一次，路上要用十多个小时，她说能看到你好好的，就算用上二三十个小时也值。

B比A更能打动服刑人员，因为谈细节更容易让服刑人员沉浸在场景中，从而找到感觉。同时，谈细节很容易让服刑人员感受到民警的关注和对自己的用心良苦，当服刑人员感到民警非常亲近时，服刑人员就会易于感受到来自民警的支持，促使其脱掉面具、拿出真心。

②谈事实

真实会让真诚放大很多倍，真实的民警、真实的记忆、真实的感受才能够唤起服刑人员内在的良知。

3.坚决不讲道理

下面这些话一定要避免，它们可能会刺激服刑人员拿出不讲道理的蛮横态度：

好死不如赖活着。

你对得起父母吗?

人生没什么是过不去的，只要你继续努力就可以重获新生。

第二节　自杀未遂的干预

几乎所有的有自杀想法的人都会徘徊在“死”和“不能死”之间，他们的内心一直处于激烈的思想斗争中，这种思想斗争甚至会持续到实施自杀行为时。尽管各国有关研究数据因地区差异而不同，仍旧显示自杀未遂率比自杀死亡率高出9~25倍。特别需要关注的是曾经有自杀经历往往是随后发生致死性自杀行为的最强有力的预示因素。在发生尝试自杀后第一年内危险性最高，尤其是前6个月。大约有1%的人在一年内再次自杀身亡，大约10%的人无论时间长短最终完成自杀行为。曾有报告显示，有过自杀经历的人其再次自杀危险性是正常人群的 20~30倍。一份对英国犯人的研究报告表明，自杀未遂的犯人在 6个月内有 33.33%的人自杀死亡。

另外，国外有研究表明，监狱内在押犯人男性与女性的成功自杀比例为 3∶1，但女性尝试自杀的比例高出男性 3 倍。国内还没有有关研究发表。

经历过严重自伤、自杀后，个体对伤害自己身体的疼痛、恐惧有过体验，会降低个体对伤害自己身体、对死亡的恐惧，因此更容易自杀。在这种情况下，对于狱内出现的自杀未遂者，为了杜绝其再度自杀，不仅需要做医学治疗、监规处理、加强监管，还必须予以适当的心理干预，从根源上消除自杀隐患。

服刑人员自杀未遂后的情形很多，有的脖子上的勒痕清晰醒目，有的身上插着好几根管子，还有的只是看起来有些虚弱。他们有的在大喊大叫“为什么不让我死”，有的会一遍一遍地道歉“对不起，请您一定原谅我”，有的不停地解释“我真的不是故意的”，有的好像只是个旁观者，认为一切都是别人的事，有的全然不顾他人，有的小心翼翼地对民警察言观色，有的叫嚣着“我要见狱长”，有的焦躁不安，有的抑郁愁苦，还有的绝望。不管怎样，以下这些干预方法都是十分必要的。

一、量力而为

出现下面情况后，需要请精神科医生介入处理。

1.过度平静，完全没有任何情绪表达，或者不和任何人交流。

2.过度情绪化，无法平静。

二、寻找谈话时机

在服刑人员自杀未遂后，无论是否正在接受治疗，都不必急于谈话。

自杀未遂后72小时是再次自杀的高峰期，监狱首先要做的是落实严格的监管措施。有些时候服刑人员会看起来非常虚弱，让看护监管人掉以轻心。自杀未遂后72小时内的再次自杀多半是看护监管疏忽造成的。

1.不适合谈话的情况

出现以下情况都说明谈话的时机没有到，需要等待：

(1)当服刑人员处于虚弱状态，哪怕这种有气无力是装出来的。

(2)当服刑人员用闭着眼睛装睡、被子蒙头、侧身、转脸等行为有意避开民警的视线时。

(3)身体几乎没有任何动作。

(4)发呆、视线停滞在某一点不动。

(5)对医生、民警的行动不做任何配合。

(6)乱喊乱叫。

2.可以谈话的情况

出现下面情况时，可以考虑开始谈话了：

(1)主动和民警视线做接触，一般多是犹豫的、躲闪的。

(2)出现动作，如反复翻身、手部脚部频繁的小动作。

(3)用行动配合民警，如有民警走过来时转动脸或挪动身体，方便民警坐下或把脸朝向民警。

(4)主动和民警搭讪。

三、不谈话时的干预

合适的谈话时机需要等待，没有开始谈话并不意味着不开始干预。在服刑人员自杀未遂后的救治就是干预，有关的心理干预还包括：

1.恰当的非言语行为

在后续的干预过程要一直保持以下非言语行为。

具体做法：

(1)目光。主动和服刑人员做接触，是温和的而不是严厉的。

(2)视线。落在服刑人员面部以嘴为底边、两眼中间为顶角的三角形区域内，不直接盯着眼睛。

(3)表情。面部放松、平静。

(4)身体。没有频繁的动作。

(5)手部、脚部。没有小动作。

(6)情绪。不出现叹气等表达自己情绪的行为。

2.帮助性行为

对服刑人员做一些直接的帮助性行为：倒一杯水、掖一掖被子、贴一张风景画等。

3.其他

(1)对于情绪异常激动的服刑人员，考虑使用药品帮助其稳定情绪。

(2)周围尽可能保持安静。

(3)民警之间就此事的讨论、交流一定要避开服刑人员。

四、引导服刑人员说话

1.以听为主

倾听在自杀干预中始终占有非常重要的地位。只有用心去听，在听的同时去感受，才能发现开启服刑人员内心世界的钥匙。这个过程一定不能急，要控制住自己尽可能少说话，特别是不讲道理。无论我们内心多么焦急、无论我们要讲的道理多么正确，都必须尽可能少说话。无论是改造的意义，还是前途并不渺茫的道理，在自杀未遂发生 72小时内，所有的道理都相当于在告诉服刑人员“你这么做是错误的”“你不该这么做”，这无异于把自己放到与服刑人员相对立的两边。如果服刑人员内心有了抵触，就相当于为后面的干预人为设置了障碍。

具体做法：

（1）用全部身体姿势传达温和、关注。

（2）在听的过程中，做适当的反应。

（3）除非某些重要的地方听不清楚或者听不懂，否则一般不打断服刑人员，要很认真地听，直到服刑人员自己停下来。

（4）以接纳的态度听。即使服刑人员说的话、表达的情感是不正确的，在这个时候也要用接纳的态度听下去，不带是非评判、不批评、不教育。

（5）怀着好奇听。不要想当然地认为自己听懂了服刑人员的话，而是要怀着好奇心去发现。

服刑人员：我也是没有办法。

民警1：没有办法就想办法，办法总比困难多。（忽略了服刑人员话外想说的话，不利于让服刑人员把心里话都说出来）

民警2：没有办法是什么意思？（把服刑人员的话全部引出来，更能够真正了解其内心，便于后期对症下药）

服刑人员：没有人知道我有多难受。

民警1：你死了就有人知道了？（这样的批评直接堵死了服刑人员的表达，不利于服刑人员倾诉，不要这么说）

民警2：你愿意现在说说吗？（用好奇的态度对待，直接引导服刑人员表达）

（6）保持镇定平静。不管听到什么，都保持镇定、平静，只有这样才能让服刑人员觉得可以信任，能说出压在自己心头的苦。

2.说的内容

（1）从关心身体感觉开始。

身体感觉怎么样？

哪里不舒服？

还疼吗？

（2）把谈话的方向交给服刑人员。

你现在最想说的是什么？

刚才心里想到什么了？

自己想得最多的是什么？

3.保持敏锐的洞察

在谈话期间，密切关注服刑人员的非言语行为，这些非言语行为直接帮助我们理解服刑人员内心隐藏着的内容。当服刑人员出现不积极参与谈话的情形，比如，把脸别开，身体逐渐向后，长时间沉默并伴随有咬嘴唇、玩手指等小动作等，可以用以下方法做干预：

（1）直接就服刑人员当下的表现做讨论。

你好像想到了什么。

说到……的时候，你眼睛就去看别处了，这是什么意思呢？

你不太想谈这个话题。

（2）改变谈话内容。

对有些服刑人员来说，觉察到某个话题进行不下去了，改变话题是必要的，但需要避免频繁改变话题。

服刑人员：我妈知道这件事了吗？

民警：现在还不知道。

服刑人员沉默。

民警：如果你母亲知道儿子要死……

情形一

服刑人员（打断民警）：别说了。（同时，整个身体缩在一起，头使劲向下埋）

表明：母子关系良好，母亲始终鼓励其积极改造。

建议：沉默片刻，继续这个话题。上次你妈妈接见时说起她每天都盼你回家。

情形二

服刑人员（打断民警）：别说了！（脸上出现愤怒的表情）

表明：母子关系淡漠，母亲对其不闻不问。

建议：转换话题。

五、针对情绪

1.以情感支持

表达对服刑人员情感的理解，提供真实的陪伴。

经历这样的事情真的很困难。

对于你来说这是一个很难的时期，我很担心。

如果我说错了什么，请告诉我。

不要说“很多人都很关心你”之类的话。服刑人员感受不到那么多人的关心，民警这样说会给服刑人员虚假的感觉。

比如：

我知道你的感觉是什么。

你能活下来就是幸运的了。

在悲剧之外会有好事发生的。

你会走出来的。

不会有事的，所有的事都不会有问题的。

你不应该有这种感觉。

时间会治疗一切的创伤。

你应该让生活继续过下去。

要说：

对于你所经历的痛苦和危险，我感到很难过。

看到／听到／感受到这些一定很令人难过／痛苦。

事情可能不会一直是这样的，它会好起来的，你也会好起来的。

你现在不应该去克制自己的情感，哭泣、愤怒、憎恨、报复等都可以，你要表达出来。

2.帮助其认识和管理自己的情绪

形成自我情绪管理需要经过下面几步的训练：

（1）命名。比如，我的情绪是什么？

（2）连接。就是把原因和情绪做连接。比如，这种情绪来自哪里？

（3）处理。比如，有些事情会让自己感觉好些，有哪些呢？

（4）管理。比如，做些什么让自己好一些呢？

六、面对问题

1.强化个人价值

（1）带领服刑人员一起回顾曾经的美好。比如，服刑人员受到表扬、留有深刻记忆的某个文艺节目、同犯对其的感谢钦佩。

（2）寻找并强化自我阻止因素。在自杀未遂者内心有很多的挣扎，发现其中哪怕一个自我阻止自杀行为的原因，并展开、深入强化这个原因，是非常有益的。自我阻止的原因不需要很多，哪怕只是一条，都足够用来强化服刑人员个人价值了。

2.谨慎谈自杀

在谈话期间，保持良好沟通、信任关系是至关重要的，坚决避免让服刑人员抵触、降低自我评价的表达方式。

（1）不批评指责。不说：你真笨；你就知道逃避；你是个不孝之子。

(2)不讨论对错。不说:你为什么做傻事;你为什么做对不起家人的事;你怎么不想想以后。

(3)不讨论能不能死。

(4)不挑衅敢不敢死。

3.讨论其他的可能

(1)带领服刑人员认知事情并没有想象的那么糟糕。

(2)事情还有很多的可能。

(3)有更多问题解决的方式和途径。

(4)整理自身有的资源。

(5)提供可能的其他的积极应对方式。

七、获得承诺

1.引导服刑人员做出不再自杀的承诺。

2.制订计划。不仅制订当天和第二天的计划,还要制订再有自杀冲动时的自我管理计划。

第六章 自杀自伤行为发生后的干预

自杀事件发生后，无论是未遂还是既遂，犯群都会从不同渠道获得各种信息，对犯群的影响是不可避免的，尤其对于直接接触现场的、平时近距离接触的、有自杀想法的几类服刑人员，他们可能出现一系列的情绪、行为、生理的反常反应，这些反应直接关系着监管稳定。

服刑人员自杀最难处理的事情莫过于做好家属工作、减少自杀事件的社会影响，监狱屡屡出现服刑人员遗属到监狱无理取闹、殴打民警、哄抢遗体、摄像拍照、漫天要价、上访缠诉、把照片在网上传播等现象。在这种情况下，监狱最后通常是花钱了事，没有更好的办法。这在一定程度上降低了监狱执法的严肃性、权威性，严重影响了监狱正常的管理秩序。

服刑人员自杀事件中还有一个问题是必须直面的：民警在过强压力下的身心伤害。在处理自杀事件时，民警常常若干天连续加班、直接接触服刑人员尸体、遭遇自杀遗属不理解、对行政处理乃至渎职罪问责的焦虑，这些都可能会引发他们出现身体反应，如噩梦、烦躁、食不香等。因此，在服刑人员自杀等危机事件出现的同时，民警需要进行自我调整，保持良好的身心状态，整个民警团队更需要始终保持足够的战斗力。因此，及时对民警进行心理干预也必须提上日程表。

第一节　同犯的个体干预

服刑人员自杀对于犯群必然会有影响，不仅是对当时在现场的服刑人员有影响，而且当时不在现场的服刑人员、与自杀者没有直接关系的服刑人员也可能会因为这起自杀事件产生不良的心理反应。这些影响可能体现在情绪、行为等多个不同的方面。这些影响可能在自杀事件发生后不久就显现出来，也可能几个月以后才出现。

一般情况下，自杀事件对其他同犯的影响在6周内会逐步淡化，但对于有以下情况的服刑人员会造成更为强烈的影响：

（1）3~6个月内有过重大丧失的（亲人亡故、离婚、要好的同犯出狱、丧失减刑机会、认可的民警调离等）。

（2）发生过重大家庭变故的。

（3）身体有严重疾病的。

（4）有自杀想法的。

（5）与自杀者在某一方面同病相怜的。

（6）与自杀者关系非常密切的。

对同犯的干预有个体干预和班组干预两种方式。上述反应明显的要进行个体干预，密切接触自杀现场的同组、同监舍服刑人员需要进行班组干预。根据反应情况不同一般需要进行 4~8次干预，首次心理干预要在自杀事件发生后 24~48小时进行，24小时内不适宜进行直接干预，6周后再对此事件做干预将不会有效果。

另外，民警在对有关同犯进行干预时需要处于良好的身心状态，有以下情况的民警不参加服刑人员的心理干预为宜：

（1）3~6个月内有过手术或严重疾病。

（2）3~6个月内经受过重大打击或丧失。

（3）3~6个月内有严重的睡眠困难。

一、评估同犯受影响的程度

1.可能出现的反应

自杀事件对同犯的影响是因人而异的，不同服刑人员的反应可能会有程度上的不同。这些反应明显出现时，就意味着需要进行相应的干预。

（1）情绪方面。出现从悲伤到悲哀，从惊讶到震惊，从烦恼到焦虑，从恐惧到恐慌、痛苦、抑郁，从生气到悲伤、羞耻、无力、无助、无望、麻木、空虚等情绪感受。

（2）行为方面。在不同程度上出现发呆走神、无法集中注意力、健忘、失神、疑神疑鬼、唉声叹气、坐立不安、无法自控的暴躁和烦躁、消极、萎靡不振、回避和人交往、与同犯之间发生争执冲突等行为问题。

（3）身体方面。在不同程度上出现大脑里反复上演自杀场景，或持续做噩梦、睡不着、睡眠质量差，脑袋发木，一想到这件事就心跳加快，吃不下饭，疲劳感很强，觉得心里头堵着东西，想哭，身体疼痛、紧张，心悸，恶心，食欲改变等躯体不适，或者原有疾病加重等。

2.量力而为

自杀事件发生后，犯群中个别人可能会出现比较严重的反应，这些反应必须由精神科医生予以治疗。服刑人员出现下面这一些情况中的任何一项，需要尽快请精神科医生介入做医学治疗。

（1）过度平静，完全没有任何情绪表达，或者不和任何人交流。

（2）过度情绪化，无法平静。

(3)说不出自己的或朝夕相处的同犯的名字。

(4)说不出当天的日期、自己在哪里、自己在做什么。

(5)回想不起过去24小时发生的事或有一段时间完全没有记忆。

(6)身体完全不能动。

(7)大小便失禁。

(8)生活基本秩序混乱,如不吃、不喝、不睡等。

(9)重复做仪式性行为。

(10)听到不真实存在的声音,或能看到不真实存在的影像。

(11)想象会有人或东西来伤害自己。

(12)担心自己会杀死自己或同犯。

3.确定致死可能

(1)直接谈自杀事件。民警在和服刑人员谈到自杀时要非常慎重,有些话坚决不可以说:

①不可以表达认同。

比如:

很多人在遇到严重困扰时,都有可能会自杀。

这种行为可以谅解,情有可原。

那些社会上的名人、明星也可能突然自杀。

这些话都是对自杀非常片面地认识,但会让服刑人员在无形中认同自杀,甚至会觉得这也是一种不错的选择。

②不可以表达理解。

比如:

他这样做都是因为离婚。

如果不是身体太难受了,他也不至于死。

这次没能减刑真是一个大打击。

这些话之所以不要说，是因为可能会给同犯带来错觉：我和他有同样的问题。

③不可以传递自杀带来的良性结果。

比如：

死了也就不再让他父母背包袱了。

自杀了一次，民警肯定会更多关心他。

人死了，同犯、民警都在有意无意地想着他。

凡事都有利有弊，自杀也是一样的。讨论自杀后的某些良性结果是对同犯有误导，他们可能会因为直接看到自杀带来的某个后果而选择自杀。

（2）谈话过程。对于一些原本就有自杀想法的服刑人员来说，自杀事件起到了示范作用。当看到自己身边处于相同境地的人采用了自杀来解决问题时，其他服刑人员选择自杀的数量会增高。我们已经在第二章中就怎样识破自杀做了详尽的讨论。在此列举一些谈话要点：

①了解其是否有自杀想法并确认危险程度，必要时需要通过心理测量量表等评估其自杀的可能性。

②确认自我阻止自杀的因素。比如，想到什么会让你很犹豫，让你觉得应该活下去。

服刑人员A在几天前自缢。同监区服刑人员吴某虽然能按部就班地完成改造任务，但出现了在卫生间用头撞墙的行为，且几天来晚上躺在床上总是翻来覆去很久不能入睡。

民警：A自杀的事让大家心里都很不好过。

吴某：唉，前几天我还和他下过棋。

民警：你当时有没有注意到什么？

吴某：没有。

民警：你怎么看"死了算了"？

吴某：其实想想这回A的确是解脱了。

民警：有时候，在人们处于极端郁闷的时候会这样想。你想过结束自己的生命吗？

吴某（停顿）：有时候我会这么想，但没有多想过。

民警：在监狱这个特殊的环境里需要承担很多压力，有自杀的念头并不是什么奇怪的事，你有没有想过怎么去实施？

吴某：我挺羡慕A的，他有勇气真的去做。我不知道自己能不能做到像他那样。

民警：哪样？

吴某：据说上吊以后，吊死鬼托生很难的。

民警：除了上吊，你有其他的想法吗？

吴某：有时会想一头撞死。唉，最多就是想想，我不能死，我惦记孩子。我儿子才8岁，上个月给我来信说小朋友知道他爸爸很厉害所以都不敢欺负他。虽然我管不了孩子什么，但至少孩子知道自己的爸爸在。我要是一走了之，孩子连个撑腰、提气的人都没有了。

民警：你给孩子写回信了吗？

在这次谈话中，民警直接从服刑人员A自杀事件谈起，引导到"死了算了"的话题。当吴某说出这是一种解脱时，如果民警马上就解脱的问题做解释、引导，将会失去确定吴某自杀想法的机会。民警在这里并不急于反驳、教育，而是很坦然地认可这种解脱的想法是人在极端郁闷时的一种常见的想法，转而直入主题——你想过结束自己的生命吗？

在涉及有关致命性的问题时，直接用清楚的措辞如"结束自己的生命""实施自杀""杀死自己""采取自杀行动"等，可以让服刑人员确切地了解民警在谈什么、要谈什么。而民警表现出的坦然、平静的态度传达给服刑人员的是“谈论自杀想法是一件很正常的事情”。这样的坦然、平静可以有效缓解服刑人员的紧张情绪、增加稳定感，让他们愿意讲出心里话。从更长远的改造过程看，这样的谈话可以把服刑人员从自杀边缘拉回来，每当他在自杀想法中无法自拔时，可能会想到曾经和民警谈过这些问题，这些记忆可能就会阻止一起自杀事件发生。

当服刑人员说“有时候会这么想，但没有多想过”时，决不能因为“没有多想过”就认为平安无事。只要想过，就是存在自杀想法。为了减轻服刑人员的顾虑，民警用“并不是什么奇怪的事”让服刑人员感受到民警并不排斥或不敢面对自杀想法，而是可以用很有力的态度正面谈这个问题。在自杀念头“并不是什么奇怪的事”这样的背景下，吴某说自己没有勇气，民警继续问其想法，这是非常必要的。当吴某明确说惦记孩子，出现了明确、有力的自我阻止因素后，后面的干预重点就落脚在强化吴某心目中的这个有效自我阻止因素了。

二、个体干预

对于可能有严重反应的服刑人员，或者已经出现明显反应的服刑人员，需要进行个体干预。有宗教信仰的服刑人员可以在有关规定许可的范围内首先完成相关的仪式，仪式进行的过程一定意义上相当于心理干预过程。

1.收集资料

在进行干预前，需要通过各种渠道全面收集有关资料：

(1)目前的反应(情绪、行为、身体等)。

(2)以往的经历和行为方式(是否经历过类似事件，当时的反应状况，后来恢复的有关因素)。

(3)与自杀者之间的关系。

2.共情性陪伴、倾听

这将伴随在整个过程中。

你并非完全孤独，虽然我没有你那样深的体验和感觉，但我知道，你心里的感觉非常糟糕。

有时候，必须自己去解决一些事情。有时候，问题只能一点点地解决。有时候，回忆会带来痛苦，但痛苦也是生命的标志。

疼痛是身体说“不”的象征，你现在有强烈的痛苦的感觉，那是你的身体在强烈地拒绝。

我们就好比走在通往现实的一座桥上，现在所进行的一切都已经过去很久了，都将成为历史，但我们必须再次重现和重新处理所有让你生活变得沉重的东西。

下面是一段干预过程的谈话实录。

服刑人员孙某目睹了服刑人员A自缢的现场，并参与了解救过程。随后几天，孙某出现了恐惧、不能入睡、不和其他人交流的状况。

民警（坐在孙某旁边）：这里很安全，我和你一起在这里。

孙某：我很害怕，一闭上眼睛就看到A的脸……

民警（平静地）：你能看到他?

孙某：真的太可怕，他的样子太可怕了，我不要这样死掉。

民警（安静地）：慢慢说，我在这里听你说。

孙某：太可怕，我不能睡觉，一闭眼就会看到A，我不敢闭眼睛，我很怕……（哭泣）

民警（慢慢地拿出纸巾，平静地递到孙某的手里，关注地看着他）沉默地陪着孙某。

孙某哭泣了10分钟，情绪慢慢缓和。

民警（稳稳地倒了一杯水）：喝一点儿水吧。

孙某（点点头，接着水，慢慢开始喝起来，喝了约五分钟）：真的很可怕，我还能看到当年我打死邻居的场面，那张脸、好多血……

民警安静地、关注地、认真地听着，孙某看起来非常疲倦。

约15分钟以后。

民警：孙某，先暂时吃一点点药你可以好好睡一觉，好吗？只是一点点，没有关系的。看到你这么难受，我也很难过，先好好睡一觉休息一下，好吗？

孙某点点头。

3.鼓励宣泄

难过、哭泣、流泪很自然，也很正常。

（1）错误的做法。

不要哭、不要伤心。

其实死亡很正常，这是他咎由自取的结果，大家不要伤心，不要再想这件事了，让这件事过去！

错误的干预相当于处理伤口时不清洗就直接覆上纱布并急着包起来。这个过程中，服刑人员感受到的是“我是不应该表达难过、恐惧或思念”。压抑服刑人员的直觉和本性（不要哭）是不对的，这样压抑内心的感觉并不能让这些感觉真的没有了，反而迫使服刑人员用其他方式如躯体疼痛、疾病、行为问题等表达这些感觉。

（2）正确的做法。

难过/恐惧/悲伤很自然，也很正常。

伤口必须经过清洗。只有经过清洗的伤口才不会被感染，才会在一段时间后真正痊愈。有机会诉说、表达内心的情感都是清洗伤口的过程，表达出来了、表达完了，伤口才能慢慢痊愈。无论男性还是女性，宣泄的过程都同样重要。

服刑人员才开口就红了眼眶，用手遮住脸，他显得有些窘迫，偷眼看看民警。

民警（平静）：这件事让你很难过。

服刑人员强忍住眼泪。

民警（平静、稳定）：提起这些事情心里肯定不好受，你知道人的心灵受了伤用什么清洗伤口最好吗？

服刑人员摇头。

民警（淡淡地微笑着）：人体自备的生理盐水——眼泪。

民警（关注地注视、温和的声音）：允许自己哭出来吧。你俩在同一个监舍里住了6年了，朝夕相处，不管做什么你都觉得他还在。他说都没有说就选择了死，你怎么也不能相信。

服刑人员痛哭。

4.促进稳定

（1）对于非常激动、无法安静下来、坐立不安甚至大喊大哭的服刑人员，民警可以先做以下干预：

看着我，看着我的眼睛。（坚定的声音，能够引起服刑人员注意的音量，同时主动用视线接触服刑人员的视线）

大声叫我“某警官”。（多次重复）

大声说出你的名字。（多次重复）

大声说出这是哪里。（多次重复）

如果服刑人员已经平静下来，可以继续上述鼓励宣泄的正确做法；如果经过以上几步，服刑人员的情绪仍旧没有稳定下来，就继续下面的做法。

让服刑人员坐下，手和手不交叉，脚和脚不交叉，可以靠在椅子里。

看着你的周围，说出5个你能看到、同时让你感觉好的东西。（对于老

年服刑人员、思维缓慢迟滞的服刑人员可以数出看到的颜色)

深呼吸3次。

闭上眼睛。

仔细听,说出5个你听到的,同时让你感觉好的声音。

慢慢地深呼吸3次。

体会脚趾在鞋里的感觉,一个脚趾一个脚趾慢慢地体会。

说出让你感觉到的其他身体部位的触觉,如手、后背等。

(2)保险箱练习。帮助服刑人员学习掌控自己的痛苦经历,也可以用这个练习来有意识地排遣内心的痛苦,至少使自己短时间地从压抑的念头里释放出来。在保险箱练习中,民警可以要求服刑人员把创伤性材料锁进一个保险箱,钥匙自己掌握,并由他自己决定是否要打开保险箱、何时打开。

引导语示例:

闭上眼睛,做3次深呼吸。想象你面前放着一个保险箱,或者类似的东西。

现在,仔细看看这个保险箱:它有多大?用什么材料做成的?什么颜色?里面什么样子?仔细关注这个保险箱,门好开吗?开门的时候有没有什么声音?怎么关上门?锁是什么样子的?钥匙是什么样子的?

你试着关一关,感觉一下这个保险箱是不是可靠。如果不可靠,你可以试着对它改造,直到你觉得绝对可靠。比如,材料是否需要换?壁厚是否足够?锁是不是牢固?

现在请你打开你的保险箱,把所有给你带来压力的东西,都装进去……

对于一些不知道怎么装进去的服刑人员,需要帮助服刑人员对心理负担“物质化”,让这些心理负担有一个物质化的形式,然后可以放进保险箱。

想法：想象成写在一张纸上，把纸条封好后放进保险箱。

图像、电影般画面：把图像想象成一张图片、录像带、光盘，可以缩小、去掉颜色等，装进信封再放进保险箱。

声音：想象成磁带，把音量调到最低，倒到开始处，封好放进保险箱。

气味：可以想象把气味装进密封瓶里，封好口，再锁进保险箱。

味觉：将不愿意感受到的味觉变化成某种颜色、形状的物质，尽可能压缩，再放进瓶子里。

锁好保险箱，想想自己会把钥匙藏在哪里。(藏好是为以后的治疗做好铺垫)

把保险箱放好。放保险箱的地方不太近，在力所能及的范围中尽可能远的地方，在任何想去的时候都可以去。原则上所有的地方都是可以的，如送到某个星球，或沉入海底等。保险箱不能放在其他人能找得到的地方。

讨论怎么才能再次找到这个保险箱，比如，可以通过某种魔力或者特殊工具。

接下去的干预工作是帮助服刑人员掌握自我控制、情绪控制的方法。

5.呼吸练习

人总是在呼吸的，以对呼吸过程的关注替代自杀事件带给服刑人员的强烈感受。

(1)呼吸练习一。

引导语示例：

调整一下自己的姿势，让自己最舒服。(可以躺、也可以坐)

如果可以请闭上眼睛。(如果服刑人员坚持不闭上眼睛，可以让他在房间里找一个点，死死地盯住那个点)

你每时每刻都可以主宰正在发生的一切，如果你想确认这一点，可以选择一块肌肉收紧。现在把注意力集中在呼吸上，体会吸气、呼气时空气进入、离开身体的感觉。

注意身体和椅子接触的部位，感受身体被支撑。

感觉脚怎样接触地面，接触的感觉是什么。

体会臀部、背部与椅子接触的感觉。

让注意力随着身体慢慢地从头开始向下移，一直滑到脚尖，留心有没有什么部位的感觉特别好。

从头顶开始，到面部和脑后，到颈部和背部，到肩部，到双臂和双手，再注意背部。

最后，把注意力放在刚才全身感觉最舒服的部位，或者感觉比其他部位都要好的地方。让注意力多停留一会儿，让这种舒服的感觉更清楚些，让它们占用的位置更大一些。

(2)呼吸练习二。

深深地吸气，再来一次。

轻轻闭上眼睛。

有意识地将呼吸中体会到的气引到身体里不舒服的地方。仔细感觉空气在溶解体内的不舒服，一点一点地溶解，每次屏住呼吸都会有一些体内的不舒服被溶解掉。再来一次，屏住呼吸，体会体内那些不舒服在变少。再来一次，很好。

上述这些干预都是帮助服刑人员通过自我调整减少自杀事件带来的影响，往往需要一气呵成，需要 2~3小时，甚至更长，这是对服刑人员进行个体干预的第一步。这一次的干预可以看作是整个干预工作的第一阶段，对受自杀事件影响严重的服刑人员只做一次干预是不够的，在第一阶段干预取得效果的基础上，服刑人员已经稳定下来，就可以开始第二阶段的干预了。第二阶段的干预需要4~6次谈话。干预重点是引导服刑人员关注新的应对方法，进而把视线转向未来。第三阶段要让服刑人员做出对积极改造的承诺。

6.关注新的应对方法

这个阶段干预的重点：

(1)鼓励服刑人员和同犯进行交流。

(2)帮助其和其他服刑人员建立社会支持关系。

(3)要求服刑人员观察、学习他人的应对反应。

(4)寻找、尝试适合自己的应对方法。

比如：

你要和监舍里的每个人说话，问问他们心里的感受，问问他们怎么让自己好过一些的。这是你的作业。

你觉得哪些同犯挺让你佩服的？去问问他们对这件事的看法，还要问问他们怎么尽可能减少这件事对自己影响的。

这个阶段需要给服刑人员留作业，如和其他同犯说话，观察其他同犯应对的方法等。对服刑人员做到的，民警要予以表扬、肯定，以此强化服刑人员继续努力。对于没有做到的，不要批评，批评不仅不会有好的效果，反而可能让服刑人员丧失自我调整的信心。在服刑人员不能完成作业时，民警要和服刑人员一起讨论没有完成的原因，进而做相应的调整。

7.寻找资源

画一棵资源树，分别在枝杈上标出自己有哪些资源：一是看一下哪些人可以给自己帮助，写出他们的名字和能做的帮助；二是自己目前拥有的。民警要鼓励服刑人员尽可能多写，如蓝天、空气、地球。

8.关注未来

发生自杀事件会让同犯觉得死亡和自己的距离那么近，由此引发对生命的思考和讨论是非常必要的，讨论生命的价值和意义。讨论生命的话题对于帮助此时的服刑人员建立起对人生的认识很重要。

(1)鼓励服刑人员把注意力从自己的痛苦感受中转移到对未来美好生活的憧憬上。

(2)引导服刑人员对人生做更深远的思考。

比如：

想一想自己小时候有过哪些愿望?

自己还有哪些想做没有做的事情?

用“我的美好未来……”造句。

你对这个世界有自己的责任,会是什么呢?

9.达成承诺

干预的最后阶段要由服刑人员自主、自愿地对积极改造、珍惜生命做出承诺。这里需要注意的是,民警提出做承诺的要求,由服刑人员自己完成承诺。承诺抄写一式两份,民警和服刑人员各保存一份。

比如：

你现在怎么看服刑人员生活?

每个人都说说自己对以后改造、对生命的态度吧。

如果要你现在对改造、对人生表个决心,你会怎么说?

第二节 相关班组的干预

自杀事件发生后,除了对反应严重的服刑人员进行干预之外,对直接接触自杀现场的服刑人员和日常与自杀者有密切接触的服刑人员也要做干预。他们在自杀事件发生后没有出现非常明显的反应,可以以班组活动的形式进行班组干预。

班组干预就是以团体的形式提供心理支持和帮助，通过在团体内真实的人际互动实现观察、学习、思考、体验、认识自我、提高自我的过程。班组干预所提供的内在调整过程是：在班组中自然地表露，得到来自班组的正性反馈，从而对自己的行为方式做调整。这样的过程正是受到自杀事件影响的服刑人员最需要的。

对服刑人员进行团体干预的最大优点在于可以在短时间内完成对犯群的干预，每次辅导只需要几名民警就可以进行数十人到上百人的干预，时间成本低。更重要的是，在真实互动中的感受和体验可以非常好地与日常生活、劳动相结合，是一种近年来应用越来越广泛的心理干预方式。

需要特别注意的是，进行过个体干预的服刑人员不参加班组干预，以免其承受不了在班组活动中出现的精神压力，进而对班组活动的其他服刑人员产生不良影响。

一、有关设置

人数：每组以8~15人为宜。

场地：室内安静，不会有其他声音或活动干扰。

位置：所有参与人员围成一个封闭的圆就座。

二、班组干预要点

1.保持稳定、安全的班组氛围

民警在带领班组活动时，把控班组气氛是活动进行下去的前提。要求民警能做到以下几点：

（1）专注于当场的服刑人员以及出现的互动。

(2)尝试让自己设身处地了解服刑人员的观点。

(3)言语、非言语行为的共情表达。比如,可以说“发生了这样的事情,每个人的内心都不平静”。用自己的身体表达很希望听、很愿意为班组成员做些什么。

2.多问无法用“是”或“否”直接作答的问题

比如:

多告诉我一些关于……

你会怎么做?

我希望你说一些……

3.少说多听

(1)不要随意打断服刑人员说话,给予足够的时间,让他们自由地表达、在说话时感到自在。

(2)专注服刑人员流露出的言语和非语言行为的信息,如眼神、音调和肢体动作等。

(3)对说话的人表现出你想要听他说话,如注视、前倾,避免看着门、看表,或身体出现小动作,表现出不耐烦的样子。

三、干预过程

下面介绍的是目前在美国实施多年且颇具成效的“危机事件压力管理”(Critical Incident Stress Management, C.I.S.M.)模式,在我国香港特别行政区和我国台湾地区把它称为严重事件晤谈法。它并不是一种心理干预,而是一种心理支持。活动通过公开讨论内心的真实体验和感受,实现帮助当事人削减来自危机事件的创伤体验,并在集体中获得心理支持,对自己的心理、情绪等方面进行重建的目的。

C.I.S.M.的实施步骤基本上可分为七个阶段,针对服刑人员可把它简

化成五个步骤:

1.第一步:明确活动目的

由民警向服刑人员明确活动的目的,可以采用类似这样的引导语:

某月某日发生了一起自杀事件,这个事情对于大家的内心会有这样、那样的影响,包括我们民警。为了大家今后可以全身心改造,争取早日出狱,今天咱们敞开心扉谈谈这起自杀事件。

2.第二步:讲述事实

这个阶段的任务是澄清事实、还原过程,说明在这次事件中发生什么事情。让事实情况通过在场服刑人员的讲述变得更清楚,这样将提供服刑人员对自杀事件的再造,表现出事件真实的一面。让事件情况非常清楚,能够很有效地缓解服刑人员的焦虑。

要点:

(1)让成员建立安全感,能很自在地说话。

(2)所有人都说出自己接触到的事件过程。

(3)互相提问。

民警通常可以询问:在事件发生过程中看见什么?听到什么?闻到什么?做些什么?

引导语示例:

现在我要请大家回顾当天的情形,你是怎么知道这个消息的?后来看到什么?听到什么?

大家都从不同角度接触到了这个事件,现在每个人都把自己看到的、听到的、参与的等有关内容说出来。

现在咱们一起把事情的过程整理一下,大家都说说当时自己是怎么知道的,后来又发生了些什么,无论是看到的还是听到的,或者自己想到的、感觉到的都好。

注意：

民警要关注每个人讲的内容，引导每个人发言，特别是彼此间不同的地方。假如某个服刑人员无法具体表达，就需要了解其感受，然后可以继续下面的讲述。

重点是引导叙述过程，不追问细节。

比如：

服刑人员：我去厕所，猛地就看见了。

民警：看见什么？

服刑人员：他在上面。

民警：能说详细些吗？

服刑人员：他吊在上面那根横管上。

不再追问：他怎么吊着，他的脸什么样子等细节。

在第一次干预过程中，讲述事实阶段通常会出现情绪反应，还有些人会哽咽、落泪甚至失声哭泣，民警要保持温和、平静、镇定，接纳、认可服刑人员的反应，让服刑人员也能够彼此接纳、自我接纳这些情绪反应，进而可以用平常心来看待整个事件。必要时，可以带领全体班组成员一起做前面介绍的呼吸练习。

面对服刑人员现场情绪反应时，民警做到共情的同时保持理性反应。

引导语示例：

昨天还跟你有说有笑的人，今天竟然过世了，你会觉得不可思议，好像这一切不是真的。

你和他在一起这么多年了，所以才会这么悲痛，心里这么难过。

这个阶段也需要鼓励宣泄，具体做法参见本章第一节个体干预部分。

3.第三步：面对自己

在这个阶段中，民警要带领服刑人员从一般陈述、提供事实阶段过渡到促进相互间表达更多想法、感受阶段。说出自己的感受（当场、现在与事后的感受），包括事件后体验到的任何生理的、情绪的、认知的或行为的感受，能够让服刑人员体会到自己的反应原来是普通的、正常的、普遍的、可理解的行为，会有效缓解其心理压力。

（1）每个人都谈谈在事件中的情感、行为和身体的感受以及这些反应对自己造成的影响。

引导语示例：

大家回顾一下，这个意外给你的冲击和感受是什么？你有没有出现什么明显的不舒服？比如，有一些人碰到这种事常常会有些画面历历在目，或声音、气味挥之不去，或是吃不好、睡不着、做噩梦，还有的会不想讲话、爱发脾气等，大家都说说自己有没有类似的一些现象？

假如你可以将一件事从这个事件中删除，会是哪一件事？

从这件事情发生到现在为止，一直持续困扰你的感受或行为有哪些？

（2）在反应、症状都表达出来以后，民警对服刑人员出现的反应予以正常化，也就是民警要以肯定、支持的口吻说明：服刑人员所出现的这些都是正常反应，并再补充一些或许尚未表达出来的征兆与症状。

引导语示例：

听你这么说才知道你在怪自己没有注意到他的异样，就跟前面两位一样，觉得自己对他的不幸多少要负些责任。遇到这种事，很多人会有自责的感觉，觉得是自己的错，甚至会有强烈的罪恶感。这些都是人之常情。

你刚刚好像很气愤，这种气愤是一种很有代表性的反应。发生这种意外，很多人都会觉得气愤，会怪老天爷。

就像刚才某某提到的，会害怕他会不会“又回来了”，或者会梦见他，晚上不敢睡觉。民间发生这种意外之后常传出一些鬼神故事，搞得草木皆兵，其实是境由心生。

（3）民警讲解服刑人员在事件后反应的原因。

引导语示例：

人在面对突然发生的负性事件时，会产生一系列的反应。比如，心里觉得惊讶、恐惧、痛苦等，也许是冒出来很多种情绪纠结在一起，可能是一想到这件事就心跳加快又忍不住要去想，也可能是睡不着、做噩梦，还可能是身体不舒服。（民警讲的时候只要围绕前面服刑人员发言提到的问题就好，没有提到在这里予以忽略）在这种情况下大家要能够识别这些状况，知道这些感受都是这个事情造成的。

（4）每个人都谈谈自己的内心感受，包括自己对该事件最初和最痛苦的想法。常常从"第一个想法是什么"谈起。

引导语示例：

大家都说说自己当时的第一个反应，心里闪过的第一个想法。

当时你最强烈的感觉是什么？

这件事带给你的最难受的感觉是什么？

（5）民警引导班组成员表达支持、鼓励、安慰、陪伴等。

引导语示例：

大家听他这么说，想对他说些什么吗？（在某位服刑人员表达了痛苦后，民警要激发彼此间表达支持、陪伴等）

他（刚发言的某服刑人员）很难受，谁愿意对他说些什么或者做些什么？

大家都感觉到这样或那样的影响，不能这样下去，大家有什么建议？

4.第四步：提供支持

在这个阶段，或许服刑人员会希望形成一个行动计划。比如，他们或许希望制定一个预防课程，决定他们应该做些什么可以更好地面对这个事件。

服刑人员的决定民警应给予充分的支持，并持续提供指导。

(1)讨论应对方法。

每个人都说说有什么方法能让自己感觉好一些。

别人说的方法对你有什么帮助吗？

(2)总结回顾有帮助的方法。

刚才大家谈到了一些方法，其中比较一致的是：……

下面是一些可以介绍给服刑人员使用的方法：

①改善睡眠。

• 每天傍晚做适当运动。

• 如果半小时无法入睡，起床做十分钟俯卧撑后再回到床上。

• 进行呼吸训练。

• 进行渐进式肌肉放松训练。

• 必要时找医生提供适当的辅助睡眠的药物。

②应付噩梦。

• 在床边准备纸和笔记录梦境，在下次活动时针对梦的内容在组内进行讨论。

• 在噩梦醒来以后，用冷水洗脸以缓解情绪。

• 进行呼吸训练。

• 进行渐进式肌肉放松训练。

③应对闪回(不自觉地回忆事发现场的情景)。

• 告诉自己出现闪回是经历这个事件后的人类常见反应。

• 发生闪回时把注意力转移到周围环境的某件物体上，观察并描述该物体的颜色、形状、大小和质地等，描述越详细越好。

• 发生闪回时把拇指和中指相互用力挤压，在心里背诗、唱歌。

• 进行呼吸训练。

• 进行渐进式肌肉放松训练。

④应对恐惧。

• 告诉自己这样的事件后出现恐惧感是正常反应。

• 和其他人交谈，倾诉自己的感受。

• 进行呼吸训练。

• 进行渐进式肌肉放松训练。

• 想想自己减轻恐惧感的方法。

（3）每个人叙述自己会采用的、让自己感觉好些的方法。

5.第五步：安排实施

（1）促进实施。

从今天起你该怎么做？

如果做到了，你会怎么奖励自己？

如果没有做到，你会怎么惩罚自己？

大家可以怎样进行彼此监督？

（2）促进彼此支持。

以后你愿意为其他人做些什么？

你觉得其他人为你做什么对你来说非常重要？

在以后的改造生活中，大家会怎么表示彼此间的相互支持？

（3）做出承诺。

常用的形式有：现场表态、签字、宣誓等。

我会使用让自己感觉好的方法，我感谢身边的朋友，我也会用行动帮助其他人，我会珍惜生命努力改造！

在以上班组活动后，若发现服刑人员仍然表现出行为失控、精神涣散或没有原因的生理病痛等，需要尽快请精神科医生做诊断、治疗。

第二次活动可以在第一次活动后的3~5天内进行，以后的各次活动分别间隔5~7天即可。可以分别安排情绪管理主题、应对挫折主题、展望未来主题，每个主题分别在2~3次活动时间内完成。

第三节 做好服刑人员亲属的工作

服刑人员特别是青壮年服刑人员自杀，亲属在毫无心理准备的情况下往往难以接受。亲属情绪激动，再加上自身法制观念淡薄、家族强悍易纠合，且带着索要巨额赔偿的真实目的，以维权为借口，屡屡发生亲属不讲法律程序、对自杀事件借题发挥的事件。

例如：

某监狱服刑人员廖某自杀死亡后，亲属10余人情绪激动，拒绝听取关于事件的介绍，并不顾劝阻闯进机关办公室，摔砸办公用品，撕扯办公室人员衣服。在看过尸体后，借口死因不明再次到办公大楼大吵大闹、摔砸东西，并打电话继续召集人员。

看守所在押人员李某自杀死亡后，亲属在看守所门前设置灵堂，砸毁所内门窗玻璃，雇用20余名无业游民打着巨型横幅，堵住看守所大门静坐。

这些事件不仅给监狱造成经济损失，影响监狱的正常工作秩序，更对监狱的社会声誉和形象造成恶劣影响。因此，在服刑人员自杀事件处理工作中，监狱领导、有关民警需要耗费相当大的力量做好亲属的工作。

一、自杀服刑人员亲属的心理状态

自杀死亡带给亲属的冲击远高于病故，自杀者的亲属会有许多典型的心理状态，他们做出的许多不理智的行为都和这些心态直接相关。掌握自杀者亲属的心态对于做好亲属工作非常有帮助。关系密切的亲属与服刑人员之间一般有很强的情感关系，无论是爱还是恨，在猝不及防出现服刑人员自杀死亡时，他们的内心会产生很多复杂的情感，如沮丧、悔恨、郁闷、绝望等。这些复杂情感会在得到消息后的一段时间内一直压迫着他们，并引发若干反应。这些反应的强弱程度由他们和自杀者关系的亲疏和相处时间长短、联系紧密程度决定。亲属的很多行为都是出自其内在的心理需要。

1.否认事实

一般情况下，大部分人在听到自杀消息后都不能立刻相信，很多人会说“这不会是真的吧？”“怎么可能？”正是在这种否认事实的心理驱动下，亲属才会迫不及待地寻找其他的可能以证明“他不会自杀”，急切地推理是不是发生了什么隐情？是不是民警、监狱管理造成的？和自杀事实相比，亲属更愿意纠缠在这些“是不是”的猜测里，因为亲属的内心不能接受亲人自杀死亡，而更愿意相信是发生了意外死亡，是身不由己的死亡。在这样的心理背景下，亲属就要千方百计地寻找可以帮助自己否认事实的证据，甚至不需要事实只凭感觉就认定是监狱管理的问题。这些行为是为了满足亲属否认自杀事实的心理需要。

例如：

服刑人员钱某自杀后，在讲有关事情经过时，其妻问：“他晚上吃的什么饭？”民警解释说正常伙食，大家一起吃的饭。其妻继续追问：“他吃了多少？”民警一时语塞。钱某亲属就立刻认定：钱某的胃不好，吃得不合适了就会犯病，肯定是钱某发病了没有救治造成死亡。

2.自责内疚

亲属如果和自杀服刑人员关系密切，内心会有强烈的自责感，会把自杀归因到自己身上，会觉得自己很对不起死者。

如果我……他也不至于入狱，又怎么会走到现在这一步呢？

这些年他在里面不一定受了多少罪，我什么都没能为他做。

他死可能就是我刺激他了。

我要是能早点儿看出来就不会发生了。

我要是多看他几次就好了。

在这样的心态下，为了减轻自己内心的自责，亲属就可能要用某些行为来为死者做些什么。比如，用强硬的态度讨说法——亲属会因为自己在为死者争取利益而减轻自责感；再如，制造对监狱不利的影响——亲属会认为自己替死者出气了、报复了而减轻自责感。

3.愤怒感

很多人对于自杀者都有强烈的愤怒感，服刑人员在没有跟家人做任何交流、商定的情况下选择了死亡，这样的选择没有给家人留下任何挽回的余地。服刑人员曾经的犯罪行为在给被害人造成痛苦的同时，也给自己的家庭带来了沉重的打击，一些服刑人员在服刑前是家庭的经济收入的主要来源，尽管暂时中止，但亲属还有一份期待。一旦服刑人员死亡，亲属就断送了希望。于是常有亲属说这样的话：

凭什么你就全都扔下不管了？

你太自私了！

你死了，我怎么办？

你还没有对我尽过义务呢！

你只顾自己解脱了！

这些愤怒原本是冲着自杀者的，但没有可能向自杀者发泄了，就会转向为对外界或对自己。转向对自己的，就演变成了自责；转向对外界的，就演变成了他罚。他罚不仅能够宣泄愤怒感，还会非常有效地降低亲属的自责感。于是，我们看到亲属在监狱机关里大喊大叫、大哭大闹，甚至是打、砸、摔。这既是亲属内心的愤怒转向监狱、民警的他罚过程，也是情绪宣泄的过程。在这样的过程中，亲属的内心会感觉到轻松，而这种轻松感使他们更愿意做出类似的事情。

4.追究原因

社会心理学研究发现：人类总是在努力地使自己面对的世界合乎情理，总是无休止地分析、讨论事情为什么会发生，特别是在经历一些消极事件或者预料之外的事件时。美国社会心理学家弗里茨·海德研究认为，人们总是试图将个体的行为或者归因为内部原因（如性格），或者归因为外部原因（如环境）。这些研究帮助我们了解自杀者亲属为什么会千方百计追究除了自杀以外的其他原因。自杀者亲属会更多地从外部追究原因，找到外界环境原因能够有效缓解他们内心的自责、愤怒等情绪。

二、事发后前期工作

1.资料全面严谨

监狱在向服刑人员亲属介绍情况时，能够做到全面准确、有理有据、入情入理，用全面、严谨的资料说明事实，才有利于取得服刑人员亲属的认同，减少因资料不完整、事实说明不够完整带来的麻烦。

除了现有的常规档案之外，以下资料对于亲属了解事情的完整经过也很重要：

（1）日常劳动、生活记录。

（2）民警谈话记录。

（3）来往信件、会见及亲情电话记录。

（4）此前进行的医疗检查与治疗。

（5）遗体上各种痕迹的科学、合理的解释。

（6）遗物。

2.及时处理

及时全面保护现场、及时通知检察院主动接受检察官的检查、及时完成《服刑人员死亡鉴定表》、及时告知上级机关以获得后期工作的指导和支持，这些都是后事处理工作的基础。除此之外，告知全体民警事实并要求规范着装、不在公开场合(如电梯、路上等)谈论此事也非常重要。

在完成这些工作的同时，还涉及按法律程序及时告知服刑人员亲属。向亲属通知死讯是一件艰难的工作。从通知亲属开始，就自杀事件与亲属接触的工作拉开帷幕。

告知自杀亲属的要点：

(1)即便是电话通知，穿警服、佩戴徽章有利于形成公事公办的感觉，对于保护民警的内心是很有必要的。

(2)用暗示、逐步告知的方式给亲属做心理准备的时间和过程。

(3)用准确、严谨的措辞，平静、清楚地直接陈述事情的梗概，并表达民警内心的难过。

(4)在亲属说话、提问题时，绝不打断。

(5)对于亲属的问题，做清楚的回答或让对方能够理解的解释。

(6)讲清来监狱的路线、联系民警的方式等细节，表达关切。

(7)大概说明监狱的处理惯例，明确只请2~3位亲属到监狱。

3.控制大局

(1)接待亲属、协商沟通的民警保持人员固定，便于建立起相对稳定的、良好的关系。

(2)在没有达成共识之前，确保服刑人员遗体不被拍照、摄像，更不会被抢走。

(3)接待亲属的过程全程摄像，特别是在自杀者亲属出现摔砸办公用品，撕扯办公室工作人员衣服的违法行为和对现场进行摄像、拍照时，监狱保留事实证据的同时形成有效威慑。

三、谈判的艺术

在与服刑人员亲属接触中，泾渭分明的两面性常让民警难于把握。首先，必须执法公正维护司法权威。公正执法是对监狱机关最起码的要求，监狱是刑罚执行机关，必须按法律办事。其次，在坚持原则的前提下，充分考虑亲属的心理感受，本着人道主义原则予以人文关怀。

1.建立良好的谈判氛围

虽然处理后事不是一件愉快的事情，但完全没必要在紧张、对立的气氛中进行谈判，合作的、真诚的、友好的气氛是促进谈判顺利进行的积极要素。

只和 2~3名亲属代表协商解决问题，不和无关人员做正面接触。尽可能避免与带着不良目的前来的无关人员直接接触。

（1）监狱谈判代表的非言语行为。

①身体姿态大方、坦然，表情自然友好，视线随时主动与服刑人员亲属接触。

②握手时坚定有力，目光直接接触。

③谈话过程中没有任何小动作。

④对事不对人。

谈判的目标是妥善解决问题，而不是改变自杀服刑人员亲属的立场，因此，不使对方出现敌对情绪很重要。比如，对服刑人员亲属提出的问题，做到有问必答、有理有据、实事求是、口径一致。对方说话时绝不打断，采用直角式位置，并用身体表达自己愿意听，尽可能多地让对方说话。

（2）控制情绪。

服刑人员亲属很有可能出现消极情绪表现，无论是由服刑人员自杀引发的心理过程，还是知道提的条件无法实现产生的失落感，又或是自身素质有限等诸多因素都有可能使服刑人员亲属当场表达甚至是很强烈的表达负性情绪，如大喊大叫、哭闹、摔东西。这种情况其实表明对方内心的软弱无力，越是这种情况，谈判代表越要控制住自己的情绪，不急不躁、克制自己不打断、不反击，等待对方一吐为快，越是稳定、厚重的姿态越容易处理。对于过分的、持续时间过长的消极情绪表达，可以请监狱主要谈判代表先行离开，留下的谈判代表明确地告诉服刑人员亲属监狱尊重他们的情绪表达，留下的人员会陪伴他们，等他们情绪稳定了、愿意谈问题了，会继续谈下去。

2.不急于进入实质性谈判

无论是建立融洽的谈判气氛，还是把握谈判主动权，都需要时间和过程，一开始就直入主题非常不利。下面几种开场方式都可以借鉴：

（1）前期做好准备工作，比如，怎么称呼来谈判的亲属，一见面用亲切的态度打招呼，从关心身体、吃住开始做交流，表达出真诚的关心。

（2）介绍监狱参加谈判的人员，从职位、经历等一一做介绍，谈判代表一一和服刑人员亲属做简单的交流。这样做一方面让彼此认识，减少陌生人之间的局促；另一方面可以增加监狱的权威性和诚意。

（3）从细节开始。包括自杀服刑人员同犯对其的怀念，责任民警和监狱在监管过程中抢救和处理这件事过程中所作的细节。

（4）从了解对方家乡情况开始。从询问对方来的交通、当地的情况开始，引导对方先说出自己的想法。

3.从对方有尊严有面子的角度说事情，有意识地保护对方的自尊

个体在对待不同意见特别是觉察到自己被批评、被侵犯时，常常会固执己见甚至蛮不讲理、意气用事。个体出现这样的态度并不是因为要处理的事情，也不是简单的有关处理意见的分歧，而是个体要通过不惜一切代价捍卫自己的意见来确保自己的自尊不受威胁。人们在遇到不同的意见，在感受到自尊被威胁时，常常会用“讲理”来表达自己的愤怒。这样的讲理其实就是找出一大堆继续坚持自己已有观点的“证据”，对于问题的解决没有任何意义。

当我们的目标就是说服时，必须小心地不伤及对方的自尊，用动之以情的方法使对方感受到被理解，对亲属代表的合理要求，可以尽量满足。对亲属代表的不合理要求应予耐心解释，急话缓说，用给予对方尊严的方式赢得亲属的理解与支持。

不可以这样说：

你们的要求太过分了。

你们说的这些都不可能。

你们家就是借机敲诈监狱。

可以这样说：

请详细说说你们的想法。

家里的这个成员已经让你们费尽了心，这几年总算踏实些了，他又自杀了，你们也很希望能稳妥地处理后事吧。

发生了这样的事情大家都很难过，我们很愿意尽力所能及之力来帮助你们。

4.先取得赞同反应

在心理学中把“先取得赞同反应”的做法称为“先跟后带”，就是先找到与对方的某一共同点，从而让对方出现赞同反应，跟随之后，再表达自己不同的想法。

谈话时要从能够获得对方赞同反应的内容开始，由此便为对方设下认同的心理过程。将对方的心理发展方向向这个赞同的方向推动并不容易，但一旦推动了，后面的发展就会容易。当一个人说出“不行”时，其实是其内心经过一系列的思考，并做出决定。在个体做出拒绝表达时，常常可以看到在身体上出现远离、隔绝的倾向，也许只是身体向后靠，或者双臂环抱在胸前，或者在自己面前放一个烟灰缸来阻隔自己和谈话对方等，这些肌肉反应表明个体的整个心理系统都做好了对抗准备。相反，当一个人由衷地说“行”的时候，同样经历了内心的一系列反应，无论是身体还是心理都不是远离或者抗拒的，而是接纳、敞开的。所以，在谈话开始时获得赞同反应对于后面妥善处理自杀者后事非常关键。

从对方的角度说起，表达对亲属的理解、安慰，再谈监狱方面的想法。找到一致点，先表达一致。比如，在提到服刑人员时使用其姓名，亲属听到名字会比听到“服刑人员”时内心的对抗小很多。这也在表达我们和亲属一致的态度。

陈某（自杀服刑人员的名字）的队长很难过，他说出事前一天和陈某在车间谈劳动、谈学习，说到冬天了要及时加衣服，陈某还嘱咐队长值夜班时要多穿点儿。陈某同屋的几个人这几天都吃不下饭，他们说每天和陈某一起吃饭，习惯了大家互相关照，一下子少了一个人吃不下。队长、同屋和陈某朝夕相处这几年都这么难过，作为他的亲人，你们心里的难过可想而知。

5.小幅度让步

在谈判中，哪一方先做大幅度让步哪一方注定会失败。无论监狱多么有道理、多么合理，一旦主动做大幅度让步，就会让服刑人员亲属对自己更具信心，从内心立刻改变对监狱的看法，而且很有可能期望后面会有更多、更大的让步。因此，不在谈判开始时做让步，尽力以监狱为自杀者做过的若干事情来封锁住对方的要求，详细地讲民警和服刑人员的谈话过程，从谈话前的准备、思考，到具体的谈话安排；从民警为了教育好这名服刑人员做的一切工作说起，到监狱有针对性的制度。细节是最有说服力的。

仍以陈某为例，用这样的方式坚持监狱的利益：

陈某的责任民警是张警官。从接管这部分工作开始，张警官按照监狱的规定每周和服刑人员谈话，时间不够用就常常用下班后的时间。张警官总是说该谈的话没有谈到，就是回家也不踏实。这些是张警官的谈话记录表。对于陈某，张警官特意安排了几个阶段的谈话：第一个阶段是关心生活，陈某刚分到监区怕他不适应，所以张警官非常关心他的生活，睡得好不好、和同犯之间相处得好不好；第二个阶段是关心心理，在陈某稳定下来以后，张警官特别关注他的情绪变化，希望能够帮助他调整心理状态，多看多想积极的。在此期间，张警官一共和陈某谈话×次。监区长、教导员也都很关心陈某。

有些时候让步是必需的，但即便需要让步，也要在让步的同时保持谈判中的主动权。就是在让步的同时要向服刑人员亲属详细说明让步的原因，让他们很清楚地知道让步并不是因为立场变化。

6.注意细节

细节决定成败，在与服刑人员亲属的谈判过程中也是同样的。

例如：

第一种说法：监狱谈判民警对服刑人员亲属说："如果我们只同意……你们能接受吗？"

第二种说法：监狱谈判民警对服刑人员亲属说："你们的意思是希望监狱能够给予你们……大家都希望能很好地处理这些事情，能够开诚布公地把想法都谈出来就是彼此真诚相对的态度，监狱能够做的是……"

这两种说法看起来只是表达方式上的不同，但在实际谈判过程中起到的效果却大相径庭：第一种说法用假设的口气征求对方的意见，特别是用"只"这样的措辞，显示出这些条件是说话人自己都觉得不足够的；第二种表达方式就在强调一致性的前提下表达出清楚的态度。

7.说服的技巧

(1)不讲大道理,朴实的语言比大道理更容易说服人。

(2)研究服刑人员亲属的特点、心理需求,按对方习惯的方式、能够接受的方式进行说服。

(3)积极寻找双方的共同点,不断强调双方立场、期望是一致的,淡化差异。

(4)强调彼此的合作、达成共同期望的现实性。

(5)不只停留在自己的理由中。

(6)保护对方的自尊心。

(7)明确提出结论,不要让服刑人员亲属有揣摩、加工的可能。

(8)不要希望速战速决,谈判需要过程。

第四节 民警的自我调整

发生了自杀事件后,在民警眼里曾经熟悉的监管对象似乎有些陌生,有些让人恐惧,也许还会有些让人怜悯。无论服刑人员处于怎样的状态,甚至来不及顾及民警的内心经历着什么、遭遇着什么,监狱民警都必须要一刻不停地继续完成监管任务,用智慧、用人格力量、用心理学的方法去影响并干预服刑人员。在这个过程中,民警自身的状况总是被理想地认为完全可以胜任工作。

有关心理创伤的研究认为,在一起伤害性事件中,会有严重程度逐渐减弱的三类受害者:

一级受害者是指亲历了创伤事件的个体,主要指自杀的服刑人员。

二级受害者是指目击创伤事件或创伤事件中的帮助者，主要有目击现场的民警、参加急救的民警和医护工作者、参与解救的服刑人员等。

三级受害者是指遭受创伤事件非直接影响的个体，主要包括虽然没有目击自杀现场但与自杀者密切接触的同犯、自杀者遗属，还有自杀事件关联到的民警、与被关联民警关系密切的民警等。

前面谈过了对于自杀未遂的服刑人员、同犯、亲属这些监狱工作对象的干预。在自杀事件发生后，有很多民警的内心经历着剧烈的跌宕起伏，但他们常常完全忽略自己的感受，夜以继日地加班甚至要承担比平时更加繁重的工作：照看自杀未遂者，处理善后事宜，完成若干文字报告，配合检察院工作，高度关注犯群的情况、对犯群做相应的干预，等等。以工作第一、对工作负责的精神，让民警把自己的不良感受全部压抑掉，民警只看到还有那么工作要完成，而没有觉察到在犯群中出现的那些身心症状自己也可能有，在对自己造成身心伤害的同时减弱了监狱的战斗力。因此，民警需要懂得怎样调整自己、怎样保护自己。

一、自杀事件发生后民警的状态

1.身心状况

经历了自己监管的服刑人员自杀之后，民警可能出现以下反应：

（1）对自己经历的一切感到麻木与困惑。

（2）认为自己没有能够及时发现、及时制止这起自杀事件，觉得自己可以做得更好、做得更多而产生罪责感，怀疑自己是否有足够的工作能力而产生自责感。

（3）因心力交瘁、筋疲力尽而觉得愤怒，比如，对同事、家人、政府官员、媒体感到愤怒，甚至出现暴躁易怒的情形。

（4）由于身心极度疲劳，休息与睡眠不足，产生生理上的不适感，如头晕头痛、吃不下睡不着、紧张无法放松等。

(5)对于接受其他人的帮助、问候感到尴尬、难堪。

除此之外,民警还有可能出现的反应包括:否认、无法控制的回想、抑郁、注意力集中困难、焦虑、身体疼痛、异常敏感、饮食睡眠困难、疲劳、情绪暴躁等。前面提到服刑人员可能出现的身心症状,民警同样有可能出现。当这些症状没有被及时处理而是被搁置、被压抑时,它们不会消失而会用其他形式或以更剧烈的程度出现。

2.情感表达冲突

自杀事件发生会引发民警强烈的内心冲突,会普遍出现无助感和恐惧感。作为监狱民警已经非常用心用力地完成监管工作,在执行有关的监管条例的同时对服刑人员做了很多工作,包括自杀的服刑人员在内。但事情还是发生了,于是内心会不自觉地怀疑自己的能力,甚至怀疑监狱的监管制度、怀疑国家机器是否真的能够起作用。同时,内心又对不可控的事件是否还会发生、自己的将来会怎么样、问责制度的追究会怎么样等充满了无助、无奈和恐惧,而犯群中出现的各种自杀后身心反应又会加重民警内心的这些负性感受。

真正的麻烦并不是民警出现常见的心理反应,而是在发生自杀事件后,民警要帮助有关同犯平稳度过危机期。在整个干预工作中都要求民警处于平静、冷静、稳定的情绪状态中,民警必须控制住自己的情绪,坚决不因为自己的情绪影响到对服刑人员的干预工作。这样的控制让民警和自己的情感隔离开,无论自己内心经历着怎样的波涛汹涌都不去感受、不去关注、不去理会。但在帮助、鼓励服刑人员表达、宣泄掉压抑着的情感时,又需要民警能够深刻地体会服刑人员、亲属的内心,能够带领他们释放出内心的感受。于是,民警要压抑着自己内心的全部负性感受,一方面对服刑人员感同身受,对其内心进行调整、干预;另一方面要用自己的人格力量表现出足够的严肃、坚定、稳定。这样强烈的情感表达冲突急需及时、恰当的调整才不会对民警的身心造成严重的损伤。

3.作息时间混乱

为保证监管工作，民警长期倒班、值夜班、加班，特别是遇到突发事件时。不规律的作息严重危害民警的身心健康。虽然民警也有休息的时间，但由于必须交往的人如家人都是白天活动、晚上睡觉，民警为了适应自己的家庭生活、婚姻生活常常不能保证在休息的时间里有足够的睡眠。因此，混乱的作息、睡眠不足的状况成为严重影响民警的因素。

4.安全感不足

在各种狱内突发事件中，首先感到没有安全感的是民警，会普遍产生严重的焦虑。在严密监管措施下仍旧出现的自杀事件会给民警造成极强的挫败感、无助感，可能随之而来的问责制度的追究又会在其内心引发强烈的恐慌感，犯群中出现的种种不良反应有可能是民警没有遇到过的、不知能否驾驭的……民警就这样承担着若干的复杂内心感受。

另外，由于自杀事件的发生和处理过程中遇到的形形色色的问题，民警很多在以往生活经历中没有彻底康复的心灵伤口有可能会重新被撕裂，从而加重民警的情绪、心理反应。

5.女警的艰辛

女警在监狱监管工作中肩负着和男民警一样的工作。女警以自己的优势——耐心、细腻、语言丰富、善解人意等——在监管工作中完成得像男警一样出色。但由于生理结构的区别，女性的身体没有男性强壮；在文化传统的评价中，女性的威严感以及管理能力、应对突发事件的能力都没有男性高。这些综合因素造成了部分社会经验异常丰富的，或彪悍的，或无礼的女服刑人员常常用消极的态度对待女警。因此，女警在形成自己的威严、保证落实监管制度中必然要多付出很多的心力。

另外，社会文化格外要求女性承担操持家务、照顾孩子的责任。由于值夜班、加班等原因疏于对家庭特别是孩子的照顾常常会给女警的内心带来困扰，这种困扰远超过同样情形下对男警的困扰。同时，家庭、配偶也往往对女警的要求都远高于做同样工作的男警。于是，女警会更多地牺牲睡眠、休息时间操持家务、陪伴家人、照顾孩子，这无疑会增加女警的身心负荷。

同时，女警还有一些女性普遍存在的心理特点：比男性更注重感受层面，容易出现感受先于思维，甚至感受抑制、控制思维的情况；比男性更多愁善感，容易停留在负性情绪中；在团队中比男性更容易彼此依赖，内心更渴望得到帮助和安慰。

在这样的背景下，出现自杀等突发事件后，由于作息时间不规律、倒班造成的时差影响和睡眠不足现象对女警身心的损害更为严重，女性细腻的情感遭遇到的表达冲突在处理有关事件中表现得更为明显。

在出现自杀事件后，女性服刑人员一般要比男性服刑人员更注重自己的身心变化，更倾向于向外界表达。这种情形不仅会加重女警做相应干预的工作量，而且也让女警更多地停留、沉浸在自杀事件对人心灵产生的负面影响中，这些都会对女警形成更为严重的压力。

二、民警自我调整的前提

必要的自我调整可以帮助民警提高休息的效率，从而保证以良好的状态投入工作中。

自我调整有以下前提：

1.意识

很多民警会认为自己没有什么大问题，完全可以不必调整，但如果现在不花一点儿时间和精力来照顾自己，确保自己处于良好的运转状态，一旦出现身心问题时就需要付出数倍的时间、身心的痛苦，甚至不得不以离开工作岗位为代价。所以，为了更好地工作必须树立一种意识：将自我调整变成自己生活的一部分。

2.时间

任何事情都需要时间，自我调整也一样。人们常用“磨刀不误砍柴工”来形容自我调整的过程。用于身心调整的时间不必拘泥，一般分成两种：一种是专门的时间，保证每天有15~20分钟专门用于自我身心调整的时间，特别是在自杀事件等突发事件出现时，这个时间是不被打扰的，没有突然响起的电话铃声、敲门声、说话声等。另一种是零散的时间，专注于自身3~5分钟就可以。经常做，变成一种习惯。

3.选择

下面将提供若干种自我调整的方法，没有必要同时练习所有的方法。这些方法中的任何一种都是经过实证性研究的，是有切实效果的，是可以信任的，但又必须明白没有任何一种方法能够让所有人同样程度受益。因此，每一种方法都值得去尝试。我们无法比较哪种方法好，哪种方法不好，但务必要感受和体会哪一种方法会带来最好的感觉，并以自己感受为依据做出选择——只有适合自己的才是最好的。

三、民警自我心理调整方法

1.懂得必要的自我保护

在自杀等危机事件发生后，民警会出现身心耗竭现象。为保证继续做好服刑人员的监管，在处理后续事件、做同犯心理干预的过程中，民警需要能够对自己的心理做必要的自我保护。

原则：保护自己的视听等多个感觉通道免受或少受创伤的侵扰。

做法：可以不看的不要去看，可以不听的不要去听；避免不必要的伤害；保证必要的休息；在工作中要能够向自己的团队寻求情感支持。

2.必要的琐事

（1）关心自己的身心状况，接受自己内在的感觉，肯定自己有这些心理反应，如罪恶感、悲伤、忧郁等都是正常的。

（2）做自己喜欢的运动，吃得好一些。

（3）试着把自己的不良感觉找个信任的人说说，同时要有心理准备：自己信任的人很可能会表现出不愿意听，无论是家人还是朋友、同事，他们可能会故意岔开话题，或者借口忙没有时间。这并不代表他们不关心、不可信任，而是他们的内心很害怕、很焦虑。

（4）适时让自己休息。由于警力分配需要，在出现自杀事件后常常需要加班，适时的让自己休息一下，后面的一些自我调整方法都可以选用。

（5）多给予自己及周围民警称赞、感谢，彼此相互鼓励、加油。

（6）尽量避免批评自己或其他民警的工作。

（7）接受领导、同事、家人提供的帮助与支持。

3.呼吸练习

这个练习随时可以做。

姿势：无论坐或者站，可以闭上眼睛也可以睁着眼睛。

过程：

①把全部注意力都集中在空气进出身体的感觉上。

②用鼻子慢慢地吸气，每次都让空气充满肺部并达到腹部，腹部像一个气球充满了气一样鼓起来，在心里数1、2、3；再慢慢地用嘴向外呼气，把腹部、肺部的气完全地呼出去，同样要在心里数1、2、3。

③重复3~5次。

4.静心练习

这个练习随时可以做。

姿势：无论是坐还是站，闭上眼睛。

过程：

①专心在自己的呼吸上，尽可能地慢慢呼吸，同时在心里数数，吸气数10，呼气数9，吸气数8，呼气数7……

②继续第二遍，吸气数10，呼气数9……

③重复3~5遍。

④如果发现自己数错了数，重新从10开始。

5.想象性放松练习

需要5~20分钟。

姿势：选择一个自己觉得舒服的地方和姿势坐好，闭上眼睛。不建议躺下，以免进入睡眠状态。如果允许，请摘掉眼镜，松开身体束缚如腰带等。

过程：

①做3~5次深呼吸，让自己集中在呼吸上，体会身体放松下来的感觉。

②想象自己很喜欢的、曾经在那里有过放松、舒适感觉的自然环境，努力想并感受其中的细节。下面以一片树阴下的草坪为例。

想象自己正舒适地躺在一片树阴的绿草坪上，身下软软的草坪很舒服，闭着眼睛也能感觉到阳光透过树叶，亮亮的，身上、脸上暖暖的，很舒服……微风轻轻地吹，仔细体会微风，心里很舒畅，隐约有小鸟在唱歌，仔细听，全身都那么舒服、轻松。

③仔细体会自己身体的舒适、健康。

④仔细体会精神的愉悦、轻松。

⑤深呼吸，体会这些良好的身心感觉都深深地进入自己的肌肉、细胞里。

⑥慢慢睁开眼睛。

6.渐进式肌肉放松练习

需要15~20分钟。

姿势：选择一个自己觉得舒服的地方和姿势坐好，闭上眼睛。不建议躺下，以免进入睡眠状态。如果允许，请摘掉眼镜，松开身体束缚如腰带等。

过程：详情参见第二章第一节“四、重建行为”，第477页。

7.集中感官放松练习

需要15~20分钟。

姿势：选择一个自己觉得舒服的地方和姿势坐好，闭上眼睛。不建议躺下，以免进入睡眠状态。如果允许，请摘掉眼镜，松开身体束缚如腰带等。

过程：

①做 3~5次深呼吸，让自己集中在呼吸上，体会身体放松下来的感觉。

②想象一样自己最喜欢的东西（既可以是眼前的，也可以是曾经看到过的），仔细看清楚它的形状、大小、颜色、质地，从各个方位看。然后，按这个过程想象第二样自己喜欢的东西、第三样自己喜欢的东西。

③注意听一种声音（既可以是当下就能听到的，也可以是曾经听到过的），仔细听清楚。然后，继续注意听第二种声音、第三种声音。

④注意脚和袜子接触的感觉，仔细体会这种感觉。按照这个感觉，注意体会身体上的第二个部位的感觉（如身体和衣服），然后是身体上的第三个部位的感觉。

⑤重复上面的内视觉、内听觉等内感觉，每种感觉只体会两次。

⑥集中注意力在呼吸上。

⑦轻轻的动动手指，慢慢地睁开眼睛。

8.自我暗示

姿势：选择一个自己觉得舒服的地方和姿势坐好，闭上眼睛。不建议躺下，以免进入睡眠状态。如果允许，请摘掉眼镜，松开身体束缚如腰带等。

过程：

①在开始前，需要先明确内心最期望自己处于怎样的状态中。比如，健康、平静、高效、领导力等。

②想象一幅画面，这个画面可以很好地代表自己正处于内心期望达到的状态。比如，民警想要自己精力充沛，他觉得可以代表自己正处于这种状态的画面是自己精神抖擞地站在犯群前讲话。

③用前面讲过的姿势坐好，做 3~5次深呼吸，让自己集中在呼吸上，体会身体放松下来的感觉。

④眼前出现了刚才自己想好的画面，仔细看清楚。

⑤体会画面中的自己的内心感觉，仔细品味，充分感受内心的感觉。

⑥带着这种感觉深呼吸，体会这些良好的身心感觉都深深地进入到自己的肌肉、细胞里。

⑦慢慢地睁开眼睛。

9.正视自己

在感觉莫名的心神不宁、焦虑、烦躁时，正视自己才能从根本上解决问题。

姿势：只要能够专心思考，不要求特定的姿势。如果无法专心，可以一边思考，一边写出来。

过程：

①问自己：我最担心的是发生什么？（想出明确答案后继续下面）

②问自己：这个最担心的状况假如真的发生了，又会怎么样？（想出明确答案后继续下面）

③问自己：如果真的是这样，又会怎样？

④问自己：还能怎么样？对我来说意味着什么？

⑤思考、回味最后得到的答案和整个过程。

以上这些自我调整的练习，特别是精心练习、想象性放松练习、渐进式肌肉放松练习、集中感官放松练习，都有很好的辅助睡眠的作用，在入睡困难时可以用来辅助睡眠。

第五节　民警团体的调整

出现自杀事件后，民警的自我调整虽然重要，但会因为忙碌和疲惫而疏于自我调整。另外，有些问题仅靠单纯的自我调整也是不够的。因此，监狱需要在最短的时间里有效地帮助民警做好心理调整。在团体活动中完成心理调整成为首选方法。自杀事件对民警造成的困扰常常是共性的，团体心理调整通过借助团队的力量，实现民警在团队中相互交流、共同探讨、互相支持、彼此鼓励、一起探索，从而使每一位民警体会到来自团体的信任、温暖、支持，并在这样的力量中思考、改善，从而实现以他人为镜改善自我、彼此携手共同面对问题、解决问题的心理调整过程。

民警团体心理调整需要有一位带领者做团体的领导者，其他民警在领导者的带领下完成各项内容。领导者除了带领完成活动之外，还需要带领分享、讨论，让参加的民警能够从活动有所感悟。

1.拍背

姿势：参加的民警围成圈站立，同时向右或向左转，手搭在前面民警的肩膀上。

过程：

①每位民警都为前面的民警拍背3~5分钟。

②全体民警向后转，继续为前面的民警拍背3~5分钟。

③互相致谢，互相鼓励，互相拥抱。

重点：

①团队支持对自己的意义。

②自己为别人做得哪怕是不多的、不起眼的事，对其他人都很重要。

2.倾诉

建议：在自杀事件发生后1周内进行。

姿势：参加的民警分成6~8人班组，各班组围圆就座。

过程：

①轮流以“这几天……”为主题发言，围绕这几天讲述任何自己想说的内容。

②鼓励互相提问、交流。

③轮流讲述对自己影响最大的感受——无论是身体的还是内心的，并讲讲自己是怎么应对的。

④互相表达支持、鼓励、安慰、陪伴等。

⑤确定自己可以尝试的调整方法。

重点：

①情绪和感受是正常的反应。

②所有问题大家都会一起应对。

③其他民警的经验值得自己做尝试。

3.团体抱怨

姿势：参加的民警围成圆圈站立，间距刚好可以手挽手。

过程：

①领导者问大家：各位民警，你们此时最憎恨的是什么？

②总结一句抱怨。比如，有人说“我最憎恨自杀”，就提炼为“我恨自杀”。

③请大家手挽手，一起大声重复“我恨自杀”。每重复一次就向前走一步，同时加大音量。

④团队越走圈越小，在最后一步时，用尽可能大的声音喊出这句话。

⑤请大家退后到刚好可以手挽手的位置。

⑥领导者再次问大家：各位民警，你们此时最憎恨的是什么？

⑦总结一句与刚才不同的抱怨，重复前面的过程。

重点：

大家一起呼喊出抱怨，有效缓解压力、消除紧张，并且可以很好的调整团队士气。

4.众人解结

姿势：8~12人一组，围圆站立。

过程：

①成员手拉手围成圆，各自记住左手、右手分别拉的是谁的哪只手，准确确认。

②松开手，大家在圈子里随意的走动，离开自己原来站的位置。

③领导者喊“停”，大家立定在原位。脚不动，伸出左右手，分别拉原来拉住的那个人的那只手。

④请大家观察面前出现的错综复杂的节。

⑤要求不能放手，众人一起努力恢复到起始的状态。

重点：错综复杂的难题只要大家齐心配合，就一定能够解开。

5.爱自己

材料：准备好下面的问卷，所有参加的民警每人一张。（见表6）

表6 问卷

请对照下面的条目，就一周来的情况，在自己一直在做的项目后面画“√”，做不到的项目后面画“×”，不知道怎么做的项目后面画“？”
1.不批评自己（ ）
自己对自己的批评不能改变任何事，只会带给自己负面的影响，让自己心情沮丧。在任何时候都不批判自己。
对自己不满意时，您的做法：________
2.不吓唬自己（ ）
恐怖的想法让自己非常痛苦，它们常常并不会成为事实。
在可能有糟糕结果时，您的做法：________
3.称赞自己（ ）
称赞会带来激励，每个人都需要称赞。
您认为自己最美的身体部位是：________
您对自己最满意的地方是：________
您最骄傲的一次经历是：________
4.关注身体和内心的感觉（ ）
身体好是一切的前提，任何人的身体都是需要照顾的；心情好将更有助于让事情向好的方向发展，心情也是需要呵护和调节的。
这一段时间您照顾自己身体的做法有：________
这一段时间您呵护自己心理的做法有：________

过程：

①答题

②就问题1，轮流发言、讨论；顺次谈问题2、问题3、问题4。

③经过讨论后，对自己有了一些新的启发，对自己的答题做完善、补充、修改。

④轮流发言：对答题做了哪些调整。

⑤就问题 4，请您写出自己每天计划要完成的3件具体的事情。

重点：

①问题 1和问题 2针对的是民警不恰当的认知方式，不合理的、歪曲的认知方式常常会不断地造成困扰。

②问题 3是从自我接纳的角度做调整，帮助民警建立新的、支持性的认知方式。

③问题 4是做行为调整，帮助民警建立新的、发展性的行为模式。

6.齐心协力

材料：每人一张便签、一支笔。

过程：

①匿名在纸上写出自己现在最烦心的事情。

②所有的纸条放在一起，打乱顺序。

③领导者强调：下面这些问题是整个团队共同面对的问题，然后选择一张念出纸条的内容，请大家说说自己的想法和解决的办法。

④逐一念出各个纸条的内容，逐一讨论。

重点：

①每一个问题都可以有很多种解决方法。

②团体的力量大于个人的力量。

③每个人在遇到问题时都可以试着寻找团队的支持。

7.同舟共济

增加团队支持、信任、合作、协调。

材料：废报纸。

过程：

①6~8人一班组，每组一张废报纸，报纸的周围是汪洋大海，只有站在

报纸这艘小船上才可以获救，全部成员在船上3秒钟视为成功获救。

②以小船面积最小为优胜组。

③分享。

重点：团队在一起，大家齐心协力、团结一致克服困难。只要团队在一起，任何问题都能找到解决的办法。

8.在我心中

姿势：6~8人一组，围圆就座。

过程：

①大家先思考5分钟，用动物或植物对组内的其他民警一一作比拟，都想好了才能继续。

②轮流发言，依次讲出其他民警在自己心里可以分别用什么动物或植物做比拟以及原因。

③分享。比如，你最喜欢哪个比拟？哪个比拟最让你不能理解？（鼓励直接向比拟者提问）听大家这样比拟你，有什么感受？

重点：用来自团队的欣赏、赞美帮助民警寻找自身的内在价值，重建自信。

9.头脑风暴

姿势：6~8人一组，围圆就座。

过程：

①班组群策群力写出能够激励自己的口号，班组之间就数量做比较。

②每组一位民警做代表宣读本组写下的口号。

③每组确定出一个本组口号，全组一起大声说出这个口号。

在自我心理调整、团体心理调整之后，有的民警仍旧不能放松自己，无法让自己得到充分的休息和睡眠，身心反应明显，那么就要尽快向心理专业人士寻求专业的心理帮助。

肆

应急事件管理心理实战技术

◎ 应对突发事件是心理干预工作的难题，不仅要求能够熟练、灵活地驾驭相关干预技术，而且自身必须具备超强的稳定性。应急事件心理干预工作贯穿于预防、处置、后期稳定工作等各个环节，在应急事件发生时，关注心理干预是监狱管理现代化程度的标志之一。对于监狱人民警察和司法工作者来说，对突发事件最理想的处置是超前，做预防性处置，即便在事件发生后，也能够准确预防性处置后续可能发生的问题。

第一章 应急事件心理干预概论

我国历史上第一例心理危机干预是1994年12月8日的新疆克拉玛依市大火事件。大火造成323人死亡。由北京大学精神卫生研究所的心理危机干预专家与烧伤科等医疗专家共同组成的抢救组，对伤亡者亲属进行了为期两个月的心理干预工作。此后的河北省张北地震现场、我国南方水灾灾区、河南洛阳大火废墟等灾害现场，都开展了相同的心理干预工作。在2008年汶川地震后，心理干预工作的广度、深度、影响力让全社会都更为关注应急事件发生后的心理安全问题。应急事件心理干预工作贯穿于预防、处置、后期稳定工作等各个环节，在应急事件发生时，关注心理干预是监狱管理现代化程度的标志之一。

第一节　真实案例并心理分析之一

以2007年11月24日《广州日报》A5版的一篇报道为例，以下为摘编内容：

【新闻报道】

据新华社电　经过警方的合力追捕，11月22日22时，从江西某看守所脱逃的最后一名犯罪嫌疑人马某在河南焦作被擒获。至此，“10·30”案件8名脱逃人员全部被缉捕归案。

2007年10月30日凌晨，江西省某县看守所发生一起8名在押犯罪嫌疑人集体脱逃的事件。8名越狱犯罪嫌疑人没有运用高科技，甚至都没有费多大力气，就“大摇大摆”地跑出了看守所大门。

关押着80多名犯罪嫌疑人的某县看守所，是一个被18间监舍四面合围的天井形建筑。此次越狱的8名在押人员均住在10号监舍。旁边的9号监舍是扎塑料玫瑰花的工作间和材料间。

2007年10月29日晚八九点钟，其他监舍的犯罪嫌疑人陆续完成扎花任务，回到自己的监舍收监休息了，而在9号监舍扎花的8名犯罪嫌疑人似乎并不着急，直到深夜12点还在监舍工作。据了解，每名犯罪嫌疑人每天要完成600朵扎花任务。

案发当晚，看守所内只有民警L一人值班。而按规定，每班需2名民警。当晚，民警L的搭档外出学习。协助他值班的是再过3个月就刑满释放的轻刑犯赖某。

凌晨零时，民警L准时接班，看到9号监舍的8人还在工作，就对着紧锁的铁门喊："快点搞，搞好了早点休息。"

8名犯罪嫌疑人在里面回应："三分之二还没做完，我们加紧搞。"

民警L选择了等待……

逃脱事故发生后，引起了江西省委省政府和公安部、江西省公安厅及赣州市委、市政府的高度重视，一场迅速将脱逃人员缉拿归案的战斗全面打响。至11月22日，8名脱逃人员全部被抓捕归案。

【心理分析】

时至晚上八九点钟，其他犯罪嫌疑人都收监休息了，此时 8名犯罪嫌疑人仍旧在继续扎花，他们内心存在不满情绪是正常状态。这种不满源自攀比心理：可能是和别人比，他们认为其他犯罪嫌疑人都已经休息了，我也应该休息，可是我不能休息，还得在这里工作，于是出现不满；也可能是和自己比，以往晚上八九点钟都已经可以休息了，今天还要工作，内心存在不平衡感是正常的。不满情绪可能会有多种表达方式，有的个体习惯通过语言、动作发泄，如喊、叫、骂、摔、打，有的个体习惯通过压抑来表达，刻意回避视线交流、不对他人做任何回应、过度沉默等。

攀比心理是个体发现自身与参照对象之间发生偏差时产生负面情绪的心理过程。通常产生攀比心理的个体与被选作为参照的个体之间具有极大的相似性，导致自身被尊重的需要过分夸大，虚荣动机增强，甚至产生极端的心理障碍和行为。巡视时，如果观察不到 8名犯罪嫌疑人有丝毫不满情绪，就属于不正常现象，必须进一步关注，并且有必要做好处置不正常现象的准备。

【新闻报道】

按照清数、收监的程序，犯罪嫌疑人完成任务后，协助民警L值班的赖某需打开工作间的封门，让犯罪嫌疑人走进材料间。清完数后，再打开材料间的铁门，带他们通过走廊，走进10号监舍休息。看守所中间是草坪，草坪四周是连通各监舍的走廊。草坪上面，布满武警岗哨。犯罪嫌疑人若走出材料间就会在武警监视之下。

1时20分，赖某向民警L汇报，“犯人说做完了”。赖某进入材料间，点数后报告说完成。在这两次报告期间，里面有人喊头痛，瘫在地上了。

民警一般不进入材料间，但此时民警L担心犯罪嫌疑人的病情，走了进去查看。

【心理分析】

出现突发状况后，首先要做的是全局式观察，是否能够很好地把握全局决定着后续事态的发展。这样的全局式态度，具体是指在遇到突发情况后首先迅速扫视在场的每一个同犯，观察他们的表情、举止，并迅速地判断是否属于常态。如果不属于常态反应，最先处置的就不是突发状况本身，而是牢牢把握对全局的控制。

人的注意力是有一定范围的，心理学中用注意广度来表明个体的注意范围。在同一时间内一个人能够清楚地觉察或关注的对象的数量越多，注意广度就越大；反之，如果一个人同时关注的对象比较少，那么他的注意广度就比较小。另外，人的注意广度会受到观察对象的影响。比如“在这两次报告期间，里面有人喊头痛，瘫在地上了”，直接影响着民警的注意广度，因为“担心犯罪嫌疑人的病情”，所以对其他需要关注的对象几乎全部忽略。一般来说，首先，需要关注的对象越一致，排列越整齐，注意广度就越大；关注的对象越杂乱、分散，注意广度就越小。其次，个体的注意广度是可以训练的，个体的经验直接决定着注意广度的大小。经过训练的、有经验的人会比没有训练、经验不足的人注意广度大很多。

【新闻报道】

一走进材料间，民警L看到瘫在地上的犯罪嫌疑人李某，想近前查看。此时，一名犯罪嫌疑人突然跳起，用臂弯锁住民警L的脖子，另一只手捂住了他的口鼻。装病的李某也突然起身，抱住民警L的左腿。同时，民警L的右腿被另一名犯罪嫌疑人牢牢抱住。正佯装整理纸花的两名犯罪嫌疑人也一起冲上来，一边一个抓住民警L的双手。民警L被 5名犯罪嫌疑人牢牢地摁住。犯罪嫌疑人用透明胶带将民警L的口鼻牢牢缠住，并将其手脚捆绑。同时，另外 3名犯罪嫌疑人也将赖某控制住。控制住民警L和赖某以后，8名犯罪嫌疑人抢走民警L身上的铁门钥匙和七八百元钱，分成 3组，第一组、第二组分别 3人，第三组 2人，每人扛上一捆塑料玫瑰花，分批走出材料间。看守所从监区到办公楼共有4道铁门，分别是里外两道围墙、材料间和办公楼的大铁门。这 8名犯罪嫌疑人穿过材料间铁门和草坪，到达对面内墙处，用抢到的钥匙打开内外墙两道铁门。在看守所外区，有武警在岗楼站岗及巡逻。因为看守所晚上常有外劳犯外出劳动，巡逻的武警战士对此并不鲜见，所以，这8名犯罪嫌疑人夜晚扛着塑料花外出，并未引起武警的警觉。最后一道关卡就是看守所民警办公楼的铁门了，但这道门一般都不上锁，因此，8名犯罪嫌疑人顺利逃出看守所。

按照有关规定，民警不能带钥匙进入监区。一位不愿具名的民警证实，这里每个民警都有监狱铁门的钥匙，方便随时进入监内找犯罪嫌疑人谈话，而且“钥匙只有随身携带才安全”。

【心理分析】

在监狱中已经发生的应急事件里，不难发现大都存在这样的矛盾：一方面，监狱不仅有文字的有关操作规定，而且要求明确，民警也是清楚的；另一方面，违章行为偏偏就“自然而然”地存在，甚至不需要避讳隐瞒，每个人都心知肚明、都在这么做。这种现象主要源自侥幸心理。侥幸心理，就是根据自己的需要或者好恶来行事，无视监狱应有的管理程序，以没有出现过问题、其他人都在这么做、制度有不合理的地方等理由来进行自我安慰，认为“不会有事”，时间长了甚至都不再想制度、规章的意义。侥幸心理是无数的事故的罪魁祸首。

无论监狱制定多么完善的规章制度，无论前期制定多么可行、饱满的预警方案，如果不有效清除侥幸心理，那么应急事件发生的概率就在无形中增大了很多倍。

第二节　真实案例并心理分析之二

☞案例一

以2009年2月17日《扬州晚报》的一篇报道为例，以下为摘编内容：

【新闻报道】

2009年2月14日，某监狱召集众媒体记者通报2009年2月7日监狱服刑人员袭警事件。

据该监狱李监区长介绍，2009年2月7日上午，该监狱某监区赵民警、刘分监区长、王民警及徐民警带领105名服刑人员在该监区服装加工车间进行劳动，其中赵民警负责生产劳动现场及外协人员（外来产品加工技术人员）和产品质量的管理。9时40分，徐民警在车间西头清点服刑人员，赵民警在车间中间正常执勤。这时，服刑人员曹某将机位前操作板上的剪刀从栓系铁链上用力掰脱，突然窜到赵民警身后，欲向赵民警行凶。同组服刑人员周某发现后大声呵斥："曹某，你想干啥？"说话间，服刑人员曹某持剪刀向赵民警后颈部猛刺下去。听到喊声的赵民警在扭头的同时被刺中后颈部左侧，赵民警迅即站起与曹某搏斗，他用左手抓曹某所持凶器，被曹某划伤左手掌。外协人员何某看到这种情景十分恐惧，慌忙起身向车间西头跑去，被堆放的衣物绊倒。而这时，赵民警用手死死地抓着曹某，怕伤及外协人员。穷凶极恶的曹某又举起剪刀向赵民警的左面颊部、右下巴部、头顶部猛刺。突如其来的变故，相邻服刑人员闪某不及多想，迅速冲上去从后边抱住曹某后腰。搏斗中，在车间西头值勤的徐民警迅速赶到，起脚将曹某踹倒在地，并在服刑人员杨某、梁某等人的协助下合力将其制服，夺下了行凶的剪刀。

【心理分析】

从服刑人员曹某掰脱剪刀到众人合力将其制服，事件发生的过程非常快。服刑人员梁某说："当时曹某太疯狂了，我反应过来时，也就是一分钟左右。"应急事件往往是在短时间内对人类心理形成巨大的冲击，在猝不及防的情形下造成直接的、可见的或隐形的、潜在的影响。

【新闻报道】

监区内值班的边民警听到车间内嘈杂声后迅速按下了报警器，监区立即启动应急预案，防暴队员及时到达事发现场，控制局面，稳定秩序，并及时将受伤的赵民警送往医疗室救治。目前，赵民警正在医院接受治疗。

外协人员何某说："事情发生得太突然了，我当时都吓蒙了。我本能反应急于脱离突发现场，结果被堆放的衣服绊倒了。要不是赵民警死死抓住曹某，后果不堪设想。"

现场目击者服刑人员闪某说："我看到曹某持剪刀上去刺赵民警，立马冲上去从后边抱住了曹某的腰，但我感到曹某的力量非常大。在曹某要翻身用剪刀刺我的同时，赵民警趁机猛踹了曹某一脚。我脱险后，随后赶来的徐民警等人将曹某制服。"

在成功控制了曹某后，管教民警对他进行了突审。据曹某交代，一是自己入监前已经得了难以治愈的疾病，又判了6年刑，感到自己活着走不出监狱，对人生失去信心，感到绝望。二是自己心胸狭窄、多疑，怀疑民警和服刑人员要联手坑害他，要置他于死地。三是感觉自己减刑无望，这才持刀袭警泄愤。

【心理分析】

这起袭警事件属于突发性、紧急性、严重影响监狱正常监管秩序的事件。引发这起事件的根源是曹某的绝望心理。所谓绝望就是对未来、对生活失去希望。监狱内由于服刑人员再犯罪造成的人为应急事件几乎全部都与绝望心理有关。内向者比外向者更容易产生绝望感。在绝望中无法自拔的服刑人员大多沮丧、悲观，一般比较沉默寡言，不愿意跟其他人多交流，无论是劳动还是日常生活，都不会是做得最好的，也不会是最糟糕的。他们在集体中不引人注目，甚至给其他人留下“老实憨厚”的印象。正因为这样，绝望心理具有很强的隐蔽性，常常被忽略。比如曹某此次突然袭警行为，似乎是毫无征兆突然发生的。

绝望心理往往引发强烈的消极思维，凡事都看不到积极的方面，一味想消极的方面，越想越糟。这些内在思维引发的外在表现是疑心重重、度量小，喜欢猜忌其他人，在报复心理的啃噬下，会出于“搏一把”的赌徒心理做出某些破坏性行为。他们会在心里这样帮自己下决心：“达到目的，算我赚了；达不到目的，就当我解脱了。”因此，绝望心理是监狱内伤害、自杀、暴力抗改等应急事件的常见“导火索”。

绝望心理在服刑人员群体中并不罕见，“早发现、早干预”将有效避免因绝望心理而引发的应急事件。发现服刑人员的绝望心理并给予有效心理干预，是规避应急事件的重要心理干预内容。

管教民警忽略了辨别曹某的心理状态：第一，长期遭受病痛造成的躯体疼痛，同时影响减刑，内心万分无奈。第二，疾病难于治愈让曹某看不到未来，于是在绝望中越陷越深。

如果能够及时对绝望心理做恰当的心理干预，特别是在绝望心理刚露出苗头时做相应的心理疏导，不仅能够有效避免这起袭警事件，而且还能够减少这起事件对其他服刑人员的不利影响。

☞ 案例二

【新闻报道】

以2010年10月19日《安徽商报》的一篇报道为例，以下为摘编内容：

2010年7月6日，在某女子监狱服刑的马某，在劳动改造中违反生产流程，陈民警按规定对其考核时扣除了0.5分，马某对此心存不满，与陈民警结下了“仇”。8月9日18时30分，因马某未按监狱规定服药，陈民警遂将其带到监区车间办公室进行谈话。其间，马某对陈民警进行辱骂。陈民警便让齐民警到警务台打电话请示领导。

就在此时，马某不仅不听劝阻，还上前一口咬住陈民警的右手臂。陈民警欲拿电警棍进行阻止，马某趁势抢过电警棍，向陈民警的头部连续猛击。此时，齐民警回到办公室发现后，与其他服刑人员一起将马某控制住。经鉴定，陈民警的伤情属轻微伤。

【心理分析】

按照应急事件的突发性、紧急性、对监管秩序具有破坏性的标准，可以将这起事件判定为狱内应急事件。如果按照时间发展的过程综观整个事件，和每一起应急事件一样，都能找到来龙去脉。当我们把视线从局部时间（事件发生的当天）推向纵深时，总会发现突发事件并不是“突发”的。

文章以“一名女杀人犯在即将刑满释放时，却因涉嫌故意杀人罪再获6年有期徒刑”作标题，将“即将刑满释放”和“再获 6 年有期徒刑”相继呈现，用制造悬疑的新闻手法引起读者的好奇心。在正常情形下发生这样的事情是不可理解的，或者说该服刑人员的行为是绝大多数人认为不可思议的。肇事者马某为什么会这么做呢？即将刑满释放，说明马某不仅懂得服刑人员在狱内必须遵守的所有条例，而且已经遵守这些条例若干年了。马某对“考核时扣除了0.5分”心存不满，说明良好的评价、减刑、出狱是她非常看重的事情。无论出于什么原因，在应急事件发生的那一刻，马某肆无忌惮地抢夺警棍、袭警，显然完全失去了理性，整个人处在不顾后果的心理状态中。

服刑人员马某从非常关注考核中的评价到伤害民警，经历了四个心理过程：第一个过程是希望；第二个过程是失望——考核时扣除了0.5分，马某对此心存不满；第三个过程是压抑——7月6日至8月9日；第四个过程是发泄——马某对陈民警进行辱骂。最后的结果就是马某不计后果地趁势抢过电警棍袭警。

我们可以分析出马某的心理和行为特征：

第一，马某虽然已经是成年人了，但其情商较低，不懂得恰当处理问题——与陈民警结下了“仇”；不按监狱规定服药；对陈民警进行辱骂；不听劝阻。

第二，马某脾气火爆、行为粗鲁——对陈民警进行辱骂；上前一口咬住陈民警的右手臂；抢过电警棍，向陈民警的头部连续猛击。

而陈民警在管教马某时，更多的是凭借自己的经验，没有采用必要的心理干预方法。

第一，对马某的内心了解不够。

心理学研究表明：情商低的服刑人员是不善于控制自我情绪的，一旦情绪到达某个浓度，他们常常会言行失控、失去理智，在很多冲突型应急事件中成为肇事者。而事发当下，他们往往不惜一切代价，不顾及任何后果。管教情商低的服刑人员时，要引导、调控好他们的情绪状态，并且能够在失控之前及时遏制。

第二，心理干预技巧不足。

从7月6日扣除马某的考核分到 8月9日事发，历经一个月的时间，陈民警没有对马某做心理干预，从而让马某在失望心态后，进入了寻衅发泄的心理状态。马某开始滋事，面对马某的谩骂，陈民警便让齐民警到警务台打电话请示领导。这样做一方面暴露出自己已经无能为力的内心虚弱感；另一方面在进一步激怒马某，请示领导潜在传达给马某这样的信息："我找人来用更厉害的办法对付你。"这样的态度不仅不会平息马某的情绪，反而在进一步激惹她。果然，马某有了扑咬等后续动作。在马某经历的四个心理过程中，只要在最后结果之前的任何时刻做相应的心理干预，都可以有效避免这起应急事件的发生。

做好新的历史时期服刑人员改造工作，无论是为了减少应急事件、确保监狱稳定局面，还是为了提高改造质量、保护自身人身安全，监狱民警都需要在恪尽职守、晓之以理、动之以情、以法服人等优良传统的基础上，掌握心理干预的知识和技能。

第三节　应急事件心理干预分类

一、应急事件分类

监狱应急事件是指监狱在监管改造、队伍建设、后勤保障等管理事务中所出现的突发性、紧急性、严重影响监狱正常监管秩序的事件。

1.按应急事件的性质和诱发因素分类

可以将其分为两类：天灾和人祸。

天灾，即监狱自然灾害应急事件，指由自然界不可抗力直接引发的应急事件。例如，地震、山体滑坡、洪水泛滥、台风袭击、泥石流、干旱等自然因素诱发的应急事件。

人祸，即监狱人为灾害应急事件，指由人的行为诱发的应急事件，它是因故意或疏忽发生的人为意外事故造成的应急事件。例如，服刑人员脱逃、袭警、暴狱、行凶、集体绝食、哄监闹事、自杀自伤、火灾等。

2.按照应急事件爆发和结束的速度分类

可以将其分为四类：龙卷风型、腹泻型、长投影型、文火型。

龙卷风型，来得快，去得也快；腹泻型，潜伏期长，但爆发后很快结束；长投影型，突然爆发，影响深远；文火型，来得慢，去得也慢。

二、心理干预的分类

心理学中的应急事件是指一种使个体产生无法抵御的感觉，并失去控制的情境。个体在这种情境中有可能不知所措、无所适从。应急事件因其突发性、震撼性、不可预见性、快速性等特性，会对个体形成相当大的刺激和压力，从而引发个体心理、生理的一系列强烈反应。因此，应急事件常引发个体出现一系列与应激有关的障碍，即心理危机。应急事件发生后，绝大多数有关人员都会出现心绪不宁、思想混乱、不知所措、睡眠障碍、身体不适等反应，这些反应使个体处于较强的恐惧、焦虑、冲动中。

心理干预在国外被称作危机干预，是指在发生应急、突发事件后，对服刑人员进行的一系列心理疏导活动。通过这些心理疏导活动，帮助服刑人员恢复内心世界的平静，重新进入稳定、积极的生活状态。心理干预工作可以从不同的角度进行分类。

1.相对于突发事件发生过程，按照心理干预不同的切入点分类

可以将其分为四类：预防性心理干预、疏导性心理干预、维护性心理干预和评估性心理干预。

（1）预防性心理干预，是指在突发事件发生前的心理干预。通过对个体心理行为变化规律的研究，对有可能出现的应急事件进行预测，并做前瞻性心理干预，从而避免突发事件发生。

（2）疏导性心理干预，是指突发事件发生时，为最大限度上减少突发事件的恶劣影响，而对有关人员进行的心理干预。包括与突发事件肇事者进行谈判，在谈判的过程中力争避免进一步的伤害或破坏事件发生。

处置突发事件的领导和民警的身体、心理状态都需要维护。处置突发事件时，无论是监狱领导还是民警往往都处于精神高度紧张、连续作战、饮食起居无序的状态中，此时非常需要通过心理干预实现有效减压、高效休息，保持积极情绪；同时，还要保证犯群的心理稳定。

每一起应急事件发生后，怎样与服刑人员亲属、媒体等外界做沟通是监狱必须慎之又慎的问题。应急事件发生后，有关服刑人员亲属虽然人在"高墙"之外，但由于彼此间的血缘、亲情、往日的恩怨等，他们的内心世界也处于混乱的状态中，运用心理干预的方法与其沟通会更容易达成解决问题的一致态度，避免在应急事件后出现亲属哄监、闹监等事件。媒体的生存压力使得他们对于能够"抓人眼球"的事件格外敏感，恰当的心理干预策略能够确保妥善应对媒体采访、维护监狱良好的社会形象。

（3）维护性心理干预应用于应急事件发生后犯群中出现个体心理躁动时，如不及时干预，有可能因为个体具有共同的心理过程和心理状态，形成群体的共同的心理状态和行为趋同，进而使应急事件后的心理失衡在群体中蔓延而变成群体性心理躁动，从而给监管工作造成困难。

这种群体性反应会以生理、情绪和行为上的过度反应为表现，主要体现为以下三个方面。第一，情绪反应异常：焦虑、恐惧、悲伤、愤怒、忧郁等，以及丧失快乐和爱的能力；第二，生理反应异常：心慌、气喘、恶心、肌肉抽搐、头痛、头晕、身体疼痛、疲倦、失眠等；第三，行为异常：下意识动作、坐立不安、举止僵硬、暴饮暴食、攻击、强迫等。

这种群体性反应的发生是由于人类具有社会性属性。心理实验显示，在参加测试的人群里，仅有25%~33%的被测试者没有发生跟随其他人的行为，加之负性情绪具有很强的传染性。因此，在应急事件发生后，必须尽快进行心理干预，从而防止狱内犯群受到应急事件影响出现群体应激，甚至进而引发新的应急事件。

（4）评估性心理干预是指应急事件发生后，对当事监区、犯群心理状态的评估把控，以确保事件造成的心理影响逐渐减弱，最终恢复平静。

2.相对于突发事件涉及的人员，按照心理干预的对象分类

可以将其分为四类：直接服刑人员的心理干预、密切接触突发事件人员的心理干预、非现场人员的心理干预、其他相关人员的心理干预。

（1）直接服刑人员的心理干预。这类心理干预针对那些在应急事件中受到生理、心理伤害或经济损失，或相关法律关系遭到破坏的直接和间接的受害人。

（2）密切接触突发事件人员的心理干预。这类心理干预针对与直接服刑人员有密切联系的个人（如服刑人员的亲属、同组或同监舍的同犯或老乡，该监区未在现场的民警等），应急事件救援人员、处置人员。

（3）非现场人员的心理干预。这类心理干预针对从事救援或处理应急事件的非现场人员、帮助进行应急事件后重建或康复工作的人员。

（4）其他相关人员的心理干预。这类心理干预针对由于改造工作、调换监区等原因与应急事件发生监区有联系的监区的服刑人员；在某些人为应急事件中，对事件的发生可能负有一定责任的人；狱内在听到、想到应急事件或接近应急事件场景时，出现心理失控、情绪混乱、严重躯体反应等的个体。

第四节 心理干预的意义

监狱作为关押、惩罚犯罪分子的特殊场所，其危险性、狂暴性、突发性远远超过社会平均水平。服刑人员发生脱逃、行凶伤害、自杀等应急事件的风险也远远高出社会平均水平。无论什么性质和规模的监狱应急事件，都有可能不同程度地给国家和社会造成破坏、混乱和恐慌，都有可能在不同程度上影响政局稳定、破坏经济建设、危及社会秩序。但是，由于应急事件具备高度不确定性和突发性特点，加之决策时间和信息的有限性，容易导致决策失误，造成不可估量的损失和危害。这种损害性不仅体现在人员伤亡、财产损失、局部社会动荡方面，同时还体现在应急事件对社会心理和个体心理所造成的破坏性冲击，特别是这种破坏性冲击还将渗透到未来生活的很多层面。在这样的背景下，心理干预就具备了多方面的意义。

第一，满足监狱民警的心理需要。

过去封闭的“高墙”、有限的信息渠道使监狱内发生的应急事件在狱内、系统内就可以妥善处理了，不会造成社会影响。随着时代发展，在经济全球化、信息网络化、行刑社会化的背景下，围墙虽然还在，但已经无法起到封闭信息的作用，监狱内出现应急事件造成的社会影响已经成为监狱无法回避的现实问题。比如，2003年11月12日，《中国青年报》就一些监狱对服刑人员实行“鸳鸯房”“月末同居”等人性化执法政策提出质疑；2009年

11月26日,《中国青年报》又刊出题为《谁在“白宫”监狱服刑》的文章对监狱建设标准提出质疑;还有频频见诸报端的民警虐囚致死案例;等等。网络上对监狱执法工作的诸多质疑、声讨,都在无形中给监狱及基层人民警察增加着心理压力。

近年来,涉及监狱的起诉案件越来越多。例如,2009年10月17日,某市某监狱发生4名重刑犯绑架并杀害民警后集体脱逃,在脱逃后又实施多起严重暴力犯罪的重大刑事案件,震惊世人。该监狱原监狱长张某被检察机关以涉嫌玩忽职守罪提起公诉。与张某同时被追究刑事责任的还有对“10·17”案件的发生负有直接或间接责任的其他4名监管人员,他们分别涉嫌失职致使在押人员脱逃罪和玩忽职守罪。与此同时,在这起案件中越狱的乔某的亲属对媒体表示要起诉该监狱。2009年10月29日《北方周末报》报道,乔某的弟弟接受记者采访时说:“他(乔某)完全有重新做人的机会。而现在,由于监狱的看管不利,导致了这样的事情发生,连生存的权利也会被剥夺,所以我们要讨回一个公道。”此外,因在服刑期间伤残或借口服刑期间致病而索赔的诉讼、监狱民警执法中的疏忽或失误引发的诉讼等不胜枚举,监狱作为被告出现在行政诉讼中,甚至监狱民警作为被告人出现在刑事诉讼中已经不再是稀罕事。媒体对于监狱应急事件的高度关注、整个社会法制意识的空前高涨,一些别有用心的人企图利用滋事发横财的动机,都将直接引发监狱民警的心理危机。

因此,帮助监狱民警减轻心理危机感是预防应急事件的一个重要环节。

第二,有效减少应急事件。

应急事件几乎都是从一些不起眼的细节萌发,职业倦怠心理是琐事萌生成应急事件的重要原因。职业倦怠,是指日复一日地重复同样的工作,工作中的枯燥乏味感越来越多。职业倦怠的直接表现就是对工作热情降低,工作态度消极,工作时烦躁、倦怠。出现这些现象往往有很多方面的原因，究其根源，内心缺少对工作的意义感、价值感的认识是非常重要的原因。

独特的工作性质使一线监狱民警的每一项工作都关乎监管安全，在警力普遍不足的情况下，每一个岗位都尽职尽责对于有效减少应急事件具有格外重大的意义。因为独特的工作性质、高墙内特殊的工作环境，加之警力不足、民警长时间超负荷工作，监狱民警非常容易出现职业倦怠。无论是值班制度、交接班制度、执勤制度，服刑人员的一日常规、改造制度，还是就餐、住宿、学习、探视……各个环节的行为规范落实，没有一个环节可以出错。年复一年地重复单调的工作，日复一日地一次又一次检查、落实，非常容易造成个体麻痹懈怠。这样的矛盾状态要求一定要对监狱民警进行经常性的心理调整，及时消除职业倦怠心理，使民警队伍能够持续处于良好的心理状态中。

第三，妥善实施应急预案。

近年来，各类应急事件数量呈上升趋势。分析2008年全国被问责官员的问责原因发现，其中绝大多数都是由于在应急事件中应对不力而遭问责。部分领导干部在应急事件面前措手不及、应对失策，甚至没有及时制止一些本可以避免的连锁反应，除了工作能力和决策水平方面的原因之外，明显的心理盲区常常是最致命的症结。

根据心理反应规律，当外界刺激强度增加时，个体的反应时间会缩短。也就是当应急事件发生时，个体普遍会更倾向于在较短时间内作出反应。又由于同时伴随焦虑情绪、心跳加速等身体反应，很容易出现忙中出错的现象。因此，只有应急事件预案是不够的，预案只能保证在理论上的处理，而实际的操作中人为因素很多，必须确保每一位涉及的领导、民警都处于良好的心理状态，从而保证应急预案充分完整的实施，最终获得不折不扣的实施效果。

另外，在国外应急事件的处理中，常常有谈判专家、心理专家的身影，及时稳定肇事者，引导事件引发者终止感情冲动、恢复理性思考已经成为解决某些突发事件的有效渠道。无论在袭警逃脱、伤害、自伤等事件的哪一个环节进行心理干预，都会比完全不做心理干预、仅使用武力控制局面更高效。

第四，减少后续影响。

应急事件过去以后，无论是身陷其中、近距离接触，还是调动指挥、远距离处置，每一位经历者、目击者以及相关人员都有可能产生焦虑、紧张、恐惧、抑郁等心理反应，如果没有及时得到心理干预，有可能发展成为一种叫作创伤后应激障碍的心理疾病。

应急事件过后，一些人会在一段时间内不同地出现下面这些反应：

①若干不良心理感觉，如孤独、麻木、疲惫、无助、困惑、愤怒、窘迫等。

②情绪紊乱，如情绪波动、易激惹、焦虑、抑郁、恐惧等。

③认知能力下降，如注意力不集中、记忆力障碍等。

④躯体不适，如头痛、头晕、腰酸背痛、消化系统不适、胸部压迫、呼吸不畅、四肢乏力等。

⑤行为改变，如不愿意说话、和别人疏远、对家人冷淡等。

⑥睡眠质量不理想，如难入睡或易惊醒，甚至常常做噩梦。

除上述反应外，还有可能出现：容易触景生情，在某些类似的环境下，会感觉又回到了当时的事件中；极力不去想有关应急事件的事，但又总是不禁回想；反复出现一些和应急事件有关的错觉；总担心还会“出事”。

遇到应急事件后的这些反应都是人类最常见的正常心理反应，绝大多数人能够在 3~6个月的时间里自我康复，少部分人会持续1年以上，甚至引发严重的心理疾病。如果能在事件发生 3个月以后，进行一次筛查，对那些问题比较严重的个体及时进行心理干预，将能很好地帮助个体康复，避免其采用不恰当的方法来应对或解决问题，从而导致精神疾病或出现自杀、攻击他人等适应不良行为。在监狱的封闭环境中，同犯间极易相互影响，及时施以心理干预对保证应急事件中犯群稳定具有重要意义。

第五节　心理干预的目标

一、帮助确定需要重点关注对象

监狱服刑人员心理测评工作已经越来越普遍，如果能够真实、真诚地对待心理测评，那么服刑人员人格缺陷、心理压力过大、持续有较强负性情绪体验等有可能引发应急事件的问题都会在测评结果中有所反映。因此，需要对测评结果显示的重点犯、顽危犯予以高度重视。

但是，由于心理测评系统的局限性，对于一些隐蔽手段较高、有意欺瞒的服刑人员就有可能得不到完全真实的心理测评结果。因此，在关注测评结果显示的重点犯、顽危犯的同时，还需要对犯群予以普遍性心理关注，以心理教育、心理活动、心理互动等形式对犯群进行普遍心理干预，有利于及时掌握服刑人员心理情况、与同犯之间的互动关系、适应情况等信息，从而及时发现应急事件的前兆、确认应急事件线索以避免服刑人员因心理不良导致行为失当而发生突发事件。

二、稳定情绪状态

应急事件中对当事服刑人员进行及时心理干预已经成为应急事件处置中的必然环节。但相对于监狱整体工作而言，应急事件所造成的最大危害在于监管秩序遭到破坏，以及由此造成服刑人员群体性心理的脆弱。因此，保持稳定的监管秩序、正常运行秩序是处置应急事件时监狱必须放在首位考虑的因素。

情绪不稳定是监狱内其他押犯在应急事件后心理脆弱的重要信号。人的情绪状态直接影响着思维活动。不少应急事件都直接由不稳定的情绪引发，而在应急事件发生后，有关服刑人员常处于很强的负性情绪状态中，如强烈的不安、无助、愤怒、恐惧等。不良情绪具有传染性，强烈不良情绪将严重威胁犯群的稳定。及时疏导不良情绪，帮助服刑人员克服不良情绪，建立镇定、冷静的情绪状态，是维持监管稳定的需要，也是应对应急事件、解决应急事件的需要，是心理干预的重要工作内容。

三、完善认知功能

所谓认知就是认识活动或认识过程，包括信念和信念体系、思维和想象，是一个人对外部人或事的自我内在解释、对自己的看法、对他人的看法、对环境的认知、对事情的感受等。由于文化、知识水平及周围环境的差异，人们对问题往往有不同的理解和认知。人的行为是在内在想法的支配下发生的，探寻应急事件的根源，不难发现错误、歪曲的思维才是真正的罪魁祸首，而并非某一件事情或与事情有关的某些事实。比如，没有得到加分、减刑等奖励，一些服刑人员会认为自己被打击报复、遭遇不公正待遇，也有一些服刑人员认为别人做得比自己好。同样的事实不同的内在解释必然导致完全不同的结果。

应急事件非常容易引发内在认知混乱，比如，得知同犯自杀后，一些服刑人员会很羡慕，认为自己窝囊，连死的胆量都没有，所以无法解脱；也有一些服刑人员认为死不是解脱，而是逃避自己的责任；还有一些服刑人员认为未来是美好的，要面向未来。了解了内在的思维方式后，就非常容易理解外在的行为表现了。

因此，通过心理干预，有效改变服刑人员的思维方式，不仅能帮助他们建立当下的理性思维，还可以帮助他们认识到自己内心不良的认知成分，以及这些不良认知是如何干扰、影响自己的，从而促使其认知功能得到完善。这既是稳妥处置应急事件的需要，也是改造服刑人员的需要。

四、增强战胜问题的自我效能感

服刑人员普遍缺乏自我效能感，应急事件中的服刑人员在自我效能感方面显得更加不足。所谓自我效能感就是对自己是否有能力完成某一行为的自我推测与判断。自我效能感缺乏是出现自杀行为的服刑人员的显著特点。应急事件中的服刑人员完全不相信自己能够通过改造重获新生，提高其自我效能感异常重要。

自我效能感的矫正、塑造过程是应急事件心理干预的一部分，不是简单的政治思想教育。在这一过程中，要帮助服刑人员最终形成自我激励式的内在语言，如“我能战胜危机”，并用积极的视角去审视自己。

第六节　心理干预的实施者

应急事件的心理干预由专业的心理民警、治疗师、危机干预工作者来担当是情理之中的。但在监狱内，应急事件心理干预的最佳人选是监狱民警。

一、监狱民警是实施心理干预的首选人员

监狱是对服刑人员执行刑罚，剥夺其人身自由，在严格的监管条件下使服刑人员与社会隔离，失去再犯罪的条件，并防止服刑期间重新违法犯罪的国家刑法执行机关。监狱在结构上具有封闭性特征，在功能上具有隔离性特征。无论是《监狱法》还是监狱自行制定的规章制度（如《出入监区管理规定》），都对外来人员进入监狱作出了明文规定，在执行复杂的程序后还必须有专人陪护。

另外，监狱有很多不能公开给社会的保密内容，如监狱内部构造、内部管理制度、内部设施等。监狱特殊的环境和监管改造安全稳定要求，都使外来心理工作者在监狱应急事件发生时，不便于在第一时间直接介入干预工作。

由监狱民警成为担当狱内应急事件心理干预工作最稳妥的首选人员。

二、监狱民警实施心理干预的优势

能够了解、掌握应急事件相关人员的背景资料是监狱应急事件心理干预的一大优势。社会应急事件的干预工作，收集有关资料需要多个部门的协作，比如，需要通过服刑人员户籍所在地公安机关了解服刑人员的人口资料，需要通过服刑人员所在单位了解其日常工作情况，需要通过服刑人员居住地居委会或邻居了解其日常生活情况，需要通过服刑人员亲朋好友了解相对隐私的事项。凡此种种，一般需要耗费很长的时间。在掌握这些资料之前的心理干预就只能以稳定情绪、稳定现场事态为主。由于监狱有详尽的档案资料制度、完备的日常考核

记录制度、24小时监管制度，因此，相关服刑人员的各项资料能够迅速备齐。

在彼此信任的基础上进行心理干预工作将会事半功倍，那些熟悉相关服刑人员、事前已经获得相关服刑人员信服和认可的民警是应急事件心理干预的最佳人选。无数案例证明了一个事实：能够解决人类心理危机的绝对不只是训练有素的专业人士，心理干预的前提是被干预者愿意接受。相比陌生人而言，人们总是更愿意听从、接受自己原本就信赖、尊敬人的意见。因此，与应急事件相关服刑人员有日常接触、彼此熟悉并且一贯得到服刑人员信赖的民警，在对应急事件相关服刑人员做心理干预时，就占有得天独厚的优势。

监狱民警具备了上述两项优势：他们能够了解、掌握应急事件相关人员的背景资料；熟悉相关服刑人员。因此，监狱应急事件心理干预工作的重任顺理成章地落在监狱民警身上。

三、对实施应急事件心理干预监狱民警的要求

我们必须看到，对应急事件进行心理干预是和进行政治思想教育、做思想工作完全不同的，完成这项工作不仅需要高度的责任心和工作热情，还需要使用恰当的方法。掌握心理学的方法，特别是在日常管教工作中予以尝试，在尝试之后有所思考，进一步研究心理学方法，再尝试，如此多次反复，就能够让自己具备在应急事件中圆满完成心理干预任务的能力。

对监狱民警的要求如下：

(1)拥有强烈的助人动机，有一定的敏感度和同理心。

(2)能够以稳定、成熟、理性的态度工作。

(3)拥有足够的热情、体力，在人际关系中懂得如何得到对方的回应。

(4)一贯能够在团队中和他人合作共同工作。

(5)能够和不同价值观的人一起工作,不把自己的价值观强加在别人身上。

(6)喜欢学习、思考,接受指导,不用敷衍的方式回应。

(7)积极乐观。

(8)在面对压力时,依然拥有很强的动力来维持内在活力。

(9)尊重他人的隐私权,不会把别人的事情当作谈资。

(10)面对不同文化背景时,能敏锐地把握彼此间的差异,借助文化差异的力量开展工作,但不强行推行自己认同的文化。

(11)懂得把握助人的分寸,不会过度介入,能够让自己停留在“协助复原”的角色里,而不会因为“代替复原”而成为被依赖的对象。

(12)掌握心理咨询的技术、应急事件心理干预的方法。

第七节　心理干预的困难及解决思路

一、心理干预的困难

监狱内应急事件心理干预的困难主要是服刑人员对心理干预的接受度参差不齐,大部分服刑人员不愿意积极接受心理帮助。心理咨询行业在国内还是一个新兴的行业,虽然近几年已经取得了长足发展,特别是在司法部的高度重视下,监狱心理咨询、心理辅导工作得以深入开展,但是,许多人还是把接受心理辅导和精神不正常、“疯子”画等号,特别是文化水平不高、在狱内生活了多年的服刑人员,让他们愿意接受心理干预,是应急事件心理干预面临的挑战。

二、解决思路

1.服刑人员个人

就服刑人员而言，接受监狱提供的心理支持、心理干预似乎表明了他们的精神不正常，这会让他们有羞辱感。部分服刑人员会直接表达，如“你说我不正常”“我挺好的”“我没有病”。服刑人员不需要学习心理学理论，不需要专业精深的心理分析，他们需要的是能够接受的、实质性的心理帮助。因此，隐晦掉心理干预、心理治疗等词汇，只是“谈话”“交流”“聊一聊”，能很好地减少服刑人员内心的抗拒和压力，更容易取得帮助、影响的实质效果。

2.团体心理干预

团体心理干预的方法已经成为日渐成熟的监狱内心理干预方法。首先，由于采用团体活动的形式，减少了个体谈话咨询中服刑人员不想说、不愿说的困难；其次，团体心理干预的活动形式是服刑人员喜闻乐见的，参与度普遍较高；最后，通过同犯间的真实人际互动，帮助服刑人员在体验中感受，在感受中领悟，往往能够取得非常好的效果。特别值得一提的是，团体心理干预可以针对几十名到上百名服刑人员，有效提高了心理干预的效率。

3.坚持心理干预的行为准则

（1）整个心理干预工作配合监狱应急事件处置过程，在应急事件心理干预的过程中，保持冷静、稳定、有序。

（2）始终对干预对象具有帮助意义，提供具备可操作性的帮助。

（3）开始干预工作之前有预案，但要保持灵活性，随着干预工作的进行随时调整。

(4)始终对自己的心理、生理反应保有觉察，及时调整自己，使身心处于良好的状态中。

4.需要注意的要点

(1)关注文化差异

我国幅员辽阔，地域差异明显，这种差异不仅表现在自然环境、经济、人文、社会、宗教信仰等诸多方面的差别上，还表现在由于长期的自然环境和社会环境的制约与历史文化积淀过程中形成的不同的道德观念、思维模式、行为规则、认知方式、情感表达方式等的差别上。进行应急事件心理干预时，必须对这些差异保持高度的敏感，对宗教、种族、语言、思维方式等保持高度的关注，对这些文化差异的把握，在心理干预之初对于建立起信任感有很好的帮助作用。在心理干预中，这些文化差异有时又恰恰能够成为心理干预的支点，帮助实现四两拨千斤的转变。

(2)了解自己

心理干预人员要对自己内心的价值观、自己习惯的思维方式、自己认可的行为准则、自己接受的情感表达方式等有清晰的了解。只有在了解自己的基础上，才能够明确自己和心理干预对象在这些方面的差异，从而借助这些差异达到干预效果，而不是受到这些差异的影响、制约甚至束缚。

(3)心理干预过程中需要避免的言行

不武断、主观地认为每一个与事件相关的人都需要心理干预。

不对服刑人员作评价、判断。

不以恩人自居，不用俯视甚至蔑视的态度说话。

不把重点放在服刑人员无助、乏力、错误、无能等方面，把谈话重点放在服刑人员做到的、能够做到的有效的事情上。

不要过多关注细节。

不要揣测，避免想当然地认为“肯定是”。

不要对服刑人员说自己不确定的事，避免由于不确定再次打击服刑人员的信任度。

第八节 心理干预实施前的准备工作

监狱应急事件心理干预的核心目标是：第一，避免伤害发生或者再度发生，包括自伤或者伤及他人；第二，帮助服刑人员从心理失衡状态恢复到内心平衡稳定的状态中。遵循这样的目标进行心理干预准备时，需要注意以下内容。

一、收集资料

为了能够帮助应急事件中的服刑人员，在开始心理干预之前需要做好资料准备工作，需要掌握的最基本的资料包括：事件的基本性质、发生后的基本形势、救援和后期支持的类型和可能性。

以本章第二节的两个案例为例，在进行心理干预前，必须掌握曹某、马某的基本情况，包括入狱案情、入狱后减刑情况、主要表现、家庭情况、入狱后亲属接见情况、个性特点，以及与其他在场人员之间的日常互动关系等，这些情况是心理干预的基础。

二、保持平静

人们的行为通常是根据他人的反应做出的，心理干预人员必须通过冷静的情绪、清晰条理的思维，让应急事件服刑人员感到可信赖、可依靠。应急事件服刑人员在与心理干预人员的互动中，会通过接收到的信息而受到潜移默化的影响。因此，心理干预人员平静、镇定的态度已经是一种很重要的心理干预。

三、准确判断

在开始心理干预之前必须迅速收集现场人员的表现，并以此为依据作出以下判断：

（1）思维是否清晰、理智。

（2）情绪是否表现极端，如极度急躁、愤怒或抑郁。

（3）行为是否表现极端，如极度狂躁或极度退缩，甚至毫无反应。

（4）是否过度惊慌不安，如警觉过高以及过分的惊吓反应。

（5）是否无法入睡。

没有观察到以上任何表现的个体，不需要进行心理干预。凡是出现以上表现之一就需要尽快进入心理干预，异常严重的要尽快请精神科医生介入。

四、判断应急事件心理干预是否有效

应急事件心理干预的效果可以通过以下三条标准进行判断：

（1）是否能够帮助有关人员顺利渡过心理危机状态。

（2）是否能够促进有关人员尽快完成心理康复。

（3）是否在应急事件中具有可操作性。

第二章 应急事件之前的预防性心理干预

应急事件严重影响监狱正常监管秩序，只要发生就会带来损失，因此，应急事件的处置越超前，由应急事件造成的影响和损失就越小。成本最低、效率最高的应急事件处置方法，不是在应急事件发生以后再予以处理，而是把应急事件管理纳入日常监管改造工作，及时识别可能引发应急事件的苗头，并通过有效的方法予以消除。

按应急事件的性质和诱发因素，监狱应急事件分为天灾和人祸两类。那些由大自然不可抗力直接引发的应急事件，如地震、泥石流、干旱等，毋庸讳言，是目前人类科学技术水平还不能准确预测的。但相对于天灾，监狱内出现更多的应急事件是人祸。人为灾害事件是有可能早发现、早处理的。实现应急事件预防性处置，是从应急事件处置向应急事件管理的重要转折点，也是监狱管理提升到前瞻性层面的重要标志。

虽然狱内由人为因素引发的应急事件形形色色、种类繁多，但是每个个体的行为都是被思想和心理支配的，如在绝望心理中挣扎无果的服刑人员就很可能出现不计后果的行为，情绪不能自控时就容易出现冲动行为、极端行为。因此，及时发现服刑人员的不良心理状态并予以相应疏导，帮助服刑人员处于良性心理状态，并持续保持平衡心理，将起到有效预防应急事件的作用。

第一节　情绪失控的心理干预

有关调查显示，情绪型犯罪占伤害和杀人案件的70%~80%，近年呈增加态势。犯罪分子在不良的情绪、情感作用下直接实施犯罪行为，案情简单、突发性强。这类犯罪在很大程度上取决于情绪性动机，以非理性为特征。这类犯罪分子的共同特征是：在情境刺激下，甚至没有明确的动机和目的，只是因为一时冲动就会达到短暂的、爆发式的情绪高峰，大脑失去思考能力，自我约束能力减弱甚至丧失，不计后果地为所欲为，特别需要提到的是很多情绪型服刑人员在外界情境的刺激下，随时随地都有情绪爆发的可能。这些犯罪分子在事发后就会后悔，获刑入狱后更是后悔不迭。但是，后悔并不等于能够做到自我控制，情绪自控力差的人如果不经过有意识的情绪自控训练、自我约束练习，那么遇到刺激环境时，情绪就会再度发作。这类犯罪分子入狱服刑后，常常成为监狱应急事件的肇事者。对于这类服刑人员而言，情绪自控能力的训练是管教重点。

☞案例

服刑人员石某入狱原因：石某阻止18岁的女儿和男朋友交往，女儿不听从，石某动手打了女儿，丈夫李某劝妻子不要打女儿，女儿借机跑出门。于是，石某把一肚子火发在丈夫身上，数落丈夫平时总是放纵女儿，石某一边破口大骂一边和丈夫拉扯。李某推开妻子也想要离开家，石某拿起茶几上的水果刀对丈夫喊："你也走吧，你们都走了，我就死给你们看。"李某回头看了一眼，继续向门外走，石某气急败坏地冲过去刺中李某。事后，石某悔不当初，一再说："绝没想到自己一刀就会要了老公的命！"

入狱后，石某下决心要改掉自己爱发脾气、发起脾气来不顾一切的恶习，甚至咬破手指写了血书。但是，入狱半年后，石某连续出现与同犯言语不和后动手打人、顶撞民警等若干次严重违规行为。尽管每次事后石某都非常后悔，但总是好景不长又出现问题。

【心理分析】

从石某动手打18岁的女儿、一边破口大骂一边和丈夫拉扯、气急败坏地冲过去刺中李某等行为，可以断定在情绪失控状态下，石某习惯采用打、骂等暴力攻击他人的方式发泄情绪，这种恶性处理情绪的方式已经成为她的行为习惯。因此，无论石某在理智时用怎样的方式表达悔改之意，只要她没有学会情绪控制的方法，没有经过有效的情绪自控训练，在遇到刺激情绪达到一定浓度时，石某都将习惯性地采用暴力攻击的方式释放情绪。

一、调动动机

只有让服刑人员有足够的自我约束动机，才能够保证后续的训练一一得到落实。下面这项心理干预的方法主要是为了调动训练动机。

具体做法：

与服刑人员充分讨论情绪失控给自己造成的影响，包括不利影响和有利影响。任何事情都是有利有弊的，对情绪失控造成的影响做全面讨论本身就是在传达凡事要有全局观念，较之只谈不好的，回避有利的方面，全面讨论增加了服刑人员的心理接受度。

在充分讨论后，要求服刑人员把情绪失控的不利与有利的影响用以下样表（见表7）的形式写下来。样表需要在做心理干预前准备好。最后让服刑人员根据自己内心的感受填上不利和有利影响分别所占的百分比。

表7 样表

情绪失控的影响	
不利方面	有利方面
以对自己的总影响为100%	
不利方面所占百分比：	有利方面所占百分比：

表8是一名服刑人员在心理干预后填写的“情绪失控影响表”：

表8 情绪失控影响表

情绪失控的影响	
不利方面	有利方面
1.心里非常难过 2.总是说错话、做错事，而且没有挽回余地 3.伤身体 4.伤情分 5.让父母、亲人着急、伤心 6.让不喜欢我的人看笑话	1.得到一时痛快 2.逞一时能耐 3.当时不窝囊 4.把气撒出去了，当时不受气
以对自己的总影响为100%	
不利方面所占百分比：95%	有利方面所占百分比：5%

说明：

(1)了解真实想法

让服刑人员做不利和有利两方面的百分比分配时，为得到其内心的真实想法，只需要使用这样的引导语：“如果不利和有利两方面的影响加在一起是100%，你现在凭自己内心的感觉，判断一下：不利的方面大概占百分之几，有利的方面大概占百分之几。想好了就填进去。”

(2)分析数字比例

只有不利方面所占百分比远远高于有利方面所占百分比，才说明服刑人员有足够的动机做改变，可以继续后面的情绪自控训练。

如果不利方面和有利方面百分比相差无几，那么此时还不是做情绪自控训练的最佳时机。需要先分析“服刑人员并不认为情绪失控不利之处远远大于有利之处”的根源，并就这个根源做相应干预。

当不利方面所占百分比低于有利方面所占百分比时，可以使用这样的引导语：“情绪失控既有有利的方面，又有不利的方面。看起来对于你来说，情绪失控不利的方面其实不如有利的方面多，也就是你愿意情绪失控，并且能够接受因为情绪失控而付出的一切代价。你怎么看？”以此引导服刑人员做思考，直到其认为“我不愿意接受这些代价”或者“付出的代价太大了”，再做进一步引导，“想到了什么让你觉得自己付出的代价太大了呢”“要不要重新考虑一下这两个比例”。

二、情绪管理训练

这个心理干预方法的目的在于帮助服刑人员用理智管理情绪，是通过建立观察情绪的视角保持理性思维不被吞噬，通过对自己内在需要的分析了解自己真正的需要，从而实现用理性寻找更恰当的表达方式。整个过程起初是由心理干预者带领服刑人员完成，多次带领服刑人员完成这个过程后会帮助服刑人员形成思维定势，此时可以进入由服刑人员自行训练的环节。要达到最终自我情绪管理的目标，需要耐心完成各个阶段的心理干预。每个阶段可能用一次心理干预就能完成，用时50~60分钟；也可能需要在3~5天后再次继续这个阶段的内容，用多次心理干预完成。各个阶段全部完成后，还需要反复训练，直到服刑人员能够熟练地进行情绪管理为止。

具体做法：

1.第一阶段心理干预：情绪命名训练

人类有七种基本情绪表情：生气、难过、高兴、恐惧、厌恶、惊讶、轻蔑。

让服刑人员对自己心里的情绪做辨认，并确定它是什么，用一个词命名这种情绪，或者用几句话说明这种情绪。要求只是说明自己的感觉，对于一些开口就找理由的服刑人员，需要要求他们用“我觉得……”造句。

对于某些服刑人员来说，可能需要从学习情绪的名称开始。做心理干预时，可以借用图片或者现场用面部表情、肢体动作带领他们完成熟悉情绪种类的练习。

在熟悉了图片中的基本情绪后，可以进入表达及辨认训练，比如，要求服刑人员做出伤心、难过、厌恶等表情，或者心理干预者做出某种表情动作让服刑人员判断这是什么情绪。当其至少能够熟练地判断出七种基本情绪后，再进入下一步训练。

建议完成了情绪命名训练后，本次心理干预就立刻结束，同时留作业：每天对自己的情绪做2~3次辨认，并且至少做一次记录；记录内容包括时间、地点、自己觉察到的情绪，以及觉察到情绪以后自己的想法或者做法。

2.第二阶段心理干预：节制情绪训练

要遏制住情绪冲动，远离情绪失控后付出的惨痛代价，就必须能够在情绪开始滋长时遏制住它。所谓“做情绪的主人”就是能够有效节制自己的情绪。此时，可以询问服刑人员：“你记得自己曾经有过控制自己情绪的经历吗？哪怕只是稍加片刻控制，过后仍旧任由情绪疯长。”如果服刑人员有过自我控制的尝试和经历，都会很好地激励其建立自信，强化后续训练的主动性。

情绪失控往往是因为大脑停止工作，保持大脑工作需要在阻断情绪的同时把注意力还给大脑，哪怕是有意进行的非常简单的思维过程，都是启动大脑思考力的有效力量。下面的练习就借助了关注呼吸、数数等方法调动起大脑的思考力。民警可以把以下几个练习有选择地教给服刑人员，并要求其每天进行自我训练。

（1）数数训练：无论处于什么情绪状态，强行要求自己闭上眼睛，在心里大声从10开始倒数到1，要求一个数字一个数字慢慢数清楚。如果数乱了，就从10开始重新数。

（2）自我提醒：无论处于什么情绪状态，强行要求自己闭上眼睛，在心里大声对自己说“冷静”，重复10遍；或者告诉自己“这样对我没有好处，还会伤害自己”，反复在心里大声对自己说。

（3）呼吸训练：无论处于什么情绪状态，强行要求自己闭上眼睛，把注意力集中在呼吸上，仔细关注空气进入和离开身体的感觉，同时在心里数数，吸气数1，呼气数2，吸气数3，呼气数4……吸气数9，呼气数10。

（4）体育锻炼：体育锻炼是很好的情绪宣泄方式，在骨骼、肌肉的运动中，把不良情绪释放出去。同时，运动也会很好地改善睡眠。不过，需要根据服刑人员的情况选择合适的运动方式。

（5）做笑容操：要求服刑人员像做操一样做笑容练习。即便是强制性的笑，对于良性情绪的建立仍旧有很好的效果。心理学实验表明，哪怕是伪装的笑容，对于建立良性情绪都非常有帮助。

（6）做鼓励练习：建议在节制情绪训练结束前与服刑人员围绕“怎样不断鼓励自己进行练习”做讨论，就是对“如果你顺利完成了练习控制住了怎么奖励自己”做讨论。寻找到至少一种适合服刑人员的奖励方法，对于后续的训练、情绪自控力培养具有重要的促进意义。奖励是服刑人员给予自己的奖励，既可以是实物的，也可以是精神的。

3.第三阶段心理干预：寻找情绪来源

引发情绪的事件往往是表象，真正引发情绪的是表象背后的歪曲信念，或者说情绪来源于自我意识对内外认知过程的评价。这些评价大部分是潜意识自动生成的，它几乎同时伴随感觉和知觉产生，每个人的评价反应模式一般都不相同。评价反应的模式是每个人在成长的过程中，不断对外界的刺激做出反应而形成的，其中有遗传的因素，但主要是与成长的客观环境有关。正是由于情绪是来源自我认知过程的评价，所以可以通过改变评价反应的模式实现对情绪的控制。

心理学研究表明，并不是外界环境、客观发生的某些事情导致个体产生了情绪，而是个体内在对环境、事件等作出的评价、解释诱发了情绪，这个心理干预的方法就是要从改变内在评价、解释的内容入手改变负性情绪。

具体做法：

（1）要求服刑人员想出一个曾经让自己有负性情绪的场景，并讲述那个场景，要求有以下这些内容：时间、地点、当时发生了什么事，以及自己当时的情绪感受。

（2）让服刑人员闭上眼睛回忆那个场景，然后观察“当时你在心里对自己说什么”，或“当时脑子里的念头是什么”，或“当时自己是怎么想的”。

（3）在找到上面问题的答案后，睁开眼睛，并就这个想法做讨论：“有没有其他的可能？”引导服刑人员发现除了自己当时的想法以外，还有若干种其他可能。

例如：

民警要求服刑人员L想出一个曾经让自己有负性情绪的场景。

服刑人员L：前天晚上，在监舍里我和同犯C下棋，我输了，一抬头正好看到C笑嘻嘻、非常高兴的样子，我心里的火一下就上来了。

民警：你现在闭上眼睛，想象现在是晚上，在监舍里，你正和同犯C下棋，自己输了，抬头看到C笑嘻嘻、非常高兴的样子。那么，现在再关注自己的内心，那一瞬间，你在心里对自己说了什么？想到了告诉我。

服刑人员L：我在心里说“L，你个笨蛋，从来就是被人欺负的料儿！”

民警：睁开眼睛吧。你怎么看自己会想到“L，你个笨蛋，从来就是被人欺负的料儿”？

服刑人员L：不知道，好像这个想法一下自己就冒出来了。

民警：下棋输了，除了是被人欺负之外，还有没有其他的可能？

服刑人员L：现在想想，人家没有赖棋，哪有欺负我呀！谁赢了都会高兴的，笑了其实挺正常的。

民警：你是说双方都不赖，下棋就是有赢有输的，那还有其他的可能吗？

服刑人员L：人家比我棋下得好。

民警：还有其他可能吗？（民警不断地寻找多种可能性是一种带领服刑人员"离开牛角尖"的心理干预方法）

（4）帮助服刑人员建立起新的自我对话模式。"如果选一种说法在那个时候告诉自己，你会选那一种？"在服刑人员自己做出选择后，如果没有负面影响就可以直接进入下面的练习；如果服刑人员做出的选择会产生新的负面影响，那么就要引导其重新选择。

仍以上面案例为例，继续心理干预过程。

民警：如果选一种说法在那个时候告诉自己，你会选那一种？

（第一种）服刑人员L：人家没有赖棋，赢就赢了吧！——这样的选择没有负面影响，可以继续。

（第二种）服刑人员L：我就是笨，认了。——这样的选择存在负面影响，不可以继续。要重新调整引导。

民警：笨是什么意思？

服刑人员L：就是什么都做不好，没有用。

民警：你是说你不能自己穿衣服、不能自己吃饭，什么都做不好？

服刑人员L：不是，就是比别人差。

民警：你是说自己比别人少长了一只眼睛？

服刑人员L：不是，就是不如别人。

民警：你是说你的全部都不如别人？

服刑人员L：不是，我下棋不如别人。

民警：那么“我就是笨，认了”应该改成“我下棋不如别人，输棋就得认”。

服刑人员L：好吧。

（5）建立新的自我评价模式。与服刑人员讨论，假如按照新的自我对话方式对自己说，会有什么不同，会发生什么。用积极的结果促进其内心认可并接受新的自我评价模式，通过多次练习逐渐替代旧的引发负情绪的自我评价模式。

仍以上面案例为例，继续心理干预过程。

民警：假如输棋时你对自己这样说“我下棋不如别人，输棋就得认”，你会怎么样？

服刑人员L：我不会那么生气了。

民警：不生气了有什么好处吗？

服刑人员L：跟大家的关系可以处得好些，也不会再因为违反纪律影响自己。

民警：那咱们以后每遇到让自己生气的情况都这样试试怎么样？

4.第四阶段心理干预：恰当转移

情绪是有能量的，需要用合适的方法把情绪宣泄出去。心情不好的时候，专心忙点儿什么，使自己没有时间去思考不愉快的事情，特别是做些自己喜欢的事，哪怕只是闭目想象让自己非常快乐的事，把注意力转移到愉快的事情上。这是一种有效的积极宣泄情绪的方法。

这个阶段的心理干预工作包括和服刑人员一起找到可以转移注意力的恰当方法，并督促其落实、练习。

仍以上面案例为例，继续心理干预过程。

民警：如果可以做点什么，你觉得做点什么能让自己感觉更好些？

服刑人员L：我喜欢打球，但晚上不能打球。

民警：其他的呢？比待在原地生气好些的就可以。无论做点什么，能很好地帮你转移注意力，会对控制情绪有帮助的就行。

服刑人员L：那就唱歌吧。

民警：如果规定唱一首歌，你会唱哪一首？（不同的歌会带来不同的情绪色彩，所以要继续讨论，而不能确定为唱歌就算了）

服刑人员L：《从头再来》。

民警：这算一个可以做的事，还有备选吗？

服刑人员L：做俯卧撑。

民警：好的，这个也好。

三、犯群情绪管理

前面谈到的方法都是个体心理干预的方法，在警力不足的情况下，对犯群进行心理干预将大大提高工作效率。另外，同犯间的交流常常会更有说服力。同时，对犯群做心理干预时采用的团体活动方式，用类似做游戏的方法化解服刑人员的抵触心理，用共同讨论的方法，引导同犯间交流、讨论问题。这是监狱心理干预中一举多得的方法。

1.对象：每组 8~12名服刑人员，经验丰富的民警可以每次安排 3~5组同时进行。

2.目的：

（1）用做活动的形式帮助服刑人员学会感受他人的情绪、表达自己的情绪。

（2）体会情绪的积极作用和消极作用。

（3）了解调控情绪的必要性。

（4）掌握调控情绪的有效方法。

（5）帮助服刑人员掌握恰当、合理的情绪表达方法。

3.干预过程：

第一步：感受他人情绪、表达自己的情绪。

要求一组服刑人员围成一个圆形就座（见图3）。图中每一个小圆形代表一名服刑人员的座位。

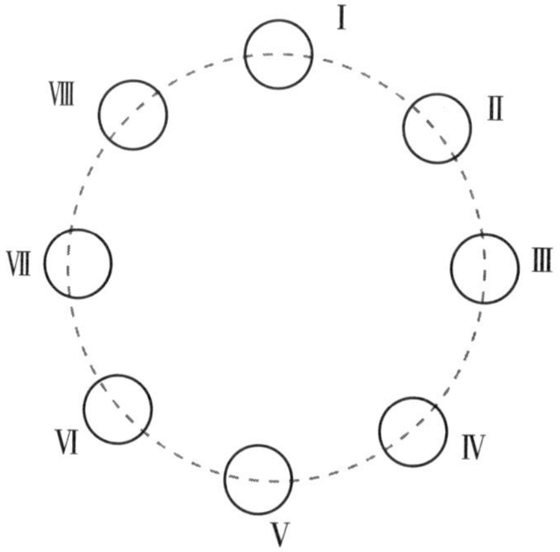

图3　罗文圆形座位图

全体都不许说话，只可以用动作或者声音做表达。可以从其中任意一个开始，比如，从Ⅰ开始，由Ⅰ做一个动作表达自己最近一周的情绪。Ⅰ表达完之后，从Ⅱ开始对Ⅰ用一个不同的动作做领会回应，就是用动作表达对Ⅰ的理解、安慰、安抚、关怀、支持等。Ⅱ做完之后由Ⅲ做。依次轮流做一个动作给Ⅰ回应，直到Ⅷ。

接下来，由Ⅱ做动作表达自己最近一周的情绪。Ⅱ表达完之后，从Ⅲ到Ⅰ，其他人依次对Ⅱ用一个和Ⅱ不同的动作予以回应。

以此类推，直到Ⅷ表达情绪。

这个过程中，每个人都有一次机会用动作表达自己最近的情绪，并可以得到全体小组成员的回馈。在训练主动表达自我情绪的同时，完成了感受他人情绪并予以回馈的训练过程。

第二步：借助讨论的过程实现心理干预。

由民警带领讨论，这个交流的过程是引导服刑人员进行自我教育的过程。一般分成这样几个环节：

①依次讲讲自己刚才表达的是什么情绪。

②讨论：其他人做出的反馈带给自己什么感受，其他人做出的反馈中哪一个是自己感受最深的。

③在这个过程中自己想到了什么？有什么想对其他人说的话？

第三步：控制情绪方法交流。

①每人都讲一件因情绪失控对自己有不好影响的事情，以及这件事对自己的影响。都讲完以后，民警引导大家做交流。常用的引导语有“大家听了这件事有什么想说的吗？”“哪位想对××（刚发言的人）说点什么？”

②每人讲一件自己控制住情绪的事情，要讲事情的经过，还要讲自己是怎么控制住情绪的，以及这件事给自己的感受。都讲完以后，民警引导大家做交流。常用的引导语同上。

③民警教给服刑人员一些控制情绪的方法，如前文提到的数数训练、自我提醒等。详细内容见前文，这里不再赘述。

第四步：总结、整理控制情绪的有效方法。

让每一名服刑人员依次谈谈自己记住的情绪控制方法。每一名服刑人员都说，其中难免会有重复的内容，不要担心重复内容占用时间，多次重复本身就是一种心理干预，让服刑人员重复数遍听到同样的内容，在有利于记忆的同时实现对这些内容的强化。

常用引导语：大家不仅谈了自己控制情绪的方法，还听了其他人的办法。不良情绪是“恶魔”，现在大家一起来总结打败这个“恶魔”的方法，每个人都说说自己记住的控制不良情绪的方法。

第五步：互相鼓励、积极实践。

要求每个人都当众做一个承诺，承诺形式如下：

我会每天都练习控制情绪的方法××（各自讲述自己选择的方法），坚持每天实行，请大家鼓励我！下次小组活动时，我会跟大家汇报我的收获。

第六步：反馈执行情况。

这次心理干预建议在第五步结束后的5~10天进行，重点是每个人依次向小组汇报自己的执行情况，小组其他成员作补充。对于执行好的，民警要带领全组热烈地鼓掌祝贺。在这次反馈执行情况后，间隔5~10天进行类似的反馈活动，如此坚持3~5次，以便给服刑人员足够的时间形成习惯。

第二节 “无病呻吟”的心理干预

社会上在综合医院就医的人群中，有30%~40%具有医学不能解释的躯体症状。2010年5月30日《法制日报》报道，南京女监采用了问卷和访谈法开展“躯体化障碍”调查，结果显示，女性服刑人员躯体化障碍约占90%。这样的数据使频繁就医却查不出疾患的“无病呻吟”问题成为应急事件管理必须关注的问题。

☞案例

服刑人员张某，男，28岁，因犯故意伤害罪被判处有期徒刑8年。入狱4年来，张某情况很稳定，改造态度很好，父母妻女常来看他。张某有文化，人又豪爽、大方，和同犯相处得很好。虽说身体有病，但民警和家人都为他积极想办法治疗，多次到医院检查过，每一次都查不出什么器质性病变。张某坚持认为自己感觉非常难受，肯定是有病。无论是狱内直接管理他的民警还是亲属，都很不理解张某怎么会自杀。

张某每天和其他同犯一样按部就班地劳动、学习，虽然常常唉声叹气，但也跟同犯有说有笑的，就是越来越爱挑毛病，看哪儿都不顺眼，还总以自己身体不好为由，能不参加的活动都不参加。请假记录上有这样的记载：自缢前5个月，张某共请假看病16次。每次看病主要是两个问题：一是每天早晨睡醒后感觉睁不开眼，心脏有突突的感觉，连说话的力气都没有，一整天总想躺着；二是肚脐周围发硬，很难受，一按就像被打了掏心拳一样。

在接见时，张某曾跟家人大发雷霆，只是因为妻子和母亲都说"医生都说没有病了，你就是没病"。张某最不能接受的就是别人说他没有病。

以下片段摘自服刑人员张某自杀前一周的日记：

5月20日，今天我停止了用药，总去医院我也烦了，治和不治都一样，我的病越来越重，说出来也没有人理解，查不出来问题就是大问题，看来是生命走到尽头了。

5月21日，如果身体没有疾病，我也可以和其他人一样每天劳动、娱乐。现在每天没有好的时候，只是睡着那一会儿自己不知道，一旦醒过来身体就难受得坐立不安。再这样下去，我怕自己连自尽的力气都没有了。

5月22日，谁不想好好活下去，可是我的身体太糟了，怎么治都治不好呀！我也不想再多说了，这样日趋严重的结果其实就是死。

5月23日，今天很想念亲人。今生是不能报答你们了，我走了对你们也是一种解脱吧。

5月24日，今天我特意感谢了一下王队长，告诉他很感谢他对我的关心帮助，我真的很想积极改造，报答他对我的关心。王队长要我乐观些，我的身体太差了，已经坚持不下去了，对不起。

5月25日，我现在每多活一天就多痛苦一天，只要醒着就难受得坐卧不安。我实在坚持不下去了，如果有一线希望，我也会积极治疗、加倍努力改造的，我也不愿意再给政府、亲人增加麻烦了，就让我走吧。

张某的身体虽然没有病，但他属于一类特殊的“病人”。这种检查不出身体器官病变却被病症困扰的情形是一种心理疾病，当服刑人员出现“无病呻吟”时，很可能是出现了疑病症、躯体化障碍、抑郁症这三类心理疾病。

1.三类心理疾病的共同点

这类“病人”各种检查均正常，虽然始终查不出器质性问题，但会不断地表达身体备受疾病折磨的痛苦。他们由于身体确实能够感受到“症状”带来的痛苦而焦虑不安，他们貌似“无病呻吟”其实并不是在装病，尽管检查不出器质性问题，但对于他们来说，躯体这样或那样的不适感、疼痛感都是真实存在的，药物治疗很难有明显的效果。这样的心理疾病不仅会影响正常的生活、造成监狱医疗资源浪费，更严重的后果是很可能导致服刑人员自杀。

2.三类心理疾病的区别

（1）疑病症：自感症状很重，担心可能存在某种疾病，通常是一些疑难杂症，如癌症、传染病等。他们频繁求医，往往只凭着自己的感觉就认定自己的病症非常严重。当医生检查得出否定结论时，他们会断定医生的诊断是错误的或不可靠的，而且会设想更糟糕的病症，于是一次又一次地去医院，以寻求诊断和治疗。

（2）躯体化障碍：即个体反复出现多种频繁易变的躯体症状，可能涉及全身的任何系统和部位，到医院检查发现并没有器质性病变。无论经过怎样的检查、医生如何作合理的解释，都不能打消其疑虑，常伴有明显的焦虑和抑郁情绪。这种心理疾病的特点是躯体症状多种多样并且时常变化。

（3）抑郁症：抑郁症由一组症状组成。一项针对社会自杀死亡者的调查显示：自杀者中50%~70%可以诊断为抑郁症，其中绝大多数是隐性抑郁症患者。所谓隐性抑郁症患者就是足够诊断但又没有得到治疗的抑郁症患者。抑郁症是完全可以治疗的，它的别称叫“心灵感冒”，用来形容抑郁症就像感冒一样，是很容易患上的心理疾病。抑郁症的症状常常表现为躯体症状，很容易被作为躯体疾病治疗，反复到医院就诊的患者中50%伴有抑郁症，他们常常因神经、心血管、消化等疾病到医院就诊，而抑郁情绪本身却被认为是人生病时的正常情绪被忽略。

服刑人员是抑郁症的高发人群，抑郁症服刑人员的高自杀率使那些隐性抑郁症服刑人员成为引发应急事件的潜在风险。

对抑郁症服刑人员的干预一般和药物治疗相配合，在抑郁症初期和稳定期如果能在药物治疗的同时配合心理干预，将非常有助于防范自杀并促进服刑人员康复。对于抑郁症服刑人员，督促其按时按量服药是非常重要的。

（对这类“无病呻吟”心理疾病的心理干预方法详见“叁 自杀自伤心理干预实战技术”第四章第四节，第540页）

第三节 睡眠障碍的心理干预

有关研究显示，服刑人员中67.32%存在睡眠质量问题，明显高于普通人群。睡眠障碍对个体的影响非常恶劣，长时间睡眠障碍的个体常出现下列表现：容易紧张和焦虑，莫名其妙地恐惧和烦躁，头痛、头昏、眼花、心慌气短、心烦、乏力、精力差、疲倦无力，白天总是没精打采、精力不够，有时还会感觉恍惚，等等。服刑人员长期处于这种状态中时，容易导致劳动改造过程中的受伤、致残事故，还容易因此引发同犯间的冲突，部分自杀者会提到长期睡眠障碍的痛苦是选择自杀的原因之一。因此，服刑人员睡眠障碍已经成为造成监狱应急事件的重要原因之一，必须予以心理干预。

所谓睡眠障碍就是我们常说的失眠，是指应该睡眠的时候不能及时入睡或及时再入睡；在应该睡眠的时间内不能维持睡眠或达不到本人生理所需要的小时数；常伴有各种不愉快或不适的主观体验。

失眠的表现形式：难以入睡、睡眠不深、易醒、多梦、早醒、醒后不易再睡、醒后感到不适或疲乏、白天困倦等。

一、重新认识失眠

很多有睡眠障碍的服刑人员会在入睡前就开始焦虑，担心当晚不能入睡；上床后唉声叹气，果然不能入睡，越不能入睡越心烦焦虑，就越难以入睡；久之，形成恶性循环。

服刑人员对失眠问题的看法、自我的内在解释方式，决定着失眠时的情绪，以及行为反应。并不是每一个失眠的服刑人员都沮丧、烦躁。服刑人员R虽然也失眠，但R这样解释自己失眠："从小我妈就说我是个觉少的人。"别人睡觉时R看书，而且R常常很高兴自己睡眠少，他会对同犯说："你们都睡过去了，我又看完一本书，你们没有办法比！"同犯不少人甚至很羡慕R不用睡那么多觉，"睡眠少可以用的时间多"成了R公然的优点。

心理学研究显示：睡眠时间短并不是造成个体出现失眠后种种症状的根本原因，服刑人员认为睡眠时间短是严重的问题时出现的失眠后症状，远强于服刑人员并不认为睡眠时间短是问题时的症状表现。因此，对于睡眠障碍的心理干预要从调整服刑人员的认知开始。

以下几个问题是服刑人员对于失眠问题的常见歪曲认知，解决这几个问题是这个阶段心理干预的重点。需要说明的是，必须因人而异地选择究竟从哪个问题入手。如果服刑人员看法模糊，甚至看法是歪曲的，就要在心理干预时就这个问题做重点讨论，并不是进行每一例睡眠障碍的调整时都要把每个问题谈到。

这个阶段的心理干预一般从了解服刑人员对失眠问题的认知开始。常用问题："你怎么看失眠""你认为自己为什么会失眠""你想到自己失眠会跟自己说些什么"。

（1）服刑人员总抱怨没睡好，或者把很多糟糕的事情都归因于失眠，例如，"就是因为睡不好，所以我才……"那么，需要重点就"失眠是普遍现象"做心理干预。

"现代社会晚上睡不好觉的人越来越多。有关研究的数据显示：服刑人员中有超过60%的人正在或曾经失眠。你听到这些，想到了什么？"

（2）服刑人员的困扰在于自己用了各种方法解决失眠问题，但是都没有效果，一想到睡眠就焦虑。那么，需要重点就"不和失眠较劲"做心理干预。

"关于睡眠的事情想得越多，就越影响入睡。或者说解决失眠的努力可能正是造成失眠的原因，就像用很大的力气拍皮球时，皮球不仅不停下来，反而跳得更高。听我这么说，你怎么想？"

"担心自己睡不着，越担心越会心烦意乱，结果真的睡不着。糟糕的睡眠常常会从担心睡不着开始。其实，如果不担心了，心里反而没有那么紧张，顺其自然，就像呼吸一样，不需要刻意地去想那么多。你怎么看这个问题？"

"失眠本身的危害往往远不如对失眠恐惧与忧虑所造成的危害大。对失眠的恐惧与忧虑，会产生恶性循环的精神交互作用，即失眠—恐惧—紧张—失眠加重—恐惧加重—紧张加重—失眠更重……要想睡好觉，就必须要学会放松情绪、冷静地接受现实。只要能做到心身放松，即便是整夜不眠，也无大碍。高僧经常静坐（卧）不眠却能长寿就是证明。"

（3）服刑人员的担忧来自"失眠说明自己身体有病了"。那么，需要重点就“失眠不是身体有病的表现”做心理干预。

“现代医学研究发现：失眠只是大脑的兴奋和抑制功能暂时失去平衡的表现。不论失眠或伴随症状有多么严重，失眠本身不意味着身体有什么病变，更不会转变为精神病或其他疾病。你相信这些研究吗？”

(4)服刑人员的担忧来自自己的睡眠时间不够。那么，需要重点就“睡眠时间是因人而异的”做心理干预。

“睡眠需求就像口味喜好一样，每个人都不一样。普通成年人每晚睡眠时间为6~9小时，平均7个半小时。有的人需要睡10小时，有的人睡 5小时就够了。是否睡够不以睡了多长时间作判断，第二天感觉舒服就是睡够了，感觉困顿就是没有睡够。”

“睡眠质量比睡眠时间更重要。睡的时间长但睡眠质量不够，疲劳得不到恢复，白天仍然会觉得不舒服；睡的时间短但只要睡眠质量好，就会休息得很好。”

二、睡眠限制

适用于睡眠中总是断续苏醒的情况。

1.带领服刑人员对自己日常睡眠进行评估，算出每晚睡眠的平均时间。

常用的引导语有：“通常什么时间开始睡觉？什么时间会醒？”“睡觉时，躺在床上的时间大概比实际睡眠时间多了多久？”

2.根据评估时间确定自己的睡眠时间。比如，估计平均每晚睡 4 小时，就规定自己先在床上看书，每天凌晨 2 时躺下开始睡觉，6 时起床。经过若干天后，开始小幅度增加睡眠时间，改为 1 时半上床，6 时起床。经过若干天后，再次提前半小时睡觉。这样逐渐增加到适当的睡眠时间。睡眠限制疗法要求按时起床，白天不打盹。

三、放松训练——渐进式肌肉放松

适用于各种原因引起的入睡困难或夜间醒后难以再次入睡的情况，既可用于偶尔发作的失眠，也可用于长时间的失眠，对伴有焦虑的失眠效果更好。

渐进式肌肉放松是通过控制肌肉的紧张与松弛，逐步放松肌肉进而实现精神上的放松，从而逐渐入睡。简单易做，大多数人在进行自我放松训练的过程中就睡着了，在这样的放松过程中，还能够帮助服刑人员调节不良情绪、不良躯体健康状况，是一个简便易行的好方法。（具体做法详见“叁 自杀自伤心理干预实战技术”第二章第一节，第477页。）

民警教会服刑人员做自我放松训练并带领其有过体验后，要把这个训练作为作业布置给服刑人员。要求晚上躺好准备睡觉时或者夜里醒来难以入睡时，从躺舒服、关注呼吸开始，进行渐进式肌肉放松训练。做放松训练时要求排除一切杂念，把全部的感觉集中在肌肉的动作和放松的感觉上，让自己全身心沉浸在肌肉放松后沉重、舒适的感觉里。另外，在放松过程中，除了做规定动作之外，肢体保持一动不动、不做任何其他动作的状态。

放松的过程做得越细致越好，完成全部放松所需时间不受限制，依个人具体情况而定，宁可慢不宜快，重点是体会放松的感觉。放松肌肉时让自己默默地想，“我浑身一点力气都没有了”“放松……放松……放松……”“我完全放松了”“这种感觉真舒服”等，这些内容有助于放松过程。

放松训练贵在坚持，一般需要1~3个月的时间。其过程为：

第1~2周：每晚睡觉前做全套的练习，包含先做让肌肉紧张的动作，再迅速彻底地放松。集中体会肌肉绷紧的感觉是什么样的，同时充分感受放松后的感觉。这里之所以有意制造肌肉的紧张感，是为了帮助服刑人员对比体会松弛感，从而更容易对松弛感有清晰的体会。练习的中间环节可能就睡着了，不必拘泥一定要把练习做完。如果做完全套练习还没有睡着，那么就再做一遍。

第 3~4周：每晚睡觉前直接对各个部位做放松训练，依次注意身体各个部位的紧张，然后逐一让各个部位放松，充分感受放松后的舒适。同样地，假如练习的某个中间环节睡着了，练习就已经达到目的。如果做完全套练习还没有睡着，那么就再做一遍。

第 5 周往后：每晚睡觉前练习直接进入全身放松的感觉。这个心理训练的目的就是服刑人员可以让自己的身体直接进入放松的状态。

四、自我想象

大脑科学研究表明，在无法入睡时大脑在进行复杂的思维过程，具体表现就是不停地想很多事情。只是凭意识告诉自己“不想了”“我要睡觉”等并没有太大作用。只有让大脑思考有助于睡眠的内容，才会平静入睡。

1.白云法

引导语示例：

用自己感觉舒服、放松的姿势躺好，轻轻闭上眼睛，自己对自己说，我现在非常安静，非常放松。然后，深深地吸气，慢慢地吐气，让自己感到非常安静，非常放松。想象自己躺在一块绿油油的草坪上，头顶是一片蓝蓝的天空，天空中有一片白云，厚厚的、洁白的，慢慢落在自己的身上。再感受一下自己被白云层层包裹着，白云开始慢慢地向上飘，自己的身体也跟着白云飘起来了。仔细体会一下飘起来的感觉，感到自己越飘越高，越来越轻，好像完全失去了重力，慢慢地，自己躺在这片白云上睡着了。

2.海浪法

引导语示例：

用自己感觉舒服、放松的姿势躺好，轻轻闭上眼睛，自己对自己说，我现在非常安静，非常放松。然后，深深地吸气，慢慢地吐气，让自己感到非常安静，非常放松。想象自己躺在海边，蓝色的大海，金色的沙滩，感觉身体下面是松软舒适的沙滩，那软软的、细细的、暖暖的细沙包裹着自己，太阳照在身上，非常温暖、舒适、安详。海水慢慢浸湿了你，有点清凉，但十分舒适，海浪慢慢地退去，像在按摩自己的肌肤，舒服极了。让自己尽情地享受这种舒服的感觉，而自己则躺在这片舒适的沙滩上睡着了。

第四节 绝望心理的心理干预

监狱内绝大多数恶性应急事件都与服刑人员绝望心理有关，服刑人员绝望心理对监管安全稳定是严重的潜在威胁。绝望心理的成因很复杂，与个人成长环境、性格等因素有关，也与情感纠葛、人际恩怨、个人境遇、监狱改造环境等有关。绝望心理一旦从内心压抑转为外显行为时，肇事者便会无所顾忌、不择手段，常常肆无忌惮地与法律相对抗、与民警对抗，甚至不惜以生命为代价。因此，绝望心理一旦爆发，往往会引发自杀自伤、伤害杀人、劫持人质、越狱暴狱等恶性案件。可见，每一个被绝望心理占据了内心世界的服刑人员都是一个极大的潜在危险。

绝望心理的心理干预难度比较大，主要原因有两点：第一，绝望心理隐蔽性强。严重绝望心理的服刑人员大多性格孤僻内向、沮丧悲观，他们常常沉默寡言，不多和其他人交往，也不轻易跟其他人说心里话；他们多是一幅老实人的样子，常常独往独来，很少主动参与群体性的文体活动，在生活、劳动中一般少有违反规则的行为，因此非常容易被主管民警疏忽。第二，在服刑人员中所占比例大、范围广，容易在彼此影响中滋长。可以说绝大多数服刑人员都有绝望心理，一些服刑人员中常见的现象，如改造中的度日如年、烦躁不安、牢骚满腹、怨天尤人、消极懈怠都是绝望心理的苗头。

对绝望心理的干预越早越容易取得理想的效果，也就是说，当绝望心理还只是苗头时最容易化解。另外，绝望心理是狱内非常容易滋生的一种心理，对绝望心理的干预要保持经常，并且要把这种干预作为对犯群的一项长期、持久的心理干预任务。

一、个人心理干预

绝望心理状态下的个体一般会表现出悲观、沮丧、无奈等消极心态，这些消极心态又将进一步恶化个体的绝望心理，以此反复、恶性循环。这些个体的行为方式是把问题都推给别的人或事，他们不认为自己要对自己负责，而是坚持认为自己无能为力。无能为力的想法阻碍着服刑人员改善自己的状态。人的心理状态是可以改变的，逐步建立积极心态从而化解绝望心理，是对绝望心理进行干预的又一途径。下面三个心理干预方法适合个体干预。

1.停止抱怨

绝望心理中的人常常会抱怨，抱怨自己和其他人。在谈到问题时，他们可能会这样说，“我从小就没有人管”“就算出狱，也没有人会给我一个家”“我没有遇到一个像样、够意思的朋友”“就凭我，怎么可能找到工作”“那么多大学生都找不到工作，何况是我这样住过监狱的”，等等。他们抱怨父母、兄弟姐妹、朋友，抱怨他们生活中的每一个人，他们更抱怨对自己不利的人、伤害自己的人。同时，他们会以各种各样的理由抱怨自己，比如自己的年龄，无论怎样的年龄阶段他们都可以抱怨，太老或者太小，或者人在中年；再如自己的文化程度，不论怎样的文化程度他们都可以抱怨，太低或者太高。他们会找到若干个理由抱怨自己。抱怨让他们变得更加无望，抱怨成为他们停滞在无奈中的理由。抱怨越多，停滞的理由越充分，他们就越无奈。而无奈感越强烈，他们的抱怨就越多。这样日复一日地恶性循环让他们彻底绝望。开始新生活必须停止抱怨。这里的心理干预主要针对的就是停止抱怨。

具体做法：

首先需要帮助服刑人员用仪式结束抱怨。一般有以下两种做法：第一种是用文字写出来；第二种是说出来之后由民警帮助把摘要记下来。

先和服刑人员一起找出那个对自己障碍最大、影响最恶劣的人。这个人可能是某一个其他人，也可能就是自己。然后用写信的方式把自己心里全部的怨恨都表达出来，把自己想到的全部都写出来。

例如，一些服刑人员这样写，“你抛弃了我”“你从来都不顾及我”“你什么都没有给我”“就是因为你，害得我成了现在这个样子”“你真没有用，怎么生在这样的一个家里”“你都这么老了，一点儿本事都没有”，等等。

这个写信的过程不能仓促，一定要让服刑人员做充分的表达，不断地写，可能需要几个星期的时间，直到服刑人员自己觉得写完了为止。

示例：

服刑人员Z因为犯抢劫杀人罪入狱。Z是“三无”人员，入狱后没有亲属接见。Z总是沉默寡言。经过前期引导倾诉的心理干预后，Z告诉民警：“我的命不好，父母死得早，从小就没爹疼没妈爱，叔叔虽然对我不错，但婶子说我是白吃饭的，不是打就是骂。我的命太不好了！那天只是跟那个人要点儿钱花，他不给。我没想打死他，就想乱捅一刀吓唬他，谁知道他就死了！我现在想明白了，是老天爷都嫌弃我，不给我好好活的路。”

Z的倾诉让我们看到了他绝望的原因，他把全部力量都持续用在了抱怨上，从抱怨父母死得早，抱怨婶子对自己不好，抱怨自己杀害的人不该死，到抱怨老天爷不给自己活路。这样的抱怨把他禁锢在了怨恨里。接下来采用书信的方式做干预以引导Z走出绝望，树立积极心态。

民警：如果父母健在，哪怕家里不富裕，你也有自己的家；如果婶子人厚道些，多少还有亲人的温暖；如果遇到的那个人命硬些；如果老天爷对你好些……你就能好好过日子。偏偏这些事就落到你头上！你觉得如果要怪的话，最应该怪的是谁呢？

服刑人员Z：他们都该怪！我长这么大，一直到进了监狱，队长和民警对我都挺好的。

民警：他们都怪！排个顺序，你觉得排第一的、最该怪的是谁呢？

服刑人员Z：叔叔和婶子。叔叔还好些，婶子拿笤帚打我，恨不得什么都不给我吃，就是一个鸡蛋也要藏起来偷偷给她自己的儿子吃。

民警：狱里有很多情况和你类似的人，有一个方法帮过其中不少人，你愿意试试吗？

服刑人员Z：什么方法？

民警：小时候受的委屈在你心里憋了这么多年，咱们要先把你心里的怨恨释放出来，然后你就会越来越轻松。

服刑人员Z：真的吗？

民警：究竟是不是真的要你试过才知道。

服刑人员Z：那好吧！

民警：现在开始，尽可能把你心里所有对婶子的怨恨都写出来，有多少写多少，不用去想对不对。

服刑人员Z写完了。

民警：今天先到这里，咱们停一下。这几天继续想，把想到的写出来，有多少写多少。

一直到服刑人员确实没有什么可写的，才能继续后面的干预。有些服刑人员由于表达水平有限，可能不能把心里想的内容写出来。对于这样的服刑人员，可以采用让其口述，由民警做摘要的方法完成。

在此基础上，民警可以带领服刑人员完成表9。

表9 怨恨表

我怨恨的人是：		
你曾经对我做过的事	这些事对我的伤害	你对我不好的原因
1. 2. 3. ……	1. 2. 3. ……	1. 2. 3. ……

表9帮助服刑人员释放、诠释自己的怨恨，一般采用整张A4纸大小。表格的第一行中填写“我怨恨的人是”，是为了明确对象，无论是他人还是自己，需要写上名字；在“你曾经对我做过的事”这一栏中，填写那个人做过什么让自己受到伤害的事，有多少写多少；在“这些事对我的伤害”这一栏中，填写自己对这些事情的感受，如饥饿、疼痛、恐惧、忧伤、被抛弃、被孤立，等等；在“你对我不好的原因”这一栏中，填写那个人为什么会这样做，这一栏很多时候需要民警予以引导，可以列出那个人的情绪状况、智力水平、文化程度、人际关系，等等。

填写完这张表格后，民警需要带领服刑人员认识到如下事实，并愿意把这段话写出来、背熟练：

你做了伤害我的事，这些事对我造成了伤害。现在考虑到你的情绪状况、智力水平、文化程度、人际关系等，我明白了你那些伤害我的行为是你能够对我的最好方式。如果我仍旧停留在那些被伤害后的感受里，就相当于允许你继续伤害我。从现在开始，我不会允许你再这样做了，我不会再把那些被你伤害后的感受带进每天的生活了。我会对自己每一天的生活和感受负责任。

最后，民警要和服刑人员一起把写满了怨恨的那些纸和填完整的表格全部撕碎或者烧掉。

2.挺胸抬头

每天得过且过、毫无生机的人大都会低头含胸、视线低垂。乐观向上的人多半抬头、挺胸、肩膀向后。正如心理学研究表明，矫正身体的同时心态会产生相应的改变。另外，现代研究还证实笑可以对身体产生奇妙的作用，可以降低血压、增强免疫系统功能、减少损害性紧张荷尔蒙的生成，特别重要的是还能释放β脑内啡——一种让个体感觉高兴、轻松的化学物质。所以，改变身体姿势、表情虽然只是一个小改变，却能够从简单易行的方法着手，达到改变心态的结果。

具体做法：

要求服刑人员挺胸、抬头，并在尽可能多的时间里保持这样的姿势。

微笑，哪怕只是咧开嘴做出笑的模样。

3.清理大脑

人的大脑也是需要清理的，当它被塞满负性、消极的东西，就需要有意识地做清理工作。这个心理训练是一个简便易行的方法，坐或站都可以，也可以睡前做。

引导语示例：

首先，闭上眼睛，调整姿势，让自己在这个姿势里感觉很舒服。

接着，做深呼吸，缓慢地吸、缓慢地呼，让身体放松，重复做3~5遍。

然后，看到大脑里那些让自己烦恼的想法、让自己不舒服的感觉，看清楚它们的样子、颜色、形状、大小、质地，仔细端详它们。

接下来，把注意力集中在呼气上，看着那些让自己烦恼的想法、让自己不舒服的感觉随着呼气被排出体外。用你的方法，让大脑中的这些东西更多地、更彻底地排出体外。

最后，扫视大脑，大脑变得很清爽、很干净，大脑越来越安静。安静的大脑带来非常舒服的感觉。

这个练习是一个多多益善的练习，每天可以多次重复地做，早晨醒了先做一遍，晚上睡觉前做一遍，白天做几遍。一段时间后会发现自己的感觉越来越好。

二、团体心理干预

下面几个心理干预是民警同时带领多名服刑人员共同完成的团体心理干预，每个小组 8~10名服刑人员，每组围坐在一起由民警带领完成活动。有经验的民警可以同时带领若干组进行活动。每个主题可能需要安排多次活动才能完成，每次活动掌握在 90~120分钟即可。

1.人生挫折面面观

虽然服刑人员每天和同犯生活在一起，但不一定有机会了解其他同犯的人生挫折。这个心理活动能够帮助服刑人员看到同犯形形色色的人生挫折，以及各自对待人生挫折的方式，在引发服刑人员对自己的人生从纵横多维度做思考的同时，也对战胜挫折的方式有一个新的感悟。

具体做法：

(1)需要为每人准备一支笔和一张印有坐标轴的纸(见图4)。

________的生命线

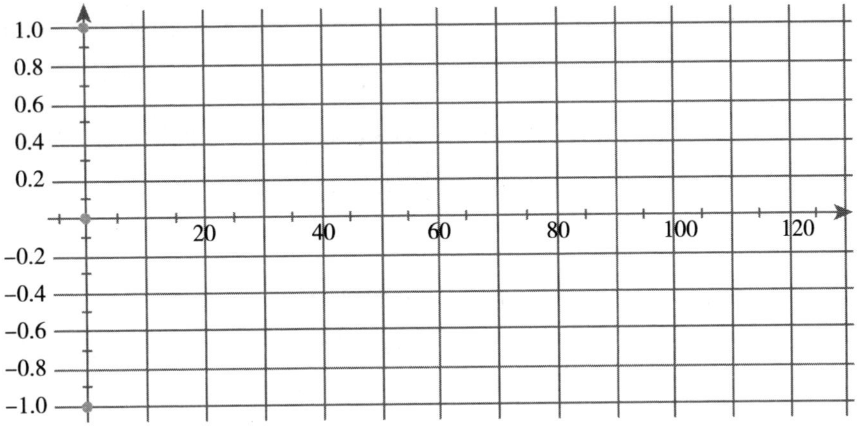

图4 生命线样图

引导语示例：

请将自己的名字写在纸的最上方“________的生命线”的横线上，表示下面再继续画或写的内容都是属于你自己的了。

图中有方向的横线代表了你的整个生命过程，它有起点，也有终点，你为它规定了具体的时限。上面的数字代表你的年龄，比如20表示20岁。有方向的竖线表示你对生活的满意程度，最上面的1表示100%满意，最下面的−1表示100%不满意，其中各个数字分别对应相应的满意度，比如0.8表示80%满意。

现在预计一下自己将活到多大年纪，把这个预计的寿数在横线上相应的位置填出来，这个数字可以是60、80，也可以是100、120，你心里怎么想就怎么填。

在这条线上找到代表你现在年龄的位置。在那个位置上做一个你喜欢的标志。这个标志的左边代表已经过去的岁月。现在想一想，在已经过去的岁月里，哪些事情对你的影响非常大，按照从刚出生开始的时间顺序慢慢想。想到一件，就在图里标出一件。注意：要先找到那件事对应的年龄位置，然后在心里按照自己的满意度给那件事确定一个满意度数值，在坐标系里找到年龄和满意度的交点，把这个点画出来，在旁边用几个字简单对这个事情做个标记。每想到一件就这样在图里标出一个点，并做一个简单的标记。

最后，把所有你标在图里的点用平滑的线连成一条曲线。

需要等全组服刑人员都画完以后再继续后面的内容。

图5是一名服刑人员做的图。

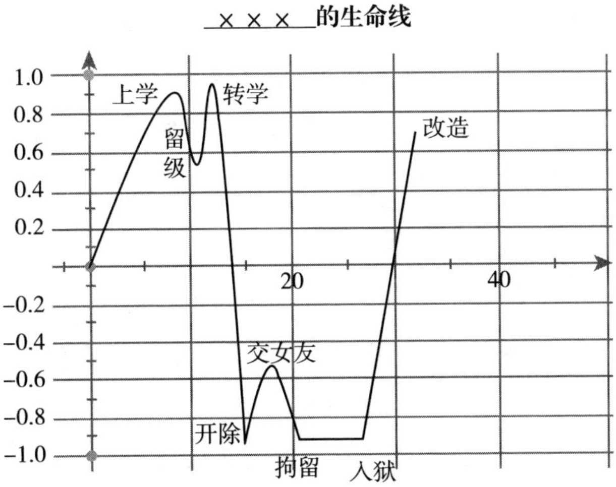

图5 某服刑人员生命线图

（2）接下来要让每名服刑人员都依次发言，按照时间顺序讲自己画的图，无论是满意度高的事情还是满意度低的事情，要讲事情的大概经过，还要说自己的感受和当时是怎么应对的，现在怎么看当时发生的那些事情。每名服刑人员讲完后，要安排全组讨论、交流。

引导语示例：

现在，顺次轮流都给大家讲讲你的图，说说那些对你影响重大的事情，还要跟大家说说当时你是怎么处理的，现在怎么看那些事情。一名服刑人员讲完后，大家都说说自己听完之后的感受或者想法，或者想对他（她）说的话。

这样的交流其实就是服刑人员的自我教育、支持他人并得到他人支持的过程，其重要性甚至超过画图环节。讲述的过程是帮助服刑人员建立对自己人生再度审视视角的过程，让他们用历史的、积极的眼光看待过去的挫折，这样的视角会在他们的内心建立起积极的、发展的看问题的思维方式。其他服刑人员在听完之后的发言、讨论可能是谈自己想到的其他处理的方法，也可能是表达对服刑人员的同情、赞许，或者祝福未来等，这样的讨论为服刑人员之间提供了深层了解的机会，让他们真实地看到其他人经历的挫折不仅不比自己少，甚至还比自己更艰辛。同时，每名服刑人员讲述的人生都是发展着的，多次不断地重复现在的看法，充分地建立起用发展的眼光看问题的视角，同时为下一个环节做足铺垫。

(3)民警引导服刑人员思考。

引导语示例：

大家一起寻找其他的、带来更积极结果的处理方法。

不同的态度就会导致不同的结果。通过这件事大家现在怎么看这句话？

面对人生的挫折和困境，原来可以有这么多不同的处理方法！

(4)在充分讨论过每一名服刑人员的前半段人生线之后，进入下面的环节。

引导语示例：

下面大家都找到那个代表自己现在年龄的标志。这个标志的左边代表已经过去的岁月，完成了对过去的整理、思考以后，我们将随着时间一起走向未来。现在，大家都想一想在未来的日子里，有可能会发生哪些事情，不要想这件事是不是真的会发生，只要是你想要发生的，就把它在图里标出来，允许自己尽可能去想。大家都知道，没有做不到，只有想不到。所以，不要用“会不会实现”禁锢自己。当然，在将来的人生中也还会有挫折和困难，也把它们在大概的位置标出来。这一部分可能要花费你多一些时间，但一张将引导你今后很多年的路线图，值得精雕细刻。全部完成之后，这张表就代表了你的人生蓝图，你是自己的总设计师。

需要等全组服刑人员都画完以后再继续后面的内容。

(5)讨论环节是培养积极心态的重要过程，同犯间共同展望未来、互相祝福未来，这样的气氛是化解绝望心理的极佳氛围。因此，要充分讨论，并且充分烘托、渲染，比如，可以借助全体一起长时间热烈鼓掌，每个人依次握手祝贺，对未来当众给大家承诺，等等，都是非常有力的心理干预方法。

引导语示例：

现在轮流给大家讲讲自己的未来，说说那些对你影响重大的事情，说说自己的想法。一名服刑人员讲完后，大家还是都发言谈谈自己听完之后的感受或者想法，或者想对他（她）说的话。

（6）最后要留作业。

引导语示例：

生命线不是掌握在别人手里，它只有一个主人，就是你自己。无论生命线是长是短，整条线的每一笔都是由自己用每一天一点一点画出来的。关于未来，如果大家又有了新的想法，可以尝试变化。留一个作业：再次设计规划自己的人生蓝图，做一个对自己负责的人生设计师。下次活动时在组里再做分享讨论。

2.我的墓志铭

绝望心理的直接表现就是认定只有死路一条，心理干预方法“我的墓志铭”以写墓志铭为平台，带领服刑人员面对最后的结果，并通过多名服刑人员讨论引导从不同角度的思考，从而帮助服刑人员建立起对待“生”的积极态度。

具体做法：

（1）前期需要为每名服刑人员准备 2 张白纸（A4纸的一半即可）、1支笔，待第一段引导语结束后再下发。服刑人员围圆形就座，为方便后面写字，彼此间距0.5~1米。

引导语示例：

请想象自己坐在一架飞机上，飞机正在高空平稳地飞翔。突然，机身开始连续地抖动，颠簸得非常厉害，飞机乘务员要求大家立刻系好安全带。广播里传来机长的声音：“飞机发生了严重的机械故障，我们正在紧急排除。但为了预防最危急的情况，现在将由乘务员给大家分发纸笔，你有什么最后的遗言要留下的，请写在纸上。我们会在三分钟后收回大家写了留言的纸条，然后统一密闭在特制的匣子里，以保证即便飞机失事，遗言也可以被完整地保存下来。请各位务必抓紧时间。”

注意这段引导语是用来制造气氛、烘托环境、诱导真实心理感受的，所以要使用冷峻、严肃的口气。说完这段引导语之后，给每名服刑人员发1张白纸、1支笔。

面对着这张纸，你将写下什么？不管怎样，你都只剩下3分钟，请大家抓紧时间，计时开始。

（2）接下来，民警在计时的同时还要控制现场不说话、不讨论，只是个人思考。3分钟时间到，由每名服刑人员依次念出自己写的内容，民警组织其他服刑人员就听到的内容做讨论。

引导语示例：

大家听过有什么想说的？

听完这个留言后，谁有什么问题要问吗？

每个人都对这位服刑人员说一句话吧，说你心里最想对他说的就好。

（3）让每个人在自己的纸条上签名后，把纸条收走。

引导语示例：

无论怎样，每个人都会走到自己生命的尽头，请你仔细思考我提出的每一个问题。

为了让服刑人员用认真的态度对待，并有足够的时间思考，后面的引导语要使用肃穆、缓慢、平稳的语气语调，每个问题提出后，要停留5~10秒后再继续。

问题1：你希望自己在多大年龄告别人世？100岁？80岁？60岁？还是其他的某个数字？

问题2：你希望后人记住一些关于你的什么呢？是经历过挫折的人或者战胜了挫折的人，还是积极乐观的人或者乐于助人的人，再或者其他的什么？

问题3：在你去世时，你希望哪些人会怀念你？是亲戚还是朋友，或者是那些你帮助过的人，再或者其他一些什么人？

问题4：临终时你会怎样总结自己的一生？你会说“我实现了自己的梦想”，或者“我对得起亲朋好友”，或者“我这辈子白活了”，再或者“我这辈子没有遗憾”，还是其他什么？

问题5：如果有轮回，你希望上辈子的你是一个什么样的人？是一个平常的人或者一个圆了梦的人，还是一个壮志未酬的人，或者其他什么样的人？

现在，每个人都将拿到1张白纸和1支笔，每个人都要为自己写一个墓志铭，就是站在纵深的时空里评价、总结自己的一生：你是一个什么样的人？你有着怎样的爱好？你经历过一些什么样的令人难忘的事？那些难忘的事带给你什么？你还有话要留给这个世界吗？你还有遗憾吗？你心里还惦记着什么事情或者人吗？你还有一些没有实现的愿望吗？

中国有句古话，叫“人之将死，其言也善”，意思是人到了死亡就要降临的那一刻，所讲的话很真实、很善良，本性复苏。很多人会在死到临头时领悟人生的真谛，慨叹自己没有珍惜时间，没有把握机会，这个活动就是通过借助死亡带来的独特心理感受启动服刑人员内在对于生的渴求，从而建立起珍惜生命的积极心态。

3.群策群力

俗话说“三个臭皮匠，赛过诸葛亮”，可能有些问题的确是让单独个体无法面对、无法解决的难题。在群策群力的过程中，不一定能够达到解决问题的目的，但会让服刑人员多了看问题的角度，服刑人员更容易接受来自其他同犯的解决问题的方法。无论这些方法有多大的价值，最重要的是在讨论的过程中，服刑人员有了多视角、多维度看问题的训练，还真切地感受到来自其他人的支持。

具体做法：

（1）先为每名服刑人员准备3张白纸（A4纸的1/4大小即可）、1支笔。和服刑人员特别强调：大家一起解决问题，而忽略问题的来由。

引导语示例：

每个人心里都有过疙瘩，那是一些让自己很无奈、没有办法的事。也许这些疙瘩现在还在你心里，也许你已经用一些方法把疙瘩解开了。今天，大家既然有缘在人生一起爬坡的阶段遇到了，就要齐心协力一起解疙瘩，人多力量大。特别强调一点：是谁遇到的难事不重要，重要的是大家要全力以赴帮忙想办法。就是说，等一会儿谁都不许问类似“这是谁写的”这样的问题。

（2）接着，每人发3张白纸、1支笔。要求每名服刑人员匿名在纸上写下自己心里的疙瘩。写完之后把纸对折交给民警。

引导语示例：

每张纸上写一件事，那件事让你很烦，很无奈，可以简单地写，但要让别人能听明白发生了什么事。不要写上自己的名字，大家不需要知道是谁的事，无论是谁的事，今天大家一起帮忙想办法。写完之后对折一下交给我。

（3）当所有服刑人员都交了纸条后，民警把纸条打乱顺序，叠放在一起。每次抽出一张纸条后，民警要平静地读出纸条上写的内容，每读完一张纸条让在场的每一名服刑人员谈谈自己的看法、自己想到的解决办法。注意：这个环节需要强调“大家一起面对问题”“这是大家共同的问题”。

引导语示例：

对这个问题，大家都说说自己会怎么想、怎么处理？

不同的处理方法就会有不同的结果，就这张纸上的问题，大家说说积极的结果可能是什么呢？最消极的后果又会是什么？

听了别人的建议，大家是不是又有一些新的启发？

对于这个大家一起面对、一起讨论、一起寻求解决问题方法的过程，谁有什么想说的？

（4）最后得出结论：办法总比困难多。

4.助人生活剧

通过创设真实生活场景，帮助服刑人员学会怎么帮助他人，充分掌握利他技能是利他行为成为习惯的基础；通过高浓度真实生活场景中的互动演练，培养服刑人员形成利他行为习惯，从而在日后的生活中自然而然地出现利他思维模式和行为。

具体做法：

（1）把服刑人员分成每组 4~6人的小组，各小组依次担任“出题组”。“出题组”的任务是表演一个简单的生活短剧，在短剧里呈现一个日常改造生活中需要帮助的场景。

（2）接着，进入助人比赛环节，各组都成为“助人组”。“助人组”的任务是通过小组讨论得出怎样恰当地为“出题组”在短剧里呈现的那些生活场景提供恰当的助人方式的结论，并按这个结论继续演完“出题组”的短剧。可以用抓阄的方式为每个“助人组”确定唯一的任务，如果时间充分，也可以让每个组分别把所有“出题组”的短剧都续完。

5.重塑希望

绝望就是没有希望，彻底失去了希望。服刑人员的经历大多坎坷、曲折，让他们失去希望的客观原因可能有很多，看起来似乎他们的绝望是来自人生中的那些挫折，但一个毋庸置疑的事实是同样境遇的人、同样的服刑人员，并不是每一个人都绝望，仍旧有很多人保持着对生活的希望。心理学研究同样证明了：引发个体情绪反应、影响个体生活状态的，不是个体遭遇到了什么不幸或挫折，而是个体内心对事件作出的解释。

心理干预的切入点是：调整服刑人员内心对事件作出的解释，给服刑人员的内心注入希望，实现在一切客观现实都不改变的前提下，帮助服刑人员积极改造，开始新的人生。

6.想象美好

这个心理训练虽然只是借助想象力完成的一个想象训练，但它非常有效地帮助很多绝望、沮丧、低迷的个体重新回到良好的心理状态中。和所有的心理训练一样，不是每一个人都获得相同的收获。有的人经过一段时间的心理训练，获得了非常满意的效果；也有一些人虽然做了很久的练习，但并没有满意的效果。原因在于：心理训练的效果取决于个体对心理训练的投入程度、训练中完成各个环节的认真程度。

想象是集中内感官的一种重要的方式，当个体专注于自己想象的内容时，内感官将集中沉浸在想象中，当想象的是带给自己美好体会的内容时，身心将随着内感官的美好感觉而进入良性状态。

具体做法：

（1）需要确定一个画面，这个画面能够代表自己最想要的理想状态，比如，有的服刑人员想要自己有很好的收入，于是让他们找到一个画面，在那个画面中的他自己就是有理想收入的。这个画面就像一张照片。

（2）做深呼吸，每次呼气时都感觉整个身体随着呼气放松下来。重复多遍。在这个过程中，慢慢闭上眼睛。闭上眼睛之后继续做深呼吸，让身体彻底放松。

（3）眼前出现了那个画面（刚开始时自己确定的，能够代表自己最想要的理想状态的画面）。让自己沉浸在那个画面中，充分体会自己内心的感觉。

(4)带着美好的感觉,轻轻地睁开眼睛。

这个心理训练需要经常反复做,可以给服刑人员留作业每天至少在睡觉前做一次,内心感觉不好时随时可以做。通过多次让自己沉浸在理想状态中感受美好感觉的过程,实现重塑希望的干预目标。

第五节 过度悔恨的心理干预

服刑人员中有些情绪比较特殊,在做心理干预时相对难以处理,如悔恨。悔过教育本身就是监狱改造服刑人员的方法之一,很多服刑人员也的确需要反省、悔过,让个体长时间地思考自己做的错事,认识到对他人、对社会造成的伤害,是促使服刑人员自新、痛改前非的心理干预方法。但对有些服刑人员来说,过度地悔恨有可能成为应急事件的导火索。比如,伤害、杀害了亲人的服刑人员,由于自己获罪让家人蒙羞的服刑人员,一念之差失去了原有美好生活而懊悔不已的服刑人员,等等。

悔恨如果能够转化为吸取人生的教训,从而变成加倍努力积极改造的动力,那么将会有益于促进改造。但是,如果只是沉溺在过于强烈的悔恨中,这种情绪不仅不会有利于改造,甚至有可能是破坏性的。

悔恨情绪之所以是对情绪做心理干预时相对难以处理的情绪,有两点原因:第一,历史无法重演,已经发生的事情无法改变和挽回,特别是已经逝去的生命永远都不可能再次鲜活地出现。第二,法律和社会舆论分别对服刑人员作出了清晰、强烈的判断,这些来自法律和社会舆论的评价对服刑人员来说是“白纸黑字”的评判。

悔恨情绪导致应急事件的心理原因是:过度悔恨相当于内心世界始

终停留在过去，不仅如此，由于对过去某些无法改变的事实过于沉溺，直接导致对现实的惰性。这种惰性既包括某些时候的心烦意乱无法平静，也包括无法投入现实积极生活。服刑人员极度消沉，貌似不言不语、按部就班，实际处于完全情绪失控状态，随时都可能因为崩溃而做出过激行为。

具体做法：

第一阶段：要求服刑人员写悔恨日记。

要求服刑人员把每次引发自己悔恨感的事情写下来。悔恨日记包括两方面内容：第一部分：详细地写出自己想到的一切，如什么时间、在哪里、发生了什么、由谁引起。第二部分：用0~100分的分值给这件事中自己的悔恨感打一个分，完全没有悔恨感是0分，悔恨感达到极致是100分。

第二阶段：讨论悔恨日记。

①悔恨的核心内容。

让你悔恨的是什么？

②悔恨引发的行为。

这样的悔恨让你怎么生活？

③分析行为的后果。

这样的生活对你有什么意义？

这样的生活是不是有助于你的发展？

第三阶段：处理悔恨事件。

安排悔恨时间。每天或每周集中若干时间专门用于悔恨，在这段时间里可以任由服刑人员悔恨，但其他时间要理智地控制自己："现在不行，我安排了专门的悔恨时间，那样才足够正式。"一段时间后，服刑人员会发现自己在不沉溺在悔恨之中时，反而能够专心改造、积极进步。

第四阶段：开始使用本章第一节介绍的情绪管理的干预方法。

第六节 敌对状态的心理干预

敌对是一种消极的攻击状态，从言谈举止间直接可见，比如，劳动改造中消极怠工，不配合甚至故意阻挠、滋事；指桑骂槐，借手里的东西摔摔打打；冷漠、拒绝交流等。敌对一般是由多种因素共同作用而引发的，这个因素既包括服刑人员内在的、多年形成的人格状态、曾经的生活经历、人际交往模式、认知方式等内在因素，也包括改造环境等外在因素。

一、积极倾听

倾听在心理干预中始终占有非常重要的地位。只有用心去听，在听的同时去感受，才能发现开启服刑人员内心的钥匙。这个过程一定不能急着讲道理，服刑人员接受了狱内各种形式、各个方面的教育，他们并不是不明白道理，很多道理他们是耳熟能详的，如果需要，不少服刑人员可以头头是道地讲出很多道理。心理干预的重点不是讲道理，而是帮助服刑人员领悟道理，领悟什么才是对自己的发展真正有益，并且愿意为之努力。本着这样的原则，做心理干预时，民警必须控制住自己坚决不长篇大论地讲道理，有意识克制自己尽量少说话，无论内心多么焦急、无论要讲的道理多么正确。

具体做法：

(1)目光接触、身体朝向服刑人员略前倾但不僵硬，用全部身体姿势传达温和、关注。

(2)在听的过程中，做适当的反应，如点头、恰当地提问等。

(3)除非某些重要的地方听不清楚或者听不懂，否则一般不打断服刑人员，要很认真地听，直到服刑人员自己停下来。

(4)以接纳的态度听。即使服刑人员说的话、表达的情感是不正确的，在这个时候也要用接纳的态度听下去，不带是非评判、不批评、不教育。

(5)怀着好奇听。不要想当然地认为自己听懂了服刑人员的话，而是要怀着好奇心去发现。

(6)保持镇定平静。无论听到什么，都保持镇定、平静，只有这样才能让服刑人员觉得可以信任，能说出压在自己心头的苦。

积极倾听除了上述听的部分外，还包括积极引导、促进交流。就是在倾听服刑人员倾诉的基础上，做推动性心理干预。

引导语示例：

那段日子你是怎么过来的？

你是怎么做到的？

在服刑人员进一步诉说时，及时抓住其中的情绪做理解性反馈，抓住其中值得赞许的事实表达自己的赞赏，将有效拉近心理距离。

二、应对抗拒性沉默

沉默是心理干预谈话中经常遇到的情形，能够平静、稳定地应对沉默，是完成心理干预必须掌握的内容，也是一个容易被忽略的内容。(详见“叁　自杀自伤心理干预实战技术”第四章第一节，第508页，此处只做简述。)

沉默是一种特殊方式的交流。谈话过程中，服刑人员沉默的主要原因有以下几种：

(1)思考判断。服刑人员在思考，一般视线较少移动，好像在发呆，有的会出现眯眼、皱眉等行为。

(2)自我保护。服刑人员不完全信任民警时，沉默就变成一种自我保护的方式。常见反应是手或脚有重复的无意识的小动作，眼神游移，欲言又止，有的会偷偷窥视民警的反应等。

（3）茫然。受文化水平限制，在根本没有对民警提出的问题做过深入考虑时，服刑人员会不知如何回答。茫然的沉默常常有木然、困惑的神情，还有的会直接对民警提出的问题表示困惑、不解。

（4）抗拒。敌对服刑人员常常用沉默表达反感、抗拒，他们由于不得不按照民警要求进行谈话、不得不做出一些表面现象应付民警，因此会用沉默来表达内心拒绝。他们的非言语行为会表现出漠然、无所谓、不屑一顾，也有的会流露出愤怒。

在服刑人员出现抗拒性沉默时，民警越着急、讲得越多，服刑人员就越疏离，应对抗拒性沉默的要领是：

（1）不急于打破沉默。

（2）对于服刑人员流露出的错误想法、消极想法不急于矫正，有时服刑人员表达这些内容就是出于敌对心理，过早纠正直接造成交流障碍。耐心听下去，反而有利于避免出现抗拒性沉默。

（3）保持等待的同时，用非言语行为传达关注、关切、尊重。

（4）多提引导服刑人员说话的问题，比如，“还有呢”“慢慢说”。

三、集体颁奖

通过同犯之间的相互认可和鼓励，培养服刑人员的自信心，借其他人的正性积极评价帮助服刑人员打消敌对心理。

具体做法：

（1）民警为每名服刑人员准备一支笔、双面胶、若干不同形状的小彩色纸片。彩纸片只要能够写下一句话、十几个字就可以。圆形、三角形、心形、梯形等都可以，发给每名服刑人员的彩色纸片和全组总人数的数量相同。比如，8名服刑人员一组，那么发给每人8张不同形状的彩色纸。双面胶先用一面贴在彩色纸背面，另一面等授予奖章时贴在服刑人员前胸。

（2）让每位服刑人员给全组人，包括自己在内，制作一个纸奖章，即在彩色纸片上写上奖章名称，如善良奖章、热心奖章、勤劳奖章、助人奖章、楷模奖章等，还要写上自己的名字和要授予奖章的那名服刑人员的名字。在制作过程中，要求服刑人员之间不说话，不做交流，单独完成。

图6是服刑人员王一制作的、要授予服刑人员李立的奖章。彩色纸片上的内容都由服刑人员自己填写，奖章的名称来自他们对其他服刑人员的感受。

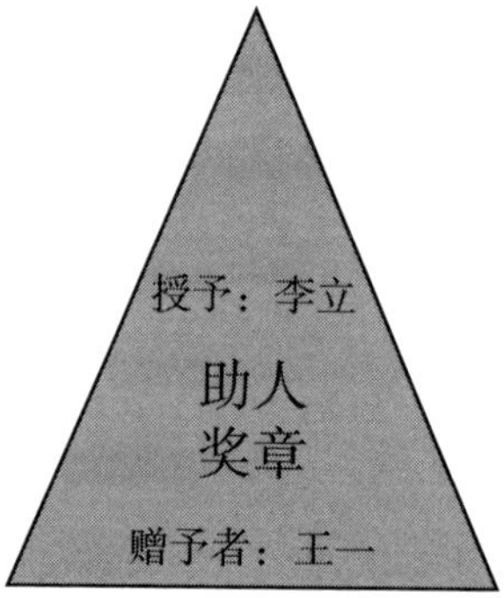

图6　助人奖章

（3）当全体服刑人员都完成了奖章制作任务后，可以进入颁奖阶段。这个环节一定要隆重、热烈、正式。

按照扇形位置就座（见图7），其中顶端的位置为空位，不放椅子。领奖章的服刑人员站在空位，其他人依次走上前。首先，要当众说明自己制作这枚奖章的用意，然后再郑重地授予对方——贴在其前胸。其次，每名服刑人员还要为自己授予奖章，过程仍旧是先说明授予这枚奖章的用意。最后，当众贴在自己前胸。在每一次授予奖章的过程中，民警都要带领全体服刑人员热烈鼓掌。

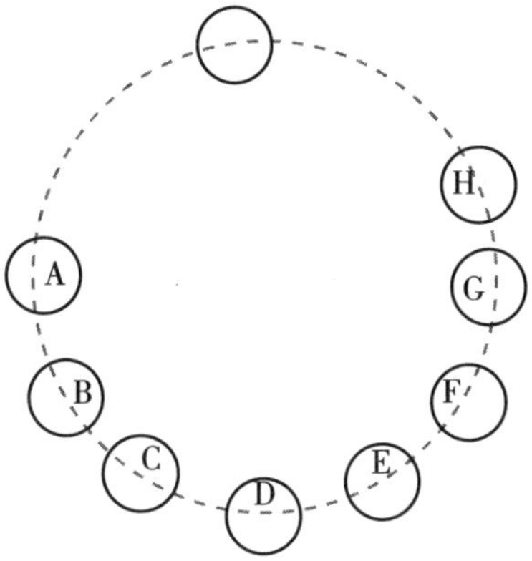

图7 扇形座位图

(4)全部奖章授予完毕，每名服刑人员的前胸都贴满了彩色奖章，继续进行得奖感言的部分。

引导语示例：

下面这个环节是得奖感言，每个人都依次走到前面，讲讲自己得到了这么多奖章后的心里话。其他人要用掌声予以回馈。

四、引导利他行为

下面几个心理干预的方法旨在直接引导服刑人员出现合作、互助的行为，同时感受来自同犯的友好、支持、温暖，直接的行为体验常常胜过经年累月的言语教导。

1.信任之旅

此项心理干预的目的是提高服刑人员的移情能力。对他人的移情能力是个体亲社会行为的动机基础，也是个体亲社会行为的推动力。服刑人员亲社会行为最直接的表现就是利他行为。社会学奠基者孔德对亲社会性的利他行为做了最初的描述：用来涵盖所有与攻击、欺骗、谋害等否定性行为相对立的一类行为，如同情、协助、善举、分享、捐款、救难、自我牺牲等。服刑人员在心理干预中共同体验挫折与成功，能增进彼此之间的团结合作和亲密感情，并学会敏感地识别他人情感的变化，以及增加集体生活中的美好感受，这些都非常有益于促进服刑人员出现更多的利他行为。表现出较多利他行为的服刑人员往往会更多助人、更多为他人着想、更愿意承担责任，这些都将直接帮助服刑人员积极改造、远离绝望心理。

具体做法：

（1）需要提前准备眼罩，数量是参加人数的一半。因为是2人小组结对活动，所以参加者人数应为双数。10~20名服刑人员参加时，1位民警带领即可；20~30名服刑人员同时参加时，需要2位民警带领。

（2）全体参加活动的服刑人员手拉手围成一个圆圈，按照“1、2、1、2”的顺序依次报数。报数后，数“1”的服刑人员向前迈一步，在刚才大圈的内部组成一个小圈。外圈服刑人员按照一一对应的方式分别和内圈服刑人员相对。此时给内部小圈的每一名服刑人员发一个眼罩。当内圈服刑人员戴上眼罩后，成为暂时的盲人，外圈服刑人员即刻成为暂时的哑人。在活动结束之前，盲人要保持视觉暂时丧失，不可以摘掉眼罩；哑人要保持语言功能暂时丧失，不可以说话。

（3）请内圈服刑人员戴上眼罩，并在原地转三圈，使其失去方向感，在后面的活动中感受更加真实。此时，外圈扮演哑人的服刑人员各自找到一位愿意帮助的“盲人”，然后带领“盲人”伙伴完成任务。一般是因地制宜地的行走、翻越等任务，现场安排即可。可以上下楼梯，也可以翻越桌椅，或者经过走廊。

（4）活动结束后回到原位置再摘掉眼罩，两位伙伴坐在一起。首先彼此间进行分享，要求相互致谢、握手。其次民警带领全体做讨论发言。前面的活动只是提供平台、增加感受，这是心理干预的关键点。引导讨论的重点在呈现利他行为，并强化这种行为。

引导语示例：

哪位扮盲人的愿意说说哑人为自己做了什么？

他做这些对你这么重要吗？

做哑人好像就应该保护、帮助盲人，你怎么想的？

有人扶着和没有人扶着有区别吗？

你给自己的哑人伙伴打多少分？

（5）继续，轮换角色。刚才扮演盲人的这次站在外圈扮演哑人，刚才扮演哑人的这次站在内圈扮演盲人。内圈外圈的哑人和盲人分别一一对应站好。仍旧是内圈戴上眼罩后成为盲人，外圈的服刑人员不许再说话。盲人原地转三圈以后，哑人选择一位盲人做伙伴，可以仍旧沿用前面的两人小组，也可以重新结组。为增加活动的趣味性，这一次的路线或任务要和前次活动有所不同，哪怕是行动顺序的区别。

（6）结束回到原位置后，继续进行分享。

以下是一些服刑人员在分享阶段的发言：

第一次我当盲人时非常害怕，因为处在黑暗之中，再加上我对黑暗有一种莫名的恐惧。我的伙伴很有力量地拉着我的手，我也死死地拉着他，感觉好多了。幸亏我的伙伴一直扶着我、用力拉着我，到最后上那段楼梯时我已经没有那么害怕了。

刚开始我小心地迈着小碎步往前走，走了一段路之后，我明显地感觉到路有些陡，更加小心翼翼。这时，我的伙伴拍拍我的胳膊，用力挽住我的手，仿佛跟我说："没事的，大胆走吧！"我的心就踏实多了。

我们突然停下不走了。伙伴把我的头往下按按，我就知道了是要低头，我弯下腰，慢慢地走了过去。走着走着脚下变得坑坑洼洼的，我真害怕，伙伴竟然直接把我背了起来！我有一百三十多斤呢，完全没有想到！当时真想哭，太感动了！

互换角色时，因为我体验过看不见东西时的心情，照顾伙伴就特别认真。游戏结束后，摘掉眼罩，我俩都很激动！最困难的时候能得到帮助，太感谢了！

我做哑人时，很怕自己的伙伴磕着碰着，我觉得自己就应该保护好他。没想到他把眼罩偷偷拉开了，我心里很难过，觉得他不信任我，被人不信任很不舒服！

2.盲人闯关

一个人设身处地为他人着想，识别并体验他人情绪、情感的过程，是唤起利他行为的重要中介，如果一个人没有能力体验他人的焦虑或悲伤情绪，就不会抛弃自私的动机去帮助他人或者避免伤害他人。当服刑人员具备了一定程度的关注、感受他人情绪的能力后，他们将更倾向于将内心的移情唤起转变为对他人的关心，最终促进利他行为的发展。

构建服刑人员内心对他人的情感体验，能够有效增强帮助、分享等利他行为，激发助人意识，同时还能有效减少无责任感、伤害等行为。在真实互动中，服刑人员通过多次尝试助人体验，将降低其潜意识里对利他行为的代价预估，使其今后更容易做出利他行为。

通过活动让服刑人员对比体会完全没有帮助时内心的无奈、无助与得到及时帮助后内心的轻松，凸显人与人之间互相帮助对于自己的价值和意义；通过活动让服刑人员体会给予别人帮助并不需要付出太多，有时只是举手之劳，从而有效降低服刑人员内心关于助人成本的预计，以利于更多出现利他行为；通过多次活动，让服刑人员充分体验并且实践帮助他人的过程，并不断感受因为帮助他人而得到感谢，从而培养他们自然、成熟的助人意识。

具体做法：

需要准备计时工具、眼罩（人数的1/2），并需要若干个桌子、椅子或其他障碍物。场地中间设计 20~50米长的障碍线路，其中放置不少于8个障碍，随意摆放即可，其中留一条通道。服刑人员两人一组，全部在场地周围就座。

第一轮：

①每组有一人到场地中戴上眼罩，独立完成穿越障碍物的任务。可以碰触障碍物，但不可以移动障碍物，障碍物被移动即视为犯规，予以淘汰。记录完成任务所用时间。

②其他人在场地周围，不许用任何形式提供帮助。

③轮换角色。全体服刑人员都完成一次穿越障碍物的任务。

第二轮：

①每组两位伙伴一起完成穿越任务，仍旧需要遵守可以碰触障碍物，但不可以移动障碍物，障碍物被移动即视为犯规，予以淘汰的规则。其中一位戴上眼罩在场地内穿越障碍物，另一位在场地外，可以用语言、牵手等方式予以帮助。记录完成任务所用时间。

②轮换角色。

全部结束后民警就两轮活动计时做对比，并带领服刑人员对活动过程做分享讨论。

引导语示例：

做盲人的感受如何？

两次穿过障碍的内心感受有什么不同？

帮助盲人穿越障碍物的感觉如何？

3.洞口余生

通过面临绝境时的心理感受带领服刑人员反思人生的价值，在生与死的面前带领服刑人员重新思考生命的意义。最为重要的是借助这样的生死考验，帮助服刑人员发现自己身边的支持。这些支持被彰显、被感受、被表达之后，将有效促进服刑人员之间的和谐氛围，从而建立更多互助行为。

具体做法：

（1）服刑人员分成8~12人一组，每组围坐成一个有缺口的圆圈，缺口不宜太大，相当于一人的位置大小即可（见图8）。为增强气氛可以拉上窗帘，关上灯，出口处最好靠近门或窗。

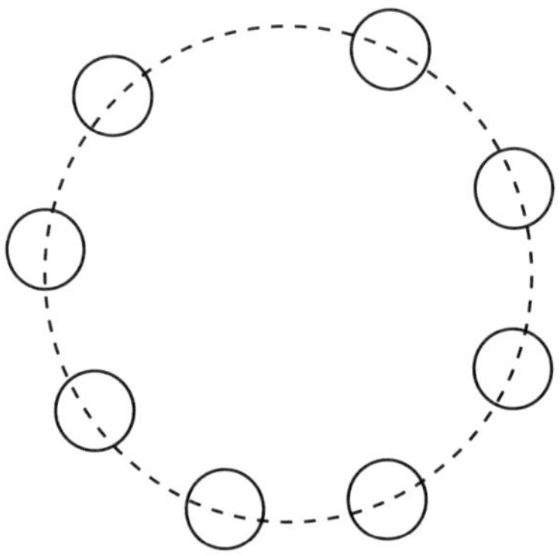

图8　缺口圆形座位图

引导语示例：

你们几个一起到郊外旅游，不巧遇到泥石流倾泻，全部被困在几米的山洞，只有一个出口，每次只可以出去一个人。而小小的山洞随时有倒塌的危险，谁先出去谁就有生的希望。每个人要向大家说出自己希望获得逃生机会的理由，然后大家协商，看谁可以最先逃出。

（2）各组重新调整座位，每组坐成一路纵队，纵队按照小组讨论的逃生顺序排列。距离洞口最近的逃生机会最大，距离洞口越远的逃生机会越小。

（3）全体一起讨论活动过程及自己的感受。

引导语示例：

小组怎样决定的逃生次序？大家有意见吗？

请坐在第一和最后两个位置上的服刑人员谈自己的想法和感受。

中间的没有得到第一个离开机会的人，甘心吗？怎么想？

当别人把生的机会让给自己，有什么想说的吗？

如果只有你一个人活下来了，其他人全部都没有来得及逃离，你会怎样活下去？

这个世界上你最惦记的人是谁？这个人眼巴巴地盼着见到你，你确定要把活下去的机会让出来吗？

虽然只是虚拟了生与死的临界，如果能够用语言渲染出足够真实的氛围，能够带领服刑人员进行足够深入的讨论，常常会出现声泪俱下、泣不成声的场面。而群体从不同角度表达出对生的极度渴望，会对绝望心理形成强烈的冲击。在群体中，往往出现把生的机会让给别人的感人举动，而作为第一个离开洞穴的人，在面对“如果只有你一个人出来了，你会怎样”的问题时，最先表达的一般不是为了自己要怎样，而会表达对小组其他人的感谢，甚至有的服刑人员会对全体其他成员作揖、下跪，有的服刑人员说：“就是用手挖，我也要把每个人都救出来！”有的服刑人员说：“我会把大家的父母当自己的父母养老送终，把大家的孩子当自己的孩子照顾。”还有的服刑人员说：“今天让我第一次知道了自己身边有这么多亲人！”经历过这样的“生死”之后，服刑人员之间的和睦度在无形中得到极大的提高，让出生的机会的服刑人员会下意识做出更多利他行为，排序靠前、得到获生机会的服刑人员会有意通过利他行为做表达、回馈。

4.小鸡成长三部曲

引导利他行为的意义就在于通过简单的助人行为，逐步强化责任感，从而彻底化解绝望心理。而助人行为是做出来的，不是说出来的，在真实的人际互动中塑造，通过服刑人员在狱内同犯间现实的人际互动实现，将对他们产生生动、直接的影响。在生活、劳动、学习、娱乐等方面共同努力、共同分享、互相关照、互相模仿，从而唤起其利他行为的情感共鸣。当民警有意识地引入集体荣誉感或竞争意识，部分服刑人员会表现出较高的自觉性和意志行为，并逐渐协调自己与他人的不同认识，学会理解和帮助他人，这也为其他的服刑人员提供了榜样作用。

具体做法（详见“贰 班组矫治实战技术”第三章第一节，此处只做简述）：

从所有服刑人员都蹲在地上开始，蹲着就相当于做“鸡蛋”，“鸡蛋”之间竞争成长的机会，两枚“鸡蛋”互相猜拳较量，获胜者可以成长为“小鸡”，站起来呈半蹲姿态，失败者继续做“鸡蛋”；“小鸡”之间竞争成长的机会，两只“小鸡”互相猜拳较量，获胜者可以成长为“大鸡”，站直身体，失败者要从“小鸡”退回到“鸡蛋”；“大鸡”之间竞争成长的机会，两只“大鸡”互相猜拳较量，获胜者可以成长为人坐回到椅子里，失败者退回做“小鸡”。最后会留下一枚“鸡蛋”、一只“小鸡”、一只“大鸡”。接着进入讨论阶段。

这个活动的应用范围非常广泛，比如，下面这些讨论就会分别导向不同的主题：

①面对人生的挫折：人生的整个历程就像无数次的大鸡、小鸡和鸡蛋成长过程，有人赢的同时就会有人输，大多数人都要经历起伏，在刚才的活动中，大家都有什么感受？

②把握人生成长的机会：怎样才能快些长成人呢？

③不断思考而不是盲目行动：在刚才的活动中，大家说说自己有什么窍门可以长大得更快一些吗？

④积极人生态度：如果我放弃了，不玩了，就蹲在圈子里做鸡蛋了，会怎样？

⑤了解服刑人员的心理关注，从而做相应引导：这个活动让大家联想到了生活中的哪些事呢？

因此，讨论阶段需要民警牢牢把握住心理干预的重点，民警通过就不同问题做重点引导，实现对服刑人员不同主题的心理干预。为突出促进利他行为这个主题，下面的讨论一般重点围绕留在场地中间的三名服刑人员进行。最后留下的三名服刑人员因为不再有其他的“鸡蛋”、“小鸡”和“大鸡”，而失去了成长的可能，借助这样的平台，引导其他服刑人员做出利他行为。

引导语示例：

①民警首先要让留下的最后三名服刑人员站到自己身边，其他服刑人员围圆就座。这是从心理上对留下的三名服刑人员予以陪伴性支持，同时也是为后面其他人的利他行为做表率。

②对三名留下的服刑人员提问：

命运很多时候可能真的不会关照到每一个人，现在他们都成长为人了，而你们因为没有机会只能一直做鸡蛋、小鸡、大鸡了，有什么想说的吗？

③对其余服刑人员提问：

看着他们三个站在这里，大家有什么想说的吗？

有什么想为他们做的吗？

每一个人将依次说说你想为他们做点什么，哪位先开始？

不用犹豫，你现在就可以做！

这里民警最需要做的是引导服刑人员发言，在服刑人员出现利他内容的发言后，立刻鼓励实施。

当其他服刑人员走过去用自己的方式对站在那里的某一名服刑人员表达了自己的助人想法后，民警要立刻做引导：

他这么真诚地要帮助你，你有什么想对他说的吗？

你愿意尝试接受这个帮助吗？

跟大家说说你心里的感受吧！

用真实的互动向服刑人员呈现助人形式的多样性，同时强化服刑人员的共情能力，不仅愿意帮助对方，有很多的形式可以帮助对方，而且能够在和对方的互动中调整自己，寻找更适合的帮助方式，这些都是引导利他行为的重要过程和内容。当然，这个过程不可能一蹴而就，需要循序渐进，并且在多次反复中不断完善。

服刑人员在这个阶段常出现的利他行为的种类很多，常见的有：

①牺牲自己，让出机会：我来替你站这里，你去坐我的位置。

②放弃自己的机会，用陪伴表达认同和支持：我来陪着你站在这里。

③提供机会：我再和你剪刀石头布比一次。

④直接提供让对方获胜的机会：咱们再来一次剪刀石头布，我出布，你出剪刀。

⑤征求对方意见：咱俩一起坐这一把椅子，虽然都只能坐一半，但大家可以都坐下。

你觉得我做点什么对你有用？

无论现场出现了怎样的利他想法，民警都要予以鼓励，常用的方法有：带领大家一起鼓掌、让受帮助的人当场表达感谢、全体在场的服刑人员一起致敬，等等。这样的精神鼓励将非常有效地强化服刑人员的利他行为。

以下是一些服刑人员在这个活动中的感受分享：

我还没有反应过来就已经开始了，旁边有人找我剪刀石头布，我上来就输掉了。看着我旁边的人都在长大，而我蹲在那里什么都不做，有点儿失落。我想自己不能在原地等，必须主动些，后来我就主动找别人比。我发现越主动，赢的可能性就越大。

一步一步地长大，其实都是在别人的帮助下长大，同时也在帮助别人长大。就像现在的改造生活，就是在我帮助你、你帮助我的过程中大家共同成长。

当我终于变成了人坐在椅子里，很庆幸，自己没有落下。

我变成人的过程挺难的，翻来覆去的，好不容易长大了一不小心又退回去了。其实就像人生起起伏伏，不能放弃，一旦放弃就没有机会了，不放弃就总有成长起来的机会。

竞争实在是太大了，还没有弄明白怎么回事就输了，当时心里非常着急。如果再给我一次机会，我一定会早点儿找到目标。如果再来一次，我一定从一开始就好好努力！

在这个游戏里我是一个失败者，一开始觉得就是个游戏，心里挺无所谓的，但是当看着别人都成功了，我心里就开始着急了。当身边的人越来越少的时候，我就更着急了。我想告诉大家的是：凡事都不能等，要积极争取，否则就没有机会了。

我一连三次都赢了。开始坐下时挺高兴的，后来看着大家玩，自己坐在那儿一点儿意思都没有。人生没有一帆风顺的。

看着大家互相帮助，我心里很感动。其实每个人都有一颗帮助别人的心。

我永远都忘不了今天，那么多人来帮我，把机会让给我，我太感谢大家了！

通过大家互相帮助，其实没有什么克服不了的困难。服刑就像是人生变成鸡蛋，每天积极改造就是在争取重新做人，大家互相帮助一起早日成人！

5.图画接力

心理学研究证明：视觉是个体感知信息的主要条件。人自出生就主要靠视觉获取信息、观察四周的环境。通过视觉，人和动物感知外界物体的大小、明暗、颜色、动静，获得对机体生存具有重要意义的各种信息，至少有80%以上的外界信息经视觉获得，视觉是人和动物最重要的感觉。从学习知识的角度来说，视觉的重要性大大超过听、嗅、触等其他知觉。

这个心理干预活动就是通过视觉刺激对服刑人员的内心予以影响。另外，由于社会赞许性的影响，尽管个体可能会处于绝望心理中，但对于犯群比较容易引导出积极向上的氛围。这个活动就是借助个体上述心理特征，借助团体作画的形式取得心理干预的效果。

具体做法：

（1）服刑人员按照 6~8人一组分为小组，需要为每组准备1开白纸一张，白板笔一支，彩色水彩笔一盒。

（2）要求服刑人员围绕规定的主题，以小组为单位集体发挥各自的想象力、轮流接力共同完成一幅画。常用的主题有：美好的明天、迎接希望、幸福未来、人生步步高、走向未来、明天更美好等。

（3）开始画画前，在限定的时间内可以做充分的讨论，一般讨论3~5分钟即可。一旦开始画画，彼此之间就不可以再有任何形式的交流。服刑人员在小组内确定一个顺次，按照这个顺次每人轮流在纸面上围绕主题作画，每次每人画画的时间不超过 1 分钟，不允许某一个人长时间画画。任何一个人画画时，其他人都要在一旁观看。另外，画画时只许添加不许涂抹。注意鼓励服刑人员画出具体的物、人、景，而不是画抽象、虚拟的东西。

（4）一般安排 5~10分钟接力画画即可，可以根据现场服刑人员完成的情况做调整。画画结束后把各组的笔都收回，以确保进入讨论阶段后不会再对画做添加。要求服刑人员对本组的画进行讨论，分享在这个过程中个人的感受，并就画的内容讲一个故事。

（5）各组把本组的作品展示给大家，并讲一个能够表达主题的故事。

小组共同画画、讲故事、讨论是消除绝望心理的过程，此外，这些画还可以在后续很多天不断起到心理干预的作用。比如，可以把这些画张贴在服刑人员经常能够看到的地方，或者用扫描、打印等方法给每名服刑人员发一张复制品。每当看到这些画，他们就会回忆起画画的过程、讨论的过程，以及那个充满希望的故事。

6.故事接龙

用真实有趣的事实帮助服刑人员感受绝望和希望都来自自己的内心。需要前期准备类似图9的心理学趣味图片，这类图片的重点不是关于大象究竟有几条腿的真相，也不是这张图究竟有没有画错的问题。图片的内容都是无足轻重的。这里最重要的是帮助服刑人员感悟、体会：同样的事情，从不同的角度看会看到不同的结果。

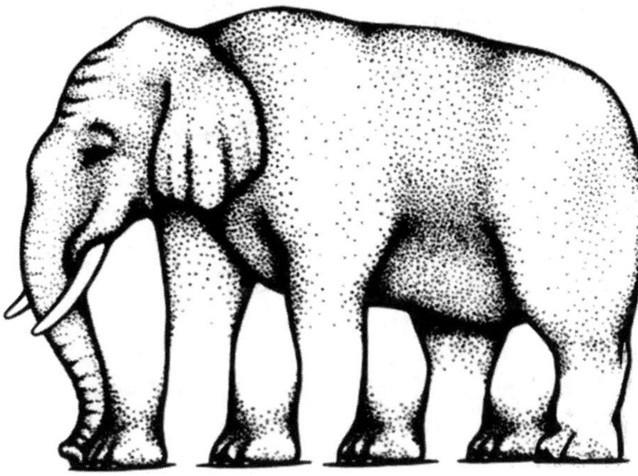

图9 心理学趣味图

具体做法：

（1）把服刑人员分为每组 6~8人的小组。

（2）民警指定第一个故事主题：一个悲伤的故事。要求小组成员以图片为背景每人一句话进行故事接龙比赛，比赛内容是看哪一组的故事最悲伤，故事越悲伤得分越高。

（3）民警指定第二个故事主题：一个快乐的故事。要求小组成员以图片为背景每人一句话进行故事接龙比赛，比赛内容是看哪一组的故事最快乐，故事越快乐得分越高。

（4）讨论分享，注意结合在这个过程中服刑人员个人的体会、心得、感受。

引导语示例：

同样的一幅画，竟然既可以成为悲伤故事的背景，又可以成为快乐故事的背景，大家怎么看？

是什么让这幅画既可以是悲伤的主题又可以是快乐的主题？

决定着我们生活快乐还是悲伤的究竟是什么？

大家现在怎么看自己的未来？还有其他的可能吗？

如果说未来就像这幅画一样，谁都能看到其中错误、不好的一面，并不意味着其中就没有快乐、美好的一面，大家有什么想说的？

第三章 应急事件之前的特殊问题心理干预

服刑人员入监适应障碍、自杀、脱逃是发生比例高、社会影响恶劣的应急事件。

虽然服刑人员处于强有力的、严格的监管中，但是总会有一些服刑人员存在自杀想法，更有个别服刑人千方百计为寻一死。特别是在入监初期，服刑人员心理情绪最不稳定的阶段，常会出现焦虑、烦躁、恐惧、无所适从、自卑、迷惘、失落、绝望等情绪。对监狱生活的不适应有可能进一步恶化心理纠结，特别是那些心理素质差、人格不健全的服刑人员很容易出现脱逃、自杀等极端想法，进而酿成应急事件。在加强监狱硬件建设、强化狱政管理的同时，针对监狱服刑人员脱逃的心理状况开展积极有效的心理干预工作，对于降低服刑人员脱逃的发生率有着重要意义。

本章将直接讨论这三类问题的心理干预方法。

第一节 入监适应障碍的心理干预

新入监是服刑人员心理情绪最不稳定的阶段。他们需要适应生活形式上天翻地覆的变化，不仅失去了空间和时间的人身自由、亲朋好友的密切联系，而且终日都要接受高墙铁窗内严格的纪律考核，每天只能身着囚服和素质参差不齐的同犯一起生活、学习、劳动。同时，他们需要面对内心世界的心理纠结：不服判决、不认罪、对未来绝望迷惘、无法面对客观现实问题（如亲朋对自己态度的变化）等。这些问题交织在一起，致使新入监服刑人员常常会焦虑、烦躁、恐惧、无所适从、自卑、迷惘、失落、绝望。

一、掌握服刑人员情况

1.心理测量

监狱内对服刑人员进行心理测量有效提高了监管的科学性，通过对初入监服刑人员进行不同侧面的心理测量，可以掌握服刑人员的基本情况、性格特征、行为爱好、犯罪心理原因、主观恶性程度、再犯罪的可能性、情绪特征、心理发展趋势等内容，不仅增加了监管改造工作的针对性，而且为心理干预工作提供了直接的科学依据。

2.密切观察

心理测量提供了科学的心理测评方式，但服刑人员群体的特殊性又使得服刑人员心理测量存在误差。误差主要来自两个方面：第一，对于文化水平较低的服刑人员、聋哑残疾服刑人员、智力障碍服刑人员等特殊服刑人员，无法完全保证心理测试的有效性。第二，服刑人员的自我保护意识在一定程度上降低了心理测试结果的真实性。绝大多数服刑人员会尽力遵循社会赞许性的标准，一些服刑人员认为有心理问题就是有精神病，造成了他们不愿意袒露内心，一些善于伪装的顽危犯更是极力掩饰自己的内心。

就在服刑人员用行动隐瞒自己的真实想法时，通过眼神、姿势、小动作等非言语行为线索，他们内心的真实想法已经暴露无遗。我们在"叁 自杀自伤心理干预实战技术"第三章曾具体介绍过非言语行为。只要民警对服刑人员保持密切观察，就可以通过服刑人员的非言语行为捕捉到一些真实线索。（详见"叁 自杀自伤心理干预实战技术"第三章第二节，第498页）

二、心理干预的方法

1.天堂和地狱

认知调整和服刑人员感兴趣的内容、生活实际相结合时，会取得比较理想的心理干预效果。让服刑人员体会在和谐相处、团结友爱的过程中自己的感受，会比单纯讲道理更容易被他们接受。所谓接受就是由于思想理念方面的改变而引发出实际的行为。不是教育服刑人员"不能自私自利，不能只想着自己"，而是让他们体会"你惦记着别人，别人也会惦记着你"的美好感觉。

具体做法：

（1）从对天堂和地狱的讨论开始。需要准备一张白纸、一盒水彩笔。

引导语示例：

民警：你们知道天堂与地狱吗？

服刑人员：知道！

民警：谁能说说在哪里看到过天堂与地狱？

服刑人员：我在电视剧《西游记》中看到过天堂与地狱。

民警：谁来说一说《西游记》中天堂与地狱是什么样子的？

服刑人员：天堂里有好多神仙，天堂里有许多好吃的，天堂里的人吃穿玩都好。

服刑人员：地狱里住着魔鬼，地狱里阴森森的，地狱让人好害怕。

民警：（用彩笔在大白纸中央画上一道竖线，把白纸均分成两半，并在左边、右边分别写上“天堂”与“地狱”）下面，请大家思考，你想在天堂与地狱中写上什么内容？每个人都要到前面来写，不能写重复的内容。大家还可以根据自己要写的内容选择不同颜色的笔来写。

服刑人员看着天堂与地狱中的内容，想着自己内心的天堂与地狱的世界，他们的参与度会很高。下面是一组服刑人员写的内容：

天堂：美丽的花园、山清水秀、好人才能去的地方、美好的世界、快快乐乐、开心乐园、神仙居住的地方、那里有天伦之乐、人人都想到那里去、没有心事的地方、世界上最美好的地方、好心人才可以去的地方、善良、有天使、优美、有趣世界、什么都有的欢乐大世界、幸福、愉快、温暖、天上人间……

地狱：悲伤、痛苦、可怕、坏人才去的地方、邪恶、生气、恶心、难受、到处都是死人、病毒、被人笑话、羞辱、打骂的地方、残忍、恐怖、阴凉、邪气、惨无人道、狠毒凶恶、让人痛苦、监狱……

在天堂中，服刑人员用的笔可以说五颜六色；而在地狱中，他们一致地选择了黑色。在天堂中，他们的字都是认真书写的，一笔一画，就是那些平常写字不认真的服刑人员今天也认真起来了；而在地狱中，他们的字写得乱七八糟。

民警：请大家读一读天堂与地狱。

民警：刚才我与你们一起到天堂与地狱转了一圈，从你们的话语中，从你们的表情来看，知道大家没有一个想到地狱的，都想到天堂。这是多么好的想法呀！我们是不是真的能实现这美好的愿望呢？我们怎样才能实现这美好的愿望呢？

服刑人员1：我觉得应该努力改造，做个对社会有用的人才能走进天堂。

民警：努力改造！你说得好，只要大家都努力了，肯定能走进天堂。

服刑人员2：我觉得我们不应该再做坏事，如不随地吐痰。

民警：其实，你说得是做一个合格的人。是的，只有做一个合格的人，才能走进那美丽的天堂。

服刑人员3：我觉得我们还应该帮助人，如人家有困难时要帮助。

民警：帮助！你说得真好！我们每个人都会遇到这样那样的问题，如果我们能有着帮助人的心，人家也会帮助我们。由帮助组成的世界是多么美好，其实这个世界就是美丽的天堂。

民警：有个故事也讲了天堂和地狱的区别。有一个人想知道天堂和地狱的区别，就去找上帝。上帝带他去地狱看看，地狱里有一口装满食物的大锅，可这里的人却都饿得要命，因为他们每个人都拿着一个长柄的勺子，柄太长，食物送不到嘴里，所以他们吃不到食物。上帝又带他去天堂，结果遇到了同样的装满食物的大锅，同样的长柄的勺子，所不同的是人们生活得很幸福、快乐，根本不存在饿肚子的情况。原来天堂的人们用长柄的勺子互相将食物喂到对方的嘴里，互帮互助的世界就是天堂，助人为乐的意思是帮助别人就是帮助自己，这是人们建立和维护人际关系的基础与前提。

（2）进入互动环节。服刑人员统一面向右或左，围成圆圈站立，手搭在站在自己前面的服刑人员肩膀上，为对方做肩颈部的按摩。几分钟后，大家一起向后转，再次为站在自己前面的服刑人员做肩颈部的按摩，这就是用行动回报刚才给自己做过按摩人。

(3)讨论环节。

引导语示例:

民警:大家说说其他人给自己做按摩的感觉。

同样的装满食物的大锅,同样的带着长柄的勺子,天堂和地狱的景象却有天壤之别,究竟是为什么?

2.拼图游戏

民警前期要为每组准备一幅成长主题的拼图。比如,茁壮成长的小树、即将收获的果实等题材都可以,打乱后堆放。

具体做法:

(1)安排服刑人员把打乱的拼图块组合、拼成完整的图画。

(2)完成拼图后,进行讨论。

引导语示例:

①命名,为后续的讨论定方向:大家通过努力拼出了这幅作品,大家给这幅画起个名字吧!

②采用由此及彼的方式,将活动内容引申到服刑人员自身:人生就像这棵小树,不断向上生长,现在每个人都以自己的人生结合这棵树讲一个故事。

③用不回避的方式直接切入,每个人的人生都无法避免挫折:每一棵树都有疤痕,每一道年轮都不是完整的圆,大家怎么看?

④用积极的、发展的方向引导讨论:明年这棵树会是什么样?后年呢?

3.描绘人生色彩

有些时候只靠语言是不能完整表达内心世界的,这个心理干预的方法借助色彩做表达,同时,利用服刑人员彼此间的正性影响确立积极心态。民警需要先准备一盒36色水彩笔,一张1开大小的白纸(白纸的质地要便于涂色）。

具体做法：

（1）民警通过若干彩图让服刑人员接触、感受色彩，可以用投影的方式呈现图片，或者直接用挂历、杂志的图片。重点是配合图片意境带领服刑人员感受色彩，同一种色彩最好有不同的意义出现，另外，还要有代表负面情绪的色彩出现在图片中。

例如：红色

图1：大红灯笼——引导语：看到大红灯笼你想到了什么？感受到了什么？

图2：消防车——引导语：看到消防车你想到了什么？感受到了什么？

可以准备多种颜色的系列图片，引导语同上。几个例子如下：

白色：雪地、医院白色的墙壁；蓝色：大海、蓝色的机器；黑色：黑板、黑纱；灰色：灰色工作服、动画片里的大灰狼。

（2）给每名服刑人员发一张白纸。

引导语示例：

思考自己的人生，在心目中为自己选一种代表颜色。选好了，就找到那只水彩笔，在白纸正中间用那只水彩笔画一个最能代表自己的形状，无论是圆形、方形、三角形还是其他什么形状，你觉得能代表自己就好，用你选的颜色把这个形状涂满。

（3）全部画完之后，让每个人都讲一讲自己画的图、选的颜色。

（4）引导讨论。小组围坐，每次把一个服刑人员的图放在中间让其他人为画图的服刑人员选一种自己认为更合适的颜色，并用自己觉得喜欢的方式涂在纸的四周。大家分别分享自己这样选、这样画的想法。

比如，在图10中，服刑人员A在自己的白纸上画了灰色的三角形。全体都画完以后，每一名服刑人员都讲解自己的图。A说：“感觉自己没有优点、没有优势，就像三角形一样呆呆地放在原地。”所有人依次讲完以后，进入全组讨论阶段。A把自己的图放在小组中间，其他人每人为A选一种自己认为更合适于A的颜色，并在A所画的三角形外面用自己喜欢的方式涂上这种颜色。B选了紫色，涂了一个长方形；C选了绿色，画了三条竖线；D选了黑色，点了一个大大的点；E选了蓝色，画了一个三角形；F选了褐色，画了一个正方形；G选了绿色，画了一个方形；H选了黄色，画了一面三角形的小旗子。然后，大家分别说出自己为A选择这种颜色的初衷以及在A的白纸上这样画出来的想法。B说：“A其实更适合紫色，因为紫色更能代表A的深厚。”C说：“A更适合绿色，其实他没有看到自己内心有那么多树，都长得很高大，都能成材。”D说……

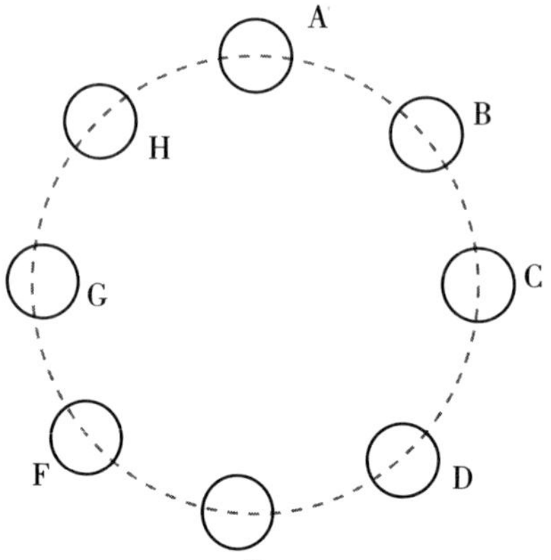

图10　字母圆形座位图

（5）最后，每名服刑人员针对大家对自己的感受和祝福、大家为自己所做的事情表示感谢。

4.脑力激荡

脑力激荡也叫作头脑风暴，是指当问题产生时经由大家集体思考，调动集体的最大想象力，寻求解决问题的办法。有关实验表明，用集体思考的方法要比个体默默思考多 44%有价值的、更积极的内容。在自由开放的气氛中，激起创意的连锁反应，很容易使常人跳出经验围墙，而获得意想不到的成果。脑力激荡不是分析性的，而是创造性的、思考性的。个体的大脑会在促进性的思维互动中受到极大的激发，脑力激荡正是利用大脑的这一特性，由一个思想激发另一个思想，从而围绕某一问题产生出很多的灵感。

在服刑人员能够在心理干预的小组中自然地分享、交流时，脑力激荡这种方式常常能够让他们的大脑高度兴奋。采用这种方式进行未来和希望的讨论，可以通过同犯间的自我教育激活服刑人员的思维。

脑力激荡的过程必须遵守以下四项要求：

(1)每次围绕一道题目。问题太大时，要分成几个小题目。出题时要具体化，比如，不要采用类似“拥有美好未来的方法”这样抽象的题目，而使用“刑期长怎么办”“没有希望怎么办”等相对较具体的题目。

(2)不能批评他人的意见。不仅因为批评会使每个人不敢提出自己的意见，而且还因为脑力激荡只是产生思想而不是进行决策。因此，无论想法是否可行、是否实用，在讨论过程中每个人的意见都被尊重，成员间不允许对其他人的想法加以批评。

有一些词语会把服刑人员的思维创意完全抹杀，在脑力激荡中要力争避免以下语言：

这个想法根本行不通！

没有用的。

以前试过了。

会被人耻笑的。

这么想没有意义。

没有这么多时间。

别人不会赞成的。

我以前想过，没有可能的。

你做梦吧!

(3)鼓励自由、积极发言。先求量多,想法越多越好,越是不断出现大量的新想法,服刑人员就越能在团体氛围中自如地运用想象力。

(4)鼓励就别人的思想“搭便车”。鼓励成员用自由奔放、异想天开方式毫无拘束地思考,想法越多越好,可以根据别人的想法联想到其他的想法,也可以修改、完善别人的想法后提出自己的想法。

脑力激荡和普通的讨论看起来好像是一回事,都是讨论问题,但脑力激荡的独特之处在于不考虑可行性,绝对不批评,因而引发出和开会讨论问题完全不同的气氛,得到心理干预的效果。采用小组间比赛的方式将非常有助于取得良好的效果。

具体做法:

(1)将服刑人员分为小组,每组 3~4人即可。为每组准备一张白纸、一支笔,并言简意赅地明确前述的四项要求。如果采用比赛形式,需要明确比赛内容,在相同时间内各组寻找问题的答案,积极答案数量多的组获胜。

(2)计时开始,一般 5~10分钟即可。计时截止后,每组推荐发言人大声宣读本组找到的方法,并向大家推荐本组认为特别好的方法。

(3)分享感受。

5.时光隧道

借助人类想象力的作用,把美好的未来真实地呈现在服刑人员面前,带领服刑人员看未来,当服刑人员能够看到10年、20年以后的美好生活时,这些画面就是鲜活的希望,并将成为支持服刑人员积极改造的重要力量。这些看得到的真实生活无异于击碎绝望的强有力武器。

具体做法(详见“叁 自杀自伤心理干预实战技术”第二章第一节,第475页,此处只做简述):

(1)询问服刑人员是否希望借助心理学的方法看看自己的未来,只有在动机非常强烈时才继续后面的方法。如果服刑人员持可看可不看的态度，就不要急于继续后面的内容，而要等待合适的时机。

（2）在服刑人员表达出期待看到未来之后，可以采用这个方法做心理干预。

引导语示例：

让自己舒服地坐在椅子里，做深呼吸，每次呼气的时候都放松身体，同时轻轻地闭上眼睛。就这样休息一下，一直闭着眼睛，直到我让你睁开眼睛。

想象自己进入了一条时光隧道，在隧道里飞，越飞自己的年龄就越小，前面有一个出口，那个出口通向你曾经有过的最快乐的时光。你用自己的方式走了出去，小时候的你在开心的笑，仔细看清楚那个环境里的一切，看清楚自己在哪里，在做什么，把你看到的告诉我。

现在，你又回到了时光隧道，整个人飘浮在空气中，身体很舒服，人在向着未来飞，心情很好，这样的好心情让你觉得很满意。前面有一个出口，你走了出去，那里是30年以后的世界。你很舒适地生活着，一切都让你满意，看清楚自己在哪里，在做什么，把你看到的告诉我。

现在你又回到了时光隧道，整个人飘浮在空气中，身体很舒服，人在向着未来飞，心情很好，这样的好心情让你觉得很满意。前面有一个出口，你走了出去，那里是半年以后的世界。你很舒适地生活着，一切都让你满意，看清楚自己在哪里，在做什么，把你看到的告诉我。

第二节 自杀的心理干预

就监狱警察而言，监区里有一个企图自杀的服刑人员无异于身边放着一枚随时会引爆的炸弹。

在监所内出现的在押人员自杀不仅关系着政府的形象、声誉，同时自杀也是一种极端的对抗改造行为，能否遏制在押人员自杀现象直接体现着司法机关是否有能力实现对在押人员的改造。有自杀意图的服刑人员很多，但真正采取自杀行为的只是其中非常少的一部分。有一个非常值得关注的现象：几乎所有自杀者在实施自杀前都出现过各种各样的反常表现，但只有15%的人被及时确认为有自杀倾向而被采取相应措施。因此，只要民警能读懂这些信息，及时捕捉到相关信号，并进行有效的干预工作，是能够成功阻止绝大多数有自杀想法的服刑人员实施自杀行为的。

服刑人员自杀涉及一系列问题：

怎样在完成每天对服刑人员进行监管的工作时，有效地从犯群中识别、发现自杀苗头？

怎样在管理服刑人员过程中，有效地预防自杀心理的形成？

怎样对已经出现自杀行为的服刑人员做危机干预？

怎样对公开场合的自杀、自伤行为做心理干预？

如果服刑人员自杀既遂，怎样确保犯群的稳定，不出现连环自杀事件？

即便在服刑人员形成自杀心理后，心理学仍旧为我们提供了干预的方法。在监狱民警从事的监管工作中，与服刑人员的自杀想法作斗争是一项压力很大的挑战性工作。从发现自杀的苗头开始就已经开始了与自杀的搏击，就像面对歹徒时一样，打倒对方、制服对方只靠必胜的心是不够的，还需要有力气、有技巧。面对自杀这个来势汹汹的“恶魔”，要打败它、制服它，必须有和它对阵的气势、取胜的信心、僵持阶段的恒心、遇到挫折的耐心，以及科学的方法，这些都是防控自杀的重要因素。

本书“叁　自杀自伤心理干预实战技术”一部分中对服刑人员自杀的

心理干预方法做了全景式讨论。特别是在第四章第二节和第三节（详见第518页）详细写了针对自杀服刑人员的谈话技巧和对自杀服刑人员的心理干预方法，此处不再赘述。

第三节 脱逃的心理干预

从有监禁、限制人身自由这样的刑罚开始，就有了服刑人员脱逃，可以说任何一个服刑人员都想脱逃改造。脱逃是服刑人员在改造期间的一种继续犯罪的活动。为了实施脱逃，服刑人员会不择手段，甚至不惜使用丧心病狂的暴力手段，如杀害他人、破坏警戒设施、暴力胁迫等，每每涉及一线民警流血牺牲，令人痛心疾首。

无论是服刑人员个体脱逃行为还是群体性脱逃行为，任何一种脱逃行为都将对监管改造秩序造成严重的破坏，而且服刑人员脱逃很可能不仅是为了逃避惩罚，还有可能要疯狂地报复社会，可能伤害被害人及其亲属、办案人员等，一旦服刑人员脱逃成功将极大地威胁社会的安全与稳定。

不同的服刑人员脱逃心理差异很大，无论是重刑服刑人员还是短刑服刑人员，无论是暴力型服刑人员还是财产型服刑人员，无论是成年服刑人员还是未成年服刑人员，都有可能产生脱逃心理。

服刑人员脱逃的心理原因和行为反应各不相同，但又存在一些共性的心理特征、行为表现，及时发现这些线索，将非常有利于防止服刑人员脱逃事件。

以2011年2月23日《羊城晚报》的一篇报道为例，以下为摘编内容：

“如果不是顶班，如果没有留意和发现，那就出大事了。”广东某监狱曾民警回忆，2002年2月1日的早上，值完班的他本可以在早上7点钟交班回家休息，恰逢监狱正在开展创建活动，接班的民警要参加监区组织的训练，于是他推迟下班，顶替下一班民警把监区的服刑人员带到习艺区安排劳动。

“那时监狱的警力不足，因工作需要临时顶班是常有的事。”曾民警说，当天上午安排好服刑人员的习艺劳动，他像往常一样在习艺区劳动现场例行巡查。当巡查到服刑人员王某的位置时，发现王某的行为与往常不一样，于是停下脚步注意观察。

“当时，我的第一感觉就是王某肯定有问题！”曾民警说，因为按照惯例，习艺劳动安排下去后，服刑人员都会低头忙自己的工活，整个习艺区是非常安静的。但王某当时神色异常，干活心不在焉，偶尔还偏头张望，眼神中充满慌乱。于是，曾民警有意俯下身子，装作检查习艺成品的质量，看王某究竟有什么事。

“就在这时，我看到他慌乱地将一小块牛皮纸丢到了身后的物料箱里。”曾民警说，为了不引起在场其他服刑人员的注意，他利用起身之机顺手捡起这块牛皮纸，放进衣服口袋里，然后离开了王某的位置。回到值班室后，曾民警匆忙展开这张牛皮纸条，发现上面歪歪扭扭地写着一行字：“有人找我要逃跑，我还没有证据，他正在注意我，我想把他谈的话想办法记录下。”

看到纸条上的这行字，曾民警意识到事关重大，当即将王某带到值班室谈话。在初步核实同监区服刑人员梁某、林某拉拢其脱逃的情况后，曾民警立即向监区领导和机关报告了案情。

监狱在经过一个半月的艰苦侦查后，一桩涉及6名服刑人员集体预谋杀警越狱的重大案件终于告破。

在这一成功阻止服刑人员脱逃的案例中有两个关键点：

第一，服刑人员王某对曾民警的信任是这起脱逃案得以及时发现的关键。如果对民警没有足够的信任，对改造没有足够的信心，难以想象服刑人员会主动向民警提供这样的线索。在完成国家赋予的岗位工作的基础上得到服刑人员由衷的信服、敬重，是预防应急事件的根本。

第二，曾民警敏锐的观察力是破获这起脱逃案例的前提，及时发现服刑人员王某反常，同时还及时予以关注。任何事物的发生、发展都要遵循客观规律，脱逃事件也不例外。发现其中或这样或那样的线索，特别是服刑人员千方百计要藏匿起来的线索，凭借的是高度的责任心和细致的观察力。

一、识别反常行为

与各类狱内应急事件相比，脱逃事件大多经过处心积虑地预谋，突发性极低。由于服刑人员处于24小时的严格监控管理中，较长时间的预谋过程就提供了发现脱逃事件的可能性。

1.聚集行为

为了增加逃脱可能性，服刑人员常常纠合其他同犯谋划脱逃计划。有关调查统计显示，脱逃事件涉及两个以上服刑人员共同谋划、行动的占脱逃事件的70%以上。因此，对服刑人员聚集需要保持高度的警惕性。

特别需要注意的现象有：不在一个组劳动、不是同一工种的服刑人员聚集在一起；似乎为从事某种活动聚集在一起，如下棋、看电视，但心不在焉，并没有投入在活动中。

2.积极表现

为顺利脱逃，服刑人员一般会先骗取民警的信任。对于服刑人员的积极表现需要注意：突然态度转变，行为表现和以前比几乎判若两人；表现过于积极，对民警异常顺从、认同，有明显地讨好、亲近行为；对同犯多了克制、忍让行为，甚至对一直不和的同犯称兄道弟。

3.收集信息

为实现脱逃，服刑人员需要准备大量的信息，比如，异常关注监管场所的情况，在行进路途中东张西望，对警戒措施、警戒工作规律格外留心（如摄像头的位置、武警警力分布、民警的交接班、值班制度等）；多次打听监狱所处的地理位置、周围的交通情况，很多脱逃服刑人员对监狱周围的环境状况了如指掌，有的还画了草图；热衷于和同犯交流哪些地方容易藏匿、容易挣到钱。

4.异常情绪

通过监狱的教育，服刑人员很明确地知道脱逃行为要么意味着摆脱掉了监狱的改造生活，要么意味着因脱逃罪再度获刑。因此，在脱逃前服刑人员容易出现异常情绪，如烦躁不安、情绪起伏多变。

5.藏匿行为

服刑人员会为了脱逃做物质准备，因此民警必须特别注意他们是否有藏匿行为。无论是劳动中使用的工具，还是绳索、食物、衣物、现金，甚至借生产劳动之机制造刀具等，都有可能是服刑人员为脱逃做的准备。

二、心理干预的方法

1.无家可归

心理学研究表明每个人都害怕孤独和寂寞，每个个体都有对爱和归属的强烈需求。只有在归属于某个群体后，个体的内心才会踏实平静。这个心理活动通过不同情形的平台引导服刑人员感受拥有或丧失归属感的内心体验以拮抗来自脱逃的诱惑。

具体做法：

需要较为宽敞的场地，每次可以安排10名以上的服刑人员参与。

（1）让服刑人员手拉手围成圆圈站立，民警带领服刑人员充分体会彼此在一起的感觉。

（2）要求服刑人员把手放开，彼此相隔1米左右围成圆圈站立。当民警说“每个家里 3个人”时，服刑人员就要尽快三个人拉手围成一个圆，不能多也不能少。有的服刑人员能够有家，有的服刑人员可能会“无家可归”。

（3）民警要引导服刑人员感受、分享。一般让“无家可归”的服刑人员站到自己身边，分别安排有家可归和无家可归的服刑人员谈感受说想法。

引导语示例：

当看到别人都拉手围在一起，就自己孤零零的时候，心里有什么感觉？

在团体中，和其他人拉在一起了，有什么感受？

在团体里和孤零零的一个人有什么区别？

通过这个活动，你想到了什么？

民警通过不断变换“每个家”的组成人数，多次重复活动。作为防脱逃的心理活动，需要充分凸显离群索居带来的孤独感、痛苦感。

以下是服刑人员在活动中的分享：

我孤孤单单地一个人在这里，太难受了！

不能和家人、朋友在一起，一个人活着太没有意思了！

能够和别人围在一起，心里觉得特别踏实。

我一个人站在这儿，看着他们都有家，我就想要是能跟他们拉在一起该多好！

上一次我没有拉到圈儿里，这一次我特别担心又被落下，提心吊胆的滋味太难受了。

（4）在服刑人员谈完想法之后，民警再围绕预防脱逃作引申发言，下面两段话就是分别从不同的角度切入的心理干预：

没有“家”心里的难受来自没有了归属感，人类除了吃饱穿暖之外，还有很多心理需要，比如，别人有家，自己一个人站在一边看着别人聊天、生活，心里会非常痛苦。脱逃行为就相当于把自己放到了亡命天涯、到处流浪的境地中，不能和亲朋联系、不能有正常的生活，每一天、每一分钟都像惊弓之鸟一样停留在完全没有归属的心理感受中。自由回归社会成为遥遥无期的事情。

脱逃行为会给亲朋带来很大危害，你们在狱中改造时亲朋牵挂、思念，但至少他们的内心是踏实的，是有希望的。脱逃行为一旦发生，即使付出极大的努力也难以过上正常人的生活，亲朋就不仅是牵挂、思念那么简单了，还要担忧你们的生死安危，没有了正常的联系，亲朋的担忧就变成了提心吊胆、牵肠挂肚。

这个主题的心理干预可以反复多次，适当采用变式可以减少单调感。下面就是两个变式。

变式一：松鼠与大树

具体做法：

需要较为宽敞的场地，每次可以安排10名以上服刑人员参与。

（1）先让服刑人员手拉手围成圆圈站立，民警带领服刑人员充分体会彼此在一起的感觉。

（2）分组：三人一组，两人扮演大树，面向对方，伸出双手搭成一个圆圈；一人扮松鼠，并站在圆圈中间；其他未分组的服刑人员担任临时人员。

（3）民警喊“松鼠”时，扮演大树的服刑人员原地不动，扮演松鼠的人必须离开原来的大树，重新选择其他的大树。临时人员随机扮演松鼠一起抢大树当中的位置。结束后，服刑人员谈感受，特别注意安排没有找到大树的“松鼠”谈感受。

（4）民警喊“大树”时，扮演松鼠的服刑人员原地不动，扮演大树的人必须离开原先的同伴重新组合成新的大树，并圈住一只松鼠。临时人员随机扮演大树和其他大树一起组成大树，并圈住一只松鼠。结束后，服刑人员谈感受，特别注意安排没有组合成大树人谈感受。

（5）民警喊“地震”，扮演大树和松鼠的人全部打散，并重新组合。扮演大树的人可扮演松鼠，扮演松鼠的人也可扮演大树。临时人员随机扮演大树或者松鼠也插入队伍当中。结束后，服刑人员谈感受，特别注意安排没有组合成大树和没有找到大树的“松鼠”谈感受。

每进行一轮就安排一轮讨论。

引导语示例：

扮演松鼠时你想到什么？

扮演大树时你想到什么？

当你跑动时你在想什么？

该游戏对你的生活有什么启发？

（6）在服刑人员谈完想法之后，民警再围绕预防脱逃作引申发言。

变式二：卖汤圆

具体做法：

需要较为宽敞的场地，每次可以安排10名以上服刑人员参与。

（1）让服刑人员围成圆圈站立，每名服刑人员代表5角钱（或3角钱、1元钱都可以）。

（2）全体服刑人员按顺时针或逆时针方向一边走一边齐声念：“汤圆汤圆卖汤圆，多少钱一碗？”然后民警说出一个价格，比如，“2块钱一碗”。所有服刑人员要立刻凑出这个数字，也就是4名服刑人员拉手围成圆圈。民警检查确认后开始分享讨论，让服刑人员谈感受，特别注意安排没有凑成数的服刑人员发言。

（3）接着继续下一轮。每次民警分别给出不同的价格，注意价格是服刑人员所代表的价格的整数倍。

（4）在服刑人员谈完想法之后，民警再围绕预防脱逃作引申发言。

2.解开千千结

这个心理干预活动借助活动的过程把问题的错综复杂直接呈现在服刑人员面前，同时又通过在场全体人员的共同努力得以解决，从而引导服刑人员树立起直面问题、积极解决，并取得最后的胜利的信心，从中体会团体支持对个人的意义和重要性。另外，通过共同活动中的接触，增进团队之间的信任和情感融合。

具体做法：

需要较为宽敞的场地，每次可以安排10名以上服刑人员参与。

（1）民警需要调动服刑人员积极参与，以及在活动中要认真投入，并借此培养服刑人员的责任心。

引导语示例：

有一个活动，不是每一个团队都能完成，只有每个人都承诺全力以赴才可以有资格做，只有每个人都保证不出错才能做好。其实任务非常简单，每个人都用心就很容易做到。现在，大家商量一下，你们这个团队做还是不做？如果要做，就需要每个人都承诺负责任做好。

（2）让服刑人员表态，同时一定要让他们说明做出选择的理由。在当众表态时，一般都会遵循社会赞许性的要求，促使服刑人员当众表达“我会负责任”“我能保证自己不出错”“我要为团队争光”之类的承诺，本身就是很强有力的心理作用。

（3）让服刑人员手拉手围成一个圈，要求他们牢牢记住左手和右手分别拉住了谁的手。每一个都确认自己记住了以后，大家都松开手，所有人交换位置，要求服刑人员在圈内自由走动，离开自己刚才的位置，离开刚才在自己身边的人。当民警喊“停”时，所有的人原地立正。在原地立正的基础上，只可以前后移动，然后伸出左右两只手分别拉住刚才拉的手。这里需要民警一再叮嘱“牵左右手的时候不要牵反了”，有一只手牵错了就会直接影响结局。此时，会出现一个错综复杂的“大疙瘩”。

引导语示例：

大家现在面对的大疙瘩就像人生中常会遇到的困难、问题，错综复杂。但是，起初大家拉手时是一个封闭的圆，只要每一个人都没有拉错手，那么就应该能够恢复到刚才那个闭合的圆。现在需要每个人齐心协力一起努力。

（4）民警要求全体服刑人员齐心将结打开，回复到起始状况。在“解结”的过程中拉着的手不允许分开，但可以钻、跨、绕等。只要每一个人都拉对了手，就可以恢复到起初的封闭圆形。

（5）组织讨论。

引导语示例：

你印象最深的是活动中的哪个环节？说说让你印象非常深的原因。

你是怎么回到原来的位置的？

解结时其他人对你有什么影响？

这个活动对你的生活有哪些启发？

（6）民警最后进行引申分享。

引导语示例：

人生常常会陷入疙瘩里，如果只盯住那个大疙瘩，就会烦、乱，反而失去了解决问题的机会。其实只要心平气和、按部就班、遵守规则，就会恢复生活的常态。服刑生活就是解开疙瘩的过程，只有按部就班、不急不乱才能够获得圆满的解决。

关键的地方一点都不能错，有一只手拉错了，就失去了恢复到封闭圆的机会。就像大家现在的改造生活，一念之差，如想找个机会逃出去，结果失去了解开疙瘩的机会。

3.直面现实

服刑人员在形成顽固的脱逃思想前，内心多少都会有挣扎的过程。挣扎的过程其实就是“逃”还是“不逃”两方面很多理由的纠结过程，促使其作出脱逃决定的大多是侥幸和孤注一掷两种心理状态。侥幸心理的表现是“我运气好，能成的”“出去了，他们肯定抓不住我，就有好日子了”；孤注一掷心理的表现是“管它呢，先做了再说”“一定要做，不想别的了”“爱咋地咋地吧，不管了”。这两种心理让服刑人员以回避现实的态度对待问题。

针对这个问题，直面现实的心理干预方法通过构建讨论现实问题的平台帮助服刑人员正视现实，并且建立起面对现实、接受现实的改造态度，从而用理性思考、对行为作理性判断。

具体做法：

民警带领服刑人员围绕“假如……有可能会发生些什么？发生的可能性有多大？”做互动式讨论。这样的讨论可以是民警针对个别服刑人员的，也可以采用团体辅导的形式。一位民警带领 8~12名服刑人员做讨论。

注意：服刑人员的参与度是心理干预的重点，民警要鼓励服刑人员积极思考、踊跃发言。还可以借助竞赛的形式，通过使服刑人员之间互相竞争激发思考。为了促进服刑人员说心里话，当服刑人员说“假如跑出去了，也可能在深山里躲一辈子”之类的话时，民警不仅不能急于说服教育，还要进一步问“还有其他的可能吗？”促使服刑人员把内心更多的想法说出来。

例如：

民警：假如有一天跑出去了，有两种可能：第一种可能被抓回来。服刑人员在押期间逃脱，国家一定会全力以赴抓捕归案。第二种可能暂时藏起来了。其实想跑的人都在想有可能藏得好，不会被抓到，或者说真的有可能暂时藏起来。现在大家一起讨论讨论这两种情况下，会发生些什么。第一种情况，脱逃后被抓捕归案，会发生什么？

服刑人员：被再次加刑。

民警：可能性有多大？

服刑人员：100%。

民警：还有其他可能吗？

服刑人员：被击毙。

民警：可能性有多大？

服刑人员：1%，只要不反抗就不会被击毙。

民警：如果暂时藏起来了，会发生什么？

服刑人员：担惊受怕、提心吊胆，可能还要挨饿。

民警：可能性有多大？

服刑人员：100%。

民警：还有其他可能吗？

服刑人员：不敢和家里人联系。

民警：可能性有多大？

服刑人员：90%。

民警：还有其他可能吗？

……

最后，民警总结：脱逃行为是一种付出的代价远大于得到的利益的行为，那种寄希望于用脱逃方式解决问题的方法其实不是解决问题，而是让问题变得更加严重、复杂、恶化，相当于饮鸩止渴。

4.强化自我阻止

冲动性脱逃的发生概率极低，一般服刑人员在采取脱逃行为之前，都会经历漫长的斗争、准备阶段。斗争的过程就是“要跑”和服刑人员内心劝阻自己的“算了吧”两类念头之间的斗争。打消服刑人员脱逃念头的一个要害环节是利用其内心自我阻止线索进行心理干预，那些令服刑人员对于采取脱逃行为有所顾忌的念头是最好的阻止脱逃行为的钥匙，只要将其自我阻止线索抓住、强化，就能够有效打消其脱逃想法。

具体做法：

可以针对个别服刑人员，也可以采用团体辅导的形式。一位民警带领8~12名服刑人员做讨论。讨论的中心是引导服刑人员关注不想逃脱、不能逃脱的想法，比如问类似下面这些问题：

有些事情你心里很惦记，你愿意说说吗？

有些人你无论如何都忘不了，你能讲讲这个人吗？

如果要你来劝阻那些有脱逃想法的人，你会给他举出哪些理由让他不要这样想了？

民警要针对这些问题加以引申讨论，促进服刑人员的自我阻止。

5.全面考虑

企图脱逃的服刑人员在认知方面往往片面、狭隘，他们非常局限地只关注问题的局部，比如，只看到服刑改造生活的清苦与约束，或者只看到漫长难熬的刑期毫无希望，或者一心想报复某人或见到某人。过度关注局部的直接后果就是他们忽略掉自己拥有的部分、值得珍惜和庆幸的部分。全面考虑就是直接干预服刑人员局限式思维方式的。通过带领服刑人员体验、感受失去的滋味，引导他们从新的角度看待自己拥有的生活。

引导服刑人员从整体考虑问题，思考并呈现与“失去自由、服刑改造”有关的所有想法，同时也可以帮助民警了解关于“失去自由、服刑改造”在服刑人员心目中的各种想法。

具体做法：

（1）民警先在一张白纸上准备一个大圆，中间要有圆心。每名服刑人员发一支笔。

(2)民警需要把圆和笔交给服刑人员，对服刑人员提要求：这个圆可以随意分，整个圆形代表的是“失去自由、服刑改造”让你想到的所有问题。现在先想一想。想好以后，把想到的内容在图里画出来，凭自己感觉随意地在圆里画出一角表示这个内容，在里面简单写上几个字标注一下(这里需要特别强调随意画)。

(3)等服刑人员全部画完后要用足够的时间与其做讨论。

当服刑人员完成画图之后，其心理纠结是民警从图中就可以掌握的。在图中所占面积较大的部分就是在服刑人员内心分量重的内容。但是，千万不能想当然，虽然有标注，但这个标注的意义、背后的具体内容只有服刑人员最了解，需要引导服刑人员通过讲图说出来。

引导语示例：

讲讲这张图吧。

你怎么看自己画的这张图。

比如，图11是一名服刑人员画的图。在这张图里，孩子占了很大的面积，说明在这名服刑人员心里，孩子的问题是最纠结的，但究竟在担心什么不能一概而论，需要具体问题具体讨论。因此，引导服刑人员自己倾诉，是这项干预中格外重要的内容。

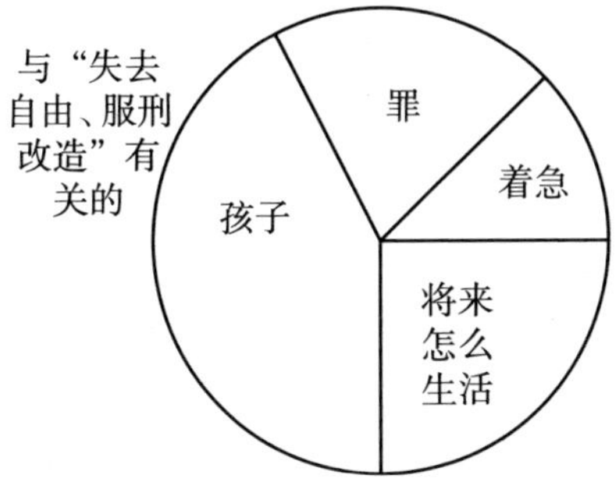

图11　某服刑人员全局图

第四章 应急事件之后的疏导性心理干预

在应急事件过后，所有的处置程序都完成，几个星期、几个月之后，监狱内的一切都恢复正常，应急事件似乎成为已经完结的历史。

但是，真的完结了吗？

2010年富士康连续十二起自杀事件：

2010年1月23日，马某坠楼身亡。

2010年3月11~29日，李某等3名员工坠楼身亡。

2010年4月6~7日，饶某等2名员工坠楼身亡。

2010年5月6~26日，卢某等6名员工坠楼身亡。

其实，历史上的连环自杀事件并不鲜见，比如，2004年4月13~25日，绍兴连续4名学生跳楼自杀；2006年6个月内美国加州8名高速公路巡警相继自杀；2007年11月至2008年2月，雷诺汽车公司3名员工相继自杀。

个体在面对突发性、威胁性或灾难性应急事件时，都会出现一系列的心理和生理反应，这些心理和生理反应是个体的正常反应，大多数个体能够自行恢复到心理平衡状态中，但也有些个体会由于应急事件的强烈刺激而出现心理甚至生理的不正常状态，成为较严重的精神创伤，在心理学和精神科的分类中把这种精神创伤称为创伤后应激障碍，简称PTSD。

第一节　应急事件过后的“导火索”

一、“导火索”事件

有关统计显示，人群中女性创伤后应激障碍(Post-traumatic stress disorder，PTSD)患病约是男性的2~6倍。同时，PTSD患者的自杀危险性高达19%。不同的人群或个体，不同应急事件所致PTSD的患病危险性也不相同。成长过程中缺乏父母关爱的个体遇到应急事件更容易患上PTSD，服刑人员PTSD的患病率是普通人群的4倍。经过应急事件后调整身心重新恢复心理平衡所用的时间长短不同，大多数个体在遇到应急事件后1~2个月就能够恢复。

PTSD患者分成不同类型，美国精神病学会出版的《精神障碍诊断和统计手册》将PTSD分为三种类型：急性型(病程短于3个月)、慢性型(病程3个月或更长)、迟发型(创伤性事件发生 6个月之后才出现症状)。

除此之外，有时一些线索、特定的场合和环境很容易触发个体的记忆。关于应急事件的记忆可能是大脑内在认知的，也可能是情绪的或者感觉的。这些记忆仍旧有可能产生很大的心理冲击。这样的心理冲击很有可能成为引发新的应急事件的“导火索”。因此，应急事件处置结束并不意味着心理干预工作已经结束。

应急事件发生后，有可能成为“导火索”的有：

1.与应急事件中的感觉相似的感觉，包括视觉、听觉、嗅觉、味觉、触觉等。

2.得知发生类似事件。

3.应急事件的某些纪念日，如逝者的祭日（各地风俗不同，祭日也会不同），事件发生后的第一个月、第二个月、第三个月、周年纪念日等。

4.对应急事件的宣判、执行。

这些事件对不同的个体会有不同的影响，但非常有可能让应急事件中经受过强烈心理冲击的个体再次重现曾经的心理重负。

二、“导火索”事件应对

妥善应对“导火索”事件是应急事件平息后心理干预的重点。

1.高度关注

监狱上下要对“导火索”事件高度重视，保持对犯群的密切观察，及时了解点滴犯情，不放过任何可疑线索。

2.用好纪念日

在应急事件发生后的一年内，对于心理状态没有恢复的服刑人员来说，纪念日常常是难以度过的日子。监狱可以安排一些庄重、严肃、简便易行、无需太多刻意准备的活动。无论发生了怎样的应急事件，纪念日活动的主题都可以是积极改造、热爱生活、尊重生命、创造未来，借助这样的主题活动，培育服刑人员积极向上的群体性心理状态。监狱还可以安排应急事件处置方案预演，在预演中帮助服刑人员增强战胜困难的信心。

3.封闭类似事件的信息

当又有类似应急事件发生后，看到、听到新闻媒体的有关报道可能再度引发服刑人员的心理冲击。类似事件的发生会让服刑人员过高估计应急事件的发生概率，从而导致内心恐慌和混乱。因此，适当屏蔽类似的、信息非常有利于应急事件发生后的监管稳定工作。同时，增加稳定、和谐的信息报道，增加监狱防范措施等的报道，有助于帮助服刑人员重新建立安全感。

第二节　PTSD患者及同犯群体的心理干预

应急事件对同犯的影响往往有很大的个体差异，服刑人员的反应程度很可能会有非常大的不同。我们在前面叁“自杀自伤心理干预实战技术”部分第六章第一节和第二节详细讲了自杀自伤事件对同犯的影响程度，以及民警该如何进行心理干预。同样，针对自杀自伤事件的个体干预也可以用于对PTSD患者及同犯群体的心理干预。判断方法和干预操作相同，此处不再赘述。（详见第564页）

第五章 应急事件之后的特殊事件心理干预

应急事件从发生到事态完全平息往往要经历一个过程，事情发生、发展所需要的时间也许是几个小时或者几十个小时，也许会持续几个星期或者几个月，甚至更久。

应急事件的处置需要以正确的信息交流为保障。正确的信息交流不仅是处理应急事件的基础，也是心理干预工作的前提。另外，和相关服刑人员及其亲属的信息交流常常成为引发后续事件的焦点。

第一节　真实案例并心理分析之三

☞ 案例一：SARS事件回顾

SARS在不同国家有不同的习惯称呼。中国惯称“非典型肺炎”，并简称为“非典”。

2002年11月16日，“非典”在广东顺德爆发。而第一例有报告病例的患者是2002年12月15日在河源市发现的。最早爆发时，广州市和广东省政府一直未发布相关讯息。

2002年12月底，广东民间出现了关于一种致命怪病的传言。“非典”的疫情开始在互联网流传。

截至2003年2月9日，广州市已有100多例“非典”病人，其中不少是医护人员。此时，国家卫生部（现为国家卫生健康委员会）对广东发生的病例开始关注。

2月10日，中国政府将该病情况通知了世界卫生组织。

3月5日，北京接报第一例输入性“非典”病例。

3月12日，世界卫生组织发出了全球警告。

3月25日，广东省中医院二沙岛分院急诊科护士长叶欣因感染SARS逝世，成为第一名殉职的医务人员，并引起极大震动。

3月31日，中国政府在互联网上公布了《非典型肺炎防治方案》。

4月2日，中国向世界卫生组织申报了所有案例。中国广东省3月有361例新病例，9人死亡。同时，中国的北京、山西、湖南也有人感染。卫生部表示，广东的病情已经基本得到控制。

4月3日，卫生部在北京召开新闻发布会，时任卫生部部长张文康表示，疫情已经得到有效控制，在北京工作、旅游是安全的。

4月13日，国务院总理温家宝发表讲话，把SARS定性为“一场突如其来的重大灾难”，号召“全国必须进一步动员起来，坚决打好同‘非典’作斗争的这场硬仗”。

4月16日，世界卫生组织正式宣布SARS的致病原为一种新的冠状病毒，并命名为SARS病毒。

4月19日，时任国务院总理温家宝警告地方官员，瞒报、少报疫情的官员将面临严厉处分。

4月20日，北京已确诊的“非典”患者达到339例，疑似病例402例。时任卫生部常务副部长高强在新闻发布会上宣布，原定于5月1日开始的五一“黄金周”暂停施行一次，确保疫情不会进一步扩散。北京多所高校已经宣布停课。

4月23日，北京市宣布全市的中小学从24日起停课两周，确保疫情不会在校园扩散。

5月2日，由7000人仅用8天建成的北京小汤山医院开门迎接了从北京城区15所医院转来的156名“非典”病人。

5月9日，国务院颁布《突发公共卫生事件应急条例》。

5月19日，北京“非典”新增病例数降至个位。

5月21日，北京最后一名“非典”病人从北京地坛医院出院。

5月23日，北京市747名密切接触者全部解除隔离，北京地区“非典”患者的救治工作已经结束。

6月14日，世界卫生组织解除对河北、内蒙古、山西、天津的旅游警告。

6月24日，世界卫生组织解除北京旅游警告，并将北京从疫区名单中剔除（“双解除”）。

☞案例二：服刑人员多次自杀自伤事件

M，52岁，携西瓜刀和菜刀在银行前实施抢劫，因被害人喊叫和反抗，对被害人进行殴打，致其重伤。M被判处死刑缓期二年执行。入狱后当月，M的老母亲心脏病突发病逝。妻子提出离婚起诉后，他实施了第一次自杀。

在M的档案附本中记载着的M实施自伤自残的一连串行为：

2006年3月4日晚，利用去厕所的机会，M用头撞坏厕所窗户的玻璃，企图用碎玻璃自杀，被其他服刑人员制止。

3月6日，在医院治疗期间，M用输液针头刺伤自己的眼睛。

4月5日，利用集体晒被褥的机会，借助被子遮挡企图自缢，被其他服刑人员及时制止。

7月6日，在劳动改造时，M突然拿起工具戳伤自己的左眼，其他服刑人员扑上去及时制止。

11月20日，M发烧到医院量体温，用体温计刺伤自己的右眼，被看护他的服刑人员及医生及时制止。

11月25日深夜，M趁上卫生间的机会，突然用头撞墙，被其他服刑人员及时制止。

2007年2月10日，M在娱乐室看电视时，突然用头撞墙，在其他服刑人员的制止下，没有发生严重后果。

5月10日，利用吃午饭的机会，M脱离互监小组，爬上约30米高的废弃烟囱，企图公开自杀。监狱立即启动应急预案，采取措施积极进行规劝解救。在多次喊话规劝教育无效的情况下，公安局防暴支队、消防支队前来增援。终于在23时许成功地将M解救下来，避免了一场恶性事故。

无论是SARS这起公共卫生事件，还是服刑人员M多次自杀自伤事件，都在一段时间内持续发生、发展，直到最后归于平静。在归于平静之前的每一分钟都是惊心动魄的。应急事件就相当于扔进其他服刑人员内心世界的石块，可能对一些人影响甚微，也可能会在一些人心里激起惊涛骇浪。在这个阶段，民警必须高度紧张地密切关注犯群，稍有懈怠疏忽就有可能出现新的应急事件。无论是应急事件不断恶化，还是引发连锁反应，都有可能严重破坏监狱的运行机制，使监管、生产、生活秩序趋于瘫痪、混乱。因此，对于监狱来说，应急事件处置的过程必须包括两方面：一方面要妥善处置与应急事件相关的系列问题，另一方面还必须保持正常监管秩序、确保犯群稳定。这两方面具有同等重要的意义。

后面的章节将讨论应急事件从发生到最终平静的整个过程中的心理干预。

第二节　应急事件有关信息的心理干预

一、获取信息时的心理干预

应急事件性质越严重，要求密切接触现场的服刑人员提供信息时，就越需要在按部就班做好狱侦工作的同时，配合实施一定的心理干预。

应急事件发生时，直接接触现场的服刑人员因为受到过度强烈的刺激，有时会出现思维混乱、阻滞，或者对某些线索视而不见，或者臆造出一些没有的情节，这些现象都是正常的心理反应。应急事件的亲历者、见证者描述事情的经过，往往是厘清应急事件的宝贵资料，一开始他们会非常愿意配合，但当多次被要求“重现”，会产生心理疲惫、不信任感。这时，他们的内心还可能会有“受害者意识”，就是觉得自己的经历跟其他人是说不清楚的；一再地述说还会增加其懊悔感，出现质疑自己“我怎么没有……”“我怎么能够……”的想法，多次叙说遭遇还可能引发出怀疑、担心甚至愤怒的情绪反应。在这种心理状态下，他们就会对其他人的提问感到怀疑，从而压抑自己倾诉的心理需求，采用尽可能少说话甚至完全缄默的方式做自我保护。

因此，获取信息时需要注意以下操作要点：

1.以提供心理支持的态度获取信息。刚刚经历过突发事件的人都非常需要心理支持，就是从内心体会到被支撑的感觉，这种支撑感能够让其内心踏实、安定下来。

2.离开事发现场，在安全的环境中提问，帮助对方从周围环境中获得确定的安全感。

3.如果是针对服刑人员问话，要回避司法程序中的审问场景，而采用促膝谈心的位置。

4.提供能传达关心的物质帮助，如一杯水、一碗面。

5.不要用救世主的姿态向服刑人员提问，不要表达怜悯或批评，而要更多地关注他们做出的有效行为，对服刑人员在应急事件中的积极做法给予充分的认可。

6.语言镇定，语速放慢，保持自己的身体处于松弛的状态，营造出稳定、可信赖的问话氛围。

7.使用拉家常的交流方式。术语、司法用语容易让人精神紧张，思考自己的得与失。此时要尽可能避免。

8.在服刑人员说话时，不打断、不强行改变话题。

9.在服刑人员思考、沉默时，保持平静、耐心的态度。

10.不过多追问应急事件中的细节，如伤口情况、血流情况、人死前的表情等。这些细节的回忆可能会引发服刑人员的回避反应，即沉默、口吃、闭眼、痛苦表情、反复上厕所，甚至失忆等。

11.向服刑人员提供准确、恰当的信息，如目前的局势、救助力量等。

二、陈述信息时的心理干预

在掌握了事实后，监狱除了严格执行规定程序向检察机关、上级主管部门汇报外，还有非常重要的信息沟通工作要做，即向服刑人员亲属通报情况、向狱内其他服刑人员和全体民警说明应急事件、接受媒体采访。这些信息沟通工作和执行工作程序的信息汇报有很多不同，其中最大的不同在于需要顾及对方的心理。很多应急事件引发的后续事件，如亲属闹监、不良的社会影响等，大多可以在一定程度上通过有效、稳妥的陈述信息加以避免。

把事实告诉与事件有关的人并不是一件容易的事，尤其是对那些情绪容易激动的人，但陈述信息工作是不可避免的。因此，向服刑人员亲属通报情况、向狱内其他服刑人员和全体民警说明应急事件、接受媒体采访时，需要注意以下心理干预操作要点：

1.做好信息报告单。应急事件的信息发布对于监狱尽快恢复稳定至关重要。因此，要以正式书面的报告单为信息发布依据，忠实报告单内容，不背离、不发挥。

信息报告单内容应涵盖如下资料：

(1)所有已经掌握的事实。

(2)受害者和应急事件肇事者的现状。

(3)监狱目前的整体情况。

(4)听众(如服刑人员亲属、其他服刑人员等)的生活是否会受到影响。

(5)将要提供给听众的援助。

2.保持坦然、严谨、开放的态度。具体做法是：舒展的肢体动作、没有任何小动作、保持目光扫视交流。

3.语言保持平稳、流畅，使用平静、简洁、直接的表达方式。避免使用教诲式的措辞。

4.选择合适的语言。对全体民警可以说：“发生了袭警事件，这起应急事件是非常让人难以接受的，但了解真相对于我们大家都有好处。”对狱内服刑人员可以说：“某服刑人员在情绪激动下严重违反监管条例。”对袭警服刑人员亲属可以说：“这件事是我们非常不愿意看到的。”

5.如果预见到听众可能会情绪激动，要特别注意缓和激动情绪。比如，措辞中避免过激语言，保持声调平静，尽可能多使用陈述句形式，避免使用疑问句。

6.谈事件真相时注意事实的完整、准确，细节一般说得越少越好。在发布信息时，无论是亲属还是媒体，都会特别关注细节，而详细地告知细节常常会对亲属造成很大的刺激。在遇到追问细节时，可以采用法医报告、刑侦报告作答。

第三节　自然灾害的心理干预

自然灾害是人类赖以生存的自然界中所发生的异常现象，自然灾害对人类社会所造成的危害往往是触目惊心的。发生地震、火山爆发、泥石流、海啸、台风、洪水等突发性灾害都需要监狱对犯群做相应心理干预。

在自然灾害发生之前，按照每天的生活轨迹正常生活的个体由于直接经历或高度暴露在灾害之中，如自己受伤、交往密切的人死亡或受伤、曾经处于危险的环境之中、目睹灾害发生或他人伤亡等过程，大多会有情绪或心理耗竭的表现。这些反应包括创伤后压力反应及伤恸反应，这是一种在异常或非常态环境下可能出现的正常反应，幸存者、援助者都有可能会经历这些反应。这样的反应经常是短暂的，并不是一种严重的心理困扰或心理疾病。“创伤后压力疾患或病态伤恸会在灾难后蔓延”的说法是没有事实根据的。但是，当情绪反应过于强烈、明显影响日常生活，或者服刑人员感觉无法忍受时，需要尽快介入心理干预。

一、描述完整的真相

在自然灾害过后，无法面对自己亲眼所见的灾难过程，或者由灾难造成的事实是自然灾难后心理压力的重要原因，这时，需要民警正面处置问题。需要心理帮助的服刑人员常常会因为过度关注最让自己痛苦的事实而备受煎熬，他们会忽略这些痛苦的事实只是部分而不是全部。心理干预的过程需要接纳受害者所关注的部分事实，同时又引导他们看到更加完整的事实。

具体做法：

首先，要表达认同，对服刑人员表达的内容不做反驳。

其次，用直接的语言向服刑人员描述完整的事实，特别是被其忽略的部分。

例如：

服刑人员：我的腿没有了！

民警：你的左腿断了。

服刑人员：我没有腿了！

民警：你的左腿断了，同时，你还活着，你还有右腿。

服刑人员：房子一下子就倒了，太吓人了，里面还有很多人！

民警：太突然了，房子突然就倒了，里面的人都被压住了。

服刑人员：他们都完了。

民警：死了很多人，现在，你还活着，还有很多人活着。

二、开启正面感受

大自然在制造灾害时用不可思议的力量轻而易举地摧毁建筑物、夺走生命，大自然表现出摧毁一切的力量时，人类常常会惶恐、混乱。每个人的感受都是来自自己的内心，在理智因为惶恐、混乱而失去作用时，个体会跟着自己的感觉走。灾难过后，需要心理帮助的个体总是被负面感觉吞噬，这些负面感觉包括恐惧、悲伤、愤怒、内疚等。当这些负面感觉过度存在时，个体是无法平静生活的。而负面感觉过度存在的原因之一是正面感觉被抑制。那些允许内心感受庆幸自己还活着、自己逃过大难的个体，往往能够很快恢复常态。因此，开启个体正面情绪感受，一方面让个体允许自己有正面情绪感受；另一方面带领个体充分体会这些正面情绪感受，是自然灾害后心理干预的重要任务。

具体做法：

首先，接纳服刑人员的负面感觉。

其次，用恰当的方式逐步引导服刑人员体会正面感觉。

例如：

服刑人员：太吓人了，突然间房子就倒了！

民警：一点儿征兆都没有，突然就发生这样的灾难，真让人无法接受。

服刑人员：太吓人了！

民警：的确太吓人了，你很害怕！

服刑人员：一想到那天的事情，我就觉得很害怕。

民警：你可以害怕，也不一定只是让自己觉得害怕。

服刑人员：我没有见过这么吓人的事，想想都觉得害怕。

民警：也许你还可以为自己活着而感恩。

三、导向未来

遭受过自然灾害的人，其中有一些会停留在灾难里，主要表现：不断诉说自己的遭遇，谈话内容总是围绕灾难事件，日常生活或者交流中很容易就牵扯出灾难事件的经过。这种停滞不前是心理困扰的表现。让个体无法前行的不是灾难，也不是形形色色的问题，而是内心的停滞。

自然灾害给人类心理造成的冲击非常剧烈，包括让个体的心理处于停滞不前的状态。心理干预就是要带领服刑人员着眼未来、关注明天，而不是停留在灾难中，或者停滞在灾难造成的损失中。

具体做法：

首先，以倾听为基础。服刑人员在讲述灾难事件或自己的遭遇时，民警予以充分的倾听。

其次，表达理解。对服刑人员的遭遇表达理解、对服刑人员的情绪表达感同身受。

最后，为灾难增加时间维度背景。带领服刑人员在时间维度背景中看灾难事件，并可以着眼未来。

例如：

服刑人员：每当我想起灾难的时候，都忍不住想那天发生的事。

民警：那天发生的事实在太让人难过了。

服刑人员：那天忽然就发生了……（在服刑人员讲述的过程中，民警以倾听的姿态陪伴）

民警：猛地发生了这么多！

服刑人员：我想到这些就会想死！

民警：你是说现在当你想到灾难时，就会想到死？

服刑人员：我不知道还能做什么！

民警：你是说你在考虑自己可以做什么，只是现在还没有找到答案？

服刑人员：我现在脑子很乱，我想不出来。

民警：灾难来得太突然，太意外，整个世界一下都乱了，我也不知道你在后面的时间里会想出一些什么答案，也许现在不需要去想，不用那么快立刻让自己想明白。

四、放松身体

个体在自然灾害后需要心理帮助的表现之一是身体紧张，这种紧张来自灾难造成的心理和身体的创伤记忆。个体的身体有时甚至处于僵硬、僵直、无法松弛的状态。当身体得到放松后，个体的心理也会得以松弛，从而恢复到正常、自然的状态中。

具体做法：

渐进式肌肉放松是非常好的心理干预方法。（具体做法详见“叁 自杀自伤心理干预实战技术”第二章第一节，第477页。）

或者，采用下面的简便方法带领服刑人员放松身体。

用鼻子深深地、慢慢地吸气，再缓缓地、长长地呼出，重复5次。

注意自己的肩膀，用力把肩膀向下压，用力，坚持5秒钟，放松。重复1次，对比感受用力和放松的感觉。

下面，将继续体会两个部位的放松，慢慢地闭上眼睛，让自己的注意力更集中。

把注意力转移到胃部，感觉胃部在做深呼吸，用胃深深地吸气，缓缓地呼出，每次呼气的时候感觉胃在放松。重复3次。收缩胃部，用最大的力气，保持10秒钟，体会胃部紧张的感觉，放松，感受胃部松弛的感觉。重复2次。

把注意力集中在背部，收缩背部的肌肉，用最大的力气，坚持10秒钟，体会背部紧张的感觉，放松，体会背部松弛的感觉。重复2次。

集中注意自己的身体，从上到下扫描身体，再从下到上扫描身体，发现身体处于紧张的部位，找到以后就一边做长长地呼气一边放松紧张部位，一直到感觉自己的整个身体都放松了。在心里对自己说“放松、放松……”。深深地吸气，慢慢地呼气，在呼气的时候从5倒数到1，每数1个数字，身体就感觉又放松了2倍。

让自己在这个放松状态中停留一会儿，仔细体会全身的松弛。在心里对自己说“放松、放松……”。

五、化解压力

自然灾难之后，人群中会出现各种各样的反应。

常见的生理反应有：睡不着或频繁噩梦；身体总有不舒适的感觉，某些部位或肌肉疼痛；记忆力减退；心跳加快等。

常见的心理反应有：

（1）恐惧和担心。担心灾难会再次发生，担心自己会受到伤害。

（2）无助感。经由灾难发现人类在大自然面前其实弱小到不堪一击，于是内心充满了惶恐和失落。不敢相信未来，安全感严重匮乏。

（3）悲伤。这是自然灾难之后非常普遍的情绪，很多人会放声痛哭，也有一些人用麻木、极度的淡漠来表达。

（4）内疚。内心深处感觉到死去的人在抱怨、责怪自己，似乎是自己不该幸存或者自己剥夺了其他人的生存机会。

（5）愤怒。对自己遇到自然灾难而愤怒，认为自己遭遇了莫大的不公平。这种愤怒会迁怒于救援人员，认为救援人员做得太少，做到得太少，甚至认为自己经历了灾难，就应该被另眼相看。

这些痛苦或者症状都是重大灾难对个体生理和心理造成巨大威胁引发

的生理和心理的反应。也就是在巨大压力下，个体生理和心理做出相应反应。如果个体承受的压力能够得到有效的缓解，那么生理和心理的反应就会相应自然化解。这个过程就是化解压力的过程，即通过积极宣泄，引导服刑人员对灾难做充分的表达，从而有效缓解灾难造成的各种生理和心理症状。

具体做法：

在支持性的氛围里鼓励表达。只有支持性的氛围才能让服刑人员有安全感，足够的安全感是表达的前提。而表达本身就具有缓解焦虑、紧张或恐惧的作用。在表达的过程中，无论是讲述事件还是表达情绪，都会完成对灾难的再次整理。再次整理的意义不仅在于个体内心赋予事件一定的意义，更在于这个过程会有效促使个体对生活产生掌控感。

(1)引导服刑人员做表达时，需要按照下面的层次进行：

首先，对自然灾难的一般状况做表达。

其次，对服刑人员经历的灾难事件做表达。

再次，让服刑人员把自己在灾害发生时的个人经验表达出来。

最后，留一段安静的、不被打扰的、属于服刑人员自己内心世界的反应时间。

(2)引导服刑人员做表达时，可以采用以下这些方法：

第一，直接说出来。

第二，在纸上画出来。

第三，编成故事写出来。

(3)引导服刑人员做表达时，注意以下引导原则：

第一，用问句做引导，每次只问一个问题。

第二，采用开放式问句，就是需要服刑人员用一段话作答，而不是只用“是”“否”作答。

第三，先问过去的，再逐渐随着时间推移到现在，并进一步推移到未来。

(4)引导服刑人员做表达时，常用的引导语示例：

灾难发生时，你在哪里？当时正在做什么？其他人呢？

灾难发生时，你最先想到了什么？

在事件发生的过程中，你在想什么？

你看到了什么？听到了什么？闻到了什么？

在事件后，你做了什么？

你失去（或被损坏、被破坏等）了什么？

你的感觉是什么？

事件发生当时，其他人做了什么？

事件发生之后，其他人做了什么？

当灾难发生后，你的周围有什么不同？

你现在的感觉是什么？

怎么做或做些什么可以让你的感觉好一些？

六、画图方法

为提高工作效率，可以采用团体活动的方式进行。

需要准备：每人五张A4白纸、一支水笔或铅笔、一盒水彩笔（或3~5人一盒水彩笔）。

1.在画图之前需要明确说明的原则

(1)画画是一种表达方式。

引导语示例：

除了直接用语言说出来以外，人们有很多种“说”的方式，如写日记、唱歌、跳舞等。画画是一种特殊的“说”的方式，是安静地“说”。下面，大家要用画画的方法“说”。画画的内容可涵盖各种表达，具体的和抽象的，或者只是某些感觉，都可以。

(2)目的是表达。

引导语示例：

不是要大家画一幅漂亮的图画，没有正确或者错误的区分，重要的只是画出自己的感觉和想法。

(3)没有评价，自由处理。

引导语示例：

大家的作品不会被评分或者作任何形式的评价，如果你不想把自己的画给其他人分享也可以不拿给别人看。你不想保留自己的画，撕掉、扔掉都可以。

(4)没有约束。在服刑人员画图的过程中，尽可能不要做任何的控制。

引导语示例：

画图时可以随意选择自己想用的笔和颜色。

2.具体做法

(1)热身阶段

让每名服刑人员都讲一件跟画画有关的趣事。可以说画了什么，在哪里画的，也可以讲讲围绕画画发生的事情。这个环节的目的是在服刑人员心目中明确：画画是一件有意思的事情。

每人一张纸，让服刑人员在纸上随意地画，想画什么就画什么，还可以用两只手一起画。要求画满整张纸。

(2)画直线阶段

每人都画一条直线。画直线不再是随意的，必须对笔有相应的控制才能画好直线。

每人一张纸、一支水笔或铅笔、一盒水彩笔，可以选择不同的颜色画线。要求完成下面几条线：画一条普通的线，画一条难过的线，画一条害怕的线，画一条想改变的线，画一条想和其他线在一起的线，画一条想帮助别人的线，画一条想到未来去的线。民警也可以根据服刑人员的情况继续安排画线练习，比如，画高兴的线、愤怒的线、相爱的线、感觉舒服的线等。

每画完一条线，在小组内发言介绍自己画的线。

（3）画图形阶段

每人一张纸、一支水笔或铅笔、一盒水彩笔，要求完成以下几种图形（可以选择不同的颜色）：没有发生灾难的图形，灾难发生了的图形，面对灾难的图形，战胜灾难的图形。民警也可以根据服刑人员的情况继续安排画图练习，比如，画感觉很糟的图形、很开心的图形、情感交流的图形等。

每画完一个图形，分别发言讲讲自己的图形。这个阶段可以要求根据图形讲一个故事。

（4）重构灾难

每人一张纸、一支水笔或铅笔、一盒水彩笔。

首先，让服刑人员安静地坐舒服，慢而长地深呼吸，并且闭上眼睛，继续做深呼吸，随着呼气放松身体。

其次，当服刑人员进入放松状态后，用清晰而轻柔的声音说："当我说到灾难时，你的心里想的是什么？"给服刑人员足够的时间在内心呈现画面。要求一直保持安静。

最后，让服刑人员在纸上用自己的方式，把内心记得的灾难画出来。

（5）讨论

要求服刑人员对自己画的灾难图做分享。一名服刑人员讲完后，其他人可以提问题，但要求不对图画进行批评。

注意要点：

①试着针对事实，对画的内容做响应或提出具体问题。

②通过一些与图画相关的具体问题来询问那些不善表达的服刑人员：这是什么意思？这些图形代表什么？

③避免问“为什么”的问题。“为什么”带有责备、责难的意味，有可能引发服刑人员内心反感、抗拒。需要问“为什么”之类的问题时要用“……的原因”或“什么”“哪里”等代替，比如，不要说“为什么是你想的这样？”而要说“能说说你这么想的原因/理由吗？”“什么让你这么想？”“哪些因素促使你这么想？”

七、共同画壁画

这个心理干预是通过若干人一起在墙上画画完成宣泄、表达的过程。由于服刑人员需要团队一起工作，一起表达属于大家的故事，所以会有更多合作。同时，对一些不能单独画画的服刑人员来说，大家一起画会让他们感觉轻松、安全。

在开始画图前用白纸贴满整个墙面。准备水彩笔若干盒，以每天服刑人员都能看到的墙为宜。

具体做法：

首先，明确主题“我们的故事”后，让若干名服刑人员一起在墙上画画。期间可以随时交流、讨论，一段时间后安排全体服刑人员都停止画画一起讨论、分享。

其次，全部完成需要经历几天的时间，每天都安排时间集体作画，每次作画只可以添加，不可以涂抹。

最后，在全部完成后，做集体讨论，民警做引导时围绕的核心问题是“这幅画证明大家一起经历了灾难，并且一起战胜了灾难”。通过画图充分表达感觉之后进行的讨论非常重要，在民警带领下，服刑人员之间的交流，特别是这种有主题的分享过程，能够帮助服刑人员重新建构灾难事件对自己的影响。在讨论过程中,民警尽可能多地使用开放式的问题,引导服刑人员畅所欲言。

第四节 公共卫生事件的心理干预

按照《突发公共卫生事件应急条例》第2条的规定,突发公共卫生事件是指突然发生,造成或者可能造成社会公众健康严重损害的重大传染病疫情、群体性不明原因疾病、重大食物和职业中毒以及其他严重影响公众健康的事件。

突发公共卫生事件具有很强的突发性和不确定性,在突发公共卫生事件到来的初期,人们往往因没有事前心理准备而出现紧张、慌乱的情绪和不知所措甚至过激的行为表现。这些心理和行为表现有时会一直延续到突发危机事件结束后的一段时间。因此,从某种程度上来讲,突发公共卫生事件给人们造成的心理和精神创伤要远大于其对人们身体的伤害。

监狱在应对重大突发公共卫生事件时,除了要在医疗物资上保证基本需求之外,还必须注意对突发事件涉及的服刑人员进行心理干预,及时帮助他们调整心理规律,积极防止服刑人员由于心理混乱而产生过激行为危害监管安全。

一、公共卫生事件中需要心理干预的群体

1.患病的服刑人员

心理特征及表现:在身患传染性疾病,又缺乏有效治疗手段,且病死率比较高的情况下,患病服刑人员在经受躯体痛苦折磨的同时承受着巨大的

心理压力。他们不但面临前所未有的死亡恐惧感，可能还会牵挂自己接触过的一些人的安危。

心理变化过程：得病后先进入心理休克期，主要表现是茫然失措；接着进入心理冲突期，主要表现是思维混乱、注意力不集中、丧失感和无助感强烈，感到绝望、抑郁、焦虑；最后进入退让或重新适应期，在回避的基础上，患病的服刑人员就不得不开始调整自己的行为和心理状态来适应患病的现实。这个变化过程可能持续数天，也可能持续数周。

患病服刑人员常出现情绪易波动、焦虑与抑郁情绪并存、恐惧死亡、疑心加重、自卑、自闭、生活变被动等症状。个别非常严重的服刑人员非常容易出现冲动、毁物、自伤、他伤，甚至自杀行为。

2.被隔离的服刑人员

心理特征及表现：当服刑人员因为疑似病症而被迫被隔离时，会产生各种负性的情绪反应，如恐惧、紧张、烦躁、孤独、委屈、愤怒、自责、羞愧、多疑、抑郁等。

行动表现：总是提心吊胆，在听到病的时候焦虑不堪，内心充斥着怀疑和不安；对自身健康状况或身体某一部分功能过分关注，身体功能稍有波动便怀疑自己患上了某种传染病；持续情绪低落，无意与周围的人进行沟通，独自在家或宿舍，主动与外界隔绝，虽然已恢复工作但提不起兴趣，不能集中注意力等。

躯体反应：胸闷，头痛或肌肉痛，睡眠不好，易激动，入睡困难，易惊醒等。

3.未染病的服刑人员

心理特征及表现：公共卫生事件发生初期，在开始出现关于传染性或不明原因的疾病传闻时，未染病的服刑人员会出现很多复杂的心理反应。常见的有以下两类：一类是侥幸心理，表现为满不在乎，不积极完成监狱有关预防疾病的要求，对认真落实防护要求的服刑人员冷嘲热讽。另一类是恐惧心理，表现为慌乱和不知所措，进而异常敏感，反复洗手、擦拭物品，频繁地进行消毒，总担心从外界带回病毒，与人或物品接触后，总担心会感染病毒，从而引起反复的清洗和消毒等洁癖行为，超过正常要求数倍地做预防疾病行为，过分关注自己身体的变化，有的还过分关注周围人身体的变化，对不认真做预防防护的其他同犯不满甚至敌视。有些服刑人员会采用封建迷信活动缓解内心的恐慌。在有严重恐惧心理的服刑人员中还会出现一些“假性病人”，甚至发生一些人相继出现心因性反应的集体臆病发作。他们大多与发病者有过直接接触，或者目睹了病人发病情况，这些服刑人员会由于心因性反应出现假性病理反应。无论是侥幸心理还是恐惧心理对于突发公共卫生事件的处置都是不利的。

公共卫生事件中的“假性病人”不仅会干扰监狱对于公共卫生事件的处置，而且还会对犯群的心理状态产生非常不好的影响。因此，在处理突发公共卫生事件过程中必须有效排查心因性反应的服刑人员。

心因性反应者的判断方法：发病前有严重的恐慌、紧张心理，认为自己也中毒了或者传染了，急于去看病，想让自己尽快确诊，整天紧张不安，无法让自己静静地休息，到处打听、积极要求治疗。临床表现出与病人相类似的症状，但这些症状较轻微或无器质性损害的基础，经采样检验无阳性结果。同时，多会伴随过度的情绪反应，如恐慌、焦虑、紧张等。

二、心理干预的要点

1.及时对犯群进行群体性信息发布

由于突发公共卫生事件本身具有突发性和高度的不确定性，如果没有准确及时地公开正面信息诱导，就会给小道消息和谣言的泛滥提供条件。公共卫生事件危机情境中负性疫情信息会加剧个体风险认知，导致服刑个体非理性的紧张或恐慌；而正性的疫情信息，特别是监狱采取的防范措施，对于降低服刑人员对疾病的风险认知有显著的作用。由于监狱的隔离环境，服刑人员更关心具有风险性的信息。因此，一定要大力宣讲监狱对于病毒传播渠道的封堵措施、治疗条件和有关的各项保障工作。这些有针对性的宣传内容，能够很好地把信息发布过程对于服刑人员心理干预的积极作用发挥到最高水平。

2.心理干预可以采取多种方式

(1)利用在狱内的电视台、板报、橱窗开辟心理咨询专栏等进行多种形式的宣讲。

(2)隔离服刑人员时，要在隔离时即刻说明隔离观察的意义和目的，明确有关管理规定和要求；在隔离区开通专门的心理咨询热线，进行答疑、疏导并提供心理上的帮助。

(3)对患病服刑人员进行心理护理，定期发放简报、进行知识的宣传和心理疏导，提高留观人员的心理承受能力。

三、心理干预的具体做法

1.处理情绪、缓解压力

公共卫生事件心理干预的核心问题是服刑人员是否能够保持良好、稳定的情绪状态。因此，帮助服刑人员处理负面情绪，缓解内心压力是心理干预的关键内容。首先要求民警用接纳的态度对待服刑人员的情绪，所谓接纳的态度就是不说服、不教育、不责备批评，而是从引导倾诉的角度进入服刑人员的内心世界，然后再就服刑人员内心的负性情绪做相应心理干预。

2.增加犯群有效解决问题、应对问题的能力

有效地解决这种冲突，需要学会应对的技巧和方法。

具体做法：

民警事先准备好一系列的问题，但这不是问题训练。在民警提出问题后让服刑人员作答，如果进行集体干预，民警提出问题后，可以让服刑人员讨论后回答，或者抢答。

例如：

民警：下面我要提出一些问题，请大家找答案。每个问题都不是只有唯一的答案，答案也没有对与错，只要有解决问题的可能就行。第一个问题：口渴了怎么办？

服刑人员1：喝水。

民警：其他人还有别的方法吗？

服刑人员2：忍着。

民警：还有其他方法吗？

服刑人员3：跟别人要口水喝。

民警：任何一个问题都有解决它的方法，只要想办法就能找到很多！第二个问题：生病了怎么办？

服刑人员4：去医院。

民警：还有吗？

服刑人员5：多喝水。

民警：还有吗？

服刑人员6：把自己难受报告给队长。

民警：还有吗？

服刑人员7：跟其他同犯交流，问问别人。

民警：当我们面对一个问题时，心里只想“糟糕了”和全力以赴想解决问题的方法，结果会非常不同。而且解决的方法只要想就能找到很多！第三个问题：社会上有流行病了，怎么办？

……

3.对于患者、隔离疑似病人、“假性病人”的心理干预

在构建起信任关系的基础上，首先，让服刑人员充分表达在公共卫生事件中自己以及事件本身的事实，就是围绕“发生了什么、听到了什么、看到了什么、感受到了什么”引导服刑人员做表达。通过这样的表达帮助服刑人员从一味地痛苦、混乱中摆脱出来，对事件有全面、完整的认识。

其次，探讨深层感受。比如，所有感受里最让你难过的感觉是什么？这个感觉和其他的感觉有什么不一样？它怎么会让你如此难过？这个难过的感觉让你想到些什么？你还有过类似的感觉吗？对于那些不能就自己的感觉做深入思考的服刑人员，可以说事情而不说感觉。比如，你现在最担心的是什么？问问自己你最怕发生什么？你觉得这样下去会发生什么最糟糕的事？如果发生了，会怎么样？通过内心感觉和事件，帮助服刑人员寻找内心深层问题来源，将直接帮助服刑人员面对和解决这些问题。

再次，教会服刑人员自我放松、自我康复的心理训练，如渐进式肌肉放松训练等。接着与服刑人员讨论适合的积极的适应与应付的方式。这个环节要尽可能地调动服刑人员的主动性。

有节制地提供行动策略建议是有效调动服刑人员主动性的重要干预手段。请比较下面两组心理干预过程：

过程一：

民警：你想想自己可以怎么做呢？

服刑人员：不知道。

民警：能不能让自己乐观起来，每天都让自己有一个好的精神状态？

服刑人员：能。

民警：还能怎么做？

服刑人员：不知道。

民警：你还可以每天坚持做心理训练帮助自己对不对？

服刑人员：对。

这一段心理干预过程中，服刑人员貌似一一应承，但内心并不一定真的为之所动，这样的心理干预工作虽然落实了每一个环节，但服刑人员未必会认真积极地做出适应性行为。

过程二：

民警：你想想自己可以怎么做呢？

服刑人员：不知道。

民警：现在想一想，只要你觉得对自己有益同时又是你愿意尝试做的就好，想到了就说出来，咱们一起讨论。

服刑人员沉默，民警关切、关注地等待。

服刑人员：那我每天做做您教的那个心理训练吧！

民警：你说是哪一个？

服刑人员：就是帮自己治病的那个。

民警：很多做过那个心理训练的人都发现，如果每天坚持做，对自己的帮助非常大。你会每天都做吗？

服刑人员：会。我每天晚上睡觉前做。

这一段心理干预过程将直接促进服刑人员每天用心理训练帮助自己调节身心。民警有节制地提供帮助而不是做命令式、灌输式的要求，等待服刑人员自己确定要怎么做，常能够调动出服刑人员的内在力量。

最后，需要继续跟踪一段时间，促进服刑人员落实积极适应行为。只有在积极适应行为越来越多的背景下，心理干预才能够告一段落。

第五节　重大丧失的心理干预

一个人从出生到死亡，失去的东西不计其数，一般的损失大都不会造成心理失衡。重大丧失是指失去亲近的人，可能是死亡或者是离开，失去未来的各种可能性，以及身体的损害等。这样的丧失常常会对服刑人员造成心理创伤。毫无预先心理准备的意外丧失造成的心理创伤远比有预知、经过了一段时间缓冲的丧失造成的心理创伤要严重。就服刑人员而言，以下情形都有可能成为重大丧失：

（1）失去亲近的人。亲近的人是指父母、配偶、子女，抚养人如祖父母、外祖父母，还有兄弟姐妹、恋人、好朋友等。失去是指死亡或离开、不再有联系、感到被对方拒绝、遭到遗弃，比如，离婚、子女抚养关系中断、情感关系密切的亲人宣布断绝关系等；也包括一些客观环境改变造成的失去，比如，监区调整、自己信任的民警调离。

（2）失去未来的可能性，比如，减刑的机会、恋爱、结婚、生育等。

（3）身体受到损害，身患重大疾病，或身体某一部分功能的缺乏，失去劳动能力、残疾，比如，视力丧失、乳房切除等。

丧失会带给人类很深的悲伤感，这种悲伤感是多种情绪的结合体。情感关系密切的人死亡或离去使个体产生被抛弃感，内心世界原本保持连接的他人消失，还会带来无助感，甚至是内疚感。丧失者可能会认为亲人的离去是因为自己犯了错，服刑人员对于丧失更容易有这样的自我贬斥。

正常的悲伤能帮助人们解除痛苦、愈合内心的伤痛。但部分服刑人员由于无法接受某种重大丧失，持续处于愤怒、抑郁、罪责、内疚、羞愧、歉疚等情绪纠缠中，处于扭曲的悲伤中。同时，由于丧失带来的实际生活问题会加重心理困扰，比如，接见日没有人来接见了，没有人再寄钱寄物了，出狱后将无家可归、老无所依了，等等。因此，重大丧失很容易导致服刑人员出现心理失衡，成为心理发展中的障碍，滋生轻生自绝、自暴自弃的念头，并由此引发自杀和形形色色的对抗改造事件。

为保证狱内监管稳定，在服刑人员遇到重大丧失时要及时予以心理干预。

一、丧失后的心理反应

遭遇重大丧失的个体会经历以下心理过程：

（1）麻木：出现情感麻木，甚至否认丧失的事实。

（2）抱怨：有些人会自责，后悔自己以前做得太少、以后再也没有机会了；有些人会把丧失更多地感受为被遗弃，因而会抱怨甚至愤怒。这个阶段的服刑人员易激惹、冲动，不顾后果，甚至暴力抗改。

（3）抑郁：有些人会出现情绪低落，不愿意见人；有些人什么都不想干，对什么都没有兴趣，夜间有噩梦，失眠等。这个阶段的服刑人员抑郁倾向严重，可能出现自杀行为。

（4）恢复：心理逐渐适应，重新步入生活的正轨。

经历这些过程是人类的正常心理反应。出现心理障碍的个体表现主要有：事情发生后2个月仍没有出现复原的迹象，事件发生3个月后仍旧持续停留在悲伤情绪状态里，或是持久的沮丧、低落的状态；难以解释的苦恼和抑郁；在言行中过度表达内疚感；否认丧失，避免谈到丧失；坚持继续以前的习惯，如给死去的亲人写信，仿佛自己没有过丧失；每年某个时间段内有无法说明的哀伤等。

二、心理干预注意事项

1.少说多听、用心陪伴

经历过重大丧失的服刑人员，特别是在丧失初期，内心常常混乱、麻木，过多的语言安抚常常不能起到抚慰作用，反而会让服刑人员更加心烦意乱。因此，不需要对他们说“节哀顺变”“保重身体”“努力振作”“我很理解你的痛苦”等客套话，这些话无法给予心理支持。这种情形下不妨直接对服刑人员说，“我不知道现在对你说些什么好”“我可能不能完全了解你的内心，但我很愿意为你做点什么让你感觉好些”。更多的用表情、眼神、注视、递一杯水等非言语行为体现陪伴，同时引导服刑人员述说，用心理解和感受服刑人员的内在想法和情感，不打断、不说教，即便在服刑人员词不达意、较长时间沉默时，也用耐心等待的态度对待。

2.有意识地驾驭声音

重大丧失后的心理干预与其他心理干预的最大区别就在于对于声音的把控。重大丧失后个体的内心非常混乱、脆弱，使用与服刑人员相同的音调是减少心理干预障碍的有效途径之一。主要做法就是模仿服刑人员说话的语速、语调。当服刑人员说话时流露出缓慢、悲伤，那么民警就要用缓慢、低沉的音量说话；当服刑人员愤怒、高声地说话时，民警需要用比服刑人员音量略低、响亮的声音与其交流。在和服刑人员保持同步交流后，民警要逐渐把声音调整到正常交流的状态，服刑人员会无意识地跟随变化，民警调整的速度要以服刑人员是否跟随为准。

3.有意识地驾驭措辞

在心理干预的起始阶段，为增加服刑人员的接受度，要尽可能使用服刑人员常用的词汇，比如，对于亲人突然病逝，有些服刑人员会用“过世”“走了”“往生”等词汇代替“死”。民警在这个阶段对服刑人员进行干预时，就要回避"死"而用服刑人员惯用的词汇。

在心理干预的中期，民警必须跟服刑人员讨论亲人病逝时，就要打破服刑人员的忌讳，做到可以无忌讳的使用"死"对丧失进行正面讨论。这样做有助于帮助服刑人员从隐晦地、不能正面面对的状态里走出来，建立起面对丧失、继续走向未来的积极态度。

4.保持适当心理距离

在对因重大丧失而心理失衡的服刑人员进行心理干预时，民警的任务是帮助他们面对丧失、面对自己内心的痛苦，陪伴他们稳妥地经历这一段心理创伤及康复的过程，从而能够投身新的生活。在这个过程中，民警既要让服刑人员感受到真实的支持，又要与其保持适当的心理距离，避免服刑人员出现依赖心理。一般来说，民警对服刑人员的心理支持强度越高，双方关系的密切程度越高，服刑人员就越容易形成依赖心理。特别是在经历重大丧失时，服刑人员会很容易对于心理支持产生依赖。如果不妥善处理这种依赖心理，在心理干预结束时将导致再度丧失。

服刑人员有依赖心理的常见表现：要求增加谈话的时间和次数；在心理干预过程中对民警的话过于认同；不断地提出各种各样的新困难或新痛苦；表达"只有你才能有效地帮助我""听你说说我立刻就好多了"；对民警的示好行为，比如，为民警做事、提供信息、对民警个人问寒问暖等表达关心。

无论是为了服刑人员更好地适应生活，还是为了民警做好管教工作、心理干预工作，都必须及时妥善处理服刑人员的依赖心理。保持心理距离的方法：严格遵守每 5~7天进行一次心理干预谈话的时间设置；不做不必要的个人信息和爱好、个人生活的暴露；在心理干预过程中能够感同身受地体会服刑人员的感受，并传达自己的这种体会，但不表达自己对服刑人员亲近、关切，不在情感发泄方面花太多时间，而要重点帮助服刑人员掌握处理情感的能力；在服刑人员表达依赖时能够明确界限。比如，服刑人员说："我想明天还能见到您，和您聊一聊我就好多了。"民警需要明确答复："只有你注意那些好的感觉，才能感觉好；只有你让自己不断有好的感觉，才能更好。自我思考和尝试的过程对你非常重要，5天以后再谈这个问题时，你要告诉我自己想了些什么，特别是做了哪些对自己有益的尝试。"

三、重大丧失后1个月的心理干预

在重大丧失发生后1个月以内的哀伤反应可能是个体自我心理恢复的需要，服刑人员在重大丧失之后经历这个过程本身是有助于其走出哀伤的。由于服刑人员个体差异很大，需要因人而异地做相应干预。

这个阶段的心理干预以预防过度哀伤反应为目的，基本内容要包括以下一些方面：

1.接纳、认可丧失，逐步增加服刑人员对丧失事件的现实感。

2.适度的情感表达。促进服刑人员适度哭泣。常用的方法有共情和直接对话两种。

（1）共情的方法：通过前期对服刑人员的了解，直接对服刑人员描述最能够让其有感触的细节。比如，"你怎么都忘不了那些琐碎的小事，他明明是舍不得吃却一直说太难吃，你知道他是为了让你吃""你从小是奶奶带大的，感情不是一两句话能说清楚的。你身上的这件毛线衣就是八旬奶奶织的，一直陪着你"，以此激发服刑人员的情感。

（2）直接对话的方法：让服刑人员舒服地坐在椅子里，然后使用以下引导语："闭上眼睛，他就在你面前，看清楚他的样子，他的表情、动作，看着他，把所有想跟他说的话都告诉他。"引导服刑人员情感表达。

3.用温和的方式引导服刑人员表达压抑在内心的情感。比如，用类似"关于死去的亲人，有什么是你不愿意想的吗？""想到逝者，有些想法你会有意回避，你愿意尝试直接面对吗？”等问题帮助服刑人员表达对逝者的愤怒。

4.引导服刑人员对自己的认知作理性判断。当服刑人员谈到自己的某些内在想法时，如“都是因为我不好”，不去讨论这个想法本身，不谈“你哪里不好”“你怎么会说自己不好”，而是就“这样想是否理性”做讨论，要引导“这样想自己，你会有哪些感觉？这些感觉带给你的是怎样的影响？你怎么看这些影响？”“如果为了让自己更好些，还可以怎么想？”

5.鼓励适应性行为。就服刑人员怎么做可以让自己更好些做讨论，并寻找可以开始做的行为，鼓励服刑人员履行这些行为。建立起新的适应性行为是开始新生活的起点，也是重大丧失时心理干预的目标。

四、重大丧失后3个月的心理干预

1.评估概况

需要对服刑人员从以下三个方面进行评估：

（1）卫生状况。脸部、手部的清洁程度，衣服、鞋的整洁程度。因为服刑人员是集体生活，必须遵守监狱的管理规定，落实监管制度和认真打理自己的区别在于细节，因此，要特别注意细节。卫生状况反映出服刑人员对待生活的基本态度。

（2）健康状况。身体是否有力量，脊背是否挺拔，眼睛是否有神，躯体是否有疼痛或其他病症。健康状况反映出服刑人员的求生动机。

（3）思维状况。在言语沟通过程中，服刑人员的思维是否流畅，对于丧失是否有清晰的思考，对于自己的生活和未来是否有清晰的思考。

如果以上三个方面服刑人员都基本处于良好状态中，就可以进入心理干预。如果以上三个方面的其中有一项或多项不能达到良好状态，那么要尽快请精神科医生介入治疗。

2.暴露

通过民警的陪伴，在服刑人员能够充分感觉到安全的环境中，唤起服刑人员内心与丧失有关的记忆，用想象、描述的方式把丧失直接、具体地暴露在服刑人员面前，这是为了降低服刑人员对于丧失的恐惧。可以采用逐步进行的过程，就是从刺激强度比较低的材料开始，逐步达到丧失完全暴露；也可以采用一步到位，直接陪伴服刑人员面对丧失。具体方法要因人而异。

暴露分成两部分：第一部分是回忆，用想象、描述、文字记录等方法呈现丧失；第二部分是讨论，服刑人员能够和民警一起谈论、分析丧失。

由于服刑人员大多经历坎坷，因此常常在暴露过程中出现接二连三的丧失，有些服刑人员甚至无法呈现完整的事件，只是用只言片语来描述其中的某个细节。这种情况下，建议让服刑人员自由表达，不对讨论内容作具体要求，围绕服刑人员的谈话意愿做干预会更有益于丧失后的心理康复。

3.处理情绪

引发暴露中的情绪反应，这个阶段服刑人员很容易用回避做自我保护，民警要尽可能减少服刑人员的回避，促使其表达情绪。只有把与丧失有关的情绪激活、释放，才能够真实完成丧失后的心理康复。因此，几乎是与暴露同步进行的情绪干预的环节，民警要对服刑人员出现的任何情绪表达支持，并用认可、鼓励予以强化。不过，个体的情绪反应水平差异很大，不能要求所有的服刑人员都达到同样的情绪表达程度。

详细地谈丧失的细节、内心感受和情绪体验都能够有效地激发情绪。比如，当时你的感受是什么；你现在身体有什么不一样的感觉吗；不要把难过藏起来，你已经很累了，把它们释放出来吧；把心里的话都说出来吧；哭一场吧。

暴露过程、情绪宣泄过程往往不能一蹴而就，需要若干次心理干预才能完成。假如在暴露过程中服刑人员出现呼吸急促、剧烈颤抖、异常痛苦等反应，需要立刻停止。主要做法：马上跟进放松训练，同时，必须对服刑人员明确这样的反应是向着心理康复迈进的标志，以促进后续的干预进程。

4.接受丧失

固执地以唯一的视角看问题是心理失衡的常见原因之一，置换视角的目的就在于引导服刑人员从多个不同的角度看待问题。使用这个方法时，要求民警能够从多个角度看问题。

引导语示例：

逝去的亲人在天堂里看着你，看到你这么痛苦，他会怎么想？他会对你说什么？

假如逝去的人是你，你会期望家人怎样继续生活呢？

如果你最好的朋友遇到这样的问题，这个好朋友现在非常痛苦，你会跟他说些什么？

如果你看到小人国里发生了这样的事情，你会给他们什么建议？

假如这是一部电视剧，故事发展到现在，观众都看得泪流满面，观众现在要求接下去看到美好，请你来做编剧，能讲讲你想到的故事吗？还会发生些什么呢？还有其他可能吗？

5.告别仪式

这个心理干预的意义在于通过某种仪式提供一个特定的时间和空间，帮助服刑人员完成与丧失的人或物的分离过程。在仪式中，个体的冲突和痛苦用社会和文化可以接受的方式得以表达。同时，用仪式为承担丧失之痛的服刑人员提供特别的治疗哀伤的过程：仪式本身让服刑人员能够面对真实的丧失；在仪式上安排服刑人员诉说、表达，这个过程有助于完成分离的过程；仪式让服刑人员有了精神上的陪伴与支持。

仪式的安排可以和服刑人员商定，一般要包括：表达思念、用某些形式哀悼、承诺未来。

对于亲人去世，以下引导语非常有益：

你走了，我还活着。你曾经是我最重要的一部分，我爱你。为了纪念你，我会活得更好，让你放心。我爱你，请你祝福我。

第六节　挟持事件中的谈判

现代化监狱完善的关押和管理手段、高科技设备的应用，使服刑人员脱逃的可能变得非常小，不安心和不甘心服刑改造的服刑人员在脱逃无法得逞的绝望中，就有可能用自杀或暴力形式抗改。暴力形式是以劫持人质、组织暴狱、哄监闹事等形式制造混乱，寻机实现脱逃或以暴力方式发泄内心的不满。如果在事件僵持阶段引发死伤，不仅严重影响监管改造秩序，而且还会造成非常恶劣的社会影响。发生服刑人员劫持事件，不论是各类抗改事件的僵持阶段，还是处置应急事件时遇到亲属不配合的僵持阶段，谈判都成为能否妥善处置应急事件的关键环节。运用心理学知识通过谈判使服刑人员主动放弃非法动机或利用谈判制造有利时机，实现所有人员零伤亡，是妥善应急事件处置的理想结果。

一、必须杜绝的现象

突发事件进入僵持阶段时，服刑人员生存欲望非常强烈，他们的根本目的不是伤害他人，否则事态将直接恶化，不会形成僵持状态。这就给了我们通过谈判去把握、影响、分化、控制其行为的机会。但是，面对强大的国家机器，服刑人员的内心又是极度恐慌的，这种非常不稳定的心理状态很容易在某些刺激下直接演变杀人等使事件升级的行为。为了争取事件的妥善处理，在僵持谈判阶段要坚决杜绝以下现象：

1.现场警戒和控制措施不当，有他人围观

在场的人员越少越好。尽可能让不必要的人远离，坚决避免有闲杂人员围观，这样做主要是为了减少由于他人在场造成事件恶化。有关研究表明，当他人在场时，人体的出汗量会增加、呼吸加快、血压升高、心跳加速，这样的生理反应会进一步激发情绪而不是平复情绪。另外，当周围有同犯围观时，服刑人员会忘记自己的个人身份并不自觉地关注同犯对自己的评价，从而抛弃行为规范的约束，做出不顾后果的行为。

现场必须坚决避免人声嘈杂、人员跑动等现象。

2.武力处置意图过于暴露

谈判必须与武力处置配合，适当的武力对比能够让服刑人员看清事态发展形势，同时在必要的时候必须适时采取武力解决。但如果武力处置行动过于莽撞、生硬，很容易导致服刑人员激烈的对抗行为，引发杀害人质等示威性行为。

现场必须坚决避免让服刑人员看到民警集结、各种封锁行动、民警的任何攻击行为。

3.一味等待，错失时机

事件发生后，监区的应急方案往往是及时报告，同时积极监管其他服刑人员，然后等待监狱的处理命令。一味等待常常会错失最佳干预时机。其实，不要迷信谈判专家，只要在心理学的知识和方法指导下，遵循基本的谈判要领，任何人都可以成为谈判专家。最佳干预人选是服刑人员在服刑改造过程中内心信任、敬重、熟悉的民警，他们最容易说服服刑人员改变自己的态度。这些民警熟悉服刑人员情况，了解服刑人员的生活事件、脾气秉性。换句话说，掌握着说服服刑人员的第一手资料，同时已经在服刑人员心目中有信任基础，这样的民警最容易打动服刑人员，让其接受。

4.谈判时和人质对话

谈判时不允许与人质交谈，只要稍微显露出只关心人质情况的态度，就会引发挟持者的敌意，挟持者会因为民警更关注人质而被激怒，或者会使挟持者觉得人质非常重要而增加人质在挟持者心中的筹码。这些都会给人质造成更多的危险。

二、心理干预要点

1.协作完成

谈判需要小组行动，一位民警负责谈判，全身心与服刑人员直接对话；1~2位民警做助手，负责协助观察，同时保护谈判民警，还需要保持和其他应急事件处置民警间的随时联络。为减少情绪波动，服刑人员的亲朋好友不允许参与谈判。

最好能够在可以正常交流的范围内和服刑人员对话，面对面谈判是最好的，或者可以使用电话、对讲机，尽量不用口头喊话特别是扩音器喊话的对话方式。如果服刑人员感觉到无论怎样大声喊话都无法达到民警的音量，容易引发不平等的感觉，有可能成为促使其内心不平衡的因素。同时，喊话或扩音器容易放大个别措辞，对服刑人员造成不必要的刺激。

2.平等、稳定、冷静的态度

谈判从某种意义上说是双方的心理较量，要以平等、平易近人的态度出现，绝对不能让服刑人员有压迫感和不平衡感。如果以强势出现，会激发服刑人员使用过激行为；以弱势出现，会助长服刑人员嚣张的气焰，不利于通过谈判解决问题。同时在整个谈判过程中，民警务必始终保持镇定，谈判专家要集中所有精力于服刑人员。这样的态度能够增加民警的可信度，从而增加说服服刑人员的可能性，同时，民警的情绪状态会在很大限度上影响到服刑人员，民警稳定、冷静，服刑人员才会逐渐冷静。稳定、冷静的态度有利于给服刑人员一个良好的印象。

具体做法：

态度是通过非言语行为体现的。保持果断的语气、镇静的语调、中速或稍慢的语速、主动的视线接触、温和平静的面部表情、自然的身体姿势、没有小动作等非言语行为。

例如：

民警：你还好吗？

民警：你怎么了，跟我说说好吗？

服刑人员沉默。

民警：我想帮你。

服刑人员：你算了吧，你想把我抓回去！

民警：随你怎么说吧。说说你的事好吗？

服刑人员：我想说什么你都知道！你先把我弄出去！

民警：你想出去是惦记孩子对吗？

3.随时察言观色、审时度势

在谈判时，通过察言观色捕捉服刑人员的心理状态是成功处置突发事件的关键。当服刑人员精神亢奋时，要绝对避免新的刺激，包围的范围控制在不对服刑人员构成超负荷心理压力的范围内；当服刑人员有面部肌肉紧张、昂头、面带冷笑、目光坚定、抱肘、说话时用食指指指点点、声音响亮、语气坚定等表现时，其内心自以为把握主动，并没有准备低头；当服刑人员不轻易说话、没有小动作出现、目光很少游移时，其内心在思考、分析，不打算轻易作出决定；当服刑人员出现目光涣散、咬嘴唇、皱眉头、抓衣襟、咽口水、口吃、音调降低、语气迟疑等表现时，其内心濒临崩溃。

4.积极倾听，鼓励倾诉

必须用非常认真听的态度对待服刑人员。坚守民警的立场只能导致服刑人员的抗拒，只有通过认真听，把握其在说话过程中流露的一切信息，不仅是说话的内容，还要特别注意身体动作、表情、语气语调等，才能为后期谈判解决问题获得重要素材。

认真听服刑人员说话本身也具有非常重要的意义。一方面有利于在服刑人员心目中建立起亲切感，而不是对立的，这是后续准确表达理解、同情，进行有益交流的前提，也是帮助服刑人员恢复理性思考的关键。另一方面鼓励服刑人员说出自己心里的痛苦，充分宣泄情感、充分地倾诉，服刑人员在说话的过程中被压抑的感情得到释放，情绪会慢慢平静下来的同时理智得以恢复。这样的宣泄非常有利于促进其用理智思考问题，而理智恢复是成功干预的重要条件。

让服刑人员感受到被理解、能够信任谈判民警是后面对其施加影响的基础，从而让服刑人员思考新的解决问题的途径。积极倾听的意义是听过之后做有效回应。回应要从理解开始，就是对其内心想法的理解。做回应时要根据服刑人员表现出的情况做灵活处理。

（1）服刑人员一直在说，并且有条理，那么就只需要用身体语言传达自己听得很认真。

（2）服刑人员问“我说的对不对”之类的问题时，要回答“你说的有道理”。

（3）服刑人员有可能因为紧张而语无伦次，如果能够确定明白了其基本意思，可以整理成清晰的意思反馈一遍，其中尽可能使用服刑人员在述说中的原词。

（4）服刑人员抽泣、痛哭时，需要首先保持沉默，不要急于安慰。

（5）服刑人员对谈判民警破口大骂，这是服刑人员在用发泄消极情绪的方式与民警接触，既然接触仍在进行，就必须坚持下去。通过关心服刑人员，让他建立起特殊感情，认识到谈判人员并不是敌人。

（6）服刑人员说“我不需要你帮助”。如果真的不需要帮助，就什么都不会说了，服刑人员这样表达正说明其内心希望得到帮助，事情已经出现了解决的可能。

（7）多使用这样的语言鼓励倾诉：“有什么想法尽管说”“静下来一起谈谈好吗？”“一切事情都有解决办法的”“你觉得呢？”

5.表达关心，同时给出新的理由

直接、清楚地关心服刑人员当下的身体感受，以此增加信任、亲近感，同时引导其关注客观现实、平静情绪。谈判成功就是说服服刑人员放弃原来的想法和行为，而说服就是给出新的理由，这个理由足以令其开始新的行为。

例如：

民警：都过了开饭的时间了，你要吃点东西吗？

服刑人员：放我出去！

民警：（一边把面包递过去一边说）事情总会解决的，但你也要吃点东西。人是铁饭是钢，你饿晕了怎么办？

服刑人员吃了面包。

10分钟后，服刑人员有了明显转变：你帮我出去吧！

民警：我很小的时候奶奶就总跟我说要多帮助身边的人，要像对待亲人一样对待他们。我一定会尽力帮你。

服刑人员：你说我出得去吗？是不是我一放下刀就会被抓走，永远不见天日？

民警：没有那么严重，你现在放下刀，咱们把情况说清楚就好了。你越快放下刀，后面的事情就越简单。

6.双方面说服

说服的过程中怎样处理服刑人员的要求是一个很敏感的问题。心理学研究表明，不仅说明自己的观点，而且从对方和自己的观点两个方面进行说服，比较有利于持反对意见的人接受自己的观点。也就是说，要对服刑人员提出来的问题表示理解，并肯定其中的正面动机。

引导语示例：

你想把自己的问题弄清楚，这对你很重要。

你想通过法律渠道解决自己的问题，你非常想。

你不愿意丢面子，你不能没面子。

你要在其他人面前维护自己的尊严，这很重要。

你想让大家尊重你，人活着就要得到别人尊重。

你不想影响到减刑，不想！

你想早日出狱，哪怕早一个月。

你希望过去发生的事情不要影响自己早些与家人团聚。

在此基础上再提出建议，是对下一步行动的建议而不是命令，中心内容是大家用更多的时间好好谈。

引导语示例：

能不能过来再聊聊，咱们一起找一个办法来解决问题。

吃点东西，咱们好好谈一谈。

我想要一个机会和你深入谈谈，如果你不过来，我就做不到。我们一起对这个问题花些时间好吗？

三、现场应变

1.面对要求

在说服过程中，服刑人员是会提要求的，什么要求都有可能。一般来说，服刑人员肇事性质越恶劣，提出的要求就越多越离谱。对于这些要求既不能立即拒绝，也不要马上答应，过早答应条件或者给予承诺无益于解决问题。

在谈判初期，遇到提要求时，一般的处理策略有三个：第一，倾听，不打断、不插言、不添加感情色彩；第二，讨论要求的具体内容、提出原因、背景、实现后的意义等；第三，用请示领导拖延时间。

比如，服刑人员常会提出要逃走的车辆、钱等物质要求，民警可以先就这个要求做讨论，“你要什么样的车”“你想在什么地方拿到车”“出于什么考虑会要一辆车”。另外，还可以提出一些问题，比如，“现在到处都堵车”“很多路都在修”，但不要威胁他，不说“警察随时都可以通过全球定位追踪到你”，然后可以说“我尽快请示领导”。

有些要求可以即刻满足，比如，食物、饮料、香烟，但要注意控制量，太少会影响信任关系，太多会助长嚣张气焰。适量还可以为下一次服刑人员再提出要求予以满足留下伏笔。

尽可能运用“请示领导”的技巧拖延时间，等待监狱处置相关工作就绪。

服刑人员有时还会提出“见国家领导人”“让我当监狱长”“和佛祖对话”等要求，一般采取认真倾听、引导其做更多表达的态度。

2.面对时限

有时服刑人员会对自己的行动设定一个时间底线，比如，“十分钟以后我就要杀人了”“如果半小时以内你们做不到，我就跳下去”等。此时，需要从服刑人员的神情和当时的态势中分析判断其是虚张声势还是真的要采取行动。如果是虚张声势，要充分用说明困难，把困难一一和服刑人员做探讨或用其他话题分散服刑人员的注意力，尝试在拖延时间的过程中让服刑人员忽略掉自己设置的时限。如果服刑人员真的要杀人或把事情破坏到没有余地,那么他在事件一开始就会直接杀人或者把事情做绝。既然有谈判的余地,那么面对时限,要充分强调解决问题是共同目的,问题是能够解决的。如果服刑人员是真的要采取行动,那么就要考虑实施武力解决的方案。

后　记

作为心理学工作者，我在和基层监狱民警并肩作战、攻坚克“顽”的过程中，对监狱作为国家的刑罚执行机关所担负的刑罚执行、管理和教育服刑人员，以维护社会和谐稳定的使命有了更深刻的感受。

感受一：改造工作是监狱民警的生活重心。

工作是很多社会人自食其力的谋生手段，很多社会工作不会对思想和个人生活产生什么冲击。而监管改造工作是心灵博弈，是超负荷、超工作时长的全天候工作，是民警群体用人格力量支撑起另一个群体的过程。

听说过一个真实的故事：监狱长参加一个培训班，晚饭后在霞光中散步，大家说一起唱首歌吧，其中一位立刻起头“喊起了121”，其他各位监狱长歌声嘹亮地跟上一起唱“喊起了121，不要把头低……”看着周围诧异的眼神，他们忽然意识到这是服刑人员的歌，于是哈哈大笑，竟然只会唱狱内的歌了！

这样的逸闻趣事还有很多，这些故事让人不想笑，反而很想哭。还有很多故事，民警讲起来，每个字都沉甸甸的：

“父母病了没有时间陪，队里服刑人员住院了，打着地铺也要在医院陪床。”

“不知不觉孩子就长大了，孩子发烧是老婆照顾，老婆发烧是孩子照顾，我发烧，咬咬牙，坚持上班。”

“我在监区，爱人是急诊大夫，孩子不到 3岁就被一个人锁在家里。我记得太清楚了，一天晚上，回家一进门就看见孩子趴在地上睡着了。从 3岁起把孩子锁在家里，不知道锁过多少次。”

为了做好监管改造工作，监狱民警全心全意，改造工作成为他们的生活重心。

感受二：英雄在人间。

由于监所普遍较为偏远和监狱安全工作的需要，监狱民警长期封闭，他们不像其他行业的从业者说起自己的职业来滔滔不绝，普遍不擅高谈阔论。但讲述起某些难改造的服刑人员的教育改造经历、讲起自己所管理的服刑人员的情况，甚至那些十几年前自己管过的重点服刑人员，即使是内向腼腆的民警都能如数家珍。他们虽然不精通心理学的理论，但创造性地完成了无数服刑人员的矫治改造，足够多的案例见证了，监狱民警是一支英雄、智慧的队伍！与其说是心理干预实战技术为教育改造工作增加了理论光泽，不如说那些耀眼光彩是监狱民警凭着自己的青春与才华在监狱事业这片沃土上的华丽绽放！

谨以此书向全体监狱人民警察致敬！

方　舟

二〇一九年十月

图书在版编目（CIP）数据

特殊病人的心理良方：服刑人员教育矫治实战技术：上下册 / 方舟著. -- 北京：法律出版社, 2020
ISBN 978-7-5197-2469-6

Ⅰ. ①特… Ⅱ. ①方… Ⅲ. ①犯罪分子—心理健康—健康教育 Ⅳ. ①D916.7

中国版本图书馆CIP数据核字(2020)第018326号

特殊病人的心理良方：服刑人员教育矫治实战技术
TESHU BINGREN DE XINLI LIANGFANG: FUXING RENYUAN JIAOYU JIAOZHI SHIZHAN JISHU

方 舟 著

策划编辑 杜智娜
责任编辑 杜智娜
装帧设计 汪奇峰

出版 法律出版社
总发行 中国法律图书有限公司
经销 新华书店
印刷 天津嘉恒印务有限公司
责任校对 晁明慧　李景美
责任印制 张建伟

编辑统筹 法律与生活
开本 710毫米×1000毫米　1/16
印张 49.75
字数 718千
版本 2020年3月第1版
印次 2020年3月第1次印刷

法律出版社 / 北京市丰台区莲花池西里7号（100073）
网址 / www.lawpress.com.cn
投稿邮箱 / info@lawpress.com.cn
举报维权邮箱 / jbwq@lawpress.com.cn
销售热线 / 400-660-8393
咨询电话 / 010-63939796

中国法律图书有限公司 / 北京市丰台区莲花池西里7号（100073）
全国各地中法图分、子公司销售电话：
统一销售客服 / 400-660-8393/6393
第一法律书店 / 010-83938432/8433　西安分公司 / 029-85330678　重庆分公司 / 023-67453036
上海分公司 / 021-62071639/1636　深圳分公司 / 0755-83072995

书号：ISBN 978-7-5197-2469-6
定价（上下册）：168.00元